Vorpommern unter dänischer Verwaltung 1715 bis 1721

Beiträge zur Militärgeschichte

Herausgegeben vom
Militärgeschichtlichen Forschungsamt

Band 65

R. Oldenbourg Verlag München 2008

Vorpommern nördlich der Peene unter dänischer Verwaltung 1715 bis 1721

Aufbau einer Verwaltung und Herrschaftssicherung in einem eroberten Gebiet

Von
Martin Meier

R. Oldenbourg Verlag München 2008

Umschlagabbildung:
Pommern (westliches Blatt) Kart. N 7510-W Staatsbibliothek zu Berlin, Karten-
abteilung/bpk

Umschlaggestaltung:
Maurice Woynoski, Militärgeschichtliches Forschungsamt

Die Deutsche Nationalbibliothek verzeichnet diese Publikation in der Deutschen National-
bibliografie; detaillierte bibliografische Daten sind im Internet über http://dnb.d-nb.de
abrufbar.

Satz: Militärgeschichtliches Forschungsamt, Potsdam
Herstellung: Wuhrmann Druck & Service GmbH, Freiburg

ISBN 978-3-486-58285-7

Inhalt

V. Konfliktfelder

VI. Das Ende der dänischen Herrschaft

VII. Rügen und Vorpommern unter dänischer Herrschaft. Ein Resümee

Vorwort

Das vorliegende Buch stellt einen wichtigen Beitrag zur Okkupationsforschung dar, die nicht zuletzt aufgrund jüngster politischer Entwicklungen an Aktualität gewinnt. Welche Möglichkeiten bieten sich beim Versuch, ein fremdes Territorium dauerhaft zu sichern und in den eigenen Staatsverband zu integrieren? Inwieweit können und müssen die vorgefundenen Rechtsverhältnisse hierbei berücksichtigt werden? Wie kann man die einheimische Führungsschicht gewinnen?

Diese Fragen stehen im Zentrum der Studie von Martin Meier, die Herrschaftskonstituierung und -sicherung in einem im Kriege gewonnenen Territorium untersucht. Angesichts des hohen Maßes an Kontinuität des dänischen Besitzstrebens über Vorpommern und Rügen werden dessen militärische, ökonomische und politische Ursachen nachgezeichnet. Drei herrschaftssichernde Instrumente finden besondere Berücksichtigung: die Regionalverwaltung als steuerndes und überwachendes, die Kirche als legitimierendes und verwaltungstechnisches sowie das Militär als repressives Instrument des Landesherren. Innerständische Konflikte, Spannungen zwischen regionaler und zentraler Administration, Auseinandersetzungen um die Brechung der althergebrachten landständischen Verfassung und die Durchsetzung eines absolutistischen Herrschaftsanspruches zeichnen ein differenziertes Bild der Machtkonstellationen im frühmodernen Staat.

Vorpommern, Bestandteil des obersächsischen Reichskreises, war über Jahrhunderte Zankapfel jener Mächte, die um die Vorherrschaft im Ostseeraum rangen. Seine ökonomische und strategische Bedeutung weckten das Interesse Preußens, Dänemarks und Schwedens. Für die beiden nordischen Kronen war das Herzogtum außerdem wichtiges Einfallstor in das Reich, sowohl in militärischer als auch politischer Hinsicht. Sitz und Stimme auf Reichs- und Kreistagen, die hervorragenden pommerschen Böden, die Odermündung und die stärkste schwedische Festung auf deutschem Boden, Stralsund, galt es zu gewinnen oder zu verteidigen. Dass eben jene »Verteidigung« eines Gebietes im eigentlichen Sinne erst nach den Kampfhandlungen beginnt, stellt der Autor dar.

Sein ganzheitlicher Ansatz, der ökonomische, soziale, kirchliche, politische und militärische Gegebenheiten beleuchtet, zeigt einmal mehr die Bedeutung militärischen Handelns bei der Ausformung des frühmodernen Staates. Die Rolle des Militärs im Ständekampf tritt dem Leser insbesondere beim Studium des Abschnittes über die militärische Exekution vor Augen. Dieses häufig angewandte Rechtsmittel wurde von der Forschung bislang beinahe gänzlich übersehen, obschon es eines der wichtigsten Werkzeuge im Kampf um ein absolutistisches Regiment darstellte.

Das vorliegende Buch erweitert die Erkenntnisse bisheriger Okkupationsforschung und begründet diese aus der historischen Entwicklung während der dänischen Besetzung von Vorpommern und Rügen. Es füllt mit seiner umfassenden Darstellung gleichzeitig eine Lücke deutscher und dänischer Geschichtsschreibung über dieses Territorium.

Dr. Hans Ehlert
Oberst und Amtschef
des Militärgeschichtlichen Forschungsamtes

Danksagung

Unter dem Titel »Vorpommern nördlich der Peene unter dänischer Verwaltung in der Zeit des Großen Nordischen Krieges 1715 bis 1721. Aufbau einer funktionierenden Verwaltung und Herrschaftssicherung in einem im Kriege eroberten Gebiet« nahm der Fachbereich Philosophie und Geschichte der Universität Hamburg die vorliegende Arbeit im Jahre 2005 als Dissertation an.

Jeder Promovierte weiß, dass sein Werk ohne die Hilfe anderer nie entstanden wäre. Ist nun der Zeitpunkt gekommen, da es gilt, Dank zu sagen, treten die Gesichter vieler Menschen vor sein inneres Auge. Er möchte alle namentlich erwähnen und doch muss er sich beschränken.

Mein besonderer Dank gilt Professor Dr. Franklin Kopitzsch, meinem Doktorvater, für die intensive Betreuung der Arbeit. Professor Dr. Eckard Opitz danke ich nicht nur für die Übernahme des Zweitgutachtens, sondern vor allem für die vielen interessanten Anregungen, die ich bereits während meines Studiums in seinen Seminaren erhielt. Er hat mein wissenschaftliches Interesse am Großen Nordischen Krieg geweckt, das meinen Werdegang bis heute bestimmt. Professor Dr. Jens E. Olesen gebührt Dank für sein großes Interesse am Untersuchungsgegenstand und für Anregungen, die er mir gab.

Das Militärgeschichtliche Forschungsamt hat meine Arbeit in vielfältiger Weise unterstützt. Der ehemalige Amtschef, Kapitän zur See Dr. Jörg Duppler, und der amtierende Amtschef, Oberst Dr. Hans Ehlert, boten mir die Möglichkeit, während meiner aktiven Dienstzeit zu promovieren. Den Bibliothekaren danke ich für die Geduld mit meiner Vorliebe für ihre Rarabestände und den Mitarbeiterinnen der Kopierstelle für ihre unermüdliche Arbeit.

Besonderer Dank gilt Ulrike Lützelberger M.A. für das Lektorat, Dr. Aleksandar S. Vuletić für die Betreuung der Publikation, Antje Lorenz für die Textgestaltung und Dipl.Ing. Bernd Nogli sowie Sabrina Gherscfeld für die grafische Gestaltung der Karte und der Übersichten. Allen Archivaren, die mich unterstützten, bin ich sehr dankbar. Die Kartenvorlage für den Umschlag ermittelte Dipl.Phil. Marina Sandig. Hervorheben darf ich an dieser Stelle die vielen freundlichen und hilfreichen Mitarbeiter des Reichsarchives Kopenhagen, allen voran Palle Sigaard.

Ich zolle wissenschaftlichem Zeremoniell Tribut, wenn die nun folgenden Worte am Ende und nicht am Beginn meiner Dankesworte stehen.

Ohne meine liebe Frau Claudia, die viele Tage und Stunden an meiner Seite im Archiv Dokumente kopierend verbrachte, und ohne den seelischen Beistand meiner Großeltern wäre diese Arbeit nicht entstanden. Ihnen, Lotte und Willy Kankel, widme ich dieses Buch.

I. Einleitung

1. Thematik und Gegenstand der Untersuchung

Im Jahre 2003 beging die altehrwürdige Hansestadt Wismar stolz ihr »Schwedenjahr«. Fähnchen, das gelbe Kreuz auf blauem Grund, winkten dem Besucher von vielen Häusern entgegen. An Gebäuden lasen Vorübergehende die Aufschrift, Wismar habe seit 1648 zum schwedischen Reich gehört. Obwohl doch die Stadt, ebenso wie Vorpommern und Bremen-Verden 1648 lediglich als Reichslehen der schwedischen Krone zufielen! Mögen die jüngsten Bemühungen der Kommune auch finanziell motiviert gewesen sein, die Forschung unterstrich mit zahlreichen Publikationen jene »Schwedophilie«[1], die, wie einst die borussophile Historiografie, den Blick auf andere Arbeitsfelder zu verbauen droht.

Die langen Phasen schwedischer und preußischer Herrschaft über Vorpommern fanden und finden in wissenschaftlichen Arbeiten eine hohe Aufmerksamkeit[2]. In der vorliegenden Studie soll das Augenmerk jedoch auf ein beinahe vergessenes Kapitel pommerscher Geschichte gelenkt werden: auf die frühneuzeitlichen dänischen Bemühungen um Vorpommern und Rügen. Die Tatsache, dass Schweden den Kampf um ein Dominium maris Baltici im 17. Jahrhundert gewann, darf nicht dazu verleiten, die weitreichende Tradition des dänischen Anspruches auf Gebiete im südlichen Ostseeraum zu vergessen, ja, vergessen zu lassen.

Zumeist war nicht das militärische Vermögen beider Kontrahenten, Dänemark und Schweden, ausschlaggebend, sondern die Diplomatie. Auf dem politischen Parkett des 17. und 18. Jahrhunderts verfügte Upsala/Stockholm über einen mächtigen und dauerhaften Verbündeten: Frankreich. Eingebettet in ein französisches, gegen Habsburg gerichtetes diplomatisches Bündnissystem unterstützte Paris die Krone Schweden nach Kräften. Trotz ständiger dänischer militärischer Erfolge im Kampf um Vorpommern verblieb somit das wirtschaftlich und strategisch wichtige Territorium in schwedischer Hand. Hieraus resultiert letztlich die starke Ausrichtung der Forschung auf Schweden. Diese Arbeit will erste Ansätze zur Revision dieses Blickwinkels schaffen. Sie beabsichtigt auch, eine weitere Traditionslinie zu durchbrechen.

---

[1] Gemeinsame Bekannte; Im Hause des Herrn immerdar; Integration durch Recht; Hacker, Die Schwedenstraße.

[2] Vgl. Deutsche Geschichte im Osten Europas: Pommern; Pommern im Wandel der Zeiten; Lönnroth, Schwedisch-Pommern und das Königtum Schwedens im 18. Jahrhundert, S. 23–30; Tausend Jahre Pommersche Geschichte; Schwedenzeit; Wartenberg, 300 Jahre Schwedische Landesmatrikel.

Wann immer die deutsch-dänischen Beziehungen untersucht werden, steht beinahe ausschließlich die schleswig-holsteinische Problematik im Zentrum wissenschaftlicher Untersuchung[3]. Hier jedoch bietet sich auch eine Erweiterung dieses Blickwinkels, indem die dänischen Bemühungen um die südliche Ostseeküste in der Frühen Neuzeit thematisiert und untersucht werden.

Im Dezember 1715 gelang den Dänen mit der Eroberung Stralsunds die Errichtung der lang ersehnten Herrschaft über das nördlich der Peene gelegene Vorpommern. Jene bis 1721 anhaltende Phase vorpommerscher Geschichte bildet den Gegenstand der vorliegenden Arbeit. Der Aufbau einer neuen Verwaltung in dem eroberten Gebiet, Strukturen und Funktionsweisen der Kopenhagener und der regionalen Administration, ihre Beziehungen zu den Ständen werden ebenso erörtert wie die Mittel und Methoden der Herrschaftsausübung.

2. Forschungsstand und Quellenlage

Die dänische Herrschaft über das nördlich der Peene gelegene Vorpommern ist bis heute in der Forschung mit äußerster Stiefmütterlichkeit behandelt worden. Nach wie vor existiert keine wissenschaftliche Abhandlung, weder in Aufsatz- noch in Buchform, die sich der Thematik eingehend widmet. Und dennoch schwand das Wissen um die kurze dänische Herrschaft nie ganz aus den Köpfen der Wissenschaftler und historisch interessierter Laien. Schon Albert Georg Schwartz, der 1723 eine umfassende Schilderung der pommerschen Lehnshistorie veröffentlichte, verwies auf die lange Tradition dänischen Strebens nach dem Besitz Rügens und Stralsunds[4]. Über ein Jahrhundert später schilderte die in Stralsund erscheinende Zeitschrift »Sundine« dieses Phänomen auf unterhaltsame Weise. Ein unbekannter Verfasser schrieb dort:

> »Die Geschichte bietet in regelmäßiger Wiederholung mancher Begebenheiten oft sehr auffallende Erscheinungen dar; eine der sonderbarsten aber ist ohne Zweifel die, auf welche ich hier aufmerksam zu machen die Mühe wert halte, ja man wird beinahe versucht an ein neckendes Walten der Kobolde und Feen zu denken[5].«

Stralsund, das 1209 von Dänen erbaut sei, habe »regelmäßig«, am Anfang jedes Jahrhunderts mit Dänemark im Kampf gelegen, »immer zwischen den Jahren 9 und 29«. In den ersten drei Säkuli siegten die Städter[6], in den darauffolgenden die Dänen. Alle in den zwanziger Jahren stattfindenden Auseinandersetzungen habe Stralsund glücklich gemeistert, während die sich davor ereignenden Kämpfe immer

---

3   Beispiele aus jüngerer Zeit hierfür sind: Bjørn, 1814–1864, S. 13–259; Lengeler, Das Ringen um die Ruhe des Nordens; Findeisen, Dänemark.

4   Zur Eroberung Vorpommerns durch die Nordische Allianz urteilte er: »Dännemarck befriedigte sich damit, daß es nun einmal, das ihm, vor vielen 100 Jahren, schon so beliebt gewesene Fürstenthum Rügen und noch dazu einen Antheil von Pommern erhielte.« Schwartz, Versuch, S. 1361.

5   C.D., Stralsund und die Dänen, S. 150 f.

6   Seetreffen im Strelasund 1325, Dänische Landung vor Stralsund 1429 im Zuge des Krieges zwischen der Hanse und Erich von Dänemark und 1511 Landung der Dänen auf Rügen.

zu Ungunsten der Stadt verliefen. Zweifelsohne enthält der Beitrag im Detail viele Fehler, auch wird er wissenschaftlichen Ansprüchen nicht im Mindesten gerecht und doch präsentierte sein Verfasser einen bedeutsamen Fakt: die Dauerhaftigkeit des dänischen Machtstrebens. Später geriet jene historische Kontinuität dänischer Ansprüche auf Rügen und Vorpommern aus dem Blickfeld der Forschung. Bis heute erfährt sie nicht den ihr gebührenden Platz.

Die längste Phase dänischer Herrschaft fand und findet in vielen Publikationen Erwähnung. In wenigen Zeilen, selten in einem Absatz, erfährt der Leser etwa bei Kosegarten oder Schroeder, dass das Land 1715 bis 1720 »dänisch besetzt« gewesen sei[7]. Selbst diese Angabe enthält schon einen gravierenden Fehler, denn das nördlich der Peene gelegene Vorpommern ging erst am 17. Januar 1721 wieder in schwedischen Besitz über[8]. Der bis heute gängige Irrtum beruht auf dem 1720 erfolgten Friedensschluss zwischen Schweden und Dänemark. Dass jedoch die Übergabe eines Landes viel Zeit in Anspruch nimmt, bedenken die Verfasser nicht. Dabei war das Datum der Übergabe in der älteren Literatur durchaus bekannt. Gänzlich unverständlich scheint die Aussage des sonst sehr zuverlässigen Nestors der pommerschen Historiografie Wehrmann, der behauptet, das nördlich der Peene gelegene Vorpommern sei nach 1715 unter russische Herrschaft gefallen, zumal er wenige Seiten später in einem Nebensatz die dänische Herrschaft erwähnt.

Finden sich über die Jahreszahlen hinausgehende Angaben, so ist ihnen bestenfalls der Name des Generalgouverneurs zu entnehmen. Selbst die Biografen des dänischen Königs Friedrich IV. erwähnen dessen Herrschaft über Vorpommern nördlich der Peene kaum[9]. Die älteste deutschsprachige Monografie, die sich mit dem Leben des Monarchen ausgiebig befasst, begnügt sich mit wenigen Sätzen. Ihr Verfasser, der Hofhistoriograf Friedrichs IV., Andreas Hojer, teilt lediglich den Namen des Generalgouverneurs, des Regierungspräsidenten und des Stralsunder Kommandanten mit[10].

In den meisten Fällen sind selbst die wenigen Mitteilungen mit Fehlern überladen, etwa Gustav Kratz' Behauptung: »Der König von Dänemark ließ sich in Stralsund huldigen und das Schwedische Pommern in seinem Namen verwalten, bis es 1720 im Stockholmer Frieden wieder an Schweden zurückgegeben wurde[11]«? Auch Johannis Rassow ist im Unrecht, wenn er berichtet: »In den letzten Jahren des Krieges [...] stand Greifswald unter der Herrschaft der Dänen, die möglichst viel aus Stadt und Land herauspressten, weil sie einsahen, dass sie das Land dauernd nicht behalten würden«[12]?

---

7   Stellvertretend: Kosegarten, Die Geschichte der Universität Greifswald, S. 276 f.; Schroeder, Aus Rügens Vergangenheit, S. 40; Önnerfors, Svenska Pommern, S. 23, 36; Steffen, Kulturgeschichte von Rügen, S. 246, 257 f.; Wehrmann, Geschichte von Pommern, II, S. 198, 215.
8   So bei: Gadebusch, Grundriß der Pommerschen Geschichte, S. 256.
9   Dehn-Nielsen, Frederik 4.
10   Hojer, König Friederich des Vierten glorwürdigstes Leben, S. 291.
11   Kratz, Die Städte der Provinz Pommern, S. 492.
12   Rassow, Greifswald unter schwedischer Herrschaft, S. 346.

Sofern ein Autor überhaupt zu einem Urteil über die dänische Herrschaft gelangt, fällt es beinahe immer negativ aus[13]. Ernst Moritz Arndt richtet über die Jahre des Großen Nordischen Krieges in Pommern:

> »Karl der Zwölfte (1697–1718) leuchtete nur wie ein Komet, um alles zu verderben was ihm angehörte. Unser Vaterland ward in seinen letzten Jahren schrecklich mitgenommen durch Schwert und Feuer, durch Hunger und Pest. Die folgende anarchische Regierung war nicht gemacht, uns zu helfen, noch dem schwedischen Vaterlande[14].«

Nahtlos greift hier Schwedenzeit in Schwedenzeit, kein Bruch ist zu erkennen. Der Krieg hinterließ nur Unordnung. Auch moderne Autoren, die sich einem bestimmten Gegenstand der pommerschen Historie widmen, betrachten die schwedische Herrschaft unter einem zeitlich geschlossenen Rahmen. Der Einschnitt der Jahre 1715–1721 wird keiner Betrachtung unterzogen. Jan Peters konstatiert zwar für die Zeit des Großen Nordischen Krieges eine deutliche Verschlechterung der bäuerlichen Rechtslage, betrachtet jedoch nur schwedische Quellen. Damit entzieht sich sein Urteil einer für Dänisch-Pommern gültigen Aussage, obgleich der Verfasser der »Landarmut« den Zeitraum bis 1721 gänzlich ohne Belege in seine Argumentation mit einbezieht[15]. Roderich Schmidt teilt im zwölften Band der Historischen Stätten Deutschlands fälschlicherweise mit, nach 1720 seien die schwedischen Behörden nach Stralsund verlegt worden. Auch die Behauptung Rassows, die Dänen hätten ihre Besetzung von Beginn an nur als vorübergehend betrachtete, hält sich bis in die heutige Zeit[16].

In einer neueren Monografie zur Geschichte des alten Adelsgeschlechtes von Dewitz wird sogar behauptet, Franz Joachim von Dewitz habe mit seinem dänischen Sturmangriff auf die Festung Stralsund den Grundstein für eine künftige preußische Herrschaft im Land gelegt. Gerd Heinrich scheut sich nicht zu behaupten, mit dem Sturmangriff auf Rügen und Stralsund »waren für Brandenburg-Preußen, das Vaterland seiner pommerschen, an seiner Seite kämpfenden Vettern, die Weichen gestellt für den Erwerb von Stettin und *Neu-Vorpommern* [Hervorhebung – M.M.] mit Anklam und Demmin«[17]. Dass es überhaupt ein dänisches Vorpommern gab, lässt Heinrich völlig unbeachtet. Preußen hat bekanntlich erst hundert Jahre später die Herrschaft in Neuvorpommern[18] übernommen. Welchen Anteil ein Franz Joachim von Dewitz (zur Biografie siehe Kap. III) daran haben soll, bleibt verborgen, immerhin war er der erste dänische Generalgouverneur im nördlich der Peene gelegenen Vorpommern.

---

[13]   Neben den hier geschilderten Beispielen: Wehrmann, Pommern vor zweihundert Jahren, S. 36.

[14]   Arndt, Versuch einer Geschichte der Leibeigenschaft, S. 131.

[15]   Peters, Die Landarmut, S. 101, 187 f.

[16]   Schmidt, Geschichtliche Einführung Pommern, S. XXIII–LII; in diesem Sinne auch: Önnerfors, Svenska Pommern, S. 23. »Sie [die dänische Herrschaft – M.M.] hatte auf die Stadt keine sonderlichen Auswirkungen, da sie von den Dänen anscheinend nur als etwas Vorläufiges betrachtet wurde.« Wächter, Greifswald in der Schwedenzeit, S. 92.

[17]   Heinrich, Staatsdienst und Rittergut, S. 120 f.

[18]   Die Bezeichnung »Neu-Vorpommern« wurde nach dem Friedenschluss von 1720 geprägt und fand seit diesem Zeitpunkt synonyme Anwendung für den Begriff »Schwedisch-Vorpommern«.

Die Liste der Desiderate und Fehlinterpretationen ließe sich beliebig fortsetzen. Erst in jüngster Zeit beginnt das Interesse an der dänischen Herrschaft über Vorpommern zu wachsen. Die schmerzlich empfundene Lücke bringt nun Ansätze einer ernst zu nehmenden Forschung hervor. Nils Jörn widmet in seiner biografischen Sammlung »Servorum Die Gaudium« immerhin fast drei Seiten der Tribunalsarbeit der dänischen Regierung[19]. Tendenziell ist Jörns Wertungen zuzustimmen. Er arbeitete selbst nur mit wenigen Akten der Tyske Kancelli (Deutsche Kanzlei). Sehr detailliert schildert Jörn hingegen in einem ebenfalls 2003 erschienenen Aufsatz die Rückgabe der nach Stralsund verbrachten Tribunalsakten an die Schweden durch den »Regierungsrat John«[20].

In populären Veröffentlichungen fand die Dänenzeit ebenfalls nur selten Erwähnung. In der von Biederstedt, Fritze, Mai und Wilhelmhaus erarbeiteten Darstellung über Greifswald findet sich beispielsweise nur der lapidare Hinweis, 1712/13 hätten sich sächsische, russische und dänische Verbände in der Stadt aufgehalten[21]. Auch in der dänischen Literatur, selbst in themenspezifischen Abhandlungen zur Post-, Finanz-, Verwaltungs-, Wirtschafts- oder Militärgeschichte sucht der Leser zumeist vergebens nach Anhaltspunkten über die dänische Herrschaft in Vorpommern. Der bekannte und nach wie vor operationsgeschichtlich wertvolle »Bidrag til store nordiske krigs historie« des dänischen Generalstabes[22] zeigt zwar detailliert den Weg der Eroberung Vorpommerns, bricht jedoch mit dem Sieg über Stralsund die Darstellung ab. Anders Mourad Møllers kenntnisreiche Abhandlung über die Geschichte des dänischen Postwesens erwähnt zwei der in Bezug auf die Verwaltung Vorpommerns wichtigsten Persönlichkeiten, ohne auf ihre Biografie einzugehen. Rügen und Vorpommern selbst lässt auch er unerwähnt[23]. Ob in Henrik Becker-Christensens voluminöser Abhandlung zur dänischen Zollgeschichte 1660–1814[24], in Knud Jespersens jüngster Darstellung der dänischen Außenpolitik[25] oder anderen Arbeiten über die dänische Verwaltung unter Friedrich IV.[26], nirgends finden sich Hinweise auf die fünfjährige Herrschaft über das kleine deutsche Ostseeterritorium. Lediglich am Rande bezieht Boisen Schmidt das in der Kopenhagener Rentekammer errichtete Kammerkontor für Rügen und Vorpommern in seine Betrachtungen mit ein[27]. Die Geschichte der frühneuzeitlichen dänischen Verwaltung ist in der dänischen Historiografie beispielgebend aufgearbeitet. Zahlreiche Publikationen präsentieren den Aufbau der

19 Servorum Die Gaudium, S. 299–301.
20 Jörn, Das Archiv des Wismarer Tribunals, S. 376, 379–384.
21 Biederstedt/Fritze/Mai/Wilhelmhaus, Greifswald, S. 59; Uhsemanns Zeitungsartikel zur »Dänenzeit« erwähnt lediglich den Bau des Stralsunder Getreidemagazins in der Schillstraße 38 durch die Dänen. Uhsemann, Erinnerungen an Stralsunds Dänenzeit, S. 1.
22 Bidrag til den Store Nordiske Krigs Historie, I–X.
23 Møller, Postrytter.
24 Becker-Christensen, Dansk Toldhistorie, II.
25 Jespersen, 1648–1720, S. 13–199.
26 Dansk Forvaltningshistorie, I, S. 159–221; Boisen Schmidt, Studier over Statshusholdningen, I; Christiansen, Bidrag til dansk Statshusholdnings Historien, I–II; siehe auch Kap. III.2.a.
27 Boisen Schmidt, Studier over Statshusholdningen, I., S. 119, 265, 340 f.

Zentral- und Regionalverwaltung im absolutistischen Staat und speziell unter Friedrich IV.

Während die dänische Herrschaft in der Literatur also kaum Niederschlag fand, sind die Zeiträume vor 1715 und ab 1721 sowohl in allgemeinpolitischer[28] als auch verwaltungstechnischer Hinsicht für Schwedisch-Pommern gut erfasst[29]. Jene Forschungen bieten eine Grundlage zur Erörterung der Frage nach Kontinuität oder Diskontinuität im Vergleich zur dänischen Herrschaft. Darüber hinaus basieren die hier dargebotenen Erkenntnisse auf der intensiven Auswertung der handschriftlichen Überlieferung. Als ergiebigstes Archiv erwies sich das *Kopenhagener Reichsarchiv*. Dort befinden sich sowohl die Akten der Regierungskanzlei Stralsund[30] als auch die des Pommern-Rygens-Kontors der Rentekammer[31]. Die Akten der »Regeringskancelliet i Stralsund« umfassen 300 Konvolute, die des Pommern-Rygens-Kontors sind von ähnlichem Umfang. Beide Bestände sind nicht nur deshalb von hervorragendem Wert, weil sie sämtliche Anordnungen der Regierungskanzlei, den Ablauf der Arbeiten innerhalb der Kanzlei bis ins Detail nachvollziehbar werden lassen[32], den Briefwechsel zwischen Generalgouverneur, Oberlanddrost (Regierungspräsident) und königlicher Regierung auf der einen und dem dänischen Herrscherhause auf der anderen Seite dokumentieren –, sondern auch deshalb, weil sie Einblicke in außenpolitische Verhandlungen vermitteln, die Vorpommern betreffen. Gerade das dänisch-preußische Verhältnis in dem nun zweigeteilten Land wird so ersichtlich. Stefan Hartmann hat in einer umfassenden Monografie die dänisch-preußischen Beziehungen im 18. Jahrhundert ausführlich beleuchtet. Hier widmete er sich auch der Phase des Großen Nordischen Krieges. Insofern sollen nunmehr die von Hartmann vorgelegten Ergebnisse vertieft werden[33]. Zur Beleuchtung dieses Aspektes sind die Bestände der Tyske Kancelli ebenfalls aufschlussreich. Die handschriftliche Überlieferung des Reichsarchivs erfährt eine sinnvolle Ergänzung durch handschriftliches und gedrucktes zeitgenössisches Material der *Kongelige Bibliotek*.

Im *Stralsunder Stadtarchiv* gelagerte Bestände spiegeln insbesondere das dänische Militärwesen und Fragen der Einquartierung und des Einsatzes der im Lande befindlichen Truppen wider. Die unter Repertorium 33[34] verzeichneten Akten sind im Hinblick auf deren Unterhalt und ihre Finanzierung aufschlussreich. Erneut lässt sich die Frage nach Kontinuität gegenüber der Schwedenzeit erörtern. Zudem bietet Stralsund regional-historisch relevante Archivalien, die einen Eindruck vom Leben in der Stadt geben und Auswirkungen der dänischen Besetzung detailreich

---

28   Hier genügt es, einige wenige Beispiele anzuführen: Böhme, Die Krone Schweden als Reichsstand, S. 33–39; Böhme, Vorpommern und die Herzogtümer Bremen-Verden, S. 67–81.

29   Stellvertretend: Backhaus, Reichsterritorium und schwedische Provinz, S. 47–54; Buchholz, Öffentliche Finanzen.

30   Reichsarchiv Kopenhagen (RAK) Reg 88 Midlertidigt Besatte Lande Fremmed Proveniens Norske Sager: Regeringskancelliet i Stralsund.

31   RAK Reg 50 Rentekammer: 10. Pommern Rügens Kontor 1716–20 (fortan: RAK RK P-R-K).

32   So enthalten die beiden Bestände Angaben über sämtliche eingehende und ausgehende Post mitsamt dem jeweiligen Inhalt. Jegliche gerichtliche Streitigkeiten sind in ihnen genau skizziert.

33   Hartmann, Die Beziehungen Preußens zu Dänemark, S. 21–109.

34   StadtA Stralsund Rep. 33 Quartierkammer und Steuerverwaltung der Stadt Stralsund.

belegen. Zu diesem Typus sind zu rechnen: die unter Repertorium 3[35] aufgeführten Ausführungen, Erlasse und Dekrete des Rates 1711–1800, die Protokolle des Kammergerichts 1716–1719, die des Niedergerichts sowie weitere Akten, die fiskalische Angelegenheiten behandeln. Im Repertorium 13[36] finden sich Unterlagen über landständische Deputationen nach Kopenhagen, über Probleme der Landesverfassung sowie über verwaltungstechnische Vorbereitungen vor dem dänisch-schwedischen Friedensschluss.

Neben den Archiven in Kopenhagen und Stralsund konnte im Verlauf der Arbeit auch auf die Bestände des *Stadtarchivs Greifswald* zurückgegriffen werde. Aufschlussreich sind dort die unter Repertorium 5 verzeichneten Akten[37]. Das Verhältnis Regierung – Landstände, das von dem dänischen Bemühen um Zerschlagung des städtischen und ritterschaftlichen Einflusses geprägt wurde, ist aus ihnen ersichtlich. Die Rolle des Militärs als zuverlässige Stütze des neuen Landesherrn kommt einmal mehr zum tragen. Aus dem *Universitätsarchiv Greifswald* erschließt sich das dänische Bestreben, einen verstärkten landesherrlichen Einfluss auf Pommerns wissenschaftliches Zentrum durchzusetzen. Auch Akten des *Landesarchivs Greifswald* wurden in die Arbeit einbezogen. Die im Repertorium 40 des Landesarchivs (Handschriftensammlung) verzeichneten Bestände sind von herausragendem Wert für die Untersuchung, da sie zeitgenössische Abhandlungen über die Geschichte Pommerns 1710–1725 ebenso enthalten wie zeitgenössische Aufzeichnungen zur pommerschen Verwaltungs- und Verfassungsgeschichte. Studien im *Staatsarchiv Stettin*, im *Kreisarchiv Bergen* sowie in kleineren *Pfarrarchiven* vertieften die in den anderen Archiven gewonnenen Erkenntnisse.

Da die Arbeit zwar zeitlich sehr eng gefasst, jedoch thematisch breit angelegt ist, bietet sich eine vertiefende Literaturdiskussion, die den jeweiligen Forschungsstand repräsentiert, in den einzelnen Kapiteln an.

3. Methodischer Ansatz, Arbeitsbegriffe

Im Zentrum der Betrachtung steht die Herrschaftsausübung eines Landes über ein bislang ihm nicht zugehöriges Gebiet. Die Arbeit ist, wie mehrfach betont, die erste Darstellung zur dänischen Verwaltung Vorpommerns 1715–1721 überhaupt. Schon aus diesem Grunde muss zwingend, entgegen dem allgemeinen historiografischen Trend, eine strukturelle Betrachtung der dänischen regionalen Administration im Vordergrund stehen.

Gerade im Bereich der Erforschung von »Okkupation«, »Besatzung«, »Fremdherrschaft/neu errichteter Herrschaft« ist ein deutliches Defizit theoretischer Ansätze unleugbar[38]. Vergleichenden Studien über mehrere Besetzungen, die überaus lohnend wären, fehlt das nötige methodische Rüstzeug. Selbst die ausgedehnte

---

[35] StadtA Stralsund Rep. 3 Gerichtswesen.
[36] StadtA Stralsund Rep. 13 Stralsund in den Landständen.
[37] StadtA Greifswald Rep. 5 Städtische Akten.
[38] Hierzu: Mehrkens, »Besatzung. Funktion und Gestalt militärischer Fremdherrschaft«, S. 88–90.

Forschung zur Okkupationspolitik im Zweiten Weltkrieg liefert zumeist sehr akribische, faktenreiche Studien, die leider wenig zu einer nötigen Modellbildung beitragen[39]. Zur systematischen Aufarbeitung von Besetzungen entwickelte Helmut Stubbe-da Luz ein »sozialhistorisches Okkupations-Modell«, das sich trotz zahlreicher Mängel auch für diese Arbeit als nützlich erwies[40]. Vielleicht trägt die Arbeit mit zur Verfeinerung des von Stubbe-da Luz erstellten Instrumentariums bei. Der bedeutendste Mangel der Thesen des Hamburger Historikers besteht darin, dass er von zwei anfänglich souveränen Staaten (F und H) ausgeht, die sich in einem militärischen Konflikt gegenüberstehen, und von denen der eine den anderen schließlich vollständig okkupiert[41]. Auf die staats- und völkerrechtliche Situation des Alten Reiches ist dieses Axiom nur sehr bedingt anwendbar. Im Falle des von Dänemark verwalteten Vorpommerns beispielsweise besetzte ein Land (F = Dänemark) nur einen völkerrechtlich autonomen Bestandteil eines anderen Landes (H = Schweden), der nach wie vor dem Heiligen Römischen Reich angehörte. Hier müsste also eine dritte Kategorie in Stubbes Modell eingefügt werden, mit dem frühneuzeitliche, einem Staatsverband oder einer Krone zugehörige Territorien, wie sie in der Frühen Neuzeit üblich waren, erfasst würden. (z.B. I = Herzogtum Vorpommern, oder H i – um die Dependenz vom vormaligen Besitzer zu verdeutlichen). Ohne diese Erweiterung bliebe Stubbes Ansatz auf die moderne Staatenwelt des 19. und 20. Jahrhunderts beschränkt. Und selbst hierfür fehlt die regionale Perspektive. Stubbe-da Luz ist sich der Tatsache bewusst, dass sein Modell wohl hauptsächlich auf die beiden vergangenen Jahrhunderte anwendbar ist. Wird jedoch die deutsche Okkupationspolitik während des Zweiten Weltkrieges untersucht, so gab es eben nicht nur vollständig besetzte Staaten, wie Norwegen, Dänemark, Belgien etc., sondern auch regionale Okkupationen von Gebieten, deren ursprüngliche Inhaber weiterhin politisch und militärisch handlungsfähig blieben (z.B. Ukraine, Weißrussland). Auch hier fehlt also die Kategorie I.

Ein zweiter wesentlicher Mangel der Thesen Stubbes besteht in der Motivationsanalyse der Besatzungsmacht[42]. Stubbe-da Luz nennt folgende mögliche Absichten einer Okkupation: 1.) Ausschaltung der gegnerischen Macht, 2.) Ausübung

---

[39] Etwa: Angrick, Besatzungspolitik und Massenmord. Angrick verzichtet gänzlich auf einleitende methodische Betrachtungen. Ihm, wie anderen Autoren auch, liegt an einer empirisch gestützten nüchternen Darstellung der Tatsachen. Werden methodische Überlegungen zu Papier gebracht, so beziehen sie sich zumeist auf den konkreten Einzelfall. Sehr interessante, jedoch nur auf den Zweiten Weltkrieg bezogene Ausführungen zum Thema Kollaboration bieten: Dieckman/Quinkert/Tönsmeyer, Editorial, S. 9–21.

[40] Stubbe-da Luz, Occupants-Occupés, S. 51–88; Stubbes zweiter, aus dem Jahre 2000 stammender Aufsatz erweitert das 1998 dargebotene Model nur unwesentlich. Er bietet in erster Linie ein zweites Beispiel für die Anwendbarkeit seines Schemas. Stubbe-da Luz, Occupants-Occupés. Französische Statthalterregimes, S. 207–234.

[41] Stubbe-da Luz, Occupants-Occupés/Hansestädte, S. 53, 59, 63, 71. Auch dieser Ansatz blieb 2000 unverändert. Stubbe-da Luz, Occupants-Occupés/Lauenburg, S. 211 f.

[42] In seinem Lauenburg-Aufsatz schreibt Stubbe, dass sich die Motive der »Interventionsmacht F« »restlos« auf den Willen zum Machtgewinn, Erhöhung des eigenen Reichtums und Prestiges zurückführen ließen. Stubbe-da Luz, Occupants-Occupés/Lauenburg, S. 212. Er berücksichtigt hierbei nicht, das F im Zuge von Kampfhandlungen zur Besetzung gegnerischen Gebietes durch militärisches Erfordernis genötigt sein kann.

der Herrschaft, bis die eigenen Interessen am fremden Land befriedigt sind und sie sich nicht mehr lohnt, 3.) Rückzug aus militärischem Erfordernis, also durch gegnerischen Zwang, 4.) Aufrechterhaltung der Herrschaft, bis sich die Besetzten an die neue Herrschaft gewöhnen[43]. Da Stubbe diesen letzten Punkt als eine allmähliche Entwicklung im Zuge der Besetzung selbst sieht, fehlt eine Kategorie gänzlich, nämlich die von Beginn an bestehende Motivation einer Besatzungsmacht, das gewonnene Gebiet vollständig und dauerhaft zu sichern und seinem Herrschaftsbereich einzuverleiben. Dieser Fall traf, wie nachfolgend aufgezeigt, beispielsweise auf das in den Jahren 1715 bis 1721 dänisch besetzte Vorpommern zu. So gab es im dänisch verwalteten Vorpommern keine Phase des »Bewacht-und-ausgebeutet-werden«, die Stubbe-da Luz für die »Franzosenzeit« in Norddeutschland konstatiert[44].

Darf hierbei überhaupt von »Okkupation« oder Besatzung gesprochen werden? Empfanden sich die Dänen als »Okkupanten« in einem fremden Territorium? Im Folgenden wird der Begriff »Okkupation« vermieden und durch »Herrschaft« oder »Verwaltung« ersetzt, ohne jedoch Stubbes Modell aus dem Auge zu verlieren.

Von den drei »Okkupationsmodellvarianten«[45] Stubbes, ist die der »expansionistischen Okkupation« am ehesten auf die Situation im dänischen Vorpommern übertragbar. Zu der innerhalb dieser Kategorie erfassten »Annektions-Okkupation« schreibt Stubbe-da Luz:

> »H wird sofort oder nach einer gewissen Zeit in F einverleibt und seine Bevölkerung wird bis zu ihrer Assimilierung einem diskriminierenden Sonderstatus formeller oder informeller Art unterworfen[46].«

Abgesehen von den bereits geschilderten Mängeln und der auch dieser Formulierung anhaftenden deutlichen Ausrichtung auf das 19. und 20. Jahrhundert, wird im weiteren Verlauf der Arbeit untersucht, inwieweit die Dänen die rechtlichen, wirtschaftlichen und sittlich-kulturellen Gegebenheiten Vorpommerns und Rügens in ihrer Besatzungspolitik berücksichtigten und inwieweit innerhalb von nur fünf Jahren eine Assimilation an die dänischen Verhältnisse überhaupt möglich war.

Der Ansicht Stubbe-da Luz' folgend, muss Besatzung, zumindest bei Beginn ihrer Erforschung, aus der Perspektive des Besatzers rekonstruiert werden[47]. Denn das »dynamische Zentrum« Kopenhagen bestimmte schließlich die Regeln der eigenen Herrschaft. Von dort aus wurde die Verwaltung 1715/16 etabliert. Erst wenn die Grundzüge ihres Aufbaus dargelegt sind, kann die Sicht des »Besetzten«, sein Leben unter der fremden Herrschaft rekonstruiert werden. Strukturgeschichte und eine anschauliche Schilderung des Geschehenen, der Lebenswirklichkeit und des Alltags der in den Strukturen lebenden Menschen schließen sich hierbei kei-

---

43   Stubbe-da Luz, Occupants-Occupés/Hansestädte, S. 53 f.

44   Stubbe-da Luz, »Franzosenzeit«, S. 66–81.

45   Disziplinierungs-/Eliminierungs-, expansionistische und Subsidiär-Okkupationen. Stubbe-da Luz, Occupants-Occupés/Hansestädte, S. 78–81; Stubbe-da Luz, Occupants-Occupés/Lauenburg, S. 213.

46   Stubbe-da Luz, Occupants-Occupés/Hansestädte, S. 78; Stubbe da Luz, »Franzosenzeit«, S. 306–308.

47   Stubbe-da Luz, Occupants-Occupés/Hansestädte, S. 56; Stubbe da Luz, »Franzosenzeit«, S. 15.

neswegs aus. Die geistige Durchdringung und schriftliche Erfassung des Vergangenen erfordert eine möglichst präzise Sprache. Sie stößt jedoch schnell an eine Grenze durch den Zwang zur Abstraktion, also Vereinfachung des tatsächlich Geschehenen.

So bestimmen beispielsweise nie einzelne Persönlichkeiten allein den Lauf der Dinge, auch nicht der absolutistische König Friedrich IV. Wird etwa nachfolgend von *Befehlen und Anordnungen des Königs* gesprochen, so ist dieser Ausdruck im Grunde zwar richtig, birgt jedoch Verzerrungen in sich, da hinter der königlichen Entscheidung die Zuarbeit zahlreicher Behörden und Beamter steht und der Einfluss enger Berater verschwiegen wird. Ist hingegen von *Regierungsentscheidungen* die Rede, so darf dies den berechtigten Zweifel des Lesers zur Folge haben, denn Formulierungen wie »Im September 17 [...] entschied die Stralsunder Regierung ...« unterstellen Handlungsspielräume, die selten bestanden. Und dennoch sind derartige Vereinfachungen unvermeidbar, wenn man nicht bei jedem beschriebenen Befehl den gesamten Entscheidungsprozess über alle administrativen Ebenen hinweg aufzeigen will. Zudem bildete das tägliche Verwaltungsgeschäft die Arena beständiger Machtkämpfe, nicht zuletzt zwischen der zentralen und der lokalen Administration.

Wenn im Folgenden von einer *dänischen* Regierung in Stralsund, *dänischen* Beamten[48], den *Dänen* in Pommern berichtet wird, darf nicht übersehen werden, dass es sich sowohl in der Bürokratie als auch im militärischen Apparat beinahe ausschließlich um Deutsche in Diensten Kopenhagens handelte[49]. Der Begriff »Beamter« wird im Zuge dieser Arbeit ausschließlich im modernen Sinne verwandt und auf sämtliche Staatsdiener bezogen, obwohl hiermit im 17. Jahrhundert zumeist nur die Vorsteher der Ämter, die Amtleute bezeichnet wurden. Diese Verfahrensweise hat sich auch in der dänischen Literatur durchgesetzt, die *Amtmænd* (Amtleute) von *Embedsmænd* (Beamten) unterscheidet. Der hohe Anteil der Deutschen in der dänischen Verwaltung und im dänischen Militär ist letztlich auf den Absolutismus zurückzuführen. Der Einsatz von Ausländern in hohen Ämtern erlaubte eine Einflussminderung des einheimischen Adels und somit eine Stärkung der Königsmacht. Auch die Akten des pommersch-rügischen Kontors, der Rentekammer und die der Regierungskanzlei sind sämtlich in deutscher Sprache verfasst[50]. Friedrich IV. beherrschte im Gegensatz zu seinen Eltern Deutsch besser als die Landessprache[51].

Bereits in den vorstehenden Erörterungen zum Okkupationsmodell von Stubbe-da Luz wurde angedeutet, dass im Hinblick auf die Situation in Vorpommern 1715–1721 der Begriff »Besatzung« problematisch ist. Im Folgenden wird er weitgehend vermieden, denn die Dänen betrachteten das Gebiet 1715 als dauerhaft zu ihrem Herrschaftsbereich gehörend. »Besatzung« intendiert sowohl eine zeitliche

---

48   Vgl. Kap IV.2.a.
49   Holm, Danmark-Norges indre Historie, S. 34–39.
50   Zum Einfluss der deutschen Sprache auf die dänische Verwaltung im beginnenden 18. Jahrhundert: Winge, Dänische Deutsche – deutsche Dänen, S. 183–202.
51   Ebd., S. 189 f.

Befristung der Herrschaft als auch eine negative Wertung der Rechtmäßigkeit eines neu gewonnenen Gebietes. Eine anfängliche und ausschließliche Gewaltausübung durch das Militär gab es nicht, sondern Kopenhagen installierte sofort nach der Übergabe Stralsunds eine eigene zivile Administration, die auch in militärischen Angelegenheiten die Federführung übernahm. Zudem befanden sich Vorpommern und Rügen ab dem 25. Dezember 1715 nach damaligem völkerrechtlichen Verständnis legitim in dänischer Hand, auch wenn keine offizielle Belehnung durch den Kaiser stattgefunden hatte.

Wann gilt ein Territorium als besetzt und wann gehört es legitim zum Herrschaftsbereich des Staates? Interessanterweise gelangt Maren Lorenz in ihrem Vortrag zu der Ansicht, Vorpommern sei in der zweiten Hälfte des 17. Jahrhunderts schwedisch besetzt gewesen[52]. Eine sehr eigenwillige Konstruktion, gehörte doch Vorpommern als erbliches Reichslehen der schwedischen Krone, ein Fakt, den niemand im 17. Jahrhundert ernsthaft angezweifelt hätte. Schließlich basierte der völkerrechtliche Status Vorpommerns und Rügens auf dem internationalen Vertragswerk des Westfälischen Friedens.

Mit dem Begriff »Besatzung« sollte deshalb sehr vorsichtig umgegangen werden. Er trifft eine wertende Aussage über Rechtmäßigkeit und Begrenztheit der jeweiligen Herrschaft. Die völkerrechtliche Legitimität von Kriegshandlungen spielt in der ihnen vorausgehenden Argumentation eine erhebliche Rolle[53].

Soll tatsächlich aus heutiger Sicht über den völkerrechtlichen Status Vorpommerns in den Jahren 1715–1721 geurteilt werden, so erscheinen die damals zwischen den Parteien geschlossenen Verträge, die theoretischen Ansätze der damaligen Rechtsgelehrten und vor allem die Absicht des dänischen Eroberers ausschlaggebend.

Führende Völkerrechtler des 17. Jahrhunderts stimmten darin überein, dass durch einen rechtmäßigen Krieg vom Feind erworbene Güter sich zu Recht in den Händen des Eroberers befanden[54]. Samuel von Pufendorf und andere Autoren knüpften an die ursprünglich theologische, nun jedoch säkularisierte Lehre vom »gerechten Krieg« an. Das sich allgemein im 17. Jahrhundert verdichtende Völkerrecht basierte unter anderem auf der Anerkennung der Souveränität und Gleichheit der weltlichen Herrscher und Staaten. Diese Prinzipien warfen jedoch die ungelöst bleibende Frage einer urteilenden dritten Kraft auf. Eine Bewertung der Legitimität von Eroberungen blieb damit letztlich der subjektiven Auslegung der handelnden Mächte unterworfen[55]. In Bezug auf das von dänischen Truppen 1715

---

52   Prass, Tagungsbericht »Gewalt in der Frühen Neuzeit«, S. 62.

53   Etwa: Manifest oder Eine summarische Declaration über Die rechtmäßige/ und Hochwichtige Uhrsachen/ welche bewogen/ und gleichsam gezwungen haben Seine Königl. Majestät zu Dännemarck/ und Norwegen [...] dessen Reiche/ und Länder gegen des Königs von Schweden [...] Gewaltthätigkeiten zu beschirmen/ und mit dem Recht der Völker zugelassenen Mitteln/ mit Höchstem Beystand in zulängliche Sicherheit zu setzen, Copenhagen 1709.

54   Pufendorf, Acht Bücher vom Natur- und Völkerrecht, S. 947–949.

55   Steiger, Ius bändigt Mars, S. 74–83; Würffel, Ein gedoppeltes Lehn, S. 90 f.; von Bohlen und Engelbrecht an Stände vom 20. April 1717, StadtA Greifswald Rep. 5 Nr. 1339, Bd 2.

eroberte Vorpommern sprechen die Quellen vom legitimen Erwerb durch das Recht der Waffen. So hieß es etwa in der 1716 verkündeten Lehnpredigt:

> »Es ist Se. Königl. Maytt. Von Dännemarck jetzo rechtmäßiger Herr dieses Landes auch deßwegen/ weil Er es durch das Recht der Waffen/ als rechtmäßiges Mittel/ gewonnen. Das der Krieg/ wenn derselbe gerecht ist/ ein rechtmäßiger Weg und Mittel sey/ Herr eines Landes zu werden/ versichert die Heil. Schrift«.

Dass ein im Krieg erobertes Gebiet nicht nur aus Sicht des Eroberers selbst, sondern mitunter auch von einem militärischen und politischen Konkurrenten als rechtmäßig anerkannt wurde, zeigt die propagandistische Argumentation vor und nach dem dänischen Kriegseinritt im Jahre 1709. Schwedischerseits wies ein Traktat auf die rechtmäßige Inbesitznahme Vorpommerns im Dreißigjährigen Krieg hin und unterstrich dabei, dass Dänemark, so es in seiner Macht gestanden hätte, ebenso gehandelt haben würde:

> »Hochgedachter König von Schweden kam zu dem Teutschen Kriege aus eben der Uhrsach/ die den damahligen König von Dennemarck bewogen hatte die Waffen gegen das Hauß Österreich zu ergreifen/ wird also hoffentlich kein Däne/ das jenige/ was er an Christiano IV. rühmet/ an Gustavo Adolpho tadeln [...] Daß aber in solchem Frieden der Cron Schweden gewisse Teutsche Provintzen abgetreten worden/ darauff hat wol kein Mensch auf der Welt etwas zu sagen. Eine 18.jährige so blutige Bemühung verdiente wol einige Erkenntlichkeit. Pommern war damals ein vacantes Reichs-Lehn/ [...] Wann Dennemarck auff gleiche Art Land und Leute gewinnen kann/ wird sich niemand dagegen setzen[56].«

Das entsprechende schwedische Traktat konnte nicht ermittelt werden, sodass hier aus der dänischen Entgegnung zitiert wird. Eine sowohl vom Titel als auch von der zeitlichen Zuordnung passende schwedische Schrift enthält diesen Wortlaut nicht.

Aus Sicht Schwedens spricht dennoch einiges für die Verwendung des Begriffes »Besatzung« zur Charakterisierung der dänischen Herrschaft über Vorpommern, etwa die Tatsache, dass kein Friedensschluss dem Dänenkönig seinen neu gewonnenen Besitz garantierte, oder dass Friedrich IV., im Gegensatz zu Schweden, keine kaiserliche Belehnung vorweisen konnte. Hier ist nicht Stellung für oder gegen eine der beiden Kriegsparteien zu ergreifen. Mit der Verwendung des Begriffes »Besatzung« wäre dies aber der Fall, also wird er vermieden.

Stubbe-da Luz ist zuzustimmen, wenn er den grundsätzlich vergänglichen Charakter von Okkupationen hervorhebt[57]. Eine Besatzung ist immer eine vorübergehende Erscheinung, unabhängig von ihrem Ausgang. Ob die Besatzungsmacht durch Waffengewalt oder Diplomatie wieder zurückgedrängt oder aber, ob es ihr gelingt, das neu gewonnene Gebiet tatsächlich dauerhaft in den eigenen Herrschaftsraum zu integrieren, ist hierbei irrelevant. In jedem Fall ist die Okkupation

---

[56] Vgl. Kurtze Anmerckungen über die mit gar zu unrichtigem Gewichte geschehene Erwegung der unvorgreifflichen Gedancken über das letzte dänische Manifest zu Bestätigung der Warheit gegen alle passionirte Verdrehung derselben herausgegeben, o.O. 1710, S. 9 f.; Unvorgreiffliche Gedancken eines Schwedischen Unterthanen. Über das jüngst herausgegebene Dänische Manifest, o.O. 1709.

[57] Stubbe-da Luz, Occupants-Occupés, S. 53−56.

zeitlich begrenzt. Aus Sicht Dänemarks gab es nicht zuletzt aus diesem Grunde überhaupt keine »Besatzung« nach dem 24. Dezember 1715!

Eben weil es sich vom landesherrlichen Standpunkt aus also um keine widerrechtliche Okkupation, sondern um eine allgemein anerkannte »Verwaltung« Vorpommerns handelte, darf der Begriff »*Provinz*« synonym für das Herzog- und das Fürstentum verwandt werden. Obwohl Vorpommern und Rügen streng juristisch genommen keine Provinz des schwedischen oder dänischen Reiches darstellten, ist dieses Wort doch schon in der älteren Literatur für beide Territorien gebräuchlich[58].

Hieran knüpft sich die Frage, ob und wie das unter dänischer Verwaltung stehende Gebiet verkürzend bezeichnet werden darf. Otto Frederick Vaupell berichtet, dass das Land nach der Besetzung fünf Jahre »Dähnisch Vorpommern« hieß[59]. Diese Behauptung ist falsch, denn in den offiziellen Dokumenten ist grundsätzlich und ausschließlich vom Herzogtum Vorpommern und dem Fürstentum Rügen die Rede[60]. Dennoch hält der Verfasser diese Bezeichnung für sinnvoll, verdeutlicht sie doch eine von den Dänen dauerhaft geglaubte Inbesitznahme.

Während Stubbes-da Luz' Okkupationsmodell von einem chronologischen Aufbau ausgeht, wird hier eine phänomenologische Ordnung bevorzugt, da so die Strukturen der dänischen Herrschaft deutlicher dargestellt werden können. Lediglich Vorgeschichte, Beginn und Ende, Stubbe würde von der prä- und der postokkupationalen Phase dänischer Herrschaft sprechen, bilden den zeitlichen grobchronologischen Rahmen dieser Abhandlung.

Dementsprechend präsentiert das zweite Kapitel den historisch-politischen Hintergrund des Großen Nordischen Krieges. Nach den Ursachen des dänischen Annexionsdranges in Bezug auf Vorpommern und Rügen wird ebenso gefragt, wie nach der Bedeutung des kleinen norddeutschen Territoriums für den Kampf um ein Dominium maris Baltici. Mit der Eroberung Stralsunds durch Sachsen, Preußen und Dänen beleuchtet dieses Kapitel das diplomatische und militärische Vorspiel zur »Dänenzeit«.

Der Zustand des Landes bei Übernahme der Herrschaft 1715 steht im Zentrum der hieran anschließenden Ausführungen. Erst vor dem Hintergrund der ökonomischen Ressourcen und der vorpommerschen Landesverfassung in schwedischer Zeit werden Handlungsspielräume der dänischen Regierung und der Kopenhagener Zentralverwaltung ersichtlich. Dieser dritte Abschnitt schafft zudem Voraussetzungen eines Vergleiches zwischen dänischer und schwedischer Herrschaft. Konkrete Maßnahmen und Handlungsabläufe bei der Einrichtung einer funktionierenden regionalen Verwaltung beschließen das Kapitel und leiten über zur Schilderung der von den Dänen in Vorpommern betriebenen Institutionen. Ihr struktureller Aufbau und die sich aus ihm ergebenden Probleme für das tägli-

---

58 Hagemeister, Einleitung in die Wissenschaft.
59 Vaupell, Den Dansk-Norske-Haers Historie, I, S. 526.
60 Im umgangssprachlichen Gebrauch existierten dagegen andere Bezeichnungen. So sprach etwa der Kopenhagener Apotheker Seidelin in seinen Memoiren vom »Stralsundske District«, der 1720 wieder an Schweden zurückgegeben werden musste. Apotheker Claus Seidelins optegnelser, S. 20.

che administrative »Geschäft« stehen am Anfang des Kapitels »Landesherr, Regierung, Landstände ...«. Es bildet den Kern dieser Arbeit. In ihm werden neben dem Aufbau der Verwaltungsbehörden, die wichtigsten Instrumente der Herrschaftssicherung – Militär und Kirche – einer eingehenden Betrachtung unterzogen. Politische Zielsetzungen und Ergebnisse der Kopenhagener Zentralverwaltung und der Stralsunder Regierung schließen sich an.

Jedes Verwaltungshandeln ist ökonomisch determiniert, auch die nun folgend dargestellte Politik der dänischen Regierung gegenüber den nichtständischen Bevölkerungsschichten und den religiösen beziehungsweise ethnischen Minderheiten Juden und Zigeunern.

Die zwiespältigen Positionen der Stralsunder Behörden zwischen regionalen Bedürfnissen, militärischen, aus dem Kriege resultierenden Erfordernissen und den Vorgaben der Kopenhagener Zentralverwaltung stehen im Zentrum des nächsten Abschnittes (IV.5). Durch die dort vermittelte Kenntnis der Machtverhältnisse innerhalb der dänischen Bürokratie werden zugleich die Motive und die landesherrliche Strategie gegenüber den Ständen ersichtlich. Die auf der Nutzung innerständischer Konflikte basierende Innenpolitik wird augenfällig.

Am Grenzfluss Peene endete die Wirksamkeit der dänischen Regierung keineswegs. So verdeutlicht der letzte Abschnitt des V. Kapitels die im geteilten Vorpommern ausgetragenen preußisch-dänischen Interessengegensätze. Er zeigt die vielfältigen Schwierigkeiten, die sich auf einem zweigeteilten eroberten Gebiet für die beiden neuen Landesherrschaften ergaben.

Abschließend bietet sich zur Schilderung der Rückgabe des nördlich der Peene gelegenen Vorpommerns eine chronologische Darstellung an, die über den Zeitpunkt des feierlichen »Traditionsaktes« hinausgeht und nach den Konsequenzen dänischer Herrschaft für Vorpommern fragt. Auch der Prozess der administrativen Abkoppelung der Region von der dänischen Zentralverwaltung verdient an dieser Stelle eine nähere Betrachtung.

II. Dänemark, Vorpommern und der Große
Nordische Krieg

1. Dänemarks Ringen um Rügen und Vorpommern

Mit einer kurzen Darstellung allgemein-politischer Konstellationen im Ostseeraum zu Beginn des 18. Jahrhunderts gibt das folgende Kapitel den Rahmen für den Gegenstand dieser Abhandlung. Dargeboten wird zunächst die Entwicklung des dänischen Strebens nach dem Besitz Rügens und Vorpommerns. Anschließend gilt es, den Großen Nordischen Krieg in Vorpommern bis zur Besetzung des nordwestlichen Landesteiles durch Dänemark knapp zu skizzieren. Besonderes Augenmerk liegt hierbei auf dem diplomatischen und militärischen Ringen, dieses Gebiet dauerhaft unter die eigene Hoheit zu bringen.

Die Kenntnis der Kämpfe um die Herrschaft im Ostseeraum ist unabdingbare Voraussetzung, um zu verstehen, warum Vorpommern, und hier ganz bestimmte Punkte der vorpommerschen Küste, 1711 zum wiederholten Male in den Blickwinkel jener Mächte gelangten, die in beständigem Streit um eine Dominanz am baltischen Meer rangen.

Seit dem 16. Jahrhundert gab das Ringen um ein *Dominium maris Baltici* als treibende Kraft historischer Entwicklung dem nordöstlichen Europa sein Gepräge[1]. Älter als der lateinische Begriff selbst, der dem polnischen König Sigismund August zugeschrieben wird[2], ist der Kampf um ostseeumspannende Herrschaft. Er nahm bereits im Mittelalter seinen Ausgang. Ihm lag in erster Linie das Streben nach Abschöpfung natürlicher Reichtümer der Küstenländer zu Grunde[3]. Mit der Emanzipation Schwedens von der dänisch-dominierten Kalmarer Union erwuchs Kopenhagen ein zunehmend mächtigerer Rivale am Baltischen Meer[4]. König Gustav II. Adolf schließlich verfügte über ausreichend militärische und politische Kraft, um eine Beherrschung der Ostsee zu erstreben. Hierbei galt es, nicht allein die dänische Vormachtstellung zu brechen, sondern auch die habsburgischen Ost-

---

[1]   Grundsätzlich zum Kampf um das Dominium maris Baltici: Lisk, The Struggle for Supremacy; Kirby, Northern Europe; Frost, The Northern Wars; Vogel, Die Ostseekämpfe 1561−1721, S. 331−340; Buchholz/Krüger, Der Kampf um die Ostseeherrschaft, S. 62−71; Schmidt, Dominium maris baltici; In Quest of Trade and Security.

[2]   Schäfer, Der Kampf um die Ostsee, S. 435.

[3]   Vogel, Die Ostseekämpfe, S. 331 f.; Frost, The Northern Wars, S. 3−5.

[4]   Zum dänisch-schwedischen Verhältnis insbesondere: Jespersen, Rivalry without Victory, S. 177−276; Voges, Der Kampf um das Dominium Maris Baltici; Lockhart, Sweden in the Seventeenth Century.

seepläne[5] zu vereiteln. Die Niederländer waren wegen ihres Handelsmonopols[6] zu berücksichtigen, den Bestrebungen Polens musste entgegengewirkt werden, um schließlich Fuß an der südlichen Küste und damit im Reich zu fassen.

Im Gegensatz zum Kampf um die Vorherrschaft über andere Meere spielten für das Ringen um ein *Dominium maris Baltici* maritime Kräfte eine eher untergeordnete Rolle. Jörg Duppler legt in einem 1999 erschienenen Aufsatz zur Seemacht dar, auf See könne man keine Gebiete dauerhaft in Besitz nehmen, »denn das Meer ist nur der Weg«. Er folgt in seiner Betrachtung einem älteren seekriegsgeschichtlichen Werk und zieht aus dem genannten und zweifelsohne richtigen Axiom den falschen Schluss: »Seeherrschaft ist daher nichts anderes als die Herrschaft über die Seewege.« Der Kampf um die Ostseeherrschaft beweist genau das Gegenteil. Dauerhaft vermag ihn nur zu erringen, wer die Basen hat. Deshalb verfügten Schweden und Dänemark zwar über starke maritime Kräfte, jedoch sind beide Staaten in erster Linie als Landmächte hervorgetreten. Alle entscheidenden Siege wurden im Ostseeraum auf dem Festland errungen[7]. Hier zählte das Prinzip der Gegenküste. Es besagt, dass demjenigen die See gehört, der ihre angrenzenden Landflächen zu beherrschen vermag. Die Ostsee ist ein *Mare Clausum*, ein kleines überschaubares Binnenmeer. Somit kann die Bedeutung der Küsten nicht hoch genug eingeschätzt werden[8].

1648 gelang den Schweden, was Dänemark zwar erstrebte, jedoch verwehrt blieb. Durch die Herrschaft über Rügen, Vorpommern, Wismar und Bremen-Verden besaß Stockholm nun ein strategisch und politisch wertvolles Einfallstor ins Heilige Römische Reich Deutscher Nation[9].

Dänische Bemühungen um den Erwerb vorpommerscher Gebiete reichen weit in das Mittelalter zurück. Im Jahre 1168 bezwang Waldemar I. die Ranen und erhielt somit die Lehnshoheit über Rügen. Die wechselvollen dänisch-rügischen Beziehungen sind nicht Gegenstand dieser Arbeit[10]. Es erscheint jedoch bemerkenswert, dass Dänemark im Gegensatz zu Schweden enge historische und dynastische Bindungen zu Vorpommern und Rügen vorweisen konnte. Sie spielten im Dreißigjährigen Krieg eine nicht unerhebliche Rolle bei der Begründung des dänischen Herrschaftsanspruches auf Rügen; eine Tatsache, die schwedischerseits noch im Jahre 1710 Erwähnung fand. Hämisch konstatierte ein zeitgenössischer Autor:

> »In Rügen hatten sich die Dänen/ unter dem Vorwand des eingeführten Christenthums/ dergestalt eingenistet/ daß sie hofften das weltliche Regiment mit der dem Bischof von Rothschild zukommenden geistlichen Jurisdiction zu consolidiren. Bey Rügen hätte sich Pommern/ oder wenigstens ein Stück von Pommern nicht übel

---

5   Gindely, Die maritimen Pläne der Habsburger; Mares, Fr[anz], Die maritime Politik der Habsburger I, S. 541–578, II, S. 49–82.
6   Schäfer, Der Kampf, S. 439; Voges, Der Kampf um das Dominium Maris Baltici, S. 5 f.; Tjaden, The Dutch in the Baltic, S. 61–136.
7   Vgl. Duppler, Seemacht, Seestrategie, S. 17 f.; Kirchhoff, Seemacht in der Ostsee, S. 1–11; Böhme, Seemacht in der Ostsee, S. 33–52.
8   Zum Prinzip der Gegenküste: Duppler, Seemacht, Seestrategie, S. 17.
9   Meier, Dänemarks Ringen, S. 69–71.
10   Hierzu siehe u.a.: Hamann, Die Beziehungen Rügens zu Dänemark.

geschickt/ man hatte auch den Schlüssel dazu/ nemlich Stralsund/ schon in Händen/aber man muste es wieder herauslangen und muß nun dieses alles in frembden Händen sehen[11].«

Hingegen fußten Machtansprüche, die Uppsala zum Beginn des 17. Jahrhunderts erhob, allein auf militärischer Stärke, wenn sie auch von religiöser Propaganda begleitet wurden[12].

Die pommerschen Herzöge Philipp I. und Barnim IX. trachteten in der ersten Hälfte des 16. Jahrhunderts nach der vollständigen Beseitigung des dänischen Einflusses. Sie zogen auf Rügen ein, das unter dänischer Lehnshoheit stand. Der hierdurch entfachte Handelskrieg mit Dänemark brachte lediglich die Rückgabe der Landbesitzungen[13]. Erst 1658 gingen die dänischen Rechte auf rügischem Boden gänzlich verloren[14].

Mit Christian IV. gelangte 1596 ein König auf den dänischen Thron, der die Bemühungen seines Hauses um Rügen und Pommern deutlich intensivierte. Mit wenig Erfolg! So strebte er vergeblich danach, seinem Sohn Ulrich die Nachfolge im frei gewordenen Stift Cammin zu sichern[15]. Ein Ankaufsversuch, bei dem Christian 150 000 Reichstaler für den Erwerb Rügens bot, scheiterte 1625[16]. Trotz militärischer Unterstützung für das drei Jahre später belagerte Stralsund misslang eine dauerhafte Sicherung dieser Seehandelsmetropole[17]. Verhandlungen um den Erwerb von Stadt und Insel, die Christian am Rande des Osnabrücker Friedenskongresses führte, blieben ebenfalls erfolglos. Im schwedisch-brandenburgischen Krieg (1675–1679) gelang seinem Enkel Christian V. zwar zweimal die militärische Eroberung Rügens[18], jedoch zwang ihn ein nachteiliger Friedensschluss zur Rückgabe des Erworbenen.

---

11 Kurtze Anmerckungen über die mit gar zu unrichtigem Gewichte geschehene Erwegung der unvorgreifflichen Gedancken, S. 10. Rothschild = Roeskilde.

12 Meier, Dänemarks Ringen, S. 64 f.

13 Nachricht wie es in Pommern zur Zeit der Reformation mit der allgemeinen und publiquen Abschaffung des Päpstlichen Kirchenwesens eigentlich bewandt gewesen bey convenabler Gelegenheit, S. 17 f.; Heyden, Zur Geschichte der Reformation, S. 15–20; Heyden, Untersuchungen, S. 212–214. Grundlegend zu dem roeskildischen Besitz: Bohlen-Bohlendorf, Der Bischofs-Roggen.

14 Schwartz, Versuch, S. 1157–1161, 1167.

15 Instrux og et Kreditiv for Niels Friis og Martin v.d. Meden vom 4. Januar 1623, in: Kong Christian den Fjerdes egenhaendige Breve, I, S. 277.

16 Heyden, Untersuchungen und Anmerkungen zur Kirchengeschichte, S. 205–239; Heyden, Untersuchungen, S. 214.

17 Die Belagerung Stralsunds 1628 ist häufig zum Gegenstand populärer und wissenschaftlicher Literatur geworden. Hier genügt es, auf einige wichtige Publikationen hinzuweisen. Neubuhr, Geschichte; Zober, Geschichte der Belagerung Stralsunds; Fock, Rügensch-Pommersche Geschichten, VI; Adler, Die Belagerung Stralsunds 1628; Uhsemann, Stralsunds Sieg über Wallenstein; Langer, Stralsund 1600–1630; Adler, Lambert Steinwich, S. 259.

18 Pommerscher Kriegs-Postillion/ oder Kurze Beschreibung So wol der Pommerschen jüngsten Unruhe als auch desselben Landes und darinnen belegenen vornehmsten Städte/ Festung und Plätze/ Voraus Der Namhafften Belägerung der Haupt-Festung Stetin/ Auch Der Insul Rügen und drauff durch den König zu Dennemarck-Norwegen gefaßten Fuß/ und erfolgten Actionen/ sammt darzu benötigten Abrissen und Kupferstücken, Leipzig 1677; Relation von dem Treffen / Welches zwischen des Herrn Feldmarschall Graff Königsmarcken Hoch=Gräffl. Excell. Und den Dänischen Allierten Trouppen unter des Herrn Generalmajor Rumoren Kommando den 8ten Ja-

Werden die dänisch-vorpommerschen Beziehungen im Vorfeld der Besetzung 1715–1721 betrachtet, so darf ein weiteres Faktum nicht verschwiegen werden. Bereits für das Mittelalter ist eine dänische Einwanderung nachweisbar. Insbesondere Geistliche siedelten sich an. Klostergründungen sind auf dänische Bemühungen zurückzuführen. Dänen und in dänischen Diensten stehende Deutsche ließen sich auch während der schwedischen Herrschaft im 17. Jahrhundert auf Rügen nieder[19]. Zur Zeit des ersten Nordischen Krieges und im Zuge des brandenburgisch-schwedischen Krieges scheint vor allem eine leichte dänische »Einwanderung« stattgefunden zu haben. Ihr Umfang ist heute gänzlich unbestimmbar, ob überhaupt von einer Migration gesprochen werden darf, ist zweifelhaft. Die rügischen Trauregister[20] geben jedoch Zeugnis, dass Dänen eheliche Bande mit Einheimischen knüpften. Für eine empirische Auswertung taugen diese Quellen nicht, entbehren die Trauregister doch jeder einheitlichen Informationserfassung. In den meisten Fällen sind lediglich das Datum der Eheschließung und die Namen der Heiratenden verzeichnet. Einige Pastoren aber waren genauer. So findet sich bei drei von insgesamt sechs für 1679 in Groß Zicker eingetragenen Hochzeiten die Bemerkung, der Mann sei dänischer Dragoner. Sehr aufschlussreich ist das Gustower Trauregister. Dort ist bei sehr vielen Personen auch deren Herkunft vermerkt. In den Jahren 1651 bis einschließlich 1659 fanden 47 Trauungen in Gustow statt. Bei zwanzig Personen findet sich der Eintrag »Dänemark« oder »Dania«[21].

Bei Heiratenden, deren Abstammung in den rügischen Trauregistern nicht näher dargestellt ist, weisen doch Namen wie Christofferßon, Stofferßon, Jantzen, Jenßen, Oloffßon auf zumindest nordeuropäische Wurzeln ihrer Träger hin.

Als bedeutendste Beispiele für Rüganer mit dänischer Herkunft dürfen wohl Kjell Christopher Barnekow[22] und vor allem die dänische Putbusser Linie gelten, die ab 1704 in der gleichnamigen Baronie herrschte[23]. Zudem wird in den Quellen zur dänischen Landung auf Rügen 1677 berichtet, ein einheimischer Adliger habe den fremden Eroberern den Weg gewiesen[24]. Sehr vorsichtig könnte also vermutet

---

nuari dieses lauffenden 1678 Jahres auff der Insel Rügen [...] gehalten worden. Stralsund o.J. (1678); Fock, Rügensch-Pommersche Geschichten, VI, S. 362–459.

[19] Auch in die regionale Mundart flossen einzelne dänische Wörter ein, die sich bis heute im Sprachgebrach halten (z.B. Oe – kleine Insel; Dänholm etc.). Quantitativ lässt sich die Stärke der mittelalterlichen Migration von Dänemark nach Pommern nicht fassen. Da das nordische Königreich selbst über keinen nennenswerten Bevölkerungsüberschuss verfügte, geht die Forschung allgemein von einer sehr geringen Siedlerzahl aus. Die Kontinuität der Zuwanderung ist leider bislang unaufgearbeitet. Zur dänischen Einwanderung im Mittelalter. Vgl. Herde, Der Grundbesitz der Stadt Greifswald, S. 13; Pyl, Beiträge zur Geschichte der Stadt Greifswald, III, S. 3–7; Bandoli, Der Ursprung, S. 68–70.

[20] Ewert, Vorpommern, I.: Trauregister, I.

[21] Ewert, Trauregister Rügen, I, S. 30–34.

[22] Carl XI. an Otto Wilhelm Königsmark den 13. Juli 1680. In: Bohlen-Bohlendorf, Der Bischoffs-Roggen, S. 143–144, Anl. 19 d.

[23] Weise, Zwischen Strandleben und Ackerbau, S. 15 f., 116; Platen, Aus der Geschichte des Geschlechtes, S. 91.

[24] Kurtze und Gründliche Relation von der Insul und Fürstentum Rügen/ Wie dieselbe Anno 1677 durch den Königl. Dänischen Einfall verunruhiget/ und Anno 1678 im angehenden Jenner von Sr. Hoch Gräfl. Excell. dem Herrn FeldMarschall Königsmarck/ wiederum befreyet worden/ samt einer ausführlichen Lista aller gefangenen Officirer, Stralsund 1678, BgnSign A 3 f.

werden, dass das Verhältnis des rügischen Adels zum neuen Landesherrn 1715 ein anderes war, als das der vorpommerschen Festlandsnobilität zur dänischen Krone.

Neben den aufgeführten Beispielen für einwandernde Dänen finden sich auch solche für Deutsche, die in den Diensten Kopenhagens standen und sich bereits im 17. Jahrhundert in Vorpommern niederließen. So berichtet Manfred Stürzbecher, dass der Greifswalder Stadtarzt und -chirurg Dionysus Berens zuvor zehn Jahre unter dänischer Fahne in Westindien, den Niederlanden und England diente. Berens, der ab 1694 zunächst als Vertreter, dann selbst als kommunaler Mediziner wirkte, nahm vermutlich noch während der dänischen Besetzung nach 1715 sein Amt wahr[25].

1715 herrschte durchaus das Bewusstsein einer alten Tradition dänisch-pommerscher Verbindungen. Dies zeigen Texte zeitgenössischer Autoren[26], aber auch Bemerkungen in handschriftlicher Überlieferung. So wies Landsyndikus Georg Adolph Caroc bereits in einer 1710 erschienenen Schrift auf die umfangreichen Bemühungen Dänemarks um Rügen hin. Schon damals, fünf Jahre vor Beginn der erneuten dänischen Herrschaft, erwies sich Caroc als ausgesprochener Dänenfeind. Es sei ein Glück gewesen, dass der schwedische Held Gustav II. Adolf in Pommern gelandet sei. Schweden sei es zu verdanken, das Rügen nicht in dänische Hand gefallen sei. Er rühmte den Verlust der dänischen Lehnsrechte und Besitzungen auf Rügen durch die Friedensschlüsse von Roskilde und Kopenhagen. Ein weiteres Beispiel enger Verbundenheit bildet das Bittgesuch eines preußischen Hofrates an Friedrich IV.:

»Weil durch die Siegreiche Waffen Ewr. Königl. Maytt. Mittelst Göttlicher Hülffe es dahin gebracht worden, das nunmehro das Land Rügen wie auch Pommern dißeit der Pene mit mehreren wieder unter der vormahligen alten Bothmäßigkeit Ihro Königl. Maytt. von Dennemarck ist gebracht worden[27].«

Mehr noch, der Verfasser des Briefes betont, die Einwohner würden sich freuen, wieder unter dänischer Herrschaft zu stehen. Angesichts der beständigen Loyalitätsbekundungen zur schwedischen Krone, die auch in den Jahren 1715–1721 nicht abrissen, ging das Urteil des preußischen Beamten gänzlich fehl. Doch hiervon wird an anderer Stelle ausführlicher zu berichten sein.

Wie aber gelangten Vorpommern und Rügen nach mehrfach gescheiterten Versuchen 1715 in dänische Hand?

2. Das entscheidende Jahr 1715

Mit dem überraschenden Einmarsch polnischer und sächsischer Truppen in Livland trat der Kampf um das *Dominium maris Baltici* im Februar des Jahres 1700 in eine neue Phase. August der Starke, Friedrich IV. von Dänemark und der russische Zar Peter I. schickten sich an, Schwedens Großmachtstellung im Ostseeraum zu

---

25 Stürzbecher, Über die Stellung, S. 5–7.
26 Dähnert, L. Georgii Adolphi Caroc, S. 81–85.
27 Adam Brand an Friedrich IV. vom 22. Februar 1717, RAK RKTA R-P-K C 251 II.

beseitigen. Trotz des gemeinsamen Interesses, verfolgte doch jeder der drei Herrscher eigene Ziele[28].

Dem sächsischen Kurfürsten war an einem erheblichen Prestigegewinn in Polen-Litauen gelegen, den ein Sieg im Baltikum versprach, galt es doch, die Rzeczpospolita durch ein Erbkönigtum zu ersetzen. Hierbei stieß er auf das Wohlwollen des russischen Zaren Peter I., der den wirtschaftlichen Aufschwung seines Reiches durch Schweden bedroht sah. Wollte Russland am westeuropäischen Handel teilhaben, bedurfte es eines Zugangs zur Ostsee. Dieser war nur auf Kosten Schwedens zu erringen. Im Sieg über den nordwestlichen Nachbarn erblickte Peter den maßgeblichen Schritt für die ungehinderte kulturelle und wirtschaftliche Entfaltung seines Reiches[29].

Nachdem Karl im Juni 1698 seinem Schwager, dem Herzog von Holstein-Gottorp, den Oberbefehl über die schwedischen Truppen in Norddeutschland übertragen hatte, verschlechterten sich auch die Beziehungen zu Dänemark deutlich. Friedrich IV. trug fortan begründete Sorge um seine Position in Holstein[30].

Die Alliierten setzten anfänglich auf die politische Unerfahrenheit ihres Gegners, rechneten jedoch nicht mit Karls militärischem Talent. Zunächst wandte er sich gegen Dänemark und zwang Friedrich noch im Jahr des Kriegsbeginns 1700 zum Frieden[31]. Rasch vertrieb er sodann die Sachsen und Polen aus Livland, setzte ihnen nach, schlug sie bei Klissow[32] und Fraustadt und stand schließlich vor den Toren Dresdens. August sah sich nun gezwungen, durch den Frieden von Altranstedt 1706 aus dem Krieg auszuscheiden und der polnischen Krone zu entsagen[33].

Russland hingegen, das bereits im ersten Kriegsjahr eine empfindliche Niederlage an der Narva hatte hinnehmen müssen, gab Karls Feldzug gegen Sachsen Zeit – Zeit, die Zar Peter nutzte, um sein Heer grundlegend zu reformieren. Am 8. Juli 1709 erhielten die russischen Regimenter Gelegenheit, ihre neu gewonnene Schlagkraft unter Beweis zu stellen. In der Schlacht bei Poltava schlugen sie die schwedischen Truppen vernichtend und zwangen Karl XII. zur Flucht ins türkische Exil[34].

Die Niederlage Schwedens war offensichtlich. Einer Neuordnung des südlichen Ostseeraumes schien fortan nichts im Wege zu stehen. Am 6. Oktober 1713 schloss der preußische König Friedrich Wilhelm I. mit dem Oberkommandieren-

---

[28]　Zu den Ursachen des Krieges: Opitz, Vielerlei Ursachen, S. 89–107.

[29]　Zu den Kriegszielen August des Starken siehe Kalisch, Sächsisch-Polnische Pläne, S. 45–69; Zu den Kriegszielen Zar Peters I. siehe Mediger, Moskaus Weg nach Europa, S. 7 f.; Mediger, Mecklenburg, Rußland und England-Hannover, S. 122–175; Zernack, Schweden als europäische Grossmacht in der Frühen Neuzeit, S. 327–357, S. 354 f.

[30]　Jespersen, 1648–1720, S. 146–169; Zernack, Die skandinavischen Reiche, S. 534–542; Bjerg, Danmarks stilling, S. 34 f.; Bidrag til den Store Nordiske Krigs Historie, I, S. 11–54.

[31]　Zum kurzen Feldzug der Dänen in Holstein und dem schwedischen Angriff auf Dänemark: Bidrag til den Store Nordiske Krigs Historie, I, S. 273–358.

[32]　Bain, Charles XII. and the collapse, S. 102–105.

[33]　Vogler, Absolutistische Herrschaft, S. 122; Oakley, War and Peace in the Baltic, S. 115 f.; Kirby, Northern Europe, S. 302 f.

[34]　Dufner, Geschichte Schwedens, S. 150; Lisk, The Struggle for Supremacy, S. 163–68; Oakley, War and Peace, S. 117 f.; Bain, Charles XII, S. 182–192.

den der russischen Streitkräfte, dem Fürsten Aleksandr Davidovič Menšikov, in Schwedt einen geheimen Zusatzvertrag, der die russischen Rechte an Stettin und dem südlich der Peene gelegenen Vorpommern an Preußen abtrat. Das Gebiet sollte bis zum Friedensschluss unter preußisches Sequester fallen[35]. Ein halbes Jahr später gelang es Friedrich Wilhelm, diese Vereinbarung in eine weiter reichende russische Garantie umzuwandeln. Der ambitionierte Monarch einigte sich am 12. Juni 1714 mit dem Zaren durch einen Geheimvertrag. Er sprach Preußen Vorpommern zu, während Russland der Besitz des Ingermanlandes sowie Kareliens und Estlands garantiert wurde. Hannover, dem die Verbündeten Bremen und Verden[36] versprachen, trat dem Abkommen im November bei[37]. Im April 1715 schloss sich Friedrich IV. von Dänemark an. Er spekulierte auf den Besitz Stralsunds, Greifswalds und Rügens[38]. Diese Orte befanden sich jedoch nach wie vor in schwedischer Hand.

Geraume Zeit waren die vorpommerschen Lande von den wechselvollen Waffengängen der sich feindlich gegenüberstehenden Mächte verschont geblieben, bis schließlich im August 1711 russische, dänische und sächsische Truppen in das kleine norddeutsche Territorium einrückten[39]. Der junge schwedische König bekam nun die Konsequenzen seines diplomatischen Ungeschickes deutlich zu spüren, denn er hatte mehrfach die Bitte der »nordischen Alliierten«[40] zurückgewiesen, die deutschen Provinzen seines Reiches für neutral zu erklären[41]. Die Verbündeten verfolgten lange Zeit das Ziel, die schwedischen Provinzen aus dem Kriege herauszuhalten. Insbesondere Hannover und die anderen in den Spanischen Erbfolgekrieg verwickelten Mächte besaßen ein Interesse daran, die Verflechtung beider europäischer Konflikte zu vermeiden, da in diesem Falle der Abzug dänischer und sächsischer Kontingente von den westlichen Kriegsschauplätzen zu befürchten stand. Somit endete alle Hoffnung der pommerschen Stände, von den Wirren

---

35   Szultka, Das brandenburgisch-preußische Pommern, S. 207 f.; Buchholz, Das schwedische Pommern, S. 283 f.
36   Als Dänemark 1709 erneut in der Krieg eintrat, zielte Friedrich IV. zunächst auf den Besitz der Herzogtümer Bremen und Verden. Im Jahre 1712 liess er dieses Territorium von seinen Truppen besetzten, ernannte einen Generalgouverneur und installierte eine eigene Verwaltung. Hasseln, Die Politik der Reichsstadt Bremen, S. 58–65.
37   Kirby, Northern Europe, S. 309; Beyer, Der Nordische Krieg, S. 12.
38   Wehrmann, Geschichte von Pommern, S. 196; Gerhardt/Hubatsch, Deutschland und Skandinavien, S. 234; Oakley, War and Peace, S. 119; Lisk, The Struggle for Supremacy, S. 185; Hatton, Charles XII, S. 404.
39   Buchholz, Das schwedische Pommern, S. 283; Vaupell, Den Dansk-Norske-Haers Historie, I, S. 432–436.
40   Der zeitgenössische Begriff »nordische Alliierte« drückt letztlich das Streben Russlands und Sachsen-Polens aus, im Ostseeraum territorialen Gewinn zu erzielen. Über jene Wortkombination spottete ein schwedischer Autor: »Ob noch mehr Nordische Reiche als Schweden/ Dännemarck und Norwegen seyn/ oder ob Moscow und Pohlen nun auch zu Nordischen Cronen zu machen/[...]/ muß man zur weiteren Entdeckung des gelehrten Authoris ausgestellet seyn lassen/ dem es jedoch schwer fallen dürffte zu erweisen/ daß auff der Charte von Europa Rußland mehr Nord- als Ostwerts belegen«. Unvorgreiffliche Gedancken, S. 7.
41   Mediger, Moskaus Weg, S. 10 f.; Wittram, Peter I., S. 221.

des zweiten Nordischen Krieges[42] verschont zu bleiben. Nun schlossen alliierte Regimenter Stralsund ein[43]. Als 6000 Mann schwedischer Truppen auf Rügen landeten, zogen Dänen, Sachsen und Russen zunächst ab[44]. Die nach der Aufhebung der Belagerung im Lande verbliebenen 23 000 Alliierten bildeten einen weiten Belagerungsring um Stralsund, dessen Eckpfeiler auf der Linie Recknitz-Peene lagen. Sie begnügten sich vorerst mit kleineren Streifzügen, die eher der Bevölkerung als dem schwedischen Militär zusetzten[45].

Der schwedische General Carl Gustav Dücker mühte sich emsig, die ihm in Vorpommern anvertrauten Verbände zu vermehren. Im Mai 1712 trafen 6391 Mann Infanterie und 4800 Reiter aus Schweden ein. Sämtliche Streitkräfte konzentrierten sich im Raum Stralsund-Rügen[46]. Der im türkischen Exil weilende schwedische König Karl XII. sah in Stadt und Insel eine Schlüsselstellung, auf die er mit großer Hoffnung blickte. Er beeilte sich deshalb, den Stralsundern seinen Dank für die 1711 erwiesene Loyalität zu übermitteln. Vorpommern kam in den strategischen Plänen des schwedischen Potentaten in den Jahren 1710–1715 eine herausgehobene Bedeutung zu. Von hier aus wollte er die Operationen in Absprache mit den Türken gegen Russland fortsetzen und so das Reich des Zaren in einer Zangenoperation niederzwingen[47].

Für die drei alliierten Mächte, die 1715 zur Eroberung Pommerns antraten, spielten, neben allgemeinen taktischen und strategischen, insbesondere langfristige politische Interessen eine wichtige Rolle. Zunächst lag Friedrich IV. nichts an einer dauerhaften Inbesitznahme Vorpommerns[48]. Den Verzicht, schwedische Gebiete im Reich anzugreifen, betonte Friedrich IV. bereits bei seinem Kriegseintritt 1709. Gleichzeitig bot er allen Einwohnern schwedischer Territorien, die sich auf dänische Seite schlügen, seine Protektion an. Er fand sich sogar bereit, vertraglich auf Vorpommern zu verzichten. Durch die Teilungskonvention vom September 1711 sprach er dieses Gebiet August dem Starken zu. Im Verlaufe des Jahres 1713 jedoch, insbesondere nach dem Utrechter Friedensschluss, begann der dänische König, Anspruch auf die nördlich der Peene liegenden Gebiete Schwedisch-Pommerns zu erheben[49].

---

[42] Wichtige Beiträge zur Erforschung des Großen Nordischen Krieges haben neben anderen Haintz, Hassinger und Mediger geleistet. Haintz, König Karl XII.; Hassinger, Brandenburg-Preußen, Rußland und Schweden; Mediger, Mecklenburg, Rußland und England-Hannover.

[43] Zur Blockade 1711/12: Hacker, Stralsund von 1630 bis 1720, S. 194; Vaupell, Den Dansk-Norske-Haers Historie, S. 437 f.; Bidrag til den Store Nordiske Krigs Historie, III, S. 275–354, 424–449.

[44] Zudem hatte der schwedische Oberbefehlshaber Carl Gustav Dücker sämtliche in Pommern stehenden Heereskräfte, insgesamt 8000 Mann, auf Stralsund zurückgenommen. Kroll, Stadtgesellschaft und Krieg, S. 109; Tessin, Die deutschen Regimenter, II, S. 104.

[45] Tessin, Die deutschen Regimenter, II, S. 106; ein Beispiel schildert: Vor 200 Jahren auf der Alten Fähr (1713).

[46] Belobigungsschreiben Karl XII. aus Bender an Bürgermeister und Rat von Stralsund, 7. März 1712, StadtA Stralsund M 12 474.

[47] Wittram, Peter I., S. 221; Haintz, König Karl XII., II, S. 34–54; Stiles, Sweden and the Baltic, S. 98; Paul, Europa, S. 88; zur militärischen Bedeutung Pommerns: Horoszko, Die militärische Bedeutung, S. 41–51.

[48] Manifest oder Eine summarische Declaration, S. 7.

[49] Haintz, König Karl XII., III, S. 62.

Im Mai 1715 garantierte er dem englischen König und hannoverschen Kurfürsten Georg I. den Besitz Bremen-Verdens[50], um im Gegenzug die herzoglichen Gebiete Schleswigs sowie Rügen und Stralsund zuerkannt zu bekommen[51]. Ziel der dänischen Diplomatie war der Kriegseintritt Hannovers gegen Schweden. Hieraus erklärt sich das territoriale Zugeständnis an Kurfürst Georg. Zudem verpflichtete sich Hannover zur Zahlung von 30 000 Talern Entschädigung. Im Juni 1715 unterzeichneten Hannover und Dänemark ein entsprechendes Abkommen. Friedrich IV. wurde finanzielle Entschädigung für die von ihm besetzten und nun zu räumenden Herzogtümer an der Weser zugesichert. Sachsen fand sich mit dieser Neuverteilung nicht ab. Hieraus resultierten während der Belagerung Stralsunds erhebliche Spannungen zwischen Sachsen und Dänen[52]. Das dänische Interesse richtete sich in erster Linie auf Rügen. Obwohl das Eiland ohne den Besitz Stralsunds strategisch von zweifelhaftem Wert war, gedachte Friedrich IV., nicht mehr Kraft als unbedingt nötig in die Belagerung der Sundstadt zu investieren, zumal ihm im Friedensfall das östliche Vorpommern ohnehin zufiel.

Nach der Besetzung Rügens erklärte Friedrich IV., dass er es für ausreichend erachte, Stralsund von der Landseite her anzugreifen. Dies ließ den sächsischen Verbündeten vermuten, Dänemark wolle die Hauptlast der Kämpfe auf Sachsen und Preußen abwälzen[53]. Nach Abschluss der Operationen um Rügen räumten Sachsen und Preußen die Insel und überließen sie den dänischen Truppen.

Nachdem sich Preußen im Laufe des Jahres 1714 immer mehr den Positionen der Nordischen Allianz genähert hatte[54], trat es im darauffolgenden Sommer in den Krieg gegen Schweden ein. Insbesondere der anhaltende Streit um Stettin, aber auch militärische Rüstungen und kleinere Operationen schwedischerseits, riefen den Waffengang Friedrich Wilhelms I. hervor[55]. Auf einen Erwerb Stralsunds konnte der preußische König infolge der alliierten Vertragsabschlüsse mit Dänemark nicht hoffen. Gleichwohl wusste auch er um den hervorragenden Wert der Stadt. Als Friedrich Wilhelm I. im Jahre 1722 eine Instruktion für seinen Nachfolger verfasste, mahnte er:

»wollen sie [die Schweden – M.M.] aber Stralsund sambt den districk vor eine grohße Summe geldes verKauffen, müßet Ihr es nicht aus henden laßen, den es ein sehr convenablees stück ist zu unsern Lande[56].«

Im Zuge des pommerschen Feldzuges 1715 sah jedoch auch er sich genötigt, Dänemark den Besitz des nördlich der Peene gelegene Vorpommerns samt Rügens zu garantieren. Am 30. Mai verständigten sich Dänemark und Preußen über die

---

50 Chance, The Baltic Expedition, S. 444.
51 Lengeler, Das Ringen, S. 279; Hatton, Charles XII, S. 404; Bain, Charles XII, S. 264.
52 Hasseln, Die Politik, S. 72; Beseler, Die englisch-französische Garantie, S. 4–6; Dyrvik, Truede tvillingriker, S. 353 f.; Haintz, König Karl XII. von Schweden, III, S. 62 f.
53 Voges, Die Belagerung, S. 25; Wehrmann, Geschichte von Pommern, S. 197.
54 So garantierte der preußische König Dänemark vertraglich den Besitz Rügens und die Anerkennung eines künftigen dänischen Generalgouverneurs im nordwestlichen Vorpommern. Die Verhandlungen wurden vor der sächsischen Seite geheimgehalten. Hatton, Charles XII, S. 410.
55 Voges, Beiträge, I, S. 25–51.
56 Instruktion König Friedrich Wilhelms I. für seinen Nachfolger. In: Dietrich, Die politischen Testamente, S. 240.

künftige, dauerhafte Zweiteilung des Landes. Sowohl Friedrich IV. als auch Friedrich Wilhelm sicherten ihrem Vertragspartner den vorpommerschen Besitz »in perpetuum« zu[57].

Das preußisch-dänisch-sächsische Bündnis beruhte einzig auf dem gemeinsamen Interesse, Schweden die letzten deutschen Gebiete zu entreißen. Jede Macht verfolgte vor Stralsund ihre eigene Ziele und war bestrebt, dem Partner möglichst wenig Zugeständnisse zu machen. Gleichwohl bedurfte jeder des anderen, um die Einnahme Stralsunds zu erreichen. So konnten Sachsen und Preußen angesichts der schwedischen Überlegenheit zur See nicht auf die dänische Flotte verzichten, die auch den nötigen Transportraum für eine Landung an der rügenschen Küste bot. Preußen hingegen war für die Stellung der gesamten Belagerungsartillerie verantwortlich. Außerdem erklärte sich Friedrich Wilhelm bereit, zur Finanzierung der dänischen Flotte beizutragen[58].

Die gegenseitige militärische Abhängigkeit wurde von den Partnern diplomatisch genutzt. Hatten sich Sachsen und Preußen vertraglich am 3. Februar über das gemeinsame Vorgehen gegen Stralsund geeinigt[59], so gab August der Starke wenig später zu erkennen, dass er nicht an den Operationen mitwirken werde, wenn seine Ansprüche gegenüber Holstein-Gottorp nicht erfüllt würden. Friedrich Wilhelm versprach, sich für die Zahlung der von Gottorp geforderten 200 000 Reichstaler zu verwenden. Im Gegenzug sicherte der polnische König die Teilnahme am Feldzug zu[60].

Fortgesetzt starke Diskrepanzen im alliierten Lager ließen Karl XII. einen Zerfall des gegnerischen Bündnisses erhoffen. Die Verteidigung Stralsunds brachte ihm den hierfür nötigen Zeitgewinn. Begleitet von einem Getreuen floh er aus dem türkischen »Asyl« und wandte sich dem norddeutschen Kriegsschauplatz zu. Er traf am 10. November 1714 in Stralsund ein, um die Verteidigung dieser wichtigsten schwedisch-pommerschen Festung persönlich zu leiten[61]. Am 15. Juli 1715 zogen 40 000 Sachsen, Preußen und Dänen vor die Tore Stralsunds. Aufgrund unzureichender Ausrüstung verzichteten sie jedoch vorerst auf eine Belagerung. Erst Ende Oktober, nach dem Eintreffen des lang ersehnten Materials, trieben die Verbündeten Laufgräben gegen die Festung. Zuvor war es der dänischen Flotte im August gelungen, die schwedischen Fregatten aus den Gewässern zwischen Rügen und Stralsund zu verdrängen und damit die Voraussetzung für eine Landung auf Rügen zu schaffen[62]. Diese erfolgte unmittelbar nach der Erringung der Seeherr-

---

57 Holm, Studier, I, S. 150 f.: Traktat imellem Frederik IV og Frederik Vilhelm (Auszug).
58 Voges, Beiträge, I, S. 57; Ruge, Der Einfluß, S. 55 f., 61.
59 Exekutionstraktat mit Kurfürst August von Sachsen wegen des schwedischen Krieges, 1715, 3. Februar. In: Preussens Staatsverträge, S. 83−90.
60 Vertrag mit Sachsen betr. Die Mitwirkung sächsischer Truppen in dem Feldzuge gegen Schweden. In: Preussens Staatsverträge, S. 119−122.
61 Kirby, Northern Europe, S. 308 f., Oettinger, Geschichte des dänischen Hofes, S. 93 f.
62 Zu den Seegefechten im Vorfeld der Belagerung: Ruge, Die Landung, S. 11−13; Ruge, Der Einfluß, S. 52−63, 124−134, 235−237.

schaft. 24 000 Alliierte entrissen den schwedischen Truppen, die unter direktem Oberbefehl Karls XII. standen, das wichtige Eiland[63].

Durch die Eroberung Rügens war die Festung von jeglichem Nachschub abgeschnitten und somit der Grundstein für eine erfolgreiche Blockade gelegt. Karl XII. verteidigte die Stadt verbissen, auch dann noch, als ein Erfolg nicht mehr zu erhoffen war. Erst kurz vor der Übergabe bestieg der König am 22. Dezember ein kleines Schiff, das ihn aus dem Bereich der verlorenen Festung brachte[64].

Die Kapitulationsverhandlungen begannen bereits am 20. Dezember. Die beiden schwedischen Generale von Leutrum und von Delwig boten einen Generalfrieden an, der von alliierter Seite zurückgewiesen wurde[65]. Statt dessen forderten preußische, polnische und dänische Vertreter lediglich die Übergabe der Stadt; zu weiter reichenden Schritten seien sie nicht befugt. Am 23. Dezember wurde die Kapitulation durch Carl Gustav von Dücker, dem Karl XII. das Oberkommando übertragen hatte, unterzeichnet. Am darauf folgenden Tage übernahmen die Dänen die Festung[66].

Der nördlich der Peene gelegene Teil Vorpommerns wurde vertragsgemäß von dänischen Truppen besetzt[67]. Friedrich IV. begab sich nach Kopenhagen, traf dort am 6. Januar 1716 ein und ließ sich als Sieger feiern. Er ordnete an, in Stralsund eine Gedenkmünze auf den Sieg der Alliierten zu prägen[68]. Zudem glorifizierten Druckschriften den Dänenkönig und dessen Erfolg[69]. Dennoch galt der pommersche Feldzug noch keineswegs als abgeschlossen, solange Wismar sich noch in schwedischer Hand befand. Seit dem 27. Juni 1715 lief die Belagerung der letzten auf deutschem Boden verbliebenen Festung Karls XII., die nun nach dem Fall Stralsunds verstärkt betrieben werden konnte. Mit der Eroberung Wismars endete der pommersche Feldzug, »da Sverrig nu ikke havde en Fodbred Jord meer i Pommern«[70].

Erst am 19. April 1716 kapitulierte die Wismarer Besatzung vor den nordischen Alliierten, die unter dem Oberbefehl des dänischen Generals und nunmehrigen

---

63 Ruge, Die Landung, S. 14; Ruge, Der Einfluß, S. 238–247; Dwars/ Nickelsen, Die Eroberung der Insel Rügen, S. 10–17; Schlemmer, Historische Erinnerungen, S. 14–18.

64 Findeisen, Karl XII., S. 204 f.; Buchholz, Das schwedische Pommern, S. 284; Oettinger, Geschichte des dänischen Hofes, S. 103.

65 StadtA Stralsund Hs 288, S. 1 f.

66 Der bei Defoe abgedruckte Text des Kapitulationsvertrages umfasst lediglich 12 Punkte und ist unvollständig. Eine ungekürzte Fassung befindet sich im Stadtarchiv Stralsund (E 4 1 301 Nr. 11). Vgl. Anonym [Daniel Defoe], The History, S. 314–316; Capitulation von Stralsund. De Anno 1715 (Ein Exemplar: StadtA Stralsund E 4 1 301 Nr. 11).

67 Buchholz, Das schwedische Pommern, S. 284 f.

68 Oettinger, Geschichte, S. 103; »Drey Friedriche kan man hier sehen. Wer mag denselben wiederstehen« lautet die Inschrift zu Ehren der Eroberer. Pyl, Die Greifswalder Sammlungen, S. 45 f.; Bussaeus, Historisk Dag Register, S. 324; Abbildung in: Urban, Wandel, S. 8, Meier, Die Belagerung, S. 13.

69 Entwurff der von Friedrich IV. im Jahre 1715 befochtenen Siege, o.O. 1716 (Ein Exemplar befindet sich in der Königlichen Bibliothek Kopenhagen, unter der Signatur: 36-46-Folio); Worm, Den stoormaegtigste Nordens Monarchs.

70 Bussaeus, Historisk Dag Register, S. 159; Pommersches Kriegs-Theatrum, oder Geographische und historische Beschreibung des Herzogthums Pommern, und Fürstethums Rügen, wie auch der Vestung und Herrschaft Wißmar, die vornehmsten Revolutiones besagter Länder in sich fassend.

vorpommerschen Generalgouverneurs Franz Joachim von Dewitz standen. Die aus der Stadt sowie den Ämtern Poel und Neukloster bestehende Herrschaft Wismar war bis zu diesem Zeitpunkt in administrativer Hinsicht Bestandteil Schwedisch-Pommerns. Aus schwedischer Sicht erfuhr jenes kleine Gebiet im Jahre 1720 seine Trennung vom pommerschen »Staat«. Ivo Asmus wies als erster auf diesen unter verwaltungs- und staatsrechtlichen Aspekten wichtigen Fakt hin, der es verdiente, intensiver erforscht zu werden[71]. Mit der Kapitulation 1716 fiel die Herrschaft über Wismar an die Alliierten und oblag theoretisch einer gemeinsamen Verwaltung Dänemarks, Preußens und Hannovers. Tatsächlich jedoch bestallten die Dänen den Etatsrat und vormaligen Amtmann von Oldenburg Johann Friedrich von der Lühe zum Oberlanddrosten[72]. Erst 1719 erhielt von der Lühe auch eine hannoversche Bestallung. Er saß während seiner Amtszeit zwischen drei Stühlen, einem dänischen, einem hannoverschen und schließlich einem städtischen[73].

Die Herrschaft Wismar genoss in den Jahren 1716–1721 eine völkerrechtliche Sonderposition, da sie von mehreren Parteien gleichzeitig sequestriert war. Der künftige Status von Stadt und Territorium intensivierte die diplomatischen Bemühungen der Alliierten[74].

Aus diesem Grunde, und weil der Wismarer Oberlanddrost gänzlich unabhängig von der dänischen Regierung in Stralsund arbeitete, wird im Folgenden nicht vertiefend auf die dänisch-hannoversche Besetzung Wismars eingegangen, der vormaligen administrativen Zugehörigkeit der Herrschaft zum pommerschen Etat zum Trotz. Zudem bestand ein wesentlicher Unterschied zwischen der »Okkupation« Wismars und der »Besetzung« Vorpommerns. Friedrich IV. und die dänische Zentraladministration maßen ihrer Herrschaft über Wismar, Poel und Neukloster von Beginn an keine Dauerhaftigkeit bei. Das nördlich der Peene gelegene Herzogtum Vorpommern hingegen und das Fürstentum Rügen betrachteten sie als künftigen Besitz Dänemarks (!), den es zu sichern galt. Deshalb werden nun die verfassungsrechtlichen Gegebenheiten und die ökonomischen Möglichkeiten ergründet, um die Handlungsspielräume dänischer Politik in dem kleinen Territorium aufzuzeigen.

---

[71] Asmus, Die geometrische Landesvermessung, S. 84; Wartenberg/Porada, Schwedische Vermessungen, S. 62.

[72] Friedrich Techens Darstellung, die in Wismar hohe Anerkennung genießt, ist in Bezug auf die Jahre 1716 bis 1721 derart widersprüchlich, dass sie für diesen Zeitraum unter wissenschaftlichen Gesichtspunkten und selbst zum allgemeinen Wissenserwerb als völlig unbrauchbar gelten muss. So teilt Techen beispielsweise den Fakt mit, dass von der Lühe bereits 1717 von dänischer und erst 1719 von hannoverscher Seite bestallt wurde und gelangt dennoch zu dem Schluss: »Der Einfluß der Hannoverschen Regierung scheint am größten gewesen zu sein.« Eine Seite später zitiert Techen ein Wismarer Gedicht, das die hannoversche Herrschaft gar nicht erwähnt, sondern vom 1721 abgeschüttelten »Dänsche(n) Joch« spricht. Den Oberlandrost nennt er Joachim statt Johann Friedrich von der Lühe. Techen, Geschichte der Seestadt Wismar, S. 250 f.; Instruktion für Joachim Friedrich von der Lühe vom 24. Dezember 1718, RA Kop TKIA Patenter 1718 et 1719, S. 305b–309; Fortegnelse over Embedsmaend, S. 98.

[73] RAK TKIA B 211; letztlich gab Dänemark den Ton an. Schon Biesner hat dies richtig erkannt, jedoch nicht belegt. Biesner, Geschichte von Pommern und Rügen, S. 267.

[74] Techen, Geschichte, S. 246; Hojer, König Friedrich des Vierten, I, S. 309–313; Bidrag, VII, S. 292–298.

III. Voraussetzungen dänischer Herrschaft.
Landesverfassung und Ressourcen

1. Grundzüge vorpommerscher Verfassung in schwedischer Zeit

a) Schwedisch-Pommern: Einleitung

Mit den Friedensschlüssen von Osnabrück und Münster fielen 1648 neben anderen norddeutschen Gebieten das Herzogtum Pommern und das Fürstentum Rügen an Schweden. Beide Herrschaften blieben jedoch weiterhin Bestandteil des Reiches. Sie waren der schwedischen Krone lediglich als kaiserliches Lehen übertragen[1]. Vorpommern bildete einen Bestandteil des Obersächsischen Kreises. Auch dort gebührte dem schwedischen König Sitz und Stimme (*votem et sessionem proxime ante Duces Pomeranio Ulterioris*)[2]. Schwedisches und pommersches Staatsrecht schieden sich auch fortan deutlich voneinander, obschon Stockholm insbesondere nach 1680 den Druck zur Integration in den schwedischen Staat deutlich erhöhte[3].

Bereits im Stettiner Vertrag von 1630 verpflichteten sich die Schweden, die pommersche Landesordnung zu achten[4]. So wurde auch nach Abschluss des westfälischen Friedens der Provinz weitgehend Autonomie im Gerichts-, Kirchen- und Policeywesen zugebilligt[5]. Hans Maier hat darauf hingewiesen, dass in der altständischen Gesellschaft dem partikularen Recht gegenüber dem übergreifenden Landes- und Reichsrecht Vorrang eingeräumt wurde. Erst moderne Staatlichkeit kehrte diese Praxis ins Gegenteil. Maier zeigt, dass selbst das Preußische Allgemeine Landrecht ausdrücklich die Provinzialgesetze ergänzen und nicht ersetzen will. Dieser Prozess vollzog sich langsam. So blieben auch in Pommern weitreichende Aufgaben öffentlicher Verwaltung bei den Ständen der Provinz. Staatliche Finanzverwaltung und Militärwesen hingegen oblagen königlicher Bürokratie. Beide Aspekte wurden personell im Amt des Generalgouverneurs zusammengeführt. Er

---

[1] Ausführlich bei Backhaus, Reichsterritorium und schwedische Provinz, S. 47–54; Repgen, Die Westfälischen Friedensverhandlungen, S. 364.

[2] Methodischer und Umständlicher bericht von dem jetzigen Staat Des Schwedischen Pommer-Landes und des Fürstenthums Rügen von den Herrn Licentiat Carock in die Feder dictiret 1718, 1725, StadtA Stralsund HS 63 ad Pogge, S. 75 f.

[3] Back, Die Stände in Schwedisch-Pommern, S. 127; Carlsson, Schweden und Pommern, S. 273.

[4] Wegener, Die schwedische Landesaufnahme, S. 216.

[5] Maier, Die ältere deutsche Staats- und Verwaltungslehre, S. 55.

war hauptverantwortlich für Regierungsangelegenheiten und führte den Oberbefehl über die im Lande befindlichen Truppen[6].

Allein die Reservatsrechte schränkten den Generalgouverneur in der verwaltungstechnischen Weisungsbefugnis ein. Hierzu zählten die Erteilung, der Widerruf und die Verleihung von Privilegien, Begnadigungen, die Übertragung von Lehen, die Bestallung von königlichen Bediensteten, die Erhebung außerordentlicher Landessteuern und auswärtige Angelegenheiten[7]. Der schwedische Generalgouverneur verkörperte die Landesherrschaft und damit die schwedische Krone vor Ort. Sie stieß in ihrem Herrschaftsanspruch an eine deutliche Grenze: die vorpommerschen Stände. Bestanden noch zu herzoglichen Zeiten mit den Prälaten, der Ritterschaft und den Städten drei Stände, so verlor der »geistliche« Korpus im Verlaufe des 17. Jahrhunderts seine Eigenständigkeit und ging in der Ritterschaft auf. Der Stockholmer Rezess beseitigte 1698 den Prälatenstand vollends[8]. Bereits seit 1648 bildete er auf den Landtagen keine eigene Kurie mehr[9]. Wurde mit dem Begriff Landschaft zunächst nur die Ritterschaft bezeichnet, so fand er ab 1621 auch auf die Städte Anwendung.

Während der gesamten schwedischen Herrschaft blieb Vorpommern ein Territorium mit landständischer Verfassung. Deshalb gilt es, das Verhältnis zwischen Ständen und Krone einer näheren Betrachtung zu unterziehen.

b) Landesgewalt und ständische Ordnung

Die Ausformung des frühmodernen Staates mit seiner Tendenz zur absolutistischen Herrschaft, der Übergang von der Domänenwirtschaft als finanzielle Grundlage fürstlicher Kassen zum überwiegend durch Steuern geprägten öffentlichen Haushalt[10] sowie die Ausformung einer Verwaltungswissenschaft sind Grundzüge europäischer Geschichte im 17. und 18. Jahrhundert[11]. Sie sind in allen Staaten und Territorien spürbar, wenngleich mit unterschiedlichem Ausgang.

Nicht selten wird in der Literatur auf eine allgemeine Krise der ständischen Ordnung hingewiesen, die bereits im Spätmittelalter einsetzte[12]. In ihrer Folge gingen Funktionen zunehmend auf den Landesherrn über, die zuvor von den einzelnen Ständen getragen wurden[13]. Die dem Staat nun zufallenden Aufgaben er-

---

6   Backhaus, Aspekte schwedischer Herrschaft, S. 204 f.; Buchholz, Öffentliche Finanzen, S. 444; Sederholm, Ledning av de svenska stridskrafterna, S. 17–28. Ab 1663 vertrat ein Generalgouverneur die Interessen des schwedischen Monarchen. Back, Die Stände, S. 121.
7   Backhaus, Aspekte schwedischer Herrschaft, S. 205 f.; Glaser, Die Stände Neuvorpommerns, S. 39.
8   Blumenthal, Die Stände, S. 8, 11–14; Baier, Geschichte der Communalstände, S. 12.
9   Backhaus, Reichsterritorium, S. 96 f.
10 Für Dänemark: Feldbaek, Danmarks Oekonomske Historie, S. 61–71, 92–106. Die Literatur zum Absolutismus ist kaum noch überschaubar. Siehe: Vogler, Absolutistische Herrschaft, S. 296–311.
11 Buchholz, Geschichte der öffentlichen Finanzen, S. 59–65.
12 Maier, Die ältere deutsche Staats- und Verwaltungslehre, S. 66–71, 79.
13 Dieser Prozess, der im absolutistischen Dänemark sehr weit fortgeschritten war, befand sich in Schwedisch-Pommern noch in vollem Gange.

forderten eine deutliche Steigerung pekuniärer Mittel des Fürsten[14]. Aufrechter-
haltung und Ausbau landesherrlicher Souveränität ließen stehendes Heer und Be-
amtenapparat ständig wachsen. Die althergebrachten Finanzquellen der fürstlichen
Camera: Dominalgüter Zölle und Regalien reichten nicht aus, um die entstehenden
Kosten zu begleichen. Den Ausweg bot oft Verschuldung[15]. Nicht selten waren
Schulden der einzige Weg, dem Steuerbewilligungsrecht der Stände zu entgehen.
Die Aufrechterhaltung der Kreditwürdigkeit lag somit im Interesse der Landesherrschaft. Kreditwürdigkeit jedoch war einzig und allein durch die Fähigkeit zur
Schuldentilgung zu erreichen. Somit nahm die Bedeutung indirekter Steuern und
mit ihr das Bestreben zur Hebung der Wirtschaftskraft zu[16]. Die Ordnung öffentlicher Finanzen ist ein Urquell moderner Administration. Werner Buchholz hat zu
Recht darauf hingewiesen, dass öffentliche Verwaltung in erster Linie Finanzverwaltung war[17]. So galt den frühen Autoren der sich herausbildenden Policeywis-
senschaft[18] diese als Lehre »von der Erhaltung und Vermehrung des allgemeinen
Staatsvermögens«[19]. Praxis und Erfahrung unterschieden sich somit deutlich von
der gelehrten politischen Literatur, denn noch zu Beginn des 18. Jahrhundert blieb
die Finanzverwaltung in den meisten deutschen Territorien dualistisch geprägt[20]:
Es existierten neben den landesherrlich-staatlichen Kammern weiterhin ständische
Institutionen im Bereich der Finanzadministration. Mit dieser Zweigleisigkeit und
den aus ihr resultierenden Spannungen sahen sich die Dänen 1715 auch in Vorpommern konfrontiert.

Bedeutung und Nutzen der Landstände für die Entwicklung des modernen
Staatswesens sind in der Literatur umstritten. Überwog früher die negative Beurteilung jenes Einflusses, so wich sie seit den 1970er Jahren einer differenzierten
Betrachtung[21]. Fritz Hartung sah in dem landesherrschaftlichen Machtanspruch
die prägende Kraft des sich formierenden Territorialstaates. Jedoch räumte er ein,

---

14   Klein, Geschichte der öffentlichen Finanzen in Deutschland (1500–1870), S. 5 f.
15   Hartung, Deutsche Verfassungsgeschichte, S. 97; Damkowski, Die Entstehung, S. 22 f.
16   Buchholz, Öffentliche Finanzen, S. 32–37.
17   Buchholz, Öffentliche Finanzen, S. 26–33; Udo Wolter definiert »Öffentliche Verwaltung« »als
      planmäßige und dauernde Tätigkeit des Staates zur Erreichung seiner Zwecke«. Wolter, Verwal-
      tung/Mittelalter, S. 26.
18   Hier dürfen die Begriffe »Polizey« und »Polizeywissenschaft« nicht gleichgesetzt werden. Das
      Bemühen um gute Einrichtung der häuslichen Wirtschaft und des gesamten Gemeinwesens, das
      bereits im Mittelalter als Polizey bezeichnet wurde, besaß zunächst keinerlei wissenschaftlichen
      Charakter. Fürstliches Bestreben um Nutzung aller Ressourcen des eigenen Territoriums brachte
      mit der Polizeywissenschaft eine erste theoretische Grundlage moderner Verwaltung hervor. Die
      Bedeutungsentwicklung beider Worte kann hier nicht umfassend behandelt werden. Zum Begriff
      und zur Geschichte von »Polizey« und »Polizeiwissenschaft«: Maier, Die ältere deutsche Staats-
      und Verwaltungslehre, S. 94–102; Damkowski, Die Entstehung, S. 86 f.; Grimm/Grimm, Deut-
      sches Wörterbuch, XIII, Sp. 1981–1985.
19   Maier, Die ältere deutsche Staats- und Verwaltungslehre, S. 155.
20   Zum Dualismus in der Finanzverwaltung: Forsthoff, Deutsche Verfassungsgeschichte, S. 35;
      Klein, Geschichte, S. 16; Lang, Historische Entwicklung, S. 223–231; Brückner, Staatswissen-
      schaften, S. 7; Tendenzen und Entwicklungslinien der Finanzliteratur ausführlich bei: Brückner,
      Staatswissenschaften, S. 9–32.
21   Vgl. Hartung: Deutsche Verfassungsgeschichte, S. 91–100; Hartung, Herrschaftsverträge,
      S. 75–77; Blickle, Landschaften im Alten Reich, S. 34, 43–45.

dass die Stände sich im Zuge dieses Prozesses ebenfalls hohe Verdienste erworben hätten. Hartungs Argumentation folgte in ihrer Grundtendenz älteren Autoren, insbesondere Spangenberg. Otto Hintze und Werner Näf sahen den Einfluss der Landstände auf innere und äußere Politik der Territorien positiv. Peter Blickle hingegen erklärt die Frage nach dem Nutzen der Landstände für die Entwicklung des frühmodernen Staates für überflüssig. Wird sie trotzdem gestellt, so lohne sich ihre Beantwortung nur für die einzelnen Territorien. Dennoch sieht auch er die landesherrliche Seite seit dem 17. Jahrhundert als »das entwicklungsfähigere Element des Staates«. Viele öffentliche Aufgaben verblieben in den Händen der Stände, und das Steuerbewilligungsrecht wurde nicht grundsätzlich zur Einschränkung landesherrlicher Gewalt genutzt. Hier bildete Schwedisch-Pommern bis 1715 keine Ausnahme. Dort manifestierte sich der duale Charakter neuzeitlicher Finanzverwaltung in der herzoglichen Kammer einerseits und dem ständischen Landkasten andererseits[22]. Die auf den Landtagen durch die Stände genehmigten Steuern wurden von dem in Anklam befindlichen Landkasten eingetrieben. Hier zeichneten drei Obereinnehmer für die zeitgerechte und ordnungsgemäße Erhebung verantwortlich. Einer von ihnen erhielt seine Bestallung durch die schwedische Regierung. Die Geschäftsführung und Rechnungslegung im Landkasten besorgte ein Landkastenmandatar. Zur Eintreibung überfälliger Steuern verfügte die ständische Kasse über zwei Exekutoren. Im lokalen Bereich erfolgte die Hebung durch Kollektoren[23]. Obwohl der Landkasten in dänischer Zeit von der Landesherrschaft weitestgehend unberücksichtigt blieb, ist seine Struktur doch für die weiteren Ausführungen erwähnenswert. Jene ursprünglich ständischen Kollektoren dienten ab 1715 der landesherrlichen Steuererhebung durch die Dänen.

Auch in dem kleinen norddeutschen Territorium zerfiel die Finanzverwaltung also in einen landesherrlichen und einen landständischen Anteil. In dem Moment, da die Stände Einblick in Schulden und Schuldentilgung der fürstlichen Camera erhielten, verschwammen die Grenzen zwischen landesherrlichen und öffentlichen Finanzen[24]. Hingegen schied die juristische Literatur des 17. Jahrhunderts Privateigentum des Fürsten und Staatseigentum scharf voneinander. Nicht selten erhoben Verfechter jener Theorien schriftlich ihr Wort gegen den Verkauf von Domänen. In ihrer Wirtschaftskraft erblickten sie die Hauptquelle zur Deckung des Finanzbedarfes des Staates. An Steuererhebungen hingegen knüpften sie strengste Maßstäbe[25]. Gleichwohl blieb ihre Stimme oft ungehört, forderten die Rechtsgelehrten doch, Lasten gerecht zu verteilen, Steuern nur bei vorliegender »Anecessitas et

---

[22] Back, Die Stände, S. 123.
[23] Backhaus, Verfassung, S. 39.
[24] Karl Heinrich von Lang erblickte in der Übernahme der Schulden des Landesherrn sogar die Ursache für die Formierung der Landstände als solches. Jenen Personenkreis, der zuvor allgemein als Landstand bezeichnet wurde, sieht von Lang als bloße Vasallen. Lang, Historische Entwicklung, S. 223–231.
[25] Nielsen, Die Entstehung, S. 43–45; Buchholz, Geschichte, S. 59 f.; Justi, Ausführliche Abhandlung, S. 18.

utilitas publica« einzuziehen und Arme hiervon gänzlich zu verschonen[26]. Nur zu deutlich tritt hier der Gegensatz zwischen aristotelisch beeinflusster Rechtstheorie und den realen Gegebenheiten zu Tage. Die dualistische Finanzverwaltung und die hiermit verbundenen beiderseitigen Rechte von Fürst und Ständen ließen ein staatliches Interesse an der Anwendung universitärer Lehren in der Administration nicht zu. Sie, die landesherrliche Seite, kämpfte um Durchsetzung ihrer finanziellen Ansprüche und um den Ausbau der eigenen Macht wider die ständischen Gewalten.

Für die Innenpolitik Schwedisch-Pommerns war diese Wechselwirkung, war das Spannungsfeld zwischen Landesherr und Ständen ebenso wie in anderen deutschen Territorien prägend. Schwedisch-Pommern galt bereits in der älteren verfassungshistorischen Literatur als Territorium mit einer ausgeprägten landständischen Verfassung[27]. Dennoch blieb die Einführung des absolutistischen Regimentes in Schweden durch Karl XI. im Jahre 1680 nicht ohne Folgen für das Herzogtum. Ein beständiger, auf allen Gebieten der Innenpolitik ausgetragener Kampf zwischen Landesherr und Landständen begann. Güter, Privilegien und Finanzen standen im Mittelpunkt des Konfliktes[28]. Besonderes Augenmerk widmete Karl XI. der Einschränkung der Befugnisse des Wismarer Tribunals. Der Artikel X des Westfälischen Friedens besiegelte nicht allein die schwedische Herrschaft über Vorpommern, sondern sprach dem Landesherrn auch das *privilegium de non appellando* zu[29]. Die Anrufung der Reichsgerichtsbarkeit als letzte Instanz entfiel somit. Infolgedessen errichtete die schwedische Krone das Wismarer Tribunal[30]. 1656 schrieb die in Kraft getretene Tribunalsordnung vor, dass sowohl Besoldung als auch Bestellung des Präsidenten und des Vizepräsidenten unmittelbar durch die Krone erfolgen sollten. Die Auswahl und Entlohnung der pommerschen Assessoren lag hingegen beim ständischen Landkasten[31]. Somit tat sich der Landschaft ein Mittel im Streit mit dem Landesherrn auf. Aus Sicht des Königs diente das Wismarer Gericht lediglich der Rechtsprechung im engeren Sinne. Die Stände hingegen bestanden auf der Möglichkeit, Regierungsentscheidungen durch das Tribunal erneut prüfen zu lassen[32]. 1692 verankerte ein Supplement zur Tribunalsordnung die Zurückweisung unnötiger Berufungsklagen.

Als die Dänen 1715 die Herrschaft über den nördlich der Peene gelegenen Landesteil übernahmen, »erbten« sie mit den verfassungsrechtlichen Gegebenheiten auch den latenten Konflikt mit den pommerschen Ständen. Deren innere Zu-

---

[26] Nielsen, Die Entstehung, S. 45, 52 f., 62; Zur Bewertung der Steuer durch von Osse, Besold u.a. siehe: Klein, Geschichte, S. 20–22.
[27] Lang, Historische Entwicklung, S. 226; Backhaus, Verfassung und Verwaltung, S. 32; Krüger, Die Landständische Verfassung, S. 24.
[28] Back, Die Stände, S. 126 f.
[29] Repgen, Die Westfälischen Friedensverhandlungen, S. 364; Backhaus, Reichsterritorium, S. 50; Backhaus, Verfassung, S. 33.
[30] Backhaus, Reichsterritorium, S. 46–51; Buchholz, Öffentliche Finanzen, S. 341; Zur Errichtung des Tribunals: Modéer, Gerichtsbarkeiten, S. 308–331.
[31] Back, Die Stände, S. 126–128; Schwartz, Versuch, S. 1153; Buchholz, Öffentliche Finanzen, S. 342.
[32] Back, Die Stände, S. 126–128.

sammensetzung darf deshalb hier nicht verschwiegen werden, zumal sie nicht nur Probleme barg, sondern dem neuen Landesherrn auch Möglichkeiten zur Brechung des ständischen Willens und zur Unterwanderung althergebrachter Privilegien bot.

Wie in anderen deutschen Territorien auch[33], bestand in Vorpommern das Amt der Landräte, die eine vermittelnde Position zwischen Ständen und Landesherr bekleideten. Die Inhaber dieses Titels entstammten dem Landesadel oder dem Städtebürgertum, waren je gemeinsam mit einer weiteren Person von den Ständen dem Landesherrn vorgeschlagen und von demselben schließlich in ihre Funktion eingesetzt worden. Aufgabe der Landräte war, den Landesherrn und seine Regierung auf dessen Geheiß hin beratend zu unterstützen[34]. In ihnen besaß die Landesherrschaft also ein Sprachrohr zu den Ständen, gleichzeitig bot sich den Ständen durch den Landrat die Möglichkeit, Einfluss auf die Entscheidungen der Landesherrschaft zu nehmen. Seit 1714 bekleideten unter anderen der rügische Adelige Arnd Christoph von Bohlen[35] und seit 1707 der Stralsunder Hermann Bernhard Wolffrath das verantwortungsvolle, jedoch von den Dänen kaum in Anspruch genommene Amt. Insbesondere Bohlen diente in den Jahren der dänischen Verwaltung in erster Linie den Ständen als Interessenvertreter gegenüber der absolutistischen Monarchie.

Zugehörigkeit zur Ritterschaft definierte sich in Pommern über den Besitz steuerfreier Lehnhufe[36]. Hierunter zählten jedoch nur Eigentümer von Hauptlehen, also unmittelbar von der Landesherrschaft empfangenen Bodens. Die Besitzer von Afterlehen, also von Lehen aus zweiter Hand waren hiervon ausgenommen. Adelige Abstammung war also nicht ausschlaggebend. Hierin unterschied sich die Situation in Dänemark insofern, als sich dort auch mit dem Besitz einer Domäne sämtliche Adelsrechte verbanden[37]. Gerade deshalb verzeichnet die jüngere dänische Literatur einen Wandel des alten Adelsbegriffes für die Zeit der *Enevaelde* (Eingewalt=Absolutismus). In jener Epoche bestimmte sich Zugehörigkeit zur Aristokratie nicht mehr über Herkunft, sondern zum einen über ökonomischen Besitz (z.B. Feldbaek), zum anderen aber über Rang und Privilegien (z.B. Bartholdy). Die pommersche Ritterschaft war administrativ in Distrikte[38] eingeteilt, deren Anzahl schwankte. Das Wort Distrikt fand in Pommern zweierlei Anwendung. Zum einen bezeichnete es Patrimonium, Städte und ritterschaftlichen

---

[33] Zur Stellung des Landrates in den deutschen Territorien: Isaacsohn, Geschichte, III, S. 169 f.; Agena, Der Amtmann, S. 13.

[34] Balthasar, Abhandlung vom Ursprung, S. 22–34; Blumenthal, Die Stände, S. 43.

[35] Von Bohlen bekleidete in den Jahren 1714–20 das Amt des Landrates. Petrick, Rügens Landräte, S. 27. Die Zahl der Landräte schwankte im Verlaufe des 17. und beginnenden 18. Jahrhunderts sehr stark. Hierzu: Blumenthal, Die Stände, S. 45 f.; Steffen, Kulturgeschichte, S. 247.

[36] Baier, Geschichte der Communalstände, S. 6; Glaser, Die Stände Neuvorpommerns, S. 40; Hagemeister, Einleitung in die Wissenschaft des Schwedisch-Pommerschen Lehnrechtes, S. 5 f.

[37] Vgl. Feldbaek, Danmarks Oekonomske Historie, S. 64; Bartholdy, Adelsbegrebet, S. 577–650; Munck, The Peasanty, S. 56 f.; Petersen, Adel, Bürgertum und Gutsbesitz, S. 481–488.

[38] Backhaus, Reichsterritorium, S. 101. Menke vertritt die Auffassung, das Distrikte, denen auch die Ämter zugehörten, den Grundstock einer in schwedischer Zeit geschaffenen Landeseinteilung gewesen seien. Menke, Das Amt Wolgast, S. 90–95.

Landbesitz als geografische Einheit, zum anderen beschrieb es allein die Adelsgü-
ter. So finden sich in Johannis Micraeliis *Antiquitates Pomeranie*, das im ersten Drittel des 17. Jahrhunderts, also noch zu herzoglichen Zeiten erschien, sechs Distrikte
für den wolgastischen Landesteil. Auch königliche Ämter werden in diesem Buch
als Bestandteile der Distrikte vermerkt[39]. Für das Jahr 1650 sind hingegen acht
dieser Verwaltungskörper überliefert. Bis 1653 wuchs deren Anzahl auf zehn an[40].
Blumenthal wiederum nennt neun Distrikte, die von 1689 bis 1720 Bestand gehabt
hätten[41]. Dies waren: Das Land zwischen Oder und Randow, der Wolliner
Distrikt, der Anklamer Distrikt, der Wolgast-Usedomer Distrikt, der Demmin-
Treptower Distrikt, die vereinigten Distrikte von Loitz, Grimmen und Tribsees,
der Barther Distrikt, der Greifswalder Distrikt und Rügen[42].

Im Gegensatz zu anderen Autoren verwendet Johann Christian Seitz den Begriff
Distrikt zur geografischen Beschreibung der vier Teile, aus denen das ehemalige
Schwedisch-Pommern bestand. Er nennt den »1.) Stettinischen, 2.) den Gutzkovi-
schen und 3.) Bardischen District, nebst 4.) denen Insuln Rügen/Usedom und
Wollin[43].«

Von den oben genannten neun ritterschaftlichen Distrikten fielen den Dänen
1715 ganz oder teilweise zu: der vereinigte Loitz-Grimmener-Triebseer Distrikt,
der Barther Distrikt, der Greifswalder Distrikt, der Wolgaster Distrikt (ohne Usedom) sowie Rügen.

Innerhalb des städtischen Korpus sind Hanse-, Land- und Amtsstädte voneinander zu scheiden. Dieser Einteilung, die Gerdes in seiner handschriftlichen *Beschreibung des schwedischen Pommerlandes* 1719 zeichnete, ist Blumenthal in der Dissertation über die pommerschen Stände nicht gefolgt[44]. Vielmehr beruft er sich auf
eine bereits 1641 abgefasste Handschrift eines gewissen Caroc, der wahrscheinlich
ein Vorfahre der berühmten Juristen Alexander und Georg Adolph war. Zwar
seien einige Städte infolge ihres Außenhandels zu großer Macht und politischem
Einfluss gelangt, allein, zur Reichsstadt habe es nicht gereicht, meint Blumenthal.
Gerdes hingegen verdeutlicht, dass die Begrifflichkeiten unterschiedliche Anwendung fanden. Einerseits würden als Landstädte all jene Gemeinwesen bezeichnet,
die keinen Außenhandel betrieben. Hierzu rechnete er Wolgast und Barth. Andererseits jedoch zähle man sämtliche Orte, die nicht Amtsstädte seien, zu den Landstädten[45]. Amtsstädte unterstanden Adeligen oder dem Landesherrn. Er setzte die
Richter ein. Amtsstädte gehörten zum platten Lande und waren verwaltungstechnisch königlichen Ämtern unterstellt. Zu dieser Kategorie zählten Lassahn, Gütz-

---

[39] Micraelii, Antiquitates Pomeranie, VI, S. 283.
[40] Backhaus, Reichsterritorium, S. 63 f.
[41] Blumenthal berücksichtigt in seiner Dissertation die Zeit der dänischen Herrschaft nicht. Auf die
       Bestände des Kopenhagener Reichsarchives greift er nicht zurück. Es darf vermutet werden, dass
       er von deren Existenz keinerlei Kenntnis besaß.
[42] Blumenthal, Die Stände, S. 19.
[43] Seitz, Geografisch- und historische Beschreibung, S. 5–8.
[44] Vgl. LAG Rep. 41 v.d. Plathe I A 1:21 (Beschreibung des schwedischen Pommerlandes),
       S. 28–30; Blumenthal: Die Stände, S. 20–22. Vermutlich war Blumenthal die Handschrift Gerdes'
       nicht bekannt.
[45] Blumenthal, Die Stände, 20 f.; Back, Die Stände, S. 122; LAG Rep. 41 v.d. Plathe I A 1:21, S. 30.

kow, Franzburg und Richtenberg. In den Landstädten hingegen lag die Jurisdiktion beim Magistrat. Neben dem Recht der städtischen Untergerichtsbarkeit besaßen Landstädte das Jus Detractionis (Recht, ein Erbe zu untersagen, das einem Fremden zufällt, der nicht in der Stadt wohnt), das Jus bonorum vacantium (Recht, herrenlose Güter einzuziehen) und weitere umfangreiche Privilegien. Nur sie verfügten über Sitz und Stimme im Landtag. Alle mit ständischem Recht versehenen Orte waren somit dieser Kategorie zuzuordnen[46]. Sie traten auf den Landtagen getrennt nach Vorderstädten und nachsitzenden Städten auf. Seit dem Westfälischen Frieden bestanden vier Vorderstädte: Stralsund, Stettin, Greifswald und Anklam. Unter den nachsitzenden Städten war Demmin die bedeutendste. Der Vorsitz im gesamten städtischen Korpus oblag Stralsund[47].

Die vorpommerschen Stände verliehen ihren Rechten auf den Landtagen Ausdruck. Diese Konvente konnten jedoch lediglich mit Erlaubnis des Landesherrn einberufen werden[48]. Landtagsverhandlungen nahmen grundsätzlich einen zähen Verlauf, da die Deputierten der Stände mit genauen Instruktionen ihres Korpus, das heißt ihrer Stadt anreisten, an die sie wortwörtlich gebunden waren. Wichen die Verhandlungsinhalte von der vorher durch die Regierung erteilten Proposition[49] ab, oder ergaben sich gegensätzliche Positionen, so reisten die Deputierten zurück, um neue Instruktion von ihren Auftraggebern zu holen. Erst nachdem sich die Stände über Inhalt und Wortlaut eines Abschiedes geeinigt hatten, entschied der Landesherr über dessen Inkrafttreten[50].

Im Gegensatz zum Landtag und anderen ständischen Versammlungen, auf denen im Vorfeld Memoriale für die Deputierten ausgehandelt wurden, unterlagen Distriktsversammlungen der Ritterschaft und Magistratssitzungen in den Landstädten nicht der Genehmigungspflicht der Regierung[51].

Neben den beiden ständischen geografischen Verwaltungskörpern Distrikt und Stadt gliederte sich Vorpommern aus landesherrlicher Sicht in Ämter. Ihnen unterstand die Administration der königlichen Domänen. Mit der Kapitulation Stralsunds fielen den Dänen die Ämter Barth, Bergen, Franzburg, Grimmen, Loitz, Tribsees und Wolgast zu. Das Amt Stolpe wurde geteilt. Da die Stadt selbst südlich des Grenzflusses lag, sprechen die Akten vom Amt »Stolpe diesseits der Peene«[52].

---

46   LAG Rep. 41 v.d. Plathe I A 1:21, S. 29 f.
47   Blumenthal, Die Stände, S. 21; Backhaus, Reichsterritorium, S. 100; Kroll, Stadtgesellschaft und Krieg, S. 69 f.
48   Back, Die Stände, S. 122; Baier, Geschichte der Communalstände, S. 7.
49   Schriftstück, das dem Berufungsschreiben zum Landtag beigefügt wurde. Es enthielt die dort zu verhandelnden Punkte. Baier, Geschichte der Communalstände, S. 15.
50   Zum allgemeinen Prozedere der Landtage siehe: Back, Die Stände, S. 123 f.; Steffen, Kulturgeschichte, S. 247–249.
51   Blumenthal, Die Stände, S. 39; Buchholz, Öffentliche Finanzen, S. 153–157.
52   Collectio Summarum der vorgeschoßenen Capitalien, RAK RKTA P-R-K C 266. Alle vorpommerschen Ämter entstanden im 16. Jahrhundert unter der Ägide Bogislaws X. Menke, Das Amt Wolgast, S. 75.

Die Verwaltungseinteilung basierte in Vorpommern also auf dem Grundbesitzstand. Er bildete zudem den entscheidenden Wirtschaftsfaktor und zugleich das Fundament der territorialen Ordnung.

c) Grundbesitzstand und Lehnswesen unter der schwedischen Krone

Nach Abschluss des Stettiner Vertrages 1630 gelangte das Herzogtum zunehmend unter schwedische Kontrolle. Die Militärverwaltung wurde bereits vor Abschluss des Westfälischen Friedens durch den künftigen Landesherrn etabliert. Nach dem Aussterben des pommerschen Herrschergeschlechtes 1637 setzten die Schweden eine eigene Regierung ein. Somit konnten sie unmittelbar auf die Besitzverhältnisse in dem von ihnen besetzten norddeutschen Territorium einwirken.

In der ersten Phase schwedischer Herrschaft über Vorpommern 1631–1715 unterlagen das pommersche Lehnswesen und der Grundbesitz ständiger Veränderung. Bereits 1638 begannen die Schweden mit der Neuverteilung pommerscher Gemarkungen.

Bei einer strukturellen Betrachtung der Grundbesitzverhältnisse können im Herzogtum drei Ländereikategorien unterschieden werden: Fürstliche Domänen, auch Tafel- oder Patrimonialgüter genannt, adelige Güter und städtische Ländereien[53]. Ein erheblicher Teil der Domänen war im Zuge der Reformation aus dem Besitz der Feldklöster an den Landesherrn zurückgefallen. Sie oblagen der Aufsicht fürstlicher Ämter, denen ein Amtmann vorstand. Sowohl Rittergüter und städtischer Ackerbesitz als auch Domänen[54] wurden ab 1638 verpachtet oder verkauft. Nach dem Tod Gustav Adolfs setzte sich dieser Trend unter Königin Christine fort. 1654 befanden sich bereits drei Viertel der fürstlichen Tafelgüter in privater Hand. Nicht selten hatten ganze Ämter ihren Besitzer gewechselt. Der größte Teil fiel schwedischen oder in schwedischen Diensten stehenden Beamten zu. Alteingesessenen Adelsgeschlechtern gelang lediglich der Erwerb von 18,7 Prozent der veräußerten oder verpachteten Domänen[55]. So nimmt es nicht wunder, dass pommersche Edelleute für die Einziehung der Tafelgüter plädierten[56], um höhere Steuern zur Finanzierung von Heer und Verwaltung zu verhindern. Der schwedische Hochadel hingegen bevorzugte die Anhebung der Abgaben zur Gewinnung der für die Administration benötigten Gelder. Um jeden Preis suchten sie zu verhindern, ihres neuerworbenen Besitzes wieder verlustig zu gehen. 1654 erließ Christine dennoch einen Abdiktionsrezess, demzufolge sämtliche pommersche Domänen wieder einzuziehen waren. Die Reduktion wurde jedoch nur halbherzig

---

53 LAG Rep. 41 v.d.Plathe I A 1:21, S. 20; Backhaus, Reichsterritorium, S. 242.
54 Statistisch für das Jahr 1700 durch Renate Schilling erarbeitet. Schilling, Schwedisch-Pommern, S. 117. LAG Rep. 41 v.d.Plathe I A 1:21, S. 20 f.
55 Peters, Schwedische Ostseeherrschaft, S. 79; Backhaus, Reichsterritorium, S. 64 f.
56 Backhaus, Reichsterritorium, S. 65; Griebenow, Tertialrecht, S. 10; Branig, Geschichte Pommerns, II, S. 36.

umgesetzt, zu hoch war der Druck des schwedischen Adels. Dieser Stand nutzte seine Stellung als Gläubiger der Krone, um die Königin unter Druck zu setzen[57].

Im Laufe der zweiten Hälfte des 18. Jahrhunderts sank der Anteil schwedischer Adliger mit Domänenbesitz. Viele verschuldeten sich und sahen sich schließlich genötigt, wieder zu verkaufen. Erneut fielen Tafelgüter nicht dem Staat, sondern Privatpersonen zu. Hieran änderte sich auch nach Christines Abdankung zunächst nichts[58].

1680 und 1690 erfolgten durch Beschluss des Reichsrates und auf Befehl Karls XI. erneute Reduktionen. Sie wurden wesentlich umfassender und energischer umgesetzt, als die 1654 begonnenen. 1692 verfügte er, dass Dominalgüter nur bei Not des Landes veräußert werden durften[59]. Eine Taxationsbehörde schätzte den Wert der eingezogenen Güter, dann schloss eine Arrendekommission neue Pachtverträge ab. Oft behielten die alten Besitzer ihre Ländereien zur Pacht, bei Nachlassung von einem Drittel der errechneten Abgabensumme. Mögliches Oppositionspotenzial wurde somit gedämpft, ein schnelles Herunterwirtschaften der Güter vermieden, da der Landbesitz nicht ständig den Eigentümer wechselte[60]. Es entstand so in Pommern eine für Deutschland einzigartige Form von Ländereien, die sogenannten Tertialgüter. Sie unterlagen einem Rechtsverhältnis, das durch den Herzog nicht einseitig aufkündbar war[61].

In Dänemark endete 1688 die erste umfassende Reduktion. Auch dort befanden sich zuvor zahlreiche Domänen in privater Hand. Insgesamt verringerte sich die Anzahl der verpachteten dänischen Krongüter zwischen 1650 und 1750 von fünfzig auf 16 Prozent. Friedrich IV. kaufte und verkaufte einige Güter zur Finanzierung seines Heeres[62].

Zunehmend deutlicher zeigte sich in den 1690er Jahre das Bestreben des schwedischen Staates, das Steuerwesen besser einzurichten und zu ordnen. Als Grundlage sollte eine Erfassung sämtlicher steuerbarer Hufen (Flächenmaß s. Anhang) dienen[63]. Im »mitternächtlichen Reiche« entstand ein einheitliches, modernes Vermessungswesen bereits im ersten Drittel des 17. Jahrhunderts und diente der flächendeckenden Erfassung von Grundtaxen[64]. Dieses System galt es, auf die norddeutsche Provinz zu übertragen[65]. In Dänemark erfolgte die Erstellung von Matrikeln, bei denen der Besitzstand erfasst wurde, ab den 1660er Jahren.

---

57 Zur Reduktion von 1654 siehe: Essen, Alienationer, S. 21–57.
58 LAG Rep. 41 v.d.Plathe I A 1:21, S. 20.
59 Griebenow, Tertialrecht, S. 9; Essen, Alienationer, S. 84–86. Schon in den Jahren 1654–89 wurden zahlreiche Domänen eingezogen, sodass sich die Besitzverhältnisse in Bezug auf die Tafelgüter stark verschoben. Back, Radsadel och domängods, S. 11.
60 Peters, Schwedische Ostseeherrschaft, S. 94 f.; Steffen, Kulturgeschichte, S. 250.
61 Griebenow, Tertialrecht, S. 7 f.
62 Feldbaek, Danmarks Oekonomske Historie, S. 62.
63 Peters, Unter der schwedischen Krone, S. 37; Schilling, Schwedisch-Pommern um 1700, S. 8 f.
64 Asmus, Die geometrische Landesvermessung, S. 80 f.; Buchholz, Landständische Verfassung, S. 81.
65 Wegener, Die schwedische Landesaufnahme, S. 216; Christiansen, Bidrag til Dansk Statshusholdnings Historie, I, S. 283–289; Holm, Danmark-Norges indre Historie, I, S. 107–113; Nielsen, Dänische Wirtschaftsgeschichte, S. 171; Løgstrup, The Landowner, S. 284–286; Munck, The Peasantry, S. 65–71.

1681–88 schufen die dänischen Behörden ein neues, deutlich exakteres Register. Nach langwierigen Auseinandersetzungen zwischen Landesherr und vorpommerschen Ständen stimmten Ritterschaft und Städte 1681 der Lustration (Zustandsprüfung) zu, die jedoch erst 1691 begann. Bis 1709[66] führten die Schweden in ihrem Anteil Pommerns die erste vollständige Landvermessung auf deutschem Boden durch[67]. Die Hauptarbeit war auf dem Lande bereits 1698 abgeschlossen. 1703–1705 erfolgte die Revisionsvermessung, 1706–1708 wurden Vermessungen in Stettin, Stralsund, Greifswald, Anklam und Wolgast vorgenommen, die jedoch nur teilweise vollendet wurden. 1703–1709 erstellten die schwedischen Beamten auf Grundlage der gewonnen Informationen die Landesmatrikel.

Aus den gewonnenen Informationen vermochte die Landesherrschaft keinen verwaltungstechnischen Nutzen zu ziehen. Der Große Nordische Krieg verhinderte jede weitere Reformierung des Steuerwesens. Karl XII. sah sich gezwungen, eigene Güter zu veräußern, um seine kostspielige Kriegführung finanzieren zu können[68]. Die Reduktion hob er auf. 1701 begann die erneute Verpfändung von Amtsgütern, ab 1703 die anderer Landeseinnahmen. Sämtliche Wasser- und Amtszölle fielen dem Proviantmeister Otto Schulz zu. 1705 wurde die Akzise (Konsumtionssteuer) verpachtet, 1712/13 die Einnahmen der Konsumtionssteuer und Licenten privater Hand überantwortet[69]. Sämtliche Fährgelder auf der Peene, die zu den landesherrlichen Einnahmen zählten, waren ebenfalls verpachtet. Zudem berichten die *Annalistischen Aufzeichnungen zur pommerschen Verwaltungsgeschichte* von großer Unordnung, die sich infolge des Krieges im Kontributionswesen ausgebreitet habe[70]. Dieser Eindruck wird durch Aufzeichnungen der dänischen Regierung bestätigt[71].

Aus diesen Darlegungen wird deutlich, vor welchen immensen Schwierigkeiten die neue dänische Verwaltung 1715/16 stand. Ihre Finanzierung aus der pommerschen Provinz ist für die ersten Monate undenkbar, da die wichtigsten Einnahmequellen, Domänen und Abgaben, verkauft oder verpachtet waren. Im weiteren Verlauf dieser Arbeit wird deshalb der Organisation und der Wiedereinrichtung einer funktionierenden Finanzverwaltung besonderes Augenmerk zuteil.

1715/16 zeigten die neu geschaffenen dänischen Institutionen eine mangelnde Kenntnis der regionalen Rechtsverhältnisse. Am Beginn seiner Herrschaft über die ehemals »schwedische Provinz« blieb Kopenhagen zunächst auf örtliche Juristen angewiesen. Weder das Vertragswesen in Bezug auf die Domänenverpachtung noch das vorpommersche Lehnsrecht war den dänischen Beamten geläufig. Gera-

---

66 Peters, Schwedische Ostseeherrschaft, S. 98; Kusch, Die schwedische Stadtaufnahme, S. 103.
67 Ausführlicher zur schwedischen Landesaufnahme: Buchholz, Die Bedeutung der Kataster, S. 235–260; Drolshagen, Die schwedische Landesaufnahme; Asmus, Die geometrische Landesvermessung, S. 79–98; Wartenberg, 300 Jahre Schwedische Landesmatrikel.
68 Buchholz, Die Bedeutung der Kataster, S. 242 f.; Griebenow, Tertialrecht, S. 14.
69 Peters, Schwedische Ostseeherrschaft, S. 103–105. Bei den »Licenten« handelte es sich um Seezölle, die auf Waren aller mit vorpommerschen Häfen verkehrenden Schiffe erhoben wurden. Kroll, Stadtgesellschaft und Krieg, S. 75.
70 LAG Rep. 41 v.d. Plathen I A1:21, S. 32; LAG Rep. 40 VI, Nr. 90, S. 157 f.
71 Insbesondere durch: RAK RKTA P-R-K 1716–20 C 269.

de Letzteres wies sowohl in herzoglicher als auch in schwedischer Zeit eine erhebliche Komplexität auf, deren wissenschaftlicher Erfassung sich zahlreiche Juristen und Historiker im 18. Jahrhundert zuwandten[72]. In der neueren wissenschaftlichen Literatur spielen lehnsrechtliche Aspekte bislang leider keine Rolle, obschon sie für das landesherrlich-ständische Verhältnis von herausragendem Wert sind. So bietet denn auch der Zustand des Lehnswesens um 1715 interessante Aspekte für weitere Fragestellungen.

Beim ritterschaftlichen Ackerbesitz lässt sich bis einschließlich 1715 die steuerfreie Hufe[73] (Ritterhufe), für die der Besitzer lediglich rossdienstpflichtig war, von steuerbarem Land (Bauernhufe) unterscheiden. Wenngleich der Landmann in Pommern keinen eigenen Stand darstellte, schied das Lehnswesen also Ritterschaft und Bauernschaft voneinander. Für Bauernhufen war der jeweilige Eigentümer kontributionspflichtig, für Ritterhufen hingegen nicht. Bauernhufen, die sich im Besitz eines Adeligen befanden, waren diesem abgabepflichtig. Die hierfür geforderten Steuern entrichtete grundsätzlich der den Boden bearbeitende »Landarbeiter«. Konnte er nicht zahlen, so nahm die Landesherrschaft nicht den Grundherrn, sondern den Bauern selbst in die Pflicht. Für Ritterhufen führte der Besitzer zwar keine Steuern ab, er hatte jedoch je 10 Hufen ein Lehnpferd samt Reiter bereitzustellen[74]. Der Hauptkommissionsrezess vom 12. April 1681[75] bestätigte die Ritterhufenfreiheit, schrieb jedoch gleichzeitig fest, dass hierunter nur alte, bereits Anfang des 17. Jahrhunderts bestehende Ritterhufen zählten. Dieser Bestimmung gingen umfangreiche Rechtsstreitigkeiten zwischen Städten und Adel voraus, die auch nach dem Rezess fortdauerten. Sie erstreckten sich bis in die dänische Zeit und sind Ausdruck eines innerständischen Kampfes, der dem Landesherrn letztlich nützte. Auf diese Problematik wird an anderer Stelle vertiefend eingegangen. Hier darf der standesgebende Charakter der Ritterhufe hervorgehoben werden, denn mit ihrem Besitz verband sich die Zugehörigkeit zur Ritterschaft und damit zum Landesadel.

Werner Buchholz errechnete anhand der schwedischen Vermessungsakten für das spätere »Neuvorpommern«, also den ab 1715 dänisch besetzten Landesteil, eine Güterverteilung von 33 Prozent landesherrlichem, 52 Prozent ritterschaftliche und 15 Prozent städtischem Besitz[76].

Peters unterteilt die vorpommersche Ritterschaft in schwedischer Zeit bis 1715 in vier soziale Gruppen:

---

[72] Hagemeister, Einleitung in die Wissenschaft; Schwartz, Versuch; Engelbrecht, Introductio in notitiam Juris Feudorum Pomeraniae Suecicae.

[73] Eine pommersche Landhufe umfasste 30 Morgen (zusammen 19,65 Hektar). Ein Morgen entsprach 300 pommerschen Quadratruten (zusammen 0,65 Hektar). Biederstedt, Münzen, Gewichte und Maße, S. 51; LAG Rep. 40 VI, Nr. 90, S. 21–23.

[74] Resolution der Königl. Hauptcommission wegen Leistung der Rossdienste vom 22. April 1681 (Auszug), Hagemeister, Einleitung in die Wissenschaft des Schwedisch-Pommerschen Lehnrechts, S. 174 f.; Steffen, Kulturgeschichte, S. 251; Andernorts werden 16 Hufen zu Grunde gelegt. LAG Rep. 41 v.d. Plathe I A 1:21, S. 22.

[75] Haupt-Commissions-Recess vom 12. April 1681 (Auszug), in: Hagemeister, Einleitung in die Wissenschaft, S. 174 f.

[76] Buchholz, Öffentliche Finanzen, S. 152 f.

Er unterscheidet (1.) hochadlige Schweden, die Grundbesitz in der deutschen Provinz besaßen und zudem hohen Profit aus Beamtensalarien zogen[77] von (2.) geadelte bürgerliche Schweden, die zumeist als niedere Beamte dienten und in Pommern Landbesitz erwarben[78]. Im Zuge des Dreißigjährigen Krieges verschuldeten sich viele Güter derart, dass sie den Gläubigern ganz überlassen wurden. Dies und das Aussterben vieler Geschlechter ermöglichte in schwedischer Zeit eine Neuverteilung des Besitzstandes. Schwartz nennt 63 neuvergebene Güter und betont dabei, dass es sich lediglich um Beispiele handle. Hinzu traten (3.) in schwedischen Diensten stehende pommersche Adlige, die ausschließlich dem vermögenden Städtebürgertum entstammten und unter den neuen Landesherrn zu Ehren, Würden und Besitz gelangten, sowie (4.) alteingessene Adelige, die ebenfalls von der fremden Herrschaft profitierten[79].

Aus dieser Kategorisierung ergeben sich folgende Fragen, die im weiteren Verlauf dieser Arbeit beantwortet werden. Wie fügte sich die Ritterschaft in ihrer Gesamtheit und in ihren einzelnen Gruppen nach 1715 in die neue Landesherrschaft? Wie verhielten sich die Angehörigen der ersten drei Gruppen zum neuen Landesherrn? Was geschah mit ihrem Grund und Boden? Und schließlich: Hat Jan Peters recht, wenn er behauptet, der schwedische Hochadel mit Landbesitz in Pommern habe den Krieg gut überstanden und sei gestärkt aus dem neuen Konflikt um das Dominium maris Baltici hervorgegangen?

Mit den Grundzügen der pommerschen Landesverfassung, der administrativen Gliederung und den Besitzverhältnissen in schwedischer Zeit sind vorstehend fast alle wesentlichen Grundlagen der im Dezember 1715 beginnenden dänischen Herrschaft dargestellt. Das ökonomische Potenzial und der tatsächliche wirtschaftliche Zustand werden im Rahmen des folgenden Kapitels mitbehandelt. Da die Ökonomie von Beginn an im Vordergrund allen verwaltungstechnischen Handelns der 1716 eingesetzten dänischen Regierung in Stralsund stand, sind Grundkenntnisse dänischer Administration zum Verständnis dieses Abschnittes unvermeidlich. Obschon den Verhältnissen in Schwedisch-Pommern vorstehend breiter Raum gegeben wurde, werden sie in allen Kapiteln wiederholt aufgegriffen, um Unterschiede und Gemeinsamkeiten schwedischer und dänischer Herrschaft in Vorpommern zu verdeutlichen.

---

[77] Helmut Backhaus hebt anknüpfend an Pär-Erik Back hervor, dass der Anteil des schwedischen Hochadels am vorpommerschen Landbesitz deutlich geringer gewesen ist, als Jan Peters dies vermutet. Vgl. Peters, Schwedische Ostseeherrschaft, S. 107 f.; Backhaus, Reichsterritorium, S. 245 f.; Back, Rådsadel, S. 10–13.

[78] Schwartz, Versuch, S. 1136–1138.

[79] Peters, Schwedische Ostseeherrschaft, S. 107 f.

2. Einrichtung der dänischen Verwaltung und Übernahme der Regierung

a) Dänische Verwaltung unter Friedrich IV.

Je tiefer der heutige Betrachter die Gegebenheiten frühneuzeitlicher Administration zu ergründen sucht, desto deutlicher tritt ihm die Komplexität seines Themas vor Augen. Die Vielschichtigkeit staatlicher Funktionen rief in allen europäischen Territorien eine sich ständig verdichtende Bürokratisierung hervor.

Hier soll keineswegs ein umfassender Überblick über die dänische Zentralverwaltung[80] in der Zeit des Großen Nordischen Krieges versucht werden. Vielmehr gilt es, deren Grundzüge so weit zu erörtern, wie dies zum Verständnis der weiteren Abhandlung unerlässlich erscheint. Das heißt, Institutionen, die besonderen Einfluss auf die Entwicklung Vorpommerns in den Jahren 1715–1721 nahmen, stehen im Vordergrund. Dies trifft insbesondere für die Rentekammer zu, deren innerer Aufbau und deren Funktionsweise vertiefend behandelt werden muss.

An der Spitze des dänisch-norwegischen Staates stand seit 1665 der unumschränkt herrschende König. Nach dem Tode Friedrichs III., der es vermochte, die Doppelmonarchie aus einer tiefen Depression zu führen, folgte dessen Sohn Christian V. Jenen Monarchen zeichnete das Vermögen aus, hervorragende, in seinem Sinne handelnde Berater um sich zu scharen, denen er oft freie Hand bei der Umsetzung seiner Befehle ließ. Christian nutzte das Potenzial seiner Ratgeber und behielt dabei die Zügel dennoch fest in der Hand[81]. Als er im August 1699 verstarb und somit seinem Sohn das Zepter im Staat zufiel, kehrte eine noch straffere Führung in die dänische Verwaltung ein. Die Doppelmonarchie Dänemark-Norwegen setzte sich neben den beiden Königreichen aus zahlreichen weit auseinanderliegenden Territorien und Provinzen zusammen[82]. Der englische Gesandte Robert Molesworth wies bereits Ende des 17. Jahrhunderts auf den interessanten Fakt hin, dass die territoriale Zerrissenheit Dänemarks die Verteidigungsfähigkeit dieses Reiches schwäche, eine bemerkenswerte Parallele zum brandenburgisch-preußischen Staate. Im Verlauf des 17. Jahrhunderts waren die fruchtbarsten Gebiete dieses nordischen Reiches Schonen, Halland und Blekinge an den Erzfeind Schweden übergegangen, sodass im Jahre des Regierungsantrittes Friedrichs IV. die Herzogtümer Schleswig, Holstein, Stormarn und Dithmarschen, die Grafschaften Oldenburg und Delmenhorst, zudem das Königreich Norwegen, Island, Grönland, die Färöer-Inseln, das karibische Eiland St. Thomas, die Christiansborg

---

[80] Forschungsstand bei Lind, Den heroisk tid?, S. 159–221; Boisen Schmidt, Studier over Statshusholdningen, I., S. 9–15; Zum Aufbau der dänischen Zentralverwaltung siehe Anl. Aufbau der dänischen Zentralverwaltung in Kopenhagen um 1715.

[81] Christiansen, Bidrag, I–II.

[82] Molesworth, An Account, S. 6.

an der Küste von Guinea sowie die ostindische Besitzung Tranquebar außerhalb des Kernreiches unter sein Zepter fielen[83].

Friedrich IV. interessierte sich sehr für alle administrativen Angelegenheiten, obschon er anfänglich mit diesen Problemen nur wenig vertraut war. Misstrauen gegen den Verwaltungsapparat und alle Beamten prägten seinen Charakter[84]. Friedrichs Biographen sind sich darin einig, dass der spätere König als Prinz eine schlechte Vorbereitung auf die ihn erwartende Funktion erfuhr. Durch Tatkraft und Fleiß gelang es ihm jedoch rasch, das fehlende Wissen aufzuholen. Von der insgesamt positiven Beurteilung Friedrichs IV., die sich in der dänischen Literatur durchgesetzt hat, hebt sich Jörg-Peter Findeisen ab, der zu wissen glaubt, dass der dänische Monarch dem Militär und Staatswesen keine Beachtung schenkte, sondern seine Zeit lieber mit amourösen Abenteuern verbrachte; eine völlige Fehleinschätzung, die gänzlich ohne Beleg dargeboten wird und mit der Überlieferung und dem Forschungsstand nicht in Einklang zu bringen ist. Friedrich verkörperte in der Tat den absoluten Monarchen par exellance, der über jeden Vorgang in seinem Reich Bescheid zu wissen hoffte und der bis in niedrigste Verwaltungsebenen befahl. Das dänisch okkupierte Vorpommern und Rügen bildeten hier keine Ausnahme.

Wie in anderen europäischen Staaten auch, zeichnete sich der Absolutismus in Dänemark durch eine Verfeinerung administrativer Strukturen, eine starke Bürokratisierung und die Beschneidung der politischen Partizipation des heimischen Adels aus. So bildete sich auch in Dänemark ein neuer Adel, der seine Legitimation nunmehr aus den ihm von der Krone übertragenen Ämtern bezog[85]. Der allmähliche Aufstieg des neuen Adels manifestierte sich nicht zuletzt in der Veränderung von Grundbesitzverhältnissen. Hielt der alte Adel 1660 noch 95 Prozent der privaten Güter in seinem Besitze, so waren es 1710 nur noch 38,5 Prozent. 19 Prozent entfielen zu diesem Zeitpunkt auf den neuen Amtsadel und immerhin 43 Prozent auf Bürgerliche. Dabei darf nicht übersehen werden, dass der Prozess der Zurückdrängung alter Eliten deutlich langsamer voranschritt, als dies zu vermuten wäre. So besaß der alte Adel auch noch in der Zeit Friedrichs IV., insbesondere in der lokalen Verwaltung, hohen Einfluss. Stärker als in anderen Staaten setzte die dänische absolute Monarchie in ihrem Bestreben, die Macht des alten Adels zu brechen, auf Ausländer. Insbesondere Deutsche aus den Herzogtümern Schleswig und Holstein, aus der Grafschaft Oldenburg, aber auch aus Mecklenburg und Pommern nahmen zahlreiche hohe und mittlere Ämter im Staatsapparat und im Militär wahr. Eine weitere Möglichkeit, Teile des alten Adels mit dem neuen zu verbinden und ihn somit unter die Macht der Krone zu bringen, bot sich

---

[83] Geografisch-historische Beschreibungen des dänisch-norwegischen Reiches finden sich beispielsweise in: Tozen, Der gegenwärtige Zustand, II, S. 125–134; Molesworth, An Account, S. 1–6; Büsching, Neue Erdbeschreibung, I, Hamburg 1764, S. 122–126, 157–414.

[84] Vgl. Boisen Schmidt, Studier over Statshusholdningen, I, S. 24; Dehn-Nielsen, Frederik 4, S. 33 f.; Jespersen, 1648–1720, S. 150; Jespersen, Tiden 1648–1730, S. 290 f.; Findeisen, Dänemark, S. 150–152.

[85] Westrup, Centraladministration og statsstyre, S. 25–38; Munck, The Peasantry, S. 57; Petersen, Adel, Bürgertum und Gutsbesitz, S. 481–488.

durch seine Einbindung in die *lokale Verwaltung*. Sie basierte in Dänemark ursprünglich auf den Gemeinden, also mehreren Dörfern, die eine Kirche nutzten. Da diese Orte aber unterschiedlichen Landbesitzern gehörten, überschnitten sich die Grundeigentums- mit den Gemeindegrenzen. Innerhalb der Güter bildete sich dementsprechend ein eigener Apparat, in dessen Zentrum der jeweilige Gutsverwalter (godsforvalter) stand. Aufbauend auf diese lokale Landbesitzverwaltung schuf der frühmoderne und dann absolutistische dänische Staat eigene Strukturen. Ämter entstanden, denen ein königlicher Amtmann (amtmand) und/oder ein Amtsverwalter (amtforvalter) vorstand. In den Städten, in denen ein Bischof wohnte, trug der oberster Staatsdiener die Bezeichnung »Stiftsamtmann«. Im Jahre 1671 verlieh Christian V. einigen der höchsten dänischen Grundbesitzer die Gewalt eines Amtmannes und entband sie gleichzeitig von der Kontrolle durch den lokalen Amtmann[86]. Der König schuf somit innerhalb des Adels eine loyale, der Krone treu ergebene Gruppe[87]. Wichtig für den Vergleich mit den deutschen Verhältnissen erscheint neben dem Dargelegten jedoch, dass die Jurisdiktion innerhalb der Ämter nochmals geteilt war. Während in Vorpommern unterhalb der Amtmannsebene keine staatliche Rechtsprechung bestand, existierten in Dänemark noch kleinere Bezirke, die sogenannten *herred*. Andererseits besaßen die vorpommerschen- und rügischen Gutsbesitzer das Privileg, auf ihren Gütern die niedere Rechtsprechung gegenüber ihren Untertanen auszuüben. In Dänemark manifestierte sich diese Tatsache in den *birk*. Ein *birk* war dasjenige Gebiet, in dem ein Landbesitzer das Recht besaß, über seine Untertanen zu Gericht zu sitzen. Es bestand separat von den *herred*.

In der Regierungszeit Friedrichs IV. verschärften sich die von seinen Vorgängern gesetzten Trends in der lokalen und in der übergeordneten Verwaltung. Friedrich begann unmittelbar nach dem Ableben seines Vaters die gesamte dänische *Zentralverwaltung* umzugestalten[88] und einzig auf die Person des Königs zu orientieren. Sein Ziel war hierbei die Durchsetzung einer Selbstherrschaft im wahrsten Sinne des Wortes. Am Ende des umfangreichen Umgestaltungsprozesses liefen alle wichtigen Fäden in der Hand des Monarchen zusammen[89]. Erster Schritt auf diesem Wege war die Entlassung mehrerer hoher Beamter. Der Obersekretär der Deutschen Kanzlei räumte seinen Posten ebenso wie der norwegische Statthalter Ulrik Frederik Gyldenløve und schließlich der äußerst einflussreiche Direktor der Rentekammer Christian Siegfried von Plessen. Auch zur Zeit Friedrichs IV. bestand eine gewisse Entscheidungsfreiheit der Kollegien. Abschlägige Bescheide konnten auch ohne Vorlage beim König erteilt werden, sofern es sich tatsächlich um Belanglosigkeiten handelte. So war die Rentekammer insbesondere im kirch-

---

[86] Løgstrup, The Landowner, S. 288, 381–383; Holm, Danmark-Norges indre Historie, I, S. 81.

[87] Løgstrup, The Landowner, S. 287 f.; im Jahre 1700 bekleideten in den 30 dänischen Ämtern insgesamt 17 Personen, die dem einheimischen Adel entstammten, den Amtmannsposten. Munck, The Peasantry, S. 57.

[88] Boisen Schmidt, Studier over Statshusholdningen, I, S. 24–30; Christiansen, Bidrag, II, S. 97–120.

[89] Jespersen, 1648–1720, S. 150 f.; Lind und Boisen Schmidt, die auf diesen Spielraum hinweisen, stützen ihre Aussage auf eine königliche Anordnung vom 4. Juni 1708, also eine normative Quelle. Vgl. Lind, Den heroisk tid, 201 f.; Boisen Schmidt, Studier over Statshusholdningen, I, S. 58–61.

lichen Bereich hierzu ermächtigt. Im Grunde genommen legte die Behörde dennoch beinahe jeden Vorgang dem Konseil vor. Nachfolgend wird die enge Begrenztheit dieser Entscheidungsfreiheit an Beispielen verdeutlicht werden.

Der Beratung des Königs diente das vierköpfige, 1670–1676 geschaffene Geheimkonseil. Es ging aus dem Staatskollegium hervor, und dieses wiederum besaß
einen Vorläufer in Form des Reichsrates, wenngleich dieser adelsdominiert war
und mit dem Geheimkonseil nicht zu vergleichen ist. Die Bezeichnung »Geheimekonseil« taucht erstmals in einer Instruktion des Jahres 1670 auf. Es war Zentrum
aller Verwaltung im dänischen Staat. Unmittelbar nach seiner Thronbesteigung
formte Friedrich IV. das Gremium zu einer Versammlung der Chefs der Kollegien
um[90]. Ihm gehörten in der Zeit der dänischen Herrschaft über Vorpommern Otto
Krabbe (1703–1717), Kristian Sehested (1708–1721), Detlev Vibe (1708–1721),
Johan Georg Holstein (1712–1730) und Ulrich Adolf Holstein (1719–1730) an[91].
Sämtliche wichtigen staatlichen Belange wurden hier unter dem Vorsitz des Königs
besprochen. Bevor sie jedoch zur abschließenden Beratung in dieses höchste
Gremium gelangten, durchliefen sie die Dänische- oder die Deutsche Kanzlei, die
Rentekammer oder andere Behörden der Zentraladministration[92]. Die Entscheidung über die Wichtigkeit des jeweiligen Vorganges und die Zuordnung in einen
bestimmten Geschäftsbereich fiel zunächst unmittelbar in die Verantwortung des
Konseils. Die *Dänische Kanzlei* (Danske Kancelli) wurde im Jahre 1660 neu gegründet und bestand aus verschiedenen Sekretariaten. Ihre Führung oblag einem Obersekretär. 1699–1721 bekleidete dieses Amt Ditlev Wibe. Er und die höchsten ihm
beigeordneten Sekretäre bildeten das sogenannte Kanzleikollegium[93].

Die *Deutsche Kanzlei* (Tyske Kancelli) entstand ebenfalls nach 1660 neu. Ihr
Aufbau unterschied sich nicht wesentlich von dem der Dänischen Kanzlei, jedoch
oblag jener Institution die gesamte Administration der Außenpolitik des Reiches[94].
An ihrer Spitze stand ab 1688 ebenfalls ein Obersekretär. Die verantwortungsvolle
Stellung nahm seit 1700 mit kurzer Unterbrechung (1707/8) Kristian Sehestedt
wahr[95].

Als weitere Kollegien, die unmittelbar dem königlichen Konseil zuarbeiteten,
bestanden die Kriegskanzlei, die Admiralität, die Rentekammer, das Land-
Generaletatskommissariat[96] und das See-Generaletatskommissariat[97]. Diese beiden

---

90 Jespersen, Tiden 1648–1730, S. 294.
91 Die in Klammern gesetzte Angabe vermerkt jeweils die Zeit in der jeweiligen Dienststellung.
    Kringelbach, Den Civile Centraladministrations Embedetat, S. 76 f.
92 Lind, Den heroisk tid?, S. 165, 207; Büsching, Neue Erdbeschreibung, I., S. 144; Holm, Danmark-
    Norges indre Historie, I, S. 45.
93 Kringelbach, Den Civile Centraladministrations Embedetat, S. 115. Die Anfänge der Dänischen
    Kanzlei reichen jedoch bis in das ausgehende 15. Jahrhundert zurück. Jørgensen, Kancelliforvaltningen, S. 42–47, 53; Büsching, Neue Erdbeschreibung, I, S. 144 f.
94 Büsching, Neue Erdbeschreibung, I, S. 145; Lind, Den heroiske tid, S. 170–172; Jørgensen,
    Kancelliforvaltningen, S. 80 f.
95 Kringelbach, Den Civile Centraladministrations Embedetat, S. 130.
96 Die Schreibweisen beider Kommissariate weichen sowohl in den Quellen als auch in der Literatur
    stark voneinander ab. So ist häufig vom See-Etatsgeneralkommissariat oder Generalsseeetatskommissariat etc. die Rede. Hier wird durchgehend die oben genannte Schreibweise angewandt.

zuletzt genannten Kommissariate dienten der Bewältigung aller ökonomischen Aufgaben und Belange des Heeres und der Flotte[98]. Hierzu zählte die Besoldung der Soldaten und Matrosen, deren Versorgung mit Lebensmitteln sowie die Zuführung von Waffen, Ausrüstung und Bekleidung. Das See-Generaletatskommissariat war zudem für den Schiffbau verantwortlich. Kriegskanzlei und Admiralität hingegen steuerten den Einsatz der militärischen Verbände des Heeres und der Flotte[99]. Das Land-Generaletatskommissariat bestand aus einem leitenden Oberkriegssekretär, einem Generalkriegskommissar und einem Justizrat, während das See-Generaletatskommissariat von einem Vizeadmiral geführt wurde, dem zwei Etatsräte und ein Justizrat beisaßen.

Aus dem bislang Geschilderten wird die funktionelle Struktur dänischer Zentralverwaltung deutlich. Lind spricht von einer »doppelten Zweiteilung« (dobbelt tvedeling). Demzufolge existierte einerseits eine klar erkennbare Grenze zwischen Militär- und Ziviladministration. Der militärische Sektor wiederum unterschied Land- und Seekriegswesen, während der zivile Bereich zwischen allen nichtfinanziellen (Kanzleien) und finanziellen Angelegenheiten (Rentekammer) differenzierte. Dem Verfasser liegt es gänzlich fern, Linds Schema grundsätzlich in Frage zu stellen. Doch sollte im militärischen Bereich nicht eher zwischen strategischen (Kriegskanzlei) und ökonomischen (Kommissariate) Funktionsträgern unterschieden werden[100]?

Bildete das Geheimkonzil den Kopf der dänischen Zentralverwaltung, so gab die *Rentekammer*, gleich einem Herzen, dem Organismus die notwendige Lebenskraft: das Geld! In Friedenszeiten verschlangen Staatsverwaltung und Hofhaltung jährlich etwa 800 000, das Heer 1,3 Millionen und die Marine 500 000 Reichstaler. Der erneute Kriegseintritt 1709 verdoppelte den Etat und drohte, die Staatskasse zu überfordern. Den immensen Anforderungen der Kriegsfinanzierung zum Trotze gelang es dem dänischen Staat dennoch, einen ausgeglichenen Haushalt in den Jahren 1709–1720 zu erzielen[101]. Eine strenge Haushaltsführung, die Vermeidung unnützer Ausgaben, Einziehung und Verpachtung von Domänen, vor allem aber die Schaffung neuer Einnahmequellen trugen hierzu bei[102]. Die für die dänische Finanzverwaltung zuständige Rentekammer ging 1679/80 aus dem Schatzkammerkollegium hervor[103]. 1700 gestaltete Friedrich die höchste Finanzbehörde

---

[97] Friedrich IV. errichtete zudem 1714 ein Missionskollegium und gründete das Kommerzkollegium 1704 neu, nachdem es 1691 seine Arbeit eingestellt hatte. Vgl. Lind, Den heroiske tid, S. 169; Møller, Frederik den Fjerdes Kommercekollegium; Kringelbach, Den Civile Centraladministrations Embedetat, S. 141–143.

[98] Bidrag, III, S. 361; Kyhl, Den Landmilitære Centraladministration.

[99] Bidrag, I, S. 60–62; Westrup, Den landmilitære centraladministration, S. 179–183; Jørgensen, Den sømilitære centraladministration, S. 184–190.

[100] Lind, Den heroiske tid, S. 169.

[101] Bemerkungen über das stehende Heer in Dänemark, S. 6–8; Jespersen, Tiden 1648–1730, S. 279 f., 282. Für tabellarische Übersicht über Einnahmen und Ausgaben siehe Anl. Dänischer Staatsetat im Kriege.

[102] Jespersen, Tiden 1648–1730, S. 279 f., 282.

[103] Lind, Den heroiske tid, S. 167; Holm, Danmark-Norges indre Historie, I, S. 45–47; Westrup, Kammer- og finansforvaltningen, S. 113; Christiansen, Bidrag, II, S. 21–33.

gänzlich neu. Das Amt des Großschatzmeisters versahen nun drei Personen, die als »Deputierte zu den Finanzen« bezeichnet wurden. Ihnen beigeordnet waren vier Kommittierte[104]. Diesem siebenköpfigen Kollegium oblag die Aufsicht über sämtliche Kammerangelegenheiten (Finanzen). Lediglich auf die Kasse selbst besaßen nur die Deputierten Zugriff. Die Kommittierten überwachten Geld- und Kornausschreibungen. Zudem unterzeichneten sie alle dem König und dem Konseil vorgelegten Schreiben (Memoriale)[105].

Die drei Deputierten zeichneten zwar ebenfalls grundsätzlich geschlossen[106], verteilten jedoch bis 1705 die Arbeit nach geografischen Gesichtspunkten unter sich: Einer behandelte die dänischen, ein zweiter die norwegischen und ein dritter die holsteinischen und oldenburgischen Angelegenheiten. 1705 hob Friedrich IV. diese Regelung auf. Fortan entfiel die Spezialisierung der drei höchsten Finanzbeamten. Sie wich einer stärkeren Betonung des kollegialen Charakters der »Deputierten«. In diesem Jahr änderte Friedrich auch die bisherige Handhabung der Besprechungen mit den Deputierten. Statt nach bisheriger Vorschrift mindestens einmal im Monat die Rechnungen einzusehen, ordnete der Monarch nun Prüfungen und Beratungen nach seinem Belieben an, ohne einen ständigen Termin hierfür schriftlich festzuhalten. Friedrich IV. lud die Deputierten sehr häufig zu sich[107]. In den Jahren der dänischen Herrschaft über Vorpommern führten die Rentekammer als »Deputierte zu den Finanzen« Henrik Ochsen (1712−1716), Frederik Kristian Adeler (1713−1717) Johan Neve (1716−1718), Andreas Weyse (1718−1720), Hans Schack (1719), Kristian Gyldenkrone (1719−1720), Vilhelm Helt (1729−1724) und Johan Schrader (1720−1724)[108].

Die Rentekammer gliederte sich bis 1719 in zwei Sekretariate: ein dänisch-norwegisches und ein deutsches. Ein Sekretär stand dem dänisch-norwegischen Sekretariat (dansk-norske Sekretariat) vor. Ihm waren zwei Bevollmächtigte zur Seite gestellt. Das deutsche Sekretariat (tyske Sekretariat) leiteten ein Sekretär und ein Bevollmächtigter[109]. Eine am 27. November 1719 verordnete Resolution schuf anstelle der bisherigen Sekretariate sogenannte Kammerkanzleien. Zu ihnen gehörten drei Kanzlisten, nämlich ein dänischer, ein norwegischer und ein deutscher[110].

---

104 Prange beziffert die Zahl der Kommittierten irrtümlich auf acht. Vgl. Kringelbach, Den Civile Centraladministrations Embedetat, S. 158−160; Prange, Geschäftsgang, S. 182.
105 Westrup, Kammer- og finansforvaltningen, S. 122−125. Zu den Aufgaben der Deputierten und Kommittierten: Boisen Schmidt, Studier over Statshusholdningen, I, S. 36−53.
106 Mit der Rentekammerinstruktion vom 9. Januar 1700 führte Friedrich das kollegiale Prinzip erneut in der höchsten Finanzbehörde ein. Jespersen, Tiden 1648−1730, S. 294 f.
107 Boisen Schmidt, Studier over Statshusholdningen, I, S. 37−43.
108 Die umklammerte Angabe vermerkt jeweils den Zeitraum in der Dienststellung. Kringelbach, Den Civile Centraladministrations Embedetat, S. 154 f.; von Bohlen und Engelbrecht an Stände vom 20. April 1717, StadtA Greifswald Rep. 5, Nr. 1339, Bd 2.
109 In der Phase dänischer Herrschaft über Vorpommern führte Filip Julius Bornemann (1708−1719) das dänisch-norwegische Sekretariat, während Michael Frederik Thomson (1702−1719) die Aufsicht über das deutsche Sekretariat oblag. Kringelbach, Den Civile Centraladministrations Embedetat, S. 275 f.
110 Die dansk-norske Kammerkammerkancelli führten 1720−1725 Michael Basballe als dänischer und 1720/21 Andreas Ottesen Ørbeck als norwegischer Kanzlist. Die tyske Kammerkancelli ob-

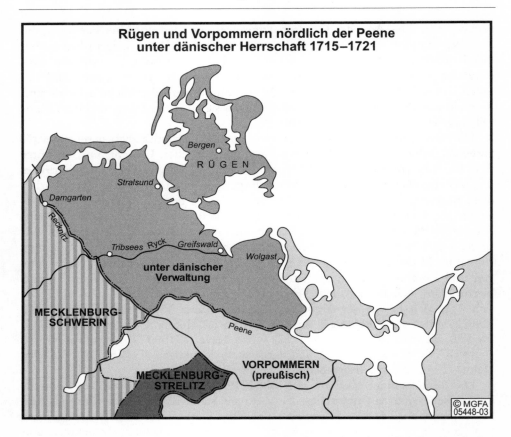

**Rügen und Vorpommern nördlich der Peene
unter dänischer Herrschaft 1715–1721**

Bergen

R Ü G E N

Stralsund

Damgarten

Recknitz

Tribsees   Ryck   Greifswald

Wolgast

**unter dänischer
Verwaltung**

**MECKLENBURG-
SCHWERIN**

Peene

**MECKLENBURG-
STRELITZ**

**VORPOMMERN
(preußisch)**

© MGFA
05448-03

    Beiden Kanzleien unterstanden Renteschreiber, die den Briefwechsel der
Kammer führten und die Rechnungen überwachten. Zudem oblag jedem von
ihnen die Aufsicht über je ein Kontor. Jedes war für einen bestimmten geografischen Raum zuständig. Ihre Zahl und Bezeichnung schwankte, selbst in dem kurzen Zeitabschnitt, mit dem sich diese Arbeit befasst. 1716 existierten neun dänische, zwei norwegische und vier deutsche Kontore[111]. In eben diesem Jahr wurde
für das eroberte Vorpommern ein eigenes »Pommern-Rygens-Kontor« errichtet,
dass bis zum Januar 1720 existierte. Die Aufsicht führte hier Peter Jakob Michaelsen. Ab diesem Zeitpunkt bis zur Übergabe des Landes bearbeitete die pommerschen Angelegenheiten das gerade wiedererrichtete Kontor für die »Grafschaft
Oldenburg und Delmenhorst«. Da Michaelsen mit Wirkung zum 1. Januar 1720 als
Renteschreiber in diese Unterbehörde versetzt wurde, ergab sich kein personeller
Wechsel[112].

---

  lag 1720–1723 Kristian Karl Schäffer. Kringelbach, Den Civile Centraladministrations Embedetat, S. 276 f.; Prange, Geschäftsgang, S. 182.
[111] Kringelbach, Den Civile Centraladministrations Embedetat, S. 278–294. Zum Tagesablauf in den
  Kontoren: Christiansen, Bidrag, II, S. 151 f.
[112] Kringelbach, Den Civile Centraladministrations Embedetat, S. 290 f.

Die aus den einzelnen Landesteilen eintreffenden Schreiben in kameralen Angelegenheiten gelangten zunächst in das Kollegium der Rentekammer und von dort in die beiden Kammerkanzleien. Der jeweilige Kammersekretär protokollierte den Eingang und verteilte die Vorgänge zur weiteren Bearbeitung in die einzelnen Kontore der Rentekammer[113]. Der Geschäftsgang in der Deutschen und der Dänischen Kanzlei gestaltete sich ähnlich, wich aber im Detail ab. Für das 1715 eroberte Vorpommern war in allen finanzpolitischen und ökonomischen Fragen das neu errichtete Pommern-Rygens-Kontor verantwortlich. Hier erfolgten die thematische Aufarbeitung und Ordnung der einzelnen Schreiben sowie ihre Umsetzung in eine Vorlage[114], die von den höchsten Rentekammerbeamten unterzeichnet und sodann an das königlichen Konseil gereicht wurde. Dort fand in Gegenwart des Königs die abschließende Beratung der einzelnen Probleme statt. Schritt für Schritt gingen der Monarch und seine Berater die von der Rentekammer erarbeiteten Berichte durch. Die gefassten Entschlüsse verzeichnete ein anwesender Kanzlist unmittelbar auf der jeweiligen Vorlage. Friedrich IV. unterschrieb dann mit seinem Namen. In besonders wichtigen Fragen, etwa bei der Einrichtung des Kontributionswesens in Vorpommern, erstellte das königliche Konseil ein gesondertes Memorial[115], in dem es dem Monarchen seine Bedenken schriftlich zum Ausdruck brachte. Der im königlichen Konseil gefasste, schriftlich fixierte und vom König durch Unterschrift bestätigte Beschluss (Relation) gelangte wieder zurück in die verantwortliche Behörde, beispielsweise in die Rentekammer. Dieselbe informierte dann durch ein neues Schreiben die lokalen Verantwortungsträger, etwa die Stralsunder Regierung[116]. Dass es bisweilen Kompetenzunklarheiten gab, aus denen doppelt erteilte oder aber gar nicht am Bestimmungsort ankommende Informationen resultierten, ist kein Spezifikum damaliger Verwaltung.

Der geschilderte Entscheidungsprozess und Arbeitsablauf wirft unweigerlich die Frage der tatsächlichen Machtverteilung innerhalb der Administration auf. Welche Handlungsspielräume besaß der absolutistische Monarch Friedrich IV.? Wie unumschränkt war seine Herrschaft? Auch wenn er alle Fäden des dänischen »Machtstaates« letztlich fest in seiner Hand hielt, so blieb er doch abhängig von seinen Beratern[117]. Er stand am Schluss einer Kette von Entscheidungsträgern, die ihm die einzelnen Themen und Vorgänge nach ihren Kräften aufbereiteten. Hier

---

[113] Holm, Danmark-Norges indre Historie, S. 59 f.; Jespersen, Tiden 1648–1730, S. 294; Prange, Geschäftsgang und Registratur, S. 184.

[114] Diese Vorlage nannte sich Kammermemorial. Um Missverständnisse zu vermeiden und die Übersichtlichkeit zu fördern, werden diese Schriften in dieser Arbeit mit Absender und Adressat benannt, also nach dem Schema: Rentekammer an König vom [...] (Datum), Akte. Die bloße Bezeichnung Rentekammermemorial könnte missverstanden werden, da auf diesen Schriftstücken gleichzeitig die Beschlüsse des Königlichen Konseils vermerkt sind.

[115] Konseilsmemorial vom (ohne genaues Datum) März 1717, RAK RKTA P-R-K C 251 II, Nr. 14, Lit. A.

[116] Beispiele in: RAK Reg 88 Regkanc i Stralsund Conv. XIII (Concepten derer an Sr. Ecell. Den Hr. Geheimen Rath von Sehestedt von der Kgl. Regierung in An. 1716, 1717, 1718 et 1720 abgelassenen Schreiben).

[117] Die dänische Forschung betont den absolutistischen Charakter der Herrschaft Friedrichs IV. mit der Bezeichnung »personlige enevælde«. Jespersen, Tiden 1648–1720, S. 293–296.

soll der alte Streit um den Absolutismus als Epochebegriff nicht wieder aufgegriffen werden. Und doch darf die gegenseitige Dependenz von Herrscher und Behörden[118] im Zuge der weiteren Ausführungen nicht aus dem Auge verloren werden. Nachfolgend wird zu klären sein, wo letztlich die Vorpommern betreffenden Entscheidungen fielen; im Geheimkonseil, in den Kanzleien, in der Rentekammer oder gar in Stralsund?

Eine Betrachtung vorpommerscher Verwaltungsgeschichte hat also für die dänische Zeit sowohl die Rolle des Königs und seiner engsten Berater als auch die der Regierung in Stralsund genauer zu untersuchen. Auch der Unterscheidung von verfassungsrechtlicher Ordnung (in Vorpommern) und verwaltungs-technischer Organisation (durch die Dänen) muss besonderes Augenmerk gelten. Erstere entwickelte sich über Jahrhunderte. So wird der Frage nachgegangen, welche Auswirkungen konkrete dänische Verwaltungspraxis auf althergebrachtes Recht der eroberten Provinz hatte. Andererseits gilt es zu prüfen, welche Zwänge der königlichen Administration aus der landständischen Verfassung erwuchsen.

Doch zunächst sind die ökonomischen Voraussetzungen darzustellen, auf deren Basis die neue dänische Verwaltung in Vorpommern und auf Rügen operierte.

b) Ökonomisches Potenzial und tatsächlicher Zustand im Jahre 1715

Bevor der Aufbau einer dänischen Verwaltung in Vorpommern eine nähere Erörterung erfährt, gilt es zunächst das 1715 in Besitz genommene Land im Hinblick auf sein wirtschaftliches Potenzial zu betrachten; denn Grundlage allen staatlichen Handelns, sei dies politischer oder militärischer Natur, ist zweifelsohne die Ökonomie. Erst aus der Betrachtung der wirtschaftlichen Basis wird der Spielraum, werden die Möglichkeiten des Agierenden erkenntlich. Also soll nachfolgend die Frage den Rahmen bilden: In welchem Zustand befand sich das dänisch besetzte Territorium im Dezember 1715?

Das mit dem Sieg über Stralsund in dänische Hand gelangte Gebiet umfasste etwa 5100 Quadratkilometer[119]. Im Norden von der Ostsee, im Westen von der Recknitz, im Süden von der Trebel und im Osten von der Peene begrenzt, wies es vorteilhafte natürliche Gegebenheiten auf[120]. Schon Fritz Adler wies darauf hin, dass die natürliche Abgegrenztheit dieses Landes gegenüber dem übrigen Pommern eine teilweise eigenständige Entwicklung mit sich brachte. Bei der Peene habe es sich durchaus, so Adler, um eine Kulturscheide gehandelt. Hierbei hob der pommersche Historiker die stärkeren westlichen und nordeuropäischen Bindungen des späteren Neuvorpommern hervor. 1715, da der dänische König Fried-

---

[118] Lind, Den heroiske tid, S. 209.

[119] Claësons Behauptung Schwedisch-Pommern habe 1720, also nach dem Frederiksborger Friedensschluss, 7000 Quadratkilometer umfasst, darf zurückgewiesen werden. Er meint sicherlich das alte Schwedisch-Pommern in den Grenzen vor 1715. Schon anhand der von Claëson präsentierten Karte, wird der Fehler sehr deutlich. Rügen umfasst 975 Quadratkilometer und bildete etwa ein Fünftel der Fläche Neuvorpommerns. Vgl. Claëson, Svenska Pommern 1720–1815, S. 12.

[120] Adler, Westpommern, S. 3 f.

rich IV. die Position des schwedischen Königs Karl XII. als vorpommerscher Landesherr übernahm, fielen ihm mit dem Fürstentum Rügen, mit Stralsund und Greifswald wirtschaftlich potente Gebiete zu. Die Insel genoss seit jeher den Ruf, über ausgezeichnete Böden zu verfügen[121]. So nimmt es nicht Wunder, dass auch Johann Christian Seitz in seiner dem dänischen Erbprinzen Christian VI. im Jahre 1716 gewidmeten Beschreibung des Landes diesen Umstand besonders hervorhebt[122]. Schwedisch-Pommern galt als »landwirtschaftliches Überschussgebiet«, das nach dem Verlust des Baltikums wichtigste Kornkammer des schwedischen Königreiches wurde[123]. Auch Friedrich Wilhelm I. in Preußen äußerte sich sehr positiv über die vorpommersche Getreidequalität. Im 16. und 17. Jahrhundert blühten die Schafzucht und das wollverarbeitende Gewerbe. Zahlreiche Manufakturen entstanden, deren Produkte in andere Territorien exportiert wurden. Die Waldbienenzucht und der Handel mit Honig brachte zu jener Zeit ebenso Geld ins Land[124], wie gemästete Gänse, die pommersche Geflügelzüchter auf den Märkten des Reiches wohlfeil boten. Der sächsische Gelehrte Karl Gottlieb Rössig berichtet in seiner »*pragmatischen Geschichte der Oekonomie-*«, dass das pommersche Federvieh berühmter »als die Gänse des Capitols« gewesen sei[125].

Johannis Micraelii, ein Autor des frühen 17. Jahrhunderts, hebt den Waldreichtum des Landes hervor. Er eigne sich zur profitablen Nutzung durch Glasbrenner und zur Produktion von Teerkohlen. Gerade die schönen Eichen und Buchenbestände böten sich hierfür an. Da Micraelli sich auf ganz Pommern be-

---

[121] Es genügt, hier einige Beispiele über diese Region aus der umfangreichen schriftlichen Überlieferung des 17. Jahrhunderts anzuführen. »Die Fruchtbarkeit der Insul ist so groß/ daß mans auch an dem Vieh und Gevögel mercket/ denn keines Orths der Gegend also große Gänse/ denn allhier zufinden. Und wird sie insgemein der Nachbahren Kornspeicher/ sonderlich der schwedischen Länder gehalten ...« berichtet der 1677 erschienene *Pommersche Kriegspostillion*. Mit nahezu gleichem Wortlaut urteilt die ebenfalls anonym veröffentlichte *Kurtze und gründliche Relation von der Insul [...] Rügen*. Zeitgenössische handschriftliche Dokumente bieten dasselbe Bild. Vgl. Pommerscher Kriegs-Postillion/ oder Kurze Beschreibung So wol der Pommerschen jüngsten Unruhe als auch desselben Landes und darinnen belegenen vornehmsten Städte/ Festung und Plätze/ Voraus Der Namhafften Belägerung der Haupt-Festung Stetin/ Auch Der Insul Rügen und drauff durch den König zu Dennemarck-Norwegen gefaßten Fuß/ und erfolgten Actionen/ sammt darzu benötigten Abrissen und Kupferstücken, Leipzig 1677, S. 22; Kurtze und Gründliche Relation von der Insul und Fürstentum Rügen, BgnSign A 2; LAG Rep. 40 VI, Nr. 90, S. 15–21.

[122] Seitz, Geografisch- und historische Beschreibung, 4 f. Seit Veit Ludwig von Seckendorffs »Fürsten-Stat« galt die Landesbeschreibung als eine der drei Grundsäulen moderner Staatswissenschaft. Statistik, oder Staatenkunde, war zeitgleich von Hermann Conring in den 1650er Jahren zum eigenen Wissenschaftszweig erhoben wurden. Zu Seckendorffs und Conrings Bedeutung für die Statistik siehe: Brückner, Staatswissenschaften, S. 17–42.

[123] Helmfried, Schwedisch-Pommern, S. 94; Buchholz, Öffentliche Finanzen, S. 107–112; Friedrich Wilhelm I. an Leopold von Anhalt-Dessau vom 15. August 1724, in: Die Briefe König Friedrich Wilhelms I., S. 250–252. Zur Bodenqualität: Schleinert, Die Gutswirtschaft, S. 26.

[124] Johannis Micraelii berichtet in seiner umfassenden Abhandlung vom Alten Pommernlande, jeder von Zeidlern genutzte Baum werfe eine ganze Tonne Honig ab. Obschon damit nicht die heute gebräuchliche Maßeinheit vergleichbar ist, so wird die Ergiebigkeit der pommerschen Waldbienenzucht dennoch deutlich. Micraelii, Antiquitates Pomeranie, VI, S. 283; Lotze, Pommersche Bienenzucht, S. 224–237.

[125] Rössig, Versuch, S. 478.

zieht, darf nicht übersehen werden, dass es große regionale Unterschiede gab[126]. Rügen beispielsweise war waldarm. Lediglich in der Stubnitz fanden sich größere Waldbestände. Auch der den Dänen zugefallenen Teil Vorpommerns wies nur wenige ergiebige Forsten auf. Das wichtigste Holzreservoir bot sich den neuen Landesherren auf dem Darß. Zudem differierte die Qualität des Holzes erheblich. Infolge der Kriege lag Land brach, das langsam vom Wald zurückerobert wurde. Gestrüpp und für den Bau minderwertige Bäume siedelten auf den verwaisten Äckern. So konnten im Amt Loitz um 1700 lediglich zehn bis zwölf Buchen jährlich gefällt werden. Die Verwahrlosung der landwirtschaftlichen Nutzflächen begünstigte einen deutlichen Anstieg des Wildtierbestandes[127]. An Micraelliis Mitteilung, dass sich viel »Wildpret« in den »Höltzungen« aufhalte, änderten die Kriege des 17. Jahrhunderts also nichts. Dementsprechend hoch scheint die Zahl der Raubtiere gewesen zu sein. Nur so erklärt sich die Höhe der Prämien für erlegte Wölfe und Luchse. Zwei Reichstaler erhielten Jäger bei Ablieferung der Wolfsschnauze und seines Fußes[128].

Eicheln und Buchmast seien in der örtlichen Schweinezucht häufig. Vor den pommerschen Küsten und in den Binnenseen fanden sich reiche Fischbestände. Muränen, Lachse und Störe gingen den Fischern nicht selten ins Netz. Auch der Seehund, der damals als Fisch galt, wurde bejagt[129] – ebenso die immensen Vogelbestände. Der Fang der gefiederten Tiere erfolgte mit aufgespannten Reusen. Micraellii berichtet von zahlreichen niederländischen Falkenfängern, die regelmäßig im Herbst ins Land kämen. Die Beute verkauften sie für gutes Geld in ihre Heimat und nach Frankreich. Neben der Ausfuhr von Getreide gehörte der Pferdeexport zu den einträglichsten Handelsgütern. Wein- und Obstbau sowie die Pflege ausländischer Blumen werden in den Quellen ebenfalls als einträgliche landwirtschaftliche Zweige für das norddeutsche Territorium genannt. Zu den Reichtümern, die die pommersche Erde in sich barg, zählten nicht allein die guten Böden, sondern auch der Torf, der überall gestochen und anstelle des Brennholzes verwandt wurde, sowie die vielen Trinkwasserquellen[130].

Stralsund bildete die wirtschaftlich stärkste pommersche Stadt. Sie pflegte enge Handelsbeziehungen zu allen ostseeangrenzenden Regionen. Der Warenaustausch mit dänischen Häfen blühte Anfang des 18. Jahrhunderts. 1706 liefen aus Stralsund kommend 91 Schiffe dänische und norwegische Städte an. Lediglich die Anzahl der nach Schweden durchgeführten Fahrten war höher. Werden Herkunftshäfen der in die Sundmetropole einlaufenden Schiffe für dieses Jahr ermittelt, so liegt die Zahl aus dänischen Gewässern kommender Fahrzeuge sogar über der aus Schweden kommenden[131]. Zudem war Stralsund militärisch von herausragender Bedeutung, befand sich die Feste doch in einer strategisch-wertvollen Lage und war von Landseite her nur in einem gewaltigen Kraftakt einnehmbar, vorausge-

---

126　Micraelii, Antiquitates Pomeranie, VI, S. 281–283.
127　Wegner, Das Land Loitz, S. 156–158.
128　Buchholz, Öffentliche Finanzen, S. 348 f.
129　Micraelii, Antiquitates Pomeranie, VI, S. 276–279, 281–283.
130　Ebd., S. 285 f.
131　Kroll, Stadtgesellschaft und Krieg, S. 75–78.

setzt, ein potenzieller Angreifer verfügte über starke maritime Verbände und besaß
Rügen. Die wallensteinsche Belagerung 1628, der Kampf des Großen Kurfürsten
1678 um die Stadt sowie die Belagerungen 1712 und 1715 geben hiervon ein deut-
liches Zeugnis[132]. Der *strategische* Wert Stralsunds wird anhand dreier Funktionen
ersichtlich, die der Sundmetropole in den Kriegen des 17. und beginnenden
18. Jahrhunderts zukamen. Sie diente demjenigen, der die Herrschaft über die
Stadt inne hatte: 1. als Brückenkopf, 2. zur Bindung feindlicher Kräfte, 3. zur
Flankensicherung. *Militärische* Bedeutung besaß die Stadt lediglich für Schweden.
Sie resultierte insbesondere aus den Unterstützungsleistungen für die königliche
Armee: 1. als Werb- und Musterplatz, 2. als Rekrutenreservoir, 3. zum Bau mariti-
mer Einheiten. Dieser dritte Punkt trifft ausschließlich für den Großen Nordi-
schen Krieg zu. Als Ausgangsbasis für maritime Operationen hatte Stralsund zu
keinem Zeitpunkt eine erwähnenswerte Rolle inne. Die *finanzpolitische* Bedeutung
Stralsunds für Schweden im Kampf um das *Dominium maris Baltici* stand in engem
Zusammenhang mit den militärischen Anforderungen. Neben dem strategischen,
militärischen, finanzpolitischen Wert, der Stralsund in bestimmten Phasen der
Auseinandersetzung um die Vorherrschaft im Ostseeraum zukam, erhielt der Besitz dieser Stadt für kurze Zeit auch eine *allgemeinpolitische* Bedeutung. Mit Greifswald besaß Friedrich IV. das vormalige wissenschaftliche Zentrum Schwedisch-
Pommerns. Die Stadt beherbergte mit der 1456 gegründeten Alma mater eine der
ältesten deutschen Universitäten, die jedoch unter chronischem Studentenmangel
litt[133]. Die Zahl der Studenten war im Verlaufe des 17. Jahrhunderts nie sonderlich
groß. Sie schwankte zwischen 45 und 65. Diese Tendenz hielt auch im 18. Jahrhundert an. Eine Besserung war in Zeiten des Krieges nicht zu erwarten[134], zumal
Greifswald für dänische Studenten als Ort des Lernens im 17. Jahrhundert keine
Rolle spielte. Während zahlreiche Schweden sich in dieser Zeit dort immatriku-
lierten, schrieben sich Dänen vorwiegend in Rostock oder Wittenberg ein. In den
Jahren 1715 bis 1721 blieben Schweden gänzlich aus[135]. Im September 1718 befahl
die dänische Regierung deshalb, dass jeder, der ein geistliches oder weltliches Amt
in Vorpommern anstrebe, künftig mindestens zwei Jahre in Greifswald zu studie-
ren habe. Eine Ausnahme wurde nur für den Fall gewährt, wenn die notwendigen
finanziellen Mittel fehlten. Jedoch war auch in diesem Falle zumindest ein Jahr auf
der vorpommerschen Alma mater zu verbringen.

Bislang wurde jedoch lediglich von der wirtschaftlichen Potenz, nicht vom realen Zustand des Landes um 1715 berichtet. Es hatte wie kaum ein anderes deut-

---

132 Die strategische, militärische, wirtschaftliche und finanzpolitische Bedeutung Stralsunds für
diejenigen Mächte, die um die Vorherrschaft im Ostseeraum rangen, ist Thema der unveröffent-
lichten Magisterarbeit, Meier, Zur Bedeutung Stralsunds.

133 Branig, Geschichte Pommerns, II, S. 48; Buchholz, Neuvorpommersches Leben, II, S. 16; Im-
matrikulationszahlen ab 1700 bei Kosegarten, Die Geschichte, S. 276.

134 1718 konstatierte die dänische Regierung eine weiterhin rückläufige Studentenzahl. Sie sei in
Folge des Krieges stark zurückgegangen »... und voriezo nur 20 á 30. gezehlet werden.« Regierung
an Rentekammer (undatiert) 1718, RAK RKTA P-R-K C 269, Lit. B; Regierungsbefehl vom
26. September 1718, APS RSwS, Nr. 6176.

135 Bagge, Nordic Students, S. 19 f.; Seth, Universitetet i Greifswald, S. 21.

sches Territorium unter den Kriegen des vergangenen Jahrhunderts gelitten[136]. So hebt auch Rössig die negativen Auswirkungen der vergangenen Kriege, insbesondere des Dreißigjährigen, auf die pommersche Wirtschaft hervor. Das Land zeichnete sich, so Rössig, durch Hopfenbau, Getreide- und Gartenbau, Schafzucht und ein umfangreiches Manufakturwesen aus. Sachsen habe hiervon profitiert, nicht zuletzt durch den Zustrom von Gewerbetreibenden, die ihre verwüstete Heimat verließen. Und selbst wenn es nicht unmittelbar in die Kampfhandlungen einbezogen war, so stand es doch den Truppendurchzügen fremder Parteien und der Schweden hilflos gegenüber.

Nicht selten ließen die Soldaten gefährliche Krankheiten zurück[137]. Im Zuge der wallensteinschen Belagerung Stralsunds im Jahre 1628 schleppten die Völker des Friedländers die Pest ein. In der Sundmetropole erlagen binnen zweier Monate, August und September, 2000 Menschen der tödlichen Krankheit. Als 1710 die schwedischen Verbände dem beständigen Druck nachrückender russischer Truppen auswichen und sich nach dem Fall ihrer letzten Stützpunkte im Baltikum nach Pommern zurückzogen, trugen sie die Pest ins Land[138] – mit verheerender Wirkung! Im kleinen Kirchspiel Lancken starben jeden Tag vier bis fünf Personen, berichtet ein zeitgenössischer Autor. 118 Menschen fielen dort insgesamt der Seuche zum Opfer[139]. Peter Kiehm äußerte jüngst die Ansicht, in Stralsund seien 50 Prozent der Bevölkerung von der gefürchteten Krankheit dahingerafft worden[140]. Kroll hingegen verdeutlicht die Schwierigkeiten einer genauen Bestimmung der Totenzahl, hält jedoch 3609 an der Pest Verstorbene für wahrscheinlich.

Weihnachten 1715, als das nördlich der Peene gelegene Vorpommern sich vollends in dänischer Hand befand, lag das Land, schwer vom Krieg gezeichnet, in tiefer Depression danieder. So urteilte beispielsweise Eduard Oettinger in seiner *Geschichte des dänischen Hofes*, Stralsund sei zum Zeitpunkt der Einnahme »nur noch ein ausgebrannter Steinhaufen« gewesen[141]. Vor den Toren der einst blühenden Handelsstadt befanden sich nun offene Massengräber, Gruben, in denen je 50 Soldatenleichen übereinander lagen[142]. Alle Parteien, ob Schweden oder Sachsen, ob Preußen, Dänen oder Russen fügten den Einwohnern während der Kämpfe unerträgliches Leid zu. Und obschon die dänische militärische und politische Führung keinerlei Interesse an Zerstörungen zeigte, hielten sich auch dänische Soldaten schadlos am Eigentum der vorpommerschen Bevölkerung. So ist überliefert,

---

[136] Rössig, Versuch, S. 5, 26, 94, 201 f., 211; Beispiele für die Situation des Landes und die Lage seiner Einwohner im 16./17. Jahrhundert unter anderen: Fuchs, Der Untergang, S. 204–222; Branig, Geschichte Pommerns, II, S. 12–14, 34; Herde, Der Grundbesitz, S. 37; Gadebusch, Grundriß, S. 205.

[137] Adler, Aus Stralsunds Vergangenheit, II, S. 39; Adler, Lambert Steinwich, S. 263.

[138] Haintz, König Karl XII. von Schweden, II, S. 34–54; Heyden, Nachrichten, S. 104 f.; Steinbruch, Der Nordische Krieg, S. 41.

[139] Fabarius, Nöthige Erläuterung, S. 158; Steffen, Kulturgeschichte, S. 256 f.

[140] Vgl.: Kiehm, »… Und sich Krieg und Pestilenz uns nähern …«, S. 29; Kroll, Stadtgesellschaft und Krieg, S. 107 f.

[141] Oettinger, Geschichte, S. 103.

[142] Noch Ende Januar 1716 forderte Bürgermeister Bullig vor dem Senat, die Gruben rasch zu schließen. Stralsunder Senat vom 22. Januar 1716, StadtA Stralsund Rep. 33, Nr. 764.

dass einige Einheiten bei Besetzung des Landes Kirchenstühle entnahmen und Gotteshäuser in Pferdeställe verwandelten[143]. Zweifelsohne rief dieses pietätlose Verhalten in allen Bevölkerungsschichten Unmut hervor. Ob jedoch alle überkommenen Berichte dem tatsächlichen Geschehen entsprechen, darf bezweifelt werden. Diedrich Biederstedt berichtet in seiner *Geschichte der Kirchen und Prediger* beispielsweise, dass die Greifswalder Jacobikirche 1715 für mehrere Jahre zum Pulvermagazin umfunktioniert wurde[144]. Biederstedt formuliert, dass in der Kirche dreimal die öffentliche Andacht für mehrere Jahre ausgesetzt wurde. Wenn dies überhaupt den Tatsachen entspricht, so sind nur Teile des Gotteshauses davon betroffen gewesen, predigte doch Vizegeneralsuperintendent Gebhardi ständig in der St. Jacobikirche[145]. Biederstedt selbst nennt ihn als Pastor im Zeitraum 1705–1720. Deutlich häufiger findet sich in der Literatur der Hinweis auf russische Plünderungen und Brandschatzungen. Viele Autoren beschreiben die Völker des Zaren als besonders grausam und rücksichtslos. Einige sprechen für die Jahre 1711–1715 gar vom »Moskowiter Krieg«, der in Vorpommern getobt habe[146]. Mit solchen Behauptungen sollte ebenso vorsichtig verfahren werden, wie mit den Anschuldigungen gegen andere Truppen. Vermutlich stammen die Berichte unmittelbar aus mündlicher Überlieferung[147], die später vorbehaltlos in die regionale Historiografie einfloss. In weiten Teilen des Landes verkehrten zu keinem Zeitpunkt russische Truppen. Rügischen Boden berührten sie beispielsweise nicht. Zudem drängt sich die Frage auf, ob es aus Sicht der Einwohner gegenüber dem neuen Landesherrn nicht leichter vertretbar war, alle Grausamkeiten auf Soldaten eines fremden Staates abzuwälzen, dem kein territorialer Anteil am eroberten Gebiet zufiel[148]. Dänemark erhielt das nördlich der Peene gelegene Vorpommern, Preußen den südlich des Flusses befindlichen Bezirk. Noch dauerten die Kampfhandlungen im Ostseeraum an. Die Gefahr bestand weiterhin, dass Schweden bei militärischem Erfolg oder mit diplomatischem Geschick wieder in den Besitz des verlorenen Gebietes gelangte. Der sächsische Kurfürst führte den Vorsitz im obersächsischen Reichskreise, zu dem auch Pommern gehörte. Was lag also näher, als Moskau jede Schuld an den Zerstörungen zuzuschieben. Hiermit sollen die immensen Zerstörungen, die russische Verbände tatsächlich verursachten, nicht in Abrede gestellt werden; die Niederbrennung Wolgasts ist das prominenteste Beispiel[149]. Allein, gerade dieses Exempel ist nicht auf typische Grausamkeit zaristischer Soldaten, sondern auf

---

143 Wiedemann, Kirchengeschichte, S. 102.
144 Biederstedt, Beyträge, IV, S. 37.
145 LAG Rep. 40 VI, Nr. 90, S. 564; Biederstedt, Beyträge, IV, S. 39 f.
146 Pomerania, II, S. 169; Lehmann, Geschichte des Gymnasiums, S. 88; Prochnow, Aus der Zeit. Wutstrack, Kurze historisch-geografisch-statistische Beschreibung, S. 152; Arndt, Geschichte der Veränderung, S. 213.
147 Der Verfasser der Pomerania weist ausdrücklich darauf hin, dass die Bezeichnung »Moskowiterkrieg« dem Volksmund entstamme. Pomerania, II, S. 169.
148 So etwa in einem Brief der Loitzer Handwerker an die Regierung, in dem zu lesen ist, das »viele statt Geld für die militärische Unterkunftnahme von denen Moscwitern und Saxsen mit schläge vorlieb nehmen müssen«. Loitzer Handwerker an Regierung (undatiert), APS RSwS, Nr. 2.
149 Kurtze Relation von der erbärmlichen Einäscherung der Pommerschen Städte Gartz und Wolgast.

einen Befehl Peters zurückzuführen, der den Alliierten zuvor bekannt gegeben war[150]. Er erwog die Einäscherung pommerscher Städte als Rache für die Niederbrennung Altonas durch schwedische Truppen. Sowohl die Dänen als auch die Sachsen legten scharfen diplomatischen Protest gegen dieses Unterfangen ein. Welchen Truppen letztlich der größte prozentuale Anteil am Vernichtungswerk zukam, mag einer weiteren Untersuchung vorbehalten bleiben. Fest steht jedoch, dass die Dänen im Dezember 1715 ein vom Krieg stark in Mitleidenschaft gezogenes Territorium übernahmen.

So wird der wirtschaftliche Ruin des Landes auch aus zahlreichen Bittschriften[151], die in Kopenhagen unmittelbar nach der Besetzung des Landes anlangten, deutlich erkennbar. Der Magistrat von Damgarten ersuchte den König um Befreiung von jeglichen Gebühren auf mehrere Jahre, da die Stadt aufgrund der hohen Getreideabgaben an die dänischen Truppen gänzlich ruiniert sei. Pastor Johannes Steiner aus Damgarten bat um Instandsetzung des zerstörten Pfarrhauses. Der Pächter des Gutes Dannerau im Loitzer Distrikt erflehte Ausgleich für sein vom Krieg verwüstetes Land. Eine Frau Emerenz Krüger sah die letzte Hoffnung für sich und ihre zehn Kinder in einer Bittschrift an den König. Im Zuge der Kampfhandlungen hätten die Russen sie ruiniert und ihren Mann derart misshandelt, »daß er darüber contract geworden«[152] sei. Die Liste ließe sich beliebig fortsetzen[153]. Diedrich Herrmann Biederstedt berichtet, dass die Bewohner der Gemeinde Trantow und Sassen in Folge des Krieges beinahe komplett geflüchtet waren. Andere Ortschaften, wie Weidenhagen, lagen ausgeplündert danieder[154]. Viele Einwohner ersehnten finanzielle Hilfe aus Kopenhagen, dort, wo diese nicht gewährt werden konnte, glaubten sie an eine mögliche Befreiung von den drückenden Kontributionen[155]. In dieser Hoffnung wandten sich Bürgermeister und Rat Wolgasts an Friedrich IV. mit der Bitte um zehnjährige Freistellung von jeglichen Abgaben und um Bauholz. Durchaus gewillt, der Stadt zu helfen, befahl Friedrich, zuvor ihren Zustand genau zu prüfen[156]. Ein für das misstrauische Wesen des

---

[150] Herrn J.F. Sprengels Bericht von dem letzten Pommerschen Kriege und dem der Stadt Anklam angedrohten Unglück, in: Pommersche Bibliothek, III, S. 185–193.

[151] Neben den hier aufgeführten Beispielen, finden sich weitere u.a. in: Rentekammer an Friedrich IV. vom 6. Oktober 1716, RAK RKTA P-R-K C251 I, Nr. 20.

[152] RAK RKTA R-R-K 1716–20 C 251 I, Nr. 3.

[153] Weitere Beispiele: Fuchs, Der Untergang, S. 212 f.; Memorial von Dewitz' vom 22. Januar 1716, RAK TKIA B 209.

[154] Biederstedt, Beyträge, II, S. 38 f., 102.

[155] Der Rüganer Hans Jürgen Seyfert verfiel sogar auf die Idee, er könne vom König Steuerfreiheit dafür erhalten, dass er dem Monarchen einige Tage Unterkunft geboten hatte. Generalgouverneur von Dewitz erkannte die von dieser Bitte ausgehende Gefahr. »Solches würde Von großer consequence seyn, und dadurch vielen hunderten Anlaß geben, Euer Königl. Mayestäten mit dergleichen memorials zu beunruhigen«. Herr von Sodenstern zu Kotenhagen gebärdete sich noch frecher als Seyfert. Da der König bei ihm »gelogiret« hätte, forderte er 1. Einige Jahre Steuerfreiheit, 2. Die Instandsetzung seiner Güter, 3. 600 Fichten, 100 Eichen und weiteres Bauholz, 4. Umschreibung seines Landbesitzes zum Barther Distrikt. Memorial von Dewitz' vom 22. Januar 1716, RAK TKIA B 209.

[156] Instruktion Friedrich IV. für Andreas Weyse vom 15. April 1716, RAK RKTA P-R-K, C 251, Nr. 7.

Königs bezeichnender Vorgang, wusste er doch, dass Wolgast von seinen russischen Alliierten aus Rache für die schwedische Niederbrennung Altonas gänzlich in Schutt und Asche gelegt worden war[157]. Eine umfangreiche Beschreibung der Bausubstanz in der alten herzoglichen Residenzstadt zeigte, dass nicht allein die Brandschatzung des Jahres 1713 dem Ort übel zusetzte, sondern viele Häuser schon seit dem letzten sogenannten »Brandenburgischen« Krieg wüst lagen. Mitunter fanden sich sogar noch Schäden aus dem Dreißigjährigen Krieg[158]. Zeitgenössische Schilderungen verdeutlichen den traurigen Zustand der nördlich der Peene gelegenen Städte. Die Bienenzucht lag ebenso danieder wie die Schäfereien[159].

Bereits im November 1717 legte die Regierung eine umfassende Untersuchung über wüste Höfe vor, die den Zustand des Landes in ähnlicher Art und Weise darbot. Im Januar 1718 berichtete sie der Rentekammer erneut[160]. Die drei Räte Gotsche von Thienen, Johann Christian Hohenmühle und Heinrich Bernhard von Kampferbeck gelangten in ihrer Studie zu der Ansicht, nicht allein die Kriege seien schuld am miserablen Zustand der Provinz.

Schlechte Wirtschaftsführung und Verwaltung, beständige Einquartierungen und Steuern sowie Schulden hätten weite Teile des Landes zur Einöde verkommen lassen[161]. Loitz und Tribsees seien durch eine Feuersbrunst im gegenwärtigen Krieg in Asche gelegt, Wolgast 1713 durch Russen angezündet[162], Stralsund in Folge der Bombardierung 1715 schwer beschädigt worden. Auch dem Niedergang des Handels sei die allgemeine Armut der Bevölkerung, die keinerlei Gelder zu sparen vermocht hätte, geschuldet[163]. Der pommersche Bauer stehe oft bei einem Kaufmann in tiefer Schuld[164]. Aufgenommene Kredite zurückzuzahlen sei er nicht in der Lage. Hieraus ergebe sich die schlechte Liquidität der Handeltreibenden, heißt es in dem Bericht. Die Schwäche des Binnen- und Außenhandels zog wiederum Beschäftigungsrückgang für die einheimischen Handwerker nach sich. Schiffer und Tagelöhner erhielten somit ebenfalls immer weniger Erwerbsmöglichkeiten. Auch das traditionsreiche Brauhandwerk befand sich im Niedergang, da die Zufuhr von Holz aus dem nunmehr preußischen Landesteil erfolgte, und der Preis im Vergleich zur Vorkriegszeit auf das Doppelte anstieg[165]. Der Bericht weist darauf hin, dass immer mehr Menschen auswanderten[166]. Eine Tendenz, die sich in

---

157 Buchholz, Landständische Verfassung, S. 96; Bahr/Conrad, Wolgast, S. 319; Buske, Kirchen in Wolgast, S. 22.
158 Beschreibung der Stadt Wolgast intra moenia, RAK Regkanc i Stralsund Conv. LXII c.
159 LAG Rep. 38b Nr. 225. Zum Niedergang der Schäfereien siehe Kap. IV.4.b.
160 Regierung an Rentekammer vom 15. November 1717, RAK RKTA P-R-K C 273.
161 RAK RKTA P-R-K 1716–20 C 269.
162 Ein Schicksal, das Gartz teilte. Schöttgen, Altes und Neues Pommernland, S. 424 f.
163 RAK RKTA P-R-K 1716–20 C 269.
164 Das Saatgut liehen die Bauern oftmals bei den Kaufleuten, sodass sie eine Saat zumeist noch auszubringen vermochten. Jedoch unmittelbar nach der Ernte waren sie genötigt, das Korn zuzüglich der Zinsen wieder an die Händler abzugeben. Regierung an Rentekammer vom 15. November 1717, RAK RKTA P-R-K C 273.
165 RAK RKTA P-R-K 1716–20 C 269.
166 Peters, Die Landarmut, S. 56.

Vorpommern bereits seit Beginn des 17. Jahrhunderts herausgebildet hatte. Die Kriege verminderten beständig die Bevölkerungszahl und brachten somit einen deutlich spürbaren Arbeitskräftemangel mit sich. Dieser Verlust an Einwohnern ließe die Städte noch schneller verfallen. Den größten Teil ihrer Güter, Äcker, Wiesen und Mühlen hätten die Städte verpfändet und Schulden angehäuft, von denen selten die Zinsen bezahlt werden könnten[167]. Zahlreiche Prozesse von Bürgern gegen Städte verdeutlichten deren Verschuldung. Insgesamt befände sich, so die Regierung, die Finanzverwaltung in erbärmlichem Zustand. Steuerregister würden kaum vernünftig geführt[168].

Die durchweg negative Zustandsbeschreibung der vorpommerschen Regierung ist ganz offensichtlich von dem Bemühen der Beamten getragen, weitere mögliche Forderungen dänischerseits von der Provinz abzuwenden. Thienen, Hohenmühle und Kampferbeck wollten Ruhe und wirtschaftliche Erholung für das Land erreichen. Somit ist der Grad der tatsächlichen Zerstörung durch den Krieg schwer nachvollziehbar. Das Aktenstudium darf die Intentionen der Verfasser nicht aus den Augen verlieren. Doch selbst wenn die Unterlagen Übertreibungen aufweisen sollten, und das ist wahrscheinlich, ist der marode Zustand Westvorpommerns unübersehbar.

Zudem, so ausführlich das Schreiben der Räte an die Kopenhagener Rentekammer auch ist, es schildert nicht das ganze Ausmaß der Zerstörungen. So war Bergen bereits 1621 größtenteils durch eine Feuersbrunst zerstört worden. 1690 wiederholte sich dies Unglück, 60 Gebäude gingen in Flammen auf. 1715 fielen weitere 27 Katen und Häuser sowie 28 »ganze und halbe Buden« einem Brand zum Opfer. Greifswalds Häuser standen 1713 zu einem erheblichen Teil in Flammen[169]. In der Universitätsstadt verursachten Stallknechte, nicht etwa Soldaten, durch unsachgemäßen Umgang mit Feuer die Zerstörung von 30 Häusern und des Rathauses[170].

Vielerorts litten auch die Kirchen unter den beständigen Truppendurchzügen[171]. So büßte die Proner Kirche ihre Orgel, die Steinhagener Kirche drei Glocken ein. Über den Velgaster Prediger Johann Georg Oehmichen wird berichtet, dass er bei der Plünderung seines Gotteshauses im Jahre 1712 gezwungen war, mit Frau und sechs kleinen Kindern »In Kitteln und Bauernhemden gekleidet, um nur die Blöße zu decken«, zu flüchten[172]. Als er Ende desselben Jahres zurückkehrte, fand er die Kirche gänzlich zerstört. Oehmichens Schicksal ist kein Einzelfall.

---

167 APS SNwG Sggn Rep. 30 b Allerhand Nr. 48/10, 14, 21, 25, 30, Nr. 50/10 (die beiden letztgenannten Akten sind verschollen. Gleichwohl ist im APS SNwG Sggn Rep. 30 b Allerhand der Gegenstände dieser Prozesse verzeichnet).

168 RAK RKTA P-R-K 1716–20 C 269.

169 Während Fabarius für den beschriebenen Bergener Stadtbrand von 30 Gebäuden spricht, halten die amtlichen Quellen obengenannte Zahlen bereit. Vgl. Fabarius, Nöthige Erläuterung, S. 25; Extract derer unter dem Catastro der Ritterschaft Fürstenthum Rügens sortierte Städtchen, Flecken, Güther und dörfer, RAK RKTA P-R-K C 273, Lit. S; Biederstedt, Beyträge, IV, S. 157.

170 Heyden, Die Kirchen Greifswalds, S. 167.

171 Biederstedt, Beyträge, I., S. 42, 72.

172 Biederstedt, Beyträge, I, S. 49, 96; Biederstedt, Beyträge, III, S. 34; Heyden, Die Kirchen Greifswalds, S. 152.

Auch von anderen Pfarrern wird berichtet, dass sie vor den einmarschierenden plündernden Truppen, insbesondere vor den russischen, die Flucht ergriffen. Welche immensen kulturellen Werte den Flammen zum Opfer fielen, wird aus einer Schilderung Carl Hellers eindrucksvoll ersichtlich. Über die 1713 von russischen Soldaten angesteckte St. Petrikirche zu Wolgast berichtet er »Aber die wütende Flamme verzehrte alles; die Glocken zerschmolzen, der Turm, das Kirchendach und das Gewölbe stürzte zusammen; das Uhrwerk, die Orgel, der Altar, die mit Kunstwerken gezierten Stühle der Fürsten wurden von der Flamme ergriffen[173].«

Die Einwohnerzahl Vorpommerns scheint durch die Pest, den Krieg und die mit ihm verbundenen Drangsale deutlich gesunken zu sein, ohne dass konkrete Verlustziffern berechenbar sind[174]. So war die Bevölkerung Schwedisch-Vorpommerns also nicht allein in wirtschaftlicher Hinsicht vom Krieg betroffen. Vielmehr wirkte er unmittelbar auf persönliche Schicksale, auf die Stellung des Einzelnen in der Gesellschaft. So änderten sich auch die Besitzverhältnisse infolge der Verarmung zahlreicher Landbegüteter, deren Eigentum verpachtet oder verkauft war.

Viele Einwohner nahmen ab 1711 direkt als Soldaten am Kampfgeschehen teil[175]. Am 8. April desselben Jahres erließ die schwedische Regierung einen Befehl zur Aufstellung einer Landmiliz in Vorpommern[176]. Etwa 3800 Zwanzig- bis Vierzigjährige wurden auf fünf Jahre zum Militärdienst verpflichtet. Ob die geforderte Anzahl tatsächlich zu den Fahnen trat, ist nicht nachvollziehbar. 1715, als der Kampf seine abschließende Phase erreichte, gliederte der schwedische Monarch die Miliz teilweise in die Regimenter ein. Selbst die Bemühungen großer Städte, sich um ihren Anteil an der Landmiliz zu drücken, führten zu keinem spürbaren Erfolg[177].

Aus den vorstehenden Erörterungen wird deutlich, dass die von den Dänen beabsichtigte dauerhafte Sicherung des neu gewonnenen Gebietes wesentlich von

---

173 Heller, Chronik der Stadt Wolgast, S. 11; Biederstedt, Beyträge, I, S. 49.

174 Auf die Schwierigkeit, überhaupt Einwohnerzahlen in Pommern genau zu bestimmen, ist vielerorts hingewiesen worden. Kroll stellt ein deutliches Absinken der kopfsteuerpflichtigen Haushalte in Stralsund fest. Kroll, Stadtgesellschaft und Krieg, S. 116.

175 Stefan Kroll bezweifelt, dass Stralsund die geforderten Soldaten überhaupt gestellt hat. Er geht hierbei von einem 1710 durch Karl XII. erlassenen Dekret aus, demzufolge 128 Mann von der Sundstadt zu stellen waren. Kroll verweist in seinen Belegen leider nur auf die im Stralsunder Stadtarchiv befindliche Akte Rep. 33, Nr. 365. Unter Rep. 33, Nr. 366 jedoch befindet sich eine weitere detaillierte Aufschlüsselung des Landmilizpersonals. Der Befehl vom April 1711 wird von Kroll ebenfalls nicht berücksichtigt. Sollte Stralsund tatsächlich das geforderte Personal nicht gestellt haben, so gibt es doch zahlreiche Belege für schwedische Zwangsrekrutierungen in der Stadt. Vgl. Kroll, Stadtgesellschaft und Krieg, S. 71 f.; StadtA Stralsund Rep. 33, Nr. 365, StadtA Stralsund Rep. 33, Nr. 366; StadtA Stralsund Rep. 33, Nr. 367.

176 StadtA Stralsund Rep. 33, Nr. 365; Sr. Hochgräfl Excell und der Königl. Regierung Verordnung [...] wie die [...] erforderte Landmilice im Herzogthum Pommern und Fürstentum Rügen aufgerichtet werden soll Stettin den 8. April 1711 (gedruckt) StadtA Stralsund Rep. 33, Nr. 366.

177 Schnitter, Volk und Landesdefension, S. 165 f.; Krolls Behauptung, Stralsund hätte erst im Juli 1715 lediglich 30 Personen gestellt, deckt sich nicht mit den Quellen. In einem im Mai abgefassten Schreiben der königlichen Regierung betont diese, dass die Hälfte des geforderten städtischen Landmilizkontingentes zeitgerecht aufgestellt wurde. Vgl. Kroll, Stadtgesellschaft und Krieg, S. 72; Schwedische Regierung an Stralsund vom 24. Mai 1715, StadtA Stralsund Rep. 33, Nr. 367.

der ökonomischen Gesundung des potenziell wirtschaftsstarken Territoriums abhing. Mit der Lösung der wirtschaftlichen Probleme verband sich Steuerkraft zum Erhalt und Ausbau einer funktionierenden Verwaltung und des im Lande stehenden Militärs. Zum anderen barg finanzielle und ökonomische Schwäche, ja Armut der Bevölkerung Konfliktpotenzial, dass der Loyalität gegenüber jedem Landesherrn, also auch den Dänen abträglich sein konnte. Bei der Neuorganisation der Verwaltung 1715/16 in Vorpommern und auf Rügen waren dementsprechend sowohl die Landesverfassung als auch der wirtschaftliche Zustand zu berücksichtigen.

c) Neuorganisation der Verwaltung 1715/16

Wie bereits dargestellt, lag die Administration und gesamte dänische Politik unter Friedrich IV. fest in den Händen des Potentaten. Die vormals selbstständigen Kollegien waren bereits Ende des 17. Jahrhunderts unter der Ägide Christians V. in Institutionen umgewandelt worden, die allein nach dem Willen des Monarchen handelten. Schwache Berater standen den dänischen Königen zur Seite. Erst in den 1740er Jahren gewannen »Minister« zunehmend an Einfluss und Macht[178]. Friedrich IV. wird in der Literatur als misstrauisch gegenüber seinen Ratgebern und Beamten beschrieben[179]. So nimmt es nicht Wunder, dass der dänische König gemeinsam mit dem Konseil sehr detailliert die Einrichtung der Verwaltung in den besetzten Gebieten steuerte.

Dem Willen zur straffen, gewohnt-absolutistischen Verwaltung standen im dänisch besetzten Vorpommern aber die landständische Verfassung und der marode ökonomische Zustand gegenüber. So waren der Verwaltbarkeit des Landes durch zentrale Behörden von Beginn der Dänenherrschaft an ohnehin enge Grenzen gesetzt. Hierzu trug nicht zuletzt die starke Differenzierung innerhalb der pommerschen Jurisdiktion bei. So galt in den meisten Landstädten seit jeher lübisches Recht. In Stettin hingegen, das ab 1715 unter preußischer Oberhoheit stand, wurde nach magdeburgischem Codex Recht gesprochen. In den meisten Dörfern zählte Schweriner Recht, auch das sächsische war nicht selten. Die nun im preußischen Landesteil liegende Stadt Anklam wies lübisches Recht vor, jedoch ohne das *societate bonorum conregati* (Gütergemeinschaft im Familienrecht)[180].

Noch vor der Einnahme Stralsunds durch die Alliierten beauftragte Friedrich IV. am 4. Dezember 1715 den Etatsrat Andreas Weyse mit der Regulierung der Finanzen und »Cammersachen« in Vorpommern[181]. Andreas Weyse (1664–1725), ein gebürtiger Sachse, trat 1708 als Justiz- und Kammerrat in dänische Dienste. Nachdem er den König auf dessen Italienreisen begleitet hatte, ernannte ihn Fried-

---

178 Hintze, Der Commissarius, S. 87; Boisen Schmidt, Studier over Statshusholdningen, I, S. 31; Oakley, War and Peace, S. 132.
179 Boisen Schmidt, Studier over Statshusholdningen, I, S. 24 f.
180 LAG Rep. 41 v.d. Plathe I A 1:21, S. 18.
181 RAK RKTA P-R-K C251 I, Nr. 1; Vollmacht für Andreas Weyse vom 14. April 1716, RAK TKIA Patenter 1716, S. 62b f. Bobé, Weyse, S. 477 f.; RAK RKTA PRK C 251 I, Nr. 1.

rich im September 1712 zum Kammerdirektor für Bremen und Verden. Ab 1713 war Weyse verantwortlich für sämtliche Kammerangelegenheiten im Herzogtum Schleswig. Als Mitarbeiter unterschiedlichster Verwaltungsbehörden (Mitdirektor des Generalpostamtes, Oldenburgische Matrikelkommission) sowie als Diplomat erwarb er sich ein hohes Maß an Anerkennung am dänischen Hofe. Friedrich IV. pflegte den Etatsrat zu duzen. Zunächst sollte Weyse in Vorpommern prüfen, wie das Finanz- und Kammergerichtswesen in Pommern und auf Rügen im Interesse der dänischen Krone eingerichtet werden könnte[182]. Auch die bisherigen Kontributions- und Abgabenhöhen hatte der Etatsrat festzustellen. Kammerschreiber Peter Michaelsen und zwei Kammerkopisten gingen ihm zur Hand. Seine Inspektionsreise begann Weyse nach dem Willen des Königs auf Rügen[183].

Zunächst galt es, Beschaffenheit und Umfang des Besitzstandes sorgfältig in Erfahrung zu bringen, bildete er doch die Grundlage künftiger Steuerpolitik[184]. Schnell erwiesen sich die in schwedischer Zeit vorgenommene Verpachtung und der Verkauf von Dominalgütern als herausragendes Problem im Bereich des Lehnswesen. Am Beispiel[185] der Greifswalder Universität wird das Vorgehen der Kommission deutlich. Etatsrat Weyse interessierten dort insbesondere die Besitzverhältnisse und die Frage, warum die Alma mater so wenig Zulauf an Studenten erhielt. Eine Vielzahl an Dokumenten hatte die Universität zu übersenden. Bereits mit seinem ersten Schreiben forderte der königliche Inspizient unter anderem das Instrumentum Dotationis (Grundlagen zur Ausstattung), die Visitationsrezesse von 1666 und 1703, die Universitätsstatuten, die Confirmationes (begründete Dokumente), sämtliche königliche Reskripte (rechtsverbindliche Bescheide), die die Hochschule empfangen hatte, alle eigenen Verordnungen sowie Verzeichnisse der Angehörigen der Akademie und ihrer Güter[186]. Dabei ließ Weyse es nicht bewenden: Über immer neue Details wünschte er informiert zu werden. So schrieb er am 4. Juli 1716, die Universität solle darlegen, welche Rechte dem Kanzler bei der Bestallung der Professoren und bei der Übertragung besonderer Vollmachten an selbige zukämen. Als die Beantwortung der Fragen dem Etatsrat nicht schnell genug ging, befahl er Termine und zitierte auskunftsfähige Personen zu sich nach Stralsund[187]. Die Vakanz dreier Pfarren und den daraus resultierenden königlichen Befehl zur Nachbesetzung der Posten nutzte Weyse zur Feststellung der Eigentumsverhältnisse in Weitenhagen, Jormin und Tribohn. Die Universität musste

---

182 RAK RKTA P-R-K C 251 I, Nr. 2; Andreas Weyse an Friedrich IV. vom 10. September 1716 RAK RKTA P-R-K C 251 I, Nr. 19; Andreas Weyse an sämtliche Amtsträgen in Vorpommern und auf Rügen, RAK RKTA P-R-K C 255.1, S. 1–37.

183 RAK RKTA P-R-K C 251 I, Nr. 2, 18, 19.

184 Patent Andreas Weyses vom 2. Mai 1716, APS RSwS 6176.

185 Gegenüber anderen Personen und Institutionen erfolgte Weyses Arbeit mit genau demselben Aufwand und Umfang. Vgl. hierzu: Andreas Weyse an Friedrich IV. vom 10. September 1716 RAK RKTA P-R-K C 251 I, Nr. 18; UAG Stettin, Nr. 21.

186 UAG Stettin, Nr. 21, S. 2 f., 4, 38.

187 Weyse an Universität Greifswald vom 14. April 1716, UAG Stettin, Nr. 21, S. 63–65; Weyse an Universität vom 16. Januar 1716, UAG Stettin, Nr. 21, S. 22 f.

darlegen, wie sie das Jus Patronatus (Patronatsrecht) an jenen Orten erworben und ob der Landesherr sich Rechte reserviert hatte[188].

Die Inspektionsreise Weyses zeigt das dänische Bedürfnis, sich in allen die Verwaltung betreffenden Bereichen über die bisherige schwedische Gesetzgebung und Praxis einen Überblick zu verschaffen. Es scheint in Kopenhagen hierüber eine allgemeine Unkenntnis geherrscht zu haben. Ihr entgegenzuwirken blieb in den ersten Monaten eine der Hauptaufgaben der regionalen dänischen Administration. Oft fehlten wichtige Unterlagen. Bis zur Eroberung Wismars beispielsweise standen die Prozessakten, die für die pommerschen Lehnsverhältnisse von herausragendem Wert waren, nicht zur Verfügung. Weitere wichtige Papiere befanden sich im nun preußischen Stettin, andere wiederum nahmen die Schweden widerrechtlich bei der Kapitulation Stralsunds mit. Auch galten wichtige Urkunden als unwiederbringlich verloren, die entweder der blinden Zerstörungswut plündernder Soldaten oder aber den unersättlichen Flammen zahlreicher Stadtbrände zum Opfer fielen. In Greifswald gelang es während des Stadtbrandes 1713 dänischen Matrosen unter Führung ihres Offiziers Carlson, das dortige Ratsarchiv zu retten[189]. Anderen Kommunen erging es schlechter. Nach einer Beschreibung Wolgasts, die der dortige Rat 1717 zu Papier brachte, verlor die Stadt das Amtbuch, die fürstlichen Bescheide, die Unterlagen über Privilegien, sämtliche Stadturkunden durch »Plünderungen und Anzündungen«[190]. Konnten aber die Dänen den Aussagen des Bürgermeisters Johann Tiedeböhl und der übrigen örtlichen Würdenträger trauen? Natürlich gereichte diese Situation dem neuen Landesherrn nicht nur zum Nachteil, sondern bot ihm immense Möglichkeiten zum Eingriff in die kommunalen Rechte. Zunächst jedoch wirkten die fehlenden Informationen hinderlich. Ähnlich erging es den preußischen Beamten in ihrem neu gewonnen, südlich der Peene gelegenen Gebiet. Auch dort bestand weitgehende Unkenntnis über die vormaligen administrativen Verhältnisse. So hatte beispielsweise der Regierungsrat Johann Ernst von Lettow die schwedische Jurisdiktion gegenüber den Juden in Erfahrung zu bringen[191].

Eine weitere Parallele drängt sich auf – die Einrichtung der dänischen Herrschaft in den Herzogtümern Bremen und Verden. Auch dort befahl am 17. August 1712 Friedrich IV. unmittelbar nach dem Einmarsch alle vormals schwedischen Beamten zu sich. Diese hatten sämtliche Privilegien, Einkünfte, Kontributionen etc. des Landes schriftlich darzulegen[192]. Somit bot sich dem König und dessen Beamten die Möglichkeit einer raschen Informationsbeschaffung. Nachdem Etatsrat Andreas Weyse seinem Monarchen ausführlich Bericht über den Zustand des

---

[188] Weyse und Vicegeneralsuperintendent Gebhardi an die Universität Greifswald (undatiert), UAG Stettin, Nr. 21, S. 106–109.

[189] Ziegler, Geschichte der Stadt Greifswald, S. 58.

[190] Beschreibung der Stadt Wolgast intra moenia, RAK Regkanc i Stralsund Conv. LXII c; Kratz: Die Städte, S. 545.

[191] Reskript an Regierungsrat Lettow vom 5. Januar 1717, in: Stern, Der preussische Staat, II.2., S. 720.

[192] Hasseln, Die Politik, S. 65.

dänisch besetzten Landesteiles gegeben hatte[193], erging am 14. April 1716 ein Befehl Friedrichs IV. zur Errichtung der Verwaltung im nördlichen Vorpommern[194].

Bereits unmittelbar nach Übergabe Stralsunds war der Geheime Rat und General der Kavallerie Franz Joachim von Dewitz[195] am 25. Dezember 1715 zum Generalgouverneur ernannt worden[196]. Um so erstaunlicher ist, dass die jüngste Monografie zur Familiengeschichte derer von Dewitz dieses hohe Amt nicht für erwähnenswert erachtet.

Franz Joachim von Dewitz, der aus einem mecklenburgischen Adelsgeschlecht stammte, trat zunächst als Page in dänische Dienste und nahm später an zahlreichen Feldzügen teil. Er erklomm rasch die militärische Karriereleiter und wurde 1701 zum Oberst, 1706 zum Brigadier und schließlich 1709 zum Generalmajor befördert. Von Dewitz war 1711/12 maßgeblich an der Ausarbeitung des alliierten Feldzugsplanes beteiligt und führte die dänische Kavallerie in der Schlacht bei Gadebusch. Sowohl diplomatisch als auch militärisch erwarb er sich hohe Verdienste in der alliierten Kriegführung gegen die Schweden in Pommern 1715. Nach seiner Bestallung zum Generalgouverneur leitete er die Belagerung Wismars und nahm an den Kriegshandlungen in Schonen und auf Gotland teil.

Mit Dewitz Ernennung erhielt die Verwaltungspraxis eine erste gesetzliche Grundlage. Der König verfügte, zunächst die zu schwedischen Zeiten erlassenen »Tribunalsordnung, Regierungsform, Regierungs-Cantzeley-ordnung, Hofgerichtsordnung, Kirchen- und Consistorialverordnungen und Instructionen auch andere nach und nach zur Erläuterung ergangene Verordnungen, Constitutionen, Statuten und Landesgesetzen«, unter denen die Landesbewohner und Stände bislang gelebt hatten, und die von Kaiser und Reich anerkannt seien, vorerst unverändert in Kraft zu lassen. Auch sollten die Kollegien: Regierung, Hofgericht und Konsistorium beibehalten werden. Als Ersatz für das bislang in Wismar befindliche Tribunal müsse, so Friedrich, ein neues formiert werden. Regierung und Tribunal sollten künftig, im Gegensatz zur schwedischen Praxis, personell miteinander verknüpft werden, ohne jedoch die Verrichtung der Arbeitsgänge miteinander zu vermischen. Der Regierung obliege auch weiterhin die oberste Aufsicht und Leitung über den gesamten Verwaltungsapparat, während das Tribunal sich mit Appellationsangelegenheiten zu befassen habe[197].

Da das zu verwaltende Gebiet wesentlich kleiner als zuvor war, sollten alle drei Kollegien mit nur wenigen Personen besetzt sein, die nachgeordneten Gerichte jedoch mit demselben Personal weiterarbeiten[198].

---

[193] Andreas Weyse an Friedrich IV. vom 10. September 1716 RAK RKTA P-R-K C 251 I, Nr. 18; Andreas Weyse an Friedrich IV. vom 10. September 1716 RAK RKTA P-R-K C 251 I, Nr. 19.

[194] Befehl Friedrichs IV. an Regierung vom 14. April 1716, RAK Reg 88 Regkanc i Stralsund Conv. I.

[195] Rockstroh, Franz Joachim von Dewitz, S. 626–628; Heinrich, Staatsdienst und Rittergut, S. 120–122; Harbou, Dewitz, S. 254–258.

[196] Vgl.: Heinrich, Staatsdienst und Rittergut, S. 120 f.; Gantzer, Geschichte, III, S. 299.

[197] Befehl Friedrichs IV. an Regierung vom 14. April 1716, RAK Reg 88 Regkanc i Stralsund Conv. I.

[198] Ebd.

Friedrich IV. legte also Wert auf stärkere Hierarchisierung und geringere Quantität der Spitzenpositionen. Der hieraus erwachsende Vorteil, eine bessere Kontrollierbarkeit des Verwaltungsapparates, liegt auf der Hand. Die Bündelung von Kompetenzen bei gleichzeitiger verstärkter Überwachung bildet eine Grundtendenz innerhalb des dänischen Absolutismus[199].

Regierung und Tribunal waren in Stralsund einzurichten, Konsistorium und Hofgericht verblieben in Greifswald. In Punkt drei des am 14. April abgefassten königlichen Schreibens arbeitete Friedrich die Personalunion der beiden sundischen Institutionen namentlich heraus[200]. Der Geheime Rat Franz Joachim von Dewitz werde künftig dem Tribunal als Präsident vorstehen, der Geheime Rat von Platen[201] als Vizepräsident ihm nachgeordnet, wies der Monarch an. In der Regierung versehe von Dewitz das Amt des Generalgouverneurs, während Geheimrat von Platen hier nun das des Oberlanddrosten bekleide. Drei Räte sollten dem Gericht als Beisitzer und der Regierung als Regierungsräte mit Votumsrecht unterstellt werden. Dem weiterhin in Greifswald bestehenden Hofgericht war nach königlichem Befehl ein eigenes Gebäude zu errichten, in das auch das Archiv zu integrieren und sämtliche Gerichtsakten zu verbringen seien. Es solle vorerst nur mit drei Assessoren und drei Subalternen besetzt sein (Dem Pronotar Engelbrecht, einem Kanzlisten und einem Pedell), ordnete Friedrich an. Appellationen, die früher in die Zuständigkeit des Wismarer Tribunals fielen, mussten von dem neuen, mit der königlichen Regierung verknüpften Gericht zu Stralsund bearbeitet werden. Für alle diesbezüglich vorkommenden »expeditiones« war nun der Kanzleisekretär Christian Albrecht Boye verantwortlich[202].

Das Konsistorium zu Greifswald sollte auch weiterhin, wie es zu schwedischen Zeiten geordnet war, mit zwei Professoren der Jurisprudenz und zwei Professoren der Theologie besetzt bleiben.

Schon in schwedischer Zeit bekleidete der Generalgouverneur das Amt eines Kanzlers der Universität Greifswald. Friedrich folgte dieser Tradition und bestimmte Franz Joachim von Dewitz auch für diesen Posten. Des Weiteren wies der König in Bezug auf die Alma mater an, den Antrag des bei Karl XII. in Ungnade gefallene Johann Ludwig Würffel zu prüfen, ob er rehabilitiert und in seine Ämter wieder eingesetzt werden könne[203].

Der Befehl vom 14. April 1716 verdeutlicht einmal mehr den Willen des dänischen Monarchen, seine Herrschaft über Vorpommern und Rügen dauerhaft zu sichern. Von Beginn an erwies sich die Einrichtung der Verwaltung als kompli-

---

[199] Beispielsweise für Oldenburg: Schaer, Die Grafschaften, S. 214–218.
[200] Zur Personalstruktur der Kollegien siehe Anl. Dienstpostenverteilung im dänischen Vorpommern.
[201] Friedrich Wilhelm von Platen, Ritter des Elephantenordens seit 1708, am 22. Juli 1712 zum Geheimen Rat befördert. Fortegnelse over Embedsmaend.
[202] Befehl Friedrichs IV. an Regierung vom 14. April 1716, RAK Reg 88 Regkanc i Stralsund Conv. I.
[203] Friedrich IV. an Regierung in Stralsund vom 14. April 1716, RAK Reg 88 Regkanc i Stralsund Conv. I, Pkt. 41. Würffels Entlassung steht im inneren Zusammenhang mit dessem persönlichen Verhältnis zu Gebhardi. LAG Rep. 40 VI, Nr. 89, S. 18; Siehe auch Kap. IV.2.c.

ziert. Mit einigen Schwierigkeiten dürfte die dänische Zentraladministration von Anfang gerechnet haben. Verwaltungstechnische Probleme waren insbesondere in Bezug auf die Zweiteilung des Landes zu erwarten, da sich nach wie vor viele Akten und Dokumente im nunmehr preußischen Stettin befanden. Jedoch auch viele andere, zunächst nicht bedachte Schwierigkeiten taten sich bald auf und zeigten, dass zahlreiche Vorstellungen und Anweisungen, die Friedrich am 14. April 1716 schriftlich niederlegte, sich nicht umsetzen ließen. Die Einrichtung der dänischen Verwaltung zog sich über das gesamte Jahr 1716 hin.

So stellte die Regierung ihre Arbeitsfähigkeit bis zur Jahresmitte her. Jedoch erst Ende Dezember legte Friedrich IV. die Gagen der Beamten fest[204], nachdem die Rentekammer ihm die zu schwedischen Zeiten üblichen Besoldungssätze übermittelte[205]. Andreas Weyse, dem die Auswahl geeigneter mittlerer und niederer Beamter oblag, reiste vermutlich im Spätsommer nach Kopenhagen[206]. Nach wie vor übte er dort hohen Einfluss auf die Geschicke des besetzten Landes aus. So veranlasste er kurz nach seiner Rückkehr die Schaffung des pommersch-rügischen Kontors in der Rentekammer. Auch setzte er durch, dass Michaelsen, der ihm in Vorpommern zur Hand gegangen war, die Führung dieser neuen Abteilung übertragen wurde[207]. Noch Syndicus Engelbrecht und Landrat Arnd Christoph von Bohlen, die im November 1716 im Auftrag der vorpommerschen Landstände Kopenhagen bereisten, berichteten, dass der Erfolg ihrer Gesandtschaft wesentlich von dem Etatsrat abhänge[208]. Friedrich IV. zog Weyse auch weiterhin in wichtigen vorpommerschen Angelegenheiten zu Rate[209].

Mit dem Befehl vom 14. April waren die inneren Grundzüge der künftigen vorpommerschen Verwaltung festgelegt worden. Nun bedurfte es der äußeren Manifestation der dänischen Herrschaft gegenüber den Vasallen und Untertanen des neu gewonnen Gebietes.

d) Die Errichtung des neuen landesherrlichen Regimentes

Die erheblichen Veränderungen, denen das vorpommersche Lehnswesen in den Jahrzehnten nach dem Dreißigjährigen Krieg unterlag, stellten die dänischen Beamten schon 1716 vor immense Probleme. Insbesondere die Verpachtung der Domänen unter Karl XII. wirkte sich negativ auf den Haushalt der Provinz aus. Während eine Veräußerung städtischen Ackerbesitzes den landesherrlichen Finanzen erst in zweiter Linie schadete, besaß die herrschende Unordnung der Tafelgü-

---

204 Kgl. Reglement vom 28. Dezember 1716, RAK Reg 88 Regkanc i Stralsund Conv. I; siehe Anl. Aufbau der dänischen Zentralverwaltung in Kopenhagen um 1715.

205 Rentekammer an Friedrich IV. vom 14. Dezember 1716, RAK RKTA P-R-K C 251 I, Nr. 35.

206 Im September legte er eine bereits in Kopenhagen verfasste umfangreiche Schilderung seiner vorpommerschen Arbeit vor. Weyse an Friedrich IV. vom 10. September 1716, RAK RKTA PRK C 251 I.

207 Weyse an Friedrich IV. vom 10. September 1716, RAK RKTA PRK C 251 I.

208 Von Bohlen und Engelbrecht an Stände vom 20. April 1717 StadtA Greifswald Rep. 5, Nr. 1339, Bd 2.

209 Weyse an Friedrich IV. vom 22. Januar 1717, RAK RKTA P-R-K C 251 II, Nr. 6.

ter herausragende Bedeutung für die fürstlichen Kassen. Jene Einnahmen aus den Domänen bildeten eine Quelle der Finanzverwaltung, die der Staat unmittelbar zu beeinflussen vermochte. Die Unübersichtlichkeit des privaten Grundbesitzes musste zudem die Hebung von Steuern deutlich erschweren. Ohnehin konnte der dänische Verwaltungsapparat zunächst nicht von der Provinz unterhalten werden, da selbst die Akzise und die Licenten von den Schweden verpachtet worden waren[210].

Eine der vorrangigen Aufgaben der in Stralsund ansässigen dänischen Regierung musste also die Neuorganisation des vorpommerschen Lehnswesens sein. Zunächst bedurfte es hierzu eines Huldigungseides, also der formellen Anerkennung des neuen Landesherrn durch die Stände. Diese Zeremonie ist in ihrer Bedeutung für das Verhältnis zwischen Herrscher und Vasallen kaum zu überschätzen. Der Huldigungseid lieferte die Basis jeglicher frühneuzeitlicher Rechtsformung und Jurisdiktion. Ein Verstoß gegen die Befehle des »von Gott eingesetzten Landesherrn« stellte einen Eidbruch dar, der den Täter ins soziale Abseits zu stoßen vermochte. Matthias Weber übertreibt somit nicht, wenn er den Huldigungseid als das »zentrale soziale Bindemittel der vormodernen Gesellschaft« bezeichnet[211]. Das dänisch besetzte Vorpommern bildete diesbezüglich keine Ausnahme.

Über die Art der abzufordernden Huldigung scheint sich Friedrich IV. anfänglich nicht ganz im Klaren gewesen zu sein. Zumindest beauftragte er Franz Joachim von Dewitz, sich zu erkundigen, wie es die Preußen in ihrem neuen Gebiete jenseits der Peene hielten. Der pommersche Generalgouverneur riet seinem Monarchen, sich nicht an dem Tun Friedrich Wilhelms zu orientieren, sondern vielmehr eine »generale Huldigung oder etwanigen Handschlag« zügig vorzunehmen. Von Dewitz glaubte, ohne die bedeutende Zeremonie könnte mit den Untertanen »wenig ersprießlich« auszukommen sein[212]. Tatsächlich stellten sich schnell Probleme ein, die nur durch eine Huldigung aus dem Wege zu räumen waren. So weigerten sich die Greifswalder Konsistorialräte im Juni 1716, den von ihnen geforderten Amtseid zu leisten, mit der Begründung, eine Huldigung des neuen Landesherren sei noch nicht erfolgt. Hierdurch verzögerte sich die dringend erforderliche Eröffnung des Kirchengerichtes erneut. Von Dewitz sah sich somit in seiner Auffassung bestätigt und suchte bei Hofe um eine rasche Entscheidung des Königs nach[213].

Am 10. August 1716 befahl die Stralsunder Regierung den Ablauf der zu vollziehenden Huldigung[214]. In ihrem Schreiben teilten Generalgouverneur, Oberlanddrost und Räte mit, dass es zwar gutes Recht des Königs sei, eine Erbhuldigung in seinem neuen Lande durchzuführen, er sich aber vorerst mit einem

---

[210] Siehe: Kap III.1.c.
[211] Weber, »Anzeige« und »Denunciation«, S. 589.
[212] Dewitz an Friedrich IV. vom 11. März 1716, RAK TKIA B 209.
[213] Dewitz an Friedrich IV. vom 14. Juli 1716, RAK TKIA B 209.
[214] Regierungspatent vom 10. August 1716, RAK RKTA P-R-K C 256, Nr. 4; auch in: RAK Reg 88 Regkanc i Stralsund Conv. CCLXXXIII–CCLXXXVIII.

Handschlag begnügen wolle[215]. Dieser zeremonielle Akt wurde für den 24. September 1716 nach Stralsund anberaumt. Die Ritterschaft hatte hierzu aus jedem Distrikt zwei Bevollmächtigte zu entsenden, ebenso die Städte, wie auch die Greifswalder Universität. Die Kirche sollte aus jeder Synode den Präpositus beauftragen. Aus den Dörfern hatte sich gemäß dem Willen der Regierung ebenfalls je ein Vertreter einzufinden[216].

Nach Erhalt des Befehls forderten die Ämter die einzelnen Dorfgemeinschaften auf, Deputierte zu benennen[217]. Sämtliche Untertanen hatten sich zunächst auf dem Amtshaus einzufinden, vermutlich, um geeignete Personen zu bestimmen und diese in das weitere Prozedere einzuweisen. Welchen Kriterien die Auswahl der Deputierten in den Distrikten und Städten folgte, ist aus den Akten nicht ersichtlich. Die Städte benannten bis zu fünf Bevollmächtigte. Über die Zahl der Abgeordneten entschied offensichtlich nicht die Größe des Gemeinwesens. So stellte Stralsund, die »Hauptstadt« des Herzogtums, vier Bevollmächtigte, ebenso viele wie Barth. Greifswald hingegen erkor fünf Vertreter. Grundsätzlich erschien der Bürgermeister. Ihm beigeordnet war zumeist ein Altermann (gewählter Vertreter einer Zunft). In den Distrikten tagten Konvente. Sie wählten die jeweiligen Sprecher der Ritterschaft und erarbeiteten die geforderten Vollmachten. Mitteilung über die erfolgte Wahl erhielt die königliche Regierung gesiegelt und unterzeichnet von allen Adeligen des jeweiligen Distriktes[218]. Durch neuerlichen Regierungsbefehl wurde am 14. August der Ablauf des Belehnungsaktes schriftlich geregelt. Vorzunehmen war er durch den Generalgouverneur, den Oberlanddrosten und die Räte am 25. September, also einen Tag nach dem Handschlag. Sämtliche Vasallen wurden angewiesen, sich am 24. September in Stralsund bei der königlichen Lehnskammer einzufinden, um dort ihre Namen zu Protokoll zu geben. Am darauf folgenden Tage sollten sie sodann die Proposition (Tagesordnung) vernehmen, den Lehnseid leisten und die Belehnung empfangen. Zudem wies die Regierung an, sämtliche Besitzurkunden mit Kopie sowie eine genaue Beschreibung, welche fremden Rechte und wie viel Schulden auf dem Lehen lasten, mitzuführen[219]. Der Befehl verdeutlicht den Wunsch seiner Verfasser, sich einen Überblick über das bisherige Lehnswesen zu verschaffen[220]. Geordnet nach Distrikten hatte die Va-

---

[215] Regierungspatent vom 10. August 1716, RAK RKTA P-R-K C 256, Nr. 4; auch im preußisch sequestrierten Landesteil verzichtete Friedrich Wilhelm zunächst auf die Huldigung und begnügte sich mit einem Handschlag. Acta Borussica, II, Nr. 217, S. 436–441.

[216] Regierungspatent vom 10. August 1716, RAK RKTA P-R-K C 256, Nr. 4; RAK Reg 88 Regkanc i Stralsund Conv. LV.

[217] Belegbar nur für das Amt Loitz. RAK Regkanc i Stralsund Conv. LV.

[218] RAK Regkanc i Stralsund Conv. LV.

[219] Regierungspatent vom 14. August 1716, RAK RKTA P-R-K C 256, Nr. 5; auch in: RAK Reg 88 Regkanc i Stralsund Conv. CCLXXXIII–CCLXXXVIII.

[220] Bereits Schwartz äußert in seinem erstmals drei Jahre nach Ende der Dänenherrschaft erschienenen *Versuch zur pommerschen Lehn-Historie* die Vermutung, die neuen Beamten hätten keinerlei Vorstellungen vom pommerschen Lehnswesen gehabt. Schwartz, Versuch, S. 1363.

sallen des Landes entsprechende Besitznachweise vor Beginn des Aktes bei der Lehnskanzlei anzuzeigen[221].

Sowohl für das Nichtmitbringen der erforderlichen Urkunden als auch für das Nichterscheinen wurden strafrechtliche Konsequenzen angedroht. Abwesenheit führe unweigerlich zum Einzug der entsprechenden Güter, ließen die Regierungsbeamten verlautbaren[222]. Ihr drakonisches Auftreten war keineswegs bloße Geste. Generalgouverneur, Oberlanddrost und Räte wussten: der König würde ein hartes Vorgehen unterstützen. Schließlich hatte er bereits im April 1716 angeordnet, verweigerte Urkunden und Unterlagen im Bedarfsfall mit militärischer Exekution einzutreiben[223].

In der gleichen Weise verfuhren die Preußen südlich der Peene mit den dortigen Vasallen. Die Besitzzeugnisse waren anzuzeigen, jegliche Koresspondenz mit Schweden hatte zu unterbleiben und im Weigerungsfalle drohte der endgültige Verlust der Güter. In dem nunmehr preußischen Landesteil wurde der 14. April zum Tag der Belehnung erkoren[224]. Für das dänische Vorpommern hingegen lässt sich heute weder der Termin des Handschlages noch der der Belehnung mit absoluter Sicherheit feststellen. Andreas Bussaeus vermerkt in seinem 1770 erschienenen *Historisk Dag Register*, dass der Lehnseid am 20. Oktober 1716 im Stralsunder Rathaus stattgefunden habe[225]. Obwohl Bussaeus die Anwesenden nennt und den Hergang des Zeremoniells relativ exakt beschreibt, spricht doch einiges gegen seine Datierung.

Tatsächlich scheint der 12. Oktober der Tag der Belehnung gewesen zu sein. Zwar wiesen die Regierungsbefehle den 25. September aus, jedoch, da Würffels Schrift im Nachhinein erschien und er explizit darauf hinweist, dass die Predigt am 12. Oktober, dem Tag der Belehnung verkündet wurde, darf von diesem Datum ausgegangen werden[226]. Auch der Stralsunder Festungskommandant Generalmajor Gerhard Christian von Stöcken berichtet in einem an den König gerichteten Schreiben vom Belehnungsakt und nennt hierbei ausdrücklich den 12. Oktober[227].

Bemühungen der Stände, beide Termine im Vorfeld zu verschieben[228], fruchteten nicht. Noch am 22. September wandten sich Städte und Ritterschaft an die

[221] Bartischer Distrikt am 4. September, Greifswald am 7. September, Wolgastscher Distrikt am 8. September, Loitz-Grimmischer Distrikt am 10. September und das Fürstentum Rügen am 11., 14. und 15. September. Regierungspatent vom 14. August 1716, RAK RKTA P-R-K C 256, Nr. 5.

[222] Regierungspatent vom 14. August 1716, RAK RKTA P-R-K C 256, Nr. 5.

[223] Instruktion Friedrich IV. für Andreas Weyse, RAK RKTA P-R-K C 251, Nr. 7; zur »militärischen Exekution« siehe gleichnamigen Exkurs.

[224] Regierungsedikt vom 14. Januar 1717 (gedruckt), APS Zbior Loepera Nr. 174, Bl. 37–40.

[225] Bussaeus, Historisk Dag Register, S. 173 f.

[226] Vgl. Regierungspatent vom 14. August 1716, RAK RKTA P-R-K C 256, Nr. 5; Würffel, Ein gedoppeltes Lehn, S. 13; Falsch bei Biesner, der aufgrund des Befehles den 25. September annimmt. Biesner, Geschichte, S. 266.

[227] Stöcken an Friedrich IV. vom 16. Januar 1716, RAK TKIA B 209.

[228] Stände an Friedrich IV. vom 7. September 1716, StadtA Greifswald Rep. 5, Nr. 1338, Bd 2; Hohenmühle und Kampferbeck an von Dewitz vom 9. September 1716, RAK RKTA P-R-K C 251 I, Nr. 26; Stände an Regierung vom 22. September, in: RAK Regkanc i Stralsund Conv. LV; Dewitz an Friedrich IV. vom 15. September 1716, RAK TKIA B 209; Regierung an Stände vom 21. September 1716, StadtA Greifswald Rep. 5, Nr. 1338, Bd 2; Die gesamten im Vorfelde von

Regierung. Sie wiesen darauf hin, dass die Patente vom 10. und 14. August bis zum Ende dieses Monats weder in allen Distrikten noch in allen Städten publiziert worden seien. Die Möglichkeit, innerhalb der ständischen Corpora abzustimmen, war nach ihrer Auffassung nicht gegeben. Städte und Ritterschaft vergaßen in ihrem gemeinsamen Schreiben nicht, dass ein Festhalten an den bestehenden Terminen aus oben erwähnten Gründen gegen althergebrachte Rechte verstoße. Zudem wolle man auf einen entsprechenden Befehl des Königs warten, der das Prozedere des Handschlages festlege[229]. Gänzlich überrascht stellte die Regierung am 25. September fest, dass sich trotz ihrer Befehle die Ritterschaft nicht zur Belehnung einfand. Zunächst unschlüssig, wie man sich ob solcher Widersetzlichkeit verhalten sollte, wandte sie sich an Kopenhagen und eröffnete gleichzeitig der Ritterschaft als neuen Termin den 12. Oktober 1716[230]. Den *Handschlag* hingegen leisten sie am 24. September, zumindest jedoch wenige Wochen vor der Belehnung. Erstaunlicherweise finden sich in der ständischen Überlieferung zahlreiche Akten aus den Tagen unmittelbar vor und nach der Belehnung und des Handschlages, jedoch keine einzige, die die tatsächlichen Daten beider Zeremonien benennt oder deren Hergang schildert[231]. Fest steht, dass sie zeitlich getrennt voneinander erfolgten.

Anstelle des Königs und des Generalgouverneurs nahm der dänische Festungskommandant Generalmajor Gerhard Christian von Stöcken den Handschlag auf dem Stralsunder Rathaus entgegen. Als weitere Zeugen waren die Regierungsräte Hohenmühle und Kampferbeck zugegen. Pauken und Trompeten erklangen, dann erhoben die Anwesenden ihr Glas und tranken auf den neuen Landesherrn[232].

Als Eidesformel wurde den Deputierten vermutlich[233] folgender Text dargeboten:

>»Ihr sollt geloben und versprechen, daß dem großmächtigsten König und Herrn, Herrn Friedrich dem Vierten, Könige zu Dännemarck Norwegen der Wenden und Gothn, Herzoge zu Schleßwig, Holstein, Stormarn und der Ditmarschen, Grafen zur Oldenburg und Delmenhorst und dero Successoren Ihr treu, hold und gerächtig seyn, dero-

---

Handschlag und Belehnung innerhalb der Stände geführten Verhandlungen in: StadtA Greifswald Rep. 5, Nr. 1338, Bd 2.

229 Stände an Regierung vom 22. September, RAK Regkanc i Stralsund Conv. LV; Stände an Regierung vom 22. September, StadtA Greifswald Rep. 5, Nr. 1338, Bd 2.

230 Extrakt aus dem Regierungsprotokoll vom 25. September 1716, StadtA Greifswald Rep. 5, Nr. 1338, Bd 2.

231 Würffel, Ein gedoppeltes Lehn, S. 77 f.; StadtA Greifswald Rep. 5, Nr. 1338, Bd 2/3; Leider existiert auch kein Druck, der mit der Beschreibung der 1722er-Huldigung vergleichbar wäre. Hierzu: Beschreibung der Huldigungs-Solennität, Wie Ihr. Königl. Maytt. zu Schweden/ der Allerdurchlauchtigste/ Großmächtige König Friedrich der Iste von deroselben allerunterthänigsten und Treu-gehorsamsten Vasallen und Unterthanen des Hertzogthumbs Vor-Pommern und Fürstenthumbs Rügen, in der Stadt Stralsund Den allgemeinen Lehn- und Huldigungseid Durch [...] Den Herrn Graffen und Reichs-Raht Herrn Johann August von Meyerfeldt [...] auffnehmen lassen, den 21/10 Octobr. 1722, Stralsund 1722 (Ein Exemplar unter: (KPS 25 528. XVIII; Fortan: Beschreibung der Huldigungs-Solennität 1722).

232 Stöcken an Friedrich IV. vom 16. Januar 1717, RAK TKIA B 209.

233 Der Text ist den amtlichen Dokumenten zum Handschlag entnommen. Er liegt dem Verfasser dieser Arbeit lediglich handschriftlich vor. Ein Autor wird nicht genannt. RAK Regkanc i Stralsund Conv. LV.

selben hohes interesse und dieses Lande nutz und bestes befordern, allen Nachteil und
Schaden so viel euch möglich abkehren und alles dasjenige thun und leisten wollet, was
rechtschaffenen und getreuen Unterthanen oblieget, alles getreulich ohne arge list und
geschahnde.«

Ist Bussaeus in seiner Datierung des *Belehnungsakt*es auch nicht zuzustimmen, so
darf der von ihm verfassten knappen Schilderung des Ereignisses doch Glaubwür-
digkeit unterstellt werden. Mit hocherhobenen Fingern leistete die Ritterschaft den
Lehnseid, der zuvor durch den Kanzleisekretär von Johnn verlesen wurde. In al-
phabetischer Reihenfolge rief von Johnn die begüterten Familien auf, die sodann
ihr Lehen empfingen[234]. Im Anschluss an den feierlichen Akt waren die neuen
Vasallen des Dänenkönigs genötigt, sich eine mehrstündige Lehnspredigt anzuhören, ein Meisterwerk frühneuzeitlicher Propaganda, die Johann Ludwig Würffel[235]
darbot und die seiner Feder entstammte. Ist dies schon ein bemerkenswerter Fakt,
so scheint die Tatsache, dass der König die Predigt erst nach dem Belehnungsakt
zur Kenntnis nahm, geradezu unglaublich, da sonst alle größeren Predigten von
der Regierung und den Kopenhagener Zentralbehörden vor ihrer Verlesung freigegeben werden mussten. Mit Würffel predigte ein streitbarer Theologe, der auf
einen interessanten Lebenslauf zurückblicken konnte[236]. In seiner Jugend litt der
gebürtige Greifswalder an einer Augenkrankheit, die eine baldige Erblindung erwarten ließ. So nahm er von theologischen Studien Abstand, die er in seiner Hei-
matstadt begonnen hatte. Er wandte sich der Musik zu, wurde Organist. Sechs
Jahre übte er diese Tätigkeit aus[237]. Dann, da sein Gebrechen schwand, hörte er in
Greifswald und Wittenberg Theologie, begab sich auf Reisen und trat schließlich
seinen Dienst als Feldprediger im Heere Karls XII. an. Nach der schwedischen
Niederlage bei Poltava folgte Würffel seinem König ins türkische Exil[238]. Schließlich nahmen ihn Janitscharen gefangen und verkauften den Gelehrten in die Skla-
verei. Durch einen englischen Gesandten ausgelöst, übernahm er auf Geheiß Karls
XII. eine theologische Professur an der Universität Greifswald. Schließlich jedoch
fiel Würffel beim schwedischen König in Ungnade und ging seines Amtes verlustig. Die Ursache für die Ungnade Karls XII. gegen seinen Prediger teilt keiner der
Biographen mit. Würffel erklärte in einem an den dänischen König gerichteten
Schreiben, er habe ohne Erlaubnis die Türkei verlassen, um sein Amt auszuführen.
Hierüber sei der schwedische Monarch derart erbost gewesen, dass er ihn aller

---

234 Bussaeus, Historisk Dag Register, S. 173 f.
235 Johann Ludwig Würffel war Konsistorialrat im Herzogtum Pommern und Fürstentum Rügen,
     ordentlicher Professor der Theologie an der Universität Greifswald und Pastor der St. Marien-
     Gemeinde in Greifswald.
236 Zum Leben Würffels: Jöcher, Würffel (Joh. Ludwig), Sp. 1578 f.; Lother, Pietistische Streitigkei-
     ten, S. 47–51; Vanselow, Gelehrtes Pommern, S. 129–131; Vanselow widmet Würffels ärgstem
     Gegner, Heinrich Brandanus Gebhardi keine Zeile; Die umfangreichste Biografie bei: Tetzloff,
     Die stetige Zuflucht.
237 Jöcher, Würffel, Sp. 1578 f.; Vanselow, Gelehrtes Pommern, S. 130.
238 Lother, Pietistische Streitigkeiten, S. 50.

Ämter enthoben habe. Friedrich IV. gab ihm seinen Lehrstuhl zurück[239]. Nun war ihm ein wichtiger Teil des Belehnungsaktes anvertraut.

Am 12. Oktober 1716 verkündete der Greifswalder Theologieprofessor in der Nikolaikirche zu Stralsund im Namen des neuen Landesherrn »den Willen Gottes«[240]. Deputierte der Ritterschaft und Städte lauschten seiner Predigt. Würffel sprach als aufrichtiger Geistlicher, der sich nicht scheute, die Fehler seiner Landsleute anzuprangern. Ihre Sünden und Laster, ihr verfehlter Lebenswandel seien die Ursache des »Gotteszornes«, der die einstmals reiche Provinz nun so unerbittlich treffe[241]. Zunächst wandte er sich in seiner Rede an die Prediger. Diesen warf er vor, ihre Amtsverrichtungen zu vernachlässigen. Sündige seien aus Furcht vor Missgunst nicht gestraft worden. Justizbeamten legte Würffel zu Last, die Armen nicht geschützt zu haben. Gerechtigkeit sei in Pommern kaum mehr anzutreffen. Dem Adel hielt der Theologe vor, er gebe dem Bauern nicht einmal einen Tag in der Woche, um sich um das eigene Feld kümmern zu können. »Das arme gedrückte Volck schreyet unter solcher Last zu Gott« rief er von der Kanzel herab. Kaufleute und Handwerker sollten nachdenken, ob sie nicht durch »große Ubersetzung« die Einwohner »bis auffs Blut ausgesogen« hätten. Schließlich aber, und darin sah der Greifswalder Theologe die größte Sünde, habe sich das Volk von Heiden (Türken)[242] Hilfe gegen Christen erhofft. »Der Allmächtige« strafe Pommern mit dem Verlust seines geliebten schwedischen Königs, sprach Würffel. Das Land »ward ein Leib ohne Haupt«[243].

Seine Predigt erregte wegen ihres kritischen Inhaltes sowohl im Lande als auch außerhalb der pommerschen Grenzen Aufsehen. Selbst Friedrich IV. schien ungehalten[244], erdreistete sich doch der Professor, ihm seine von Gott verliehenen

---

239 Jöcher, Würffel, Sp. 1578 f.; Vanselow, Gelehrtes Pommnern, S. 130; Bestallung für Johann Ludwig Würffel vom 19. Juni 1716, RAK TKIA Patenter 1716; Würffel an Friedrich IV. undatiert (vermutlich April/Mai 1716; Kopie), UAG R 1406; Würffel verstarb am 29. Januar 1719 unerwartet auf einer Kutschfahrt nach Clatzow. In jenem im preußischen Landesteil gelegenen Dorfe gedachte er, einem Verlöbnis beizuwohnen. Dewitz an Friedrich IV. vom 11. Februar 1719, RAK TKIA B 209; Tetzloff, Die stetige Zuflucht.

240 Würffel: Ein gedoppeltes Lehn.

241 Die Missstände im Lande anzuprangern und den Einwohnern ihr eigenes Verhalten als verderblich vor Auge zu führen, war in damaligen Predigten nicht selten. Schon Generalsuperintendent Mayer klagte in seiner Einführungspredigt für Pritius 1708, im Lande herrsche nichts als Gotteslästerung, Lüge, Mord und Diebstahl. Heyden, Die Kirchen Greifswalds, S. 148; In der Einleitung zur Beschreibung der Niederbrennung der Städte Gartz und Wolgast schrieb ein anonymer Verfasser: »Wer anitzo mit vernünfftigen Nachsinnen dis klägliche zerstöhrte und erbärmlich zugerichtete Pommern anschauet/ [...]/ der wird gar leicht und von selbst auff die Ursachen des Göttlichen Eyffers/ und des darauff erfolgten ruins gerahten. Unsere Untugend hat uns und unsren GOtt von einander geschieden! Es ist unserer Boßheit schuld/ daß wir so gesteupet werden ... O Weh uns/ daß wir gesündigt haben!« Kurtze Relation von der erbärmlichen Einäscherung, BgnSign. A 2.

242 Würffel kritisiert hier die Hoffnung auf eine Schwedisch-Osmanische Allianz, die viele Einwohner in der Zeit des türkischen Exils Karls XII. hegten.

243 Würffel, Ein gedoppeltes Lehn, S. 6–11.

244 Hierin liegt die Ursache für die Drucklegung der Predigt. Würffel weist im Vorwort darauf hin, dass er den Druck auf eigene Kosten und ohne Weisung veranlasst habe, um dem König »eine öffentliche Probe meiner Treue« zu geben. Würffel lässt nicht unerwähnt, dass es viele Personen gäbe, die »wider den Autoren derselben [Schrift-M.M.] Ihre Zunge schärfen.« Die Predigt sei so-

Rechte und Pflichten darzulegen. Auch hatte Würffel nicht an Lob für den Schwe-
denkönig Karl XII. gespart, den er einen »tapferen David« nannte. Sicher über-
schritt Würffel mit der Lehnspredigt seine Kompetenz. Dennoch wurde er den
Intentionen seiner sundischen Auftraggeber durchaus gerecht. Die religiöse Rechtfertigung der neuen Herrschaft gelang ihm am 12. Oktober durch eine brillante
Argumentationskette[245]. Biblische Episoden dienten Würffel als Metaphern zur
Erörterung des zu verändernden Jetzt. Aus Schuldgefühlen und dem Drang nach
Sühne sollte Loyalität zum neuen Landesherrn erwachsen. Gott entbinde die
pommerschen Vasallen von ihrer Lehnspflicht gegen die schwedische Krone, erörterte der Professor. Jeder Untertan habe nun in unverbrüchlicher Treue dem
neuen Landesherrn zu dienen. Der »allmächtige Herr« könne Lehen geben und
nehmen. Er habe dies getan, so Würffel, indem er Pommern dem Schwedenkönig
nahm und es an Friedrich IV. übertrug. Dem Land werde somit neue Hoffnung
zuteil, bekräftigte der Theologe, sei doch der Däne neben Karl XII. der einzige
lutherische König der Welt. Friedrich IV. sei ein gnädiger, segensreicher Herrscher, der ständig zum Wohle seiner Untertanen handle[246].

Die Lehnspredigt vom 12. Oktober 1716 verdiente es, neu abgedruckt zu erscheinen[247], zeigt sich doch in ihr die Kirche als unverzichtbares Instrument zur
wirkungsvollen Legitimation der neuen Herrschaft. Wüffels Predigt ist sowohl
inhaltlich als auch formell von großem Wert. Sie übertrifft sprachlich und an Aus-
druckskraft deutlich die 1722 von Krakevitz nach der Wiederherstellung der
schwedischen Herrschaft gehaltene Huldigungspredigt. Krakevitz' Text bietet eine
Aneinanderreihung religiöser Phrasen. Seine Predigt ist ein unambitionierter, lang-
weiliger und ermüdender Kniefall vor dem neuen Herrscher. Während bei Würffel
Landesherr und Untertan Pflichten gegen Gott und gegeneinander haben, be-
schwört Krakevitz bedingungslose Gottes- und Herrscherergebenheit. Die 1717 in
Stettin gehalten Huldigungspredigt des David Nerreter verdient ein derart scharfes
Urteil zwar nicht, aber auch ihr fehlt die Kraft, die Würffels Rede innewohnt. Ent-
bindung des Untertanen von seiner Pflicht gegenüber dem alten Herrscher war
nicht nur ein weltlicher Akt. Mit militärischen und bürokratischen Mitteln konnten
Tatsachen geschaffen werden. Dem Gewissen der Untertanen aber, dem religiösen
Empfinden und schließlich ihren emotionalen Bindungen, aus denen tatsächliche
Loyalität gegenüber dem Landesherrn erwuchs, war allein mit Hilfe der Kirche
beizukommen[248]. So will Würffel mit seiner Lehnspredigt jeglichen Zweifel an der
gottgegebenen Rechtmäßigkeit der neuer Herrschaft ausräumen. In einer letzten,
zusammenfassenden Beweisführung heißt es unter anderem: »So muß ich mich

---

wohl im Land als auch außerhalb viel besprochen worden. Ihr Verfasser hätte gefährliche und
unverantwortliche Dinge wider die wahre Religion geredet. Würffel, Ein gedoppeltes Lehn,
BgnSign A 3.

[245] Würffel, Ein gedoppeltes Lehn, S. 13 f., 22–76.

[246] Ebd., S. 13 f., 14–16, 18 f.

[247] Vgl. Würffel, Ein gedoppeltes Lehn; Krakevitz, Wie Obrigkeit und Unterthanen eins seyn müßen,
(Ein Exemplar unter KPS 15485. XVIII); Nerreter, Huldigungs-Predigt (Ein Exemplar unter
KPS 25580. XVIII).

[248] Würffel, Ein gedoppeltes Lehn, S. 86.

bemühen/ die Scrupuln, so etwa einer oder der andere annoch haben möchte/ vorher ihm zu benehmen [...] Daran zweifelt wol kein vernünftiger Mensch unter Euch / daß / wenn ihr erst in Eurem Herzen dessen gewiß seyd/ daß Se. Königl. Maytt von Dännemarck Euer rechtmäßiger von Gott Euch fürgesetzter Landes- und Lehns-Herr ist«. Die Kirche wurde in der fünfjährigen Dänenzeit immer wieder zum Instrument weltlicher Macht. Die Pfarrer verlasen Regierungsbefehle von den Kanzeln[249], in ihren Predigten hielten sie zur Loyalität gegenüber den Beamten an. Als die Bemühungen der stralsundischen Regierung um die Wiederaufrichtung der Wirtschaft keinen spürbaren Erfolg zeigten, ordnete der König Buß- und Bettage an, um den »Allmächtigen« zur Besserung der irdischen Zustände zu bewegen[250]. Der Inhalt der Lehnspredigt, das abweisende Verhalten der Stände im Vorfeld des Huldigungsaktes[251] sowie die Eidesformel lassen auf starke Bindungen der pommerschen Einwohner an die schwedische Krone schließen[252]. Jene Treue gegenüber der bisherigen Herrschaft zeigte sich bereits in den schwedischen Kriegen gegen Brandenburg. Wann immer Truppen der Hohenzollern in Vorpommern standen, und der Kurfürst sich zum neuen Landesherrn deklarierte, regte sich Widerstand in den Reihen aller Bevölkerungsgruppen. Und das, obwohl es 1678/79 an umfangreichen Bemühungen Friedrich Wilhelms nicht gefehlt hat, die Loyalität der Pommern zu gewinnen. Dieser überkommenen Loyalität zu Schweden galt es dänischerseits entgegenzuwirken. Hier widmete die Regierung einer Bevölkerungsgruppe ihr besonderes Augenmerk: Adeligen, die vormals in schwedischen Diensten standen.

Sie stellten neben der Unübersichtlichkeit des Besitzstandes das zweite große Problem bei der Neuordnung des Lehnswesens dar. Nicht wenige hatten als Offiziere in den Regimentern Karl XII. gefochten und befanden sich nun in dänischer Gefangenschaft. Friedrich IV. war von Anfang der dänischen Herrschaft über Vorpommern an darauf bedacht, die neuen Lehnsuntertanen dem alten schwedischen Einfluss zu entziehen und sie der eigenen Autorität vollends zu unterwerfen.

---

[249] Beispielsweise: Verordnung wegen der Quartiere für die Cavallerie, Dragoner und Infanterie in denen Herzogtümern Schleswig, Holstein und Pommern vom 23. November 1716, in: O.V., Kong Frederich den Fjerdes, S. 93–96. Schäferordnung, RAK RKTA P-R-K C 256, Nr. 16; Gesindeordnung, in: RAK RKTA P-R-K C 256, Nr. 38; Andreas Weyse an Friedrich IV. vom 10. September 1716 RAK RKTA P-R-K C 251 I, Nr. 18; A. Ritter an Andreas Weyse vom 17. Mai 1716, RAK RKTA P-R-K C 265; Horst an Regierung vom 16. April 1718, RAK RKTA P-R-K C 251 IV, Nr. 4; Regierungsbefehl vom 8. Januar 1721 und Bestätigungsschreiben, RAK Reg 88 Regkanc i Stralsund Conv. CCXCIX.

[250] RAK RKTA P-R-K C 256, Nr. 29.

[251] Nicht allein die ständischen Beschwerdeschreiben vom 5. und 22. September 1716 sind hier gemeint. Auch in Schreiben einzelner Distrikte ist die Abneigung gegen die neue Regierung zwischen den Zeilen lesbar. So äußerte die Ritterschaft des Loitz-, Grimmen- und Tribseeser Distriktes in ihrem Schreiben vom 14. September unter anderem: »und wir sothanen hohen Befehl Partion zu leisten uns nicht entziehen können«. RAK Regkanc i Stralsund Conv. LV.

[252] StadtA Stralsund Rep. 13, Nr. 2441; Petersdorf, Der Große Kurfürst, S. 156; Peters, Unter der schwedischen Krone, S. 42 f.; Auch an der Greifswalder Universität war die schwedische Fraktion unüberhörbar. So äußerte ein Mitglied des Lehrkörpers im Zusammenhang mit der Wiedereinsetzung Würffels in seine Ämter, er weise jegliche Verantwortung vor dem schwedischen Monarchen, »unser allergnädigster König«, zurück. Notiz vom Januar 1716 (undatiert), UAG R 1406.

So verfügte er im Falle des Ungehorsams, die Lehnsgüter einzuziehen[253]. Diejenigen pommerschen Adligen, die auch nach der Kapitulation in schwedischen Diensten standen, waren mit Nachdruck aufzufordern, diese zu verlassen. Im Falle der Weigerung zöge dies unmittelbar ein zwangsweises Einziehen ihrer Güter nach sich.

Gefangene Schweden, die über Landbesitz im dänischen Landesteil verfügten, hatten schriftlich zu erklären, so lange der Krieg zwischen beiden nordischen Königreichen andauere, ihrer Heimat keinerlei Dienste zu erweisen, eingeschlossen jede Art von »ratschlägiger Korrespondence«. Auch hier drohte der König im Falle der Weigerung mit sofortiger Sequestration[254].

Diesem Personenkreis eröffnete sich im Zuge des Belehnungsaktes im Herbst 1716 die Möglichkeit zur eindeutigen Positionierung gegenüber dem neuen Landesherrn und damit zum Erhalt oder Einzug des eigenen Grundbesitzes. So gestattete die dänische Regierung, der königlichen Order entsprechend, jedem, der sich am 28. September in der königlichen Lehnskanzlei zu Stralsund einfände und die entsprechenden Reverse (Verpflichtungserklärung) unterschreibe, seinen Boden weiter ungehindert zu nutzen[255]. Dass die Betroffenen keineswegs zur Zufriedenheit der Regierung handelten, beweist ein weiterer im Juni 1717 geschriebener Befehl. Er forderte sämtliche Offiziere mit Allodialgütern – Allodialgüter – Erbfreie, nicht lehnbare Güter – in Pommern auf, am 17. Juni den geforderten Revers zu unterschreiben oder widrigenfalls ihren Besitz zu verlieren. Miteinbezogen wurden nun auch vormalige Zivilbedienstete. Personen, die die Unterschrift auch weiterhin verweigerten, sollten fortan aus dem Land gewiesen werden[256].

In vielen pommerschen Geschlechtern und Bürgerfamilien bestand weiterhin Loyalität zum Schwedenreich. So berichtete der dänische Festungskommandant von Stöcken missmutig an seinen König:

> »Auf dem Lande finden sich gar viele von denen gefangenen Schwedischen Officiren, in der Stadt [Stralsund – M.M.] sind auch etliche die sich hier aufhalten, und alhier geheyrahtet und verwandten haben. Von denen Schwedischen Soldaten haben sich hier neun und sechzig niedergesetzt, worunter verschiedene Schweden von Gebuhrt, solchen kann ja nicht viel gutes zutrauen[257].«

Trotz des königlichen Verbotes[258] unterhielten viele Einwohner intensiven Briefverkehr mit Schweden. Die Regierung brachte schon am 1. Juni 1716 diesem Verhalten gegenüber nochmals ihr »Missfallen« zum Ausdruck. Untertanen, die ihre

---

253 Dies befahl der König einen Tag später auch Andreas Weyse. Instruktion Friedrich IV. an Andreas Weyse vom 15. April 1716, RAK RKTA P-R-K, Nr. 7.
254 Schreiben Friedrich IV. an Regierung in Stralsund vom 14. April 1716, RAK Reg 88 Regkanc i Stralsund Conv. I, Pkt 26–30.
255 Regierungspatent vom 17. August 1716, RAK RKTA P-R-K C 256, Nr. 6; Schwartz, Versuch, S. 1363.
256 Citation an denen Schwedischen Officiern vom 2. Juni 1717, RAK RKTA P-R-K C 256, Nr. 15.
257 Stöcken an Friedrich IV. vom 16. Januar 1717, RAK TKIA B 209.
258 Schreiben Friedrich IV. an die Regierung in Stralsund vom 14. April 1716, RAK Reg 88 Regkanc i Stralsund Conv. I; Moser betrachtet das Verbot der Korrespondenz mit dem Feinde als im Kriege grundsätzlich gegebenes Faktum. Der Rechtsgelehrte und dänische Etatsrat wies jedoch darauf hin, das bisweilen dieses Verbot auch in schriftlicher Form erlassen werden würde. Moser, Beyträge zu dem neuesten Europäischen Völkerrecht in Kriegszeiten, III. Bd, S. 72.

schwedischen Kontakte auch weiterhin pflegten, wurde die Beschlagnahme sämtlicher Güter und Mittel angedroht. Gerichte, Bürgermeister, Beamte und Räte, die Kenntnis von verbotener Korrespondenz erhielten und dieses nicht meldeten, erklärte die Regierung zu Straftätern, deren Fehlverhalten zu ahnden sei[259]. Stöcken forderte sogar, die schwedischen Gefangenen in gesonderten Räumen einzusperren[260].

Allein, die Drohungen zeitigten keinen spürbaren Erfolg. Die Korrespondenz mit Schweden lief heimlich weiter. Noch 1717/1718 prozessierte die Regierung gegen den Stralsunder Bürger Andreas Friedrich Stettin wegen verbotener Korrespondenz nach Schweden. Stettin ließ seine Briefe über Drittpersonen mit Wohnsitz in Lübeck und Hamburg laufen, um so seinen Rechtsbruch zu verschleiern[261]. Auch verließen vormalige schwedische Staatsdiener, Soldaten und schwedentreue Einwohner das Land[262]. Das Ausmaß ist leider nicht statistisch fassbar. Beispiele für Auswanderung werden jedoch in den überlieferten Unterlagen erwähnt. Schwedischen Offizieren, die sich in dänischer Gefangenschaft befanden, wurde mit Schiffen und anderen Mitteln zur Flucht verholfen[263]. Friedrich IV. befahl seinen in Stralsund liegenden maritimen Kräften die Einziehung einheimischer Seefahrzeuge[264]. Da die gefangenen Offiziere nicht zentral untergebracht waren, sondern sich in unterschiedlichen Quartieren aufhielten, fiel den dänischen Beamten die Überwachung dieser Personen schwer. Bei strengster Strafe befahl die Regierung im Januar 1717 die Meldung aller sich im Land aufhaltenden schwedischen Offiziere, deren Status und ihres Unterbringungsortes. In dem von Hohenmühle und Kampferbeck unterzeichneten Befehl heißt es: »Alß wir gewißer motiven halber veranlaßet worden eine Nachricht von denen in hiesigen Landen sich aufhaltenden gefangenen Schwedischen officiers einzuziehen«. Vermutlich jedoch bezogen sich die Regierungsräte auf die Flucht zahlreicher schwedischer Militärs. Sprach Stöcken im Januar 1716 noch von 69 in Stralsund wohnhaften schwedischen Soldaten, so benannte die Stadt im März 1717 nur noch 31 ehemalige schwedische zivile Bedienstete und Militärs, die den Gefangenenstatus besaßen. Hiermit sind jedoch nur militärische Vorgesetzte und Staatsbeamte gemeint. Am 1. Januar 1716 befanden sich insgesamt 1028 schwedische Gefangene in Stralsund[265]. Schließlich sah sich die Regierung veranlasst, Strandwachen einzusetzen.

---

[259] Regierungspatent vom 1. Juni 1716, RAK RKTA P-R-K C 256, Nr. 1, auch in: RAK Reg 88 Regkanc i Stralsund Conv. CCLXXXIII-CCLXXXVIII, Nr. 1; APS RSwS, Nr. 6176.

[260] Stöcken an Regierung vom 11. März 1717, RAK Reg 88 Regkanc i Stralsund Conv. XLII.

[261] StadtA Stralsund Rep. 3, Nr. 6630; Befragung Stettins vom 12. Juli 1717, RAK TKIA B 209; Dewitz an Friedrich IV. vom 11. August 1717, RAK TKIA B 209; in der Akte finden sich weitere Fälle unerlaubter Korrespondenz; RAK Reg 88 Regkanc i Stralsund Conv. XLII.

[262] So etwa: RAK RKTA P-R-K C 251 IV, Nr. 2; Rentekammer an Regierung vom 10. Oktober 1716, RAK RKTA P-R-K C 255.1, S. 384; Regierung an Rentekammer vom 21. Januar 1718 Appendix 4, RAK RKTA P-R-K C 273.

[263] Beispiele in: Rentekammer an Friedrich IV. vom 20. März 1719, RAK RKTA P-R-K, C 251 IV, Nr. 17.

[264] Rosenpalm an Boye vom 16. Juli 1716, RAK Reg 88 Regkanc i Stralsund Conv. XLVI.

[265] Befehl Hohenmühles und Kampferbecks an Stralsund vom 18. Januar 1717, StadtA Stralsund Rep. 33, Nr. 1111a; Stöcken an Friedrich IV. vom 16. Januar 1717, RAK TKIA B 209; Kräplin an

Ihr Auftrag lautete, alle großen und kleinen Fahrzeuge zu kontrollieren, die die pommerschen Häfen in nördlicher Richtung verließen. Als auch diese Maßnahme nicht fruchtete, untersagten die Dänen sämtlichen vorpommerschen Reiseverkehr von und nach Schweden. Niemand durfte »Dänisch-Pommern« auf dem Seeweg verlassen, es sei denn, er erklärte amtlich, nicht in den Herrschaftsbereich Stockholms zu wollen. Schwerste Strafen an Leib und Leben drohte die Regierung an. Nicht allein die Personen, die sich dem Reiseverbot widersetzten, sondern auch jene, die Kenntnis von einem derartigen Unterfangen erhielten und keine Anzeige[266] erstatteten, hießen die Beamten kriminell[267]. Als Rechtsbrecher galten diese Einwohner, weil sie mit ihrem Verhalten gegen Untertanenpflichten, gegen den vor Gott geleisteten Huldigungseid verstießen. Denunziation war ein unverzichtbares Mittel frühneuzeitlicher Rechtsfindung. Zudem zielte die Anzeigepflicht auf eine Angst der Einwohner vor möglicher Strafverfolgung bei Verfehlungen jeglicher Art. Erst Ende 1719 hob Kopenhagen die restrikten Reisebestimmungen auf[268].

Im Juli 1718 meldete Generalmajor von Stöcken, beinahe alle schwedischen Offiziere hätten das Land verlassen und sich in Mecklenburg eingeschifft. Er empfahl der Regierung, sämtliche Frauen und Kinder dieser Soldaten unverzüglich auszuweisen, es sei denn, sie fänden sich bereit, eine Kaution zu hinterlegen und jeglichen Briefwechsel mit ihren in Schweden weilenden Männern zu unterlassen[269].

Auch dem Aufruf Friedrichs IV. an pommersche Vasallen, die noch immer in schwedischen Diensten standen, diese zu verlassen, kamen anscheinend zunächst nur wenige nach. So befahl die Regierung erneut, die alte Pflicht zu quittieren, nicht ohne gleichzeitig auf die übergroße Gnade hinzuweisen, die der König gewähre, indem er erneut Aufschub dulde. Im August 1716 räumte die Regierung allen Säumigen nochmals eine zweimonatige Frist ein, das Lehen neu zu empfangen. Danach drohte die Sequestration[270]. Zahlreiche Güter fielen dem dänischen Fiskus anheim. In Hamburg ließen Friedrich IV. und die Stralsunder Regierung die dortigen finanzielle Vermögen ehemaliger schwedischer Untertanen prüfen. Als der Sohn des verstorbenen Schlosshauptmannes von Klinckowström in die Elbmetropole und Hansestadt reiste, teilte der dortige dänische Resident mit, dass die geforderte Sperrung des klinckowströmschen Privatvermögens nicht zu erwirken

---

Stöcken vom 15. März 1717, RAK Reg 88 Regkanc i Stralsund Conv. CCXLVI: Wulff vom 11. Januar 1717, RAK Reg 88 Regkanc i Stralsund Conv. CCXXXVIII.

[266] André Holenstein hat auf den Zusammenhang von Verdichtung frühneuzeitlicher Gesetzgebung und Ausweitung der Anzeigenpflicht hingewiesen. Holenstein, Seelenheil und Untertanenpflicht, S. 20.

[267] Regierungspatent vom 5. April 1717, RAK RKTA P-R-K C 256, Nr. 13.

[268] Sehestedt an Regierung vom 5. Dezember 1719 (Kopie), RAK Reg 88 Regkanc i Stralsund Conv. XII, Nr. 14; zur Funktion der Denunziation und Anzeige ausführlicher bei: Weber, »Anzeige« und »Denunciation«, S. 583−609.

[269] Stöcken an Generalgouverneur vom 30. Juli 1718, RAK TKIA B 209.

[270] Regierungspatent vom 17. August 1716, RAK RKTA P-R-K C 256, Nr. 6, auch in: RAK Reg 88 Regkanc i Stralsund Conv. CCLXXXIII−CCLXXXVIII.

sei. Ein ähnliches Gesuch, den Generalmajor von Bassewitz betreffend, sei bereits vom Magistrat zurückgewiesen worden[271].

Wie eng die alten Bindungen an den ehemaligen schwedischen Landesherrn waren, zeigt folgende Episode. Im Jahre 1716 oder 1717 veröffentlichte der Hauslehrer N. Froböse[272] eine anonyme Schrift unter dem Titel »Bedenken über künftigen Nordischen Frieden«. In ihr vertrat er die Ansicht: »mann kann keine Ursache Absehen warum sie (die Schweden – M.M.) sollten wieder in Teutschland eingelassen werden«[273]. Froböse wurde vor ein Patrimonialgericht gestellt, vom Gutsherrn E.B. von Rhaden als Schwedenfeind beschimpft und vom Hofe gejagt. Von Rhaden fühlte sich nach wie vor dem alten Landesherrn mehr verpflichtet denn dem neuen.

Jan Peters, der diesen Vorgang berichtet, verkennt in seinem Aufsatz den vollen Aussagewert der Quelle. Er verdeutlicht zwar die Loyalität, die der Adlige den Schweden entgegenbringt[274], stellt den Vorfall jedoch in einen falschen historischen Kontext. So erwähnt er mit keinem Wort die dänische Besetzung Vorpommerns. Jan Peters scheint diese Phase pommerscher Geschichte unbekannt gewesen zu sein, zumal er beim Schreiben seines Aufsatzes 1966 vermutlich keinen Zugang zu den im Reichsarchiv Kopenhagen gelagerten Akten besaß, da er in der DDR wirkte.

Festungskommandant von Stöcken berichtete empört, am Tage der Belehnung hätten sich Stralsunder Bürger betrunken und hierbei zwar zunächst ihr Glas auf Friedrich IV., später jedoch auf Karl XII. erhoben. Der Generalmajor fühlte sich zudem in der Ausübung seines Amtes zu besonderer Umsicht bemüßigt, da er sich »mit fast lauter Schwedische gesinnete umbgeben« glaubte[275]. Letztlich zeugt auch die Tatsache, dass noch 1716 ein Stralsunder Verleger eine glorifizierende Tatenbeschreibung Karls XII. in Stralsund zum Druck beförderte, von Ergebenheit gegenüber dem alten Landesherrn[276].

Stubbe da-Luz unterbreitet in seinem eingangs erwähnten Okkupationsmodell eine achtstufige Skala zur Erfassung der Reaktionen der Occupés, also der unter Besatzung lebenden Bevölkerung[277]. Eine klare Einordnung in jene Kategorien

---

271 Hagedorn an Regierung vom 18. Januar 1718, RAK Reg 88 Regkanc i Stralsund Conv. XLVI.
272 Prochnow, der dieselbe Geschichte mitteilt, nennt Jakob Berend Frobös als Schöpfer der kleinen Schmähschrift. Prochnow, Aus der Zeit, S. 22.
273 Zit. nach: Peters, Unter der schwedischen Krone, S. 43.
274 Peters, Unter der schwedischen Krone, S. 43; Prochnow zitiert eine Quelle, die den Ausgang der Episode mitteilt. Ein ehemaliger, aus Pommern stammender schwedischer Offizier verprügelte Froböse und hätte ihn beinahe erstochen, wenn nicht Fährleute rechtzeitig eingeschritten wären. Froböse führte Klage vor der dänischen Regierung. Kötzschau habe jedoch geantwortet, dass er noch schlimmere Strafe für seine Schrift verdiene. Prochnow, Aus der Zeit, S. 25 f.
275 Stöcken an Friedrich IV. vom 16. Januar 1717, RAK TKIA B 209; Dewitz an Friedrich IV. vom 3. Februar 1717, RAK TKIA B 209.
276 Ausführliche Reise-Beschreibung Sr. Königl. Majestät zu Schweden Karl XII. was sich nach der Pultavischen Action auf Dero gefährlichen Reise nach Bender vor seltsame Zufälle ereignet (Ein Exemplar befindet sich in der Königlichen Bibliothek zu Kopenhagen unter: 190 IV−92−292).
277 1.) Unbedingter Widerstand, 2.) bedingter Widerstand, 3.) Obstruktive Passivität, 4.) Gehorsame Passivität, 5.) Zusammenarbeit gemäß Aufforderung, 6.) Zusammenarbeit auf eigenes Anerbieten,

scheint für das dänisch besetzte Vorpommern nicht möglich, jedoch darf das Verhalten der einheimischen Oberschichten als schwankend zwischen obstruktiver Passivität, gehorsamer Passivität und Zusammenarbeit gemäß Aufforderung[278] gesehen werden. 1715/16 überwog sowohl im Adel als auch im regionalen Bürgertum eindeutig die Ablehnung der neuen Landesherrschaft. Stubbe-da Luz beschreibt diese Kategorie wie folgt: »Obstruktive Passivität versucht, die Statthalterdiktatur zu beeinträchtigen, ohne selbst allzu deutliche Angriffsflächen zu bieten.«

Dass dieser anfänglich besonders stark verbreiteten Illoyalität nicht allein mit verschärfter Rechtsprechung begegnet werden konnte, war Friedrich IV. bewusst. Seine Anordnung, die althergebrachten Landesgesetze bestehen zu lassen, richtete sich nicht allein an die Regierung. Während des Handschlages versprach der König, vertreten durch den Festungskommandanten Stöcken, seinen neuen Vasallen, die in schwedischer Zeit gültigen Gewohnheiten und Rechte nicht anzutasten[279].

Nur eine kluge Innenpolitik, die die verfassungsrechtliche und ökonomische Situation des Landes berücksichtigte, die den Wiederaufbau über kurzfristige militärische Ziele setzte, konnte ein Umdenken der heimischen Eliten hervorrufen und somit im Territorium dauerhafte dänische Herrschaft sichern.

Vor Ort bedurfte die dänische Zentraladministration einer funktionierenden regionalen Verwaltung, fähiger Beamter und vor allem einer rührigen, »dienstwilligen« und gegenüber Kopenhagen uneingeschränkt loyalen Regierung. Dementsprechend gilt es nun, die vor Ort errichteten Strukturen zu beschreiben, ihre Arbeitsfelder darzulegen, ihre Erfolge und Misserfolge zu charakterisieren und schließlich nach ihrer Wirksamkeit zu fragen.

7.) Bedingte Unterstützung der Okkupanten, 8.) Unbedingte Unterstützung. Stubbe-da Luz, Occupants-Occupés/Hansestädte, S. 81 f.

[278] Stubbe-da Luz, Occupants-Occupés/Hansestädte, S. 81 f.

[279] Friedrich IV. an Regierung in Stralsund vom 14. April 1716, RAK Reg 88 Regkanc i Stralsund Conv. I.; Würffel, Ein gedoppeltes Lehn, S. 80.

IV. Die Verwaltung Vorpommerns nördlich der Peene 1715 bis 1721

1. Institutionelle Grundlagen der Landesherrschaft

a) Die dänische Regierung zu Stralsund

Personelle Zusammensetzung und Struktur

Zur Wahrnehmung herzoglicher Aufgaben und zur Durchsetzung der landesherrlichen Gewalt bei Abwesenheit des Monarchen schufen die Schweden bereits während des Dreißigjährigen Krieges eine eigene Territorialverwaltung in Vorpommern. Sie blieb jedoch bis 1663 ohne Rechtsgrundlage. Erst in diesem Jahr erkannte die Landschaft die schwedischen Behörden offiziell an. Als oberste regionale Instanz installierte Stockholm eine Provinzialregierung, der ein Generalgouverneur vorstand. Ihm waren ein Vizegouverneur, ein Kanzler und zwei Regierungsräte beigeordnet[1].

Entsprechend der Kanzleiordnung vom 9. März 1669 hatten alle fünf Beamten grundsätzlich als Kollektiv in Erscheinung zu treten[2]. Sämtliche veröffentlichten Beschlüsse und Befehle unterzeichneten sie geschlossen. Sitz der Regierung war zunächst Stettin. Hier befanden sich die Regierungskanzlei, das Archiv und die Kammer. In der Zeit, da Carl Gustav Wrangel das Amt des Generalgouverneurs wahrnahm (1648–1676), gelang es ihm, seinen eigenen Landsitz Wrangelsburg zur inoffiziellen Residenz umzuformen. Sämtliche Provinzialbehörden zogen nach Wolgast[3]. Im Jahre 1675, nach der verlorenen Fehrbelliner Schlacht, wich die schwedische Provinzialregierung in das feste Stralsund aus. Ab 1680 bis zur Eroberung des Landes durch die »Nordischen Alliierten« 1715 bildete wiederum Stettin die Regierungsresidenz des Herzogtums[4]. Die personelle Zusammensetzung der obersten Provinzbehörde unterschied sich nach 1715 deutlich von der zur schwedischen Zeit üblichen. Nach wie vor bestand das Kollegium zwar aus fünf Beamten. Jedoch traten anstelle der zwei Räte nun drei. Die Posten des Vizegouverneurs und des Kanzlers entfielen. Stattdessen schufen die Dänen das Amt

---

[1] Buchholz, Öffentliche Finanzverwaltung, S. 443; Backhaus, Reichsterritorium, S. 70 f.; Buchholz, Das schwedische Pommern, S. 253.

[2] Des Pommerschen Gouvernements Kanzeley-Ordnung vom 9ten März 1669. In: Dähnert, Sammlung, I, S. 413–423.

[3] Backhaus, Reichsterritorium, S. 80–82; Backhaus, Das Schloß, S. 494.

[4] Backhaus, Das Schloß, S. 506; Backhaus, Verfassung, S. 34.

des Oberlanddrosten. Er führte den Vorsitz und die Aufsicht innerhalb der Regierung. Der Generalgouverneur hingegen vertrat mit seiner Person den Landesherrn. Damit wies die vorpommersche Regierung exakt dieselbe Struktur auf, die jene von den Dänen 1712 installierte in den Herzogtümern Bremen-Verden besaß[5].

Zusätzlich dienten bei der Regierung ein Kanzleirat, der gleichzeitig als Lehnsekretär fungierte sowie das Archiv beaufsichtigte, ein Kanzleisekretär, zwei Kanzlisten sowie ein Tribunals- und Regierungspedell. Im September 1716 gestattete Friedrich IV. dem Generalgouverneur zudem die Einstellung eines eigenen Sekretärs[6]. Als Kanzleirat und Lehnsekretär bestallte Friedrich IV. Friedrich August von Johnn und zum Kanzleisekretär Christian Albrecht Boye. Als Kanzlisten arbeiteten Gottfried Andreas Schumacher und Peter Karstens bei der Regierung. Pedell wurde Martin Petersen[7].

Obschon die Zeit der dänischen Herrschaft über Rügen und Vorpommern nicht einmal sechs Jahre währte, wechselten die höchsten Ämter. Im April 1716 war Wilhelm Friedrich von Platen vom dänischen König zum Oberlanddrosten auserkoren worden[8], der sein Amt jedoch nicht antrat. Statt seiner wurde noch im selben Jahr Friedrich Emmanuel von Kötzschau mit dem hohen Posten betraut. Dieser im Juli 1666 geborene Sohn des anhaltinischen Geheimrates Hans Bernhard von Kötzschau begab sich als Dreißigjähriger in dänische Dienste. Dort erklomm er die Karriereleiter vom Kammerjunker zum Oberhofmarschall. Bis Ende der dänischen Herrschaft über Rügen und Vorpommern 1721 blieb er Oberlanddrost[9]. Seine Tätigkeit beschränkte sich auf den Vorsitz in der Regierung. Er war Regierungspräsident. Franz Joachim von Dewitz, der sein Amt als Generalgouverneur unmittelbar nach der Eroberung Stralsunds übernahm, verstarb am 9. September 1719[10]. Joachim Dietrich von Dewitz berichtete noch am Tage des Todes seines Bruders brieflich an die Stralsunder Regierung, dass der Generalgouverneur morgens um fünf Uhr gestorben sei. Da der Brief in Friedrichsgabe aufge-

---

[5]   Dort nahm Jobst von Scholten das Amt des Generalgouverneurs wahr. Ihm trat der ehemalige Stiftsamtmann von Fyen, Joachim Pritzbuer, als Oberlanddrost zur Seite. Das Regierungskollegium bestand aus den Räten H.S. Hagedorn, C. Gottfried von Johnn, C.F. Baron von Reichenbach und Andreas Weyse, der jedoch weiterhin seine Aufgabe als Kammerdirektor in Kopenhagen ausführte. Friedrich August von Johnn und Christian Albrecht Boye dienten als Sekretäre. Bidrag, III, S. 481 f.; Boisen Schmidt, Studier over Statshusholdningen, I, S. 264.

[6]   Dewitz an Weyse vom 15. Februar 1716, RAK TKIA B 209; Relation Friedrich IV. vom 26. September 1716, RAK RKTA P-R-K C 251, Nr. 19.

[7]   Bestallung für Gottfried Andreas Schumacher und Peter Karstens vom 5. Mai 1716, RAK TKIA Patenter 1716, S. 78b–79b; Bestallung für Martin Petersen vom 5. Mai 1716, RAK TKIA Patenter 1716, S. 80a f.

[8]   Schreiben Friedrich IV. an Regierung in Stralsund vom 14. April 1716, RAK Reg 88 RegKanc i Stralsund Conv. I.

[9]   Bobé, Køtschau, S. 644; Fortegnelse over Embedsmaend, S. 57; Kötzschau. In: Zedler, Universallexikon, XV, Sp. 1391–1396.

[10] Bis zur Neubesetzung des Dienstpostens sollte gemäß Befehl der Regierung in religiösen Angelegenheiten so verfahren werden, als ob ein Generalgouverneur vorhanden wäre. Lediglich die namentliche Nennung entfiel im Kirchengebet. Vgl. Joachim Dietrich von Dewitz an Regierung vom 9. September 1719, RAK Reg 88 RegKanc i Stralsund Conv. XXXII; Regierungsbefehl vom 16. September 1719, StadtA Stralsund Rep. 13, Nr. 271; Gantzer, Geschichte der Familie von Dewitz, II, Nr. 1769.

setzt wurde, darf Gantzers Mitteilung, Dewitz sei in Danzig verschieden, zurückgewiesen werden. Die pommerschen Stände erfuhren am 16. September vom Ableben des Generals. An seine Stelle trat der einundsiebzigjährige erfahrene General
Jobst von Scholten[11]. Er blieb bis zur Räumung Vorpommerns im Januar 1721 in
dieser Funktion. Nur zehn Monate später endete von Scholtens Leben.

Beide Generalgouverneure hielten sich kaum in Vorpommern auf. Die Akten
lassen vermuten, dass von Dewitz nur kurze Zeit nach der Eroberung Stralsunds
im Land verblieb, um dann die Belagerung Wismars zu organisieren. Danach
scheint er pommerschen Boden nicht mehr betreten zu haben. Ob sein Nachfolger Jobst von Scholten in den beiden Jahren seiner Amtszeit jemals Stralsund besuchte, ist zweifelhaft. Sie blieben in erster Linie Militärs, die sich den Feldzügen
ihres Monarchen mit ganzer Kraft widmeten. Für die Belange der ihnen anvertrauten Provinz hingegen zeigten sie nur mäßiges Interesse. Franz Joachim von
Dewitz' scheint, wie aufgezeigt wird, den Posten des Generalgouverneurs zumindest in einigen Bereichen leidlich versehen zu haben[12]. Jobst von Scholten hingegen besaß nicht die mindeste Kenntnis der pommerschen Verhältnisse. Während
von Dewitz sich mitunter beleidigt zeigte, wenn man ihn in wichtigen Entscheidungen überging, schob von Scholten beharrlich jede Verantwortung von sich[13].
Schon bei Beginn seiner Amtszeit verdeutlichte er den Räten, da er vermutlich
weiterhin General und Präsident des Generalkommissariates bleibe, hoffe er, die
Regierungsräte »werden von allem, was dorten von importance passiren möchte,
mir *von Zeit zu Zeit* (Hervorhebung – M.M.) gebührliche Nachricht geben«. Seine
Briefe an die Regierung sind in knappem Stil verfasst, oft nur eine Seite lang. Elementaren Vorgängen, wie etwa Klagen der Stände, widmete der Kavallerist keine
Zeit. Oft sandte er sie mit der Bemerkung nach Stralsund, von Kötzschau und
dessen Räte hätten ohnehin eine bessere Kenntnis der Lage, also möchten sie in
der jeweiligen Angelegenheit befinden[14]. Wie wenig Sachverstand von Scholten
besaß, zeigt eine Beschwerde der Ritterschaft, die Besteuerung der Ritterhufen
betreffend. Auch über diese Abgabe wird im Folgenden berichtet. An dieser Stelle
genügt der Hinweis, dass es sich um den vielleicht wichtigsten administrativen und
rechtlichen Akt handelte, der zwischen 1716 und 1721 im dänischen Landesteil
vorgenommen wurde. Der 1719 zur Regierung gelangte Generalgouverneur
zeigte sich hingegen gänzlich uninformiert. Scholtens Brief an die Stralsunder Regierung vom 9. März 1720 charakterisiert seine Position derart treffend[15], dass hier
ein längeres Zitat gestattet sei. Der General schrieb:

---

[11] Der in Amsterdam geborene, aus westfälischem Geschlecht stammende von Scholten trat 1670
als Fähnrich in den dänischen Militärdienst. In nur neun Jahren stieg er zum Oberst auf. 1690 beförderte ihn der dänische König zum Generalmajor, mit Beginn des Großen Nordischen Krieges
zum Generalleutnant. Als führender Teilnehmer an zahlreichen Feldzügen erwarb er sich einen
hohen Ruf im Kampf um Festungen. Harbou, Scholten, S. 250–254.

[12] RAK TKIA B 209.

[13] Scholten an Regierung vom 30. September 1719, RAK Reg 88 RegKanc i Stralsund Conv.
XXXVIII.

[14] RAK RegKanc i Stralsund Conv. XXXVIII.

[15] Weitere Beispiele: Scholten an Regierung vom 20. Januar 1720, RAK RegKanc i Stralsund Conv.
XXXVIII.

»gelegentlich sende ich hiebey an Ewr. Exellence und Hrr. ein Schreiben welches die dortige Ritterschaft von neuem an mich abgelaßen hat. Weiln ich nun diese darinnen enthaltenen Sachen Ewr Excellence [...] beßeren wißen, welches Sie von dasigem wesen haben, anheimgebe: So lasse ichs darauff ankommen, was Sie wegen derer angelegenheiten ermeldeter Ritterschaft vorstellig zu machen für unumgänglich finden möchten, gestalt ich in dergleichen dingen von Selbsten nichts anhängig machen kann, solange ich von dortigen Landesbeschaffenheit und Umständen keine eigentliche Information habe«[16].

Zu jenem Zeitpunkt befand sich von Scholten bereits ein halbes Jahr im Amt. Der Posten des Generalgouverneurs diente also in erster Linie repräsentativen Zwecken. Zwar traten von Dewitz und von Scholten außenpolitisch kaum in Erscheinung, innerhalb der dänischen Monarchie genossen sie hingegen höchstes Ansehen. Beide verkörperten das Herzogtum Vorpommern und das Fürstentum Rügen gegenüber dem König. Als Kanzler der Greifswalder Universität, als letzte Ansprechpartner in religiösen Belangen und als Vertreter der Stralsunder Regierung in unmittelbarer Nähe Friedrichs IV. kam ihnen eine wichtige Rolle in der Personalpolitik zu[17]. Galt es, vakante Dienstposten zu besetzen, so wählten Oberlanddrost von Kötzschau und bei kirchlichen Ämtern der Vizegeneralsuperintendent Heinrich Gebhardi ab 1716 geeignete Beamte aus. Die Aufgabe des Generalgouverneurs bestand darin, dem König die entsprechenden für die pommersche Bürokratie vorgesehenen Kandidaten zur Kenntnis zu bringen[18]. Auch hier ist also eine repräsentative Funktion des Generalgouverneurs erkennbar.

Seine relative Bedeutungslosigkeit für die provinzielle Administration wird einmal mehr an den Bestallungen für von Dewitz und von Scholten sichtbar[19]. Im Gegensatz zu den detaillierten Anweisungen, die sich mit der Übernahme anderer Ämter verknüpften, erscheinen die Diplome der Generalgouverneure äußerst dürftig. Das mit der hohen Position verknüpfte Aufgabenfeld findet kaum Erwähnung. Franz Joachim von Dewitz und sein Nachfolger sollten in den »Justiz und Regierungs-Sachen nebst dem Policeywesen sich gehörig nach denen ihm und unserer Regierung ertheilten oder nach diesen zu ertheilenden Ordres und Instruktionen *angelegen seyn lassen* (Hervorhebung – M.M.), auch sich sonsten in allem dergestalt aufführen und betragen, als es einem Ehrliebenden General-Gouverneur und treuen Diener wohl anstehet, eignet und gebühret«[20]. Mehr ist den Bestallungsurkunden nicht zu entnehmen. Beide Generäle hatten sich standesgemäß zu verhalten und sich um die Verwaltung zu kümmern. Kein Wort von der Vorge-

---

16 Von Scholten an Regierung vom 9. März 1720, RAK RegKanc i Stralsund Conv. XXXVIII.
17 RAK TKIA B 209.
18 Beispiele hierfür sind: Bestallung für Zacharias Gevecoth, RAK TKIA Patenter 1718 et 1719, S. 597a–598a; Bestallung für Tobias Rennert, RAK TKIA Patenter 1718 et 1719, S. 327a–328a; Bestallung für Christoph Heinrich Fischer, RAK TKIA Patenter 1718 et 1719, S. 195b–196a.
19 Bestallung für Franz Joachim von Dewitz vom 25. Dezember 1715, RAK TKIA Patenter 1714 et 1715, 1715, S. 209b–210a; Bestallung für Jobst von Scholten vom 25. September 1719, RAK TKIA Patenter 1718 et 1719, S. 551b–552a.
20 Bestallung für Franz Joachim von Dewitz vom 25. Dezember 1715, RAK TKIA Patenter 1714 et 1715, 1715, S. 209b–210a.; Bestallung für Jobst von Scholten vom 25. September 1719, RAK TKIA Patenter 1718 et 1719, S. 551b–552a.

setztenfunktion findet sich, keine administrative Aufgabe, kein Hinweis zur Zusammenarbeit mit anderen Behörden.

Auch in die Kopenhagener Zentraladministration gelangten des Öfteren Personen in höhere Ämter, die selten selbst anwesend waren[21]. So sind die Bestallungen der beiden aktiven Generäle keineswegs Sonderfälle. Wer aber nahm ihre repräsentativen Pflichten in Vorpommern während der fortdauernden Abwesenheit wahr? Höchster ziviler Beamter in der Provinz blieb zweifelsohne der Oberlanddrost. Die nahe liegende Vermutung jedoch, Friedrich Emanuel von Kötzschau sei an die Stelle von Dewitz' beziehungsweise von Scholtens getreten, geht fehl. Bei Verhandlungen mit den Ständen oder bei besonders festlichen Anlässen vertraten hohe Militärs oder Militärbeamte den abwesenden Generalgouverneur. Kriegskommissar Gregorius Wulff beispielsweise übermittelte der Ritterschaft und den Städten 1716 die Wünsche des Generalgouverneurs[22], und auch die Zeremonie des Handschlages und die Belehnung nahm nicht etwa der Oberlanddrost, sondern der Stralsunder Festungskommandant von Stöcken als Vertreter von Dewitz' vor[23]. Dieser teilte zuvor mit, dass der König ausdrücklich Stöcken zum Vertreter beim Handschlag und beim Lehnseid erkoren habe.

Einmal mehr wird die enge Verknüpfung des militärischen und zivilen Apparates deutlich. Dennoch darf keineswegs von einem Primat des Militärs in der Innenpolitik gesprochen werden[24]. Dagegen spricht nicht zuletzt die Entbindung der vorpommerschen Untertanen von ihrem Eid gegen den dänischen Monarchen im Januar 1721 durch die zivilen Beamten Friedrich Emanuel von Kötzschau und Andreas Weyse. Das Militär blieb grundsätzlich Mittel der Innenpolitik im dänisch verwalteten Vorpommern. Alle für die tatsächliche Steuerung der Administration wichtigen Posten lagen in ziviler Hand[25]. Die Vertretung des Generalgouverneurs ist hierfür kein Gegenbeweis, denn dessen vorrangig repräsentative Funktion ist bereits dargestellt, seine politische Machtlosigkeit wird andernorts vertiefend untermauert werden. Die im Land stationierten Heeres- und Marinekräfte bildeten ein wichtiges Repressionsorgan, dessen Einsatz die Regierung selbst oder die Kopenhagener Zentralinstanzen direkt koordinierten.

Im Gegensatz zum Amt des Generalgouverneurs und dem des Oberlanddrosten blieben alle drei Regierungsräte die gesamte Zeit der dänischen Herr-

---

21 Lind, Den heroiske tid, S. 178–198.

22 StadtA Greifswald Rep. 5, Nr. 1338, Bd 1.

23 Dewitz an Regierung vom 19. September 1716, RAK Reg 88 RegKanc i Stralsund Conv. XXVIII; Bussaeus, Historisk Dag Register, S. 173 f.

24 Der tatsächliche Einfluss von Militärs auf die zivile Verwaltung wird wohl immer umstritten bleiben. Gunner Lind konstatiert völlig zu Recht, dass Offiziere im dänischen Staat keine Gesprächspartner für die zivile Administration waren, dass sie nur wenig Anteil an der Verwaltung selbst nahmen. Auch vermochte das Militär in verwaltungstechnischer Hinsicht nicht, an den zivilen Behörden vorbei eigene Politik zu entwickeln. Dies zeigt auch die lokale Verwaltung Vorpommerns, denn mit Ausnahme des Generalgouverneurs gehörte kein Militär dem Regierungskollegium an. Andererseits urteilt Lind richtig, dass der »speziell« militärische Einfluss in Dänemark sehr hoch war. Das heißt, in rein militärischen Fragen wirkten Offiziere und Generale in starkem Maße auf die Entscheidungen des Königs ein. Lind, Military and Absolutism, S. 237.

25 Siehe Kap. IV.5.

schaft im Amt. Diese hohen Posten waren Gotsche von Thienen, Johann Christian Hohenmühle und Heinrich Bernhard Kampferbeck anvertraut. Der am 11. Mai 1683 geborene Gotsche von Thienen (in der Literatur auch Godske oder Gosche von Thienen) entstammte einem alten Holsteiner Adelsgeschlecht. Sein Werdegang liegt weitgehend im Dunkeln. Die im dänischen Adelsjahrbuch erhobene Behauptung, er sei 1711 zum Rat im pommerschen Regierungskollegium ernannt worden, geht ebenso fehl, wie die handschriftlich überkommene Vermutung, von Thienen sei am 13. Februar 1717 zum Landrat ernannt worden. Tatsächlich bezeichnet das vorstehende Datum seine Bestallung zum Rat beim Stralsunder Tribunal und der dortigen Regierung. Bevor er diesen Posten übernahm, bekleidete er den Titel eines Landrates und wirkte in den Herzogtümern Schleswig und Holstein[26]. Obwohl Hohenmühle wesentlichen Anteil an der Verwaltung Vorpommerns in der Zeit der dänischen Herrschaft nahm, lässt sich erstaunlich wenig über sein Leben in Erfahrung bringen. Er absolvierte bis 1699 die königliche Ritterakademie und bekleidete danach die Funktion eines dänischen Residenten (ein Gesandter niederen Grades) in Hamburg. Später, vermutlich ab 1703, diente er als dänischer Legationssekretär am kaiserlichen Hof.

Im Juli 1716 wurde er in den Rang eines Justizrates erhoben. Hohenmühle begab sich scheinbar noch vor Oberlandrost von Kötzschau in das besetzte Gebiet und regulierte gemeinsam mit Kampferbeck alle administrativen Vorgänge nach Maßgabe der Rentekammer und des Etatsrates Weyse[27]. Kampferbeck stammte aus einem alten niederländischen Adelsgeschlecht, das sich bereits im 16. Jahrhundert in Lübeck niederließ. Heinrich Bernhards Vater bekleidete das Amt des Stiftsherren und Seniors zu St. Gangolph in Magdeburg. Im Jahre 1664 erblickte Heinrich das Licht der Welt. Über seine Kindheit und Jugend ist nichts bekannt. Am 2. Juni 1716 bestellte ihn Friedrich IV. zum Tribunals-, Kanzlei- und Regierungsrat in Pommern und Rügen. In dieser Funktion verstarb er 1720[28].

Als Kampferbeck am 14. April 1720 starb, hinterließ sein Tod eine schmerzliche Lücke in der Regierung, denn das Arbeitspensum war schon vorher nur mit Mühe zu bewältigen. August Friedrich von Johnn wurde zunächst gemeinsam mit Boye zum Kanzleisekretär bestellt, stieg jedoch 1716 zum Kanzleirat auf. Auch er blieb bis zum Ende der dänischen Herrschaft in seiner Funktion. Der holsteinische Adelige August Friedrich von Johnn, Sohn des Glückstädter Geheimrates Christian Gottfried von Johnn, besuchte eine Lübecker Schule, studierte anschließend in Leipzig und trat dannach 1708 als Sekretär in den dänischen Staatsdienst. Auch nach der Räumung Vorpommerns setzte er seine Beamtenkarriere fort. Schließlich ernannte ihn Friedrich IV. 1725 zum Kopenhagener Postdirektor.

---

[26] Vgl. Fortegnelse over Embedsmaend, S. 71; Rosenkrantz, Beiträge zur Adelsgeschichte, II, S. 280 f.; Anonym, von Thienen, S. 87–108; Bestallung für Gosche von Thienen, RAK TKIA Patenter 1717, S. 27b–29a.

[27] Bestallung für Johann Christian Hohenmühle, RAK TKIA Patenter 1716, S. 63b–65a; Zur Biografie: Wad, Det Kongelige Ridderlige Academis Matrikel, S. 53–67.

[28] Bestallung für Heinrich Bernhard von Kampferbeck, RAK TKIA Patenter 1716, S. 96b–98a; Kneschke, Heinrich Bernhard von Kampferbeck, S. 17.

Im Todesjahr seines Vaters 1733 verstarb auch August Friedrich[29]. Die Behauptung[30], von Johnn habe zum Regierungskollegium gehört, bedarf einer Korrektur. Durch Andreas Weyses Fürsprache erlaubte Friedrich IV. dem Kanzleirat Johnn, ein eigenes Votum bei den Beschlüssen der Regierung mit einzubringen. Der weiterhin ausdrücklich als Sekretär Bezeichnete erhielt aus diesem Grunde eine zusätzliche Gage von 200 Reichstalern jährlich. Somit verdiente Johnn allerdings immer noch weniger als die eigentlichen Regierungsräte. Schon hieran wird sein rechtlicher Status ersichtlich. Dass Johnn bei der Rückgabe Vorpommerns als Regierungsrat auftrat, war dem Ableben Kampferbecks geschuldet[31].

Die Einrichtung der Regierung zog sich bis Mitte 1716 hin. Noch im Juli verlieh Franz Joachim von Dewitz seiner Hoffnung Ausdruck, die höchste vorpommersche Behörde werde nun bald ihre Arbeit aufnehmen[32]. Bis zum Juni befanden sich lediglich die beiden Kanzleisekretäre von Johnn und Boye in Stralsund[33]. Sie erarbeiteten die ersten Befehle und sandten sie an Dewitz, der dann entsprechende Anweisungen zur Veränderung des Textes gab. Ab Juli wirkten dann auch die nunmehr eingetroffenen Regierungsräte Hohenmühle und Kampferbeck am Aufbau einer funktionierenden Administration, jedoch erst im März 1717 teilte der Generalgouverneur seinem Monarchen mit, dass die Regierung mit dem Eintreffen Kötzschaus und Thienens nun vollzählig sei[34].

Das öffentlich-kollektive Auftreten, also das kollegiale Prinzip der Regierung wurde auch in dänischer Zeit beibehalten[35]. Hierbei handelten die Dänen keineswegs in Anlehnung an die schwedische Herrschaft über Vorpommern. Vielmehr stellt das kollegiale Prinzip eine typische Erscheinung der frühmodernen Verwaltung dar. Gegenläufige Tendenzen bestanden zwar in den ersten Jahren der Regierung Friedrichs IV., beispielsweise bei der Aufgaben- und Verantwortungsteilung innerhalb der Rentekammer (Deputierte zu den Finanzen), sie wichen jedoch schnell einer Einsicht in die Vorteile des kollegialen Prinzips.

Gedruckte Befehle an die Untertanen unterzeichneten in der Regel das gesamte Kollegium und der Kanzleirat von Johnn. Betraf ein Vorgang finanzielle Forderungen, signierte auch der Kammerrat Hinnrich Horst die Regierungsanweisungen und sonstigen Schreiben. Bis zum Ende des Jahres 1716 unterschrieben lediglich Hohenmühle und Kampferbeck, da von Johnn, wie geschildert, nicht der Regierung unmittelbar angehörte und der dritte Regierungsrat sowie der Oberlanddrost sich noch außerhalb des Landes befanden[36]. In vielen kameralen Angelegenheiten

---

29 Achelis, Matrikel, S. 95; Fortegnelse over Embedsmaend, S. 35; Møller, Postrytter, S. 100, 107; Osterloh, Aus dem Leben, S. 18−26; Osterloh, Die Ursprünge.

30 Jörn, Servorum Dei Gaudium, S. 300.

31 Königl. Relation vom 18. Januar 1717, RAK RKTA P-R-K C 251 II, Nr. 1; RAK Reg 88 Reg-Kanc i Stralsund Conv. XXVII.

32 Dewitz an Friedrich IV. vom 14. Juli 1716, RAK TKIA B 209.

33 Dewitz an Boye und Johnn vom 17. und vom 26. Juni RAK Reg 88 RegKanc i Stralsund Conv. XXVII.

34 Dewitz an Friedrich IV. vom 10. März 1717, RAK RKTA P-R-K C 251 I, Nr. 33.

35 Holm, Danmark-Norges Indre Historie, I, S. 49; Siehe auch Kap. III.2.a.

36 Weitere Beispiele neben dem hier geschilderten: Regierung an von Dewitz vom 9. September 1716, RAK RKTA P-R-K C 251 I, Nr. 26; Regierung an von Dewitz vom 10. September 1716,

galt neben dem Kämmerer auch der Oberlanddrost als wichtigster Ansprechpartner. Dementsprechend finden sich zahlreiche nur von ihnen gemeinsam signierte Schreiben[37].

Eine Unterschrift jedoch, die zu erwarten stünde, findet sich fast nie: die des Generalgouverneurs. Auch hier zeigt sich seine Bedeutungslosigkeit für das tägliche Verwaltungsgeschäft. Scholten bemühte sich dem abzuhelfen. Unmittelbar nach seiner Ernennung wandte er sich »mit dem dienstlichen Ersuchen« (er befahl nicht!) an die Stralsunder Regierung, ihm künftig alle an den König gerichteten Schreiben vorzulegen, sofern sie auf eine Resolution abzielten, damit er zuvor unterschreiben könne[38]. Und tatsächlich zeichnete Scholten einige an ihn gesandte Schreiben gegen, bevor er sie an ihren Bestimmungsort weiterreichte[39].

Aufgabenfelder und Arbeitsweise

Die in Stralsund ansässige dänische Regierung bildete ein Bindeglied zwischen lokaler Administration und regional-ständischer Interessenvertretung auf der einen und zentralstaatlicher Verwaltung auf der anderen Seite. Ihr Aufgabenfeld erstreckte sich somit über beinahe sämtliche landesherrlichen Angelegenheiten. Sie stand dem absolutistischen König gegenüber dafür ein, dass dessen Befehle in der Provinz genauestens umgesetzt wurden. Regierungsanordnungen waren dementsprechend mit der stehenden Wendung versehen: »So ergehet Nahmens Ihr. Königl. Maytt. hiermit an [...] der Befehl«[40]. Die Stralsunder Regierung wurde somit zum Zentrum der gesamten regionalen Verwaltung des eroberten Gebietes. Militär, Kirche, Jurisdiktion, Domänenverwaltung, Policey und öffentliche Ordnung unterstanden ihrem dirigierenden Zepter. Lediglich im Bereich der Finanzverwaltung fungierte sie nicht als maßgebliche Zwischeninstanz zur Kopenhagener Zentralverwaltung.

Gemessen am Umfange des Arbeitsspektrums und -pensums verfügte die dänische Regierung, wie andere landesherrliche Behörden auch, über wenig Personal. Dementsprechend blieben Kötzschau und dessen Räte ständig auf die Zusammenarbeit mit lokalen und ständischen Behörden, Institutionen und Einzelpersonen angewiesen.

Das Regierungskollegium erarbeitete Beschlüsse auf Grundlage eigener Lagefeststellungen. Häufig dienten Anhörungen Betroffener der ersten Informationsgewinnung. Es galt hierbei jedoch lediglich, sich einen Überblick zu bestimmten verwaltungsrelevanten Bereichen zu verschaffen. Zur Grundlage von Beschlüssen oder Erlassen wurden diese Aussagen nicht. König, Rentekammer und auch die

---

RAK RKTA P-R-K C 251 I, Nr. 26; Regierung an Friedrich IV. vom 18. November 1716, RAK RKTA P-R-K C 251 I, Nr. 33.

[37] Unter anderem: RAK RKTA P-R-K C 251 I-IV.

[38] Scholten an Regierung vom 20. September 1720, RAK Reg 88 RegKanc i Stralsund Conv. XXXVII.

[39] Beispiele in: RAK RKTA P-R-K C 251 IV.

[40] Beispiele in: Regierung an Distrikte vom 31. Mai 1717, RAK RKTA P-R-K C 273, Lit. A.

Stralsunder Regierung selbst legten Wert auf Prüfung durch zuverlässige Beamte. In wichtigen Angelegenheiten inspizierten sie persönlich.

Als die Rentekammer 1717 eine Lustration der wüsten Dörfer, Höfe und Häuser anordnete[41], befahl die Regierung den Ämtern, Distrikten und Städten eine exakte Beschreibung jener wüsten Anwesen anzufertigen[42].

Nach Eingang der geforderten Unterlagen begaben sich Oberlandrost von Kötzschau, Kanzleirat von Johnn und Kammerrat Horst an die gemeldeten Orte. Dort fand zunächst eine umfangreiche eidesstattliche Befragung der Inhaber und Pächter sowie eine Inaugenscheinnahme statt[43]. Anschließend besichtigten von der Regierung verordnete Lustratoren die Güter, wobei sie einen umfassenden Prüfkatalog abarbeiteten. Die Lustration wurde durchgeführt »durch geschickte Hauswirthe, welche theils aus dem Mittel der noblesse theils verständige pensionarii gewesen«[44]. Zu prüfen waren unter anderem, ob sich bei den Gütern wüste Höfe befanden, wieviel wüster Acker nach Abzug der Brache vorhanden war, die Qualität des Kornes, ob die Wintersaat bestellt war, ob ausreichend Zugvieh vorhanden war, der Zustand der Gebäude, mögliche Holzvorräte oder das Vermögen des Pächters, wonach sich die zur Besichtigung derer wüsten Güter und Dörfer verordnete Kommissarien zu richten habe[45].

Zahlreiche Landbegüterte waren bei der ersten Besichtigung offensichtlich nicht berücksichtigt worden, sodass sie die Regierung baten, auch ihre Ländereien zu besichtigen. Der Oberlanddrost und die ihm beigeordneten Räte beorderten daraufhin dieselben Personen, die schon bei der ersten Lustration halfen, an die entsprechenden Orte, um die Aussagen der Besitzer zu prüfen. Friedrich Emanuel von Kötzschau sah es in diesem Fall nicht für nötig an, selbst auf die Güter zu fahren. Gegenüber der Rentekammer begründete er sein Verhalten, indem er auf die umfangreiche Arbeit verwies, mit der er und seine Räte belastet wären. Zudem seien die Lustratoren vereidigt und verhielten sich unparteiisch[46]. In Angelegenheiten minderer Bedeutung vertraute die Regierung auf die Kraft des Eides. Insgesamt kam der eidlichen Bindung eine herausragende Rolle im täglichen Verwaltungsgeschäft zu. Insbesondere in finanziell-adminstrativen Fragen fand das Ehrenwort häufige Anwendung[47]. Als Friedrich IV. beispielsweise für Vorpom-

---

41 Ziel dieser Lustration war ein von Kötzschau und seinen Räten in Kopenhagen vorzulegendes Projekt zum Wiederaufbau wüster Höfe und Häuser. Deputierte der Finanzen an Deputierte der Stadt Stralsund vom 7. April 1717, StadtA Stralsund Rep. 13, Nr. 137.

42 Regierung an Distrikte vom 31. Mai 1717, RAK RKTA P-R-K C 273, Lit. B.; Regierung an die Magistrate der Städte vom 31. Mai 1717, RAK RKTA P-R-K C 273, Lit. B.; Regierung an die Beamten vom 31. Mai 1717, RAK RKTA P-R-K C 273, Lit. B; RAK Reg 88 RegKanc i Stralsund Conv. LVIII.

43 Fragstücke worüber die Untertanen der Güter vernommen werden sollen, RAK RKTA P-R-K C 273, Lit. D.

44 Regierung an Rentekammer vom 15. November 1717, RAK RKTA P-R-K C 273.

45 RAK RKTA P-R-K C 273, Lit. E.

46 Regierung an Rentekammer vom 21. Januar 1718, RAK RKTA-P-R-K C 273.

47 Neben dem hier genannten Beispiel finden sich Eidesformeln in: Edikt Friedrichs IV. zum Nebenmodus vom 27. April 1718 (gedruckt), RAK RKTA P-R-K C 251 IV, Nr. 9, auch in: StadtA Stralsund Rep. 13, Nr. 1377; Edikt Friedrichs IV. zum Nebenmodus vom 13. März 1719, RAK

mern befahl, fortan nur noch von Beamten, die über ein Vermögen von mehr als 1000 Reichstaler besaßen, eine zweiprozentige Vermögensteuer zu erheben, mussten sämtliche Staatsdiener ihren Besitz offenbaren. Die Richtigkeit ihrer Angaben versicherten sie eidlich mit folgendem Text[48]:

> »Daß nach Ihr: Königl Maytt: allergnädigsten Befehl ich mein gantzes Vermögen, alle meine Mitteln und Capitalien, es sey in effecten, bahrstehenden oder in Wechßeln roullirenden freyen Gelder, oder die ich in Gütern, Höffen, Wohnungen auch sonsten, es möge bestehen worinnen es wolle [...] aufrichtig angebe, und davon vorsetzlich oder wißentlich, unter einigem praetext oder reservation, nicht verschweige oder verhehle, Solches bekräftige ich mit meines Nahmens eigenhändiger Unterschrift und beygedrucktem Peltschafft. So wahr mir Gott Helffe und sein heiliges Wort.«

In ihrer täglichen Arbeit war die Stralsunder Regierung in einem hohen Maße von den Kopenhagener Zentralinstanzen abhängig. In allen bedeutsamen Fragen entschied nicht die lolake Behörde, sondern das Konseil und der König selbst. Solch enge Bindung verlangte einen fortwährenden Informationsaustausch. Die Kommunikation zwischen Stralsund und Kopenhagen soll am Beispiel einer örtlichen Beschwerde verdeutlicht werden.

Am 14. November 1716 sandten die Einwohner des rügischen Dorfes Altefähr ein Schreiben an die Stralsunder Regierung. Sie bekundeten dort ihren Unmut darüber, dass sie für die Fläche der »Alten Fähr Schanze« sämtliche Kontributionen alleine zu tragen hätten, obwohl sie den neun Hufen (etwa 5,85 Hektar) umfassenden Acker nicht bestellen könnten. Zwei Wochen später, nämlich am 28. November, formulierten die Regierungsräte Hohenmühle und Kampferbeck ein an den dänischen König adressiertes Schreiben[49]. Dieses wurde jedoch nicht von Friedrich IV. geöffnet, sondern durch Beamte des pommersch-rügenschen Kontors bei der Kopenhagener Rentekammer. Am 28. Dezember, also wiederum einen Monat nach Abfassung des Regierungsschreibens, legten die Finanzbeamten ihrem Monarchen ein neues, von ihnen erarbeitetes Memorial zur Problematik vor. Das Konseil beriet und die Verfügung des Königs erfolgte unmittelbar[50].

Die Dauer des Entscheidungsprozesses ist nicht sonderlich verblüffend, handelte es sich doch um eine eher marginale Angelegenheit. Viel bemerkenswerter erscheint zunächst der Fakt, dass die Nachricht nicht unmittelbar dem König zuging, sondern zunächst der Rentekammer. Schrieben Hohenmühle, Kampferbeck oder von Johnn, so wurde wie geschildert, also auf dem normalen Dienstwege

---

RKTA P-R-K C 251 IV, Nr. 11; Formular des Hofgerichtsassessoren Eydes zu Greifswald, RAK TKIA B 209; Für das preußische Pommern: KPS Rkps 99; vgl. auch Kap. IV.2.b.

[48] Befehl Friedrichs IV. an Kötzschau und Horst vom 20. März 1719, RAK RKTA P-R-K C 251 IV, Nr. 16.

[49] Altefähr an Regierung vom 14. November 1716, RAK RKTA P-R-K C 251, Nr. 33; auch in: RAK Reg 88 RegKanc i Stralsund Conv. XLII; Hohenmühle und Kampferbeck an Friedrich IV. vom 28. November 1716, RAK RKTA P-R-K C 251, Nr. 33.

[50] Rentekammer an Friedrich IV. vom 28. Dezember und Königl. Resolution, RAK RKTA P-R-K C 251, Nr. 33.

verfahren[51]. Wandten sich jedoch der Generalgouverneur oder der Oberlanddrost an Friedrich IV., so existierten keine Zwischeninstanzen.

Am Beispiel Altefähr werden zudem die enge Bindung Stralsunds an die Kopenhagener Zentraladministration sowie die geringen Entscheidungsbefugnisse des Kollegiums ersichtlich.

Angelegenheiten von herausragendem Wert verhandelten die höchsten Entscheidungsträger in Kopenhagen. So berieten das königliche Konseil und Generalgouverneur von Dewitz unter anderem über die Neuordnung des Domänenwesens, die Sequestrierung ehemals schwedischer Güter und die Privilegien der vorpommerschen Stände in der dänischen Hauptstadt. An den Verhandlungen war anfänglich auch Etatsrat Andreas Weyse beteiligt[52].

Helmut Backhaus hat darauf hingewiesen, das sich Aussagen zur internen Arbeit des Regierungskollegiums für die schwedische Zeit nicht treffen lassen, da diesbezügliche Akten fehlen[53]. Ähnlich verhält es sich für die dänische Zeit. Alleine die Interpretation des vorhandenen Materials, das die nach außen hin wirksame Tätigkeit des Kollegiums wiedergibt, ermöglicht dürftige Einblicke. Die Tatsache, dass sich Generalgouverneur von Dewitz weiterhin aktiv an den Feldzügen beteiligte, führte zu einem umfangreichen Schriftverkehr zwischen ihm und seiner Stralsunder Regierung[54]. Diese Überlieferung verdeutlicht regierungsinternes Handeln. Als weitere Quelle bieten sich Notizen der Regierungsmitglieder direkt auf den einzelnen Vorgängen, Briefen, Bittgesuchen etc. an. Deutlich ergiebiger sind handschriftliche Entwürfe, die sich in jeder Akte zahlreich finden, und die leider nur sehr selten vorhandenen Protokolle von Regierungssitzungen.

Aus dem vorliegenden Material wird eine, sich im Laufe der Zeit einbürgernde Arbeitsteilung im Kollegium ersichtlich. Fragen finanzieller Natur etwa oblagen nicht allein dem Ermessen des Kämmerers. Vielmehr arbeitete er im engen Verbund mit dem Oberlanddrosten von Kötzschau. Alle diesbezüglichen wichtigen Befehle unterzeichneten beide gemeinsam. Von Beginn des Jahres 1716, also mit dem Aufbau einer neuen Verwaltung, übernahmen Hohenmühle und von Johnn die Durchführung und Überwachung juristischer Angelegenheiten[55]. Bereits Ende Februar oder Anfang März begab sich Kanzleisekretär von Johnn[56] auf Befehl des Königs nach Greifswald, um den dortigen Konsistorial- und Hofgerichtsbeamten zu erörtern, dass die Arbeit auch unter der neuen Herrschaft fortzusetzen sei[57]. Seine Funktion als Lehnsekretär prädestinierte ihn ohnehin für Aufgaben der Rechtsprechung. Johann Christian von Hohenmühle erhielt noch im Juni 1716

---

51 Weitere Beispiele: Hohenmühle und Kampferbeck an Friedrich IV. vom 18. November 1716, RAK RKTA P-R-K C 251, Nr. 33.

52 Kgl. Konseil an Friedrich IV. vom 22. September 1716, RAK RKTA P-R-K C 251 I, Nr. 18; Kgl. Konseil an Friedrich IV. vom 26. September 1716, RAK RKTA P-R-K C 251 I, Nr. 19.

53 Backhaus, Reichsterritorium, S. 80.

54 RAK Reg 88 Regeringskancelliet Stralsund Conv. XXVII–XXXII.

55 RAK TKIA B 209; RAK Regkanc i Stralsund Conv. CCXCII.

56 Johnn wurde erst im Juli als Kanzleirat bestallt. Bestallung für August Friedrich von Johnn vom 10. Juli 1716, RAK TKIA, S. 122b–123b.

57 Dewitz an Friedrich IV. vom 11. März 1716, RAK TKIA B 209.

seine Bestallung zum ordentlichen Justizrat[58]. Er hob sich damit auch vom Rang her gegen die anderen Regierungsmitglieder ab, die zu Regierungs-, Tribunals- und Kanzleiräten ernannt waren. Mitunter übernahmen einzelne Regierungsbeamte direkte und alleinige Verantwortung für die Umsetzung königlicher Befehle[59].

Als Regierungsgebäude standen zunächst das Haus des schwedischen Kämmerers Abraham Richter und das des Barons zu Putbus zur Debatte. Beide Gebäude befanden sich in Stralsund. Generalgouverneur von Dewitz bevorzugte das Haus des Barons. In Verhandlungen mit dem rügischen Adligen zeigte dieser jedoch kein Interesse an einer Vermietung[60]. Schließlich erkor die Regierung das Haus des verstorbenen Obristen Rotermund[61] zum Generalgouverneurssitz.

Die Besprechungen des Kollegiums fanden keineswegs nur im Regierungsgebäude statt. Als beispielsweise Hohenmühle, Thienen und von Johnn 1719 eine Kommission zur Untersuchung des stralsundischen Einquartierungswesens bildeten, tagte diese im privaten Hause von Johnns[62].

Sobald eine Unterredung anberaumt war, fanden sich die Regierungsräte sowie von Johnn und erforderlichenfalls Kammerrat Horst an dem zuvor festgelegten Ort ein. Dann erfolgte die Verlesung einzelner wichtiger Dokumente, deren Inhalt diskutiert wurde. Nach erfolgreicher Debatte protokollierte von Johnn die Ergebnisse. Aus seiner Feder stammen auch die Entwürfe zu den entsprechenden Anschreiben, Erklärungen und Befehlen der Regierung. Diese äußerst unsauber und schnell dahingeschriebenen Konzeptionen sind so angelegt, dass nur die rechte Hälfte der einzelnen Seiten beschrieben wurde. Sie ähneln damit den Memorialen, die das königliche Konseil von den Kopenhagener Kanzleien, Kommissariaten und der Rentekammer vorgelegt erhielt. Der linke Rand der Entwürfe von Johnns stand für weitere Anmerkungen zur Verfügung und fand häufig eine entsprechende Nutzung. Zu vermuten steht deshalb, dass die Konzepte während der Regierungssitzungen durch gemeinsame Beratung entstanden. Nach der ersten schriftlichen Niederlegung erfolgte eine zweite Debatte, in deren Verlauf die Regierung Verfeinerungen am Text vornahm. Fand der Beschluss endlich im gesamten Kollegium Zustimmung, so ging das Gremium zum nächsten Tagesordnungspunkt über. Nach Abschluss der jeweiligen Sitzung gelangten die Entwürfe in die Kanzlei. Die Kanzlisten sorgten sodann für eine saubere Abschrift. Diese wiederum unterzeichneten dann Kötzschau und dessen Räte[63]. In derselben Art, ohne spätere Übertragung in lesbare Form, beriet das Kollegium über anstehende Arbeitsgänge[64].

---

[58]   Bestallung für den Justizrat Johann Christian von Hohenmühle, RAK TKIA Patenter 1716, S. 98a–99a.
[59]   Rentekammer an Johnn, RAK RKTA P-R-K C 255.2, S. 372 f.
[60]   Dewitz an Boye und Johnn vom 21. Mai 1716, RAK Reg 88 RegKanc i Stralsund Conv. XXVII; Dewitz an Boye und Johnn vom 26. Juni 1716, RAK Reg 88 RegKanc i Stralsund Conv. XXVII.
[61]   Das Gebäude befindet sich in der Badenstraße 39 in Stralsund. Zur Geschichte des Hauses: Neumerkel, »Landständehaus«, S. 2.
[62]   Sitzungsprotokoll vom 17. Januar 1719, RAK Reg 88 RegKanc i Stralsund Conv. CCXLII.
[63]   Dieses hier präsentierte Bild der Regierungstätigkeit ergibt sich aus der Arbeit mit dem gesamten in Kopenhagen überlieferten Aktenfundus der dänischen Regierungskanzlei. RAK Reg 88 RegKanc i Stralsund Conv. I-CCC.
[64]   Besonders prägnant: RAK Reg 88 RegKanc i Stralsund Conv. LVIII.

Der infolge bürokratischer Erfordernisse anwachsende Schriftverkehr bedurfte einer klaren Regelung, um die Arbeitsabläufe effektiv zu gestalten. 1717 stellte Friedrich IV. fest, dass die Zahl der unnötigen Verwaltungsvorgänge beträchtlich stieg[65].

Von unterschiedlichsten Personen liefen oft in Kopenhagen Suppliken und Gesuche ein, die zuvor bereits abgelehnt worden waren[66]. Insbesondere Suppliken, also rechtliche Bittgesuche an den König, mit denen die regionale Gerichtsbarkeit oft übergangen wurde, nahmen immense Ausmaße an; wie in Vorpommern, so auch in den anderen dänischen Provinzen. Entsprechende Antwortschreiben würden, so der Monarch, häufig von den Bittstellern ignoriert, in der Hoffnung, doch noch eine Entscheidung zu ihren Gunsten herbeizuführen. Friedrich befahl deshalb, in derartigen Fällen ohne weitere Untersuchung grundsätzlich eine im Wortlaut gleiche Antwort zu übersenden. Sollte sich dennoch ein Untertan zum dritten Mal unterstehen, eine Kanzlei in derselben Angelegenheit zu belästigen, so gewährte der König dem jeweiligen »Cheff von derselben Cantzeley«, die Person festzunehmen. Des Weiteren verfügte Friedrich, dass niemand sich künftig unterstehen solle, schriftlich Projekte und Ideen vorzutragen, deren praktische Umsetzung ohnehin zum Scheitern verurteilt sei. Derartige »Projecte-Macherei« waren ebenfalls zu inhaftieren, und so lange in Arrest zu behalten, bis sie die Praktikabilität ihrer Ideen nachwiesen[67].

Derartige königliche Patente, mit denen der Monarch eine straffere Ordnung des Schriftverkehrs beabsichtigte, scheinen zumindest in Vorpommern nicht zum gewünschten Erfolg geführt zu haben. So klagte die Stralsunder Regierung im Frühjahr 1719 über eine steigende Briefzahl sowohl an den König als auch an die königlichen Kanzleien, die inhaltlich nicht klar zuzuordnen seien. Oft würden mehrere Angelegenheiten in ein und demselben Schreiben erörtert. Die Verwaltung erfordere aufgrund des Suchens zu viel Zeit, erklärten Generalgouverneur, Oberlanddrost und Räte. Deshalb erging am 10. März Befehl an die Ritterschaft und die Städte, differente Vorgänge in unterschiedlichen Schriftstücken einzusenden und eindeutig zu kennzeichnen, welcher Etat betroffen sei[68].

Amtliche Schreiben sollten klar von anderen unterscheidbar sein. Deshalb war, wie schon in schwedischer Zeit, in den pommerschen Kanzleien und von öffentlichen Rechtsträgern sowie Privatpersonen, die sich in administrativen Angelegenheiten an die Behörden wandten, gestempeltes Papier[69] zu verwenden[70]. Wie wich-

---

[65]   Verordnung vom 20. Februar 1717. In: Kong Friderich den Fjerdes Forordninger fra 1717 til 1718, S. 63–72 (fortan: Verordnung vom 20. Februar 1717); auch in: Hedegard, Samling, III, S. 123–129; Petersen, Militär-juridist Repertorium, S. 30–32.
[66]   Schaer, Die Grafschaften, S. 215 f.; zur Supplikenproblematik: Köble, Richter und Landesherr, S. 20 f.
[67]   Verordnung vom 20. Februar 1717, S. 64 f.
[68]   Regierungspatent vom 10. März 1719, RAK RKTA P-R-K C 256, Nr. 42.
[69]   Der Begriff »Stempelpapier« bezeichnete innerhalb der dänischen Verwaltung zweierlei. Zum einen wurde er auf hochwertiges, mit einem besonderen Stempel versehenes Papier angewandt. Zum anderen bezog er sich auf die mit dem Erwerb des Papieres verbundene gleichnamige Steuer, die von den Niederlanden ausgehend, im 17. Jahrhundert in vielen europäischen Staaten und deutschen Territorien, insbesondere in Kursachsen, erhoben wurde. Lang, Historische Entwicklung, S. 236; Christiansen, Bidrag, I, S. 431–435.

tig die neuen dänischen Landesherren die Einführung dieses neuen Aktenmaterials nahmen, zeigt ein im Mai 1716 erlassenes königliches Patent[71]. Trotz dieser höchsten Order sträubten sich lokale Behörden und Privatpersonen, dem Befehl nachzukommen. Vermutlich aus finanziellen Erwägungen bevorzugten sie weiterhin das wesentlich günstigere ungestempelte Papier. Generalgouverneur, Oberlanddrost und Räte sahen sich zumindest gezwungen, nochmals schriftlich auf die Umsetzung des königlichen Willens zu drängen[72].

»Tribunalsarbeit« und Jurisdiktion

Da die Regierung in dänischer Zeit das neu gebildete »Tribunal« in Personalunion mitverwaltete, wird den Aufgaben der Rechtsprechung der höchsten provinziellen Behörde hier gesondert Raum gegeben. Für einen Vergleich zwischen schwedischer und dänischer Herrschaft ist eine Betrachtung der Verzahnung beider Kollegien von bedeutendem Wert[73]. Zwar entschied auch die schwedische Regierung in den ersten Jahren ihrer Herrschaft letztinstanzlich in Straf- und Zivilprozessen, jedoch allein aufgrund der Tatsache, dass das geplante Oberappellationsgericht in Wismar noch nicht bestand, beziehungsweise noch nicht arbeitsfähig war.

Neben der Regierungsfunktion kam den fünf höchsten dänischen Beamten erhebliche richterliche Gewalt zu. Sie bildeten die letzte gerichtliche Instanz für die pommerschen Stände, da das Wismarer Tribunal nun weder zuständig noch weiter arbeitsfähig war. Um dieser Position gerecht werden zu können, benötigten von Kötzschau, Hohenmühle, von Thienen und Kampferbeck die Unterlagen des höchsten schwedischen Gerichtes innerhalb des Reiches. Entgegen dem ausdrücklichen Willen der schwedischen Führung waren diese Schriftstücke nach der Übergabe der mecklenburgischen Hansestadt im dortigen Archiv verblieben; so legte es die Kapitulation im Artikel XIII fest[74]. Schwedischerseits unterzeichnete Martin von Schulz, dänischerseits jedoch kein anderer als Franz Joachim von Dewitz den entsprechenden Vertrag. In seiner Funktion als vorpommerscher Generalgouverneur wird ihm die Bedeutung der Tribunalsakten bewusst gewesen sein[75], zumal sein König[76] bereits im April die personelle Verschmelzung des Oberappellationsgerichtes mit der Regierung verfügt hatte[77]. Dewitz selbst bat den Monarchen

---

70   RAK RKTA P-R-K C 251, Nr. 4; Instruktion Friedrich IV. für Andreas Weyse vom 15. April 1716, RAK RKTA P-R-K, C 251, Nr. 7.
71   LAG Rep. 40, Nr. 91, S. 485; RAK RKTA P-R-K, C 251, Nr. 12.
72   Regierungspatent vom 12. Mai 1718, RAK RKTA P-R-K, C 256, Nr. 27.
73   Modéer, Gerichtsbarkeiten, S. 373–376.
74   Capitulationspuncte wegen Uebergebung der Vestung und Stadt Wismar Anno 1716. (Ein Exemplar befindet sich in der Königlichen Bibliothek zu Kopenhagen unter der Signatur: 36–54–4).
75   Die Regierung wies bereits Anfang 1716 darauf hin, dass viele Vorgänge nicht bearbeitet werden könnten, da die Tribunalsakten nicht vorlägen. Regierung an von Dewitz (undatiert, weder Absender noch Adressat sind ersichtlich, befindet sich bei von Dewitz' Unterlagen, Schriftbild, Ort der Ablage und Stellungnahmen lassen darauf schließen, dass es sich um eine, dem Generalgouverneur vorgelegte Regierungsschrift handelte), RAK TKIA B 209; Dewitz an Friedrich IV. vom 19. Februar 1716, RAK TKIA B 209; Dewitz an Friedrich IV. vom 4. März 1716, RAK TKIA B 209.
76   Protokoll Collegio Civitatum 9.–12. Januar 1716, StadtA Greifswald Rep. 5, Nr. 1338 I.
77   Befehl Friedrichs IV. an Regierung vom 14. April 1716, RAK Reg 88 RegKanc i Stralsund Conv. I.

mehrfach um einen grundsätzlichen, das Gerichtswesen in der Provinz einrichten-
den Befehl.

Im Oktober 1716 befahl Friedrich IV. die Überführung sämtlicher Akten, die
sich mit pommerschen Angelegenheiten befassten, aus dem Wismarer Oberappellationsgericht nach Stralsund[78]. Zu diesem Zweck begab sich von Johnn nach
Wismar und nahm am 8. Mai 1717 die den Dänen zugesprochenen Akten entgegen[79].

Während die Stände bis 1715 immensen Einfluss auf das Oberappellationsge-
richt auszuüben vermochten, zerschlug Friedrich IV. deren Macht in der höchsten
Instanz gänzlich, indem er seiner neu gebildeten Regierung die Funktion des alten
Tribunals übertrug. Hier zeigt sich eine deutliche Abkehr von der landständischen
Verfassung.

Da das Hofgericht ebenfalls bis 1721 unbesetzt blieb und die Regierung somit
auf dem Festland das einzige höhere Gericht bildete, war den Ständen des Herzogtums sogar die erste Instanz genommen. Kötzschau, Hohenmühle, Thienen,
Kampferbeck und von Johnn hielten alle jurisdiktionellen Fäden fest in ihrer Hand.

Gleichwohl garantierte Friedrich IV. schon unmittelbar nach Übernahme der
Herrschaft, die alten Landesgesetze auch weiterhin in Kraft zu belassen und die
aus schwedischer Zeit überlieferten Rechte und Privilegien zu achten. So beriefen
sich dänische Beamte häufig auf das nach wie vor gültige, in schwedischer Zeit
geschaffene Recht[80]. Und auch in juristischen Prozessen urteilten die Gerichte
weiterhin nach den in schwedischer Zeit erlassenen Gesetzen[81]. Dass die Dänen
tatsächlich nach alter Landessitte weiter zu verfahren gedachten, darf dennoch
angezweifelt werden. Schrittweise bemühten sie sich, ihre eigene Jurisdiktion zu
installieren. Schon 1716 ließ der König verlautbaren, dass einige Gesetze auf längere Sicht ersetzt werden sollten. Bis eine neue Heide-, Holz- und Mastordnung
erarbeitet werde, war zum Beispiel weiterhin die von den Schweden 1709 initiierte
in Kraft zu lassen[82]. Aus Sicht Friedrichs IV. durften Änderungen der überlieferten
Landesgesetze im Reich nicht publik werden, schließlich galt es, den kaiserlichen
Hof für eine dauerhafte Belehnung zu gewinnen. Berichte über Eingriffe in althergebrachtes Recht wären dieser dänischen Zielsetzung abträglich gewesen[83], zumal

---

[78] Protokoll des Kgl. Konseils vom 16. Oktober 1716, RAK RKTA P-R-K C 251 I, Nr. 26; Kgl.
Relation vom 31. Oktober 1716, RAK RKTA P-R-K C 251 I, Nr. 26.

[79] Appendix Actorum, APS Rekopisy i Spuscizny, Nr. 1087.

[80] Vgl. Regierungspatent vom 1. Juli 1716, RKTA PRK C 256, Nr. 2.

[81] Besonders prägnant: APS SNwG Sggn Rep. 30 b Allerhand, Nr. 48/9.

[82] RAK RKTA P-R-K C 251, Nr. 4.

[83] Mit dieser, gegenüber der Rentekammer vertretenen Begründung gewährte Friedrich den vorpommerschen Ständen 1716 und 1717 Kontributionsforderungen auf Basis vormals gültiger
schwedischer Berechnungen. Rentekammer an Friedrich IV. vom 6. März 1719, RAK RKTA P-
R-K C 251 IV, Nr. 9; Auch Friedrich Wilhelm I. bemühte sich um eine dauerhafte Belehnung
und die Übernahme vormals schwedischer Rechte für Vorpommern. So ließ er im Stettiner Archiv in Erfahrung bringen, welche kaiserlichen Privilegien sich aus dem Besitz des neuen Landes
ergaben. Ab November 1719 wurde detailliert geprüft, welches Prozedere sich mit der Belehnung
der schwedischen Krone durch den Kaiser, mit dem Reichsjägermeisteramt und mit dem privile-
gio de non appellando (hierzu ausführlich siehe Kap. III) verband. Jene Nachforschungen hielten
bis 1721 an. Obwohl der beauftragte Regierungsrat Laurens bereits wenige Tage nach dem könig-

Wien die Sequstrierung aller besetzten schwedischen Gebiete erstrebte[84]. Also betonte der dänische Monarch fortwährend, die pommerschen Gepflogenheiten achten zu wollen. So bemühten sich Landrat von Bohlen und Syndicus Engelbrecht um eine Einrichtung des Justizwesens auf Grundlage der bislang gültigen Landesverfassung, und Friedrich gewährte sie scheinbar. Die zum Tribunal verordneten Regierungsräte sollten nach der bestehenden Tribunalsordnung, der Regierungsform, der Kanzleiordnung, der Hofgerichtsordnung, der Kirchen- und Konsistorialverordnungen und aller diese Dokumente erweiternden Anweisungen und Statuten »insoweit selbige bey jetzo veränderter Landes Regierung applicable und ihrer Königl. Maytt: [...] Regalien Interesse und bothmäßigkeit nicht entgegen gefolget werden [...]« verfahren. Durch die Blume gesprochen, bedeutete diese Formulierung nichts anderes, als dass die aus schwedischer Zeit überlieferten Gesetze nur insoweit Anwendung finden durften, wie sie den neuen dänischen Landesherren nicht störten[85]. In Wirklichkeit griffen er und seine Administration in hohem Maße in die überlieferten Rechte ein.

Auch die tatsächliche oder vorgebliche Unvertrautheit der Dänen mit den Landesgesetzen führte häufig zu ständischen Beschwerden. Diese wiederum verlangsamten die Verwaltungsgeschäfte. Im Zuge der Lustration von 1717 verlangte beispielsweise die Regierung vom Rat der Stadt Bergen eine Verzeichnung sämtlicher Gebäude der Gemeinde. In der Ausführung der Anweisung erblickte der Rügener Amtmann einen »Eingriff in die Landgerichts- und Ambts-Jurisdiktion« und erhob Protest. Mit dem Hinweis auf die eigene Unkenntnis gaben der Generalgouverneur, der Oberlanddrost und die Räte dem Amtmann Recht, verlangten aber eine sofortige zügige Verzeichnung aller unter seiner Amtsgerechtigkeit stehenden Gebäude. Auch solle Johann Janson von Silberstern in Erfahrung bringen, warum diese Häuser von der »oneribus civicis« (öffentliche Abgabe) befreit seien[86].

Eine Trennung der Regierungs- von der Tribunalsarbeit, wie sie Friedrich IV. nachdrücklich befahl[87], ist eindeutig nicht erkennbar. Kötzschau und dessen Räte

---

      lichen Befehl mitteilte, keinerlei Akten zur Belehnung noch zum Reichsjägermeisteramt oder zum privilegio de non appellando auffinden zu können, erging dennoch im April 1721 erneute Order zu prüfen, wie viel die Schweden für die Belehnung an den kaiserlichen Hof gezahlt hätten und was es mit dem Reichsjägermeisteramt auf sich habe. Erwartungsgemäß verlief auch diese Recherche erfolglos. Wie schon 1719, vermutete die Stargarder Regierung 1721 die erhofften Urkunden und Akten in Schweden. Lediglich zur Belehnung des Pommernherzoges Phillip II. wurde Laurens fündig. Befehl Friedrich Wilhelms I. vom 22. März 1718, APS AKS I/3532, Bl. 1 f.; Befehle Friedrich Wilhelms I. vom 10. und 11. November 1719, APS AKS I/3536, Bl. 2–4; Notiz Laurens an Regierung vom 18. November 1719, APS AKS I/3536, S. 7–11; Friedrich Wilhelm I. an Stargarder Regierung vom 29. April 1721 und vom 15. März 1721, APS AKS I/235, S. 3–6; Stargarder Regierung an Friedrich Wilhelm I. vom 16. Mai 1721 (Kopie), APS AKS I/235, S. 13–16.

84   Hartmann, Die Beziehungen, S. 83.
85   Befehl Friedrichs IV. vom 27. März 1717, StadtA Greifswald Rep. 5, Nr. 1339; Bestallung für Johann Christian Hohenmühle vom 14. April 1716, RAK TKIA Patenter 1716, S. 63b–65a; Bestallung für Heinrich Bernhard Kampferbeck vom 12. Juni 1716, RAK TKIA Patenter 1716, S. 96b–98a.
86   Regierung an Amtmann von Rügen vom 6. September 1717, KA Bergen Rep. StadtA, Nr. 634.
87   Bestallung für Hohenmühle, RAK TKIA Patenter 1716, S. 64a–65b.

wurden in erster Linie als Regierung, nicht als Gericht von der lokalen Bevölkerung wahrgenommen. Die Anschreiben an die höchste Obrigkeit im Land beginnen beinahe[88] ausschließlich mit der stehenden Wendung:

>»Von Ihro koniglichen Maytt zu Dannemarck Norwegen zur Regierung im Hert-
zogthum Vor-Pommern und dem Fürstenthum Rügen hochverordnete Herren General
Gouverneur Ober-Land-Drost und Räthe Hochgebohrener Herr geheimter Raht und
GeneralGouverneur Hochwohlgebohrener Herr geheimter Raht und Ober-Land-drost
auch Wohlgebohrene Insonders hochgeneigte Herrn Regierungsräte gnädige und hoch-
gebietende Herrn«[89].

Derartige Floskeln sind keineswegs von geringer Bedeutung. In einer Gesellschaft,
die weitgehend vom Zeremoniell geprägt war, wie die ständische und die absolutistische des 17. und 18. Jahrhundert, konnte eine Anrede über den Ausgang eines
Prozesses, Konfliktes oder jedweder politischen und privaten Angelegenheit entscheiden. Der Hierarchie innerhalb der Regierung verlieh der Schreiber mit jener
Floskel Ausdruck. Zudem lässt sie Schlüsse auf die staatsrechtliche Stellung des
dänisch besetzten Landesteiles zu. So wird beispielsweise weder die Okkupierung
des Territoriums noch seine Zweiteilung erwähnt. Der offizielle Name bleibt in
dänischer Zeit also Herzogtum Vorpommern und Fürstentum Rügen, obwohl der
dänische König kein Herzog war, denn hierfür fehlte ihm die kaiserliche Belehnung.

Eine Nennung der Tribunalsfunktion ist in Briefen an die Stralsunder Regierung nur selten nachweisbar[90]. Sie tritt selbst dann nicht in Erscheinung, wenn es
sich ganz offiziell um juristische Prozesse handelte. Der größte Bestand an Gerichtsakten aus jener Zeit befindet sich heute im Staatsarchiv Stettin. Irrtümlicherweise wurde er von den früheren deutschen Archivaren als »Hofgerichtsakten aus
dänischer Zeit« bezeichnet. Es handelt sich jedoch ausschließlich um Prozesse, die
an die Regierung herangetragen wurden. Bemerkenswerterweise finden sich dort
nur Prozesse, deren Klägervornamen mit L, M, W−Z beginnen. Der Verbleib der
übrigen Akten ist ungeklärt. Auch in diesen Akten wird das Wort »Tribunal« so gut
wie nie erwähnt[91]. Eine zivilrechtliche Klage ist deshalb mitunter schwer von einer
einfachen Beschwerde oder gar einer bloßen lehnsrechtlichen Bitte zu unterscheiden. Die Regierung selbst bezeichnete sich in amtlichen Schreiben durchaus als
Tribunal. Jedoch sind auch hierfür nur wenige Fälle überliefert[92].

---

88 Kürzel kommen durchaus vor, auch weicht die Schreibweise von der hier dargebotenen mitunter ab.
89 Zum Zeremoniell beim Abfassen von Briefen: Lünig, Theatrum Ceremoniale, III.
90 Beispiele für derartige Ausnahmen finden sich unter anderem in: RAK Reg 88 RegKanc i Stral-
    sund Conv. XLVI.
91 RAK Reg 88 RegKanc i Stralsund Conv. CCXCI; StadtA Greifswald Rep. 5, Nr. 2434. In diesem
    Bestand finden sich unter folgenden Signaturen 28 von einstmals 68 Prozessakten: APS SNwG
    Sggn Rep. 30 b Allerhand, Nr. 48, 49, 50 (Hofgerichtsakten aus der Dänischen Zeit); Die irrtüm-
    liche Bezeichnung als »Hofgerichtsakten« führten vermutlich zu Pawel Guts Annahme, das Hof-
    gericht hätte sich in der dänischen Zeit in Stralsund befunden. Vgl. Gut, Das Hofgericht, S. 169.
92 Einige Beispiele in: RAK TKIA B 209 (Etwa: »Nachgesetzte Puncta sind bey Ihro Ecellence dem
    Herrn General Gouverneur von Dewitz von der Königl. Regierung und dem Tribunal einge-
    kommen« oder: Regierung an Dewitz vom 15. Juni 1717).

Der Funktion des alten Wismarer Oberappellationsgerichtes wurde die Stralsunder Regierung niemals gerecht. Sie war zumindest für den Landesadel kein Berufungsgericht, schon deshalb nicht, weil die vorgeschaltete Instanz, das Greifswalder Hofgericht, nicht existierte[93]! Gleichwohl konnte vor dem Gericht Berufung gegen Beschlüsse der kommunalen und niederen Gerichtsbarkeit eingelegt werden.

Den Ständen war von Beginn an jede Möglichkeit einer höheren Klage gegen den Landesherrn genommen. Dies lag in der Natur jener Institution und stand in der Absicht des absolutistischen Monarchen Friedrich. Wird das Aufgabenspektrum der Regierung in Betracht gezogen, so bearbeiteten die Regierungsräte jedoch zahlreiche juristische Angelegenheiten jeder Art. Dass sie bisweilen »Tribunal« hieß, entsprach also durchaus den Tatsachen, denn schließlich verkörperten von Kötzschau, Hohenmühle, Thienen und Kampferbeck tatsächlich die höchste und letzte im Land befindliche Instanz. Allein, mit der vormaligen ständisch geprägten Institution hatte die Regierung nichts gemein. Sofern die Regierungsräte den Begriff »Tribunal« überhaupt gebrauchten, verstanden sie anscheinend nichts anderes als ein höheres Gericht darunter. So lässt sich ein zu vermutendes, von Kötzschau und dessen Räten empfundenes Traditionsbewusstsein in den Quellen nicht nachweisen. Sie fühlten sich als Regierung, der zugleich die höhere Rechtsprechung oblag. Um dieses Behauptung zu beweisen, lohnt sich ein längeres Zitat aus einem der zahlreichen Rechtsstreite zwischen dem Burggrafen Johann Georg Cavan und dem Greifswalder Magistrat[94]. Der Urteilsspruch der Dänen beginnt mit der obligatorischen Formel:

> »In Sachen des Burggraffen und Bürgermeisters zu Greifswalde Johann Georg Cavan [...] wieder Bürgermeister und Rat dasselbst, Supplicaten, in pto Liqvidationis und sonsten Geben Ihr: Königl: Maytt. zu Dännemarck, Norwegen pp zur Regierung im Herzogthum Vor-Pommern und dem Fürstenthum Rügen verordnete General-Gouverneur, Ober-Landdrost und Räthe«.

Das Wort Tribunal sucht der Leser dort vergebens. Noch wichtiger sind jedoch die folgenden Passagen:

> »daß die Supplicaten in dieser Sache sich keine Richterl. Cognition anmaßen können, sondern alß des Supplicantis gegen part lediglich anzusehen seynd, es keiner appellation von der ab ihrer seiten dem Suplicanten gegebenen Resolution bedürfft hätte, sondern der *königl: Regierung jurisdiction* [Hervorhebung – M.M.] quoad 1mam instantiam begründet sey«.

Kein »Wismarer« Tribunal spricht hier Recht, wie dies die neueste Forschung konstruiert[95], sondern eine Regierung mit jurisdiktionellen Aufgaben. Jeder Versuch, die Tribunals- von der Regierungsfunktion zu trennen, ist ein künstlicher. Er wird

---

[93] Beispiel: APS SNwG Sggn Rep. 30 b Allerhand, Nr. 48/13.

[94] Die Streitigkeiten zwischen dem Burggrafen und dem Rat harren einer intensiven wissenschaftlichen Aufarbeitung. Eine entsprechende Studie wäre schon deshalb von hohem Interesse, weil der Grad der Durchdringung städtischer Gewalt durch eine absolutistische Herrschaft besonders ersichtlich werden würde. Schroeder, der 1961 eine Studie zur Geschichte der kommunalen Führung vorlegte, erwähnt, im Gegensatz zu anderen Autoren, den Streit nicht einmal. Vgl. Schroeder, Zur Geschichte, I, S. 102–121.

[95] Vgl. Jörn, Servorum Dei Gaudium, S. 297–301; Olesen, Auswirkungen der dänischen Herrschaft.

dem historischen Geschehen nicht gerecht[96]. Bedürfte es hierfür neben den schon erörterten eines weiteren Beweises, so findet er sich in vorgedruckten Vollmachten für »Anwälte«. Auch dort wird das Tribunal nicht erwähnt, vielmehr heißt es dort: »Ich Unterschreibener thue kund und bekenne für Männiglichen/ insonderheit meinen Erben und Erbnehmen mit diesem offenen Briefe/ daß ich zu Vollenführung meiner bey der *Königl. Hochpreißl. Regierung* [Hervorhebung im Orginal] zu Stralsund habenden Rechts-Sachen«[97].

Nils Jörn meint in seinen *Lebensbeschreibungen*, es habe eine »letztinstanzliche Rechtsprechung im Namen des Tribunals« gegeben. Er betont jedoch zu Recht, dass aus den Akten nicht ersichtlich ist, in welcher Funktion die Räte Recht sprachen. Da seine Erkenntnisse zur dänischen Zeit lediglich auf zwei Kopenhagener Akten beruhen, finden sich in dem kurzen, dreiseitigen Abschnitt zahlreiche Fehler. Der im Zusammenhang mit dem Stralsunder »Tribunal« gravierendste ist, dass die Zusammensetzung des Tribunalskollegium falsch dargestellt wird.

Die Zusammenführung zweier Gewalten in den Händen der Regierung barg zwar im Hinblick auf ihr Arbeitspensum gewisse Nachteile[98]. Andererseits bot sich so die Möglichkeit, ständischen Einfluss dauerhaft auszuschalten. Also nimmt es kaum wunder, dass Ritterschaft und Städte gerade ihre offensichtliche Entrechtung, in des Wortes tiefster Bedeutung, zum Anlass fortwährender Klagen nahmen. Noch 1719 forderten sie die Regierung auf, endlich die vorpommersche Jurisdiktion entspechend den althergebrachten Landesgesetzen neu zu beleben[99].

Zudem problematisierten die Stände, dass in rechtlicher Hinsicht keinerlei Unterschied zwischen der Regierung, dem Tribunal und dem Hofgericht zu erkennen sei. Sie baten Kötzschau und dessen Räte deshalb, »das hinführo bey denen gerichtlichen expeditionen die deßfals nötige distinction gemachet in einer jeden Sache so wie sie ihrer natur nach entweder vor das Tribunal oder vor die Regierung oder vor das Hoffgericht in erster oder anderer Instanz gehörig nach dem Inhalt der Tribunals-Regiments und Hoffgerichtsordnung mittelst attendirung der gewöhnl. Solennium et formalium erfolgen«[100] soll.

---

[96] Urteil der Regierung vom 19. September 1718, StadtA Stralsund Rep. 5, Nr. 2434, Bd 2; Neben vielen in anderen Akten vorhandenen Beispielen finden sich dort weitere Fälle, die die aufgestellte These stützen.

[97] Vollmacht für Christian Bernhard Prummenstalen vom 26. Februar 1720, RAK RegKanc i Stralsund Conv. CCXCII; Vollmacht für Christian Ehrenfried Köppen vom 10. August 1719, APS SNwG Sggn Rep. 30 b Allerhand, Nr. 48/15; Weitere Beispiele in: Name und Datum wurde in die gedruckten Formulare eingefügt. APS SNwG Sggn Rep. 30 b Allerhand, Nr. 48/21.

[98] Neben dem ohnehin breit gefächerten Spektrum der administrativen Aufgaben besorgte die Regierung praktisch die gesamte höhere Jurisdiktion der Provinz. Da die Einwohner seit Ende 1715 wieder in Frieden lebten, fühlten zahlreiche Rechtspersonen sich nun veranlasst, durch den Krieg zum Stillstand gekommene Prozesse wieder aufzugreifen. Explizit mit dieser Begründung. Westphal an Regierung vom 30. November 1720, APS SNwG Sggn Rep. 30 b Allerhand, Nr. 48/5.

[99] Landstände an Regierung (undatiert, jedoch vom Kontext her in das Frühjahr 1719 einzuordnen), StadtA Stralsund Rep. 13, Nr. 57.

[100] Angelegentliche submisse desideria der Pommerschen und Rugianischen Landstände von Ritterschaft und Städten dißseits der Peene das Justizwesen und dessen administrierung betreffend (ohne Datum, Kopie) StadtA Greifswald Rep. 5, Nr. 1339, Bd 2.

Gegenstand der von der Regierung bearbeiteten Prozesse reichten von der gewöhnlichen Beleidigung bis hin zum handfesten Mord[101]. Da ein sehr großer Teil der Prozessakten als verschollen gilt, ist eine klare Gewichtung nicht mehr ermittelbar. Andererseits handelt es sich bei den meisten noch vorhandenen Unterlagen hauptsächlich um dingliche Verfahren, austehende Schulden, Löhne etc. Bemerkenswert erscheint die Tatsache, dass die Kläger den Regierungsbeamten häufig einen Vorschlag über das mögliche Strafmaß für ihre Gegner unterbreiteten[102]. Als besonders beliebt erwies sich die Forderung nach Verhängung militärischer Exekution[103]. Noch erstaunlicher aber ist, dass die Regierung den Anregungen des Klägers oftmals nachkam[104]. Als des Kämmerers Schreiber, Peter Petersen, Klage wegen Beleidigung, tätlichen Angriffs und Unterschlagung von Kontributionsgeldern gegen den Barther Licentverwalter Andreas Schwartz erhob, fertigte er einen Katalog zur Vernehmung des Beklagten. Dieser wurde von der Regierung vorbehaltlos und ohne Kürzung übernommen[105].

Über die Urteilsfindung im Regierungskollegium lässt sich den Akten nur wenig entnehmen. Fest steht jedoch, dass Entscheidungen grundsätzlich binnen kürzester Zeit, zumeist in ein bis drei Tagen nach Eingang der Klage fielen[106]. Auch fanden anscheinend kaum Verhandlungen vor den Räten selbst statt. Diese urteilten nach Papierlage, das heißt, lief eine Klage ein, so prüften die Regierungsräte die Stichhaltigkeit der Argumentation sowie die der beigefügten Beweisstücke[107]. Da die Regierung auch in jurisdiktionellen Fragen geschlossen zeichnete, ist nicht feststellbar, ob nur die beiden »Rechtsspezialisten« Hohenmühle und von Johnn das Urteil fällten. Die Beschlüsse sind in der unsauberen Handschrift von Johnns unmittelbar auf den eingegangenen Schreiben vermerkt. Im Bedarfsfall erfolgten Befragungen, die auf dem Lande durch den Amtmann *oder* den Amtsnotar durchgeführt wurden. Johnn verzeichnete das jeweilige Urteil beziehungsweise die Be-

---

[101] APS SNwG Sggn Rep. 30 b Allerhand, Nr. 48/27; APS SNwG Sggn Rep. 30 b Allerhand, Nr. 48/26.

[102] Besonders prägnant: Petersen an Regierung vom 9. September 1718, RAK Reg 88 RegKanc i Stralsund Conv. CCXCI; Cavan an Regierung vom 28. Dezember 1717, StadtA Greifswald Rep. 5, Nr. 2434; Pfandträger des Ackerwerkes Gerdsin an Regierung (undatiert) eingegangen am 17. Juni 1720, APS SNwG Sggn Rep. 30 b Allerhand, Nr. 48/3.

[103] Von Johnn an Regierung vom 17. Januar 1719, RAK Reg 88 RegKanc i Stralsund Conv. CCXCI, Nr. 24; von Johnn an Regierung vom 14. Februar 1719, RAK Reg 88 RegKanc i Stralsund Conv. CCXCI, Nr. 24; Regierungsverfügung gegen Lorentz Beetzen vom 19. Januar 1719, RAK Reg 88 RegKanc i Stralsund Conv. CCXCI, Nr. 24; Schlippenbach an Meyer vom 26. Mai 1719, RAK Reg 88 RegKanc i Stralsund Conv. LI; Gude an Regierung vom 5. August 1720, RAK Reg 88 Regkanc i Stralsund Conv. CCXXXV; Stralsund an Regierung vom 15. November 1719, RAK Reg 88 Regkanc i Stralsund Conv. CCXL; Hagen an Regierung (undatiert, 1720), APS SNwG Sggn Rep. 30 b Allerhand, Nr. 48/10; Kühlmann an Regierung vom 16. März 1718, APS SNwG Sggn Rep. 30 b Allerhand, Nr. 48/23.

[104] Neben dem hier genannten finden sich weitere Beispiele in: Regierungsverfügung gegen Lorentz Beetzen vom 14. März1719 (ist auf den Brief von Johnns an Regierung vom 14. Februar 1719 geschrieben), RAK Reg 88 Regkanc i Stralsund Conv. CCXCI, Nr. 13.

[105] Nohtdringliche Klage nebst unterthänigster Bitte Peter Petersen contra Licentverwalter Andreas Schwartzen, RAK Reg 88 Regkanc i Stralsund Conv. CCXCI, Nr. 1.

[106] APS SNwG Sggn Rep. 30 b Allerhand, Nr. 48–50.

[107] Ebd., Nr. 48.

schlüsse des Kollegiums dann direkt auf der Klageschrift. Schließlich erarbeitete die Regierung Entwürfe von Schreiben an die Betroffenen in der bereits erörterten Form, die später von den Kanzlisten in Reinschrift gebracht wurden. Der Beklagte nahm nun den Urteilsspruch hin oder wandte sich seinerseits entweder persönlich oder durch einen beauftragten Advokaten mit einer Berufung an die Regierung. Daraus sich ergebende langwierige Verhandlungen fanden nicht vor dem Regierungskollegium, sondern vor hierzu bestellten Kommissionen statt, die aus Kläger, Beklagtem sowie deren Anwälten und einem von der Regierung verordneten Rechtsgelehrten bestanden. Sie waren an keinen festen Ort gebunden und verhandelten in unterschiedlichsten Gebäuden. Die Ergebnisse dieser Auseinandersetzungen wurden protokolliert und der Regierung zur Urteilsfindung übersandt, die in der geschilderten Weise verfuhr[108]. Es kam vor, dass die Kommission ein Urteil vorschlug, das dann nur noch von der Regierung zu bestätigen war[109].

b) Das Greifswalder Hofgericht

Personelle Zusammensetzung und Struktur

Noch vor den Friedensschlüssen zu Osnabrück und Münster errichteten die Schweden in Pommern eine eigene Verwaltung. 1642 begann der hiermit beauftragte Graf Johann Oxenstierna, den künftigen pommerschen »Staat« zu formieren. Zunächst plante er die Eröffnung zweier Hofgerichte. Eines nahm seinen Sitz in Stettin, ein zweites in Greifswald. Nach 1648 blieb jedoch hiervon nur ein Hofgericht übrig, da sich in Wismar das Oberappellationsgericht als höchstes Rechtsorgan der schwedischen Provinzen im Römischen Reiche konstituierte[110]. Stockholm installierte nun das Greifswalder Hofgericht als höchste juristische Instanz für Pommern[111]. Es befasste sich mit zivilen und strafrechtlichen Appellationen sowie mit Lehnsangelegenheiten[112]. Adelige, die in den Städten wohnten, fielen nicht unter die kommunale Jurisdiktion, sondern unter die des Hofgerichtes[113]. Es war zudem Berufungsinstanz für alle niederen Gerichte. Eine Ausnahme bildete Stralsund. Appellationen dieser Stadt und seiner Bürger an das Greifswalder Hofgericht waren durch einen Erbvertrag stark eingeschränkt[114]. 1666 verlegten die Schweden das Gericht nach Wolgast. In den Zeiten des schwedisch-brandenburgischen Krieges 1675–1679 boten die Stralsunder Festungsmauern der Institu-

---

[108] APS SNwG Sggn Rep. 30 b Allerhand, Nr. 48/1; APS SNwG Sggn Rep. 30 b Allerhand, Nr. 48/14 (Acta in Sachen Frantz Schönrocken Kl. Contraden Magistrat zu Loitz, Bkl. in pto Debiti).
[109] Bilow an Regierung vom 23. Oktober 1719, APS SNwG Sggn Rep. 30 b Allerhand, Nr. 48/14.
[110] Schwartz, Versuch, S. 1063.
[111] In den zuvor stattgefundenen zähen Verhandlungen sprachen sich die Stände zunächst für Wolgast als Sitz des Hofgerichtes aus, während die schwedische Regierung Stettin favorisierte. Schließlich entschied sich der schwedische König, einem ständischen Vorschlage folgend, für Greifswald. Modéer, Gerichtsbarkeiten, S. 376–378; Backhaus, Verfassung, S. 34; Gut, Das Hofgericht, S. 159–162.
[112] Buchholz, Das schwedische Pommern, S. 253.
[113] LAG Rep. 40 VI, Nr. 90, S. 106; Gut, Das Hofgericht, S. 165.
[114] Berger, Rechtsgeschichte, S. 33 f.; Gadebusch, Schwedischpommersche Staatskunde, I, S. 99.

tion sicheren Schutz und erst nach Beilegung der militärischen Auseinandersetzung kehrte das Gericht wieder an seinen angestammten Ort Greifswald zurück. Im Jahre 1672 erließ Karl XI. eine neue Hofgerichtsordnung, die die Kompetenzen und Arbeitsabläufe der höchsten vorpommerschen Instanz regelte. Ihr saß bis 1678 ein Hofgerichtspräsident, später ein Direktor de facto vor[115]. De jure hingegen kam dem Landesherrn selbst, also dem König, die Leitung zu[116].

Ebenso wie im Falle des Wismaer Tribunals besaßen die Stände in schwedischer Zeit einen großen Einfluss auf das Greifswalder Hofgericht. So berieten ständische Vertreter die Richter während der sechsmal jährlich stattfindenden Gerichtstage. Auch überwachten sie die ordnungsgemäße Prozessführung[117].

Unmittelbar vor Einrichtung der dänischen Verwaltung bestand das Hofgericht aus dem Direktor Frantz Michael von Boltenstern, den »ordinairen« Assessoren Caspar von Corsvant, Johann Christian von Hartmannsdorff, Georg Bogislaw von Mascow und Sebastian von Schwallenberg, den Referendaren Chrysanth Friedrich von Magdeburg und Franz von Stypmann sowie dem Pronotar Hermann Christoph Engelbrecht, dem »ordinairen« Fiskal Johann Hinrich Engelbrecht und dem Adjunctus Fiscali Abraham Droysen[118]. Zunächst blieb ungewiss, ob sie sich mit der neuen Landesherrschaft arrangieren würden.

Der Kampf um die Wiedereinrichtung des Hofgerichtes

Das Justizwesen bereitete der dänischen Regierung von Beginn an größte Sorgen. Weder im Konsistorium noch im Hofgericht vermochten sie die Arbeitsfähigkeit nach Übernahme der Landesherrschaft sicherzustellen[119].

Zunächst schien es, als fänden sich die ehemaligen schwedischen Hofgerichtsbediensteten zur Mitarbeit bereit. Hofrat Caspar von Corsvant und der Pronotar Engelbrecht signalisierten 1716 Bereitschaft, den von den Dänen geforderten Eid zu unterschreiben[120]. Intern scheint das Kollegium sich jedoch uneins gewesen zu sein, sodass sich die Investitur (Einsetzung) des Gerichtes zusehends verzögerte. Zudem verstarb Direktor Franz Michael von Boltenstern im Mai 1716[121]. Bol-

---

[115] Gut, Das Hofgericht, S. 163 f., 167.
[116] Zum Problem des Verhältnisses Landesherr-Hofgericht: Modéer, Der schwedische König, S. 435–442.
[117] Gut, Das Hofgericht, S. 166.
[118] Verzeichniß derer Beym Pomerschen Hoffgerichte.
[119] Eine offizielle Aufhebung des Hofgerichtes, die Gadebusch vermutet, erfolgte nicht. Preußischerseits wurde noch im Oktober 1715 die Wirksamkeit von Greifswalder Hofgerichtsurteilen für das nunmehr preußische Vorpommern südlich der Peene außer Kraft gesetzt. Rechtsstreitigkeiten sollten dort nun vor das Hinterpommersche Hofgericht getragen werden. Gadebusch, Grundriß, S. 255; Erlaß an Lettow vom 31. Oktober 1715. In: Acta Borussica. Die Behördenorganisation, III, S. 296 f.
[120] Dewitz an Regierung vom 7. November 1716, RAK Reg 88 Regkanc i Stralsund Conv. XXIX. Corsvant wurde am 31. Oktober 1674 in Greifswald geboren, studierte in Königsberg und Tübingen und begann 1701 als außerordentlicher Referendar seine Karriere am Hofgericht. Er war gerade im Januar 1715 als Assessor bestallt worden. Verzeichniß derer Beym Pomerschen Hoffgerichte, BgnSgn. A 2.
[121] Verzeichniß derer Beym Pomerschen Hoffgerichte, BgnSgn. A 1.

tenstern hatte trotz zahlreicher Bitten der Regierung eine Zusammenarbeit mit den Dänen bis zuletzt abgelehnt[122]. Einen Monat nach dem Ableben des Direktors erhielt Johann August Schmidt seine Bestallung zum Kanzlisten beim Hofgericht, einer nach wie vor nicht arbeitsfähigen Institution. Wenige Tage später ernannte Friedrich IV. Georg Christian Rost zum Kanzleirat und Assessor[123]. Weitere Beisitzer konnten jedoch nicht bestallt werden.

Nach mehrfachen Aufforderungen des Generalgouverneurs an die Stralsunder Regierung, sie möge den Prozess der Errichtung beschleunigen[124], berieten Kötzschau und dessen Räte sich zunächst mit dem rügischen Landrat von Bohlen, der hoffte, die Hofräte Caspar von Corsvant und Johann Christian von Hartmannsdorff für eine Mitarbeit zu gewinnen. Da beide Juristen in der Frage eines Übertritts in dänische Dienste geteilter Auffassung blieben, stellte von Bohlen seine Mittlertätigkeit ein. Die Stralsunder Regierung trug nun dem ehemaligen Tribunalsassessoren Albrecht Heinrich Hagemeister die Direktorenstelle an. Hagemeister aber entschuldigte sich mit seiner weiterhin gültigen eidlichen Bindung an den schwedischen Monarchen[125]. Über den Verbleib Sebastian von Schwallenbergs und Georg Bogislaff von Mascows schweigen die dänischen Akten. Es steht jedoch zu vermuten, das beide sich auch weiterhin in Stettin aufhielten, wohin sie bereits während der Kampfhandlungen übergesiedelt waren[126]. Auch sie standen also für eine Mitarbeit nicht zur Verfügung.

Als im Juli 1717 der in Greifswald zusammengetretene Landtag das immer noch nicht arbeitende Hofgericht thematisierte[127], teilte die Stralsunder Regierung mit, dass sie zunächst alle Jurisdiktion instanzunabhängig mitbetreue, bis das Hofgericht wieder eröffnet sei. Kötzschau und dessen Räte versicherten zudem, sich möglichst schnell von dieser immensen Last befreien zu wollen[128]. Nur vier Monate später verfügte die Regierung unter Androhung der Exekution (Zwangsvollstreckung), dass der vormalige Hofgerichtsrat von Corsvant und sein ehemaliger Referent Engelbrecht ihre Steuern rückwirkend für 1716 und 1717 zu zahlen hätten. Hofgerichtsbediente waren zur schwedischen Zeit von allen Abgaben be-

---

[122] Das Leben des Weyland Magnifici, Wohlgebohrnen und Hochbenahmten Herrn/ Hn. Franz Michael von Boltenstern, Erbherrn auff Altenhagen/ [...] Seiner Königlichen Mayestät zu Schweden/ a.a. bey dero Hoffgerichte im Hertzogthum Vor-Pommern und Fürstenthum Rügen verordneten Directoris. Aus authentischen Nachrichten zusammen getragen, Greifswald 1730 (Ein Exemplar befindet sich in der Universitätsbibliothek Greifswald unter Vitae Pomeranorum 4), BgnSgn. B 3.

[123] Bestallung für Johann August Schmidt vom 26. Juni 1716, RAK TKIA Patenter 1716, S. 114b–115b; Bestallung für Georg Christian Rost vom 10. Juli 1716, RAK TKIA Patenter 1716, S. 123b–124b.

[124] Dewitz an Regierung vom 22. September und vom 7. November 1716, RAK Reg 88 Regkanc i Stralsund Conv. XXIX.

[125] Regierung an Dewitz vom 15. Juni 1717, RAK TKIA B 209.

[126] Das Leben des [...] Franz Michael von Boltenstern, BgnSgn. B 3.

[127] Landstände an Regierung vom 3. Juli 1717, StadtA Stralsund Rep. 13, Nr. 614.

[128] Regierung an Landstände vom 8. Juli 1717, StadtA Stralsund Rep. 13, Nr. 614; auch in: StadtA Greifswald Rep. 5, Nr. 1339, Bd 2.

freit[129]. Ausdrücklich untersagten die Dänen nun eine Berufung auf das althergebrachte Recht, da Corsvant und Engelbrecht ihre Ämter nicht mehr wahrnahmen.
Hiermit verbanden von Kötzschau und dessen Räte zugleich die Aufforderung,
künftig keinem ehemaligen schwedischen Beamten Steuerfreiheit zu gewähren[130].
So forderte die Stadt nun auch von den Kollegen Corsvants und Engelbrechts,
dem Hofgerichtsrat Johann Christian von Hartmannsdorff, dem Fiskal Engelbrecht, dem Hofgerichtskanzlisten Brach und dem Exekutor von Sandten die Abgaben für Verpflegung der dänischen Truppen, die Kontribution und die Maga-
zinkorngebühren[131]. Offensichtlich glaubten sich die Juristen weiter im Amt, denn
sie unterließen es trotz des unübersehbar scharfen Tonfalls der Regierungsorder
nicht, nach Stralsund zu schreiben und ihre durch die »Teutschen Reichs-
Satzungen« und die »Surrogate des Teutschen Reichs höchsten Cammer-gerichts«
geschützten Rechte zu unterstreichen[132]. Überhaupt zeigten die ehemaligen Hofgerichtsbediensteten keinerlei Interesse an der neuen Landesherrschaft. Ihre fortwährend Loyalität gegen ihren alten schwedischen Arbeitgeber demonstrierten sie
hartnäckig, indem sie grundsätzlich mit »Königl. Schwedische Hofgerichtsbediente« unterzeichneten[133], ganz so, als bestünde keine dänische Hoheit über das nördliche Vorpommern. Da Engelbrecht und Hofrat von Corsvant sich als besonders
uneinsichtig zeigten und 1719 keinerlei Steuern trotz mehrfacher Aufforderung
abführten, verfügte Horst die militärische Exekution. Je ein Musketier nahm in
Engelbrechts und Corsvantens Wohnung Lager, so lange, bis der Pronotar und der
ehemalige Assessor zahlten[134]. Die Streitigkeiten um die Befreiung der Hofge-
richtsbedienten von den ihnen auferlegten Steuerlasten dauerten bis zum Ende der
dänischen Herrschaft. Noch im Juni 1720 befahl die Rentekammer, die ständigen
Gesuche der Assessoren »ein vor allemahl abzuweisen«[135]. Da sich infolge der
Widerspenstigkeit einheimischer Juristen keine mit dem pommerschen Recht ausreichend vertraute Personen für die Wiedereröffnung des Hofgerichtes fanden,
ruhte die Arbeit der Institution bis 1721[136].

Es kann darüber trefflich gestritten werden, ob die dänischen Regierungsräte
diese Situation begrüßten oder nicht, verband sich doch mit der Nichtbesetzung
mehr Arbeit für den einzelnen Regierungsangehörigen[137]. Die Räte bemühten sich

129 Regierungsbefehl an Stadt Greifswald vom 9. November 1717, LAG Rep. 73, Nr. 896, Bl. 1 f.;
     Des königlichen Tribunals Decisum wegen der Immunität der königlichen Hofgerichts-Bedienten
     vom 19. Juni 1710, Dähnert, Sammlung, III, S. 109.
130 Regierungsbefehl an Stadt Greifswald vom 9. November 1717, LAG Rep. 73, Nr. 896, Bl. 1 f.
131 Designationen vom 24. November 1717, LAG Rep. 73, Nr. 896, Bl. 4–8.
132 »Königl. Schwedische« Hofgerichtsbediente an Greifswald vom 16. November 1717, LAG Rep.
     73, Nr. 896, Bl. 12 f.; »Königl. Schwedische« Hofgerichtsbediente an Regierung vom Februar
     1717 (ohne genaues Datum), LAG Rep. 73, Nr. 896, Bl. 22–25; Die Bemühungen der Juristen
     blieben ohne Erfolg, wie zahlreiche der Akte beigelegte Steuerzettel/-Aufforderungen beweisen.
     Steuerzettel, LAG Rep. 73, Nr. 896, Bl. 31–42, 67–73.
133 LAG Rep. 73, Nr. 896.
134 Exekutionsverfügung vom 18. Dezember 1719, LAG Rep. 73, Nr. 896, Bl. 88; Order an Exeku-
     tanten vom 21. Dezember 1719, LAG Rep. 73, Nr. 896, Bl. 96.
135 Rentekammer an von Kötzschau und Horst vom 8. Juni 1720, LAG Rep. 73, Nr. 896, Bl. 127 f.
136 Rentekammer an Friedrich IV. vom 19. März 1719, RAK RKTA P-R-K C 251 IV, Nr. 12.
137 Regierung an Greifswald vom 24. Dezember 1717, StadtA Greifswald, Rep. 5, Nr. 2434, Bd 2.

deshalb, unnötige Verhandlungen zu vermeiden. Fälle minderer Bedeutung, die ihr angetragen wurden, wies sie der niederen Gerichtsbarkeit zu. Tatsache ist, dass damit den Ständen eine weitere Möglichkeit genommen wurde, Rechtsfälle abseits der Landesherrschaft auszutragen. Da auch der rügische Landvogt fest mit der Position des Amtmannes verbunden blieb, existierte, abgesehen von dem nach außen hin schwachen Konsistorium, keinerlei höhere Instanz mit Ausnahme der Regierung. Friedrich IV. konnte diese Situation eigentlich nur recht sein, da er seine Position als Landesherr gestärkt sehen durfte. Dennoch bemühte sich Kopenhagen ernsthaft um eine Errichtung eines funktionierenden Hofgerichtes. Als sich im Frühsommer 1717 diese dauerhafte Vakanz abzuzeichnen begann, baten die Regierungsräte zwar den Generalgouverneur, das Hofgericht mit zwei in deutschen Gesetzen bewanderten Rechtsgelehrten zu besetzen, um »damit die authorität eines Königl: Gerichtes aufrecht [zu – M.M.] erhalten«[138], allein, auch dieses Unterfangen scheiterte[139]. So blieb der von Friedrich IV. geplante Aufbau eines neuen Hofgerichts pure Illusion. Die Regierung ließ alle wichtigen Akten nach Stralsund überführen. Erst 1721 erfolgte ihre Rückgabe an das sich neu formierende schwedische Hofgericht. Corsvant, einer der Assessoren, um dessen Mitarbeit die dänische Landesherrschaft zuvor so stark geworben hatte, trat nun als Bevollmächtigter des Grafen Johann August Meyerfeld für die Übergabe der Akten auf[140].

Aufbau und Bemühungen um eine funktionierende Rechtsprechung zeigen Parallelen zum preußisch-sequestrierten Landesteil. Die Schwierigkeiten erreichten dort keineswegs das Ausmaß wie in »Dänisch-Vorpommern«, wohl aber weisen sie ähnliche Konturen auf. Friedrich Wilhelm war sich, ebenso wie der dänische Monarch des Wertes gut ausgebildeter, mit dem vorpommerschen Recht vertrauter Juristen bewusst. Schon im März des Jahres 1716 verfügte er, sämtliche Advokaten im südlichen Vorpommern zu ermitteln[141]. Aus fast allen Städten liefen daraufhin entsprechende Meldungen bei der zuständigen Stargarder Regierung ein. Ausnahmen bildeten Pasewalk, Gartz und Gollnow. Nach Kenntnisnahme durch den König entschied dieser, zehn Juristen in den preußischen Dienst zu übernehmen und niemandem ausserhalb desselben Personenkreises im südlichen Vorpommern die Rechtsprechung zu gewähren[142]. Interessant scheint die Tatsache, dass fünf Angehörige des Greifswalder Hofgerichts sich zu diesem Zeitpunkt in Stettin aufhielten[143]. Wie im dänischen Landesteil auch, bemühten sich einige Juristen, dem

138   Regierung an Dewitz vom 15. Juni 1717, RAK TKIA B 209.
139   Bergan an Friedrich IV. vom 20. Oktober 1717, RAK TKIA B 209; Engel an Friedrich IV. vom 7. Januar 1718, RAK TKIA B 209.
140   Regierungsprotokoll vom 15. November 1720, RAK Reg 88 Regkanc i Stralsund Conv. CCXCVIII; Friedrich IV. an Regierung vom 30. August 1720 (Kopie), RAK Reg 88 Regkanc i Stralsund Conv. CCXCVIII.
141   Friedrich Wilhelm I. an Stargarder Regierung vom 16. März 1716 (Kopie), APS AKS I/3255, S. 1.
142   Friedrich Wilhelm I. an Stargarder Regierung vom 25. März 1717, APS AKS I/3255, S. 22 f.
143   Diverse Schreiben der vorpommerschen Städte an die Stargarder Regierung vom 31. März–20. April 1716, APS AKS I/3255, S. 2–18, 65; Designation derer alhie sich befindenden Advocaten, APS AKS I/3255, S. 66.

Eid auszuweichen[144]. Dieses Verhalten blieb jedoch im Gegensatz zum dänischen Vorpommern für die regionale Verwaltung ohne große Konsquenzen, denn zum einen verfügte Preußen aufgrund seines bereits Jahrzehnte währenden Besitzes von Hinterpommern über ausreichend mit dem pommerschen Recht vertraute Personen und zum anderen erfolgte die letztinstanzliche Rechtsprechung für den sequestrierten Teil Vorpommerns ohnehin in Berlin und Köslin.

c) Das Greifswalder Konsistorium

Personelle Zusammensetzung und Struktur

Als der pommersche Landesherr 1563 die Gerichtsbarkeit des Roeskilder Landpropstes aufhob, installierte er in Greifswald ein Konsistorium, dem die kanonische Rechtsprechung im Fürstentum Rügen und im Herzogtum Wolgast oblag. Somit existierten in Pommern drei derartige Institutionen: das Stettiner Konsistorium im gleichnamigen Herzogtum, das Kolberger Kirchengericht im Bistum Cammin und das Greifswalder Konsistorium[145]. Im Jahre 1657 wurde das Stettiner Kirchengericht aufgelöst. Seine Aufgaben fielen an Greifswald[146]. Erst 1700 entstand ein neues Unterkonsistorium in der Odermetropole. Stralsund besaß zudem ein eigenes Konsistorium, das in theologischen Angelegenheiten, die den städtischen Bereich betrafen, richtete[147].

Gerade in der Institution des Kirchengerichtes zeigt sich das schwedische Staatskirchentum in Pommern. Aus Konsistorialräten wurden Assessoren mit stark eingeschränkter Entscheidungsfreiheit. In der kanonischen Militärgerichtsbarkeit urteilte das Konsistorium ab 1692 nach schwedischem, nicht nach pommerschem Recht. Eine vollständige Übertragung der schwedischen Kirchenordnung auf Pommern, die bereits am 28. Juni 1688 verordnet worden war, scheiterte jedoch letztlich an der ständischen Opposition[148].

Dem Konsistorium stand der vorpommersche Generalsuperintendent als Präses vor. Mit diesem hohen geistlichen Amt verbanden sich weitere vielfältige Aufgaben. Seit 1604 oblag seinem Inhaber beispielsweise die rügische Superintendentur. Im Jahre 1646 wurde zudem eine dauerhafte Personalunion mit der

---

[144] Beispielsweise Hering an Friedrich Wilhelm I. vom 24. April 1717, APS AKS I/3255, S. 27 f.; Hassert an Friedrich Wilhelm I. vom 22. April 1717, APS AKS I/3255, S. 33–35; Beide stimmten später der Ablegung des Eides zu. Hassert an Friedrich Wilhelm I. vom 10. Mai 1717, APS AKS I/3255, S. 74 f.; Kgl. Patent für Johann Samuel Hering vom 6. März 1717, APS AKS I/3255, S. 77–79.

[145] Wiedemann, Kirchengeschichte, S. 71; Buske, Das alte Greifswalder Konsistorium, S. 59 f.

[146] Heyden, Kirchengeschichte, S. 104; Modéer, Gerichtsbarkeiten, S. 381–383; Backhaus, Verfassung, S. 34.

[147] Zur Zusammensetzung und Rechtsprechung desselben: Gadebusch, Schwedischpommersche Staatskunde, I, S. 77 f., 92; Buske, Das alte Greifswalder Konsistorium, S. 75; Braun, Städtisches Kirchenregiment in Stralsund, S. 66–73.

[148] Heyden, Kirchengeschichte, S. 104 f.; Buske, Das alte Greifswalder Konsistorium, S. 67.

Greifswalder Stadtsuperintendentur und dem dortigen Pastorat von St. Nikolai geschaffen[149].

Friedrich IV. musste angesichts dieser Bündelung von Macht und Kompetenzen in der Hand eines einzelnen Geistlichen die immense Bedeutung der Ernennung eines loyalen Generalsuperintendenten gegenwärtig gewesen sein. Zunächst aber zögerte er mit der Wahl eines eigenen Kandidaten, galt es doch, unnötige Opposition der einheimischen Geistlichkeit zu vermeiden. Diese stand zu befürchten, da Schwedenkönig Karl XII. noch vor der Einnahme Stralsunds 1715 dem Rostocker Theologen Albrecht Joachim von Krakevitz[150] die verantwortungsvolle Funktion übertrug. Seine Amtseinführung scheiterte jedoch an der dänischen Besetzung des Landes. Um möglichen Widerständen vorzubeugen, legte Friedrich IV. dem Greifswalder Professor Heinrich Brandanus Gebhardi[151] vorerst lediglich den Titel eines »Vicegeneralsuperintendenten« zu[152]. Somit blieb Krakevitz' offizielle Stellung zwar unangetastet, gleichzeitig nahm Gebhardi aber die führenden kirchlichen Funktionen wahr. Erst 1719 erhob der dänische König Gebhardi zum Generalsuperintendenten. 1720 wurde er durch den Theologieprofessor Michael Rußmeyer in das Amt eingesetzt. Der zeremonielle Akt fand in der Nikolaikirche zu Greifswald im Beisein des dänischen Regierungsrates von Hohenmühle statt[153]. Neben den bereits beschriebenen Aufgabengebieten Gebhardis war er fortan auch mit der Vokation (Berufung) niederer Kirchendiener, beispielsweise der Küster, betraut. Im Konsistorium blieben ihm, wie schon seinen schwedischen Vorgängern, zwei Theologen, zwei Juristen, ein Notar, ein Bote und ein Pedell beigeordnet[154]. Sowohl er als auch seine beiden theologischen Kollegen führten den Titel eines Assessors, obgleich Gebhardi dem Kirchengericht als Präsident vorstand. Grundsätzlich bekleideten die drei Pastoren der Greifswalder Kirchen St. Marien, St. Nikolai und St. Jacobi und die Theologieprofessoren der vorpommerschen Universität diese Beisitzerämter. Neben dem Vizegeneralsuperintendenten saß also Johann Ludwig Würffel im Konsistorium. Die dritte Assessur blieb bis 1719 vakant. Nach dem Tod Würffels übernahm Michael Rußmeyer[155] dessen Ämter. Zudem erhielt Jacob Heinrich Balthasar[156] die offene theologische Professur, das Pastorat St. Jacobi und die Assessorenstelle am Konsistorium. Somit war das geistliche Gericht ausschließlich mit Pietisten besetzt.

---

[149] Heyden, Die Kirchen Greifswalds, S. 113; Buchholz, Öffentliche Finanzen, S. 448 f.

[150] Biografische Angaben bei: Mohnike, Die Feier, S. 204–206.

[151] Zum Leben Gebhardis siehe Häckermann, Gebhardi, S. 481 f.; Kähler, Gebhardi, S. 118 f.; Biederstedt, Nachrichten, I, S. 63–65; Balthasar, Historischer und Theologischer Discours, S. 51.

[152] Bestallung für Heinrich Brandanus Gebhardi vom 14. April 1716, RAK TKIA Patenter 1716, S. 65b–67b.

[153] Bestallung und Vocation Gebhardi's zum Generalsuperintendenten vom 2. Dezember 1719, RAK TKIA Patenter 1718 et 19, 1719, S. 590–593; Balthasar, Andere Sammlung, S. 819.

[154] Berg, Die Familie Berg, S. 13. Zur Zusammensetzung in herzoglicher und in schwedischer Zeit: Buske, Das alte Greifswalder Konsistorium, S. 60 f., 66.

[155] Bestallung und Vokation für Michael Christian Rußmeyer vom 5. Dezember 1719, RAK TKIA Patenter 1718 et 1719, S. 593–595.

[156] Bestallung und Vokation für Jacob Heinrich Balthasar vom 5. Dezember 1719, RAK TKIA Patenter 1718 et 1719, S. 595–597; Zur Biografie: Biederstedt, Nachrichten, I, S. 10–15.

Die Neueröffnung des Konsistoriums 1716 gestaltete sich überaus schwierig. August Friedrich von Johnn, den der König und der Generalgouverneur mit der Einrichtung des Kirchengerichtes betrauten, nahm am 9. Juni staunend zur Kenntnis, dass die Konsistorialräte[157] sich nicht bereit fanden, den von ihnen verlangten Treueeid[158] auf den neuen Landesherrn abzulegen. Sie begründeten ihre Entscheidung mit der zu diesem Zeitpunkt noch ausstehenden allgemeinen Huldigung. Auch hätte ihnen der brandenburgische Kurfürst in der Zeit, da Greifswald unter dessen Botmäßigkeit gestanden, nie einen gesonderten Eid abverlangt. Schließlich argumentierten sie mit ihrem alten, dem Schwedenkönig offerierten Amtseid, und versprachen »daß sie mit aller dexterite und Treue Ihrem Officio vorstehen wollten«[159].

Johnn verdeutlichte, dass die Konsistorialräte durch ihr Verhalten die Wiederherstellung der Ordnung behinderten und weitere »Confusion« beförderten. Er bekräftigte zudem, den Vorgang melden zu müssen. Alle Bemühungen des Kanzleisekretärs und späteren Kanzleirates blieben jedoch erfolglos. Direktor Peter von Mascow bat sich eine dreiwöchige Bedenkzeit aus und so reiste von Johnn zunächst unverrichteter Dinge wieder nach Stralsund ab[160].

Einen Tag nach Ablauf der eingeräumten Frist fand sich Mascow zur erneuten schriftlichen Stellungnahme bereit. Zum wiederholten Mal erklärte er, den geforderten Treueeid noch nicht leisten zu wollen und übersandte an von Johnn die zur schwedischen Zeit üblichen Eidesformeln für den Direktor und für die Assessoren[161]. Die von Johnn gesondert angeschriebenen Beisitzer baten gleichfalls um Vergebung, vorerst den geforderten Schwur nicht darbieten zu können[162].

Aus den beigelegten »schwedischen« Texten entnahm von Johnn jedoch eine Bereitschaft Mascows, die Formel erneut zu schwören, und erstattete dem Generalgouverneur Bericht[163]. Als erster Konsistorialassessor, der schließlich einlenkte, trat Johann Ludwig Würffel hervor. Er unterschrieb den geforderten Revers und legte von Johnn dar, dem Direktor sei ein Fehler im Eidestext unterlaufen. Würffel schlug vor, Mascows Passage »Meinen gnädigsten Fürsten« durch »dem durchlauchtesten, großmächtigsten Könige und Herrn Friederich dem Vierten, Erbkönig und Souverain in Dännemarck/: tit. Tit:/ meinem allergnädigsten Könige und Herrn, alß jetzigem Landesherrn« zu ersetzen. Mascow sei von unschätzbarem Wert, betonte Würffel, doch bat er den »error« des Direktors an »gehörigem Orthe« anzuzeigen. Der Assessor heuchelte also; gab vor, seinen Vorgesetzten zu schätzen. Tatsächlich jedoch verunglimpfte er ihn und sein Vorschlag zur Abände-

---

157 Johnn verwendet diesen Ausdruck mehrfach. Norbert Buske teilt hingegen mit, das die Bezeichnung »Konsistorialrat« nicht auf die Beisitzer des Konsistoriums Anwendung gefunden habe. Vgl. Buske, Das alte Greifswalder Konsistorium, S. 77.
158 Assessoreneid von Johann Ludwig Würffel (Kopie), RAK TKIA B 209.
159 Bericht von Johnns vom 9. Juni 1716, RAK TKIA B 209.
160 Bericht von Johnns vom 9. Juni 1716, RAK TKIA B 209; Zur Biografie Mascows: Biederstedt: Nachrichten, I, S. 115 f.
161 Mascow an von Johnn vom 1. Juli 1716, RAK TKIA B 209.
162 Gerdes an von Johnn vom 1. Juli 1716, RAK TKIA B 209; Konsistoriale und Professoren an von Johnn vom 30. Juli 1716, RAK TKIA B 209.
163 Von Johnn an Dewitz vom 8. Juli, RAK TKIA B 209.

rung des Eidestextes weist auf Würffels eigentliche Ambitionen hin[164]. Die unterschiedliche Interessenlage, der insgeheim schlummernde Neid und die sich abzeichnenden Grabenkämpfe gereichten von Johnn zum Vorteil. Würffels[165] Überlaufen war immerhin der erste Schritt in Richtung eines funktionierenden Kirchengerichtes. Dennoch verzögerte sich die Etablierung weiter. Nach dem Eintreffen der Regierung dauerten die Querelen um das Konsistorium an. Justizrat Hohenmühle schlug deshalb im September vor, den Herren im Kirchengericht zu verdeutlichen, dass sie künftig aller »benefizien« und sämtlicher Funktionen verlustig gingen, sofern sie sich nicht sofort zum Eid bereitfänden[166]. Offensichtlich erzielte auch diese Drohung nicht den gewünschten Erfolg, denn, wie geschildert, blieb ein Assessorat bis zum Jahre 1719 unbesetzt. Immerhin konnten der vormalige Direktor Peter von Mascow und der zweite Jurist Henning Christoph Gerdes doch noch für die Mitarbeit gewonnen werden[167]. Somit war das Konsistorium im Gegensatz zum Hofgericht in dänischer Zeit arbeitsfähig[168].

Aufgabenfelder des Kirchengerichtes

Das Greifswalder Konsistorium zeichnete, wie schon in schwedischer Zeit, für die Einhaltung der Kirchenordnung verantwortlich. Hierzu zählte die Überwachung der religiösen Zeremonien ebenso wie die Ahndung von »Ehebruch, unehelichen Beywohnungen, Schwächungen, Blutschanden, Copler und Coplerinnen«[169], »Gotteslästerungen, Blasphemien, Zaubereyen, spöttischen Reden wider Gott und die heilige Schrift«[170]. Streitigkeiten und Disziplinlosigkeiten unter den Pfarrherren[171], Predigern sowie der Schul- und Kirchendiener wirkte es entgegen. Ausgenommen blieben »Criminalsachen«[172]. Auch dem Schutz weltlicher Interessen vorpommerscher Geistlicher galt das Augenmerk des Konsistoriums. In den Jahren dänischer Besetzung des nördlichen Vorpommerns standen derartige Prozesse im Vordergrund[173]. So bewahrte etwa 1717 ein besonderer Erlass die Prediger vor künftigen Verlusten von Leichengebühren. Wollte jemand an einem Orte beigesetzt werden, in dem er nicht eingepfarrt war, so erhielt doch der Prediger dieser

---

[164] Extrakt eines Schreibens Würffels an von Johnn vom 5. Juli 1716, RAK TKIA B 209.

[165] Würffels Verhalten blieb nicht ohne Anerkennung. Der vom schwedischen Monarchen suspendierte Theologe erhielt zunächst alle seine Ämter zurück. Als einziger Assessor des Konsistoriums beteiligte er sich an der Auswahl geeigneter Personen zur Besetzung vakanter Pfarrstellen. Weyse an Rektor der Universität Greifswald vom 30. Juni 1716, UAG R 1406; RAK TKIA B 209.

[166] Dewitz an Friedrich IV. vom 15. September 1716, RAK TKIA B 209; Im Falle der Greifswalder Universität übte der dänische König Druck aus, indem er jegliche akademischen Akte verbot, bis das Consilio Academico geschlossen den Amtseid leistete. Dewitz an Friedrich IV. vom 2. April 1717, RAK TKIA B 209.

[167] Buske, Das alte Greifswalder Konsistorium, S. 78. Zur Biografie Gerdes: Biederstedt, Nachrichten, I, S. 68 f.

[168] Nachweislich ab Anfang 1719: LAG Rep. 35.

[169] Micraelii, Antiquitates Pomeranie, VI, S. 307.

[170] Micraelii, Antiquitates Pomeranie, VI, S. 30; Für die dänische Zeit nicht nachweisbar.

[171] APS SNwG Sggn Rep. 30 b Allerhand, Nr. 48/25.

[172] Micraelii, Antiquitates Pomeranie, VI, S. 306 f.; Buske, Das alte Greifswalder Konsistorium, S. 61.

[173] LAG Rep. 35.

Gemeinde die volle Abgabe[174]. Die verstärkte Beschäftigung des Konsistoriums mit Unterhaltsfragen resultierte nicht zuletzt aus dem Wiederaufbau im Kriege zerstörter Kirchen. So wandten sich Propositus und Provisor der Wolgaster St. Petri-Kirche 1720 an das Greifswalder Kirchengericht, um die Einrichtung von beweglichen Sitzbänken in dem Gotteshaus durchzusetzen. Dieses Mobilar diente ärmeren Gemeindemitgliedern, die sich den Kauf eines eigenen festen Stuhles nicht zu leisten vermochten. Hierfür entrichteten sie ein geringes Entgeld. Um diese Einnahmequelle aber fürchteten Propositus und Provisor, da die Reicheren derartige Sitzbänke zu verhindern trachteten. Den Besitzern von Kirchenstühlen waren die Plätze der Ärmeren deshalb ein Dorn im Auge, weil sie vor ihnen saßen und somit den freien Blick versperrten[175].

In vielen Fällen verhandelte das Konsistorium über ausstehende Abgaben von Pächtern kirchlicher Ländereien. Dem Weitenhagener Pastor Corsvant sprach das Kirchengericht beispielsweise drei Scheffel Roggen statt der bisher vom Pächter eines Hofes abgegebenen zwei Scheffel zu. Als Mittel zur Durchsetzung der Anweisungen stand Gebhardi und dessen Assessoren die militärische Exekution zu Gebote[176]. Die vorübergehende Einquartierung von Soldaten diente also nicht nur der Eintreibung überfälliger staatlicher Steuern, sondern bildete auch ein unerlässliches Mittel bei der Durchsetzung staatskirchlicher Ansprüche. Wiederum zeigt sich die enge Verzahnung von ziviler Administration mit dem militärischen Apparat.

Das Konsistorium urteilte auf Grundlage der Heiligen Schrift und der pommerschen Kirchenordnung, deren Überwachung ihm federführend oblag[177].

Ein wesentliches Problem, dem sich (Vize-)Generalsuperintendent Gebhardi von Beginn an gegenüber sah, war das schwindende Ansehen der höchsten provinziellen kirchenrechtlichen Instanz im Volk. Nicht wenige Einwohner hielten das Gericht für irrelevant und verweigerten sich dessen Beschlüssen. Das Stralsunder Konsistorium sträubte sich beharrlich, Befehle aus Greifswald entgegenzunehmen. Auch die Autorität des Vizegeneralsuperintendenten erkannte das städtische Kirchengericht nicht an. Es bestand beispielsweise im Zusammenhang mit der Ausrichtung des Reformationsfestes 1717 auf einer direkten Führung durch Kopenhagen. Im Februar 1719 sah sich die Regierung schließlich gezwungen, durch ein besonderes Patent darauf hinzuweisen, dass es sich im Falle des Konsistoriums um eine königliche Institution handle. Ohne Unterschied des Standes habe deshalb jeder Bewohner den Konsistorialweisungen zu folgen. Ausdrücklich schließt der Befehl die Beamten und die Obrigkeit mit ein[178]. Und dennoch ist auch in Verfahren des Jahres 1720 deutlich spürbar, dass lokale Amtsträger im

---

[174] Klinckowström, Abhandlung von den Kirchenmatriculn, S. 240.
[175] Propositus und Provisores der Wolgaster St. Petri-Kirche an Konsistorium vom 9. Oktober 1720, LAG Rep. 35, Nr. 748, Bl. 1–3.
[176] Notiz des Konsistoriums vom 5. September 1719, LAG Rep. 35, Nr. 545, Bl. 3.
[177] Micraelii, Antiquitates Pomeranie, VI, S. 306 f.; Übersicht über die Generalsuperintendenten bei: Heyden, Kirchengeschichte, S. 106.
[178] Regierung vom 6. Februar 1719, RAK RKTA P-R-K C 256, Nr. 40; Sehestedt an Regierung vom 12. Oktober 1717, RAK Reg 88 Regkanc i Stralsund Conv. XII, Nr. 4.

Kirchengericht eine eher zweitrangige Behörde sahen[179]. So etwa im geschilderten Falle der Wolgaster Kirchstühle. Johann Schilling teilte mit, dass er sich entschuldige, bislang nicht auf die Anweisungen des Konsistoriums gehört zu haben. Übermäßige Arbeit hielte ihn davon ab. Präpositus Massow, also der Kläger selbst, zeigte sich verblüfft von einer durch das Konsistorium angeordneten Kommission. Er wisse nichts davon und habe damit auch nichts zu schaffen.

Das Konsistorium war auch in den Jahren der dänischen Besetzung 1715 bis 1721 eine staatlich gelenkte Institution, die der Unterstützung durch die Regierung bedurfte, um ihre Rechtsvorstellungen durchzusetzen. Also befand sich auch diese juristische Behörde fest in landesherrlicher Hand.

d) Nachgeordnete Behörden der regionalen Administration

Die bedeutendste Änderung auf dem Sektor der Finanzverwaltung bestand zweifelsohne in der Kaltstellung des Landkastens durch die Dänen. Das heißt, die Zweigleisigkeit im fiskalischen Bereich entfiel de facto ab 1716. Die Dänen gewährten im März 1717 die Einrichtung einer ständischen Kasse[180]. Dieser Entscheidung gingen Diskussionen in Rentekammer und königlichem Konseil voraus. Generalgouverneur von Dewitz plädierte hier für die Beibehaltung des Landkastens, da den Ständen der Erhalt ihrer hergebrachten Rechte garantiert worden sei. Andreas Weyse und die Rentekammer sprachen sich gegen den Landkasten aus, weil er aus ihrer Sicht unnötige Kosten für das Land mit sich bringe und dem König von geringem Nutzen sei. Das einzurichtende Haus und die dort arbeitenden Bedienten würden unnötig Mittel des Staates verzehren. So erlaubte der König die Betreibung der ständischen Kasse nur mit deutlich eingeschränkten Befugnissen. Fortan gestatteten er und die Rentekammer lediglich die Begleichung des zum Unterhalt der Landstände unabdingbar Erforderlichen aus dem Landkasten. Gelder, die für die provinzielle Administration nötig waren, durften nun nicht mehr von den Städten und der Ritterschaft ausgeschrieben werden. Konkret bedeutete dies eine Trennung des Kontributionswesens vom Landkasten, denn zuvor waren alle Einnahmen dieser Abgabe über die ständische Kasse verwaltet worden[181]. Sämtliche steuerlichen Einnahmen flossen nun direkt der landesherrlichen *Kammer*[182] in Stralsund zu, der der erfahrene Finanzbeamte Hinrich Horst vorstand. Finanzielle Hebungen erfolgten dergestalt, dass die Abgaben zunächst bei örtlichen »Kollektoren« in den Ämtern, Städten und Distrikten gegen Beleg abzuliefern waren. Diese »Steuereinnehmer« überstellten das Geld dann geschlossen an die

179 Johann Schilling an Konsistorium vom 20. November 1720, LAG Rep. 35, Nr. 748, Bl. 5; Kommissionsprotokoll vom 10. November 1720, LAG Rep. 35, Nr. 748, Bl. 5–8.
180 Rentekammer an Friedrich IV. vom 2. März 1717, RAK RKTA P-R-K C 251 II, Nr. 14.
181 Kgl. Resolution vom 13. März 1717, RAK RKTA P-R-K C 251 II; Rentekammer an Regierung vom 18. März 1717, RKTA P-R-K C 255.2, S. 207–211; Buchholz berichtet von der Abschaffung des Landkastens in dänischer Zeit. Für eine offizielle Aufhebung finden sich jedoch keinerlei Anhaltspunkte in den Quellen. Buchholz, Öffentliche Finanzen, S. 227.
182 Regierung an Rentekammer vom 29. Januar 1720, RAK RKTA P-R-K C 251 IV, Nr. 3; Weyse an die Deputierten zu den Finanzen vom 31. März 1721, RAK RKTA PRKC 251 IV.

Stralsunder Kasse. Sie quittierte die eingegangene Zahlung[183]. In den Ämtern zeichnete der jeweilige Amtmann verantwortlich. Sämtliche Abgaben, ob finanzieller Art oder in Form von Naturalien, wurden 1715 bis 1721 in pommerschen Maßen, Münzen und Gewichten erhoben, es sei denn, die dänische Einheit fand namentlich in den Forderungen Erwähnung[184]. Um die entsprechenden Einnahmen in Kopenhagen verbuchen zu können, benötigte die Rentekammer Umrechnungsfaktoren. Die hierfür nötigen Zahlen legte der Stralsunder Kämmerer Horst fest. Bereits im Oktober 1716 erhielt er Order, begleitet von zwei Magistratsangehörigen und zwei Offizieren, ausgestattet mit einer gebrannten (gekennzeichneten) Rendsburger und einer gebrannten dänischen Tonne, die Differenz zu den pommerschen Raummaßen in Erfahrung zu bringen[185]. Im März 1717 befahl die Regierung bei der Ablieferung des Magazinkorns nach bisherigem Gebrauch zu verfahren und »mit einem Stralsundischen Scheffel so mit dem Stadtzeichen gebrandt außgemessen und dagegen auff jede Laßt Pommersch drei Scheffel übermaße guthgethan werde[186].«

Hinrich Horst[187] war der Regierung nicht unmittelbar unterstellt. Er erhielt seine Anweisungen ebenfalls direkt von der Kopenhagener Rentekammer[188]. Dennoch arbeitete Horst auf das Engste mit dem Oberlanddrost und dessen Räten zusammen. Bei Inspektionsreisen begleitete er die Regierungsmitglieder. Zahlreiche Befehle wurden von ihm mit unterzeichnet. Horst verfügte an zusätzlichem Personal nur über einen Kammerschreiber. Auch in schwedischer Zeit unterstand die Kammer unmittelbar Stockholm. Der Generalgouverneur war jedoch vor 1715 gegenüber der Provinzialkammer weisungsbefugt. Ein derartiges Recht ist für die Jahre 1715 bis 1721 nicht nachweisbar. Zu herzoglichen Zeiten bestand weder in Pommern noch in Mecklenburg ein Seezoll. Die Hebung von Licenten erfolgte erstmals im Dreißigjährigen Kriege auf Grund politischer Verträge zwischen den pommerschen und mecklenburgischen Herzögen und der schwedischen Krone. Sie sollte ursprünglich auf die Kriegzeit beschränkt bleiben und diente dem Unterhalt schwedischer Truppen. Nach 1648 behielten die neuen Landesherren den Seezoll bei.

In den Jahren 1716 bis 1721 bestanden in Vorpommern nördlich der Peene drei *Licentkammern*. Sie befanden sich in Stralsund, Barth und Greifswald. Die He-

---

[183] Befehl Friedrichs IV. vom 13. Oktober 1716, RAK RKTA P-R-K C 251 I, Nr. 21.

[184] Eine Ausnahme bildete die Magazinkornausschreibung für das 1718te Jahr. Befehl Friedrichs IV. vom 8. Januar 1718, APS RSwS, Nr. 6176.

[185] Rentekammer an Proviantkommissar Selmer vom 20. Oktober 1716, RAK RKTA P-R-K C 255.1, S. 451 f.; Rentekammer an Kötzschau und Horst vom 2. Dezember 1719, RAK P-R-K C 255.4, Ergebnisse. Die Stände forderten die Umrechnung bereits Anfang September. Stände an Wulf vom 7. September 1716, StadtA Greifswald Rep. 5, Nr. 1338, Bd 3; Protokoll der Ermittlung vom 16. November 1716, RAK Reg 88 Regkanc i Stralsund Conv. CCXXXV; siehe Anl. Ergebnis der 1716 vorgenommenen Ermittlung von Vergleichszahlen zu den dänischen Maßen.

[186] Regierungsbefehl vom 31. März 1717, StadtA Greifswald Rep. 5, Nr. 1339, Bd 1.

[187] Biografische Angaben: Fortegnelse over Embedsmaend, S. 91.

[188] Vgl.: Rentekammer an Regierung vom 3. November 1716, RAK RKTA P-R-K C 251 I, Nr. 31, Lit. A.; Buchholz, Öffentliche Finanzen, S. 453; Backhaus, Verfassung, S. 36.

bung des Seezolles[189] in Wolgast erfolgte durch den dortigen Amtmann. Werner Buchholz' Behauptung, in Wolgast hätte sich im 18. Jahrhundert eine Licentkammer befunden, während in Barth lediglich ein Licenteinnehmer gesessen habe, darf also zumindest[190] für die dänische Zeit zurückgewiesen werden. Dass sich in Barth eine eigene Kammer befunden hat, geht nicht nur aus Übersichten der dänischen Rentekammer hervor. Vielmehr wird diese Tatsache auch daraus ersichtlich, dass der Greifswalder Licentverwalter die vergleichbar hohe Summe von 30 Reichstalern für Licht, Feuerung und Schreibutensilien erhielt, da er im Gegensatz zu Stralsund und Barth über kein eigenes Haus verfüge, wie die Rentekammer betonte. Leider ist Buchholz' Aussage nicht belegt, so dass nicht nachvollziehbar ist, wann sich nach 1721 die Situation änderte. Offensichtlich hat sich jedoch vor dem Brand von 1713 in Wolgast ein Licenthaus befunden. Dies geht aus einer Beschreibung der Stadt hervor[191]. Im Gegensatz zur schwedischen Zeit flossen die Licenten nicht unmittelbar in die Staatskasse, sondern waren zunächst beim Kämmerer in Stralsund abzuliefern[192]. Ihm, Hinrich Horst, unterstand das gesamte Licentwesen einschließlich der hiermit verknüpften Jurisdiktion. Er füllte somit die Funktion des ehemaligen schwedischen Oberlicentinspektors aus[193]. Nachdem der dänische König im Dezember 1717 eine Ausweitung der Licenten auf Waren anwies, die über den Landweg nach Vorpommern gelangten oder von dort ausgeführt wurden[194], erhöhte die Regierung[195] Anfang 1718 deutlich die Zahl der Visitierer (Untersuchender; niederer Zollbeamter). In Stralsund, Greifswald, Wolgast und Barth wurden insgesamt acht neue Bedienstete eingestellt. In Damgarten beschäftigte die Regierung zudem einen »Aufpaßer«[196].

Landzölle wurden in schwedischer Zeit in Wolgast, Loitz, Tribsees und Damgarten erhoben. Die drei letztgenannten Posten befanden sich bei Übernahme der dänischen Herrschaft in Pacht und blieben es zunächst auch auf Geheiß Friedrichs

---

189 Sehr aufschlussreich zur Entwicklung der Licenten ist eine im Landesarchiv Greifwald liegende Handschrift, deren Abdruck ein großer Gewinn für die pommersche Wirtschaftsgeschichte wäre. Landstände Monita über des Herrn Ober-Inspectoris Ehrenpreiss Anmerckungen über die Verbeßerung der Licenten und Zölle in Pommern de Anno 1731, LAG Rep. VI, Nr. 30, S. 138–141 (fortan: Landstände Monita).

190 Auch für die schwedische Zeit vor 1715 belegen Dokumente das Vorhandensein eines Licentkontors in Barth. Specification [...] so in diesem 1708 Jahre bey hiesigen königl. Barthschen Licentcontoir handquittung unumgänglich verwandt. vom 5. Oktober 1708, RAK RKTA P-R-K C 251 I, Nr. 35.

191 Vgl.: Rentekammer an König vom 14. Dezember 1716, RAK RKTA P-R-K C 251 I, Nr. 35; Kgl. Reglement vom 28. Dezember 1716, RAK Reg 88 Regkanc i Stralsund Conv. I; Beschreibung der Stadt Wolgast, RAK Reg 88 Regkanc i Stralsund Conv. LXII c; Rat und Bürgermeister von Wolgast an Regierung vom 21. Juni 1718, RAK RKTA P-R-K C 251 IV, Nr. 4; Rentekammer an Friedrich IV. vom 23. Januar 1717, RAK RKTA P-R-K C 251 II, Nr. 6; Kgl. Relation vom 13. Dezember 1717, RAK RKTA P-R-K C 251 II; Buchholz: Öffentliche Finanzen, S. 462.

192 Andreas Weyse an Friedrich IV. vom 10. September 1716, RAK RKTA P-R-K C 251 I, Nr. 19.

193 Rentekammer an Friedrich IV. vom vom 23. Januar 1717, RAK RKTA P-R-K C 251 II, Nr. 6.

194 Regierungsbefehl vom 29. Dezember 1717, RAK RKTA P-R-K C 251 IV, Nr. 4.

195 Auswahl und Bestallung erfolgte in diesen Fällen durch von Kötzschau und Hinrich Horst.

196 Rentekammer an Friedrich IV. vom 21. Januar 1719, RAK RKTA P-R-K C 251 IV, Nr. 4; Horst an Regierung vom 16. April 1718, RAK RKTA P-R-K C 251 IV, Nr. 4.

IV.[197]. Da Andreas Weyse jedoch deren Einziehung empfahl, erfolgte sie im Dezember 1716[198]. Auf Einnahmen, Ausgaben und Bilanzen der fiskalischen Behörden wird später vertiefend eingegangen. In der zweiten Hälfte des 17. Jahrhunderts vermochten die Schweden das landesherrliche Postregal gegen den städtischen Widerstand durchzusetzen. Am 1. Januar 1700 trat das erste Postgesetz in Schwedisch-Pommern in Kraft.

Das in schwedischer Zeit unmittelbar von Stockholm gesteuerte *Postwesen*[199] blieb zur dänischen Zeit zunächst in landesherrlicher Hand. Die Post stellte das wichtigste Führungsmittel zwischen den Kopenhagener Zentralbehörden und der entfernten Provinz dar. Neben dem Briefverkehr gelangten über die Postverbindung Stralsund–Rostock–Hamburg–Flensburg–Haderslev–Fünen–Seeland–Kopenhagen[200] auch sämtliche Verwaltungsunterlagen, die zur Kontrolle in die Hauptstadt zu senden waren, dort an. Hierzu zählten Rechnungsbücher, Anzeigen, Extrakte der in der Stralsunder Kammer abgelieferten Zölle[201], der eingenommenen Licenten, der abgeführten Kontributionsgelder etc. Dieser verantwortungsvolle Auftrag ließ die Frage der Amtsvergabe um so wichtiger erscheinen. Die von Damgarten über Stralsund, Greifswald, Wolgast nach Anklam führende Postverbindung[202] wurde bereits 1716 zur Verpachtung ausgeschrieben[203] und fand verschiedene Interessenten. Die Pachtung eines Amtes entband keineswegs von den Einstellungsvoraussetzungen. So wie alle anderen dänischen Beamten auch, hinterlegte der Postkommissar eine »suffisante« Kaution und leistete einen Eid auf den König. Unter anderen meldete sich der alte schwedische Postkommissar von Rosencreutz, der auf eine langjährige Erfahrung verweisen konnte. Daniel Joachim Vatky nahm bereits in den 1680er Jahren das Amt des Stralsunder Postmeisters wahr. Er erwarb sich hohe Verdienste um den Ausbau der Überlandverbindungen und wurde 1699 zum Inspekteur über das schwedisch-pommersche Postwesen ernannt. 1705 adelte ihn der schwedische König für seine ausgezeichnete Arbeit. Vatky nannte sich fortan »von Rosencreutz«[204]. Als Postinspektor für Vorpommern und Rügen

---

[197] RAK RKTA P-R-K C 251 I, Nr. 4; Instruktion Friedrich IV. für Andreas Weyse vom 15. April 1716, RAK RKTA P-R-K, C 251 I, Nr. 7.

[198] Kgl. Resolution vom 28. Dezember 1716, RAK RKTA P-R-K C 251 I, Nr. 35.

[199] Zur Entwicklung des vorpommerschen Postwesens im 17. Jahrhundert: Engelhardt, Die Durchführung des landesherrlichen Postregals; Ziegler, Geschichte, S. 165–183; Lange, Postgeschichte, S. 10–30.

[200] Die Route Kopenhagen-Hamburg galt als die bedeutendste dänische Postverbindung. Møller, Postrytter, S. 20–24.

[201] Rentekammer an die Bürgermeister und Zollverwalter von Loitz, Tribsees und Damgarten vom 3. Oktober 1716, RAK RKTA P-R-K C 255.1, S. 384.

[202] Postkontore befanden sich auf dänisch verwaltetem Gebiete in Stralsund, Greifswald, Wolgast, Bergen, Barth, Damgarten und Tribsees. Sie unterstanden dem vorpommerschen Postkommissarius mit Sitz in Stralsund. Ziegler, Geschichte der Stadt Greifswald, S. 175 f.

[203] Von Lende und von Platen an Regierung vom 1. Dezember 1716, RAK Reg 88 RegKanc i Stralsund Conv. XXVI.

[204] Von Lende und von Platen an Regierung vom 1. Dezember 1716, RAK Reg 88 Reg Kanc i Stralsund Conv. XXVI; Regierung an Generalpostdirektion vom 8. Dezember 1716 (Entwurf), RAK Reg 88 RegKanc i Stralsund Conv. XXVI; Lange, Postgeschichte, S. 25–28; Önnerfors, Svenska Pommern, S. 26.

wurde jedoch zunächst ein Mann namens Wulf und am 30. Januar 1720 der vormalige königliche Hamburger Postmeister Johann Heuss bestallt[205].

Besondere Probleme bereitete die Wiedereinrichtung der Postverbindung Stralsund-Hamburg, da der Mecklenburg-Schweriner Herzog Carl Leopold sich vehement weigerte. Gegen seinen Widerstand setzten die Dänen ihre Ansprüche durch[206]. In Rostock bereitete der dortige hannoverische Kommandant Belling dem örtlichen dänischen Postbediensteten große Schwierigkeiten[207], und auch der preußische König fand Anlass zur Klage über das dänische Postwesen. Er glaubte, dass die Verzögerungen im Briefverkehr zwischen Hamburg und Stettin dänischerseits verschuldet waren[208]. Mit der Aufhebung des Reiseverbotes nach Schweden führten schwedische Kriegsschiffe zwischen Ystad und dem Darß ab Ende 1719 wieder unregelmäßig Seepostfahrten aus[209].

Die *Domänenverwaltung* erfolgte über die königlichen Ämter, denen ein Amtmann mit umfangreichen Kompetenzen[210] vorstand. Diesem waren grundsätzlich ein Notar und ein Landreiter zugeordnet. Im Amt Wolgast trat der in Lassahn ansässige Haffkieper[211] hinzu. Auf Rügen verrichteten zwei Landreiter Dienst[212].

Die alte schwedische Amtseinteilung blieb bestehen[213]. Dementsprechend waren die Ämter Barth, Bergen, Franzburg, Grimmen, Loitz, Tribsees, Wolgast und der »diesseitige« Teil des Amtes Stolpe zu verwalten. Barth sowie Franzburg, Grimmen und Tribsees behandelten die Dänen, wie vor ihnen schon die Schweden, als administrative Einheit. Die Aufsicht über alle vier Ämter übertrugen sie Barthold Schacht. Dieser separierte die Barther Amtsangelegenheiten von den anderen drei Verwaltungseinheiten, deren Obliegenheiten er geschlossen betrachtete[214]. Dem vormaligen Offizier und überaus rührigen dänischen Kanzleirat Johann Janson von Silberstern fiel das Amt Bergen zu, dem er bis zu seinem Tode 1719 vorstand. Nach seinem Ableben erhielt Christian Albrecht von Johnn[215], der zweitgeborene Sohn eines Glückstädter Konferenzrates und Vizepräsidenten,

---

205 Von Lende an Regierung vom 1. Februar 1718, RAK Reg 88 RegKanc i Stralsund Conv. XXVI; RAK TKIA Patenter 1720.

206 Lange, Postgeschichte, S. 31; Münch an Regierung vom 5. Dezember 1719 (Kopie), RAK Regkanc i Stralsund Conv. XXVI.

207 Die Ursache des überaus schroffen Verhaltens, das der Brigadier gegenüber dem dänischen Postbediensteten an den Tag legte, ist leider nicht zu ermitteln. Zu vermuten steht jedoch eine persönliche Feindschaft mit dem dänischen Kriegskommissar Sass. Sass an Regierung vom 17. Juni 1719, RAK Reg 88 Regkanc i Stralsund Conv. LIII.

208 Hartmann, Die Beziehungen, S. 94.

209 Vgl. Lange, Postgeschichte, S. 31; Steffen, Kulturgeschichte, S. 251; Müller, Die Entwicklung, S. 30 f.

210 Menke, Das Amt Wolgast, S. 76–79, 95–101; zum Aufgabenspektrum des Amtmannes in dänischer Zeit siehe Kap. IV.2.a.

211 Der Lassaner Haffkieper erhob Abgaben von Fischern, die auf dem Achterwasser an der Peenemündung ihr Handwerk betrieben. Andreas Weyse an Friedrich IV. vom 10. September 1716, RAK RKTA P-R-K C 251 I, Nr. 19.

212 Kgl. Reglement vom 28. Dezember 1716, RAK Reg 88 Regkanc i Stralsund Conv. I.

213 Die einzelnen vorpommerschen Ämter erfuhren bislang nur wenig wissenschaftliche Aufmerksamkeit. Als nach wie vor umfassendste Studie Menke, Das Amt Wolgast gelten.

214 RAK Reg 88 Regkanc i Stralsund Conv. LIX; RAK Reg 88 Regkanc i Stralsund Conv. CCXXXV.

215 Vedel, Johnn, S. 519 f.; Osterloh, Aus dem Leben, S. 18–26.

dessen Posten. Das Amt Loitz verwaltete in der gesamten dänischen Zeit Burchard Reinhold Hartmann, während Sigismund Dankwerth die Aufsicht im Wolgaster Amt führte. Seine Tätigkeit stand in hohem Maße unter dem Druck der aus der Grenzlage zu Preußen resultierenden Querelen und Streitigkeiten, von denen noch berichtet wird.

Als besonders nachteilig empfanden die dänischen Beamten, dass Karl XII. bei Verpachtung zahlreicher Domänen den Kreditoren auch die Jurisdiktion übertragen hatte. Andreas Weyse berichtete Friedrich IV., dass die Untertanen auf den Tafelgütern Verstöße gegen den Pfandkontrakt aus Angst vor möglichen Strafen nicht meldeten. Zudem befanden sich die verpfändeten Domänen gänzlich dem ritterschaftlichen oder dem stralsundischen Kataster inkorporiert[216]. Während der König die Rechtsprechung so beließ, wie in den Pfandverträgen ausgewiesen, befahl er, sämtliche Tafelgüter wieder den Amtskatastern zuzuschlagen[217].

Dem königlichen *Jagd- und Forstwesen* stand Jägermeister Daniel von Bestenbörstel[218] bis zu seinem Tod 1719 vor. Ein Oberförster und ein Landjäger, der gleichzeitig als Holzschreiber fungierte, wurden dem ehemaligen dänischen Oberstleutnant unmittelbar zugeordnet. In diesem Amt verfügte er zudem über zwei bis drei Heidereiter[219]. Diesen Personen war ein bestimmter »Bezirk« anvertraut, in dem sie sich um die Wälder kümmerten. In Abwesenheit Bestenbörstels trug der Oberförster dessen Verantwortung und Befehlsgewalt[220]. Grundsätzlich waren die Forstbeamten gehalten, kein Holz ohne vorherigen Rentekammerbescheid auszuweisen. Das Fällen der Bäume durfte nur mit Wissen des Jägermeisters erfolgen. Verkaufserlöse wiederum führten die Heidereiter direkt an den jeweiligen Amtmann ab[221]. Nach Bestenbörstels Tod übernahm ein Mann namens Royahn [Roijahn][222] dessen Posten. Er kam ebenso wie sein Vorgänger aus der militärischen

---

216 Andreas Weyse an Friedrich IV. vom 10. September 1716, RAK RKTA P-R-K C 251 I, Nr. 18.

217 Kgl. Relation vom 22. September 1716, RAK RKTA P-R-K C 251 I, Nr. 18.

218 Über Bestenbörstels Herkunft sind leider keinerlei Unterlagen auffindbar. Steffen erwähnt in seiner Kulturgeschichte Rügens, dass ein schwedischer Kornett dieses Namens 1632 zwei Höfe auf der Insel erwarb, sie jedoch später wieder veräußerte. Vielleicht handelte es sich um einen Vorfahren des Jägermeisters. Möglicherweise stand Daniel von Bestenbörstel noch während der Belagerung Wismars in schwedischen Diensten. Der General Martin Schultz, Kommandant der Feste vor ihrem Fall, berichtet in einem Brief an von Dewitz, dass ein Oberstleutnant Bestenbörstel gerne mit ihm gemeinsam gereist wäre. Eine im Beisein eines Oberstleutnants Otto von Bestenbörstels unterzeichnete Liste freigelassener Schweden legt jedoch die Vermutung nahe, dass es sich nicht um den späteren Jägermeister handelte. Schultz an von Dewitz vom 10. Juni 1716, RAK TKIA B 209; Eintheilung vom 9. Juni 1716, RAK TKIA B 209; Steffen, Kulturgeschichte, S. 250.

219 Kgl. Reglement vom 28. Dezember 1716, RAK Reg 88 Regkanc i Stralsund Con I; siehe Anl. Dänischer Staatsrat im Kriege.

220 Bestallung für Christoph Janke, RAK RKTA P-R-K C 252, S. 36–39; Bestallung für Johann Nelson, RAK RKTA P-R-K C 252, S. 48 f.; Bestallung für Hans Christoph Wahl, RAK RKTA P-R-K C 252, S. 50 f., Bestallung für Johann Hinrich Mück, RAK RKTA P-R-K C 252, S. 52 f.

221 Bestallung für Johann Nelson, RAK RKTA P-R-K C 252, S. 48 f.; Bestallung für Hans Christoph Wahl, RAK RKTA P-R-K C 252, S. 50 f., Bestallung für Johann Hinrich Mück, RAK RKTA P-R-K C 252, S. 52 f.

222 Leider ist der Vorname den Akten nicht entnehmbar. Royahns Biografie liegt ebenfalls gänzlich im Dunkeln. Grandjean erwähnt in seiner umfangreichen Handschrift über die dänischen Forst-

Laufbahn und bekleidete vor seinem Wechsel in die zivile Verwaltung den Dienstgrad eines Oberstleutnantes. Royahn war damit einer von vielen ehemaligen Heeresangehörigen, die in den Staatsdienst wechselten; ein Faktum, dass zur Frage nach der Zusammensetzung der dänischen Beamtenschaft in Vorpommern und nach ihrer Rekrutierung führt.

2. Beamte in dänischer Zeit

a) Das mittlere und niedere Beamtentum

Während die Kopenhagener Zentralverwaltung und die Stralsunder Regierung als richtungsweisende, normsetzende Institutionen für das besetzte Territorium fungierten, oblag die unmittelbare Durchsetzung landesherrlicher Gewalt den mittleren und niederen Beamten.

Carl-August Agena wies schon 1972 auf die herausragende Bedeutung der lokalen Verwaltung für die Ausformung des modernen Staates hin, die er auch unter den Bedingungen des Absolutismus sehr hoch einschätzte. Nicht der Fürst habe dem Staatswesen sein Antlitz gegeben, denn sonst wäre jeder Regierungswechsel ein epochaler Umbruch gewesen und hätten sich die Verwaltungen in Deutschland stark voneinander unterschieden. Vielmehr formten mittlere und niedere Beamte die Verwaltungswirklichkeit. »Nicht Gesetze, Verordnungen und Pläne prägten das Bild der Praxis – oft waren sie kaum das Papier wert, auf dem sie standen –, sondern die Behandlung des täglichen Kleinkrams, der Geschäftsverkehr mit der Landbevölkerung[223].«

Bevor im nächsten Abschnitt die Kriterien der Ämtervergabe einer eingehenden Betrachtung unterzogen werden, erfolgt hier eine kurze Charakteristik der Gruppe der mittleren und niederen Beamtenschaft. Welcher Personenkreis zählte zu ihr?

Wie eingangs geschildert, wird der Begriff Beamter im Zuge dieser Arbeit ausschließlich im modernen, heute gebräuchlichen Sinne verwandt und auf sämtliche Staatsdiener bezogen. Dass sich jener Terminus im beginnenden 18. Jahrhundert beinahe ausschließlich auf die Amtleute/den Amtmann bezog, bleibt hiervon unberührt[224]. Auf die enge Verknüpfung von Kirche und Politik in den Jahren der dänischen Herrschaft über Vorpommern nördlich der Peene wurde in dieser Arbeit bereits hingewiesen. Zweifelsohne handelte es sich um eine eingleisige Beziehung, die vom Primat des Weltlichen über das Geistliche geprägt war. Die dänische Kirchenpolitik zielte auch in ihrer neu gewonnenen Provinz auf ein Staatskirchentum. Eine Instrumentalisierung der Religion zur Herrschaftslegitima-

---

bedienten leider nur die in den dänischen Ämtern wirkenden Förster und Jägermeister. Grandjean, Kgl. Dansk Forstembedsmaend (KBK HS Ny Kgl.S. Fol. 1590).

223 Agena, Der Amtmann, S. 1–5.
224 Hierzu Vgl.: Wyluda, Lehnrecht und Beamtentum, S. 59 f.; Artikel Amtmann, Sp. 1814–1816; Schindling, »Verwaltung«, S. 54–63; vgl. Kap. I.4.

tion und -festigung ist, wie in vielen europäischen Staaten, augenscheinlich. Hieraus lässt sich ableiten, dass sämtliche Kirchendiener, vom Generalsuperintendenten bis zum Pastor hin als Beamte gesehen werden müssen[225]. Auch diesem Fakt wird im Folgenden Raum gegeben. Kirchenbediente empfingen Teile ihrer Entlohnung, ob in Form von Geld oder Deputaten, aus staatlicher Hand. Vom weltlichen Staatsdiener unterschieden sich geistliche in erster Linie dadurch, dass sie keinen Eid auf ihren Landesherrn leisteten. Dennoch enthielt ihre Ernennung und Vokation eine eidesähnliche Formel, die im Wortlaut beinahe mit dem Text der weltlichen Beamtenbestallung übereinstimmte[226]:

> »Thun daßselbe auch hiemit und Kraft dieses dergestalt und also, daß uns als seinen Souverainen und absoluten Erb-König und Herr, derselbe soll treu, hold und gewärtig seyn, unseren und unser königl. Erbhauses Nutzen und bestes in allem mit höchstem fleiß und Eiffer suchen und befordern.«

Wird von den geistlichen »Staatsdienern« abgesehen, so lässt sich die mittlere und niedere dänische Beamtenschaft Vorpommerns ihrem Status nach in zwei Gruppen scheiden. Der überwiegende Teil widmete sich Angelegenheiten, die im weitesten Sinne unter dem Begriff Finanzverwaltung zusammenzufassen sind. Von der Zweigleisigkeit ihrer rechtlichen Stellung unter regionaler Regierung und Kopenhagener Zentraladministration wird nachfolgend berichtet. Insgesamt gehörten sie in den Verantwortungsbereich der Rentekammer. Hierzu zählten unter anderen sämtliche Amtleute, Forstbediente, Zoll- und Licentangestellte. Die statusrechtlich zweite Gruppe vorpommerscher Beamter unterstand dem Land- beziehungsweise See-Generaletatskommissariat. Sie befasste sich ausschließlich mit Fragen der Militärverwaltung, wenngleich auch bei ihrer Arbeit finanzielle Aspekte eine bedeutende Rolle spielten. Zu ihnen gehörten die Fourageverwalter, Fourageschreiber, Proviant- und Kriegskommissare[227]. Der Personenkreis ist namentlich fassbar und sehr klein[228], sodass der Kategorie der Finanzbeamten zweifelsohne die größere Aufmerksamkeit gebührt.

Ist im Folgenden von mittlerem und niederem Beamtentum die Rede, so werden unter dieser Bezeichnung sämtliche Amtsträger verstanden, die nicht der Regierung oder dem Tribunal angehörten. Ausgeklammert wird hierbei auch der Kämmerer. Da im Folgenden diese Ebene erneut differenziert wird, so werden all diejenigen als Staatsdiener, die jährlich mehr als 100 Reichstaler verdienten, als mittlere, die aber weniger Gage erhielten, als niedere Beamte bezeichnet. Diese Abgrenzung erscheint deshalb sinnvoll, weil der dänische Staat die Einkommensgrenze zur Ausgangsbasis einer Besteuerung der Staatsdiener nahm. Beamte mit einem jährlichen Einkommen, das die 100 Reichstaler überstieg, zahlten zwei Prozent »Vermögenssteuer«.

---

225 Kgl. Reglement »waß in [...] VorPommern jährlich an Deputatbrennholtz außgewiesen werden soll« vom 28. Dezember 1716, RAK RKTA P-R-K C 251 I, Nr. 35.
226 Z.B.: Bestallung und Vokation für Michael Christian Rußmeyer vom 5. Dezember 1919, RAK TKIA 1718 et 1719, S. 593–595.
227 Bericht von der Beschaffenheit der eingekommenen ordinairen und extraordinairen Rechnungen vom 31. Dezember 1718, RAK RKTA PRK C 277.
228 Siehe Anl. Dänischer Staatsetat im Kriege.

Die dem Regierungspersonal nächst nachgeordnete Verwaltungsebene fand sich in den Amtleuten personifiziert. Aus landesherrlicher Sicht war die Provinz in königliche Ämter gegliedert, sodass dem Amtmann eine herausragende Position zukam. Er verkörperte in seinem Verantwortungsbereich die Staatsgewalt schlechthin[229]. Die ihm übertragene Pflicht bestand darin, »daß Unser [Friedrichs IV. – M.M.] absolutum Dominium, Souverainité und Erbgerechtigkeit über unsern Königreiche Fürstenthümer und Lande unveränderlich conservieret« wurde[230]. Er zeichnete für die weltliche, geistliche und juristische Aufsicht in seinem Amt verantwortlich. Ob Kirchen oder Schulen, ob Wassergräben, Wege, Brücken oder Dämme, ob Ackerwerksgebäude, Mühlen, Krüge, Bauernhäuser, ob die königlichen Forsten oder das Finanzwesen, für den Zustand und die Qualität all dieser Einrichtungen bürgte der Amtmann mit seiner Person. Kontributionen, Pensionen, Dienstgelder und andere Abgaben trieb er nach Maßgabe der Kopenhagener Rentekammer ein, führte Buch, gab und empfing Quittung. Monatlich und am Jahresende fertigte er zwei Extrakte aus seinen Rechnungsbüchern. Den ersten sandte der Amtmann nach Kopenhagen, den zweiten aber überstellte er dem Stralsunder Kämmerer[231].

Auf Rügen bekleidete der Amtmann gleichzeitig die Funktion des Landvogtes. Bis 1699 stellte das Bergener Landvogteigericht, dem er vorstand, die erste Instanz für den insularen Adel sowie alle Rüganer dar, die dessen Rechtsprechung unterlagen[232]. Es wurde aus der Stockholmer Staatskasse unmittelbar finanziert. Mit der Verlegung des Hofgerichtes von Wolgast nach Greifswald erwies sich das Landgericht als zunehmend überflüssig. Als Jacob Wewetzer 1699 seinen Amtmannsposten in Bergen antrat, erkannten ihm die Schweden den Titel und das damit verbundene Gehalt eines Landvogtes ab. Seinem Nachfolger Arend Christoph von Bohlen[233] jedoch gelang es, den Titel zurückzuerhalten, ohne ein entsprechendes Salarium zu genießen. So verfuhren die Schweden bis 1715. Amtsinhaber war zu diesem Zeitpunkt Hermann Alexander von Wulfradt [Wolffradt], der jedoch im Mai des darauf folgenden Jahres seinen Dienst quittierte. Sein Rücktritt hinderte ihn jedoch nicht daran, sich selbst weiterhin als Landvogt zu bezeichnen. Selbst die

[229] Zur Funktion und Bedeutung des Amtmannes für die frühneuzeitliche Verwaltung: Agena, Der Amtmann; Munck, The Peasantry, S. 61.

[230] Bestallung für Sigismund Dankwerth, RAK RKTA P-R-K C 252, S. 23–27; Bestallung für Michael Christian Schulmann, RAK RKTA P-R-K C 252, S. 27–31; Bestallung für Barthold Schacht, RAK RKTA P-R-K C 252, S. 32–36; Bestallung für Johann Janson von Silberstern, RAK RKTA P-R-K C 252, S. 39–43.

[231] Bestallung für Sigismund Dankwerth, RAK RKTA P-R-K C 252, S. 23–27; Bestallung für Michael Christian Schulmann, RAK RKTA P-R-K C 252, S. 27–31; Bestallung für Barthold Schacht, RAK RKTA P-R-K C 252, S. 32–36; Bestallung für Johann Janson von Silberstern, RAK RKTA P-R-K C 252, S. 39–43; Zur Amtmannsfunktion in schwedischer Zeit, die sich von der der dänischen nicht unterschied: Menke, Das Amt Wolgast, S. 76–79, 95–101.

[232] Damit war das rügische Landgericht dem Greifswalder Hofgericht gleichgestellt. Dementsprechend genoss der Landvogt denselben Rang, der dem Direktor des Hofgerichts zukam. Fabarius, Nöthige Erläuterung, S. 8; Steffen, Kulturgeschichte, S. 246.

[233] Dass es von Bohlen gelang, den Titel eines Landvogtes zurückzugewinnen, schrieben die Dänen der Tatsache zu, dass er adliger Abkunft war. Rentekammer an Friedrich IV. vom 19. März 1719, RAK RKTA P-R-K C 251 IV, Nr. 12.

Dänen titulierten ihn dergestalt[234]. Die Vakanz des Postens fiel unmittelbar mit der Einrichtung der dänischen Herrschaft zusammen. Diesen Umstand nutzend, bat der rügische Adel den Generalgouverneur von Dewitz um gänzliche Abschaffung des Landvogttitels[235]. Als dieses Unterfangen misslang, strebte die insulare Ritterschaft die Trennung beider Funktionen an. Sie argumentierte, dass mit dem neuen Amtmann ein Fremder den Landvogtstitel trage, der kaum Einblick in die Verfassung des Landes habe. Zudem fühlten sie sich in ihren verbrieften Rechten verletzt. Dass auch dieser Versuch gänzlich fehlschlug, zeigt die Bestallung Johann Janson von Silbersterns zum Bergener Amtmann und Landvogt im Fürstentum Rügen. Auf juristische Belange habe er besonders zu achten und derartige Probleme dem Stralsunder Tribunal anzuzeigen, erfuhr Silberstern während seiner Ernennung[236].

Erst nach dem Tod Silbersterns gelangte die Stralsunder Regierung zur Ansicht, den ritterschaftlichen Gesuchen nachzugeben und in Kopenhagen um eine Trennung des Amtmanns- vom Landvogtsposten zu bitten[237]. Ihr Bemühen blieb jedoch ohne Erfolg. Die Rentekammer vertrat gegenüber Friedrich die Auffassung, dass, sofern kein Landvogt bestellt werde, die rügische Ritterschaft nur eine Instanz[238] besitze, nämlich die Regierung selbst. Ja, im Winter bestehe aufgrund der Unpassierbarkeit des Strelasundes gar Gefahr, dass der insulare Adel gänzlich »ohne einigen Gerichts-Zwang seyn würde«. Also folgte der Monarch seinen Kopenhagener Beratern und bestallte Christian Albrecht von Johnn zum Amtmann und Landvogt[239].

Erst mit der Wiedereinrichtung der schwedischen Herrschaft ging eine erneute Trennung beider Posten einher. Im Jahre 1721 setzte der schwedische Generalgouverneur Johann August von Meyerfeld den ehemaligen Landvogt Hermann Alexander von Wulfradt wieder in seine alte Funktion ein[240].

Wird die Rolle des Amtmannes in der lokalen Verwaltung in Vorpommern mit der seines Berufskollegen in Dänemark verglichen, so bestehen funktional keine relevanten Unterschiede[241]. Die Aufgabenbereiche waren nahezu deckungsgleich.

---

234 Fabarius, Nöthige Erläuterung, S. 7; APS SNwG Sggn Rep. 30 b Allerhand, Nr. 48/1 (Acta in Sachen Anton von Langen contra Seel. Inspectoris Peter Lappen Kinder Vormünder in pto liqvidationis, 1719); APS SNwG Sggn Rep. 30 b Allerhand, Nr. 48/16 (Acta in Sachen Verordneter Provisorum und Administratoris zu St. Annen und Brigitten in Stralsund, Kl contra Die Bauerschafft im Dorffe Lübnitz in Rügen, Beklg in pto Streitig gewesene Weide zu Jabelitz).

235 Rügische Ritterschaft an Generalgouverneur vom 16. Juni 1716, RAK RKTA P-R-K C 251 I, Nr. 24.

236 Ritterschaft an von Dewitz ohne Datum, RAK RKTA P-R-K C 251 I, Nr. 26; Bestallung für Johann Janson von Silberstern, RAK RKTA P-R-K C 252, S. 39–43.

237 Regierung an Friedrich IV. vom 25. Februar 1719, RAK RKTA P-R-K C 251 IV, Nr. 12.

238 Das Hofgericht sei im Herzogtum Vorpommern noch nicht bestellt, teilte die Rentekammer mit. Petrus Theophilus Unruh an Friedrich IV. vom 3. März 1719, RAK RKTA P-R-K C 251 IV, Nr. 12.

239 Rentekammer an Friedrich IV. vom 19. März 1719, RAK RKTA P-R-K C 251 IV, Nr. 12; Kgl. Relation vom 19. März 1719, RAK RKTA P-R-K C 251 IV, Nr. 12.

240 Instruction des Landvogts in Rügen vom 14. Mai 1721, Dähnert, Sammlung, III, S. 155 f.

241 Zum dänischen Amtmann: Munck, The Peasantry, 57–61; Holm, Danmark-Norges indre Historie, S. 83–87; Pedersen, Danmarks amtmænd.

Auch im Hinblick auf ihre Position im Staat ergeben sich kaum Differenzen. Sowohl der dänische als auch der vorpommersche Amtmann besaßen eine zwischengeordnete regionale Führung. Während Schacht, Silberstern/Johnn, Danckwerth und Hartmann der Stralsunder Regierung unterstanden, nahmen ihre dänischen Kollegen die Weisungen der ihnen vorgesetzten Stiftamtleute entgegen. Dass sämtliche Ämter dennoch auch unmittelbar an die Zentralinstanzen meldeten und auch von dort Befehle erhielten, bleibt unbenommen[242]. Die Übersteuerung hierarchischer Ebenen zeigt sich auch hier als zeittypische Erscheinung, von der sämtliche vorpommersche Dienstposten und Ämter betroffen waren.

b) Die Vergabe der Dienstposten und Ämter

Während die fünf höchsten Regierungsbeamten – Generalgouverneur, Oberlanddrost und die drei beisitzenden Räte – bei Beginn der dänischen Herrschaft über Pommern schon längere Zeit in dänischen Diensten standen, übernahm Kopenhagen in den mittleren und niederen Führungspositionen teilweise die ehemaligen schwedischen Amtsinhaber. Insbesondere im Bereich der Jurisprudenz blieb fachliche Qualifikation unverzichtbar[243]. Die Komplexität des territorialen Rechtes war nur für erfahrene Advokaten erfass- und anwendbar. Deshalb befahl Friedrich IV. bereits im April 1716, zwei mit dem pommerschen Recht vertraute Beamte in dänische Dienste zu übernehmen[244]; ein Anliegen, das, wie gezeigt, gänzlich fehlschlug.

Auch in der lokalen Verwaltung war Fachexpertise zwingend erforderlich. Dem persönlichen Wunsch des Königs folgend, trug Etatsrat Weyse den beiden Amtleuten von Loitz und Barth sowie dem Landvogt und Amtmann Rügens die Möglichkeit ihrer erneuten Bestallung an. Als Bedingung nannte der Däne die Abgabe der erforderlichen Kaution und die Vereidigung auf seine königliche Majestät Friedrich IV. Für die Ämter und die Zollstädte befahl der König die Übernahme von subalternen Bediensteten, wenn »er [Weyse – M.M.] Sie geschickt findet«[245].

Dennoch, die Errichtung der dänischen Herrschaft über das westliche Vorpommern beraubte viele der ehemaligen schwedischen Staatsbeamten ihrer Anstellung. Gleichzeitig bot sich aufstrebenden dänischen und pommerschen Beamten die Möglichkeit zur zügigen Karriere. Die Gesamtheit des Beamtentums des norddeutschen Territoriums in der Phase seiner dänischen Verwaltung 1715 bis 1721 lässt sich in Bezug auf Herkunft und persönliche Ambitionen in vier Gruppen teilen.

---

[242] Hierzu: Løgstrup, Jorddrot, S. 132–148; Christiansen, Bidrag, I, S. 152–155; Bloch, Stiftamtmænd, S. 1–46, 54–143.

[243] Hier zeigen sich Parallelen zum preußisch besetzten Landesteil. APS AKS I/3255, S. 27 f. Siehe Kap. IV.7.

[244] Weyse empfand nach Prüfung sämtliche Amtleute und abseits der Jurisdiktion auch sämtliche Zolleinnehmer für befähigt. Instruktion Friedrich IV. für Andreas Weyse vom 15. April 1716, RAK RKTA P-R-K, Nr. 7; Andreas Weyse an Friedrich IV. vom 10. September 1716; RAK RKTA P-R-K C 251 I.

[245] RAK RKTA P-R-K, C 251, Nr. 4; Instruktion Friedrich IV. für Andreas Weyse vom 15. April 1716, RAK RKTA P-R-K, C 251, Nr. 7.

Als Erstes sind Personen zu nennen, die bereits vor 1715 in dänischen Diensten standen und nun in dem neu gewonnen Gebiet einen raschen Aufstieg erhofften. So avancierte der Kammerschreiber Peter Michaelsen zum Renteschreiber des in der Kopenhagener Rentekammer neu eingerichteten Finanz- und Kammerkontors für Rügen und Vorpommern. Er erhielt fortan eine jährliche Gage in Höhe von 600 Reichstalern. Die Kammerkopisten Peter Larsen und Andreas Schuhmacher wurden als Kanzlisten zur Stralsunder Regierung beordert. Den Kammerboten Marten Petersen ernannte Friedrich IV. zum Pedell bei der Provinzregierung und im Tribunal. Seine bestehende Gage wurde weitergezahlt, das Pedellengehalt trat hinzu[246]. Der vormalige Kassierer Hinrich Horst wurde 1716 auf Geheiß des Königs zum Kämmerer in Stralsund ernannt[247]. Den Kanzleirat Johann Janson von Silberstern ernannte Friedrich IV. zum Bergener Amtmann und Rügener Landvogt[248]. Silbersterns Biografie liegt gänzlich im Dunkeln. Aus einem Memorial des Generalgouverneurs geht hervor, dass der spätere Amtmann 19 Jahre beim Leibregiment Dragoner stand, als er sich um die Stelle des Wolgaster Zollinspektors bewarb. Silberstern bekleidete den Dienstgrad eines Kapitäns/ Hauptmanns und war Kompaniechef. Das dänische Generalstabswerk erwähnt Silberstern als Führer eines kleinen Kavalleriekontingentes, das 1712 in Ribnitz stand[249].

Die zweite Gruppe umfasste Personen, die ebenfalls schon längere Zeit Kopenhagen als Offiziere oder Beamte dienten, nun jedoch in Folge des dänischen Abzuges aus Bremen-Verden vor dem beruflichen Aus standen und im besetzten Pommern eine neue Chance auf Lohn und Brot erblickten. So bat 1716 Christian Erasmus Sellmer um das Amt des Proviantkommissars in Stralsund. Sellmer nahm diese Funktion zuvor in Stade wahr. Mit der Übergabe des Herzogtums Bremen an das mit Großbritannien in Personalunion verbundene Kurhannover verlor er seine dortige Anstellung[250]. Zu dem Personenkreis, der aus Bremen-Verden nach Vorpommern wechselte, gehörten unter anderen der letzte dänisch-pommersche Generalgouverneur Jobst von Scholten, der »Regierungsrat« August Friedrich von Johnn, der Kämmerer Hinrich Horst und der Kanzleisekretär Christian Albrecht Boye[251].

Drittens gab es alteingesessene Beamte, die aus schwedischen Diensten übernommen wurden. Voraussetzung für eine Bestätigung im Amt war die Stellung der geforderten Kaution und die eidliche Bindung an den neuen Landesherrn. Bei-

---

[246] RAK RKTA P-R-K, C 251, Nr. 4. Løgstrup weist in ihrem Buch über die Verpflechtung von Gutsherrenstand und öffentlicher Administration auf das Fehlen von festen »kompetenzverleihenden Normen« bei der Ämtervergabe hin. Løgstrup, Jorddrot, S. 391.

[247] Instruktion Friedrich IV. für Andreas Weyse vom 15. April 1716, RAK RKTA P-R-K, C 251, Nr. 7.

[248] Bestallung für Johann Janson von Silberstern, RAK RKTA P-R-K C 252, S. 39–43.

[249] Memorial von Dewitz' vom 22. Januar 1716, RAK TKIA B 209; Bidrag, III, S. 428 f.

[250] RAK RKTA P-R-K, C 251, Nr. 3; RAK RKTA P-R-K, C 251, Nr. 4.

[251] Reglement wonach Unsere Bediente in den Herzogthumer Brehmen und Verden jährlich salarirt [...] werden sollen vom 30. September 1713, RAK RKTA P-R-K C 251 I, Nr. 35.

spiele hierfür sind bereits genannt. Sie sind nahezu beliebig erweiterbar[252]. So wurde der schwedische Holzförster Billeb übernommen. Als Begründung genügte, dass er ein erfahrener Mann sei[253]. Auch der Greifswalder Licentverwalter Hans Ladebuhr (in den Unterlagen auch Ledebuhr) nahm seine Geschäfte bereits zur Schwedenzeit wahr[254]. Erst nach seinem Tode setzte die dänische Regierung einen eigenen Amtswalter ein[255]. André Holensteins These, ein einmal Eidbrüchiger sei in der Frühen Neuzeit nicht erneut verpflichtet worden[256], ist also auf das dänisch besetzte Pommern nicht anwendbar. Auch dessen Behauptung, diejenigen, die den neuerlichen Eid zuließen, versündigten sich somit gemäß damaliger Rechtsauffassung gegen Gott, muss widersprochen werden. Schließlich gelobten die von den Dänen übernommenen Beamten zuvor dem schwedischen König Treue. Von diesem Eid entband sie die schwedische Kapitulation vor Stralsund nicht[257], zumal der Krieg andauerte. Gleichwohl ist Holensteins Aussage, der Eid sei im Laufe des 17. und 18. Jahrhundert in eine tiefe Krise geraten, zuzustimmen[258].

Andererseits scheint der dem dänischen König geleistete Handschlag für einige vormals schwedische Untertanen eine Art rechtmäßige Entbindung von der Treuepflicht gegenüber Stockholm gewesen zu sein. Die vormaligen Konsistorialräte erklärten sich beispielsweise im Juli 1716 mit einem neuen Amtseid nicht einverstanden, da die Huldigung des dänischen Landesherrn noch nicht vollzogen war[259].

Die vierte Gruppe waren pommersche Bürgerliche oder Adelige, die bislang kaum Erfahrungen im Bereich der Verwaltung zu sammeln vermochten und sich nach 1715 mit dem neuen Landesherrn arrangierten, um persönlichen Vorteil in Form von Amt und Würden zu erringen. Beispiele hierfür finden sich besonders in der niederen Beamtenschaft[260]. Die Fälle Michaelsen, Boye, von Johnn, Horst und Scholten zeigen, dass die Grenzen zwischen den hier postulierten ersten beiden Kategorien fließend waren. Eine Aufgabe des alten Berufsfeldes brachte nicht nur Neuorientierung, sondern schuf mitunter gleichzeitig Aufstiegsmöglichkeiten. Sie boten sich von Beginn der dänischen Herrschaft bis zu deren Ende. Es finden sich zahlreiche Beispiele für Bemühungen ehemaliger oder aktiver Militärs, in eine zivile Laufbahn zu wechseln, andererseits scheint die Karriere innerhalb der Armee nicht sonderlich verlockend gewesen zu sein. Neben dem Oberstleutnant Daniel von Bestenbörstel sei auf den Major Diedrich Grünhagen verwiesen, der sich 1719 um den Posten des Bergener Amtmannes bewarb. Unter seinen vier Konkurrenten

---

[252] Weitere Fälle in: Rentekammer an Friedrich IV. vom 26. August 1719, Kop RKTA P-R-K C 251 IV, Nr. 33; Memorial von Dewitz' vom 22. Januar 1716, RAK TKIA B 209.

[253] RAK RKTA P-R-K, C 251, Nr. 4.

[254] Verzeichniß waß der königliche Licent Inspector Johann Ledebuhr ..., RAK RKTA P-R-K C 251 I, Nr. 35.

[255] Andreas Weyse an Friedrich IV. vom 13. April 1716, RAK RKTA P-R-K, C 251, Nr. 8; Johann Friedrich Wiltsche an Friedrich IV., RAK RKTA P-R-K, C 251 I, Nr. 8.

[256] Holenstein, Seelenheil, S. 31; Holenstein, Die Huldigung der Untertanen, S. 481–503.

[257] Capitulation von Stralsund. De Anno 1715, o.O. o.J.

[258] Holenstein, Seelenheil, S. 13 f.

[259] Dewitz an Friedrich IV. vom 14. Juli 1716, RAK TKIA B 209.

[260] Rentekammer an Friedrich IV. vom 20. März 1719, RAK RKTA P-R-K, C 251 IV, Nr. 8.

befanden sich zwei weitere Militärbedienstete. Beide gaben an, die schlechte Löhnung lasse sie auf einen Wechsel hoffen. Immerhin bezog ein Amtmann ein Jahresgehalt von 300 Reichstalern[261].

Nach dem Tod Daniel Bestenbörstels folgte ihm wiederum ein hoher Offizier. Oberstleutnant Royahn bekleidete fortan das Amt des pommerschen Jägermeisters. Aktive und ehemalige Militärs bildeten also innerhalb des lokalen Beamtentums eine beachtliche Gruppe.

Die Entscheidungsbefugnis für die Ämtervergabe übertrug der König unmittelbar nach Antritt der Herrschaft im Herzogtum an Andreas Weyse[262]. Diesem Kammerrat oblag die Auswahl und Bestallung der niederen Beamten, etwa den Visitierern bei den Licentkammern oder den Heidereitern[263]. Auch Bestallungsprotokolle für mittlere Staatsdiener, wie den Licentverwaltern, unterzeichnete er in Ausnahmefällen. Sie begannen dann mit der Wendung »Wir Friedrich der Vierte von Gottes Gnaden König zu Dännemarck« und endeten mit »Gegeben Stralsund den [...] Dero Königl. Maytt zu Dennemarck Norwegen [...] Bestellter Estats-Justiz und Kammerrat A. Weyse«[264].

Nachdem die Verwaltung eingerichtet und sich der Kammerrat neuen Aufgaben zugewandt hatte, unterschrieb die Rentekammer Bestallungen niederer Chargen[265]. Höhere Beamte hingegen wurden direkt durch den König in ihre Funktion berufen. Er unterzeichnete die entsprechenden Urkunden für das Regierungs- und Tribunalspersonal, für die Amtleute und in der Regel auch für die Licentverwalter und -kontrolleure[266].

So wandten sich einige Offiziere und Bedienstete unmittelbar an Friedrich IV. mit dem Anliegen, höherwertige Dienstposten zu erhalten. Unter den Bittstellern war Oberstleutnant Daniel von Bestenbörstel. Ein Deputierter für Finanzen, dessen Name den Akten nicht entnehmbar ist, trug Bestenbörstels Gesuch, neuer Jägermeister für Pommern und Rügen zu werden, dem König an. Ihm sei das Amt versprochen worden. Nun erhebe jedoch auch der Rat von Holstein Anspruch, der gleichfalls eine Zusage vorweise. Damit Bestenbörstel nun schnell seines Amtes walten könne, bat sein Mittler um rasche Bestallung. Dreihundert Reichstaler

---

[261] Rentekammer an Friedrich IV. vom 19. März 1719, RAK RKTA P-R-K, C 251 IV, Nr. 12; Petrus Theophilus Unruh an Friedrich IV. vom 3. März 1719, RAK RKTA P-R-K C 251 IV, Nr. 12. Vgl. Anl. Besoldung der dänischen Beamten in Vorpommern und auf Rügen.

[262] Für Amts- und Licentbedienstete sowie für Ober- und Holzförster bereitete Weyse die Bestallungsurkunden vor und übersandte sie zur Unterschrift seinem König. RAK RKTA P-R-K C 251, Nr. 7.

[263] Bestallung für Jacob Cornils, RAK RKTA P-R-K C 252, S. 17 f., Bestallung für Johann Abraham Mette, RAK RKTA P-R-K C 252, S. 19 f. Nicolas Wank, RAK RKTA P-R-K C 252, S. 21 f.; Bestallung für Johann Nelson, RAK RKTA P-R-K C 252, S. 48 f.

[264] Bestallung für Friedrich Joachim Witsche, RAK RKTA P-R-K C 252, S. 1–6.

[265] Beispielsweise: Bestallung für Martin Bohn, RAK RKTA P-R-K C 252, S. 66 f.; Bestallung für Paul Schichel, RAK RKTA P-R-K C 252, S. 64 f.

[266] RAK TKIA Patenter 1714 et 1715; RAK TKIA Patenter 1716 et 1717; Bestallungen für Martin Braun, RAK RKTA P-R-K C 252, S. 6–9; Friedrich Christian Hannemann, RAK RKTA P-R-K C 252, S. 10–13; Andreas Schwarz, RAK RKTA P-R-K C 252, S. 13–16; Bestallung für Sigismund Dankwerth, RAK RKTA P-R-K C 252, S. 23–27; weitere Beispiele RAK RKTA P-R-K C 252, S. 23–36.

Pension, wie sie die Jägermeister in Holstein und Jütland erhielten, und zudem die Gage von 600 Reichstalern erhoffe sich der Oberstleutnant, teilten die Beamten dem dänischen Potentaten mit. Einer Randnotiz ist die königliche Antwort entnehmbar: »Wir bewilligen ihm gleiche Gage alß den Jägermeistern Zeplin und Rathlow«.

Der geschilderte Fall ist nicht als besonderer, sondern als symptomatischer Vorgang zu werten. In schneller Abfolge trafen weitere Gesuche in der Kopenhagener Residenz ein. Auch das über ein Jahr andauernde Gerangel um die Besetzung des Postkommissaramtes stellt ein signifikantes Beispiel dar[267]. Dass sich Personen schriftlich beim König um vakante Posten bemühten, kam in den Jahren 1716 bis 1721, also auch nach der ersten »Ernennungswelle« des Öfteren vor. Die Schreiben liefen gewöhnlich über den Amtsweg. Sie gelangten zunächst an die Regierung, sodann an die Rentekammer und schließlich zum König, obwohl sie unmittelbar an den Herrscher adressiert waren.

Über die Bestallung entschieden nicht vorrangig der Geldbeutel des Bewerbers oder dessen gesellschaftliche Reputation, sondern seine Fähigkeiten. Immer wieder findet sich in den Befehlen Friedrichs die Forderung, qualifiziertes Personal auszuwählen[268]. Aus diesem Grunde lehnte er die Konservation der Pfarren ab, und nur aus diesem Interesse heraus ließ er ehemalige Beamte seines politischen Feindes Karls XII. übernehmen. Andreas Weyse begründete die unvollständige Besetzung von Subalternbeamtenposten mit dem Fehlen von »geschickte[n] Persohnen«[269]. Die Inhabe eines öffentlichen Amtes war in Dänemark grundsätzlich an eine fachliche Qualifikation gebunden. Selbstverständlich förderte finanzieller Reichtum die Möglichkeit zum Erwerb höherer Bildung. Und so bestand bereits im 17. Jahrhundert in Dänemark ein mittelbarer Zusammenhang zwischen Grundbesitz und öffentlichem Amt[270].

---

[267] RAK RKTA PRK C 251 I, Nr. 3, RAK RKTA PRK C 251 II, Nr. 3; Hartwig Behrens an von Dewitz vom 3. Februar 1716, RAK TKIA B 209; Besonders aufschlussreich und mit vielen Bitten um einen Posten in der Verwaltung: Memorial von Dewitz' vom 22. Januar 1716, RAK TKIA B 209; Von Lende und von Platen an Regierung vom 24. November 1716, RAK Reg 88 Regkanc i Stralsund Conv. XXVI; von Lende und von Platen an Regierung vom 1. Dezember 1716, RAK Reg 88 Reg Kanc i Stralsund Conv. XXVI; Regierung an Generalpostdirektion vom 8. Dezember 1716 (Entwurf), RAK Reg 88 RegKanc i Stralsund Conv. XXVI; Christian Albrecht von Johnn an Friedrich IV., RAK RKTA P-R-K C 251 IV, Nr. 12 Anl. Aufbau der dänischen Verwaltung in Bezug auf Vorpommern und Rügen; Petrus Theophilus Unruh an Friedrich IV. vom 3. März 1719, RAK RKTA P-R-K C 251 IV, Nr. 12; Der schwedische Direktor des Greifswalder Hofgerichtes von Boltenstern wandte sich persönlich an Generalgouverneur von Dewitz mit der Bitte, ihn in seiner Funktion zu belassen. Dewitz an Friedrich IV. vom 19. Februar 1716, RAK TKIA B 209.

[267] Protokoll Collegio Civitatum 9.–12. Januar 1716, StadtA Greifswald Rep. 5, Nr. 1338, Bd 1.

[268] Unter anderem: Instruktion Friedrich IV. an Andreas Weyse vom 15. April 1716, RAK RKTA P-R-K C 251, Nr. 7, Pkt 8; Über Anstellungsvoraussetzungen: Willoweit, Entwicklung des öffentlichen Dienstes, S. 349–351.

[269] Andreas Weyse an Friedrich IV. vom 10. September 1716, RAK RKTA P-R-K C 251 I, Nr. 19.

[270] Jespersen, Office and Offence, S. 104; Petersen, Adel, Bürgertum und Gutsbesitz, S. 485–488.

Vorschläge für Bestallungen enthielten nicht selten Formulierungen[271] wie im Falle Philip Christian Röhls. Bei ihm, der zum Heidereiter vorgeschlagen wurde, handle es sich um »einen hurtigen, fleißigen Kerl aus Wolgast bürtig«[272]. Im Januar 1716 schlug von Dewitz vor, den Kavallerieoffizier Johann Janson von Silberstern nicht auf die von ihm erhoffte Zollinspekteursstelle zu setzen, sondern ihm vielmehr nur den Posten eines Amtmannes im Wolgaster Distrikt zu übertragen. Als Begründung gab er die geringen Fähigkeiten des dortigen schwedischen Inhabers jener Charge an, mehr noch, er charakterisierte ihn mit den Worten, dass er »ein Nichtswürdiger Mensch seyn soll, der seinem Ambt bis dato auch sehr schlecht vorgestanden«[273] habe.

Genügte Tüchtigkeit im Amt? Zumindest für die höheren dänischen Beamten stellt sich die Frage nach den Möglichkeiten, die der Staat zur fachlichen Qualifikation bot. Nur langsam vollzog sich die Ausformung der außeruniversitären Verwaltungslehre; ein Prozess, der sich Anfang des 18. Jahrhunderts noch im vollen Gange befand. Die an den deutschen und skandinavischen Universitäten gelesene Politiklehre war stark von aristotelischer Philosophie geprägt[274] und für die praktischen Erfordernisse des Beamtenalltags[275] nicht ausreichend. Für das 17. Jahrhundert untersuchte Axel Nielsen die Einflüsse aristotelischer Philosophie auf die Politikwissenschaft. Er kommt unter anderem zu dem Ergebnis, dass die ökonomischen Lehren des bedeutenden griechischen Denkers kaum Gegenstand gelehrter Abhandlungen früher Kameralisten waren. Kameralwissenschaft blieb den landesherrlichen Akademien vorbehalten. Hier kristallisieren sich zunehmend drei Zweige der Verwaltungswissenschaft heraus, die sich mit technologischen Fragen befassende Ökonomik, die »Polizey« als Lehre von der Volkswirtschaft und der öffentlichen Verwaltung sowie die Finanzwissenschaft, in Deutschland Kameralistik genannt. Lehrstühle entstanden erst 1727 in Halle und Frankfurt an der Oder[276]. Schon die Polizey- und Kameralwissenschaft des 17. Jahrhunderts orientierte sich an verwaltungstechnischen Fragen. So nimmt es nicht wunder, dass viele ab 1715 in Vorpommern wirkende dänische Beamte keine universitäre Ausbildung erfuhren, bevor sie in den Staatsdienst traten. Entweder wuchsen sie in der zivilen Bü-

---

271 So sollte für den zu ersetzenden Lassaner Haffkieper »ein anderweitiges tüchtiges Subjectus in Vorschlag zu bringen« sein. Der zum Bergener Amtsnotarius vorgeschlagene Fabarius war »so ein geschickter Mann«, dass er deshalb für den Posten geeignet schien. Rentekammer an Friedrich IV. vom 24. Januar 1718, RAK RKTA P-R-K C 251 III, Nr. 5; Weitere Beispiele: Instruktion für Joachim Friedrich von der Lühe vom 24. Dezember 1718, RAK TKIA Patenter 1718 et 1719, S. 305b–309; Rentekammer an Friedrich IV. vom 20. März 1719, RAK RKTA P-R-K, C 251 IV, Nr. 17; Dewitz an Friedrich IV. vom 19. Februar 1716, RAK TKIA B 209.

272 Rentekammer an Friedrich IV.vom 24. Januar 1718, RAK RKTA P-R-K C 251 III, Nr. 5.

273 Memorial von Dewitz' vom 22. Januar 1716, RAK TKIA B 209.

274 Nielsen, Die Entstehung, S. 48 f., 64–66, 74–90, 111.

275 Die Entstehung des Begriffes »Beamter« war an die Entwicklung moderner Staatlichkeit geknüpft. Er fand wesentlich später Verwendung als das Wort »Amtmann«. So tauchen »Staatsbeamte« in der schriftlichen Überlieferung erst im 18. Jahrhundert auf. Koselleck, Einleitung: Verwaltung, Amt, Beamter, S. 3; Wolter, Verwaltung/Mittelalter, S. 27 f.

276 Rössig, Versuch, I, S. 35 f.; Brandt, Geschichte der deutschen Volkswirtschaftslehre, I, S. 74 f.; Umfangreiche Bibliografie zur Geschichte der Finanzwirtschaft bei: Buchholz, Geschichte, S. 82–270; Maier, Die ältere deutsche Staats- und Verwaltungslehre, S. 175.

rokratie auf, oder aber sie wechselten vom militärischen ins politische Amt. Um einen einheitlichen Bildungsstand unter Offizieren und Beamten zu erreichen, befahl schon Christian V. allen geeigneten Bewerber herkunftsunabhängig den Besuch der Kopenhagener Ritterakademie[277].

Dass bei den höheren und mittleren Beamten Berufs- und mehr noch Lebenserfahrung eine Rolle spielten, zeigen die Biografien dieser Personen. Als die Stralsunder Regierung 1719 Christan Albrecht von Johnns Bewerbung um die vakante Bergener Amtmannstelle unterstützte, verwies sie auf seine hohen fachlichen Qualitäten, auf die von ihm erworbenen Kenntnisse der pommerschen Verhältnisse; er selbst jedoch untermauerte sein Gesuch zudem mit den Worten »da ich unter Dero Hohen Schutz Grund zu denen Wißenschaften zu lege, und auch verschiedene Reyßen in frembden Landen mehr Qvaliteten zu erlangen mich befließen«[278].

Mehr noch als bei den weltlichen Beamten ist die hohe Mobilität der pommerschen Geistlichkeit augenscheinlich. Ihre Biografien bieten interessante, bezeichnende Lebensläufe. Der 1719 bestallte Bergener Rektor Friedrich Wilhelm Winckelmann erblickte in Boizenburg an der Elbe das Licht der Welt. Nach dem Schulbesuch und einer Anstellung als Pedell an der Lüneburger Ritterakademie studierte er in Leipzig, später in Jena, dann in Wittenberg Theologie und Philosophie. 1700 bis 1708 unterrichtete er adelige Jugendliche[279]. Winckelmann lehrte zuvor die Töchter des Glückstadter Vizekanzlers von Johnn. Als Christian Albrecht von Johnn, der Bruder des Stralsunder Lehnsekretärs, 1719 zum Landvogt und Bergener Amtmann ernannt wurde, bot sich Winckelmann Gelegenheit zur erfolgreichen Bewerbung auf das Rektorat.

Der amtierende Vilmnitzer Pastor Andreas Berg, ein gebürtiger Penzliner, besuchte nacheinander die Stadtschulen in seinem Heimatort, Neubrandenburg, Anklam und Wismar. Ab 1695 erzog er Kinder fürstlicher Beamter, vier Jahre später predigte Berg in Stralsund. Schließlich heiratete er die Witwe seines Vorgängers im Pastorat Vilmnitz. Der Bergener Präpositus Andreas Ritter verlebte seine Kindheit in Lübeck, bereiste von dort aus Lüneburg, Braunschweig, Wolfenbüttel, Helmstedt und Magdeburg und gelangte schließlich nach Leipzig. Er hörte bei bedeutenden Hochschullehrern Philosophie und Theologie. Dann begab er sich auf eine längere Bildungsreise durch Dänemark und Schleswig. Einer Anstellung an der Greifswalder Universität folgte 1707 der Ruf zum Präpositus und Pfarrer nach Bergen.

Diese wenigen Beispiele mögen genügen, wenngleich viele vorpommersche kirchliche Beamte ähnliche Viten vorweisen konnten. In einigen Fällen bemühte sich der dänische König persönlich um die Investitur gut ausgebildeter und ihm genehmer Geistlicher. So im Falle des Mönchguter Pastors Tobias Rennert, der

---

277 Holm, Danmark-Norges indre Historie, I, S. 124; Über Herkunft und Ausbildung dänischer Beamter: Lind, Den heroiske tid, 180–183, 189–198.
278 Christian Albrecht von Johnn an Friedrich IV. vom 25. Februar 1719, RAK RKTA P-R-K C 251 IV, Nr. 12; Regierung an Friedrich IV. vom 25. Februar 1719, RAK RKTA P-R-K C 251 IV, Nr. 12; Rentekammer an Friedrich IV. vom 19. März 1719, RAK RKTA P-R-K C 251 IV, Nr. 12.
279 Fabarius, Nöthige Erläuterung, S. 70–73.

seinen Ruf am 3. März 1719 erhielt[280]. Von Christoph Heinrich Fischer, einem gebürtigen Sachsen, wird berichtet, dass das »königlich dänische Haus« ihn zum Nehringer Prediger bestellte[281].

Das Gros der vorpommerschen Geistlichkeit arrangierte sich 1716 mit dem neuen Regime. So verblieb Winckelmanns Vorgänger Martin Germann im Amt des Rektors der Bergener Stadtschule bis zu seinem Tode 1719[282]. Unmittelbar nach Übernahme der dänischen Herrschaft gab es dennoch einige personelle Wechsel[283]. Der Trenter Prediger Ernst Heinrich Wackenroder, Verfasser des bekannten Werkes *Altes und Neues Rügen*, wechselte Anfang des Jahres 1716 als Pastor nach Loitz[284]. Der berühmte Theologe Jacob Heinrich von Balthasar, ein Schüler Johann Mayers und Freund Gebhardis, kehrte unmittelbar nach Beginn der dänischen Herrschaft von einer längeren Studienreise nach Greifswald zurück. Er legte neben zahlreichen theologischen Publikationen auch eine Sammlung wichtiger Dokumente zur pommerschen Kirchengeschichte vor[285].

Dass ein ehemaliger Feldprediger der schwedischen Armee, der noch 1715 während der Belagerung Wismars auf Karl XII. Seite stand, nun in dänische Dienste trat, dürfte ein seltener Ausnahmefall gewesen sein. Und doch trifft diese Aussage für Michael Andreas Hornemann zu, der nach dem Verlust der letzten schwedischen Bastion auf deutschem Boden zum Pfarrherren von Züssow berufen wurde[286]. Auch der frühere Prediger des schwedischen Regimentes Baron Martin von Schoulz, Hartwig Behrens, bat um seine Übernahme[287]. Aus dem Kavallerieregiment des Carl Gustav Graf Mellin wandte sich der Feldprediger Bernhard Kempe an Friedrich und bat um seine Bestallung zum Trenter Pfarrherren. Auch sein Verband gehörte 1715 zu den schwedischen Verteidigern Stralsunds[288]. Gab Friedrich IV. Kempes Bitte auch nicht nach, so bestallte und vokierte er doch einen ehemaligen schwedischen Feldgeistlichen, nämlich Friedrich Christoph Willich[289].

Andere Feldprediger gingen 1715 mit ihren Regimentern in Gefangenschaft. So auch der aus Gartz stammende Karl Christian Massow. Nach seiner Entlassung aus der Haft bemühte sich Generalsuperintendet Gebhardi 1716 erfolgreich, Massow in eine verwaiste Wolgaster Pfarrstelle zu bringen[290]. Mitunter bewarben sich ehemalige schwedische Soldaten erfolgreich als Kirchendiener im dänischen Vor-

---

[280] Fabarius, Nöthige Erläuterung, S. 99–102, 167–169; Steffen, Kulturgeschichte, S. 316.
[281] Biederstedt, Beyträge, II, S. 35.
[282] Fabarius, Nöthige Erläuterung, S. 70.
[283] Biederstedt, Beyträge, I–IV; von Dewitz an Sehestedt vom 4. Januar 1716, RAK TKIA B 209; von Dewitz an Friedrich IV. vom 4. Januar 1716, RAK TKIA B 209.
[284] Biederstedt, Beyträge, II, S. 26.
[285] Biederstedt, Nachrichten, I, S. 10–15; Balthasar, Erste Sammlung.
[286] Biederstedt, Beyträge, II. Teil, S. 105. Für das 17. Jahrhundert sind gleichfalls Einzelfälle nachgewiesen, in denen vormalige schwedische Militärbedienstete ihren Ruf nach Dänemark erhielten und ihm folgten. Stürzbecher, Über die Stellung, S. 53.
[287] Behrens an Dewitz vom 3. Februar 1716, RAK TKIA B 209.
[288] Bernhard Kempe an Friedrich IV. vom 30. Januar 1716, RAK TKIA B 209.
[289] Dewitz an Friedrich IV. vom 4. März 1716, RAK TKIA B 209.
[290] Biederstedt, Beyträge, III.Teil, S. 46 f., 53; Heller, Chronik, S. 66 f.

pommern. Einige kirchliche Amtsträger verließen jedoch 1715 das Land. Der nach der Stralsunder Kapitulation entlassene Bataillonsprediger Axel Semlow beispielsweise zog nach Hamburg und trat bereits 1717 wieder in schwedischen Militärdienst[291].

Die Auswahl künftiger Prediger oblag dem (Vize-)Generalsuperintendenten Gebhardi[292]. Er unterbreitete dem Generalgouverneur einen entsprechenden Vorschlag[293]. Von Dewitz und später dessen Nachfolger von Scholten leiteten den Antrag an den König weiter und vertraten vor dem Monarchen Gebhardis Auffassung über die Qualifikation des jeweiligen Kandidaten[294]. Gelangte Friedrich IV. zur Ansicht, der empfohlene Theologe sei geeignet, den vakanten Posten zu versehen, so bestallte und vokierte er[295]. Die Einsetzung ins Predigeramt vor Ort vollzog dann der Vize-/Generalsuperintendent[296].

Bevor einem geeigneten Bewerber eine Stelle in der Verwaltung übertragen wurde, hatte er eine Kaution zu stellen[297]. Die Summe dieser Rücklage war oft horrend. So mussten für den Posten des Licentverwalters in Greifswald 800 Reichstaler hinterlegt werden. Dass ein bürgerlicher, 1712 als Fähnrich aus dänischem Armeedienste verabschiedeter Soldat, Joachim Friedrich Witsche, diese gewaltige Kaution zu hinterlegen bereit war, zeigt dreierlei[298]: Zum einen das hohe gesellschaftliche Ansehen, das mit einem öffentlichen Amte verbunden war, zum anderen handelte es sich um eine einträgliche Position. Letztlich bot jede Stelle in der staatlichen Verwaltung die Möglichkeit zum weiteren raschen Aufstieg und zum Erwerb von Grundbesitz[299]. Gerade für die Ebene der mittleren Beamtenschaft, also der Licentverwalter, der höheren Forstbeamten und der Amtleute, bestand ein hohes Interesse. Nach dem Tod Janson von Silbersterns ernannte

---

[291] Berg, Die Familie, S. 12 f.; Fabarius, Nöthige Erläuterung, S. 141–144.

[292] Bestallung für Heinrich Brandanus Gebhardi vom 14. April 1716, RAK TKIA Patenter 1716, S. 65b–67b; Bestallung und Vocation Gebhardi's zum Generalsuperintendenten vom 2. Dezember 1719, RAK TKIA Patenter 1718 et 19, 1719, S. 590–593.

[293] Beispiele in: RAK TKIA B 209; dort befinden sich auch Zeugnisse, die Gebhardi über einzelne Pfarrbewerber schrieb; RAK Reg 88 Regkanc i Stralsund XXIX; RAK Reg 88 Regkanc i Stralsund, Nr. 359b.

[294] Im Falle Willichs führte Dewitz beispielsweise unter anderem aus: »So habe mich zuforderst allergnädigst anbefohlener maaßen nach seiner Lehre und LebensAhrt erkundiget und wie ihme deshalber Jedermann ein sehr gutes Zeugniß beygeleget demselben die hierunter Königl. Gnade kundt gemachet, welches ihn dann wie leicht zu erachten […] in eine unbeschreibliche Freude gesetzet« Dewitz an Friedrich IV. vom 4. März 1716, RAK TKIA B 209; zahlreiche weitere Beispiele: RAK TKIA B 209.

[295] Beispielsweise: Bestallung für Zacharias Gevecoth, RAK TKIA Patenter 1718 et 1719, S. 597a–598a; Bestallung für Tobias Rennert, RAK TKIA Patenter 1718 et 1719, S. 327a–328a; Bestallung für Christoph Heinrich Fischer, RAK TKIA Patenter 1718 et 1719, S. 195b–196a.

[296] Daniel Schrammen, Etwanige Nachricht und Verzeichniß von Alten und Neuen mehrentheils Bartischen Kirchen Sachen aus bewehrten und glaubwürdigen Uhrkunden und Scribenten mit fleiß zusamengesuchet und extrahiret, 1723, LAG Rep. 40 VI, Nr. 92, Bl. 32; Dewitz an Regierung vom 25. Juli 1716, RAK Reg 88 Regkanc i Stralsund XXIX.

[297] RAK RKTA P-R-K C 251 I, Nr. 17.

[298] Andreas Weyse an Friedrich IV. vom 13. April 1716, RAK RKTA P-R-K C 251 I, Nr. 8; Joachim Witsche an Friedrich IV. (ohne Datum) RAK RKTA P-R-K C 251, Nr. 8.

[299] Jespersen, Office and Offence, S. 104.

Friedrich IV. einen Mann namens Johann Henrich Green [Gröen][300] zum neuen Bergener Amtmann und Rügener Landvogt. Er verstarb jedoch kurz nach seiner Ankunft in Stralsund, sodass der Posten erneut als vakant galt. Sofort bewarben sich fünf Personen um Greens Nachfolge[301]. Neben dem letztlich erfolgreichen Christian Albrecht von Johnn bewarben sich der aktive Major Hermann Dietrich Grünhagen, der Auditeur beim Leibregiment Dragoner Petrus Theophilus Unruh, der Auditeur des Prehnschen Kürassierregimentes Peter Schröder und der Stralsunder Kanzlist Johann August Schmidt. Schließlich gab Friedrich auf Anraten der Stralsunder Regierung den Posten an Christian Albrecht von Johnn, der dem größten Amt des kleinen norddeutschen Territoriums bis zum Ende der dänischen Herrschaft vorstand[302]. Wie beinahe alle Beamten hinterlegte er vor Übernahme seines Posten eine umfangreiche Kaution.

Mit einem derartigen finanziellen Unterpfand haftete der Beamte für mögliche Verfehlungen. Nach Beendigung des Dienstverhältnisses erhielt er es wieder zurückgezahlt[303]. Die Hinterlegung wurde in den meisten Fällen zur Voraussetzung für eine Berufung ins Amt. So befahl Friedrich beispielsweise ausdrücklich, dass der Proviantkommissar Christian Erasmus Selmer [Sellmer] erst bestellt werden dürfe, wenn er sein Haftgeld erbracht habe[304]. Bisweilen verzichtete der Monarch jedoch. Beispielsweise bat der Stralsunder Kämmerer Henrich Horst um eine finanzielle Bürgschaft, mit der Begründung, dass sie den anderen Kassierern gleichfalls erspart bliebe. Auch in anderen Fällen, nämlich dann, wenn der Kandidat über keinerlei Einkünfte verfügte und er bar jeglichen Vermögens schien, übte die Rentekammer auf Geheiß des Königs Verzicht. So befreite sie Friedrich Christian Hannemann, der zum Stralsunder Licentkontrolleur bestellt wurde. Andererseits nahm sie Andreas Schwartz in die Pflicht, der sein Wohnhaus als Unterpfand für eine Anstellung als Licentverwalter setzte. Vorübergehend gestattete sie sogar dem Kanzleirat August Friedrich von Johnn, ohne zuvor hinterlegte Kaution sein Amt zu verrichten. Sehr oft, beinahe in allen bekannten Fällen, traten sogenannte »Cautionisten« als Bürgen in Erscheinung[305]. Probleme ergaben sich dann, wenn diese Drittpersonen außerhalb des dänischen Herrschaftsbereiches lebten. Dann bedurfte eine Annahme des gebotenen Haftgeldes der ausdrücklichen Genehmigung des Monarchen[306].

---

[300] Sein Name ist hier mitgeteilt, weil Green rechtskräftig zum Amtmann bestellt wurde, er aber bis heute in keinem gedruckten Werk aufgeführt wird.

[301] Rentekammer an Friedrich IV. vom 19. März 1719, RAK RKTA P-R-K C 251 IV, Nr. 12; weitere Fälle: RAK RKTA P-R-K C 251 I–IV.

[302] Regierung an Friedrich IV. vom 6. März 1719, RAK RKTA P-R-K C 251 IV, Nr. 12; Rentekammer an Friedrich IV. vom 19. März 1719, RAK RKTA P-R-K C 251 IV, Nr. 12.

[303] RAK RKTA P-R-K C 277.

[304] RAK RKTA P-R-K C 251 I, Nr. 17.

[305] Bericht von der Beschaffenheit der eingekommenen ordinairen und extraordinairen Rechnungen vom 31. Dezember 1718, RAK RKTA PRK C 277. Als sich nach dem Tode von Silbersterns Johann Heinrich Green erfolgreich um den Posten des Rügener Amtmannes bewarb, gab sich Friedrich IV. mit einer Kaution von 2500, statt der geforderten 4000 Reichstaler zufrieden. Auch dieses Geld war Green nur geliehen. Kgl. Relation vom 24. Januar 1719, RAK RKTA P-R-K C 251 IV, Nr. 2.

[306] Rentekammer an König vom 1. Februar 1717, RAK RKTA P-R-K C 251 II.

Neben der Kaution war der Eid auf den Landesherrn unabdingbare Voraussetzung für die Investitur eines Bewerbers. Die Bestallungsprotokolle weisen diesbezüglich alle denselben Wortlaut auf. Demnach hatte der künftige Beamte zu versichern,

> »daß zuforderst Uns als seinen souverainen Erb-König und Herrn, er getreu hold und gewärtig seyn, Unseren und unseres Königl. Erbhauses Nutzen und bestes mit höchstem Fleiß suchen und befördern, schaden und Nachteil ab nach äußerstem Vermögen verhüten, warnen und abwenden und was er deswegen in Erfahrung bringen wird, uns und den Unserigen ohne Scheu alsofort anmelden und offenbahren«[307].

Zwar ist die Formulierung in allen Bestallungsprotokollen dieselbe, die Rechtschreibung weicht jedoch ab. Deshalb ist hier beispielhaft die Niederschrift zur Bestallung Friedrich August Witsches zitiert. Nicht jeder war bereit, diesen Eid seinem neuen Landesherrn zu leisten. So meldete beispielsweise die Rentekammer im Januar 1718, dass der Lassahner Haffkieper Erasmus Möller trotz beständiger Erinnerung durch seinen Amtmann sich nicht bequeme, das geforderte Treuezeugnis zu geben[308]. Neben dem beim Handschlag anwesenden Personenkreis und den Beamten leisteten die Greifswalder Professoren einen besonderen Treueeid. Er stimmte beinahe im Wortlaut mit dem weltlicher Beamter überein und wurde am 15. Dezember 1716 den Hochschullehrern schriftlich abverlangt. Erhalten sind die Eide des Philosophen Theodor Horn, des Juristen Philip Balthasar Gerdes, des Mediziners und Rektors Johann Lembke und des Mathematikers Jeremias Papke[309].

Der Bruch des Eides zog Ahndung nach sich. Die Härte des Strafmaßes beschloss nicht selten Kopenhagen unmittelbar. Selbst Verfehlungen niederer Beamter wurden dem König angezeigt. So berichteten Oberlanddrost Kötzschau und Jägermeister Bestenbörstel im Dezember 1717 der Rentekammer, dass der Heidereiter zu Großenhorst, Andreas Borckwarth, im Amt Barth des Holzdiebstahles schuldig geworden sei. Er habe sich aus diesem Grunde als untüchtig erwiesen. Geeigneter erscheine Johann Heinrich Tesewitz, der Sohn des Bergener Landreiters. Die Rentekammer erstattete dem König über diesen Sachverhalt Meldung. Friedrich IV. entschied, den Holzdieb seines Amtes zu entheben, an dessen Stelle den vorgeschlagenen Tesewitz zu bestellen und Borckwarth exemplarisch zu bestrafen, damit sein Fall als abschreckend gegenüber den anderen Bediensteten wirke. Als der Heidereiter zu Poggendorf ohne Befehl von sich aus Holz auswies, wurde er durch königliche Order »cassiert«. Diese und ähnliche Fälle[310] sind auf das äußerst geringe Gehalt der Forstbediensteten zurückzuführen. Mit den unerlaubten Holzausweisungen versuchten sie, sich ein zusätzliches Einkommen zu verschaffen. So erhielt ein Heidereiter des Loitzer Amtes 1717 für 24 junge, unter der

---

307 Bestallungsprotokoll für Friedich August Witsche, RAK RKTA PRK C 251, S. 1–2.
308 Rentekammer an Friedrich IV. vom 24. Januar 1718, RAK RKTA R-P-K C 251 III, Nr. 5.
309 RAK TKIA B 209.
310 Rentekammer an Friedrich IV. vom 7. Januar 1718, RAK RKTA R-P-K C 251 III, Nr. 4. (Die Entscheidungen Friedrichs sind Randnotizen zu entnehmen, die in einer anderen Handschrift abgefasst sind, als der Bericht.); Rentekammer an Friedrich IV. vom 24. Januar 1718, RAK RKTA P-R-K C 251 III, Nr. 5; RAK RKTA P-R-K C 251 II, Nr. 32.

Hand verkaufte Eichen einen Reichstaler und 16 lübsche Schilling. Zur Strafe ertrug er eine viertägige Haft und ging seines Amtes verlustig[311].

Der niedere Beamte haftete für Aussagen, die er schriftlich bei der Obrigkeit einreichte. So endeten offizielle Berichte mit Formulierungen wie »gestalt ich ambtshalber und auf mein Christliches gewißen dieses alles hiermit beglaubige«[312]. Der Eid, den Kollektoren zu leisten genötigt waren, verdeutlicht, wie hart der Einzelne für Korruption und andere Verfehlungen zur Verantwortung gezogen werden konnte[313]. Steuereinnehmer versicherten dort unter anderem, dass sie den Zustand und das Vermögen eines Kontribuenten unparteiisch festzuhalten bereit seien. Abschließend bekräftigte er für den Fall, dass er wissentlich gegen seine Aufgaben verstoße:

> »so will ich nicht nur den von mir durch meine contravention veruhrsachten Schaden so weit als alles mein Vermögen nicht reicht, zu erstatten schuldig und verpflichtet, sondern auch noch dazu zufrieden seyn, daß der Advocatus Fisci mich als einen Untreuen meineydigen und seiner Zusage vergeßenen Menschen auf Ehre, Haab und Güter anklagen und verfolgen möge«[314].

Dennoch traten Fälle schwerster Veruntreuung auf. Hier darf eine derartige Begebenheit ausführlicher geschildert werden, erlaubt sie doch Rückschlüsse auf den Grad der Korruption innerhalb der Beamtenschaft.

Im Jahre 1719 verschwanden aus der königlichen Kasse zu Stralsund 292 Reichstaler; ein brisantes Vorkommnis, oblag doch die Aufsicht dem Kammerrat Hinrich Horst persönlich. Das Geld ging nicht schlagartig verloren, sondern wurde nach und nach entwendet. Der Täterkreis ist heute nicht mehr ermittelbar. Damals befanden Beamte, Nicolas Schwartz, den Sohn des Barther Licentverwalters, für schuldig. Wer aber verschaffte ihm Zugang zur Stralsunder Kasse? Schwartz wurde zunächst von seinem Vater, Andreas Schwartz, im Beisein des Oberförsters Franz Joachim Werffel vernommen. Beide baten den Schreiber des Kammerrates als Zeugen hinzu. Fluchend und schwerste Vorwürfe erhebend, befragte der Vater den Sohn, wo er das gestohlene Geld gelassen habe. Schließlich, da sich Nicolas Schwartz nicht zur Antwort bereit fand, schlug der Licentverwalter auf seinen Jungen ein. Auch jetzt gestand der Beschuldigte lediglich, 150 Reichstaler in diversen Wirtshäusern durchgebracht zu haben. So erklärte sich jedoch nicht die Summe von 292 Reichstalern. Der alte Schwartz bezichtigte nun den anwesen-

---

311 Rentekammer an Friedrich IV. vom 27. September 1717, RAK RKTA P-R-K C 251 II, Nr. 32.

312 Umbständliche Relation und Beschreibung derer, im königl. Amte Bergen belegenen annoch unvereußerten Ackerwercken, Bergen 25. Januar 1716, RAK RKTA P-R-K C 274.

313 Das Misstrauen gegenüber niederen Beamten war in damaliger Zeit allgemein. Wie tief die Vorbehalte auch unter der schwedischen Herrschaft saßen, schilderte der Stralsunder Prediger Johann Christian Müller in seinem Tagebuch. Dort berichtet er von einem schwedisch-pommerschen Generalgouverneur. Derselbe »ließ sogleich alle inspectores, Zollbediente und Visitirers vor sich fordern, redete sie nur als Canaille und Spitzbube an, die dem Könige betroge, hieß sie an den Galgen gehen, beorderte an den Thoren einen Officirer, der nebst dem Thorschreiber alle hereinkommenden Wagens visitiren und was nicht sogleich angegeben, in Beschlag nehmen sollte«; Buchholz, Neuvorpommersches Leben, II, S. 99.

314 Formular wonach die Collectores in dem Herzogthum VorPommern und Fürstentum Rügen Ihr Königl. Maytt. zu Dännemark, Norwegen unsern allergnädigsten Herrn Eyd der Treue abzulegen, RAK RKTA P-R-K C 255.3, S. 130 f.

den Kammerschreiber Peter Petersen der Mittäterschaft. Er habe das Geld mit seinem Sohn gemeinsam verprasst. Derart beleidigt, forderte Petersen Satisfaktion. Nach fruchtlosem Wortgefecht gingen Licentverwalter und Schreiber mit Fäusten aufeinander los[315]. Petersen zog danach vor die Regierung und strengte einen Prozess an, in dem er seine Weste reinzuwaschen trachtete. Wird der Fall einer näheren Betrachtung unterzogen, so bleibt in der Tat die Frage, wie Schwartz an das Geld gelangte. Er war mit der Einhebung der Kontribution betraut, wie aus den Prozessakten hervorgeht, jedoch nur im regionalen Bereich[316]. Petersen besaß Zugang zur Stralsunder Kasse, in der er täglich arbeitete. Und Hinrich Horst, der Kämmerer selbst? Musste ihm das Verschwinden des Geldes nicht auffallen, gerade bei der überaus akribischen Rechnungsführung und -legung? Sein Name wird nirgends erwähnt[317]. Für Schwartz' Vater aber, der selbst beständigen Umgang mit staatlichen Einnahmen besaß, steht zu vermuten, dass er seinen Sohn zum Kontributionseinnehmer vorschlug, trotz dessen ausschweifendem Lebenswandel. Folgt man dem Vernehmungsprotokoll, so verbrachte Nicolas Schwartz wohl jede Nacht in Wirtshäusern, trank, hurte, ermunterte andere zum Zechen, beschenkte seine Kumpane reichlich, verlieh das gestohlene Gut; kurzum, er verprasste das Geld. Später gab der junge Beamte zu, fünf bis sechs Reichstaler pro Nacht durchgebracht zu haben. Ein Zolleinnehmer verdiente zwischen 12 und 18 Reichstaler jährlich. Schwartz' Vater erhielt 100 Reichstaler Gage für denselben Zeitraum und gehörte damit zu den Besserverdienenden. Die 150 Reichstaler veruntreuter Kontribution, die Nicolas Schwartz zugab, entsprachen einer Jahresmiete für das Haus des Oberlanddrosten. Das Geld habe er, so Schwartz selbst, in zwanzig Raten aus der Kasse genommen[318].

Bei der Betrachtung dieser durch Beamte begangenen Amtsverfehlungen ist der Zusammenhang von Verdienst und krimineller Handlung nicht zu übersehen. Angesichts der beachtlichen Unterhaltskosten, die der dänische Staat in die regionale Verwaltung investierte, ein anscheinend schwer erklärbares Phänomen. Es lohnt sich also, den vorpommerschen Etat unter dem Aspekt der administrativen Ausgaben näher zu betrachten.

c) Kosten der Verwaltung – Vergütung der Beamten

Die Verwaltung Pommerns nördlich der Peene forderte von Kopenhagen umfangreiche finanzielle Aufwendungen. Hiermit ist ein weiterer wichtiger Aspekt des Verhältnisses von Zentral- zur Regionalverwaltung berührt, schließlich fiel die

---

[315] Peter Petersen an Regierung vom 21. September 1718, RAK Reg 88 RegKanc i Stralsund Conv. CCXCI, Nr. 1.

[316] Nohtdringliche Klage nebst unterthänigster Bitte Peter Petersen contra Licentverwalter Andreas Schwartzen, RAK Reg 88 Regkanc i Stralsund Conv. CCXCI, Nr. 1.

[317] Lediglich der Beklagte selbst belastete Horst. Er habe dem Kammerrat schriftlich Meldung davon gegeben, Geld aus der königlichen Kasse zu verschenken, behauptete Schwartz. Vernehmungsprotokoll vom 27. März 1719, RAK Reg 88 RegKanc i Stralsund Conv. CCXCI.

[318] RAK RKTA P-R-K C 251 IV, Nr. 2; Vernehmungsprotokoll vom 27. März 1719, RAK Reg 88 RegKanc i Stralsund Conv. CCXCI.

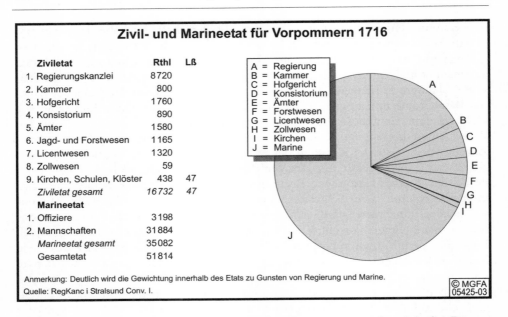

Zivil- und Marineetat für Vorpommern 1716

Ziviletat	Rthl	Lß
1. Regierungskanzlei	8720	
2. Kammer	800	
3. Hofgericht	1760	
4. Konsistorium	890	
5. Ämter	1580	
6. Jagd- und Forstwesen	1165	
7. Licentwesen	1320	
8. Zollwesen	59	
9. Kirchen, Schulen, Klöster	438	47
Ziviletat gesamt	*16732*	*47*
Marineetat		
1. Offiziere	3198	
2. Mannschaften	31884	
Marineetat gesamt	*35082*	
Gesamtetat	*51814*	

A = Regierung
B = Kammer
C = Hofgericht
D = Konsistorium
E = Ämter
F = Forstwesen
G = Licentwesen
H = Zollwesen
I = Kirchen
J = Marine

Anmerkung: Deutlich wird die Gewichtung innerhalb des Etats zu Gunsten von Regierung und Marine.
Quelle: RegKanc i Stralsund Conv. I.

© MGFA
05425-03

Bereitstellung der erforderlichen Mittel in den Verantwortungsbereich der Rentekammer. Allein der infrastrukturelle Aufbau der Verwaltung verschlang horrende Summen. Teilweise wurden die Stände direkt zur Finanzierung herangezogen, wie im Falle des Ankaufes eines Gouverneurshauses[319]. Andere Kosten trug Kopenhagen unmittelbar. So erforderte beispielsweise die Möblierung des Regierungsgebäudes in Stralsund Aufwendungen in Höhe von 117 Reichstalern. Vielerorts harrten Kriegsschäden auch an Verwaltungsgebäuden ihrer Behebung. Mit hohem finanziellen Aufwand betrieb die Regierung ab 1716 den Wiederaufbau des Wiecker Schiffsvisitiererhauses[320], des Stralsunder Licenthauses und weiterer Wirtschaftsgebäude. Auch das Tagesgeschäft der Beamten kostete; ob die Beschaffung der Schreibutensilien[321], ob der Druck amtlicher Befehle an die Bevölkerung[322] oder Inspektionsreisen[323].

Den weitaus größten Teil der Aufwendungen für die Verwaltung verschlangen jedoch die Personalkosten. Das königliche Besoldungsreglement vom Dezember 1716 weist 51 814 Reichstaler an *geplanten* jährlichen Salarien aus. Diese Summe

---

319 Protokoll Collegio Civitatum 9.–12. Januar 1716, StadtA Greifswald Rep. 5, Nr. 1338, Bd 1.
320 Rentekammer an Friedrich IV. vom 3. Januar 1718, RAK RKTA P-R-K C 251 III, Nr. 4.
321 Im Verlauf des Jahres 1718 gab die Stralsunder Regierung für ihren eigenen Bedarf 231 Reichstaler für Schreibutensilien sowie 122 Reichstaler für den Druck von Patenten und den Ankauf von Stempelpapier aus. Rentekammer an Friedrich IV. vom 21. Januar 1719, RAK RKTA P-R-K C 251 IV, Nr. 4.
322 Der Druck der Auflage eines Patentes kostete zwischen zwei und vier Reichstalern, je nach Anzahl der Exemplare. Andreas Weyse an Friedrich IV. vom 10. September 1716, RAK RKTA P-R-K C 251 I, Nr. 19; Buchdruckerrechnung, RAK RKTA P-R-K C 251 IV, Nr. 11; Attest der Finanzdeputierten an Brandt vom 4. Dezember 1719, RAK RKTA P-R-K C 255.4, S. 8 f.
323 Weyses Inspektion zur Einrichtung der Verwaltung kostete 109 Reichstaler und 24 Schilling. Andreas Weyse an Friedrich IV. vom 10. September 1716, RAK RKTA P-R-K C 251 I, Nr. 19.

schloss die Gagen für die Offiziere, Unteroffiziere und Mannschaften der in Vorpommern stationierten Flottille mit ein[324]. Die tatsächlichen Ausgaben wichen von diesen Planungen ab. So erhielt Lehnsekretär Johnn, wie bereits geschildert, 200 Reichstaler zusätzliche Gage zugesprochen und das Hofgericht existierte in dänischer Zeit nicht. Die Beamten erhielten bislang verspätet oder gar nicht die ihnen versprochene Gage.

Deutlich wird die Gewichtung innerhalb des Etats zu Gunsten von Regierung und Marine. Je höher die Dienststellung des einzelnen Beamten war, umso mehr Gehalt bezog er. Generalgouverneur von Dewitz erhielt als jährliche Gage 4000 Reichstaler, der Oberlanddrost von Kötzschau 2000 Reichstaler und die Regierungsräte immerhin noch 600 Reichstaler jährlich[325]. Die fünf höchsten dänischpommerschen Staatsdiener kassierten also 15 Prozent des gesamten provinziellen Personaletats. Werden die militärischen Personalkosten aus dem Gesamtetat herausgerechnet, erhielten sie sogar 47 Prozent aller Lohngelder.

Dennoch lagen ihre Gehälter deutlich unter denen schwedischer Regierungsbeamter vor 1715. Zu Zeiten Karls XII. empfing der vorpommersche Generalgouverneur 6000 Reichstaler, die Regierungsräte erhielten je 800 Reichstaler jährlich[326]. Zudem zahlten dänische Staatsdiener, die mehr als 100 Reichstaler verdienten, eine Kriegssteuer in Höhe von zwanzig Prozent[327]. Kötzschau, dessen Räte, der Vizegeneralsuperintendent, die Amtleute, ja sämtliche höheren Beamten bemühten sich deshalb um eine deutliche Minderung der ihnen auferlegten Lasten[328]. Jeder trachtete nach dinglichem und finanziellem Gewinn. Die 150 Reichstaler jährlicher Miete wolle er schon weiter bezahlen, allein die 24 Reichstaler Rekognitionsgelder und die 24 Schilling Bauerhaltskosten für die örtliche Wasserkunst, die er an die Stadt Stralsund entrichte, müsse man ihm künftig ersparen, forderte der Oberlanddrost von der Rentekammer[329]. Als er 1719 zusätzliches Deputatbrennholz

---

324 Besoldungreglement vom 28. Dezember 1716, RAK RegKanc Stralsund Conv. I.

325 Auch unter der schwedischen Herrschaft bezogen die Regierungs- und Tribunalsbeamten mit Abstand die höchsten Gehälter. Buchholz, Öffentliche Finanzen, S. 93 f.; Besoldungreglement vom 28. Dezember 1716, RAK Reg 88 RegKanc Stralsund Conv. I.

326 Extrakt über die zur schwedischen Zeit üblichen Gagen, RAK RKTA P-R-K C 251 I, Nr. 35; Auch nach der Wiedereinrichtung der schwedischen Herrschaft 1721 erhielten die Regierungsbeamten deutlich höhere Gagen als ihre dänischen Vorgänger. Der Generalgouverneur bezog nun noch 5200 Reichstaler jährlich, seine Räte wiederum 800. Der pommersche Staat 1721. In: Stralsundische Verordnungen 1593–1741, StadtA Stralsund HS II 388, S. 751–760, hier: S. 751 (auch in: LAG Rep. 40 VI 92, Nr. 6, Bl. 140–153).

327 Rentekammer an König vom 14. Dezember 1716, RAK RKTA P-R-K C 251 I, Nr. 35; Kgl. Resolution vom 28. Dezember 1716, RAK RKTA P-R-K C 251 I, Nr. 35; Befehl Friedrichs IV. an Kötzschau und Horst vom 20. März 1719, RAK RKTA P-R-K C 251 IV, Nr. 16.

328 RAK RKTA P-R-K C 251 I–IV.

329 Mit Erfolg! Friedrich IV. bestand zwar auf Zahlungen zum Bauunterhalt an die Stadt Stralsund in Höhe von nunmehr 51 bis 54 Reichstalern. Künftig wurden sie jedoch auf die Miete des Oberlanddrosten angerechnet, sodass dieser fortan nur noch 150 Reichstaler insgesamt abführte. Das dem Staate verbleibende Geld diente dem Unterhalt der Kinder eines nach Schweden geflohenen Buchhalters. (Der Mann namens Kohl hatte seinen Nachwuchs in Vorpommern sitzen lassen, ohne sich weiter um dessen Zukunft zu kümmern.) Rentekammer an Friedrich IV. (undatiert), RAK RKTA P-R-K C 251 IV, Nr. 2; Kgl. Relation vom 24. Januar 1719, RAK RKTA P-R-K C 251 IV, Nr. 2.

erhielt, begnügte sich Kötzschau hiermit nicht. Er bat seinen König, ihm hierfür auch noch die Licentfreiheit einzuräumen. Dem Generalgouverneur von Dewitz übereignete Friedrich IV. am 27. Dezember 1715, also unmittelbar nach der Übergabe der Feste Stralsund, das Gut Nehringen[330].

Friedrich IV. befreite ab 1719 sämtliche vorpommerschen Bediensteten von der Hinterlegung der Kriegssteuer. Der einzige in diesem Jahr Zahlende blieb Generalgouverneur von Dewitz. Jeder Beamte, dessen Kapital 1000 Reichstaler überstieg, hinterlegte fortan nur noch zwei Prozent Vermögenssteuer. Alle übrigen dänischen Staatsdiener entrichteten keine derartigen Abgaben[331].

Dennoch, während die Regierungsbeamten hohe Gagen einstrichen, reichte die Entlohnung der niederen Beamten oft nicht aus, um ihren Lebensunterhalt zu sichern[332]. Der auffällige außerordentliche Unterschied in der Besoldung von höheren und niederen Beamten wird von der Forschung für zahlreiche Territorien konstatiert. Sie verdienten durch Handwerk oder Viehzucht hinzu. Als im Oktober 1717 der Poggendorfer Heidereiter seines Amtes enthoben wurde, schlug die sundische Regierung einen Mann namens Magnus Külch vor, da dieser geeignet erschien. Der Kandidat jedoch verfügte über Vieh, das er auf dem verpachteten Staatsgute Poggendorf zu weiden gedachte. Da es sich um viele Tiere handelte, fürchtete der Pächter um seine Weide und verbot Külch die Haltung. Dieser erklärte daraufhin, er werde das Heidereiteramt nur antreten, wenn man ihm sein Vieh belasse. Der Verdienst eines Heidereiters belief sich in der ganzen Provinz einheitlich auf 35 Reichstaler jährlich[333]. Der Fall Külch zeigt, wie bedeutend der Nebenerwerb für niedere Beamten war. Hier wird auch eine Ursache des Unwillens kleinerer Staatsdiener zur Amtsausführung sichtbar. Külch stand mit seiner Auffassung keineswegs allein da[334]. So bat der Bergener Amtsnotarius Johann Jacob Stroht an der Jahreswende 1717/18 um seine Entlassung. Der Lassahner Haffkieper Erasmus Möller weigerte sich, den Treueeid zu schwören und nahm seine Entlassung damit billigend in Kauf[335]. Als im März 1718 zwei neue Visitierer in Wolgast ihren Treueeid leisten sollten, lehnten sie ab. Sie bestanden auf der Wiedereinrichtung der zerstörten Torschreiberhäuser, in denen beide zu leben gedachten. Den ihnen zum Ausgleich für den mangelnden Wohnraum eingeräumten monatlichen Zuschuss von 32 Schilling wiesen sie zurück[336].

---

[330] C 251 IV, Nr. 4; Patent Friedrichs IV. vom 27. Dezember 1715, RAK TKIA B 209.
[331] Kgl. Relation vom 6. März 1719, RAK RKTA P-R-K C 251 IV, Nr. 9; Befehl Friedrichs IV. an Kötzschau und Horst vom 12. März und vom 20. März 1719, RAK RKTA P-R-K C 251 IV, Nr. 8, 16.
[332] Werner Buchholz vermutet für Schwedisch-Pommern lediglich, dass Zollbedienstete sich nicht von ihrer Gage zu ernähren vermochten. Er behauptet, der betroffene Personenkreis sei namentlich nicht fassbar. Buchholz, Öffentliche Finanzen, S. 464; Willoweit, Die Entwicklung, S. 355.
[333] Rentekammer an Friedrich IV. vom 24. Januar 1718, RAK RKTA P-R-K C 251 III, Nr. 5; Kgl. Reglement vom 28. Dezember 1716, RAK RegKanc Stralsund Conv. I.
[334] Neben den hier genannten Beispielen weitere in: Rentekammer an Friedrich IV. vom 20. März 1719, RAK RKTA P-R-K, C 251 IV, Nr. 17.
[335] Rentekammer an Friedrich IV. vom 24. Januar 1718, RAK RKTA P-R-K C 251 III, Nr. 5.
[336] Horst an Regierung vom 16. April 1718, RAK RKTA P-R-K C 251 IV, Nr. 4.

Dennoch erblickten der dänische König und die Rentekammer gerade im Bereich der mittleren und niederen Beamten finanzielles Einsparpotenzial, unter anderem durch Verringerung des Personals. Wie gezeigt, dezimierte Friedrich im Vergleich zur schwedischen Zeit auch die Anzahl der höheren vorpommerschen Funktionsträger. Damit verfolgte er jedoch in erster Linie das Ziel einer besseren Kontrollierbarkeit der Behörden und einer Ausschaltung ständischen Einflusses. Die Verkleinerung der Bedienstetenzahl hingegen diente der Schonung öffentlicher Kassen. Während beispielsweise die verbundenen Ämter Barth, Franzburg, Grimmen und Tribsees vor 1715 über zwei Amtsnotare verfügten, von denen jeder jährlich 25 Reichstaler verdiente, hatte ab 1716 ein Beamter für insgesamt 40 Reichstaler die Arbeit des anderen mit zu erledigen[337]. Der vom König abgesegnete Vorschlag der Rentekammer fußte einzig auf dem Wunsche, Kosten zu sparen.

Für Licht, Feuerung und Schreibutensilien erhielten die Licentverwalter und die Zolleinnehmer in dänischer Zeit ein bestimmtes Budget zugewiesen. Wer damit schlecht wirtschaftete, bezahlte aus eigener Tasche. Vor 1715 versorgten sich die Beamten mit dem benötigten Arbeitsmaterial und sandten danach die Rechnung an die Kammer. Die Gagen für Zolleinnehmer koppelten die Dänen mit dem Ertrag der jeweiligen Behörde[338]. Ab 1718 nötigte ein königliches Edikt die Holzvögte und Heidereiter, trotz ihres ohnehin schon dürftigen Einkommens, zur Hinterlegung des Nebenmodus (ständische Steuer, die von allen auf dem Land lebenden Personen erhoben wurde). Fortan entrichten diese Forstbeamten einen Reichstaler jährlich für ihre Person, 32 Schilling für ihre Frau und 24 Schilling für jedes Kind, das mehr denn 15 Jahre zählte[339].

Dem mit der Licenthebung betrauten Wolgaster Amtmann strich Friedrich die Gelder für Licht, Feuerung und Schreibmaterial gänzlich. Dem dortigen Visitierer wurde das Gehalt von 80 Reichstalern, die er zu schwedischer Zeit genoss, auf 40 Reichstaler gekürzt. Für 1715 und 1716 gestattete Friedrich noch die Ausweisung des üblichen, den Beamten zustehenden Deputatholzes. Dann befahl er die Neuordnung. Für niedere Richter entfiel das Deputat, da Amtsnotare deren Geschäfte in Nebenfunktion verrichteten[340].

Die Gehälter lagen also deutlich unter denen der schwedisch-pommerschen Beamten. Hinzu trat, dass die Beamten bisweilen auf ihre überfällige Gage warteten. So teilte die Rentekammer dem Kanzleisekretär von Johnn im Juni 1717 mit, seinen rückständigen Lohn werde er erhalten, sobald die Kasse es wieder erlaube[341].

---

[337] Rentekammer an König vom 14. Dezember 1716, RAK RKTA P-R-K C 251 I, Nr. 35; Kgl. Resolution vom 28. Dezember 1716, RAK RKTA P-R-K C 251 I, Nr. 35.

[338] Rentekammer an König vom 14. Dezember 1716, RAK RKTA P-R-K C 251 I, Nr. 35; Kgl. Resolution vom 28. Dezember 1716, RAK RKTA P-R-K C 251 I, Nr. 35.

[339] Edikt Friedrichs IV. zum Nebenmodus vom 27. April 1718 (gedruckt), RAK RKTA P-R-K C 251 IV, Nr. 9; Edikt Friedrichs IV. zum Nebenmodus vom 13. März 1719, RAK RKTA P-R-K C 251 IV, Nr. 11.

[340] Rentekammer an König vom 14. Dezember 1716, RAK RKTA P-R-K C 251 I, Nr. 35; Kgl. Resolution vom 28. Dezember 1716, RAK RKTA P-R-K C 251 I, Nr. 35.

[341] Rentekammer an von Johnn vom 19. Juni 1717, RAK RKTA P-R-K C 255.2, S. 423 f.

Um einen Anreiz zu schaffen, bot Friedrich IV. den Visitierern bei den Licent-kammern grundsätzlich ein Viertel der beschlagnahmten Waren[342]. Zudem brachte das weltliche Amt mitunter materielle Vorteile. Einigen Beamten gelang es, bei der Rückführung von Vieh und Pferden aus schwedischen Militärbeständen Tiere für den eigenen Hof abzuzweigen[343].

Infolge schlechter Besoldung verschuldeten sich Beamte. Einige ließen ihren Unmut an der Bevölkerung aus. Verzweifelt wandte sich im Dezember 1720 der Schneider Joachim Schultz an die Regierung. Amtmann Burchard Hartmann schulde ihm nunmehr 26 Reichstaler und 44 Schilling[344], eine beachtliche Summe, wenn man bedenkt, dass ein ansehnlicher grüner Rock gerade einmal mit zwei Reichstalern zu Buche schlug[345]. Als Schultz nun nach ein und einem halben Jahr Hartmann um Begleichung seiner Schuld anhielt, soll dieser ihm die Elle entwun-den und ihn derart geschlagen haben, dass ein Arm beinahe unbrauchbar gewor-den. Unter Flüchen und Beschimpfungen hieb der verbitterte Beamte auf sein Opfer ein. Wird den Worten des Gepeinigten Glauben geschenkt, so schrie der Amtmann: »Du Schelm, du hast mir gebeten, ich sollte den Neben modu für dir bezahlen«. Eine derartige Aussage schien dem Schneider gänzlich widersinnig, da er im Leben noch keinen Nebenmodus zu entrichten gehabt hätte. Das Verhalten des Staatsdieners ihm gegenüber empfand er um so schmerzlicher, als dass er einst in der schwedischen Armee immerhin Unteroffizier gewesen sei[346]. Auch Hart-manns Schreiber stand bei Schultz in tiefer Schuld[347]. Die Brutalität des Amtmanns ist nur ein Beispiel[348]. Derer lassen sich einige finden. Selbst Schlägereien zwischen Beamten sind überliefert. Besonders berüchtigt war der Oberförster Franz Joa-chim Werffel[349]. Werffel selbst resümierte nach Ende der dänischen Herrschaft, er habe seiner Arbeit »halber sich vielen verdruß und einen allgemeinen haß ia [ja – M.M.] lebensgefahr exponieren müssen«. Er bekleidete das zweithöchste Forstamt der Provinz und nahm in Abwesenheit des Jägermeisters Bestenbörstel dessen Geschäfte wahr. Mit der Peitsche hieb er auf spielende Kinder ein, scheute vor Gewalt gegen Frauen nicht zurück[350] und verlieh seinen Forderungen mitunter durch äußerste Brutalität Nachdruck. Da im Laufe seiner Amtszeit immer wieder Beschwerden in Stralsund einliefen, darf trotz seiner beständigen Unschuldsbeteu-erungen den Klägern geglaubt werden. Zudem spricht Werffels Behauptung, seine

---

342 Bestallung für Nicolas Wankliff, RAK RKTA P-R-K, S. 21 f.
343 Rentekammer an Oberlanddrost von Kötzschau und Horst vom 11. Mai 1717, RAK RKTA P-R-K C 255.2, S. 340.
344 Schultz an Regierung vom 12. Dezember 1720, RAK Reg 88 RegKanc i Stralsund Conv. CCXCI.
345 Schuldbrief, Beilage A Schultz an Regierung vom 12. Dezember 1720, RAK Reg 88 RegKanc i Stralsund Conv. CCXCI.
346 Schultz an Regierung vom 12. Dezember 1720, RAK Reg 88 RegKanc i Stralsund Conv. CCXCI.
347 Rechnung für Hartmanns Schreiber Atmer, Beilage B Schultz an Regierung vom 12. Dezember 1720, RAK Reg 88 RegKanc i Stralsund Conv. CCXCI.
348 Petersen an Regierung vom 21. September 1718, RAK Reg 88 Regkanc i Stralsund Conv. CCXCI, Nr. 1.
349 Werffel an Friedrich IV. vom 16. April 1721, RAK RKTA P-R-K C 251 IV.
350 Vernehmungsprotokoll Anna Peters und Anna Catharina Roloffs vom 22. Oktober 1720, RAK Reg 88 Regkanc i Stralsund Conv. CCXCI.

Peitsche sei gar nicht so groß, wie unterstellt, schließlich handle es sich ja lediglich um eine kleine Jagdpeitsche, eher gegen als für ihn. Einem Mann, der seine Mastungsgebühr nicht zahlte, drohte er, die Schweine zu erschießen und ihn selbst zu verprügeln[351]; einem Kuhjungen, dessen Hund keinen Stock vor dem Hals trug[352], ließ er das Tier wegnehmen und töten, zudem traf Werffel Anstalt, den Hirten umzureiten. Ohne Rücksicht auf frisch bestellte Felder lenkte er sein Pferd über die »begatteten« Äcker[353].

Ob Werffels finanzielle Schwierigkeiten sein gewalttätiges Verhalten auslösten, bleibt ungeklärt. Auch er war hoch verschuldet, sodass er sich nach Ende der dänischen Herrschaft über Vorpommern Hilfe suchend an seinen König wandte[354]. Der Fall Hartmanns und seines Schreibers jedoch zeigen, dass sowohl mittlere als auch niedere Beamte mit ihrer Löhnung nicht auskamen. Lehnsekretär von Johnn appellierte im Januar 1719 an die Regierung, sie möchte dafür sorgen, dass sein dem Kaufmann Lorentz Beetzen entliehenes Geld wieder zurückgegeben werde[355]. Er benötige es in Anbetracht seiner eigenen Schulden dringend[356]. Verglichen mit anderen Staatsdienern verfügten Hartmann, von Johnn und Werffel über ein hohes Gehalt. Um so erstaunlicher mutet die Tatsache an, dass selbst unter Amtleuten, Kanzleiräten und höheren Forstbeamten finanzielle Probleme auftraten. Für niedere Beamte finden sich weitere Beispiele in den Unterlagen. Auch Belege für Straftaten sind auffindbar. So verhalf etwa der Ahrenshooper Heidereiter Claus Krull schwedischen Offizieren zur Flucht und wurde hierfür inhaftiert[357].

Die hier dargelegten Beobachtungen sind auch für weitere dänische Gebiete feststellbar. So betont Friedrich-Wilhelm Schaer, das Ansehen der Vögte und Beamten in Oldenburg habe sich in der dortigen dänischen Zeit (1667–1773) eher verschlechtert als verbessert. Schaer führt dies auf die mangelnde Fürsorge des dänischen Staates für seine lokalen Beamten zurück, die oft zu Verfehlungen derselben führten. Auch in Oldenburg verdienten die Staatsdiener schlecht, nicht selten verzögerte sich ihre Entlohnung[358]. Auch Ruge wirft in seinem Aufsatz über die Seekämpfe des Jahres 1715 dem dänischen Staat mangelnde Zahlungsmoral

---

351 Werffel an Regierung vom 19. November 1720, RAK Reg 88 Regkanc i Stralsund Conv. CCXCI; Vernehmungsprotokoll Anna Catharina Roloffs vom 22. Oktober 1720, RAK Reg 88 Regkanc i Stralsund Conv. CCXCI.

352 Die »Knüppelung« der Hunde erfolgte zum Schutz des Wildes, da der Stock die Bewegungsfreiheit des Tieres erheblich minderte. In Preußen galten besondere, exakt einzuhaltende Maße. Edikt vom 9. Januar 1717, APS Zbior Loepera, Nr. 174, Bl. 30.

353 Nicolas von Baumann an Regierung vom 18. Juni 1717, RAK Reg 88 Regkanc i Stralsund Conv. CCXCI. Baumann nennt weitere Beispiele für Werffels Fehlverhalten.

354 Werffel an Friedrich IV. vom 16. April 1721, RAK RKTA P-R-K C 251 IV.

355 Von Johnn an Regierung vom 17. Januar 1719, RAK Reg 88 Regkanc i Stralsund Conv. CCXCI, Nr. 24; Von Johnn an Regierung vom 14. Februar 1719, RAK Reg 88 Regkanc i Stralsund Conv. CCXCI, Nr. 24; Von Johnn an Regierung (undatiert), RAK Reg 88 Regkanc i Stralsund Conv. CCXCI, Nr. 24.

356 Von Johnn an Regierung (undatiert), RAK Reg 88 Regkanc i Stralsund Conv. CCXCI, Nr. 24. Weitere Beispiele für verschuldete Beamte: Schwartz an Regierung vom 29. November 1720, RAK Reg 88 Regkanc i Stralsund Conv. CCXCI.

357 Rentekammer an Friedrich IV. vom 20. März 1719, RAK RKTA P-R-K, C 251 IV, Nr. 17.

358 Schaer, Die Grafschaften, S. 214 f., 220; Ruge, Der Einfluß, S. 57.

vor. So seien beim Bau neuer Linienschiffe 1714/15 massiv Gelder dadurch ein-
gespart worden, indem Offiziere, Mannschaften, Handwerker und Lieferanten
keinen Sold beziehungsweise Entlohnung erhielten.

3. Instrumente dänischer Verwaltung und Herrschaftsausübung

a) Dänisches Militär in Vorpommern

Grundlagen und Dislozierung

Eine Betrachtung der dänischen Verwaltung Vorpommerns in den Jahren 1715 bis
1721 ist ohne Beleuchtung militärhistorischer Hintergründe unmöglich[359]. Für eine
Geschichte des dänischen Militärs in Vorpommern vom 24. Dezember 1715 bis
zum 17. Januar 1721, für die Entwicklung des damaligen Stralsunder Garnisonswe-
sens und die dänische Einquartierung ergeben sich aus der Literatur nur wenige
Anhaltspunkte. Otto Vaupell stellt, wie viele seiner deutschen Kollegen, zwar den
Einsatz des dänischen Militärs im Kampf um Stralsund dar, hält dessen weitere
Tätigkeit im besetzten Land jedoch nicht für erwähnenswert. Ziviler und militärischer Apparat waren eng miteinander verbunden. Schon die Tatsache, dass Soldaten in die Verwaltung übertraten, verdeutlicht die Verflechtungen. Der dänische
Staat befand sich bis 1720 im Krieg mit Schweden, eine Auseinandersetzung, die
alle Bereiche des staatlichen Handelns maßgeblich bestimmte. So diente Finanzverwaltung in erster Linie zur Beschaffung der für das Militär erforderlichen Gelder[360]. Beispielsweise erhielt der Stralsunder Kämmerer Hinrich Horst im Januar
1717 Order, die für die Miliz ausgewiesenen 8908 Reichstaler vorrangig vor allen
anderen auszugeben. Die Ausformung eines stehenden Heerwesens und die Entwicklung eines modernen Finanzwesens bedingen einander. Das diplomatische
Parkett bereitete hingegen militärische Operationen vor und schuf neue Bündnis-
partner. Der Krieg zur See wiederum zielte auf den gegnerischen Seehandel, der
ein beliebtes Kaperobjekt darstellte.

In allen politischen und ökonomischen Bereichen ist also zu dieser Zeit der
Einfluss des Militärischen unleugbar. Das nördlich der Peene gelegene Vorpommern gelangte durch den Erfolg dänischer Waffen in Kopenhagens Hand. Auch
nach 1715 blieb das Militär neben der Kirche das wichtigste Mittel zur Herrschaftssicherung in der neu gewonnenen Provinz.

Ob in der Auseinandersetzung mit den Landständen, ob in der Wirtschaftspolitik, ob in Fragen der Beziehungen zum preußisch besetzten Landesteil, überall
tritt das dänische Militär in Erscheinung, ist mal Hemmschuh, mal Motor der

---

[359] Vaupell, Den Dansk-Norske-Haers Historie, S. 509−626.
[360] Rentekammer an Hinrich Horst vom 19. Januar 1717, RAK RKTA P-R-K C 255.2, S. 42. Diese
Einsicht ist keineswegs ein Verdienst der neueren Forschung, obschon sie das gegenseitige Ab-
hängigkeitsverhältnis stark betont. Für Dänemark wies Holm bereits in der 1880er Jahren auf die
Bedeutung der »Schwedenkriege« für die Bildung einer funktionierenden Finanzverwaltung hin.
Vgl. Holm, Danmark-Norges indre Historie, I, S. 46; Glete, War and State, S. 10−41.

Entwicklung. Konsequenterweise wird an dieser Stelle keine der Facetten berührt, die sich wie ein roter Faden durch alle verwaltungstechnischen Problemfelder ziehen. Hier soll lediglich ein kurzer, unerlässlicher Überblick über das im westlichen Vorpommern stationierte Militär, dessen Organisation, personelle Führung und dessen Aufgaben vermittelt werden.

Unter Friedrich IV. erfuhr das dänische Heer einen starken personellen Aufwuchs und erreichte schließlich eine Kriegsstärke von etwa 70 000 Mann. Damit lag der Militarisierungsgrad deutlich über dem anderer großer europäischer Staaten. Auf 25 Einwohner kam ein Soldat. Selbst während des Spanischen Erbfolgekrieges gestaltete sich das Verhältnis in Frankreich 1:66. Zum selben Zeitpunkt kamen in Österreich auf 80 Einwohner ein Soldat, in Russland auf 64 einer[361]. Friedrich führte 1701 die Landmiliz erneut ein und stärkte somit regionale Verwurzelung und nationale Bindung des Militärs[362]. Dennoch blieb der prozentuale Anteil deutscher Soldaten, Unteroffiziere und Offiziere im dänischen Heer immens. Deutsch diente auch weiterhin als Kommandosprache[363]. Sehr aufschlussreich ist diesbezüglich der Dialog, den Ludvig Holberg einen Bauern und einen Wirt in seiner bekannten, 1722 uraufgeführten Komödie »Jeppe vom Berge« halten lässt:

»Jeppe: Ick dank you, Jacob! Drink man, dat di de Düwel hal, dat di de Düwel hal, dat is di tau gönn'.

Jacob: Ich hör, du kannst plattdeutsch reden, Jeppe!

Jeppe: Versteht sich! Das is 'ne bannige Sprok, aber ich schnack sie nicht gern, bloß wenn ich voll bin.

Jacob: Da schnackst du doch wenigstens einmal am Tag

Jeppe: Zehn Jahre bin ich beim Militär gewesen und sollt nicht deutsch verstehn?

Jacob: Ich weiß ja, Jeppe, wir haben doch zwei Jahre an demselben Feldzug teilgenommen.

Jeppe: Richtig, jetzt entsinn ich mich! Du bist ja mal gehängt worden, als du vor Wismar auskneifen wolltest.

Jacob: Ich sollte gehängt werden! Hab aber Pardon gekriegt[364].«

---

[361] Jespersen, 1648–1720, S. 153; Jespersen, Tiden 1648–1730, S. 301; Lind, Military and Absolutism, S. 222.

[362] Tessin hält in seinem sonst sehr detaillierten Manuskript diesen Fakt nicht für erwähnenswert, geht es ihm doch darum, den deutschen Anteil am dänischen Heer darzustellen. Die Zeit der Entstehung seines Werkes (um 1940) legt ideologische Motive dieser groben Unterschlagung nahe. Vgl. Tessin, Dänemarks Deutsche Regimenter, S. 33–63; Munck, The Peasantry, S. 88–92; Jespersen, Tiden 1648–1730, S. 303 f.; Schnitter, Volk und Landesdefension, S. 159.

[363] Tessin, Dänemarks Deutsche Regimenter, S. 32; Lind, Military and Absolutism, S. 226–228, dort auch zur exakten prozentualen Entwicklung.

[364] Die 1986 von Hube erarbeitete und hier wiedergegebene deutsche Übersetzung weicht an einigen Stellen vom dänischen Orginal ab. Auch wenn er beispielsweise völlig zu Recht Jacob behaupten lässt, das Jeppe plattdeutsch spreche, so ist im holbergschen Text nur von »Tysk« die Rede. »Jeppe: Ich tank Ju, Jacob! Drik man dat dig di Dyvel haal, dat ist dig vel undt. Jacob: Jeg hører, at du kann snakke Tydst, Jeppe! Jeppe: Ja vist, det er saa gammel dat; men jeg snakker det ikke gierne, uden jeg er fuld. Jacob: Ja saa snakker du det dog i det Ringeste een Gang om Dagen. Jeppe: Jeg har væred 10 Aar under Malicien, og skulde ikke forstaae mine Sprog? Jacob: Jeg veed det nok, Jeppe! vi har jo væred i Companien sammen i to Aar. Jeppe: det er sandt, nu erindrer jeg det. Du blev jo hængt engang, da du løb bort ved Wismar. Jacob: Jeg skulde hænges, men jeg fik Pardon

Der kurze Dialog spiegelt einige grundsätzliche Erscheinungsformen im dänischen Militärwesen des beginnenden 18. Jahrhunderts wider; die Kommandosprache, die Dienstzeit, die soziale Herkunft, der Verbleib der Mannschaften und der häufig gewährte Pardon für Deserteure. Er ist für das hier behandelte Thema umso interessanter, da Jeppe und Jacob an beiden pommerschen Feldzügen 1712 und 1715/16 teilnahmen[365]. Dies geht aus dem weiteren Verlauf des Gespräches hervor.

Ebenso wie die beiden holbergschen Figuren, gehörten einige der in Vorpommern nach 1715 stationierten Truppen der Miliz an. Aus diesem Grund lohnt sich ein Blick auf das von Friedrich eingeführte Konskriptionssystem. Aushebungen zur Miliz erfolgten in Dänemark nur auf dem Lande, die städtische Bevölkerung blieb vom Dienst befreit. Innerhalb der dänischen Güter wurden kleine Distrikte unter dem Namen *lægd* geschaffen[366]. Ein *lægd* umfasste 20 Tonnen Hartkorn, genau die Fläche, für die jeweils ein Soldat zu stellen war[367]. Da bei der Einteilung der Güter rechnerisch beinahe immer ein Rest an Fläche übrig blieb, also nicht einem *lægd* zugeteilt werden konnte, wurden aus den Flächenüberschüssen mehrerer Güter sogenannte *strølægd* gebildet. Jedem Gebiet, unabhängig davon, ob es sich um ein *lægd* oder ein *strølægd* handelte, stand ein *lægd*mann vor. Die Auswahl des Rekruten oblag dem Landbesitzenden in Absprache mit dem jeweiligen Amtsschreiber und dem Herredvogt (Herred – kleiner Bezirk der Rechtsprechung unterhalb der Amtsebene). Die zur Miliz Beorderten stellte sich einer aus drei Personen bestehenden Kommission zur physischen Musterung. Das weitere Prozedere bis zur Eingliederung in ein Landregiment der Miliz übernahmen vier Bevollmächtigte. Die Miliz übte einmal wöchentlich, nämlich grundsätzlich sonntags nach dem Kirchgang. In der Saison trainierten die Milizionäre nur alle zwei Wochen, die Kompanie trat nur viermal, das Regiment sogar nur einmal jährlich zusammen. Die Dienstzeit belief sich auf sechs Jahre[368].

Trotz dieser relativ oberflächlichen militärischen Schulung kam die Miliz im Nordischen Krieg an vielen Orten zum Einsatz[369]. Landregimenter und -bataillone fochten auch Seite an Seite mit den Verbänden des stehenden Heeres in den Kämpfen um Vorpommern. An der Belagerung Stralsunds nahmen insgesamt

---

igien. Saa nær hielper saa mangen Mand«. Vgl. Holberg, Jeppe paa Bierget; Holberg, Jeppe vom Berge, S. 78 f.

[365] Holberg, Jeppe, S. 78 f.

[366] Ausführlich zur Miliz: Holmgaard, ... uden at landet besværes; Løgstrup, The Landowner, S. 305.

[367] Løgstrup, The Landowner, S. 305; Jespersen, Tieden 1648–1730, S. 267 f.; Petersen, Geworbne Krigskarle, S. 34 f.; Hartkorn: Dänisches Flächenmaß. In Dänemark wurde der Grundbesitz in Tonnen Hartkorn gemessen. Eine Tonne Hartkorn bezeichnete eine Fläche, auf der bis zu einer Tonne Roggen oder Gerste jährlich erzeugt werden konnte. Petersen, Adel, Bürgertum und Gutsbesitz, S. 491.

[368] Løgstrup, The Landowner, S. 305; Das dänische Generalstabswerk zum Großen Nordischen Krieg nennt im Gegensatz zu Løgstrup nur drei Bevollmächtigte, nämlich den Obristen des zuständigen Regimentes, den Amtmann und einen vom König ernannten Landkommissar. Bidrag, VIII, S. 61–66, 88; Zum Herred siehe Anm. 260.

[369] Zur Entwicklung und Einsatz vor und während des Krieges: Rockstroh, Udviklingen, III, S. 1–76. Leider widmet Rockstroh dem in Vorpommern stationierten Oldenburgischen Infanterieregiment, das zur Landmiliz gehörte, keine Zeile.

etwa 24 000 dänische Soldaten teil. Sie gehörten dem Grenadierkorps, der Garde zu Fuß, zehn Infanterieregimentern und elf Kavallerieregimentern an[370]. Nach dem Sieg über die Festung verblieben zunächst die Kürassierregimenter Lüttichau, Deden und von Dewitz mit je vier Eskadronen sowie die Infanterieregimenter Prinz Karl und Ingenhoven mit je zwei Bataillonen im Lande[371]. Die Bezeichnungen Bataillon und Eskadron bürgerten sich im 17. Jahrhundert im dänischen Heere ein. Hinter ihnen verbargen sich keine tatsächlichen strukturellen Elemente, sondern es handelte sich um auf das Gefecht bezogene taktische »Einheiten«. Im Gegensatz zur deutschen Kavallerie beschrieb somit der Begriff Eskadron nicht die Kavalleriekompanie, sondern mehrere (2 bis 3) Kompanien. Unter einem Bataillon verstand man im dänischen Heer fünf bis sechs Kompanien eines Infanterieregimentes[372]. Durch Heeresreduktionen nach Kriegen oder Feldzügen blieben manchmal nur Teile der Regimenter im Dienst, die dann oft auch als »Bataillon« bezeichnet wurden. Bisweilen tritt die Gleichsetzung von Kompanie und Eskadron auf.

Als Regierungssitz und ökonomisches Zentrum hatte Stralsund die größte Garnisontruppe zu beherbergen. Zum dortigen Festungskommandanten ernannte Friedrich IV. noch vor Abschluss der Belagerung Gerhard Christian von Stöcken. Der 1671 geborene Sohn eines dänischen Geheimrates trat jung in den venezianischen, später in den französischen Kriegsdienst. Als Zwanzigjähriger wechselte er zum dänischen Militär. Im Zuge des spanischen Erbfolgekrieges und des Großen Nordischen Krieges stieg er rasch zum Generalmajor auf. Mit diesem Dienstgrad versehen, blieb Stöcken bis zum Friedensschluss Festungskommandant in Stralsund. Die Zahl der unter seinem Befehl in der Stadt stehenden Verbände schwankte[373]. Konkrete Angaben finden sich in der Literatur selten. Defoe berichtet von etwa 600 dänischen Soldaten, die nach 1715 dauerhaft einquartiert worden seien. Vaupell teilt mit, dass nach der Eroberung Stralsunds sechs Bataillone in der Stadt und zwei Reiterregimenter auf Rügen verblieben. In einer aus der ersten Hälfte des 19. Jahrhunderts stammenden Handschrift wird für das Jahresende 1715 die Anzahl von fünf dänischen Bataillonen erwähnt. Einen Teil der neuen Besatzung stellte zunächst das Regiment Ingenhoven. Noch im Jahre 1716 befahl Friedrich IV. jedoch die Verlegung des Verbandes. Ebenso erging es den ungarischen Kürassieren unter Ulrich Otto von Dewitz und dem Kavalleriere-

---

[370] Infanterieregimenter: Königin, Prinz Karl, Ingenhoven, Friese, von Scholten, Budde, Cicignon, Praetorius, Staffeld und Callenberg. Kavallerieregimenter: Garde zur Pferd, Leib-Kürrassier-Regiment, die Kürassierregimenter Herzog von Würtemberg, Rosenöhr, Deden, Levetzow, von Kneill, von Dewitz und Lüttichau, das Leib-Dragoner Regiment und das Dragonerregiment Schulenburg. Voges, Die Belagerung, S. 16 f.; Das Heerwesen, S. 55.

[371] Designationen für die im Lande stehenden Regimenter vom 22. Januar 1716, RAK RKTA P-R-K C 274; Spezifikation der Quartiergelder vom 1. Januar bis Juni 1716, RAK TKIA B 209; StadtA Greifswald Rep. 5, Nr. 1338, Bd 2.

[372] Oberst Prehn an Regierung vom 7. Mai 1717, RAK Reg 88 RegKanc i Stralsund, Conv. CCXLIII.; Bidrag, I, S. 69.

[373] Harbou, Stöcken, S. 545. Vgl. Anonym, The History, S. 317; Vaupell, Den Dansk-Norske-Haers Historie, I, S. 526; Knorr, Verzeichnis der militärischen Behörden und Truppenstärke der Garnison Stralsund 1628 bis 1815, StadtA Stralsund Hs 126, S. 122.

giment Deden[374]. Dauerhaft, bis zum Ende der dänischen Herrschaft, wurde das »Regiment zu Fuß Prinz Karl« in den Mauern der vorpommerschen »Hauptstadt« einquartiert. Bis zum Dezember 1717 kommandierte es Patroclus Romeling, dann Hans Jürgen Schack[375]. Ein Bataillon des Infanterieregimentes Praetorius verlegte nach dem Fall der Festung Stralsund vor die Tore Wismars und nahm hier an der erfolgreichen Belagerung teil. Nach Abschluss jenes Waffenganges marschierte der Verband wieder nach Stralsund, vereinigte sich dort mit den verbliebenen Teilen des Regimentes und stellte fortan einen Teil der Garnison. Es ist dort zumindest bis 1719 nachweisbar. Während Tessin von der Truppe behauptet, sie habe sich 1716/17 in der Stadt aufgehalten und sei später nach Kopenhagen abgezogen, so belegen die Akten den weiteren Verbleib[376]. Nach dem Ableben Hans Phillip Praetorius' übernahm Oberst Graf Wedel 1719 die Führung. Beide Infanterieregimenter gliederten sich jeweils in einen Stab, eine Leib- und elf weitere Kompanien[377]. Ab Jahresmitte 1716 befanden sich also 24 Kompanien Infanterie und ein Kompanie Artillerie in Stralsunder Quartieren[378]. 1719 zählte das Regiment Prinz Karl 1368 Mann und 320 Frauen. Hans Phillip Praetorius' Truppe verfügte über 1377 Soldaten, zu denen sich 352 Frauen gesellten[379]. Diese Zahl schwankte. Für den November desselben Jahres sind für Graf Wedels Regiment (vormals Prätorius) 1336 und für Schacks Regiment 1335 Soldaten überliefert. Unter Wedels Kommando zählten 379 Frauen, unter Schacks 335. Damit besaß sein Regiment einen deutlich höheren Bestand als ursprünglich vorgesehen[380]. Zumal noch während der zwischen 1712 und 1715 durchgeführten dänischen Heeresreorganisation das Oldenburgische Regiment als einziges Infanterieregiment nur acht, statt der üblichen zwölf Kompanien zugestanden erhielt. Eine Kompanie des Regimentes verlegte im November 1717 nach Barth[381].

---

[374] Stralsund an von Dewitz vom 9. September 1716, RAK RKTA P-R-K C 251 I, Nr. 26; Tessin, Dänemarks Deutsche Regimenter, S. 51, 53; RAK Reg 88 Regkanc i Stralsund Conv. CCXXXV.

[375] Tessin, Dänemarks Deutsche Regimenter, S. 5.

[376] Vgl. Tessin, Dänemarks Deutsche Regimenter, S. 5; Extract welches Ausweises die in hiesiger Stadt bisher einquartierte Mannes undt Weibs Portiones, RAK Reg 88 Regkanc i Stralsund Conv. CCXLII; Es handelte sich hierbei um das in Oldenburg aufgestellte Regiment der Landmiliz. Aus diesem Grunde findet sich in den Quellen auch die Bezeichnung »Oldenburgisches Regiment«. Schaer, Die Grafschaften, S. 219 f.

[377] StadtA Stralsund Rep. 33, Nr. 866; StadtA Stralsund Rep. 33, Nr. 764.

[378] Geführt wurden die Kompanien des Karlschen Infanterieregiments von den Kapitänen Behm, Bünow, Huesfeld, de Seven, Lehman, Kühlen, Reuschen, den Majoren Prehn und Eichendorf sowie den Oberstleutnanten Krackevitz und Volckersam. Die Kompanien des Regimentes Praetorius oblagen der Verantwortung der Kapitäne Müller, Herold, Meuser, Werner, Meden, Eppinger und Burghagen, der Majore Kampen und Opitz, des Oberstleutnants Gildenstern und des Obersten von Suhm.

[379] Extract welches Ausweises die in hiesiger Stadt bisher einquartierte Mannes undt Weibs Portiones, RAK Reg 88 Regkanc i Stralsund Conv. CCXLII; Extract welcher ausweiset wie stark die allhier in Guarnison liegende 2 Regimenter Infanterie [...] befinden, StadtA Stralsund Rep. 33, Nr. 866.

[380] Bidrag til den Store Nordiske Krigs Historie udgivne af Generalstaben, VI. Bd.: Den Store Koalition mod Sverig af 1715, København, Kristiana 1920, S. 228; Bidrag, I, S. 70, 81 f.; zur Gliederung und zum Sollbestand siehe Anl. Gliederung des (oldenburgischen) Infanterieregimentes.

[381] Kompanieliste vom 6. November 1717, RAK Reg 88 RegKanc i Stralsund CCXLI.

Zudem stand eine Artilleriekompanie unter Führung des Kapitäns Kentler, aus dem Regiment des Obristen Ezechias Arenschioldt, in der Strelasundmetropole[382]. Im Februar 1717 verfügte die Kompanie über einen Personalbestand von insgesamt 91 Mann[383]. Die dänische Feldartillerie untergliederte sich in zwei Regimenter, das dänische und das holsteinische. Arenschioldt führte das holsteinische Regiment, dem auch die Artilleriekompanie in Stralsund unterstand.

Die drei Kavallerieregimenter Deden, Lüttichau und Dewitz verblieben bis zum 3. Juli 1716 im Lande[384]. Sie zogen dann geschlossen ab. An ihre Stelle trat Ende August ein Kürassierregiment unter dem Kommando des Obristen Magnus Ernst Prehn, dass dauerhaft in Vorpommern verblieb. 1719 übernahm Oberst Günther Didrich Fineck den Befehl über den Verband[385].

Im Allgemeinen wiesen dänische Kavallerieregimenter einen Personalbestand von 700 Mann auf. Sie verteilten sich auf Stab, Leibkompanie und sieben weitere Kompanien[386]. Ein Oberst kommandierte das Regiment. Seinem Stab gehörten ein Oberstleutnant, ein Major, ein Quartiermeister, ein Auditeur[387], ein Priester, ein Adjutant, ein Feldscher und ein Gewaldiger an. Die Führung der einzelnen Kompanien/Eskadronen oblag Rittmeistern, denen als Vertreter je ein Leutnant und ein Kornett zur Seite standen[388]. Abweichend von der Norm verfügte das in Vorpommern stationierte Kürassierregiment nur über sechs Kompanien[389].

Vier versahen ab November 1716 zehn Monate lang ihren Dienst an der mecklenburgisch-pommerschen Grenze. Eine Hälfte dieser Kavalleristen bezog in Damgarten Postierung, die andere in Tribsees[390]. Zwei Kompanien befanden sich dann 1717 zeitweise auf Rügen in Postierung[391]. Nach Beendigung des Auftrages marschierte das Gros des Regimentes nach Greifswald und bezog dort ab dem 11. Oktober 1717 Quartier. Die Stärke der dortigen Garnison betrug zu diesem Zeitpunkt 437 Mann, die sich auf vier Kompanien verteilten. 409 Gemeine und Unteroffiziere sowie 28 Offiziere. Hinzu trat ein Feldscher und ein Stecken-

---

[382] Bidrag, VI, S. 246 f. Neben diesen relativ kleinen Einheiten bestand die Festungs- und die Belagerungsartillerie.

[383] Kompaniechef, zwei Leutnante, ein Stückjunker, drei Unteroffiziere, zwei Tambours, vier Feuerwerker, 26 Konstabler und 52 Handlanger. Liste über Personalbestand vom 5. Februar 1717, RAK Reg 88 Regkanc i Stralsund Conv. CCXLI.

[384] Pro Memoria (undatiert), StadtA Greifswald Rep. 5, Nr. 1339, Bd 1; RAK Reg 88 Regkanc i Stralsund Conv. CCXXXVIII.

[385] StadtA Stralsund Rep. 33, Nr. 869.

[386] Bidrag, VI, S. 233.

[387] Militärjurist. Hierzu: Flemming, Der vollkommene Teutsche Soldat, S. 170.

[388] Oberst Prehn an Regierung vom 7. Mai 1717, RAK Reg 88 RegKanc i Stralsund, Conv. CCXLIII; Pro Memoria (undatiert), StadtA Greifswald Rep. 5, Nr. 1339, Bd 1; Designation über Verpflegungslieferungen, StadtA Greifswald Rep. 5, Nr. 1339, Bd 1. Gewaldiger/ Gewaltiger – Profoß.

[389] Wie viel Regimenter in Pommern dießeits der Peene, und Fürstenthumb Rügen Einquartieret, RAK Reg 88 Regkanc i Stralsund Conv. CCXXXV; RAK Reg 88 Regkanc i Stralsund Conv. CCXLIII.

[390] Landstände an Generalkriegskommissariat vom 24. Juli 1717 (Kopie), StadtA Stralsund Rep. 13, Nr. 614; Regierung an Landstände vom 29. Juli 1720, StadtA Stralsund Rep. 33, Nr. 869; Schreiben Normanns (undatiert und ohne Adressat), StadtA Stralsund Rep. 33, Nr. 869.

[391] RAK Reg 88 Regkanc i Stralsund CCXLV.

knecht[392]. Mit dem Abzug einer Kompanie im Dezember sank die Anzahl der Kavalleristen auf 333[393]. Ende 1718 verlegte die Regierung Teile des Regimentes nach Wolgast, Loitz, Damgarten und Tribsees. Die Kavalleristen versahen dort Grenzdienst, kehrten jedoch noch im selben Jahr in ihre Garnison zurück[394]. 1719 erhielten vier »detachements«, bestehend aus jeweils einem Leutnant oder Kornett und 20 Berittenen, den gleichen Auftrag mit eben denselben Einsatzorten. Bis 1720 befanden sich zwei Kavalleriekompanien auf Rügen[395]. Kommandant der Greifswalder Garnison war ab November 1717 der Oberst Ernst Henrik von Suhm [Summ]. Er war zuvor mit vier Kompanien des Regimentes Praetorius, insgesamt 409 Mann sowie 94 Soldatenfrauen, dorthin kommandiert worden[396].

Die Lagerstatt eines in der »Postierung« eingesetzten Kavalleristen war weitaus unangenehmer, als die seiner infanteristischen Kameraden in Stralsund. Ihm stand kein Bett zu Gebote, sondern er sah sich genötigt, auf Erde und Stroh zu nächtigen[397].

In den Jahren 1717 bis Mitte 1720 änderte sich die Zahl der in Vorpommern stationierten Verbände nicht. In diesem Zeitraum hielten sich laufend zwei Infanterieregimenter, ein Kavallerieregiment und eine Kompanie Artillerie in Herzog- und Fürstentum auf. Deren Personalbestand unterlag jedoch ständigen Schwankungen. Das Kopenhagener Land-Generaletatkommissariat bezifferte die Gesamtstärke der Infanterie und Artillerie im Dezember 1717 auf 3200 Mann. Dafür, dass die Eroberung des Landes als abgeschlossen galt, zeigten die Dänen also eine erstaunlich hohe militärische Präsenz[398]. Stöcken bemühte sich zudem, den Zustand der Befestigungsanlagen schnell zu verbessern und geriet in Unruhe, sobald sich die Arbeiten verlangsamten[399].

Die enorme Stärke des dänischen Militärs ergab sich erst in zweiter Linie aus dem Bedürfnis des Schutzes gegen eine mögliche schwedische Rückeroberung. Sie erklärt sich vielmehr aus seiner Funktion als ein wichtiges Instrument zur Herrschaftssicherung. So fielen Soldaten umfangreiche Aufgaben zu. Sie fanden Ver-

---

[392] Greifswald an Regierung vom 12. November 1717, RAK Reg 88 Regkanc i Stralsund Conv. CCXXXVII.

[393] Die Zahl der Einquartierten schwankte ständig. Für 1717/1718 nennt Kiehm 410 Berittene. Diese Zahl ist ebenfalls den Greifswalder Akten zu entnehmen. Vgl. Kiehm, Pommern im Nordischen Krieg, S. 30; StadtA Greifswald Rep. 5, Nr. 447; StadtA Greifswald Rep. 5 Tit 13, Nr. 2456.

[394] Regierung an Stralsund vom 3. Oktober 1718, StadtA Stralsund Rep. 33, Nr. 869.

[395] Scholten an Regierung vom 4. November 1719, RAK Reg 88 Regkanc i Stralsund Conv. XXXVIII; RAK Reg 88 Regkanc i Stralsund Conv. CCXCVIII.

[396] Liste der nach Greifswald kommandierten vom 6. November 1717, RAK Reg 88 Regkanc i Stralsund Conv. CCXLI.

[397] Regierung an Landschaft vom 29. Juli 1720, StadtA Stralsund Rep. 33, Nr. 869.

[398] Rentekammer an Friedrich IV. vom 13. Dezember 1717, RAK RKTA P-R-K C 251 II. Zu Friedenzeiten vor 1700 waren im ungeteilten Vorpommern drei schwedische Regimenter stationiert, eines in Stettin und der Festung Damm, ein weiteres in Stralsund, Greifswald, Tribsees, Loitz, Barth und Damgarten sowie ein letztes in Anklam, Demmin, Wollin, Ueckmünde, Gartz und in der Peenemünder Schanze. Stadt Stralsund an Regierung vom 10. Juli 1716, RAK Reg 88 Regkanc i Stralsund Conv. CCXXXV.

[399] Stöcken an Friedrich IV. vom 16. Januar 1717, RAK TKIA B 209; RAK Reg 88 Regkanc i Stralsund Conv. CCXLVII.

wendung bei der Sicherung der Grenzen gegen unerwünschte Einwanderung[400], bei der Überwachung des Handels, beim Schutz der Dörfer vor Übergriffen fremder, insbesondere preußischer Werber und im Botendienst. Offiziere führten Vernehmungen von Zivilisten durch, Soldaten arbeiteten mit bei der Instandsetzung der Stralsunder Wallanlagen und der im Land befindlichen Schanzen. Sie bildeten das letzte, aber im dänisch verwalteten Vorpommern sehr häufig eingesetzten Repressionsmittel gegen die Stände: bei der »militärischen Exekution«.

Neben Heeresverbänden nutzte Kopenhagen die vorteilhafte strategische Lage Vorpommerns zur Stationierung maritimer Kräfte. Bereits im August 1716 befahl Friedrich IV. die Aufnahme der Offizierskajütgelder und der Mannschaftsgagen in den pommerschen Etat[401]. Eine dauerhafte Unterbringung stand also in der Absicht des Königs. So nahmen Schoutbynacht Andreas Rosenpalm[402] und Kommandeur Michel Gude[403], die künftigen Chefs der in Vorpommern stationierten dänischen Flottille, schon am 31. Dezember 1715 Quartier in Stralsund. Ihnen oblag die Führung mehrerer Fregatten und anderer bewaffneter Schiffe. Ihre Stationierung erfolgte in Stralsund, auf der Peene, auf dem Ruden und vermutlich auch auf dem Darß. Für die Zeitspanne vom März bis August 1716 sind zudem 50 Matrosen, ein Obermeister, zwei Kadetten, fünf Offiziere und ein Schoutbynacht in Greifswald nachweisbar[404]. Im Dezember 1716 bestanden die in Vorpommern befindlichen maritimen Kräfte aus der »Kronjacht«, der Fregatte »Hommeren«, der Prahm »Helleflönderen«, dem Schiff »EbenEtzer« und einem »GalliothBeschirmer«, zwei »Haabet« und der Schute »Fortuna«. Da Friedrich IV. diese Schiffe in das vorpommersche Besoldungsreglement aufnehmen ließ, darf davon ausgegangen werden, das die Schiffe dauerhaft in Vorpommern blieben[405]. Die Flottille nahm unterschiedlichste Aufgaben wahr. Der Transport von Truppen und militärischem Gerät[406] gehörte ebenso zu ihrem Auftrag, wie die Unterbindung des Verkehrs nach Schweden, die Verhinderung von Desertion über See, die Überwachung des Grenzstromes Peene und der Transport von Baumaterialien[407].

---

[400] Soldaten bezogen hier nicht nur unmittelbar an den Grenzen Quartier, sondern wurden auch im Landesinneren in der sogenannten »Postirung« eingesetzt. Genaue Zahlen der auf Rügen stehenden Postierungen: Stöcken an Regierung vom 8. Oktober 1718, RAK Reg 88 Regkanc i Stralsund Conv. XLII.

[401] Befehl Friedrichs IV. vom 16. April 1716, RAK RKTA P-R-K C 251 I, Nr. 26; Befehl Friedrichs IV. vom 14. August 1716, RAK RKTA P-R-K C 251 I, Nr. 26.

[402] Zuvor Kommandeur des Kriegsschiffes »Prinz Karl«. Bidrag, VI, S. 262; Zur Biografie: With, Rosenpalm, S. 295–297. Shoutbynacht: Abgeleitet von der niederländischen Bezeichnung Schout by nacht (= Konteradmiral), dritthöchster Marinedienstgrad in der damaligen dänischen Flotte nach dem Admiral und dem Vizeadmiral. Bidrag, I, S. 201–203.

[403] Da in den Akten Gudes Vorname niemals Erwähnung findet, kann nur vorsichtig vermutet werden, dass es sich um den späteren Shoutbynacht Henrik Clausen Gude (1667–1730) oder den Kapitän Michel Gude, dessen Lebensdaten leider nicht ermittelbar sind, handelt. Sørensen, Gude, S. 272.

[404] Quartierkammer vom 31. Dezember 1715, StadtA Stralsund Rep. 33, Nr. 764; Stadt Greifswald an Regierung vom 26. März 1718 Anlage C, RAK Reg 88 Regkanc i Stralsund Conv. CCXXXVIII.

[405] Besoldungsreglement vom 28. Dezember 1716, RAK Reg 88 Regkanc i Stralsund Conv. I.

[406] Gude an Regierung vom 20. Mai 1717, RAK Reg 88 Regkanc i Stralsund Conv. XLIV.

[407] Gude an Regierung vom 21. Januar 1717, RAK Reg 88 Regkanc i Stralsund Conv. XLIV; Rentekammer an Friedrich IV. vom 3. April 1717, RAK RKTA P-R-K C 251 II, Nr. 17.

Im Januar 1716 verlegte die Flotte 1200 Matrosen nach Vorpommern[408]. Die Flottille verursachte jedoch derart hohe Kosten, dass Friedrich IV. den Etatsrat Weyse schon im April 1716 anwies, so zügig wie möglich Geld für die Rückfahrt des Gros des Verbandes zu organisieren[409]. Danach belief sich der Personalbestand auf etwa 400 Mann, die ständig Quartier nahmen[410].

Die Bedeutung der Stralsunder Werften für Schweden nahm durch den Bau neuer Schiffe und die Reparatur von beschädigten Einheiten im Verlauf des Großen Nordischen Krieges zu[411]. Die Dänen hingegen nutzen das Schiffbaupotenzial nicht. Stattdessen wurde Holz für Neubauten in pommerschen Wäldern geschlagen und nach Dänemark verbracht.

Neben der dänischen Garnison hielten sich auch nach der Kapitulation Stralsunds weiterhin zahlreiche schwedische Soldaten in der Stadt auf. So ist noch für das Jahr 1716 ein schwedisches Lazarett[412] mit 700 Verwundeten nachweisbar[413]. Dieser in den Akten verwendete Begriff ist nicht auf ein einzelnes Gebäude anwendbar, sondern umfasst alle in der Stadt befindlichen Krankenlager mit schwedischen Soldaten. Viele hielten sich auch weiterhin in ihren Quartieren auf. Zahlreiche Verwundete lagen im Stralsunder Gymnasium. Ein weiteres »Krankenhaus« mit 170 Verwundeten befand sich im sogenannten »Neuen Kinder Haus«. Daniel Defoe, der berühmte Verfasser des »Robinson Crusoe«, berichtet gar von 2000[414] schwedischen Blessierten. Seine Ausführungen sind aus militärhistorischer Sicht interessant, da er mehrfach betont, die verbliebenen ehemaligen Soldaten Karls XII. seien »sick or wounded« gewesen[415].

Neben dänischen und schwedischen Soldaten beherbergte das Land auch nach der Kapitulation Stralsunds preußische und sächsische Militärs[416]. Aus einer von der Stadt Greifswald 1718 vorgelegten Einquartierungskostenübersicht geht hervor, dass sich bis zum Mai 1716 in ihren Ringmauern sowohl reguläre sächsische und preußische Einheiten, als auch Militärbedienstete aufhielten. Zudem beherbergte die Kommune ein sächsisches sowie ein preußisches Lazarett[417]. Das säch-

---

[408] Kurzer Extract über die Einquartierung auf Rügen vom 1. März 1718, RAK Reg 88 Regkanc i Stralsund Conv. CCXXXVIII.

[409] »… umb die täglich anwachsenden schwerste und exessive Unkosten zu evitieren …«. Vollmacht für Andreas Weyse vom 18. April 1716, RAK TKIA Patenter 1716, S. 68b–69.

[410] Rentekammer an Friedrich IV. vom 13. Dezember 1717, RAK RKTA P-R-K C 251 II.

[411] Kroll, Stadtgesellschaft, S. 73.

[412] Verschlag derjenigen Krancken und blessierten welche sowol von dem Königl. Schwedischen Artillerie Regiment […] in Stralsund zurückgeblieben sind, StadtA Stralsund Rep. 33, Nr. 764.

[413] Thomas Gadebusch an Friedrich IV. vom 5. März 1716, RAK TKIA B 209; StadtA Greifswald Rep. 5, Nr. 1338, Bd 1; Specification von wegen der Kranken Häußer, StadtA Stralsund Rep. 33, Nr. 764.

[414] Ein Bericht der Stralsunder Quartierkammer nennt 818 blessierte Schweden. Specification von wegen der Kranken Häußer, StadtA Stralsund Rep. 33, Nr. 764.

[415] Anonym, The History, S. 316 f.

[416] Ebenso lagen dänische Einheiten nach wie vor im nunmehr preußischen Landesteil in Quartier. Stadt Grimmen Designation der in Anno 1716 getragenen Einquartierung, Verpflegung, Contribution und aller anderen Onerum vom 26. Januar 1717, RAK Reg 88 Regkanc i Stralsund Conv. CCXXXVIII.

[417] Stadt Greifswald an Regierung vom 26. März 1718 und Anlagen, RAK Reg 88 Regkanc i Stralsund Conv. CCXXXVIII.

sische Kontingent bestand aus 194 gesunden Gemeinen, Unteroffizieren, Offizieren und Militärbediensteten sowie 410 Kranken und Verwundeten. Zudem versorgte die Stadt ein weiteres sächsisches Lazarett in Kirchdorf mit 110 Insassen[418]. Das sächsische Militär wurde ebenso wie sämtliche Truppen der »nordischen Alliierten« als schwere Belastung empfunden. So teilt Ziegler mit, dass der sächsische Kriegskommissar Malzdorf sich durch besondere Härte ausgezeichnet hätte. Dieser ließ schon 1711 Ratsherren inhaftieren und setzte auch in der folgenden Zeit besonders häufig die »militärische Exekution« ein[419]. Die 1716 in Greifswald stationierten preußischen Einheiten verfügten über einen Gesamtpersonalbestand von 1022 Mann, einschließlich der Militärbediensteten und einer großen Feldbäckerei mit 114 Bäckern. Hinzu kamen 600 Kranke und Verwundete sowie 47 Lazarettbetreibende als Feldscher, Doktoren, Apotheker, Lazarettkommissare, Prediger und Gesellen[420].

Die Verantwortung für die Versorgung der in Vorpommern stationierten Heereseinheiten trug das Kopenhagener Land-Generaletatskommissariat. Ihm unterstanden auch die zivilen Heeresbediensteten. Bis 1717 führte der in Schwedisch-Pommern geborene Oberkriegssekretär Valentien von Eickstedt diese Kopenhagener Institution. Ihm folgte Christian Carl Gabel[421]. Vor Ort befand sich als höchster Militärbeamter der Kriegskommissar Gregorius Wulff. Er war für die Ausschreibungen der Servicen (Abgaben zum Einquartierungsunterhalt) etc. zuständig[422]. Die Auszahlung von Entschädigungen an die örtliche Bevölkerung erfolgte hingegen über die königliche Kammer zu Stralsund[423]. Somit blieb die enge Verzahnung von Militär und Zivilverwaltung, die schon zu schwedischer Zeit bestand, auch in den Jahren 1715–1720 bestehen. Eine eigenständige, vom zivilen Kammerwesen abgegrenzte militärischen Finanzverwaltung existierte nach wie vor nicht[424].

Für die Logistik der in Vorpommern stationierte Flottille war das See-Generaletatskommissariat verantwortlich. Sobald Ausschreibungen für Magazinkorn und Verpflegung für die in Pommern stationierten Einheiten anstanden, berieten die Kommissariate gemeinsam mit der Rentekammer, die dann dem königlichen Konseil entsprechende Zahlen vorlegte[425].

---

418 Errechnet aus: Stadt Greifswald an Regierung vom 26. März 1718 Anlage A, RAK Reg 88 Regkanc i Stralsund Conv. CCXXXVIII (Die genauen Aufenthaltszeiträume einzelner Personen oder Personengruppen sind in der Anlage angegeben, wurden jedoch in der Berechnung nicht berücksichtigt).

419 Ziegler, Geschichte, S. 57 f.

420 Errechnet aus: Stadt Greifswald an Regierung vom 26. März 1718 Anlage B, RAK Reg 88 Regkanc i Stralsund Conv. CCXXXVIII (Die genauen Aufenthaltszeiträume einzelner Personen oder Personengruppen sind in der Anlage angegeben, wurden jedoch in der Berechnung nicht berücksichtigt).

421 Kyhl, Den Landmilitære Centraladministration, II, S. 29–46.

422 Wulff an Dewitz vom 15. August 1716, RAK TKIA B 209.

423 RAK Reg 88 Regkanc i Stralsund Conv. CCXXXV.

424 Für die Zeit vor 1715: Backhaus, Verfassung, S. 37.

425 RAK RKTA P-R-K C 251 I–IV.

Die zahlreichen Verlegungen, kurzfristigen Postierungen und Umquartierungen veranlasste die Regierung in Abstimmung mit dem Militär. Sämtliche konkreten Planungen einschließlich der genauen Festlegung von Marschrouten, der Verpflegungslieferungen an den einzelnen Durchmarschpunkten und der vorübergehenden Nachtlager regelte der Kriegskommissar Gregorius Wulff. Er erteilte die notwendigen Befehle an die Amtleute und Distriktkommissare. Wulff organisierte nicht nur Transportmittel für militärische Führer, sondern war auch verantwortlich, sobald höhere Beamte dienstlich Reisewagen, Pferde und Kutscher benötigten[426].

Die »militärische Exekution«

Unter den vielfältigen Aufgaben der im Land stationierten Truppen kam der »militärischen Exekution« eine herausgehobene Bedeutung zu. Sie stellte zweifelsohne eines der wichtigsten Rechtsmittel zur Durchsetzung des neuen landesherrlichen Regimentes dar. Deshalb, und nicht zuletzt, weil schon der Begriff häufig falsche Vorstellungen hervorruft, bedarf er hier einer vertiefenden Darstellung[427]. Zudem beginnt die Erforschung der militärischen Exekution gerade erst. Der dürftige Grad wissenschaftlicher Durchdringung eines für das Rechts- und Militärwesen bedeutsamen Themas ist bemerkenswert.

Entgegen eindimensionaler, älterer, oft nur auf ein bestimmtes Territorium anwendbarer Definitionen[428] ist unter dem Wort »militärische Exekution« zu verstehen:

die Vollstreckung eines richterlichen Urteilsspruches oder einer landesherrlichen/ständischen Weisung gegen eine straffällig gewordene, regelwidrig handelnde beziehungsweise pflichtvergessene Einzelperson oder Personengruppe durch Soldaten.

In sehr vielen Fällen begegnete die Obrigkeit mangelnder Zahlungsmoral mit »militärischer Exekution«[429]. Jedoch bildeten ausstehende finanzielle Forderungen, wie etwa Quartiergeld, Kontribution und Service, nicht den einzigen Anlass zur Zwangsvollstreckung. Jede Form der Verletzung obrigkeitlicher Normen konnte ihren Einsatz bewirken. Die »militärische Exekution« stellte ein unverzichtbares Instrument sozialer Disziplinierung dar.

Da im Verlauf der Arbeit zahlreiche Beispiele genannt werden, interessieren hier nur zwei Fragen: 1.) Wer durfte die militärische Exekution anordnen? Und 2.) Welches Verfahren verbarg sich hinter diesem Begriff.

Wird nach der Kompetenz zur Androhung der Zwangsvollstreckung gefragt, so zeigt sich, dass zumindest im dänisch verwalteten Vorpommern ausschließlich

---

[426] Beispiele in: RAK Reg 88 Regkanc i Stralsund Conv. CCXXXVIII.

[427] Erste Ansätze bieten: Kaak, Soldaten aus dem Dorf, S. 311–317; Meier, Am unteren Ende der Herrschaft; Meier, Landesherrliche Einquartierungspolitik, S. 63–81.

[428] Pufendorf, Acht Bücher vom Natur-und Völkerrecht, S. 251; Eggers, Neues Kriegs-Ingeniör-Artillerie-See- und Ritterlexicon, I.

[429] Einen groben Überblick über die »militärische Exekution« in Dänemark bietet Løgstrup. Auch sie betrachtet jene Methode nur unter dem Aspekt der Steuereintreibung. Løgstrup, Jorddrot, S. 149–152.

zivile Verantwortungsträger über dieses Recht geboten. Es blieb dem Generalgouverneur, der Regierung und dem Kämmerer vorbehalten. Ihre Verfügungsgewalt ging unmittelbar von der Krone aus, das heißt, sie erhielten das Recht zur Anwendung militärischer Exekution im Allgemeinen oder für den konkreten Einzelfall aus Kopenhagen direkt zugewiesen. Hingegen waren Militärs nicht zur Androhung oder Anwendung der Zwangsvollstreckung befugt, obschon Verstöße gegen diesen Grundsatz überliefert sind[430]. Mit der militärischen Exekution verband sich zumindest im nördlich der Peene gelegenen dänischen Vorpommern *keine* Anwendung physischer Gewalt! Vielmehr verbarg sich hinter dem Begriff eine Form der zwangsweisen und befristeten Einquartierung.

Verfügte eine der berechtigten Personen oder Institutionen die Exekution, so erging eine entsprechende von ihr oder ihnen unterzeichnete Anordnung[431], die der für den Beschuldigen verantwortlichen Behörde zukam. Zugleich erhielten die beauftragten Soldaten Handzettel, denen sie Ort und Dauer ihres vorübergehenden Aufenthaltes entnahmen. Die Zahl der sogenannten Exequenten richtete sich anscheinend nach der Höhe der ausstehenden Forderung oder nach der Schwere des Rechtsbruches. Oft begaben sich nur einzelne Soldaten zu diesem Zwecke in Quartier. In den meisten Fällen aber traten kleine Trupps von zwei bis drei Gemeinen oder Musketiers unter Führung eines Korporals in Erscheinung[432]. Die Soldaten meldeten sich gemäß ihrer Order bei den zuständigen kommunalen und lokalen Behörden, die für die Eintreibung der geforderten Gelder oder die Durchsetzung des verlangten Verhaltens zuständig waren[433]. Ihr Auftrag bestand nun darin, für einen bestimmten Zeitraum Unterkunft bei der entsprechenden pflichtvergessenen Person zu nehmen. Dafür genossen sie ein »Exekutionsgeld«, das ihnen täglich vom Wirte bar auszuzahlen war. Je länger sich dieser weigerte, die ihm abgeforderte Schuld zu begleichen, desto größere Kosten trug er. Nicht nur die Exekutionsgebühr, sondern auch Verpflegung und Getränke der Exequenten

---

430 Demmin an Regierung vom 25. August 1717, RAK Reg 88 Regkanc i Stralsund Conv. CCXLIII; RAK Reg 88 Regkanc i Stralsund Conv. CCXLVI; Beispiele: RAK RKTA P-R-K C 251 IV.

431 Bei den »Executions-Zetteln« handelte es sich um gedruckte Formulare, in denen für alle veränderbaren Größen Freiräume bestanden. So brauchte lediglich das Datum, der Beschuldigte, die Höhe der ausstehenden Schulden und die Anzahl der aufzunehmenden Soldaten eingefügt werden. Beispiele in: StadtA Stralsund HS I 110.

432 Exekutionszettel vom 22. August 1719, StadtA Stralsund HS I 110; RAK Reg 88 Regkanc i Stralsund Conv. CCXXXVII; Regierung an Fineck vom 19. August 1720, APS SNwG Sggn Rep. 30 b Allerhand, Nr. 48/16. Auch die brandenburgische Exekutionsordnung von 1678 begrenzte die Zahl der Exequenten auf »... einen Unter-Officirer, und zwey, drey, oder aufs höchste vier Gemeine ...«. Churfürst Wilhelms zu Brandenburg Ordnung, wie es in dero Landen, bey militärischen Executionen wegen restirender Gelder, zu halten, de Anno 1678. In: Lünig, Corpus Iuris Militaris, II, S. 874–876; Die Rechnung eines Loitzer Bürgers lässt vermuten, dass auch Exekutionen, die durch russische Truppen ausgeführt wurden, mit sehr geringem Kräfteansatz umgesetzt wurden. Das besagte Dokument berichtet von einem Korporal und 6 Mann. Schönrock an Greifswalder Hofgericht vom 9. Januar 1725, Lit. A, APS SNwG Sggn Rep. 30b Allerhand, Nr. 48/14.

433 Besonders deutlich: Mehden an Regierung vom 9. Juli 1720, RAK Reg 88 Regkanc i Stralsund CCXL.

lasteten auf dem Wirt[434]. Erst wenn er das Geforderte entrichtete, erhielten die Exequenten von der anordnenden Behörde einen »Abweichzettel«, der ihrer Mission ein offizielles Ende setzte[435]. Die Abweichbefehle waren ebenso wie die Exekutionszettel immer im gleichen Wortlaut abgefasst. Lediglich Daten, Ort und Anzahl der Soldaten änderte die verfügende Behörde. »Der wegen der von Ao 1716 an die Stadt-Stralsund restirenden Servicegelder nachher Barth zur Execution verlegte Musquetier wird hiedurch angewiesen, daß er auff Vorzeigung dieser abweichungs-ordre, und wann er seiner Gebühren halber befriediget seyn wird, sofort abgehe, und sich wieder zur Guarnison begebe.«

Der Druck auf den Pflichtvergessenen konnte also zum einen durch die Zahl der Exequenten, zum anderen durch die Höhe der Exekutionsgebühr reguliert werden[436]. Vielleicht blieb nicht zuletzt aufgrund der physischen Gewaltlosigkeit der gewünschte Erfolg militärischer Exekution zumindest in Vorpommern häufig hinter den gesetzten Erwartungen zurück[437]. Derartige Rückschläge führten jedoch keineswegs zum sparsameren Einsatz des repressiven Rechtsmittels.

Da die frühneuzeitliche Militärgeschichtsforschung zunehmend eine allgemeine Militarisierung der deutschen Gesellschaft in Preußen und im Alten Reich in Frage stellt[438], könnte eine intensivere Erforschung der »militärischen Exekution« fruchtbare Impulse verleihen[439]. Zumal zahlreiche regionalgeschichtliche Arbeiten und Aktenbestände zeigen, dass es sich im Falle der »militärischen Exekution« keineswegs um ein regional beschränktes Phänomen handelte. Gerade deshalb erscheint eine intensive Erforschung lohnenswert.

b) Die Landeskirche als herrschaftslegitimierendes Instrument

Eine Grundtendenz bei der Herausbildung des frühmodernen Staates ist das landesherrliche Bemühen um Schaffung einer Landeskirche, deren enge Bindung an den Fürsten und ihre Nutzung bei der Ausübung von Herrschaft. Sie ist sowohl in katholischen, als auch in protestantischen Staaten spätestens seit dem

---

[434] Schönrock an Greifswalder Hofgericht vom 9. Januar 1725, Lit. A, APS SNwG Sggn Rep. 30b Allerhand, Nr. 48/14.

[435] Abweichungsorder vom 30. November 1718, RAK Reg 88 Regkanc i Stralsund Conv. CCXXXIX.

[436] Beispiele in: RAK Reg 88 Regkanc i Stralsund Conv. XLIII; APS SNwG Sggn Rep. 30 b Allerhand, Nr. 48/7.

[437] Stralsund an Regierung vom 6. November 1720, RAK Reg 88 Regkanc i Stralsund Conv. CCXXXIX; Rentekammer an Friedrich IV. vom 2. März 1717, RAK RKTA P-R-K C 251 II; Stände an Friedrich IV. vom 2. August 1718, StadtA Greifswald Rep. 5, Nr. 1340.

[438] Ihr liegt insbesondere eine Revision der Thesen Otto Büschs am Herzen. Vgl.: Büsch, Militärsystem und Sozialleben; Kroener, Vom »extraordinari Kriegsvolck«, S. 141–188; Nowosadtko, Krieg, Gewalt und Ordnung, S. 154–161; Pröve, Klio in Uniform?; Kroener, Militär in der Gesellschaft, S. 283–299.

[439] Wick, Versuche, S. 44, 46, 52, 110; Boll, Chronik der Vorderstadt, S. 200–217; Held, Der Adel, S. 182 f.

16. Jahrhundert nachweisbar[440]. Weder Schweden noch Dänemark und erst recht nicht Vorpommern bildeten hier Ausnahmen. Insofern scheint ein Vergleich zwischen schwedischer und dänischer Herrschaft auf dem Feld der Religionspolitik unangebracht. Hier ist deshalb nicht die Frage nach Kontinuität oder Diskontinuität, nicht nach dem Ob, sondern nach dem Wie der Einbindung kirchlicher Institutionen in dänische Herrschaftsetablierung und -sicherung in Vorpommern zu stellen.

Die enge Verflechtung geistlicher und weltlicher Belange spiegelt sich unter anderem in der Nutzung der Religion zu Herrschaftslegitimation und zur Rechtfertigung landesherrlicher Weisungen wider. Die Lehnspredigt des Johann Ludwig Würffel sowie das Verlesen von Regierungsbefehlen durch die Pfarrer geben hiervon hinreichend Zeugnis.

Gerade an der Verkündung von Anordnungen zeigt sich eine zweite Funktion der Kirche. Sie diente als verwaltungstechnisches Sprachrohr. Auch in dieser Hinsicht kam ihr eine bedeutende Rolle bei der Etablierung der dänischen Herrschaft zu. Als Andreas Weyse 1716 Möglichkeiten zur Einrichtung des Finanzwesens in Erfahrung zu bringen suchte, richtete er seine Anordnungen nicht nur schriftlich an die Betroffenen, sondern ließ sie »von denen Cantzeln intimieren«. Die Ankündigungen von Versteigerungen eingezogener Güter wurde ebenfalls in den Kirchen verlesen[441].

Zielte die schwedische Religionspolitik bereits in der zweiten Hälfte des 17. Jahrhundert in Pommern auf ein Staatskirchentum[442], so verstärkte sich diese Tendenz unter der dänischen Herrschaft erheblich. Sie zeigt sich nicht zuletzt an einer Zerschlagung des ständischen Einflusses auf die Kirche. Empfingen Geistliche ihren Lohn zur schwedischen Zeit aus dem nach 1715 de facto nicht mehr existenten Landkasten, so erhielten sie ihre Salarien und ihr Deputat ab 1716 unmittelbar aus dem Staatsvermögen[443].

Politik bestimmte den geistlichen Alltag. Stralsund regelte den Ablauf kirchlicher Feste und Feiertage bis ins kleinste Detail. Inhalt, Anzahl und Zeiten der Predigten, Lieder, die zu singen waren, Häufigkeit des Glockenläutens und schließlich der Personenkreis, der sich in den Gotteshäusern einzufinden hatte, wurden befohlen[444].

---

[440] Die von Prinz hervorgehobene gegenseitige Abhängigkeit von Kirche und Staat ist zwar unleugbar, jedoch war die Landesherrlichkeit in jenem Beziehungsgeflecht zweifelsohne tonangebend. Kirche und Militär bildeten des Staates zur sozialen Disziplinierung, nicht aber dessen Zweck. Vgl. Prinz, Sozialdisziplinierung und Konfessionalisierung, S. 13.

[441] Andreas Weyse an Friedrich IV. vom 10. September 1716, RAK RKTA P-R-K C 251 I, Nr. 18 und Nr. 19.

[442] Heyden, Kirchengeschichte von Pommern, I, S. 104 f.

[443] Buchholz, Öffentliche Finanzen, S. 192–198, 447; Kgl. Reglement »waß in [...] VorPommern jährlich an Deputatbrennholtz außgewiesen werden soll« vom 28. Dezember 1716, RAK RKTA P-R-K C 251 I, Nr. 35; Kgl. Reglement vom 28. Dezember 1716, RAK Reg 88 Regkanc i Stralsund Conv. I.

[444] Neben den genannten Beispielen: Allgemeines Kirchengebeth/ welches auff Ihr. Kön.Maytt. zu Dänemark/ Norwegen a. Allergnädigsten Befehl/ bey dem öffentlichen Gottes-Dienst In denen Kirchen des HerzogthumbsVor-Pomern und des Fürstenthums Rügen gebrauchet werden soll, RAK Reg 88 RegKanc Stralsund Conv. CCLXXXIII-CCLXXXVIII; Gebhardi verfaßte jene

Besonders deutlich zeigte sich dieses Verfahren anlässlich des zweihundertsten Reformationsjubliäums 1717. Beinahe nichts blieb den Geistlichen selbst überlassen. Das Könighaus war namentlich zu preisen. So findet sich in der Anweisung zum »Jubelfest«[445] folgender zu predigender Wortlaut: »Bewahre den Pfleger deiner Kirche/ unseren treuen Landes-Vater/deinen Gesalbten/[...] König Friedrich den Vierten: Halte deine Hand über die Crone/ welche Du allein Ihm gegeben hast«. Es folgen längere Ausführungen, die dem Landesherrn eine erfolgreiche Regierungszeit wünschen: »Laß dein Antlitz leuchten über ihro Majestät/ unsere allergnädigste Königin Louise [...] Komm Seiner Königlichen Hoheit/ Unserem allergnädigsten Erbprintzen und Herrn/ Printz Christian zuvor mit deinem reichen Seegen [...] Bewahre Seiner Königlichen Majestät Herrn Bruder/Printz Carl: Deine Barmherzigkeit sey über Ihn/[...] Seegne beyde Königlichen Printzessinnen« und schließlich: »Seegne das gantze Königliche Erbhaus«[446]. Diese Ausführungen, die den Wunsch auf Wohlergehen der königlichen Familie über mehrere Seiten detailreich zum Ausdruck bringen, können hier nur angedeutet werden. Sie zeigen die Kirche einmal mehr als Instrument zur Festigung weltlicher Macht. Denn nicht allein Friedrich IV. und seine Familie wurden gepriesen, sondern auch seine Beamten, die dänische Heeresmacht und die Flotte[447]. Die Nennung des Prinzen und seiner Schwestern deutet Hoffnung auf Kontinuität in der Landesherrschaft an, schrieb doch auch Johann Seitz seine Abhandlung über die neu gewonnenen Gebiete nicht für den König, sondern für dessen Sohn Christian VI.[448]. Die Segensworte für die Beamtenschaft sollten Loyalität im Volke gegenüber den Staatsdienern fördern.

Die Predigt wurde textlich durch den König[449] und durch die Stralsunder Regierung festgelegt und brauchte nur noch verlesen zu werden[450]. Ebenso wenig

---

Schrift zwar, Er wird jedoch als Autor nicht genannt. Programma Quo Rector Academiæ Gryphiswaldensis Joachimus Andreas Helvigius [...] Ad Exeqvias 2 Viro Magnifico, Summe Reverendo, Excellentissimo [...] Domino Brandano Henrico Gebhardi [...], Greifswald 1729, (Ein Exemplar befindet sich in der Greifswalder Universitätsbibliothek unter Vitae Pomeranorum 51), BgnSign C 1.

445 Anweisung für das Jubelfest 1717, RAK RKTA P-R-K C 256, Nr. 20; auch in: Kirchenarchiv St. Nikolai Stralsund Unverzeichneter Bestand zum Reformationsjubiläum. Die Entdeckung jener Akten gelang Frau Beate Bugenhagen. Ihr gebührt für die entsprechenden Hinweise sowie für die Zuarbeit der Dank des Verfassers.

446 Anweisung für das Jubelfest 1717, RAK RKTA P-R-K C 256, Nr. 20, S. 6–8; auch in: Nikolaikirche Stralsund Unverzeichneter Bestand zum Reformationsjubiläum.

447 Ebd., S. 8.

448 Seitz, Geografisch-historische Beschreibung, Dedicatio, S. 1–5.

449 Befehl Friedrichs IV. vom 19. August 1717. In: Göbel, M.J.A.: Lutherischer Abtrag von dem päpstischen Beytrag für das zweyte Lutherische Jubel-Jahr welchen ein Jesuit, Pater Joh. Krause in Prag/ zur offenbahren Anzeige/ wie gelehrt und wes geistes Kind er sey/ cum licentia Superiorum ausfliegen lassen; Nebst einem Bericht/ wie das andere Evangelische Jubel-Fest überall in denen Fürstenthümern Schleswig/ Holstein/ auch im königl. Antheil des Herzogthums Vorpommern/ im Fürstenthum Rügen in der Graffschaft Oldenburg usw. auf hohe königl. Anordnung gefeyert werden müssen, Franckfurth, Leipzig 1720, S. 9–35.

450 Regierung an Stralsunder Magistrat vom 14. Oktober 1717, Nikolaikirche Stralsund Unverzeichneter Bestand zum Reformationsjubiläum; Regierungsbefehl vom 14. Oktober 1717, Nikolaikirche Stralsund Unverzeichneter Bestand zum Reformationsjubiläum.

Spielraum blieb der Geistlichkeit für die Gestaltung der Festlichkeiten. Vizegeneralsuperintendent Heinrich Brandanus Gebhardi erhielt am 19. August 1717 Weisung über den Ablauf des Festes[451]. Als Festredner wurden die Professoren Balthasar Gerdes und Theodor Horn[452] bestimmt. Sobald diese »in oration gingen«, sollten die großen Glocken geläutet werden. Mit »Morgengesang«, »Herr Gott dich haben wir«, »Nun bitten wir den heiligen Geist« und »Erhalt Herr bei deinem Wort« standen die zu singenden Lieder fest. Die Prediger waren namentlich benannt, der Ablauf exakt bestimmt[453].

Am 30. Oktober 1717 um 18 Uhr läuteten die Glocken allerorten das Reformationsjubiläum ein. In allen kirchlichen Gemeinden lief das Fest nach dieser Ordnung ab. Sämtliche weltlichen und geistlichen Würdenträger, alle Militär- und Zivilbeamten nahmen an den Feierlichkeiten teil[454]. Für Fast-, Buß- und Bettage traf die Regierung ähnlich genaue Anweisungen wie für das Jubelfest. Die Beamtenschaft in ganz »Dänisch-Vorpommern« wurde zudem angewiesen, peinlichst darauf zu achten, dass an diesen Tagen niemand Gewerbe betrieb, dass sämtliche Schenken geschlossen blieben und an Reisende wie Kranke nur das Nötigste verkauft wurde[455]. Alle Einwohner hatten sich am Vor- und am Nachmittag zur Predigt in den Kirchen einzufinden[456].

Immer wieder schien es den staatlichen Behörden angebracht, regulierend in das religiöse Verhalten der pommerschen Untertanen einzugreifen. Im November 1718 stellten Generalgouverneur, Oberlanddrost und Räte fest, dass die Kirchendisziplin leide. Sie befahlen deshalb, die bereits am Wochenende stattfindende Examina Catechetica auch in der Woche zu halten. Ebenfalls wies die Regierung darauf hin, dass die Übungen nicht allein für Kinder, sondern auch für Erwachsene gut geeignet seien. Zumindest jedoch hätten alle Eltern darauf zu achten, dass ihr Nachwuchs und das Gesinde an der Katechisation (Unterrichtung in religiösen Fragen) teilnähmen. Sollte jemand Kenntnis von Bewohnern erhalten, die sich nicht an den Befehl hielten, so hatte diese Person den Sachverhalt der »Obrigkeit« zu melden. Diese trug dann für eine harte Bestrafung Sorge. In dem Regierungspatent wurde ebenfalls festgestellt, dass viele Menschen im Land fluchten, obwohl die Prediger hiergegen mit Gotteswort einschritten. Wenn ein derartig menschliches Verhalten zum Inhalt eines staatlichen Erlasses wurde, offenbart dies ein hohes Maß an Unzufriedenheit in der Bevölkerung. Dennoch erblickten die obersten Regierungsbeamten in ihm hauptsächlich Verstöße wider die Religion und verordneten deshalb: »dergleichen böse Menschen/ welche so excessive Flüche

[451] LAG Rep. 40 VI, Nr. 90, S. 561.

[452] Zur Biografie von Gerdes: Biederstedt: Nachrichten, I, S. 69 f.; Zur Biografie von Horn: Biederstedt: Nachrichten, I, S. 85.

[453] Mit Peter Westphal (Nicolai-Kirche), Heinrich Gebhardi (Jacobi-Kirche) und Ludwig Würffel (Marienkirche) waren die führenden Köpfe der vorpommerschen Geistlichkeit als Prediger für Greifswald aufgeführt. LAG Rep. 40 VI, Nr. 90, S. 561–564.

[454] Berichte über Ablauf und Teilnehmer in den einzelnen Gemeinden in: Schrammen, Etwanige Nachricht, Bl. 32–34; APS Rekopisy i Spuscizny, Nr. 10.

[455] Placat wegen 3. Solenne Fast-, Buß- und Bethtage, RAK RKTA P-R-K C 256, Nr. 14. Placat wegen Fast-, Buß- und Bethtage, RAK RKTA P-R-K C 256, Nr. 29.

[456] Placat wegen Fast-, Buß- und Bethtage, RAK RKTA P-R-K C 256, Nr. 43.

öfter herausstossen/ zu Folge der Policeyordnung/ mit Gefängniß-straffe zu belegen oder gar an den Pranger stellen zu lassen[457].« Die Härte der angedrohten Strafen resultierte aus der juristischen Definition des Tatbegriffes: »Fluchen«. Für die frühneuzeitliche Rechtsprechung war diese Handlung, jemanden mit einem Fluch zu belegen, gleichbedeutend mit dem Verwünschen einer Person. Damit erhob sich der Fluchende über Gott, denn er zweifelte an dessen Allmacht. Das Verwünschen eines anderen impliziert den Glauben an die Möglichkeit, durch eigenen Wunsch urteilen, richten zu können. Da alles, was auf Erden jedoch mit dem Willen Gottes geschieht und nicht dem Begehren des Einzelnen unterworfen ist, und da schließlich die Rache allein in der Hand des Schöpfers liegt, maßt sich der Fluchende Gewalt an, die ihm nicht gebührt[458].

Sich der Kirchendisziplin widmend, untersagte die Stralsunder Regierung Privatkommunionen. Einzig alte, kranke, schwache und schwangere Personen wurden von dieser Bestimmung ausgenommen. Zur schlechten Gewohnheit sei auch das Heiraten an Freitagen geworden, führte der Befehl aus. Das Wochenende werde in diesen Fällen »zum ärgerlichen Schmausen« verwendet. Hochzeiten waren fortan nur noch montags und dienstags gestattet. Jeder Überfluss habe in »nahrungslosen Zeiten« zu unterbleiben. Der Vizegeneralsuperintendent und die Präpositis erhielten den Auftrag, die Umsetzung dieser Bestimmungen zu überwachen[459]. Beschränkungen von Festlichkeiten sind keine territoriale Besonderheit der dänischen Obrigkeit gegenüber den pommerschen Untertanen. Vielmehr stellen die Eingriffe eine typische Erscheinung im frühneuzeitlichen, auf Sozialdisziplinierung abzielenden Staatswesen dar[460]. In Dänemark selbst ist diese Tendenz bereits im 16. Jahrhundert feststellbar. Sie erfuhr ihre besondere Ausprägung unter Christian IV. und dessen Nachfolgern[461]. Die von der jüngeren Forschung herausgearbeiteten Motive für die Einschränkung der Festivitäten sind auch auf Dänisch-Vorpommern übertragbar. Aus den Erlassen spricht der Wunsch, die Steuerkraft der Einwohner zu erhalten. Die soziale Komponente der Lustbarkeiten blieb den Behörden verborgen[462].

Nicht allein dem religiösen Leben der Nichtgeistlichen, sondern auch den weltlichen Gütern der Kirche galt das besondere Augenmerk dänischer Beamter. Der kirchliche Besitz war schon zu schwedischer Zeit derart unübersichtlich, dass die damalige Regierung 1663 eine Kirchenvisitation befahl. Allein, die schwedischen Maßnahmen fruchteten nicht. Die Unordnung bestand fort. Die Dänen trachteten danach, sie endgültig zu beseitigen. Ein Patent vom 21. Oktober 1718[463] prangerte die Missstände erneut an und hob insbesondere die Fehler beim Geldverleih her-

---

457 Patent wegen der Kirchenordnung, RAK RKTA P-R-K C 256, Nr. 35.
458 Schmidt, Die Ächtung des Fluchens, S. 84–87.
459 Patent wegen der Kirchenordnung, RAK RKTA P-R-K C 256, Nr. 35.
460 Policey im Europa. Zur Begriffsbildung siehe Krüger, Policey, S. 107–119; Schulze, Gerhard Oestreichs Begriff, S. 265–302.
461 Tamm, Gute Sitte, S. 513–521.
462 Frank, Exzeß oder Lustbarkeit?, S. 155–163.
463 Patent wegen der Kirchengelder, RAK RKTA P-R-K C 256, Nr. 34; auch in: StadtA Stralsund Rep. 28, Nr. 25.

vor. Die Priester und Kirchenbedienten könnten von den Zinsen nicht entlohnt werden. Vielmehr seien sie auf die Kollekte angewiesen, schrieb die Regierung. Deshalb befahlen die höchsten Territorialbeamten, die Debitoren sollten Übersichten über die ausgeliehenen Gelder erstellen. Prediger und Provisoren, die dem Jus Patronatus des Königs unterstanden, durften fortan das Geld nicht mehr selbstständig verleihen. Alle »Transaktionen« waren zuvor mit dem Amtmann abzusprechen. Dieser hatte festzustellen, ob die beliehene Person kreditwürdig war, ob sie die entsprechende Summe zurückzuzahlen vermochte. Das geborgte Kapital durfte 100 Gulden nicht übersteigen. Über dieses Maß hinaus konnte nur die königliche Regierung den Verleih bewilligen. Pastoren und Provisoren der städtischen Kirchen, die dem Jus Patronatus unterlagen, waren grundsätzlich an die Erlaubnis der Regierung gebunden. Alle übrigen Kirchen sollten sich, so das Patent, ebenfalls um ihre Finanzen redlich mühen, insbesondere im Hinblick auf eine künftige generelle Kirchenvisitation[464]. Wiederum wird hier das Primat des Weltlichen über das Geistliche, das der Beamten über den Kirchendiener sehr deutlich.

Im Zentrum schwedischer Kirchenpolitik in Vorpommern vor 1715 stand der Kampf gegen »Irrlehren und Sekten«. Dem Patent »gegen Rotten, Sekten und Ketzereien« vom 28. Dezember 1692 folgte 1694 der Ruf, den Chiliasmus (Erwartung des Tausendjährigen Gottesreichs auf Erden) einzudämmen[465] und schließlich 1704 die Einführung einer strengen Zensur. Sämtliche theologische Schriften mussten fortan dem Konsistorium und dem Generalsuperintendenten vorgelegt werden. Eine Drucklegung kam nur noch dann zu Stande, wenn beide Institutionen ihr zustimmten[466].

Insbesondere fürchteten die Schweden den Import neuer religiöser Strömungen durch Studenten, ihnen kam ein wesentlicher Anteil bei der Verbreitung pietistischer Lehren in Schweden zu[467]. Die Zahl der im Ausland studierenden Landeskinder nahm im Laufe des 17. Jahrhunderts beträchtlich zu, und so befahl Karl, jede Person, die an einer fremden Universität lernen wolle, müsse sich zuvor einer Prüfung unterziehen. In ihrem Verlauf galt es, die religiöse Standfestigkeit des Kandidaten festzustellen[468]. Nur ein knappes Jahr später, im April 1707, erließ die

---

464 Patent wegen der Kirchengelder, RAK RKTA P-R-K C 256, Nr. 34.
465 Edict Carls XI. vom 6. Oktober 1694. In: Ihrer Kön. May. May. In Schweden derer Großmächtigste/ Glorwürdigsten Könige Caroli des XI. höchst-seeliges Gedächtniß und Caroli XII. Den Gott segneDer Schweden/ Gothen und Wenden Könige […] Edicta wegen der in Teutschland einschleichenden Schwermereyen, o.O. 1708. (Ein Exemplar befindet sich in der Sächsischen Landes- und Universitätsbibliothek unter Hist Pom 152,24).
466 Wiedemann, Kirchengeschichte, S. 83 f.
467 Pleijel, Der schwedische Pietismus, S. 36–47.
468 Befehl Carls XII. an die kgl. Räte vom 17. Juni 1706. In: Ihrer Kön. May.May. In Schweden derer Großmächtigste/ Glorwürdigsten Könige Caroli des XI. höchst-seeliges Gedächtniß und Caroli XII. Den Gott segne Der Schweden/ Gothen und Wenden Könige […] Edicta wegen der in Teutschland einschleichenden Schwermereyen, o.O. 1708.

schwedische Regierung ein Patent[469] gegen all die Personen, die durch ihr Verhalten die evangelische Kirche schädigten. Gemeint waren die Pietisten[470].

Und dennoch, ein Übergreifen der neuen religiösen Ideen auf die deutschen Provinzen war nicht zu vermeiden. Pommersche Theologen knüpften persönliche enge Bande mit dem Schöpfer des Pietismus, mit Phillipp Jacob Spener. Da die Zahl der Anhänger seiner Lehre beträchtlich wuchs, sah sich die führende schwedisch-pommersche Geistlichkeit früh gezwungen, gegen Speners Anschauung vorzugehen. Bereits 1690 stand die Demminer Synode thematisch ganz im Zeichen der neuen Lehre, die von Generalsuperintendent Conrad Tiburtius Rango verurteilt wurde[471]. Die Schärfe der Pietistenverfolgung in Vorpommern bis zum Beginn der dänischen Herrschaft ist insbesondere auf den damaligen Generalsuperintendenten Johann Friedrich Mayer[472] zurückzuführen. Unter anderem ging das 1694er Edikt Karls XI. wider die »Schwermerey« auf seine Initiative zurück. Zudem wies Mayer beständig auf den sich ausbreitenden Pietismus hin und verdeutlichte die damit für die schwedische Landeskirche verbundenen Gefahren. Er tat sich bereits in seiner Zeit als Pastor an der Hamburger St. Jacobi Kirche und als Mitglied des dortigen Ministeriums als eifriger Bekämpfer der spenerschen Schriften hervor[473]. Unter ihm herrschte in Schwedisch-Pommern religiöse Orthodoxie. Abweichler von der offiziellen Theologie duldete er nicht. Erst als er 1712 verstarb, konnten pietistische Kreise wieder freier agieren.

Die *Annalistischen Aufzeichnungen zur pommerschen Verwaltungsgeschichte*[474] führen zum Pietismus aus, er sei durch private Zusammenkünfte gekennzeichnet, auf denen Gläubige auf »Irrwege« geführt würden. »Wie wol zum offteren fromme und unschuldige Leute mit diesem verdächtigen Nahmen beleget worden[475].« Als prominentester Fall darf sicher der Streit zwischen den Greifswalder Professoren Würffel und Gebhardi gelten. Würffel, der Gebhardi, den späteren Generalsuperintendenten, in schwedischer Zeit des Pietismus beschuldigte, musste diesen Vorwurf 1717 unter dänischer Herrschaft zurücknehmen und sich öffentlich entschuldigen[476]. Bei all den schweren Querelen, die Gebhardi durch Würffel erlitt, erscheint es umso bemerkenswerter, dass der Generalsuperintendent sich nach dem Ableben Würffels für die Versorgung der Witwe seines Gegners einsetzte, die mit einem Kinde zurückblieb. Heinrich Gebhardi hatte 1691 während einer Reise Phillipp Jacob Spener, den bedeutendsten Verfechter des Pietismus und Verfasser

---

[469] Auf königl. Majest. von Schweden Allergnädigste Verordnung im Pommerschen Estat wegen der Pietisterey publiciertes Edict, o.O. 1707. (Ein Exemplar befindet sich in der Sächsischen Landes- und Universitätsbibliothek unter Hist Pom 152,25).

[470] Wiedemann, Kirchengeschichte, S. 84; Wotschke, Der Pietismus in Pommern, II, S. 29.

[471] Heyden, Die Kirchen Greifswalds, S. 150; Heyden, Kirchengeschichte, S. 107; Gierl, Pietismus und Aufklärung, S. 41.

[472] Zum Leben Mayers: Biederstedt, Nachrichten, I, S. 116–126; Pyl, Mayer, S. 99–108.

[473] Montgomery, Der Pietismus, S. 494; Pleijel, Der schwedische Pietismus, S. 35 f.; Gierl, Pietismus und Aufklärung, S. 49–54.

[474] LAG Rep. 40 VI, Nr. 89/90.

[475] Ebd., Nr. 89, S. 17.

[476] Ebd., Nr. 89, S. 18; Sehestedt an Regierung vom 12. Oktober 1717, RAK Reg 88 Regkanc i Stralsund Conv. XII, Nr. 3; Tetzloff, Die stetige Zuflucht, S. 19.

der berühmten Schrift »Pia desideria oder Herzliches Verlangen nach gottgefälliger Besserung der wahren Evangelischen Kirchen« persönlich kennengelernt. Unter seinem Einfluss wandte sich Gebhardi den neuen Lehren zu. Er vermied es jedoch, in seinen Vorlesungen diese Erkenntnisse zu vermitteln, solange der alte Generalsuperintendent Mayer lebte. Schließlich verdankte ihm Gebhardi seine Professur. Mayer ließ sie eigens für Gebhardi errichten, da die drei theologischen Lehrstühle alle vergeben waren, er den jungen Wissenschaftler aber für überaus fähig hielt. Nach dem Tod seines Förderers wurde Gebhardi zum ersten pietistischen Lehrer an der Greifswalder Universität. Seine Ernennung zum Generalsuperintendenten in dänischer Zeit zeigt, dass der neue Landesherr dem Pietismus nicht mit der vehementen Ablehnung seines schwedischen Vorgängers entgegentrat[477]. Der dänische König persönlich haderte mit seiner Stellung zur neuen Lehre. Anstöße in Richtung einer Befürwortung kamen durch den Kontakt mit pietistisch geprägten Personen von außen.

Friedrich IV., der die Bekehrung von Heiden in seinen Kolonien voranzutreiben gedachte, ließ in Kopenhagen ein Missionskollegium[478] errichten. Diese Institution trat, von einem Pietisten geführt, in enge Verbindung zu den noch jungen pietistischen Zirkeln in Dänemark. Sowohl die Geschwister des Königs, als auch dessen Gemahlin, förderten den Pietismus und beeinflussten in diesem Sinne Friedrich IV. Der Monarch verhielt sich in religionspolitischen Fragen ohnehin tolerant[479]. Er erließ unter anderem am 11. Mai 1711 ein Reskript an den Kopenhagener Kommandanten, in dem er die Ausübung von religiösem Zwang gegenüber Katholiken verbot. Da die Inspiration dem Herrscher durch Familienmitglieder vermittelt wurde, sie sich also nicht aus eigenem Antrieb entwickelte, fielen pietistische Vorstellungen im täglichen politischen Geschäft kaum ins Gewicht. Erst allmählich setzten sich diese Anschauungen durch und erlebten nach 1730 unter Christian VI. ihren Höhepunkt.

In der Literatur finden sich gelegentlich Äußerungen, die den Dänen eine bewusste Förderung des Pietismus unterstellen. So spricht Hellmut Heyden mehrfach von einer »pietistenfreundlichen Regierung Dänemarks« in Bezug auf Pommern[480]. Die Verbreitung des Pietismus in Dänemark blieb zunächst theologi-

---

[477] Häckermann, Gebhardi, S. 481; Kähler, Gebhardi, S. 118 f.

[478] Bemerkenswerterweise unterstützte der von Karl XII. zum pommerschen Generalsuperintendenten bestimmte Albrecht Joachim von Krakevitz dieses ostindische Missionswerk, das im Wesentlichen von hallischen Pietisten ausging. Er rief in Pommern zur Unterstützung für »Heidenbekehrung« auf, obwohl er selbst ein Verfechter der Orthodoxie blieb. Rahn, Pommersches Missionsleben, I, S. 9. Andere Orthodoxe bekämpften die neu geschaffene Institution in Wort und Schrift, sodass sich Friedrich IV. veranlasst sah, ihr Treiben durch besonderen Befehl zu unterbinden. Die Stralsunder Regierung und die Magistrate der Städte erhielten den Auftrag, die Weiterverbreitung und den Neudruck von Schriften zu unterbinden, die sich gegen die Arbeit des Missionskollegiums wandten. Befehl Friedrichs IV. vom 8. Februar 1718 (gedruckt), StadtA Stralsund Rep. 28, Nr. 25.

[479] Jakubowski-Tiessen, Der Pietismus, S. 446 f.; Dehn-Nielsen, Frederik 4., S. 120–124; Holzapfel, Unter nordischen Fahnen, S. 66.

[480] Heyden, Die Kirchen Greifswalds, S. 154, 157; Önnerfors erkennt die Ausbreitung in dänischer Zeit, jedoch nicht die ausschlaggebende Rolle Gebhardis. Hierdurch erweckt auch er den Eindruck landesherrlicher Unterstützung für Speners Lehre. Önnerfors, Svenska Pommern, S. 41.

scher Eigeninitiative vorbehalten. Der erste Däne, der in Vorpommern pietistisch wirkte, war Olaus Biörn, ein ehemalige Pfarrer aus Testedt bei Aalborg. Er begab sich 1702, nachdem er einige Zeit wegen Schwärmerei im Gefängnis verbracht hatte, nach Stettin. Von dort aus knüpfte er enge Bande zu den Stargarder Pietistenzirkeln und trug zur Verbeitung der spenerschen Lehren in Stettin bei. Zumindest hielt sich Biörn bis 1709 in Stettin auf[481]. Ob er den Einmarsch der Verbündeten miterlebte, ob er also von dem antipietistischen Gebaren seiner Landsleute im schwedischen Vorpommern Kenntnis erhielt, bleibt ungewiss. Bereits 1712 verboten die Dänen in den besetzten vorpommerschen Gebieten die Einfuhr von Büchern pietistischen Inhalts. Auch die Tatsache der Ernennung Gebhardis zum Vize- und dann zum Generalsuperintendenten darf nicht in Richtung einer absichtlichen, planmäßigen Förderung des Pietismus dänischerseits gedeutet werden. Vielmehr war es Heinrich Brandanus Gebhardi gelungen, seine Sympathie für Speners Lehren lange Zeit zu verheimlichen. Erst im November 1717 ließ er sich von Würffel zu einer unüberlegten Äußerung hinreißen, die ihm als pietistisches Bekenntnis ausgelegt wurde. Die Vokation Gebhardis durch Friedrich IV. erfolgte also nicht aus der Kenntnis der theologischen Ansichten des Professors. Vielmehr nahm Heinrich Brandanus bereits ab 1712 vertretungsweise die Funktionen des Generalsuperintendenten wahr. Im Februar 1714 übertrug ihm die schwedische Regierung offiziell das »Interims-Directorium im Kirchenwesen«. Es war also nur folgerichtig, 1716 dem erfahrenen Mann den Titel eines Vizegeneralsuperintendenten zuzugestehen[482]. Außerdem sprach der dänische König den durch Würffels Attacken diskreditierten Theologen von allen Anschuldigungen frei und erklärte ihn per Dekret für orthodox[483].

Gebhardi besaß Einfluss auf den Generalgouverneur und damit auf den Kanzler der Universität Greifswald. Er nutzte ihn, um Pietisten im theologischen Leben der Provinz zu fördern. So im Falle Michael Rußmeyers, der im Briefwechsel mit August Hermann Francke stand. Rußmeyer begab sich 1716 in den Dienst Christian Detlev von Reventlows und hielt sich deshalb in Altona und Kopenhagen auf[484]. Als Bewerber für eine theologische Professur in Greifswald war er abgelehnt worden. Nach dem Tod des Generalgouverneurs setzte dessen Amtsnachfolger als neuer Kanzler die Ernennung Rußmeyers durch. Zehn Tage später, am 19. Januar 1720, erhielt er das mit der Professur verbundene Pfarramt[485]. Seit dem

---

481 Wotschke, Der Pietismus, II, S. 29–31.
482 Lother, Pietistische Streitigkeiten, S. 60; Balthasar, Andere Sammlung, S. 819.
483 Befehl Friedrichs IV. vom 28. März 1719. In: Balthasar, Andere Sammlung, S. 823 f.; Kopie in: RAK Reg 88 Regkanc i Stralsund Conv. XXXII.
484 Heyden, Die Kirchen Greifswalds, S. 157; Reventlow war einer der bedeutendsten Persönlichkeiten am Hofe Friedrichs IV. Nach dem 1700 verlorenen Krieg gegen Schweden diente er ab 1703 als Feldmarschall-Leutnant im kaiserlichen Heer und nahm an den Feldzügen am Rhein sowie in Italien teil. In den Jahren 1699 bis 1730 bekleidete er zudem das Amt des dänischen Oberjägermeisters, der dem gesamten Forst- und Jagdwesen vorstand. Reventlow war seit 1713 Oberpräsident in Altona. Dehn-Nielsen, Frederik 4., S. 167; Lohmeier, Reventlow, S. 212 f.
485 Bestallung für Michael Christian Rußmeyer vom 5. Dezember 1719, RAK TKIA Patenter 1718 et 1719, S. 593–595; Auch wenn Scholten beim König um die Bestallungen bat, so basierte sein Vorschlag auf dem Gebhardis, der mit äußerster Vehemenz die Einsetzung von Rußmeyer und

Visitationsrezess vom Mai 1558 lehrten die ersten Pastoren der drei Greifswalder Kirchen als Theologieprofessoren an der Greifswalder Universität.

Hier ist also ein deutlicher Unterschied zwischen dänischer und schwedischer Religionspolitik in Vorpommern erkennbar. Die Möglichkeit, in die Ernennung von Greifswalder Professoren einzugreifen, nutzte die schwedische Krone im Gegensatz zu den Dänen erst sehr spät[486]. Dewitz und später Scholten erkannten die sich aus diesem Recht ergebenden Möglichkeiten. In den Jahren 1716 bis 1721 bemühte sich der Generalgouverneur, den staatlichen Einfluss auf die Universität zu verstärken. So erwirkte er gegen den Willen der Universität die Ernennung des Theologen Caspar Börris zum Professor für Moral und Geschichte. Auf diesen Lehrstuhl bewarb sich auch der Greifswalder Nicolaus Köppen[487]. Ihm wurde die Unterstützung der Alma mater zuteil. Dewitz jedoch wandte sich an Friedrich IV., schilderte die wissenschaftlichen Verdienste des gebürtigen Plöners Börris und erklärte darüber hinaus, dass sein Favorit kein Schwedenfreund sei. Vielmehr lasse er »ein gutes dänisches Hertz« verspüren[488]. Also ordnete der Monarch Börris' Einstellung an. Dewitz verhinderte auch die Berufung zweier vom Consilium vorgeschlagenen Doktoren an die medizinische Fakultät[489].

Die Zahl der an der Greifswalder Universität zur Promotion Zugelassenen bestimmte von Dewitz ebenso wie den Prüfungszeitpunkt[490]. Als Professor Würffel und Vizegeneralsuperintendent Gebhardi 1717 zum wiederholten Male in Streit gerieten, entschied Letzterer, seinem Gegner die Promotion an der Greifswalder Universität zu untersagen. Rückendeckung fand er bei von Dewitz[491]. Das Consilium Academicum sah dadurch die Privilegien der Alma mater verletzt und drohte sämtliche Promotionsverfahren auszusetzen. Franz Joachim von Dewitz nutzte die Gelegenheit zur Machtdemonstration gegenüber der Universität. Er verwies in einem entsprechenden Schreiben auf die ihm aus der Kanzlerinstruktion erwachsenen Rechte. Zudem erinnerte er in scharfem Ton daran, dass ihm von allen Vorkommnissen »accurate Nachricht« zu geben sei. Wolle die Universität sich nicht blamieren, so werde sie die angesetzten Promotionen nicht verhindern. Tatsächlich ging es dem Konzil nicht allein um Würffel, sondern um das Verhindern der übri-

---

Balthasar forderte. Scholten an Friedrich IV. vom 29. November 1719, RAK Reg 88 Regkanc i Stralsund, Nr. 359b; Heyden, Die Kirchen Greifswalds, S. 108; Lother, Pietistische Streitigkeiten, S. 79–88.

[486] Buchholz, Öffentliche Finanzen, S. 131.

[487] Köppen an Friedrich IV. vom 2. Januar 1717, RAK TKIA B 209; weitere Beispiele: RAK Reg 88 Regkanc i Stralsund Conv. XXXI.

[488] Börris an Friedrich IV. vom 2. Oktober 1716, RAK TKIA B 209; Dewitz an Friedrich IV. vom 14. Januar 1717, RAK TKIA B 209.

[489] Kgl. Resolution vom 25. Januar 1717, RAK TKIA B 209; Bestallung für Casper Börris vom 6. Februar 1717, RAK TKIA Patenter 1717, S. 23a–24a, Dewitz an Friedrich IV. vom 18. Mai 1718, RAK TKIA B 209. In dänischer Zeit erfolgte über die genannten Bestallungen hinaus auch die Einstellung zweier französischer Exercitienmeister für die Fächer Französisch und Tanzkunst. Kosegarten: Die Geschichte, S. 276.

[490] Für von Dewitz galt die 1702 durch Karl XII. verfügte Kanzlerinstruktion ohne Abstriche und im vollen Wortlaut. Kanzlerinstruktion vom 20. Mai 1702 (Kopie), RAK TKIA B 209.

[491] Dewitz an Friedrich IV. vom 26. September 1717, RAK TKIA B 209; Dewitz an Friedrich IV. vom 13. Oktober 1717, RAK TKIA B 209.

gen Prüfungen. Die unliebsamen Kandidaten stammten nämlich aus Königsberg. Und dort habe sich der Synkretismus eingeschlichen, legte das Konzil gegenüber von Dewitz dar[492] (Synkretismus – Abschwächung konfessioneller Gegensätze durch Aufstellung gesonderter Lehrsätze).

Würffel bot ohnehin den Anlass zum ersten personalpolitischen Streit zwischen dem neuen Landesherrn und der Universität. Als der vom schwedischen König seiner Ämter enthobene Professor durch Friedrich in der ersten Jahreshälfte 1716 rehabilitiert werden sollte, erschwerte die Alma mater das Verfahren nach Kräften[493]. Zur offiziellen Wiedereinsetzung Würffels erschien das Konzil eine Viertelstunde zu spät. Zudem wurde der Theologe mehrfach durch Boten aufgehalten und als die Zeremonie schließlich begann, sah er sich einem Verfahren ausgesetzt, das nur gänzlich neuen Professoren auferlegt wurde. Würffel sollte seinen Eid erneut ablegen, und einen Platz im Kreis der übrigen Hochschullehrer suchte er ebenso vergebens. Andreas Weyse, damals noch mit dem Aufbau einer funktionierenden Verwaltung betraut, wandte sich erbost an Rektor und Konzil. Mit wenigen Worten hätte das Prozedere erledigt sein können, schrieb der Etatsrat in herrischem Stile. Stattdessen habe die Universität den schuldigen »allerunterthänigsten Gehorsam« gegenüber einem »königl. allergnädigsten Rescripti« missen lassen und in punkto »des angesonnen Eydes etwas unternommen, darzu Sie weder befehligt noch comittiret sind«. Frühneuzeitliche Dokumente sollten nicht allein unter inhaltlichen Aspekten gelesen werden. Auch und gerade ihre Komposition, ihre sprachliche Darbietung sowie ihre Eröffnung und ihr Schluss sagen viel über Verfasser und Zeit aus. Schon Wilhelm Grewe drang auf die Beachtung dieser scheinbaren Nebensächlichkeiten, indem er schrieb:

> »Eine Zeit, die so großes Gewicht darauf legte, einen geistigen Inhalt die ihm entsprechende äußere Form zu geben, in der um Rangordnung und Zeremoniell erbittert gekämpft wurde, weil man darin nicht ›bloße Formalien‹, sondern politische Realitäten sah, eine solche Zeit hat Anspruch darauf, daß man ihre Förmlichkeiten ernst nimmt.«

So ist dann auch der Ton Weyses bezeichnend für das Selbstverständnis des absolutistischen Landesherrn[494]:

> »Alß haben bey mir Dieselben [Rektor und Konzil – M.M.] ohne Zeitverlust von allem, was bey dieser affaire vorgegangen, und insonderheit, wohin indes indivduell votum gefallen, ausführlichen bericht, nebst dem protocollo einzusenden, auch selbigen von allen damahls zugegen gewesenen membris Universitatis unterschreiben zu laßen«[495].

Herrschaftsanspruch und Herrschaftsgebahren in personal- und kirchenpolitischen Belangen treten aus Weyses Worten deutlich hervor.

Die neuen dänischen Landesherren zogen auch gegen den Aberglauben zu Felde. In Kirchbaggendorf gaben sie eine Tür des örtlichen Gotteshauses wieder zur Benutzung frei, die aufgrund einer alten Überlieferung von den Bewohnern des Ortes verschlossen gehalten wurde. Diese glaubten, ein längst verstorbener Raub-

---

[492] Dewitz an Concilium Academicum vom 7. Dezember 1717, UAG R 1405 und Entwurf eines Schreibens des Concilium Academicum an Generalgouverneur, UAG R 1405.
[493] UAG R 1406.
[494] Grewe, Epochen der Völkerrechtsgeschichte, S. 335.
[495] Weyse an Rektor und Konzil vom 6. Juli 1716, UAG R 1406.

ritter verberge sich der Sage gemäß hinter der Tür und warte nur auf seine Befreiung. Die Dänen kümmerte das Gerede wenig. Sie öffneten die Pforte und erbrachten somit den Beweis, dass es sich um puren Aberglauben handelte[496].

Die sundische Regierung nahm sich schließlich auch der sogenannten »Konservation der Pfarren« an. In Schwedisch-Pommern blieben die Witwen der Priester
im Hause ihres verstorbenen Mannes. Eine Nachbesetzung des vakanten Postens
war zwingend an die Heirat eines Bewerbers mit dieser Witwe oder einer Tochter
gebunden[497]. 1663 fixierten die Schweden dieses alte Gewohnheitsrecht[498]. Jedoch
bereits 1718 bezeichnete der dänische König diesen Brauch als schlechte Überlieferung, zu der künftig niemand gezwungen werden könne. Friedrich hatte sich
zuvor durch das Konsistorium über den Brauch genau informieren lassen und
verordnete nun dessen Aufhebung. Eine entsprechende Anordnung ging der Stralsunder Regierung bereits im Mai 1718 zu. Am 6. Februar 1719 verboten der
Oberlanddrost und die ihm beigeordneten Räte den Anwärtern auf eine Pfarrstelle,
die Heirat der dort befindlichen Witwe vor der Amtseinführung zu vereinbaren.
Bis zu diesem Zeitpunkt verfuhren die Geistlichen nach alter Gewohnheit[499]. Nun
jedoch forderte die Regierung dazu auf, jeder Bewerber auf eine Pfarrstelle möge
zuvor genau prüfen, ob er die Witwe oder die Tochter seines Vorgängers heiraten
könne. Kein Kandidat dürfe künftig gezwungen werden. Die Rügener Geistlichkeit
erhob daraufhin Protest gegen den Erlass, der kurze Zeit später dennoch erneut
bestätigt wurde[500].

In die Defensive gedrängt, erklärten die höchsten dänischen Regionalbeamten,
die alten Landesgesetze und Bräuche würden keineswegs mit dem Erlass untergra-
ben, vielmehr gehe es lediglich um die Beseitigung negativer Begleiterscheinungen.
Nicht wenig überraschend dürfte von Kötzschau zur Kenntnis genommen haben,
dass sein König in diesem Punkte ganz anderer Ansicht war. Er setzte nämlich
kurze Zeit nach Erscheinen des Regierungspatentes einen verheirateten Geistlichen auf eine rügische Pfarre, bei der sich eine Witwe befand. Das aber konnte
nichts anderes heißen, als die Konservation tatsächlich vollends zu beseitigen. Die
Opposition der Inselpfarrer wird verständlich, bedenkt man die dürftige Witwen-
und Waisenversorgung[501]. Neben dem Gnadenjahr, in der die Witwe und die ehe-

---

[496] Biederstedt, Beyträge, I. Teil, S. 86.
[497] Grundsätzlich hierzu: Woltersdorf, Die Konservierung der Pfarr-Wittwen und -Töchter; ein
Beispiel liefert: Adam, Von einer Pastoren-Hochzeit, S. 25−27.
[498] Klickowström, Abhandlung von Kirchenmatriculn, S. 265 f.
[499] Vorher hat es keinen derartigen Erlass gegeben. Wiedemann unterliegt in diesem Punkt einem
Irrtum. Dieser ist vermutlich darauf zurückzuführen, dass August von Balthasar in seinem Jus
Eccl. Past. das Dokument fälschlich auf den 6. Februar 1716 datiert. Wiedemann scheint Woltersdorf nicht zu Rate gezogen zu haben, denn dieser wies bereits 1903 auf Balthasars Vergehen
hin. Vgl. Regierungspatent vom 6. Februar 1719, RAK RKTA P-R-K C 256, Nr. 39; Woltersdorf,
Die Konservierung, III, S. 46 f.; Wiedemann, Kirchengeschichte, S. 94. Für das Verfahren nach
alter Sitte sprechen auch einige überlieferte Fälle, in denen nach altem Brauch verfahren wurde.
So heiratete Johann Clarin die Witwe des verstorbenen Pfarrers zu Görmin und übernahm 1717
dessen Amt. Biederstedt, Nachlese zu den Beyträgen, S. 45.
[500] Regierungsbefehl vom 6. Februar 1719, RAK RKTA P-R-K C 256, Nr. 39; Wiedemann, Kirchengeschichte, S. 94 f.
[501] Woltersdorf, Die Konservierung, III, S. 48; Wiedemann, Kirchengeschichte, S. 76.

lichen Kinder des Verstorbenen Anrecht auf dessen Salär hatten, stand der Hinterbliebenen lediglich eine Wohnung zu. Zudem erhielt sie einen kleinen Anteil vom Messkorn. Dies mag aus heutiger Sicht viel erscheinen, bedenkt der Betrachter jedoch, dass Stiefkinder von dieser Regelung ausgenommen waren, dass die Witwe nach Ablauf des Gnadenjahres kein Geld mehr erhielt und dass für den Anteil am Messkorn kein Mindestsatz festgelegt war[502], so wird er die schwierige Lage der Hinterbliebenen leicht erfassen.

So zielte denn auch eine Anfang Oktober von allen rügischen Präpositoren und dortigen Pfarrern unterzeichnete Beschwerde argumentativ auf die nun nicht mehr gewährleistete Witwenversorgung. Alle ihre Bemühungen blieben vergebens. Die Dänen beharrten auf ihrem Recht. Erst 1724, nach erneuter Übernahme der Landesherrschaft durch die Schweden, wurde die Pfarrkonservation durch eine gesonderte Resolution bestätigt. Andererseits kamen auch die Dänen an der drängenden Frage der Witwenversogung nicht vorbei. Wenige Monate nach dem Pfarrkonservationserlass erarbeitete Generalsuperintendent Gebhardi ein Attest, das den Mindestsatz des Messkornanteils für die Priesterwitwen festschrieb. Er betrug nun ein Achtel[503].

Resümierend darf die vorpommersche Kirche als wichtiges Instrument des neuen Landesherrn bei der Durchsetzung der 1715 errichteten Herrschaft gesehen werden. Sie diente hierbei sowohl in legitimierender als auch verwaltungstechnischer Hinsicht. Die erste Rolle fiel ihr allein, die zweite gemeinsam mit dem Militär zu. Beide Institutionen blieben unerlässliche Mittel der neu installierten Administration. Soldaten dienten der gewaltsamen, Priester der psychologischen Durchsetzung des Willens der hohen dänischen Beamten und ihres Monarchen. Sowohl in der Kirche als auch im Militär fanden sich eigenmächtig handelnde Personen, die bisweilen in Opposition zu den in Stralsund und Kopenhagen gefällten Entscheidungen traten. Generalmajor von Stöcken und der Pastor, Professor und Assessor Würffel, sind die jeweils prominentesten Fälle. Dementsprechend waren Militär und Kirche nicht nur Mittel, sondern bisweilen auch Ziel der Regierungspolitik. In der auf das Land gerichteten Arbeit der dänischen Verwaltungsbehörden wird ihre Rolle und Funktion dem Betrachter stets bewusst.

4. Arbeit der dänischen Verwaltungsbehörden und deren Ergebnisse

a) Finanz- und Steuerpolitik in Vorpommern

Eine dänische Landesaufnahme. Die Lustration 1717

Zu den wichtigsten Aufgaben der Verwaltungsbehörden in einem jeden Staat gehörte und gehört die Informationsgewinnung. Erst die genaue Kenntnis um die

---

[502] Klickowström, Abhandlung von Kirchenmatriculn, S. 266–274.
[503] Woltersdorf, Die Konservierung, III, S. 48–53; Dähnert, Sammlung, II, S. 706–708; Klickowström, Abhandlung von Kirchenmatriculn, S. 274 f.

Beschaffenheit des Zustandes ermöglicht ein zielgerechtes Handeln. Für die kamerale Arbeit waren Angaben über die ökonomischen Verhältnisse der Bevölkerung unerlässlich. Hierüber war sich auch der dänische Staat bei Übernahme der neu gewonnenen »Provinz« Vorpommern im Klaren. Zumindest zeugen umfangreiche Recherchen im Vorfeld der Einrichtung des Verwaltungsapparates von diesem Bemühen, umfassend informiert zu sein. Dieses Bestreben hielt in den Jahren 1715 bis 1721 unvermindert an. Andreas Weyses schon geschilderte Reise, die Berichte der Regierung zum Zustand des Landes von 1717 und 1718, eine umfangreiche Lustration der wüsten Ortschaften und eine vollständige Lustration der ganzen Provinz geben hiervon deutliches Zeugnis[504]. Durch Inspektionsreisen[505] hielt sich die Regierung auf dem Laufenden. Zudem ließ sie sich ständig aus den einzelnen Ämtern berichten. Oberlanddrost von Kötzschau begab sich beispielsweise jährlich auf eine Inspektionsreise durch das seiner Regierung anvertraute Land. Das so entstandene umfangreiche Material bietet der künftigen Forschung eine ausgezeichnete Vergleichsmöglichkeit zu den aus der schwedischen Landesaufnahme resultierenden Ergebnissen[506]. Stefan Kroll mahnt eine exakte Quellenkritik bei der Auswertung der schwedischen Stadtaufnahme an. Völlig zu Recht betont er, dass erst durch die Heranziehung weiterer Akten Aussagen zu den Lebensverhältnissen breiter Bevölkerungsschichten zu gewinnen sind. Die dänischen Unterlagen können Krolls Aussagen und die von ihm angeregte Vertiefung der Forschung nicht fördern, da sie den Zustand des Landes nach 1715 widerspiegeln. Jedoch eröffnet sich die wertvolle Möglichkeit des Vergleiches.

Für den Generalgouverneur und die Stralsunder Regierung stand völlig außer Zweifel, dass die Herrschaft über Vorpommerrn nun dauerhaft sein würde. So bezeichnet Dewitz schon 1716 die pommerschen Ortschaften als »dänischen dörffern und flekken«. Die dänische Regierung zielte mit ihrer Wirtschaftspolitik auf eine dauerhafte Sicherung des nördlich der Peene gelegenen Vorpommerns[507]. Deshalb, und um eine Ausschöpfung des finanziellen Potenzials des kleinen Territoriums kontinuierlich zu gewährleisten, bedurfte es einer grundlegenden wirtschaftlichen Erholung. Das Mittel der Inspektion und Lustration diente der ständigen Überwachung des ökonomischen Zustandes der Provinz. Der Begriff Lustratio (lat.) – Heerschau, Musterung wird hier aus den dänischen Quellen übernommen und beschreibt die teilweise oder vollständige Aufnahme des Landes, seines wirtschaftlichen Zustandes und seiner Bevölkerung. Mit dem bekannten religiösen Begriffsinhalt, der Lustration als rituelle Reinigung durch ein Sühneopfer definiert, hat die Verwendung des Wortes hier also nichts zu tun[508].

Die umfangreichste Lustration fand 1717 statt. Sämtliche Städte, Dörfer, Ortschaften, Ackerwerke und Höfe wurden von einer eigens für diesen Zweck gebil-

---

504 RAK RKTA P-R-K C 273; RAK RKTA P-R-K C 269; Siehe auch Kap. III.2.b.; RAK Reg. 88 RegKanc i Stralsund Conv. LXII.
505 Rentekammer an Friedrich IV. vom 24. Januar 1718, RAK RKTA P-R-K C 251 III, Nr. 5.
506 Vgl.: Kroll, Wohnen und Arbeiten, S. 507–527.
507 Dewitz an Regierung vom 14. November 1716, RAK Reg 88 Regkanc i Stralsund Conv. XXIX.
508 Oberländer, Lexicon Juridicum Romano-Teutonicum, S. 456.

deten Kommission begutachtet[509]. Sie setzte sich aus dem Oberlanddrost von Kötzschau, dem Kanzleirat von Johnn und dem Kämmerer Horst zusammen. Die Verfahrensweise war mit der bereits für die Lustration der wüsten Ortschaften beschriebenen identisch. Alle benötigten Angaben wurden also zunächst von den lokalen »Obrigkeiten« in Erfahrung gebracht, schriftlich fixiert und vor der Regierung beeidet[510]. Nach zuvor genau festgelegten Marschrouten begab sich sodann die Lustrationskommission auf die einzelnen Güter. Neue Eidesformulare für die Eingesessenen und ausgearbeitete Fragekataloge führte sie mit sich. Auch hier zeigt sich ein Grundprinzip frühneuzeitlicher Administration: die wissentliche und willentliche Übersteuerung hierarchischer Ebenen. Kötzschau, Johnn und Horst befragten auch die Gutsuntertanen, statt sich mit den Aussagen von Pächtern und Besitzern zu begnügen[511].

In den Städten erfasste der jeweilige kommunale Rat Anzahl und Zustand der Gebäude, die städtischen Finanzen, Umfang und Beschaffenheit der kommunalen Ländereien, den Besitz an Vieh (Soll- und tatsächlichen Bestand), die Einwohner sowie die von ihnen ausgeübten Berufe und beeidete die Richtigkeit seiner Angaben vor der Regierung[512]. Grundlage der Klassifikation bildete die schwedische Landvermessung. So wurden 1717 acht verschiedene Häuserkategorien erfasst: 1.) unbewohnte, jedoch bewohnbare Häuser; 2.) von Armen bewohnt; 3.) ruiniert und reparaturbedürftig; 4.) ruiniert und unbewohnbar; 5.) »Zum Fall stehend«, 6.) »Erden gleich«, 7.) Hofstellen und Gärten, 8.) Scheunen und Speicher[513]. Zudem erklärte die lokale Führungsschicht gemäß Befehl der Regierung Ursachen des schlechten Zustandes und unterbreitete Vorschläge zur Behebung[514].

Von herausgehobenem wissenschaftlichen Wert dürften die auf Befehl der Lustrationskommission ausgearbeiteten Seelenregister sein, durch die es möglich ist, eine genaue Bevölkerungszahl für einzelne Städte zu errechnen. Im Gegensatz zur schwedischen Landaufnahme sind nämlich nicht nur die Hausvorstände, sondern auch sämtliche Mitbewohner in den Listen enthalten. Die Erfassung der Einwohner erfolgte zumindest in Greifswald zweifelsohne lückenlos. Dies ist aus den Kategorien ersichtlich. In die Seelenregister aufgenommen wurden: Hausväter, Hausfrauen, Söhne, Töchter, »Neugebohrene [...] Kinder unter 12 Jahren«, Gesellen und Knechte, Mägde und Ammen, deren Jungen und Mädchen, »welche bei den Leuten wohnen«, derer Söhne, derer Töchter und schließlich Waisen[515]. In

---

509 RAK Reg 88 RegKanc i Stralsund Conv. LXII a–c; Conv. LIX; Conv. LX a, b.
510 Des Burggraffen und Bürgermeister Cavans [...] formierten InterimsLustrationsRegister vom 15. Juni 1717, RAK Reg 88 RegKanc i Stralsund Conv. L XII b; RAK Reg 88 Regkanc i Stralsund Conv. LVIII.
511 Fragstücke, worüber die Unterthanen derer Güter vernommen werden sollen, Eidformular und Reiserouten, RAK Reg 88 Regkanc i Stralsund Conv. LVIII.
512 RAK Reg 88 Regkanc i Stralsund Conv. LXII a-b; RAK Reg 88 Regkanc i Stralsund Conv. LVIII.
513 Extract. In waß für einem wahrhafften Zustand die Stadt Greifswald sich befindet pro Januario Anno 1717, RAK Reg 88 RegKanc Stralsund Conv. LXII b.
514 Des Burggraffen und Bürgermeister Cavans [...] formierten InterimsLustrationsRegister vom 15. Juni 1717, RAK Reg 88 RegKanc Str. Conv. L XII b.
515 Greiffswaldisches Seelenregister, RAK Reg 88 Regkanc i Stralsund Conv. LXII b.

Wolgast galt eine andere Einteilung. Dort erfasste der Rat der Stadt die Männer, Frauen, Söhne, Töchter, Knechte, Mägde und die Lehrjungen[516]. In Gützkow galten dieselben Kategorien und dennoch darf auch hier von einer vollständigen Errechnung aller Einwohner ausgegangen werden, da die Lustratoren, das »Dienstvolck« in den Registern »Jungen und Mädchen« mit erfassten. Die in den Einwohnerlisten dargestellten Ergebnisse sind lediglich als Momentaufnahme zu sehen. Auf diese Grenze der Aussagekraft wies der Rat der Stadt Greifswald hin, schließlich sei das »sogenannte Seelenregister [...] monahtlichen ja wochentlichen verenderungen unterworfen«[517].

Die im Zuge der Lustration für die Städte gewonnenen Kenntnisse erfuhren im Januar 1718 eine erneute ausführliche Darlegung. Die Anlagen des damals verfassten Zustandsbericht bilden eine hervorragende Ergänzung des bereits zitierten Quellenmaterials. Jede Stadt wurde nun noch einmal detailliert beschrieben. Auch die quantitativen Ergebnisse finden sich in diesen Unterlagen zusammengefasst[518].

Auf dem Lande waren die Amtleute beziehungsweise die Besitzer und Pächter der Güter für die erste Bestandsaufnahme verantwortlich, bevor die Lustrationskommission den einzelnen Ort bereiste. In Putbus auf Rügen leisteten die Untertanen beispielsweise vor dieser ersten Vernehmung einen gesonderten Eid[519]. Wie in den Städten auch, so erfolgte hier eine Aufnahme der Einwohner und ihrer beruflichen Tätigkeit, des Bodens, der wüsten Flächen (trotz vorhergehender gesonderter Lustration) und sämtlicher Gebäude. Tabellarische Übersichten verzeichnen eine Beschreibung des Zustandes der Ortschaften. Die hierfür benutzten Kategorien deckten sich zwar nicht wörtlich, so doch inhaltlich mit denen zuvor von der Regierung erarbeiteten. So erarbeitete die Regierung ein Frageregister, das den Lustratoren als Grundlage diente. Es umfasste 29 Punkte. Die jeweiligen Gutsuntertanen nahmen während der Befragungen zu sämtlichen Punkten Stellung[520]. Ergebnisse dieser Befragungen arbeiteten die vor Ort eingesetzten Lustratoren in Übersichten ein, die aus Platzgründen in weniger Kategorien dargeboten wurden. Auf Rügen galten hierfür elf Abteilungen. Sie lauteten (gekürzt):

> »1. Ob wüste und öde Hoffstedten in den Dörffern [...] 2. Ob das darzugehörige Land von dem Grundherrn, Pensonario oder denen übrigen Einwohnern des Dorffes gebrauchet werde?, 3. Ob der Acker völlig bestellet gewesen [...], 4. Wie die Gegend des wüsten Ackers beschaffen sey?, 5. Ob das Getreide überall wohl gerahten?, 6. Ob die Brache gelieget [...], 7. Ob die Unterthanen einigermaßen eingerichtet seyn [...], 8. Ob hinlanglichen Wiesenwachs, 9. Ob die Gebäude im Stande seyn?, 10. Ob und welche

---

516 Designation aller in der Stadt Jurisdiction sortirenden familien, sowohl in- als extra moenia, RAK Reg 88 RegKanc Stralsund Conv. LXII c. Zudem beschrieben die Lustratoren die Wolgaster Häuser und ihre Bewohner getrennt nach Straßen. Beschreibung der Stadt Wolgast intra moenia, RAK Reg 88 RegKanc Stralsund Conv. LXII c.

517 Specification dehrer Persohnen im Städtchen Gützkow, RAK Reg 88 Regkanc i Stralsund Conv. LVIII; Greifswald an Regierung vom 16. Oktober 1717, RAK Reg 88 Regkanc i Stralsund Conv. LXII b.

518 RAK RKTA P-R-K C 269, Lit. A-F.

519 Lustrationsprotokoll vom 20. August 1717, RAK Reg 88 RegKanc Stralsund Conv. LX b.

520 RAK Reg 88 RegKanc Stralsund Conv. LVIII; Relation der Besichtigung rügischer Dörfer und Güter vom 30. September 1717 (Erstellungsdatum fehlt), RAK Reg 88 RegKanc Stralsund Conv. LX b.

Holzung bey dem Guhte befindlich, 11. Ob der Possessor oder Pensonarius sich bemühet das Gut oder Dorff in Stande zu setzen«.

Auffällig erscheint der relativ gute Zustand des Getreides. So vergaben die Lustratoren immerhin für 38 Prozent der rügischen Höfe und Dörfer die Noten mittelmäßig bis gut. Im Gegensatz hierzu befanden sie den Viehbestand in den meisten Orten als überaus schlecht. In 36,3 Prozent der untersuchten Fälle teilen die erarbeiteten Register einen »nothdürtig[en]« Viehbestand mit, in 25 Prozent der rügischen Dörfer und Höfe fehlten Pferde und Kühe gänzlich[521]. Basis der hier präsentierten Berechnung bilden 93 besichtigte Höfe.

Die Lustration bestätigte also das bei Übernahme des Landes gewonnene negative Bild vom Zustand Vorpommerns. Allerorten erhielt die Kommission Bittgesuche, bekam Klagen durch den Krieg ruinierter Einwohner zu Ohren[522]. Für Stralsund liegen genaue Zahlen über noch zerstörte Häuser vor. Hierbei unterschieden die Lustratoren nach Verwüstungen aus der Zeit der kurfürstlichbrandenburgischen Belagerung 1678/1680 und der gerade 1715 erfolgten Bombardierung. Die Tabellen verdeutlichen, dass ein erheblicher Teil der Zerstörungen des brandenburgisch-schwedischen Krieges noch nicht wieder aufgebaut war. Während von den 1715 in Mitleidenschaft gezogenen Gebäuden lediglich sechs Häuser, 45 Buden und 134 Keller ihres Wiederaufbaues harrten, entfielen auf die 1678er Belagerung 141 Häuser, 175 Buden und 61 Keller[523].

Diese Beobachtung deckt sich mit der anderenorts. Im Amt Barth stellte der dortige Amtmann Barthold Schacht eine sehr geringe Zahl von im letzten Krieg zerstörten Häusern fest. Existierten vor den Kämpfen 505 Wohngebäude, so bestanden 1717 immerhin noch 485, von diesen lagen lediglich 22 »wüst«. Es darf jedoch nicht übersehen werden, dass das Amt Barth kein Schauplatz schwerer militärischer Auseinandersetzungen gewesen ist. Die Truppendurchzüge hinterließen dennoch auch hier tiefe Spuren. Schacht verzeichnete die mögliche Aussaat aufgrund der in seinem Amt vorhandenen Fläche und stellte ihr das tatsächlich ausgebrachte Korn gegenüber. Hierbei ergaben sich 61,8 Prozent Ist-Aussaat an Wintergetreide und 56,3 Prozent an ausgebrachtem Sommergetreide. In den anderen Schacht anvertrauten Ämtern Franzburg, Grimmen und Tribsees wichen die Ergebnisse nur in relativ geringem Maße ab: 164 zerstörte Häuser, 54,63 Prozent ausgebrachtes Winter- und 44,55 Prozent ausgebrachtes Sommerkorn[524].

Der Regierung bot sich also ein regional differenziertes Bild der Zerstörungen und wirtschaftlichen Folgen des Krieges. Insgesamt beurteilte sie die ökonomische Situation des Landes negativ. Die große Lustration von 1717 nahm Einfluss auf

---

[521] RAK Reg 88 RegKanc Stralsund Conv. LX b.

[522] RAK Reg 88 Regkanc i Stralsund Conv. LVIII; RAK Reg 88 Regkanc i Stralsund Conv. LX a.; RAK Reg 88 Regkanc i Stralsund Conv. LXII c.

[523] Auszug aus dem Lustrationsregister, RAK Reg 88 Regkanc i Stralsund Conv. LXII a. Zum Umfang der Zerstörungen 1678–1680: Neumerkel, Unglücksjahre, S. 2.

[524] Berechnungen auf Grundlage: Speciale Designation über wüste Häuser und Höfe in den Ämtern Franzburg, Grimmen und Tribsee vom 8. Juni 1717, RAK Reg 88 Regkanc i Stralsund Conv. LIX, Vol. 1; Berechnungen der Aussaat auf Grundlage: Speciale Designation über wüste Häuser und Höfe im Amt Barth vom 8. Juni 1717, RAK Reg 88 Regkanc i Stralsund Conv. LIX, Vol. 1.

das wirtschaftliche Denken und Handeln der dänischen Administration. Um die Wirtschaftskraft des Landes zu heben und gleichzeitig den Bedürfnissen und Forderungen der Kopenhagener Zentralverwaltung nachzukommen, bedurfte es eines gesunden Haushaltes. Steuer- und Abgabeverhältnisse waren dementsprechend so einzurichten, dass Bürger, Landmann und Adeliger genug behielten, um langfristig wieder zu investieren und gleichzeitig Krieg und Verwaltung pekuniär genährt werden konnten.

Finanzielle Grundlagen des ökonomischen Handelns

Die wenigen gedruckten Äußerungen, die nach 1720 zur Dänenzeit erschienen, zeichnen ein überwiegend negatives Bild dieses Abschnittes pommerscher Geschichte. Bei näherer Betrachtung stellt sich aber diese Wertung als unhaltbar heraus. Die damalige Regierung bemühte sich redlich um die Beseitigung von Kriegsschäden und um wirtschaftliche Prosperität. Als dänische Truppen 1711 die pommersche Grenze überschritten, versicherte Friedrich IV. in einem an die Bevölkerung gerichteten Manifest, niemand brauche sich wegen einer möglichen Zerstörung seiner Habe Gedanken zu machen[525]. An die Armee sei Befehl ergangen, das Gut der Einwohner zu schonen. Schon damals knüpfte er an seine wohlwollenden Gesten die Bedingung zügiger Kontributionszahlungen. 1713 setzte sich der Dänenkönig dafür ein, Anklam nicht niederzubrennen[526]. Seine Alliierten hatten zuvor diese Forderung aus Vergeltung für die Zerstörung Altonas durch schwedische Truppen erhoben. Der Versicherung auf Unversehrtheit des Leibes und Besitzes zum Trotze kam es während und nach der Eroberung Pommerns und Rügens zu Ausschreitungen dänischer Soldaten gegen die Zivilbevölkerung[527]. Fabarius berichtet unter anderem von körperlicher Gewalt gegen den Zirkower Pastor Musselius. Dabei lässt er offen, welche Misshandlung der Geistliche erfuhr. Aus Schreiben geschädigter Landbegüterter ist ersichtlich, dass dänische Truppen sich an Plünderungen beteiligten. So im Falle der Güter Folckvitz und Gustow. Friedrich IV. stellte im November 1716 verärgert fest, dass die in den Herzogtümern Schleswig, Holstein und Pommern liegende Kavallerie und Infanterie »sehr viele« Exzesse verübte, die seinen Intentionen gänzlich zuwider liefen[528]. Ob und wie diese im Einzelnen geahndet wurden, ist den Quellen nicht entnehmbar. Fest steht jedoch, dass der dänischen Führung an der Zerstörung der Provinz nicht

---

[525] Ein Exemplar befindet sich in der Sächsischen Landesbibliothek Dresden (Hist. Pom 148,32), ein weiteres im Stettiner Staatsarchiv (APS RiS, Nr. 412, S. 359–362). Manifest seiner Königl. Majestät zu Dennemark / Norwegen bey dero angetretenen Marsch in das schwedische Pommern im Monat Augusti 1711.

[526] Kiehm, Pommern im Nordischen Krieg, S. 30; Broth, Das Grosse was der Herr an uns gethan.

[527] Bahr/Schmidt, Anklam, S. 155; Fabarius, Nöthige Erläuterung des Alten und Neuen Rügens, S. 141; Specification der Plünderungsschäden von Claus Schwartz vom 12. November 1716, RAK RKTA P-R-K C 251, Nr. 31, Lit. B; Specification der Plünderungsschäden von Jochim Christoph Voss vom 16. November 1716, RAK RKTA P-R-K C 251, Nr. 31.

[528] Verordnung wegen der Quartiere für die Cavallerie, Dragoner und Infanterie in denen Herzogtümern Schleswig, Holstein und Pommern vom 23. November 1716. In: Kong Frederich den Fjerdes allernaadigste Forordninger.

gelegen war, trachtete Kopenhagen doch nach ihrem dauerhaften Besitz. Beständige Herrschaft in einem Land auszuüben, setzt, wo nicht Sympathie, so doch Loyalität der Bevölkerung voraus. Auch hierin dürfte eine Ursache für das dänische Bemühen um rasche Gesundung der Wirtschaft liegen[529]. Parallelen zur kurzen Herrschaft des Großen Kurfürsten über Teile Vorpommerns drängen sich auf. Nach der Eroberung Stettins und erfolgreicher Belagerung Stralsunds 1678 unterstützte der Brandenburger den zügigen Wiederaufbau beider Metropolen. Die Lieferung von Baumaterialien und Brennholz für den Winter sowie die finanzielle Unterstützung von »abgebrannten Leuten« und die Bestätigung sämtlicher Privilegien waren Maßnahmen Friedrich Wilhelms, von denen er sich nicht zuletzt propagandistische Wirkung erhoffte. Tatsächlich verband sich mit der Übernahme der Provinz durch die Dänen mancherorts die Hoffnung, das Land werde sich nun endlich wieder erholen, werde einen wirtschaftlichen Aufschwung erleben[530]. Der in Weimar weilende Wolgaster Bürgermeister Winnemer gratulierte seinen Ratskollegen 1716 zum beendeten Krieg und wünschte ihm, »dass diese gute Stadt durch Gottes Almacht und Gnade aus der Asche als ein junger Phoenix wieder hervorkomme und bey gutem und beständigem flor und vigeur bis ans Ende der Welt erhalten bleiben möge. Hiernechs habe Meinen hochgeehrten Herren billig zu gratulieren, daß Sie [...] die harten und schweren Kriegstroublen überstanden«. Der Aufbau musste sich um so schwerer gestalten, je stärker das Land durch zusätzliche Abgaben in Mitleidenschaft gezogen wurde. Die optimistische Stimmung erhielt 1716 Auftrieb durch den Verzicht Friedrichs IV., die bislang übliche *Konsumtions-, Trank- und Scheffelsteuer* sowie Stralsunder *Wallgelder* weiter einzuziehen[531]. Trotz Anratens der Regierung, die Konsumtionsakzise wieder einzuführen, blieb sie bis zum Ende der dänischen Herrschaft ausgesetzt. Hingegen schwankte die Höhe der weiterhin erhobenen *Kontribution*. 1716 forderte der dänische Staat von seinen pommerschen und rügischen Untertanen vier Reichstaler je Hufe. Waren in dem »diesseits der Peene« gelegenen Land im darauf folgenden Jahr lediglich zwei Reichstaler und 24 Schillinge je steuerbarer Hufe monatlich abzuführen[532], so er-

---

529 StadtA Stralsund Rep. 13, Nr. 2441; Petersdorf, Der große Kurfürst, S. 156.
530 Wolgast an Regierung (undatiert), RAK Reg 88 Regkanc i Stralsund Conv. LXII c; Bernhard Kempe an von Dewitz vom Februar 1716, RAK TKIA B 209; Stände an Friedrich IV. vom 7. September 1716, StadtA Greifswald Rep. 5, Nr. 1338, Bd 2; Rektor und Consilium der Universität Greifswald an Friedrich IV. vom 12. März 1718, RAK TKIA B 209; Winnemer an Rat und Bürgermeister Wolgasts vom 5. Mai 1716, APS RiS, Nr. 965 (unbetitelt, enthält nur den Brief des Wolgaster Bürgermeisters Winnemer).
531 RAK RKTA P-R-K C 251, Nr. 4; Befehl Friedrichs IV. vom 13. Oktober 1716, RAK RKTA P-R-K C 251 I, Nr. 21; zu diesen Abgaben: Beitrag zur Geschichte des Steuerbewilligungsrechtes, S. 155, 170, 173 f., 177 f.; Buchholz, Öffentliche Finanzen, S. 456−460.
532 Regierung an Rentekammer vom 24. Jan. 1718, RAK RKTA P-R-K C 269; Biesner: Geschichte, S. 268; Kurzzeitig hob der dänische König in der zweiten Jahreshälfte 1716 die Kontribution auf vier Reichstaler an. Dieser Satz wurde bereits im darauf folgenden Jahr wieder deutlich gesenkt. Rentekammer an die Deputierten der Landstände vom 18. März 1717, RAK RKTA P-R-K C 255.2, S. 207−211; Befehl Friedrichs IV. vom 13. Oktober 1716, RAK RKTA P-R-K C 251 I, Nr. 21, auch in: RAK Reg 88 RegKanc i Stralsund Conv. CCLXXXIII-CCLXXXVIII; Rentekammer an Friedrich IV. vom 2. März 1717, RAK RKTA P-R-K C 251 II, Nr. 14.

hob die Regierung 1718 und 1719 zusätzlich drei Reichstaler jährlich[533]. Für das Jahr 1719 schrieb die Rentekammer jedoch Teile des Magazinkorns, insgesamt 7000 Tonnen Roggen (nach dänischem Maß), auf die Kontribution gut. Je Tonne rechnete sie einen Reichstaler und 24 lübsche Schilling auf die Kontribution an. Die Bindung dieser Steuer an Grund und Boden verdeutlicht die Wichtigkeit, den Hufenstand genau festzulegen.

Bereits zu schwedischen Zeiten schrumpfte der *steuerbare Hufenstand* beständig. Nach Ende des ersten Nordischen Krieges 1660 betrug dieser in Schwedisch-Vorpommern noch 10 000 Hufen[534]. Drei Landhufen wurden mit einer reduzierten Hufe gleichgesetzt. Hieraus ergäben sich cirka 589 500 Hektar. Allerdings handelte es sich bei den 10 000 Hufen um eine fiktive Zahl. Die Landbegüterten gaben die reduzierten Hufenzahlen für ihre Ländereien an. Diese wurden ohne Prüfung durch die schwedischen Behörden übernommen. Infolge der Tatsache, dass 1679 Gebiete jenseits der Oder verloren gingen und viele Ackerflächen durch den Krieg stark in Mitleidenschaft gezogen waren, wurde der Hufenstand auf 5000 steuerbare Hufe abgesenkt. Karl XII. entschloss sich 1714 erneut zu einer Halbierung, verlangte nun jedoch auf jede verbliebene Hufe das Doppelte an Abgaben. Die Dänen gingen deshalb unmittelbar nach Übernahme der Herrschaft von den 5000 Hufen aus und stellten fest, wie viele ihnen hiervon durch die Landesteilung zugefallen waren. 2732 Hufen und 2,7 Morgen des bislang besteuerten Ackers lagen in Vorpommern nördlich der Peene[535].

Werner Buchholz teilt in seiner Habilitationsschrift mit, 2762 reduzierte Hufen seien Grundlage der 1719 beginnenden Verhandlungen zwischen der schwedischen Krone und den vorpommerschen Landständen gewesen. Er, der um die dänische Besetzung wusste, erwähnt die Erarbeitung dieser Hufenzahl durch die dänischen Behörden nicht, obwohl er sich zum Ziel setzt, die Entwicklung des steuerbaren Hufenstandes am Beginn des 18. Jahrhunderts gründlich zu untersuchen. Buchholz' Arbeit erweckt den Eindruck, dass schwedischerseits 1719 dieser Hufenstand errechnet wurde. Und obgleich Buchholz zuvor ständig betont, dass nicht die 1709 abgeschlossene Vermessung den Ausgangspunkt für die neue Festlegung der Steuerlose diente, sondern pauschal festgesetzte Zahlen, behauptet er dennoch aufgrund der 2762 Hufen, 45 Prozent des Landes seien 1720 an Preußen gefallen[536]. Tatsächlich jedoch beruht die Neuregulierung der steuerbaren Hufen

---

[533] Regierungspatent vom 3. November 1719, RAK RKTA P-R-K C 256, Nr. 32 und Nr. 47; Kammerpatent vom 26. Oktober 1718, APS RSwS, Nr. 6176.

[534] Zur Entwicklung des Hufenstandes in schwedischer Zeit: Buchholz, Öffentliche Finanzen, S. 170–186.

[535] Ursachen wodurch die vorpommersche und Rügianische Ritterschaft unumgänglich veranlasset wird um eine allgemeine Hufenreduction [...] zu bitten, RAK RKTA P-R-K, C 273, Lit. W.; »Extrahierte Nachricht« auf Befehl Andreas Weyses vom 9. März 1716, RAK RKTA P-R-K C 272.

[536] Buchholz: Öffentliche Finanzen, S. 170–186; Die Preußen ermittelten für ihren Landesteil 2273 Hufen und 8 7/15 Morgen. In einer vermutlich aus dem Jahre 1716 stammenden Designation werden jedoch nur 1180 Hufen und 24 Morgen als tatsächlich besteuerte Fläche ausgewiesen. Designation, APS AKS I/5144 (Acta das königl. Staatsarchiv zu Stettin betr. Die Repartition der Hufensteuer in dem sequestrierten Lande bis zur Peene 1714–1718), Bl. 13; Richtige Hufenre-

auf einer dänischen Festlegung aus dem Jahre 1716[537]. Wie anders wäre auch eine funktionierende, straffe Finanzverwaltung in den Jahren 1715–1721 ohne eine genaue Bestimmung des steuerbaren Hufenstandes möglich gewesen? Sie bildete die Grundlage der Abgabenerhebung.

Die zunächst im März 1716 dänischerseits ermittelte Zahl von 2732 Hufen und 2,7 Morgen beruhte auf schwedischem Material. Eine erste Umschreibung nahm Kämmerer Hinrich Horst am 23. November 1716 auf Befehl der Rentekammer vor[538]. Hier fand die Einziehung von Domänen ihren ersten Niederschlag, die vorher im ritterschaftlichen oder städtischen Kataster aufgeführt waren. Zudem traf die Rentekammer Entscheidungen, die Auseinandersetzungen innerhalb der Stände um die ihnen auferlegte Anzahl der steuerbaren Hufen schlichtete. Die Vielfalt der damals behandelten Vorgänge verbietet eine ausführliche Darstellung. Oft waren Hufen und Morgen Gegenstand ausufernder Streitigkeiten und Beschwerden. Beispielsweise nahm die Rentekammer dem Stralsunder Kataster 13 Morgen und 4 Quadratruten ab und verteilte sie auf das Fürstentum Rügen. Das gesamte Land zahlte gemäß der Umschreibung vom 23. November künftig für 2739 reduzierte Hufen 4 1/5 Morgen Steuern[539]. Am 1. April 1717 fand bereits die nächste Umschreibung statt, die nun 2748 steuerbare Hufen und 29 7/10 Morgen ergab. Jedoch auch dieser ermittelte Hufenstand blieb nicht starr, sondern unterlag weiterhin fortwährender Veränderung. Unablässige ständische Bitten einerseits und staatliche Interessen andererseits führten zu häufigen Zu- oder Abschreibungen bei einzelnen Rechtsträgern. Am 9. September 1719 fertigte Horst auf Grundlage der zahlreichen Änderungen eine neue Übersicht. Sie ergab 2744 reduzierte Hufe und etwas über 9 Morgen. Horsts Berechnung berücksichtigte aber die Anklamer und Demminer Stadtfelder noch nicht, deren Größe erst seit August durch den Landvermesser Samuel Griese festgestellt wurde. Griese ermittelte 18 steuerbare Hufen 23 4/15 Morgen[540]. Wird dieser Hufenstand zu dem von Horst dargelegten addiert, so ergeben sich 2762 steuerbare Hufen; also genau die Zahl, von der Buchholz glaubt, sie sei von den Schweden nach Verhandlungen mit den Ständen bestimmt worden. Und tatsächlich legte Horst im November den ab dem 1. Oktober 1719 gültigen Hufenstand dar, unter Einschluss des neu vermessenen Gebietes. Er betrug 2762 steuerbare reduzierte Hufen und 19 Morgen[541].

Die Ausführlichkeit vorstehender Betrachtungen mag als bloßes Zahlenspiel erscheinen. Tatsächlich jedoch verbirgt sich hinter jeder Neufestsetzung der Hu-

---

partition der disseit der Peene und auff den Insuln Wollin und Usedom als im Sequestrato belegene Steuerbahre Hufen, APS AKS I/5144, Bl. 7.

537 RAK RKTA P-R-K C 272.

538 Befehl der Rentekammer vom 19. September und 17. Oktober 1716; Umschreibung der in dem Herzogtuhm Vor-Pommern und Herzogthum Rügen befindlichen Hufenzahl [...] vom 23. November 1716, RAK RKTA P-R-K C 272; Ergebnisse siehe Anl. Ergebnis der ersten Hufenumschreibung vom 23. November 1716.

539 Umschreibung der in dem Herzogtuhm Vor-Pommern und Herzogthum Rügen befindlichen Hufenzahl [...] vom 23. November 1716, RAK RKTA P-R-K C 272.

540 Extract über Umschreibungen vom 9. September 1719, RAK RKTA P-R-K C 272; Rentekammer an Friedrich IV. vom 26. August, RAK RKTA P-R-K C 251 IV., Nr. 33.

541 Designation Horsts vom 11. November 1719, RAK RKTA P-R-K C 272.

fenzahl ein vielfältiges innenpolitisches Kräfteringen. Der Hufenstand bildete nicht nur die Grundlage der Finanzverwaltung, sondern auch der militärischen Administration. Die Verteilung militärischer Lasten erfolgte über die Hufenzahl. Auf ihrer Grundlage erarbeitete die Regierung Repartitionen, Schriftstücke, denen jede Stadt, jeder Distrikt und jedes Amt ihren Anteil am Unterhalt der im Lande befindlichen Heeres- und Marinekräfte zu entnehmen vermochte[542]. Die Bedeutung der Umschreibungen kann also gar nicht hoch genug angesehen werden. Neben dieser immens wichtigen Regulierung des »kontribuablen« Hufenstandes, galt es zunächst, dem Staat die alten Geldquellen wieder zu erschließen, um eine finanzielle Basis für umfassende Maßnahmen zur ökonomischen Belebung zu schaffen. Verpachtete oder verschenkte Domänen mussten deshalb eingezogen werden. Ihre Vermietung, ihr Verkauf und die jahrelangen Kriegswirren hatten eine Unordnung des Lehnswesens und der allgemeinen Grundbesitzverhältnisse bewirkt, derer die königlichen Beamten Herr zu werden gedachten. Als hilfreich musste sich hierbei das gerade erst abgeschlossene schwedisch-pommersche Matrikelwerk erweisen können. Zumindest stände dies zu vermuten. Zwar versuchten die Schweden bei Räumung Stralsunds sämtliche Unterlagen in ihr Land zu überführen, allein, der Schiffstransport wurde durch die dänische Flotte aufgebracht. Erst 1724 gab Kopenhagen einen Teil der Karten sowie Beschreibungs- und Rechnungsbücher an den vormaligen Feind zurück[543]. Aus dieser Quelle hätten die neuen Landesherren wichtige landeskundliche Informationen schöpfen können. Bemerkenswert ist jedoch, dass sich so gut wie keine Hinweise auf die umfangreiche schwedische Landesaufnahme in den dänischen Akten finden. Die zahlreichen Befragungen, die Lustrationen, die Inspektionsreisen und die ständigen Aufforderungen an vorpommersche Untertanen, über ihren Besitz Zeugnis abzulegen, deuten letztlich auf Unkenntnis der vorpommerschen Eigentumsverhältnisse hin. Im April 1719 beorderte Friedrich IV. den Landmesser Samuel Griese nach Stralsund, um sich mit der Witwe des verstorbenen schwedischen Generaldirektors Gunno Eurelius Dahlstierna in Verbindung zu setzen und dort die »neue Hufen-Matricul« abzuholen. Die Frau versicherte jedoch, sie selbst habe nach dem Tode ihres Gatten alle »die Vermessung des Landes und die Matricul-Commission betreffende Acten, Charten, Bücher, Concepten und dergleichen Briefschaften, sie haben Nahmen wie sie wollen« schon 1709 und 1710 an die königlich schwedische Regierung abgegeben[544]. Vorerst bleibt ungeklärt, warum die Dänen offensichtlich nichts von ihrem auf See erbeuteten Gut wussten oder es zumindest nicht nutzten[545]. Interessant sind diesbezüglich die Ausführungen Haik Thomas Poradas, der sich intensiv mit den in der Königlichen Bibliothek zu Kopenhagen liegenden Matrikelkarten befasste. Er legt dar, dass, von einer Ausnahme abgesehen, ausschließlich Karten

---

542 Beispiele: RAK RKTA P-R-K C 272.
543 Asmus, Die geometrische Landvermessung, S. 87, 95.
544 Rentekammer an Friedrich IV. vom 26. August 1719, RAK RKTA P-R-K C 251 IV, Nr. 33; Griese war bereits zur schwedischen Zeit als Landmesser im Herzogtum Vorpommern und Fürstentum Rügen bestallt und an der Erarbeitung des Matrikelwerkes beteiligt. Er reiste in der Überzeugung nach Pommern, Dahlstiernas Witwe verfüge über die Unterlagen.
545 Porada, Pommersche Karten, S. 18–22.

für das südlich der Peene gelegene Vorpommern in der Königlichen Bibliothek vorhanden sind. Auch wenn die Dänen tatsächlich nur Karten über den preußischen Landesteil besessen hätten, so wäre ihre Auswertung dennoch für die Verwaltung von großem Wert gewesen.

Weitere das Lehnswesen betreffende Auskünfte erhofften sie sich von den Grundherren. Vergeblich hatten sich die schwedischen Unterhändler während der Kapitulation Stralsunds bemüht, den Inhabern der verpfändeten Krongüter einen ungestörten »Genuß-Brauch« nach ihrem Abzug zu sichern. Schon damals hieß die alliierte Antwort »Bleibet zu weiterer Untersuchung ausgesetzt[546].« Wenige Monate nach der Übergabe Stralsunds, als Andreas Weyse im Auftrag seines Königs das neu gewonnene Land in Augenschein nahm, forderte Friedrich IV. den inspizierenden Etatsrat unter anderem auf, sämtliche Domänenbesitzer zu vernehmen. Ihre Papiere waren auf Vollzähligkeit und Echtheit zu überprüfen[547]. Zwei Punkten der Befragung brachte der König besonderes Interesse entgegen. Erstens, ob einige Kreditoren mittels Exekution zu einem Darlehen auf die königlich-schwedische Güter genötigt worden waren und zweitens, wer die Domänen ohne Intrigen auf legalem Wege erworben hatte[548]. Offensichtlich fürchteten einige Inhaber von Krongütern eine derartige Untersuchung. So teilte der Bergener Amtmann von Silberstern mit, niemand wolle schriftlich darlegen, wie es sich mit den Domänen verhalte »sondern alles nur unter der Hand melden, damit sie von ihrer Herrschaft nicht in harte peitschung und bestrafung gezogen werden.« So stellte sich die Situation für Silberstern zumindest in den Orten Serow, Udars, Gagern und Putlitz dar. Weyse berief eine Kommission zur Untersuchung der Sachverhalte[549]. In Stralsund fanden sich die Pächter oder deren Gesandte[550] ein, um ihre Rechte an der jeweiligen Domäne zu verteidigen. Neben speziellen, nur das jeweilige Gut betreffenden Unterlagen wies jeder den Pfandkontrakt, eine »Ausrechnung der jährlichen revenues« und Quittungen über den Pfandschilling vor. Dann erörterte der Pächter den königlichen Beamten seine persönliche wirtschaftliche Situation. Abschließend beeidete er seine Aussagen und die Echtheit der vorgewiesenen Dokumente. Kopien dieser Papiere verblieben bei den Beamten. Gemäß Weyses Untersuchung waren Domänen im Wert von 512 678 Reichstalern verpfändet[551].

---

[546] Capitulation, Artic. XXIX.

[547] Instruktion Friedrich IV. an Andreas Weyse vom 15. April 1716, RAK RKTA P-R-K C 251, Nr. 7; Andreas Weyse an Friedrich IV. vom 10. September 1716, RAK RKTA P-R-K C 251 I, Nr. 18.

[548] Friedrich IV. an Andreas Weyse vom 15. April 1716. In: RAK RKTA P-R-K C 251, Nr. 7.

[549] Janson von Silberstern an Andreas Weyse vom 20. Juni 1716, RAK RKTA P-R-K C 265; Befehl Andreas Weyses vom 11. Mai 1716 (gedruckt), RAK RKTA P-R-K C 265.

[550] Obschon eine Vertretung gemäß Weyses Befehl eigentlich unzulässig blieb, scheint es doch zu Ausnahmen gekommen zu sein. Johann Nevent an Andreas Weyse vom 16. Juni 1716, RAK RKTA P-R-K C 265; H.Chr. Engelbrecht und F.N. Schwartz an Andreas Weyse undatiert, RAK RKTA P-R-K C 265.

[551] Andreas Weyse an Friedrich IV. vom 10. September 1716, RAK RKTA P-R-K C 251 I, Nr. 18; Protocollum so bey der [...] Untersuchung derer Domaines in Pommern und Rügen allergnädigst anbefohlenen Commission gehalten worden A 1716, RAK RKTA P-R-K C 266 (Das Protokoll

Nach Sondierung der einzelnen Arrendeverträge erfolgte die Einziehung derjenigen Güter, die aus dänischer Sicht rechtswidrig verpachtet waren. Das konnte nur gegen den Widerstand des einheimischen Adels und des ortsansässigen Bürgertums geschehen. Aus diesem Grunde fand keine umfassende einmalige »Enteignung« statt. Vielmehr bemühten sich die Dänen um schrittweise Einziehung. Die Rechtfertigungen waren unterschiedlicher Natur. Sämtliche Domänen, die Karl XII. während der Zeit der Belagerung Stralsunds verpachtete, betrachteten die Dänen als unrechtmäßig erworben und schlugen sie den königlichen Ämtern wieder zu[552]. Güter geflohener Schweden und der Landbesitz pommerscher Adliger, die keinen Treueid leisteten, gingen ebenfalls unmittelbar nach dem königlichen Handschlag 1716 in staatliches Eigentum über. Bereits am 15. April 1716 befahl Friedrich IV. festzustellen, welcher Untertan sich nicht zum Lehnempfängnis bereit finde. Dessen Güter sollten sofort von der Rentekammer sequestriert werden[553]. Dabei blieb unerheblich, ob es sich um eine verpachtete Domäne oder ein Lehen handelte. Das ehemalige Dominalgut Mannhagen wurde mit der Begründung eingezogen, dass sich die Erben des vormaligen Pächters, des schwedischen Admirals Michel Henken, nicht meldeten. Auch hätten diese keinerlei Pfanddokumente eingereicht, keinen Handschlag geleistet, noch sich an sonst irgendeine Verordnung gehalten[554].

Das Gut Neuenbauhof war 1712 an den schwedischen Generalmajor Baron Schultz für 8615 Reichstaler verpfändet worden. Um es vor dem Zugriff der Dänen zu retten, übertrug er seiner Schwiegermutter sämtliche Rechte. Martin von Schultz (auch Schoultzen) erklärte bereits im September gegenüber Weyse, er halte ein Vorlegen irgendwelcher Dokumente für unnötig. Der General berief sich als ehemaliger Kommandant der Festung Wismar auf den 12. Artikel der Wismarer Kapitulation[555]. Der entsprechende Kontrakt wurde von der Stralsunder Regierung und dem Kämmerer Horst für nichtig erklärt und das Gut eingezogen. Als Begründung führte die Rentekammer gegenüber Friedrich IV. aus, General Schultz habe sich nicht zum Handschlag »offeriert«, er halte sich in Schweden auf und man vernahm, dass er »gegen Euer Königl. Maytt. den degen führen soll«. Ebenso skeptisch behandelte die Regierung einen Kontrakt der Baronin von Lilienstedt, demzufolge die Schwedin das Gut Diewitz (Diwitz) dem britischen Diplomaten James Jefferies für 6000 Reichstaler überließ. Die Stralsunder Regierungsräte ver-

---

selbst ist mit keinem Datum versehen. Ihm ist jedoch zu entnehmen, wann der einzelne Pächter vor der Kommission erschien).

[552] RAK Reg 88 Regkanc i Stralsund Conv. XIII; Andreas Weyse an Friedrich IV. vom 10. September 1716, RAK RKTA P-R-K C 251 I, Nr. 18.

[553] RAK RKTA P-R-K C 251 I, Nr. 7; Kgl. Relation vom 13. März 1719, RAK RKTA P-R-K C 251 IV, Nr. 10; Anwendung fand der Befehl nicht nur auf landwirtschaftliche Flächen, sondern auch auf Gebäude und sonstige Wertgegenstände. Beispiele: RAK RKTA P-R-K C 251 IV, Nr. 2.

[554] Bericht der Rentekammer an Friedrich IV. vom 7. Januar 1718, RAK RKTA R-P-K C 251 III, Nr. 4.

[555] Andreas Weyse an Friedrich IV. vom 10. September 1716, RAK RKTA P-R-K C 251 I, Nr. 18; Schoultz an Dewitz vom 10. Juni 1716, RAK TKIA B 209; Dewitz an Friedrich IV. vom 15. September 1716, RAK TKIA B 209.

muteten jedoch eine Fälschung, mit der die Baronin der Sequestration zu entgehen trachtete[556].

Auch die wrangelschen Erben meldeten sich nicht und leisteten keinen Eid. So fiel ihr Gut Spycker dem Fiskus anheim[557]. Ebenso erging es den Ralswiecker Ländereien, da die Besitzerin, die Gräfin von Aschenberg, sich in Schweden aufhielt. Auch der schwedische Resident Hinrich Gabriel Rothlieben verlor aus diesem Grunde sein Lehngut Murchin[558]. Selbst der schwedische Generalmajor Friedrich Mevius, der sich 1716 in dänischer Gefangenschaft befand, vermochte die Konfiszierung seiner pommerschen Güter nicht zu verhindern. Mevius verdeutlichte der Stralsunder Regierung, er habe den schwedischen Dienst zu quittieren gesucht. Stockholm weise dieses Anliegen jedoch zurück. Aus jenem Grunde bat er die Dänen, ihm seine Besitzungen nicht zu nehmen[559]. Selbst der königliche Konseil, der in Kopenhagen über Mevius Anliegen debattierte, gelangte zu der Auffassung, dem Gefangenen könnten seine Güter belassen werden. König Friedrich IV. hingegen zeigte sich hart. Er gestattete keine Sonderbehandlung des schwedischen Generals[560]. Schon 1715, während der Belagerung Stralsunds, wies er eine ähnlich lautende Entschuldigung einiger schwedischer Generäle und Stabsoffiziere zurück. Über drei Generalmajore, zwölf Obristen, zwei Generaladjutanten und einen Generalquartiermeister ließ er damals zu Gericht sitzen. Sie alle waren bei der Kapitulation Oldenworts 1713 in dänische Gefangenschaft geraten und gegen Kavaliersparole auf freien Fuß gesetzt worden. Ungeachtet dessen kehrten sie zum Heere Karl XII. zurück oder meldeten sich nicht befehlsgemäß beim dänischen Generalauditeur[561]. Den Generalmajor Reinhold Patkul sowie die Obristen Baron August Phillipp von Mardefeldt und Carl Wulffrat sprach das Gericht »vor der gantzen Welt Infam, und unehrlich«[562]. Durch einen gedruckten Befehl bekräftigte Friedrich IV. das Urteil mit den Worten: »Wir approbiren hiemit allergnädigst

---

[556] Protokoll des Kgl. Konseils vom 15. Oktober 1716, RAK RKTA P-R-K C 251 I, Nr. 26. Rentekammer an Friedrich IV. vom 24. November 1716, RAK RKTA P-R-K C 251 I, Nr. 29; Protokoll des Kgl. Konseils vom 16. Oktober 1716, RAK RKTA P-R-K C 251 I, Nr. 26; Dewitz an Friedrich IV. vom 15. September 1716, RAK TKIA B 209. Hohenmühle und Kampferbeck an von Dewitz vom 9. September 1716, RAK RKTA P-R-K C 251 I, Nr. 26.

[557] Extract derer unter dem Catastro der Ritterschaft Fürstenthum Rügens sortierte Städtchen, Flecken, Güther und dörfer, RAK RKTA P-R-K C 273, Lit. S; Die zu Spycker gehörenden Güter umfassten erhebliche Ackerflächen. Für das Jahr 1717 wurden 28 reduzierte kontribuable Hufe und 21,33 Morgen sowie 6 Ritterhufen und 26,66 Morgen ausgewiesen. Extract derer unter dem Catastro der Ritterschaft Fürstenthum Rügens sortierte Städtchen, Flecken, Güther und dörfer, RAK RKTA P-R-K C 273, Lit. S.

[558] Dieser und weitere Fälle in: Rentekammer an Friedrich IV. vom 16. Oktober 1717, RAK RKTA P-R-K C 251 II, Nr. 38; Rentekammer an Regierung vom 10. Oktober 1716, RAK RKTA P-R-K C 255.1, S. 384; Regierung an Rentekammer vom 21. Januar 1718 Appendix 4, RAK RKTA P-R-K C 273.

[559] Dewitz an Friedrich IV. vom 15. September 1716, RAK TKIA B 209.

[560] Protokoll des Kgl. Konseils vom 16. Oktober 1716, RAK RKTA P-R-K C 251 I, Nr. 26; Königliche Resolution vom 31. Oktober 1716, RAK RKTA P-R-K C 251 I, Nr. 26.

[561] General Kriegs-Gerichts Urtheil uber Die Parole Brüchige Königl. Schwedische-Gefangene Generals und Stabs Officiers vom 9. September 1715 (gedruckt), RAK Reg 88 Regkanc i Stralsund Con. XLVI.

[562] Kgl. Resolution vom 16. Oktober 1715, RAK Reg 88 Regkanc i Stralsund Con. XLVI.

dieses GeneralKriegs-Gerichts Urtheil abgesprochener massen/ und da die darinne specificirte Generals und Stabs-Officiers vor Infam declarieret sind/ so wollen WIR/ daß ihre Nahmens auch an den Galgen geschlagen werden sollen«. Die Kosten des Verfahrens beliefen sich auf 3000 Reichstaler in dänischen Kronen und waren von allen Beklagten zu tragen. Acht von ihnen besaßen umfangreiche Ländereien im nunmehr dänischen Landesteil Vorpommerns. Ihre Güter wurden zur Abtragung der 3000 Taler herangezogen, sofern sie nicht ohnehin komplett dem dänischen Fiskus anheimfielen[563]. Es waren dies die Generalmajore Graf Aschenberg, Mellin und Marschalck sowie die Obristen Andreas Gottlieb Rosen, Berd Christoph Wulffrat, Johann Henrich Jägers und Karl Wulffrat sowie der Generaladjutant Klinckowström.

Doch auch nach der Belehnung Anfang Oktober 1716 wurden die dänischen Beamten nicht müde, die Rechtsansprüche der Landbegüterten genau zu prüfen, um mögliche Anrechte des Staates sofort geltend zu machen. Wollte ein Adeliger sein Erbe antreten, so hatte er in der Stralsunder Lehnskanzlei seinen Anspruch schriftlich zu belegen. Seine Unterlagen wurden dort bis ins kleinste Detail auf Rechtmäßigkeit untersucht. Albert Georg Schwartz beschreibt in seiner *Lehnhistorie* beispielhaft den Fall der Gebrüder von der Lancken, die, als sie die Lehnfolge auf den Gütern Zürckewitz, Woldenitz und Lancken[564] antreten wollten, in Streit mit den dänischen Behörden gerieten, weil wichtige Unterlagen nicht erbracht werden konnten. Die Regierung bat schließlich den Landsyndicus Georg Adolf Caroc um eine schriftliche Bestätigung des rechtmäßigen Erbes[565]. Der Landsyndicus vertrat die ständischen Rechte vor dem Landesherrn. Er wurde in den ritterschaftlichen Distrikten gewählt. Die Städte konnten, sofern ihnen die Wahl widerstrebte, ihr Veto einlegen.

Obwohl zahlreiche der von Karl XII. verpachteten Güter wieder eingezogen wurden, verblieb ihr überwiegender Teil nicht in landesherrlicher Obhut[566]. Von 26 verschiedenen im Amt Wolgast verpfändeten Posten[567] wurde bis zum Dezember 1716 lediglich ein einziger endgültig in staatliche Hand überführt. Fünf pachteten auch weiterhin ehemalige schwedische Militärs. Von den 18 Pächtern im Amt Franzburg verlor im ersten Jahr der dänischen Herrschaft lediglich einer dauerhaft seine Rechte. Dieser hatte im Amt Barth nur drei Leidensgenossen unter 23 dortigen Domänenpächtern[568]. Ursache für diese auf den ersten Blick widersprüchliche

---

563 Bornemann an Regierung vom 2. Januar 1717, RAK Reg 88 Regkanc i Stralsund Con. XLVI.

564 Die zu diesen Gütern gehörenden Höfe zählten 1717 zu den wenigen auf Rügen, die keinerlei wüsten Acker vorzuweisen hatten. Extract derer unter dem Catastro der Ritterschaft Fürstenthum Rügens sortierte Städtlein, Flecken, Güther und dörfer, RAK RKTA P-R-K C 273, Lit. S.

565 Schwartz, Versuch, S. 1365; Zum Leben und zum Werk Carocs: Biederstedt, Nachrichten, S. 38–40. Menke, Das Amt Wolgast, S. 88; Glaser, Die Stände Neuvorpommerns, S. 45.

566 Andreas Weyse an Friedrich IV. vom 10. September 1716, RAK RKTA P-R-K C 251 I, Nr. 19; Relation Andreas Weyse an Rentekammer vom 10. September 1716, Lit. B »Tabelle über die verpfändeten Domänen«. In: RAK RKTA P-R-K C 266.

567 Hierunter werden die durchnummerierten Aufzählungen verstanden. Diese aber beziehen sich in dem hier zu Rate gezogenen Dokument auf einen jeweiligen Pächter. Das heißt, unter einem Posten tauchen oft mehrere Pfandobjekte, wie Höfe, Dörfer, Ackerwerke, einzelne Bauern etc. auf.

568 Relation Andreas Weyses an Rentekammer vom 10. September 1716, Lit. B »Tabelle über die verpfändeten Domänen«, RAK RKTA P-R-K C 266.

Beobachtung war, das die Dänen das Gros der eingezogenen Tafelgüter sofort wieder an die Meistbietenden in Pacht gaben. Hierzu zählten auch die Güter, die im Zuge der Stralsunder Belagerung verpfändet worden waren[569]. Zur Lizitation (Versteigerung) fanden sich die Interessenten vom 20. bis 29. November 1716 an einem für das jeweilige Amt festgesetzten Datum in den Amtshäusern ein und boten dort nach eigenem Belieben[570]. Bei der Wiederverpachtung ergaben sich jedoch mitunter rechtliche Probleme in Bezug auf bewegliche Güter, Wertgegenstände und Naturalien des Vorgängers. Der Boden galt zwar als unrechtmäßig in seinen Besitz gelangt, doch die auf ihm wachsenden Getreide- oder Futterpflanzen nicht[571]. Auch fanden sich deutlich weniger Pächter als erhofft[572].

Ein Glücksfall dürfte für die dänischen Behörden das Amt Tribsees gewesen sein. Es war im September 1715 komplett an den schwedischen Generalgouverneur Johann August Graf von Meyerfeld verpfändet worden und konnte somit völlig unproblematisch eingezogen werden[573]. Auf einen Versuch Meyerfelds, Zeit zu gewinnen, reagierte Weyse mit der Beschlagnahme des Amtes. Gegenüber Friedrich IV. begründete er sein Vorgehen damit, dass eine Aufkündigung des schwedischen Dienstverhältnisses im Falle des Grafen nicht zu erwarten stände. Zudem habe Meyerfeld das Gut während der Stralsunder Belagerung erworben. Tribsees und Grimmen[574] waren ab 1716 die einzigen königlichen Ämter, die sich wieder geschlossen in staatlichem Besitz befanden. Insgesamt wurden in Dänisch-Pommern bis zum September 1716 neben dem ganzen Amt Tribsees, acht Dörfer, acht Ackerwerke, ein Hof, zwei Mühlen und zudem zwei Hufen Land eingezogen[575].

---

[569] Andreas Weyse an Friedrich IV. vom 10. September 1716, RAK RKTA P-R-K C 251 I, Nr. 19; Licitationsprotokoll für das Amt Bergen vom 13./14. Juli 1716, für die Ämter Grimmen, Tribsees und Frantzburg vom 20./21. Juli 1716, für das Amt Loitz vom 23./24. Juli 1716, für das Amt Wolgast vom 27./28. Juli 1716, RAK RKTA P-R-K C 251 I, Nr. 19 Beilage 3–6; eine Auflistung sämtlicher eingezogener und wieder zur Pacht ausgeschriebener Domänen: Ausschreibung der Domänen durch Hinrich Horst vom 3. November 1716. In: StadtA Stralsund Rep. 13, Nr. 966.

[570] Ausschreibung der Domänen durch Hinrich Horst vom 3. November 1716. In: StadtA Stralsund Rep. 13, Nr. 966.

[571] Derartige Fälle wünschte die Regierung schnell und nach Möglichkeit durch einen Vergleich zwischen beiden Parteien zu lösen. Ihr lag in erster Linie an einer zügigen Neuvergabe des Landes, um dessen schnelle wirtschaftliche Gesundung zu fördern. Barthold Schacht an Regierung vom 29. August 1716, RAK Reg 88 Regkanc i Stralsund Conv. CCXCI, Nr. 13; Protokoll der Verhandlung Karsten Dörper gegen Franz Jochim Werffel (undatiert), RAK Reg 88 Regkanc i Stralsund Conv. CCXCI, Nr. 13; Regierung an Amtmann vom 1. September 1716 (Entwurf), Protokoll der Verhandlung Karsten Dörper gegen Franz Jochim Werffel (undatiert), RAK Reg 88 Regkanc i Stralsund Conv. CCXCI, Nr. 13.

[572] Rentekammer an Friedrich IV. vom 11. Januar 1717, RAK RKTA P-R-K C 251 II, Nr. 2. Für die rügischen Güter Gagern, Spiecker und Ralswiek sowie für das wüste Gut Elmenhorst im Amt Franzburg fand sich bis 1719 kein Interessent. Kammerpatent vom 15. September 1718, APS RSwS, Nr. 6176.

[573] Andreas Weyse an Friedrich IV. vom 10. September 1716, RAK RKTA P-R-K C 251 I, Nr. 18.

[574] Bei Übernahme der Herrschaft fanden die Dänen in diesem Amt lediglich das Dorf Splitzdorff verpfändet. Es wurde kurze Zeit später wieder eingezogen.

[575] Relation Andreas Weyses an Rentekammer vom 10. September 1716, Lit. B »Tabelle über die verpfändeten Domänen«, RAK RKTA P-R-K C 266; Collectio Summarum der vorgeschoßenen Capitalien, RAK RKTA P-R-K C 266; siehe Anl. Übersicht über die bis zum September 1716 eingezogenen Güter.

Alte Forderungen an Pächter, die nach der Besetzung durch verschiedene Stellen erhoben wurden, prüften die Beamten und unterbreiteten dem König Vorschläge über die jeweilige Verfahrensweise. Als der Stralsunder Caland (karitative Bruderschaft) Ende 1717 Schulden des Gutes Diwitz in Höhe von 299 Gulden für sich geltend machte, ordnete der König an, nur 100 Gulden zu zahlen, da es sich bei der restlichen Summe um Zinsen handele[576].

Eine neue Geldquelle glaubten die Dänen auch in Form der *Ritterhufensteuer* erschließen zu können. In Dänemark war der Adel bereits seit den 1660er Jahren abgabenpflichtig[577]. Unter den Schweden blieb die mittelalterliche Steuerfreiheit des pommerschen Adels hingegen stets unangetastet[578]. Nun sollte dieses Privileg im dänisch verwalteten Vorpommern fallen. Es basierte auf dem ritterschaftlichen Rossdienst, den der Adelige dem Lehnsherrn im Kriegsfall schuldete. Da sich Dänemark 1716 bis 1720 im Orlog mit Schweden befand, durfte der Landesherr dieses Recht beanspruchen. Die Regierung argumentierte, weil die alte Pflicht nicht gefordert werde, könne an ihre Stelle nun eine Ritterhufensteuer treten. Georg Adolf Caroc wandte sich mit einer ablehnenden Schrift an die Regierung, in der er die Rechte des Adels zu verteidigen trachtete. Der vorpommersche Landsyndicus sah in dem dänischen Vorgehen einen einseitigen Bruch des Lehnsverhältnis. Er verwies auf das königliche Versprechen, die althergebrachten Landesgesetze zu achten. Besonders scharf argumentierte Caroc gegen die Behauptung, die Ritterhufensteuer sei eine freiwillige Abgabe, da die Gutsherren allesamt angehört worden seien. Die Begründung, das Geld werde anstatt der Rossdienste erhoben, ließ der Rechtsgelehrte nicht gelten, da sie nur dann erhoben werden könnte, wenn das Land auf seinem eigenen Territorium bekriegt würde[579]. Carocs Protest blieb erfolglos. Die dänische Regierung setzte die geldliche Steuer durch. Andreas Weyse kam wiederum in diesem Falle ein gewichtiger Anteil bei der Durchsetzung der Steuer zu. Er plädierte gegen eine von der Ritterschaft erbetene Rücknahme der Steuer und legte dem König dar, dass das übrige Land durch Einquartierung und Abgaben schwer belastet sei. Nur der Adel beteilige sich nicht. Selbst die geplanten 100 Reichstaler je 10 Hufen seien noch recht niedrig, schrieb der Etatsrat[580]. Die Steuer wurde bis 1720 erhoben, auch noch, als sich auf diplomatischem Parkett

---

[576] Rentekammer an Friedrich IV. vom 3. Januar 1718, RAK RKTA P-R-K C 251 III, Nr. 4.

[577] In Dänemark wurde 1662–1670 die sogenannte Hartkornsteuer vom gesamten Land abverlangt. Munck, The Peasantry, S. 55; Christiansen, Bidrag, I, S. 339 f.; Løgstrup, The Landowner, S. 300; Buchholz, Öffentliche Finanzen, S. 226 f. Auch in den anderen deutschen Gebieten, über die der dänische König als Lehnsherr gebot, zahlte der Adel eine Ritterhufensteuer, die im Zuge des Großen Nordischen Krieges erheblich stieg. Schaer, Die Grafschaften, S. 210.

[578] Erst im Januar 1715 hob Karl XII. die Steuerfreiheit der vorpommerschen Adels auf. Dementsprechend spottete ein schwedischer Autor über die Behandlung des dänischen Adels: »Es müste das Volck und absonderlich der Adel in Schonen sehr verblendet seyn/ wenn er die Verbesserung seines Zustandes in Dännemarck suchen wollte/ da die größte Sclaverei von der Welt/ Da der eingebohrene Adel vorlängst unter die Bank gesteckt/ und theils schon ausgerottet/ theils seiner Güther wegen in erbärmlichen Stand gesetzet ist.« Unvorgreiffliche Gedancken eines Schwedischen Unterthanen, S. 45; Buchholz, Öffentliche Finanzen, S. 144.

[579] Schwartz, Versuch, S. 1365 f.; LAG Rep. 40 VI, Nr. 90; Caroc, Raisons, S. 1366 f.

[580] Ritterschaft an Friedrich IV. vom 16. Dezember 1716, RAK RKTA P-R-K C 251 II, Nr. 6; Weyse an Friedrich IV. vom 22. Januar 1717, RAK RKTA P-R-K C 251 II, Nr. 6.

das Ende der dänischen Herrschaft bereits deutlich abzeichnete[581]. Entgegenkommen bewies der König, als er im November 1716 von seiner ursprünglichen Forderung von 150 Reichstalern je zehn Ritterhufen abwich. Statt des bislang im Kriegsfall zu stellenden Berittenen auf je zehn Ritterhufen, wurden fortan 100 Reichstaler zusätzlich zu den bisherigen Abgaben erhoben. Ein entsprechender königlicher Befehl verwies für den Weigerungsfall auf das Mittel der »militärischen Exekution«. Für die Einziehung der Gelder war Hinrich Horst verantwortlich[582]. Für den Kämmerer bedeutete die Einführung der neuen Abgabe dennoch viel Arbeit und vor allem viel Ärger, denn bei zahlreichen Gütern und Äckern fehlten zunächst Informationen darüber, ob die genutzte Fläche Ritterhufe oder gewöhnliche Hufe war. So sah sich Horst selbst 1719 noch mit derartigen Fällen konfrontiert, über die er genaue Untersuchungen anzustellen und deren Ergebnisse er an Rentekammer und königliches Konseil zu übermitteln hatte[583].

Im Jahre 1716 flossen durch diese neu geschaffene Abgabe der Staatskasse 12 162 Reichstaler und 40 Schillinge zu. Durch beständiges Bitten und Beschweren vermochte es die Nobilität, für die Jahre 1717 und 1718 eine Absenkung auf je 8000 Reichtaler zu erzielen. 1719 hob Friedrich IV. die Ritterhufensteuer wieder an und legte die jährliche Summe auf 12 000 Reichstaler fest. Das Geld war in monatlichen Raten bei der Stralsunder Kasse einzuzahlen[584].

Der ritterschaftliche Protest ist durchaus verständlich. Mit der Erhebung der neuen Abgabe berührte Friedrich IV. die Grundlagen der landständischen Ordnung. Die Zugehörigkeit zur Ritterschaft definierte sich schließlich in Vorpommern über den Besitz steuerfreier Hufen. Diese aber gab es bis 1721 nicht mehr. Überspitzt darf deshalb behauptet werden, dass dieser Stand durch die dänischen Forderungen in seiner bloßen Existenz bedroht wurde. Dementsprechend setzte die vorpommersche Ritterschaft alles an die Wiederherstellung der alten Abgabenfreiheit. Jedoch ohne Erfolg. Kein Rechtsgutachten, keine beim König eingereichte Beschwerde, kein Bitten noch Flehen bei der Stralsunder Regierung half. Nach dem Tode des ersten Generalgouverneurs von Dewitz flammte das ständische Hoffen erneut auf. Die Ritterschaft wandte sich an Jobst von Scholten[585]. Wiederholt verwiesen die Kläger auf das königliche Versprechen, die Landesrechte zu achten. Zum traurigen Beispiel werde das Land für seine Nachbarn. Zudem breche der dänische Landesvater ein in allen Staaten des Heiligen Römischen Reiches übliches Recht. Dass trotz mehrfacher Bitte ihrem Anliegen nicht entsprochen wurde, schrieb die Ritterschaft ihr feindlich gesinnten Kreisen in Kopenhagen

---

581 Schwartz, Versuch, S. 1365 f.; Befehl Friedrichs IV. vom 12. März 1720 (Kopie), RAK RKTA P-R-K C 251 IV, Nr. 6.

582 Rentekammer an Friedrich IV. vom 1716, RAK RKTA P-R-K C 251 I, Nr. 27; Befehl Friedrich IV. an Regierung in Stralsund vom 4. November 1716; RAK RKTA P-R-K C 251 I, Nr. 27.

583 RAK RKTA P-R-K C 255.4.

584 Rentekammer an Friedrich IV. vom 6. März 1719, RAK RKTA P-R-K C 251 IV, Nr. 9; Kgl. Resolution vom 6. März 1719, RAK RKTA P-R-K C 251 IV, Nr. 9; Kgl. Resolution vom 20. März 1719, RAK RKTA P-R-K C 251 IV, Nr. 14, und 15.

585 Ritterschaft an von Scholten vom 27. Februar 1720, RAK Reg 88 RegKanc Stralsund Conv. XXXVIII.

zu[586]. Scholten zeigte sich desinteressiert und kümmerte sich nicht weiter um die Beschwerde. Ihre Beantwortung überließ er von Kötzschau und dessen Räten[587].

Dass der König selbst 1720 noch auf der Erhebung der Ritterhufensteuer bestand, zeigt wiederum die deutliche Abkehr von der in den ersten beiden Jahren verfolgten Wirtschafts- und Finanzpolitik. Eine ökonomische Erholung und Gesundung des Territoriums trat nun, da die Rückgabe der Provinz an Schweden bevorstand, gänzlich in den Hintergrund. Es galt jetzt, soviel wie möglich Profit aus Vorpommern zu schlagen. Auch im preußischen Hinterpommern wurden die Ritterhufen ab 1717 besteuert. Allerdings verlangte Friedrich Wilhelm hier für jedes zuvor gestellte Lehnpferd nur vierzig Reichstaler[588].

Weitere Möglichkeiten, die Finanzen der Provinz kurzfristig aufzustocken, boten sich durch die Vermietung von *Zöllen*, die sich in landesherrlicher Hand befanden. So gab Friedrich IV. im Jahre 1716 die Landzölle von Loitz, Tribsees und Damgarten zur Pacht an den Meistbietenden frei[589].

Die *Licente* verblieben nach ihrer 1716 erfolgten Einziehung in staatlichem Besitz und erfuhren ab 1717 einen deutlichen Ausbau. Mit ihrem Befehl vom 29. Dezember desselben Jahres legten Oberlanddrost von Kötzschau und Kämmerer Horst fest, dass die »bey denen Licent-Städten zu Stralsund, Barth, Greifswald und Wollgast von frembden Örthern zu Lande einkommende und wiederumb von gedachten Städten zu Lande dahingehende Waaren/ so zeithero frei passiret, künfftighin die Licenten, gleichfalß/ entrichten«. Dafür sollten sie von den Landzöllen befreit sein[590]. Fortan nannte sich diese im Grunde neue Abgabenform *Landlicent*; ein eigentlich widersinniger Begriff, da im Pommerschen unter Licent der zu entrichtende Seezoll verstanden wurde[591]. Weil die eigentlichen Landzölle verpachtet waren, schufen die Dänen somit eine weitere Möglichkeit, vom Außenhandel der Provinz zu profitieren. Die Befreiung der nun licententrichtenden Kaufleute vom Landzoll musste natürlich die Pächter in Loitz, Tribsees und Damgarten schwächen.

Noch im April 1717 garantierte Kopenhagen einer dort weilenden Stralsunder Deputation, den Binnenhandel von den Licenten zu befreien, selbst dann, wenn es sich um Waren handelte, die über die Greifswalder See gehandelt würden. Unter Binnenland verstände man hierbei lediglich das unter dänischer Botmäßigkeit ste-

---

[586] »vielleicht wegen geschehenen ungleichen bericht unserer Mißgönner« Ritterschaft an von Scholten vom 27. Februar 1720, RAK Reg 88 RegKanc Stralsund Conv. XXXVIII.

[587] Von Scholten an Ritterschaft vom 9. März 1720, RAK Reg 88 RegKanc i Stralsund Conv. XXXVIII.

[588] Buchholz, Öffentliche Finanzen, S. 146 f.; Buchholz, Landständische Verfassung, S. 91, 94; Meyer, Grundzüge, S. 1.

[589] RAK RKTA P-R-K C 251, Nr. 4; Instruktion Friedrichs IV. für Andreas Weyse vom 15. April 1716, RAK RKTA P-R-K, C 251, Nr. 7.

[590] Kgl. Relation vom 13. Dezember 1717, RAK RKTA P-R-K C 251 II; Kammerpatent vom 29. Dezember 1717, RAK RKTA P-R-K C 251 IV, Nr. 4, auch in: APS RSwS, Nr. 6176; Kammerpatent vom 21. Februar 1718, APS RSwS, Nr. 6176.

[591] Erstmals taucht dieser Begriff in einem Schreiben der Rentekammer auf. Rentekammer an König vom 21. Januar 1719, RAK RKTA P-R-K C 251 IV, Nr. 4; Berger, Rechtsgeschichte, S. 21–24; Kroll, Stadtgesellschaft und Krieg, S. 75.

hende Gebiet, bekräftigten die dänischen Deputierten für Finanzen gegenüber der städtischen Abordnung[592]. Schon 1719 wollte Kopenhagen von der einst getroffenen Zusage nichts mehr wissen. Licenten erhob der dänische Staat nun auch auf sämtliches Brennholz, das vom Darß in das übrige diesseits der Peene gelegene Vorpommern transportiert wurde[593]. Dass heißt, die Licenten stellten in der Phase dänischer Okkupation nicht nur einen See- *und* Landzoll dar, sondern auch eine Abgabe, mit der die Landesherrschaft Teile des Binnenhandels belastete, wenn auch in verschwindend geringem Maße. Die sogenannten Landlicenten geben ein weiteres Beispiel für die starke absolutistische Tendenz in der dänischen Hoheit über Vorpommern. Zudem zeigt sich sowohl Kontinuität als auch Diskontinuität im Vergleich zur »Schwedenzeit«.

Im Jahre 1681 bemühte sich die schwedische Krone um Einführung eines Landlicentes, fühlte sich nach einer ständischen Beschwerde jedoch sofort wieder genötigt, ihr Vorhaben einzuschränken. Sollten zunächst auf alle in der Licent-Taxe aufgeführten Waren, »sie möchten zu Lande oder zu Waßer kommen die beygesetzten Licenten völlig entrichtet werden«[594], so fand sich der König schnell bereit, diese Forderung nur auf Importe aus Hamburg oder Seestädten anzuwenden. Auch hiermit gaben sich die vorpommerschen Stände jedoch nicht zufrieden, sodass das ehrgeizige schwedische Landlicentenprojekt noch im Jahre seiner Erfindung scheiterte[595].

Die Einführung dieser neuen Abgabeform erstrebten also bereits die Schweden, insofern darf von Kontinuität im Vergleich zur Dänenzeit gesprochen werden. Diskontinuität zeigt sich aber in der Wahl der Mittel und im Ergebnis. Die Klagen der Stände stießen in Stralsund und Kopenhagen auf taube Ohren. Friedrich IV. und seine Verwaltung verhandelten nicht, sie schufen Tatsachen, wie in vielen, so auch in diesem Falle!

Der 1719 erfolgte Ausbau der Landlicente bestätigt zudem erneut die Ansicht, dass in diesem Jahr aufgrund der zu erwartenden Rückgabe Vorpommerns an Schweden ein deutlicher Umbruch im wirtschaftspolitischen Denken der dänischen Landesherrschaft stattfand.

In schwedischer Zeit erhoben die Stände von allen auf dem Lande lebenden freien Personen den sogenannten *Nebenmodus*. Allen Bemühungen der Krone, diese Abgabe im Laufe des 17. Jahrhunderts an sich zu ziehen, vermochten Ritterschaft und Städte erfolgreich zu widerstehen. Dem schwedischen König gelang es lediglich, den Nebenmodus der Ämter in die eigene Kasse fließen zu lassen. Mit seinem Urteil vom 8. Juli 1709 bestätigte das Wismarer Tribunal, dass der vom gesamten platten Land zu zahlende Nebenmodus in die kommunalen Kassen abzuführen sei und öffentlichen Zwecken zugute kommen müsse[596].

---

[592] Deputierte der Finanzen an Deputierte der Stadt Stralsund vom 7. April 1717, StadtA Stralsund Rep. 13, Nr. 137.

[593] Rentekammer an Friedrich IV. vom 28. Oktober 1719, RAK RKTA P-R-K C 251 IV, Nr. 41.

[594] Landstände Monita, S. 145.

[595] Ebd., S. 144–149.

[596] Berger, Rechtsgeschichte, S. 26; Urteil des Wismarer Tribunals vom 8. Juli 1709 bezüglich Nebenmodus, Lit. A des Schreibens der Ritterschaft an von Scholten (undatiert), RAK Reg 88 Reg-

Mit Beginn der dänischen Herrschaft zog die Stralsunder Kammer, also eine landesherrliche Behörde, den gesamten Nebenmodus ein. Erneut sahen sich die Stände in ihren alten Rechten bedroht. Landrat von Bohlen und Syndicus Engelbrecht bemühten sich 1717 vergeblich um eine Änderung des aus ihrer Sicht unerträglichen Zustandes. Immerhin gestattete Friedrich IV. eine Anrechnung der Abgabe auf die Kontribution[597]. Diese Verfahrensweise behielten die Dänen bis 1720 bei. So existiert zwar eine entsprechende Bitte an den neuen Generalgouverneur. Dieser jedoch schob die Verantwortung auf die Stralsunder Regierung und deren Antwort scheint nicht überliefert. Die Festsetzung des Nebenmodus für 1720 weist ausdrücklich auf die beschriebene Sachlage hin[598]. 1717 und 1718 forderte Kopenhagen den doppelten Betrag und 1719 immerhin noch die Hinterlegung des Nebenmodus in eineinhalbfacher Höhe. Als Friedrich im April die Verdopplung befahl, äußerte er in der entsprechenden Ordre, diese Abgabe sei zwei Jahre nicht erhoben worden. Die Aussage entspricht jedoch nicht den wahren Gegebenheiten. Der Monarch beabsichtigte zweifelsohne, seine Maßnahme in ein positives Licht zu setzen. 1716/17 wurde der Nebenmodus durchaus erhoben, jedoch, wie geschildert, auf die Kontribution angerechnet. Damit zahlten die vorpommerschen Untertanen tatsächlich weniger[599]. In letztgenanntem Jahre befahl der König auf Anregung der Rentekammer, den Nebenmodus nicht mehr in die Kontribution einzurechnen. Somit wurden die Stände wieder zur vollen Hinterlegung der ausgeschriebenen Kontribution gezwungen. Friedrich begründete den harten Eingriff damit, dass das Land sich bislang zu keinem eigenen Vorschlag bezüglich der Kontributionshöhe durchgerungen habe[600]. Den Umfang des 1718 zu zahlenden verdoppelten Nebenmodus' legte der dänische Potentat in einem ausführlichen Befehl nieder[601]. Er besteuerte alle auf dem Lande lebenden freien Personen beiderlei Geschlechtes ab dem vollendeten 15. Lebensjahr sowie das Zug- und Hornvieh, auch Schafe und Ziegen und zudem Bienen. Für Pferde und Rinder entrichtete der Besitzer oder Pächter, sofern die Tiere älter als zwei Jahre waren, 16 Schilling je Stück. Auf 100 Schafe waren 3 Reichstaler 16 Schilling an die königliche Kammer zu Stralsund abzuführen. Hiervon blieben die Schäfer ausgenommen. Für sie galten, gestaffelt nach Größe ihrer Herde, andere Tarife. Pensionäre, die auf städtischen, adeligen oder staatlichen Gütern lebten, entrichteten für

---

Kanc i Stralsund Conv. XXXVIII; APS APwS, Nr. 78/158 (Alphabetisches Verzeichnis der pommerschen Gerichtlichen Akten des K.H. Tribunals von 1653 bis 1800), ohne Seitenzählung, siehe unter P 1709.

[597] Rentekammer an Deputierte der Stände vom 18. März 1717, RAK RKTA P-R-K C 255.2, S. 207−211; von Bohlen und Engelbrecht an Stände vom 20. April 1717 StadtA Greifswald Rep. 5, Nr. 1339, Bd 2.

[598] Ritterschaft an Regierung (undatiert), RAK Reg 88 RegKanc i Stralsund Conv. XXXVIII; Scholten an Regierung vom 20. Januar 1720, RAK Reg 88 RegKanc i Stralsund Conv. XXXVIII.

[599] Edikt Friedrichs IV. zum Nebenmodus vom 27. April 1718 (gedruckt), RAK RKTA P-R-K C 251 IV, Nr. 9, Rentekammer an Friedrich IV. vom 6. März 1719, RAK RKTA P-R-K C 251 IV, Nr. 9; Edikt Friedrichs IV. zum Nebenmodus vom 12. März 1720 (gedruckt), RAK RKTA P-R-K C 251 IV.

[600] Kgl. Resolution vom 6. März 1719, RAK RKTA P-R-K C 251 IV, Nr. 9.

[601] Edikt Friedrichs IV. zum Nebenmodus vom 27. April 1718 (gedruckt), RAK RKTA P-R-K C 251 IV, Nr. 9.

sich selbst 1 Reichstaler 16 Schilling, für ihre Frau 1 Reichstaler und für jedes über 15-jährige Kind 32 Schilling. Pensionäre von Bauernhufen zahlten weniger; adelige Personen nahm der Staat nur für ihr Vieh in die Pflicht. Das Gros der Beamten zahlte nicht[602]. Ausgenommen blieben auch »Alte unvermögende Unterthanen/ so ihre Höffe aufgegeben und bey anderen sich aufhalten oder einliegen/ auch alle andere notorie miserables Leute/ haben nichts zu entrichten«[603]. Besitzer von Wirtshäusern entrichteten nun pauschal für ihren Krug vier Reichstaler.

1719 setzte Friedrich die Höhe des Nebenmodus erneut detailliert fest. Er blieb zwar unter den Forderungen des Vorjahres, jedoch weiterhin über denen aus schwedischer Zeit[604].

Die Einziehung der Steuer auf den ritterschaftlichen und städtischen Gütern erfolgte durch die Distriktkommissare und Kollektoren, in den Ämtern durch Staatsdiener. Diese lieferten den erhobenen Betrag gegen Quittung bei der Stralsunder Kammer ab. Für den Fall, dass eine tributpflichtige Person ihre Abgabe schuldig blieb, stand Hinrich Horst wiederum die militärische Exekution zur Verfügung. Um Unterschleife bei der Erfassung der steuerbaren Personen und des Viehs zu verhindern, verlangten die Kollektoren von jedem Hausvorstand einen Eid[605].

»Zuckerbrot und Peitsche« prägten also gleichermaßen die Steuer- und Abgabenpolitik der Dänen in Vorpommern. Insgesamt sind in diesem Bereich trotz der Kürze der dänischen Hoheit über Herzog- und Fürstentum zwei Phasen deutlich erkennbar. Während der Jahre 1716/17 verfuhren die Dänen moderat. Einige Steuern verschwanden gänzlich und durch die Einführung der Ritterhufensteuer verteilte sich die Abgabenlast auf den Schultern des ganzen Landes. Ab 1718 bis zur Übergabe des Landes zogen die Steuern deutlich an.

Hierbei darf nicht vergessen werden, dass die Stralsunder Regierung gerade in Bezug auf die Steuer- und Abgabeverhältnise nur ein sehr geringes Mitsprache-recht besaß. Die Entscheidungen fielen in Kopenhagen und waren von den Erfordernissen des Krieges geprägt. Die Tatsache jedoch reglementierte zugleich das Vermögen der regionalen Verwaltung, eine auf Gesundung zielende Wirtschafts-

---

[602] Dies geht aus einem Befehl Friedrichs hervor. Befehl Friedrichs IV. an Kötzschau und Horst vom 20. März 1719, RAK RKTA P-R-K C 251 IV, Nr. 16. Mit Ausnahme der Heidereiter und Holzförster, die explizit in den Befehlen als abgabepflichtig genannt werden. Edikt Friedrichs IV. zum Nebenmodus vom 27. April 1718 (gedruckt), RAK RKTA P-R-K C 251 IV, Nr. 9; Edikt Friedrichs IV. zum Nebenmodus vom 13. März 1719, RAK RKTA P-R-K C 251 IV, Nr. 11.

[603] Edikt Friedrichs IV. zum Nebenmodus vom 27. April 1718 (gedruckt), RAK RKTA P-R-K C 251 IV, Nr. 9, BgnSign A 3; Edikt Friedrichs IV. zum Nebenmodus vom 13. März 1719, RAK RKTA P-R-K C 251 IV, Nr. 11.

[604] Edikt Friedrichs IV. zum Nebenmodus vom 13. März 1719, RAK RKTA P-R-K C 251 IV, Nr. 11.

[605] »Ich N.N. bezeuge hiemit/ daß ich alle meine Kinder und Gesind/ auch alles und jedes Vieh/ nachdem ich es Stück für Stück fleißig nachgezehlet/ richtig angegeben/ und nichts mit Vorsatz verschwiegen noch übersehen habe. So wahr mir GOTT helffe durch Jesum Christum.« Edikt Friedrichs IV. zum Nebenmodus vom 27. April 1718 (gedruckt), RAK RKTA P-R-K C 251 IV, Nr. 9; Edikt Friedrichs IV. zum Nebenmodus vom 13. März 1719, RAK RKTA P-R-K C 251 IV, Nr. 11.

politik zu betreiben. Ohne Investitionen mussten langfristig Erfolge ausbleiben. Welche Möglichkeiten boten sich von Kötzschau und dessen Räten?

b) Die Bemühungen der Regierung um ökonomische Erholung

Protektionismus in Gewerbe, Handwerk und Handel

Die ökonomische Entwicklung Dänemarks gestaltete sich in den ersten beiden Jahrzehnten der Regierung Friedrichs IV. günstiger, als dies unter den Umständen des kurzen Krieges von 1700 zu vermuten stünde. Der europäische Markt bot zudem einer Konjunktur nicht die besten Voraussetzungen. Die international auf dänische Exportgüter erzielten Preise blieben weit unter dem Niveau des 17. Jahrhunderts. Korn, eines der wichtigsten Ausfuhrprodukte, geriet unter preislichen Druck der baltischen Erzeuger. Die Kosten für Importwaren hingegen stiegen. Dennoch wuchs der Außenhandel zunächst und brachte insbesondere der Kopenhagener Kaufmannschaft Gewinne. Dieser kurze konjunkturelle Aufschwung war nicht zuletzt auf Gewinne aus der Auseinandersetzung mit Schweden und dem Spanischen Erbfolgekrieg zurückzuführen.

Aber bereits im Vorfeld des erneuten Kriegseintrittes verschlechterte sich die wirtschaftliche Situation deutlich. Absatzschwierigkeiten, insbesondere beim Korn, drückten weiter auf die Exportpreise und verschärften so die latente Krise der dänischen Landwirtschaft[606].

Obschon das dänische Kernland von dem 1709 wieder beginnenden Kriege nicht unmittelbar betroffen war, befand es sich also in einer schwierigen ökonomischen Lage. Diese wiederum musste im Verbund mit dem hohen Finanzbedarf von Militär und Staat auch negativ auf den Spielraum der Wirtschaftspolitik der Stralsunder Regierung wirken. Dennoch entwickelte die regionale Administration zahlreiche Vorschläge und Ideen, um dem ihr anvertrauten Territorium eine rasche Gesundung zu ermöglichen.

In der umfangreichen Zustandsschilderung, die die Räte Thienen, Hohenmühle und Kampferbeck im Januar 1718 der Kopenhagener Rentekammer zusandten[607], beschrieben sie nicht allein die traurige Verfassung, in der sich Vorpommern befand, sondern entwickelten auch Pläne zum zügigen Wiederaufbau der Provinz[608]. Insgesamt blickte die Regierung den umfangreichen Aufgaben im Bereiche der Wirtschaft optimistisch entgegen. So äußerte sie beispielsweise über das mehrfach schwer vom Feuer getroffene Bergen. »und ist kein Zweifel, daß wann sie nur für der Hand einige Sublevation geniessen, sie noch wieder emporkommen können«. Die Stralsunder Regierung setzte sich schon ab 1716 für eine wirtschaftliche Gesundung des Landes ein und bemühte sich, die Abgaben möglichst gering zu hal-

---

606 Jespersen, Tiden 1648–1730, S. 262–264; Nielsen, Dänische Wirtschaftsgeschichte, S. 166–170; Zernack, Die skandinavischen Reiche, S. 537.
607 Regierung an Rentekammer vom 24. Januar 1718, RAK RKTA P-R-K C 269; vgl. Kap. III.2.b.
608 Extract derer unter dem Catastro der Ritterschaft Fürstenthum Rügens sortierte Städtchen, Flecken, Güther und dörfer, RAK RKTA P-R-K C 273, Lit. S; Rentekammer vom 2. März 1717, RAK RKTA P-R-K C 251 II, Nr. 14, Lit. A.

ten. Hier forderten die Räte die Abkehr von der alten, ständig gleichbleibenden Besteuerung der Städte. Diese sollten fortan eine Konsumtions- und Akzisesteuer aufbringen. Zudem sei zu bedenken, ob sämtliche Abgaben nicht künftig nach dem Hufenstande bemessen werden könnten, da ein kinderreicher Armer häufig mehr zu zahlen habe, als ein Reicher ohne Familie. Ausdrücklich beriefen sich die dänischen Beamten bei diesem Vorschlag auf ihre schwedischen Vorgänger, die in eben dieser Weise seit 1698 verfuhren[609]. Erst Karl XII. bereitete diesem Zustand mit seiner Rückkehr aus dem Orient ein Ende. Bis zur Wiedereinführung der geforderten Konsumtionsakzise sollten die Häuser nicht gleichmäßig, sondern entsprechend dem Vermögen ihrer Bewohner besteuert werden. Die beständigen Haussteuern hätten, so berichteten die Regierungsräte nach Kopenhagen, »die Stadt Greiffswalde fast in einen Steinhaufen verwandelt«.

Da die königlichen Beamten eine Ursache für den desolaten Zustand der Gemeinwesen in den schlecht geführten Steuerregistern erblickten, glaubten sie durch Beseitigung dieses Missstandes, dem Land zu helfen. Außerdem verfassten Thienen, Hohenmühle und Kampferbeck einen Maßnahmenkatalog zur Hebung der heimischen Wirtschaft[610].

Folgende Möglichkeiten arbeiteten die Räte aus: Hebung der Bevölkerungszahl, Gründung neuer Manufakturen, Auswirkung des Handwerks auf ländliche Regionen, Hebung des Handels und der städtischen Wirtschaftskraft.

Hebung der Bevölkerungszahl: Zunächst müssten die Städte »peupiliziert« werden. Da das Land jedoch dünn besiedelt sei, müsse man Fremde in die Provinz ziehen[611]. Bei der 1717 vorgenommenen Lustration der wüsten Güter und Dörfer zeigte sich eine Vielzahl verwaister Voll-, Halbbauer- und Kossatenstellen[612] (Kossat – niederer Zinsbauer). Den Einwanderern sollten umfassende Privilegien erteilt werden, insbesondere das *Liberum Exercitium Religionis*. Zehn Jahre blieben sie, so sie sich in »Dänisch-Vorpommern« niederließen, von jeder Abgabe verschont. Die Räte gedachten, die neuen Bewohner auch von der Last der Einquartierung auszunehmen. Zudem dürfe jeder den Namen führen, den er sich zulege[613]. Tatsächlich gelang es den Dänen in einigen Orten, die Bevölkerungszahl zu erhöhen. Stralsund profitierte insbesondere durch seinen erneuten Status als Regierungssitz.

Im ersten Jahr der dänischen Herrschaft stieg die Zahl der Bürgerrechtserwerbungen im Vergleich zu den Vorjahren deutlich an, ja erreichte ihren höchsten Stand seit mehr als 25 Jahren[614]. Auffällig ist der starke Anstieg zum Beginn der dänischen Herrschaft und der dann folgende stete Rückgang der Bürgerrechtser-

---

609 Königl. Resolution vom 19. Dezember 1720. In: Dähnert, Sammlung, I, S. 898.
610 Regierung an Rentekammer vom 24. Jan. 1718, RAK RKTA P-R-K C 269.
611 Zur Förderung der Einwanderung in deutsche Territorien, siehe u.a.: Treue, Wirtschaft, S. 86–92.
612 RAK RKTA P-R-K C 273, Lit. F–S.
613 Regierung an Rentekammer vom 24. Jan. 1718, RAK RKTA P-R-K C 269.
614 Kroll, der in einer grafischen Darstellung diesen Fakt präsentiert, erwähnt mit keinem Wort die dänische Herrschaft. Auch interpretiert er nicht den rasanten Anstieg. Vgl. Kroll, Stadtgesellschaft und Krieg, S. 104; Die hier dargebotene Übersicht schließt zeitlich nahtlos an Krolls Diagramm an und basiert auf der Stralsunder Bürgerkartei. Stralsunder Bürgerkartei, StadtA Stralsund.

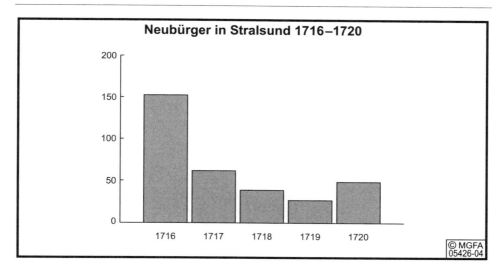

werbungen[615]. Mit einem anfänglich höheren Bedarf von Verwaltungspersonal kann dieses Phänomen nicht erklärt werden, da es sich bei den Zuzüglern beinahe ausschließlich um Handwerker, Kaufleute und Tagelöhner handelte. Euphorie über das Ende der schweren Kampfhandlungen und die Hoffnung auf einen raschen wirtschaftlichen Wiederaufstieg der Sundmetropole könnten Motive gewesen sein. Jene Erwartungen erwiesen sich jedoch bald als überzogen. Ab 1718 stiegen die zu entrichtenden Steuern und Abgaben merklich an und erreichten 1719 ihren Höhepunkt. Hingegen erreichte die Anzahl der Neubürger in diesem Jahre ihren Tiefstand. Nach dem Waffenstillstandsschluss, als sich die Rückgabe des Landes an Schweden abzeichnete, zogen wieder mehr Menschen in die vorpommersche Metropole. Fest steht jedoch, dass während der gesamten dänischen Herrschaft Menschen in der Strelasundstadt ihren neuen Wohnsitz einrichteten[616].

In Greifswald hingegen nahm die Einwohnerzahl weiter ab. So klagte die Stadt im Juli 1717, dass ein Bürger nach dem anderen sein Haus verlasse. In Bittschriften drohten einige Bewohner direkt mit der Aufgabe ihrer Gebäude und der eigenen Abwanderung[617]. Auch für Tribsees konstatierte die Regierung den Willen zahlreicher Bürger, Stadt und Land den Rücken zu kehren. Viele könne man nur

---

[615] Aus der Bürgerrechtserwerbung kann nicht automatisch auf den Zuzug der jeweiligen Person geschlossen werden. Andererseits ist den Akten entnehmbar, das der überwiegende Teil der Bügerrechtserwerbungen durch vormals Ortsfremde erfolgte. So erwarben 1716 124 Fremde und nur 27 Eingesessene das Bürgerrecht. Stralsunder Bürgerkartei, StadtA Stralsund.

[616] Stralsunder Bürgerkartei, StadtA Stralsund.

[617] Greifswald an Lustrationskommission vom (undatiert) Juli 1717, RAK Reg 88 Regkanc i Stralsund Conv. L XII b; A. Hagemeister an Lustrationskommission vom 20. Juli 1717, RAK Reg 88 Regkanc i Stralsund Conv. L XII b; Des Burggraffen und Bürgermeister Cavans [...] formierten InterimsLustrationsRegister vom 15. Juni 1717, RAK Reg 88 Regkanc i Stralsund Conv. L XII b. Derartige Fälle kamen mit Hinweis auf die starke Einquartierungslast auch in Stralsund vor. Quartierkammerprotokoll vom 11. Februar 1717 (Kopie), RAK Reg 88 Regkanc i Stralsund Conv. CCXLI.

durch gutes Zureden von ihrem Plan abbringen[618]. Für Loitz ist ein sehr interessanter Fall überliefert. Der Brauer Hinrich Christoff Hagen hatte sich, seiner Aussage zufolge, nach Beendigung der Kampfhandlungen in Loitz angesiedelt, sich dort ein Häuschen errichtet, um »unter Unsers allergnädigsten Königs und Herrn gnädigen Schutz und Schirm« seiner Profession nachzugehen. Dann jedoch focht die Stadt Hagens Braurecht an. Hierauf drohte Hagen damit, die Stadt zu verlassen. Die Regierung wies seine Klage dennoch zurück.

Die Hebung der Bevölkerungszahl nahm also unter den Regierungsvorschlägen von 1718 zu Recht den ersten Platz ein. In diesem Jahr bemühte sich auch der Kopenhagener Hof um weitere Förderung der Einwanderung, indem Friedrich IV. »Diejenigen Pensionarii, Schäffere und andere freye Leute/ so allererst am verwichenen Petri von frembden Ohrten in das Land gekommen« für »diesesmahl von dem Beytrag des Neben-Modo« befreite[619]. Somit glich die dänische Bevölkerungspolitik in Vorpommern der dort während des 17. Jahrhunderts von den Schweden angewandten Praxis. Die Gewährung von Kontributionsfreiheit und weiterer materieller Vergünstigungen in den 1660er und 1680er Jahren und die Befreiung von der Leibeigenschaft für Neusiedler und deren Kinder geben hiervon Zeugnis[620].

Gründung neuer Manufakturen: Neue Fertigungsstätten, insbesondere im wollverarbeitenden Gewerbe, brächten den Vorteil, dass Tuche nicht mehr teuer importiert werden müssten, betonten Hohenmühle, Thienen und Kampferbeck in ihrem Memorial. Dies sei bereits in früheren Zeiten erkannt worden. Aus diesem Grunde hätten die pommerschen Herzöge eine Manufaktur in Franzburg errichtet, von der sich schließlich 400 Familien ernährten. Krieg und Abwanderung brachten das Projekt jedoch gänzlich zum Erliegen. In schwedischer Zeit griff es niemand wieder auf. Karl XI. ordnete zwar 1686 an, sämtliche Garnisonen in Livland, Pommern und Wismar von Stettin aus zu beliefern, aber die Tuchmacher brachten aufgrund Ihrer Armut das nötige Geld für die Betriebskosten nicht zusammen. Kriege und Pest taten ihr Übriges[621].

Ausweitung des Handwerkes auf ländliche Regionen: Handwerker sollten nach dem Willen der Regierungsräte auf das Land gezogen werden.

Ein derartiger Vorschlag sei bereits den Ständen eröffnet. Ritterschaft und niedere Beamte beriefen sich jedoch auf die Policeyordnung. Sie gestatte einigen Handwerkern zwar das Wohnen auf dem Lande, allein, da die Städte auf den Handel angewiesen seien, würde diesen hoher Schaden zuteil. Die in den Dörfern fabrizierenden Handwerker könnten ihre Ware zu einem geringeren Preis anbieten als

---

[618] Regierung an Rentekammer (undatiert) 1718, RAK RKTA P-R-K C 269, Lit. E; Hagen an Regierung vom 5. April 1718, APS SNwG Sggn Rep. 30 b Allerhand, Nr. 48/21 (Acta in Sachen Hinrich Christoph Hagen contra Bürgermeister und Rat der Stadt Loitz in pto der Brauer-Gerechtigkeit); Regierungsentscheidung vom 18. Mai 1718, APS SNwG Sggn Rep. 30 b Allerhand, Nr. 48/21.

[619] Edikt Friedrichs IV. zum Nebenmodus vom 27. April 1718 (gedruckt), RAK RKTA P-R-K C 251 IV, Nr. 9.

[620] Müller, Die Entwicklung, S. 36.

[621] Regierung an Rentekammer vom 24. Jan. 1718, RAK RKTA P-R-K C 269.

ihre an die Zunftordnung gebundenen Kollegen in den Städten. Deshalb stoße man bei den großen Gemeinwesen auf Ablehnung.

Hebung des Handels und der städtischen Wirtschaftskraft: Da diese Provinz von den »Comercien« abhängig sei, müsse alles zu ihrer Förderung unternommen werden, schrieben die Regierungsräte. Schon deshalb sollten die Städte von jeder Kontribution verschont bleiben, auch wenn dies zunächst den Interessen des Landesherrn zuwiderlaufe. Später würden die öffentlichen Einnahmen deutlich von dieser Maßnahme profitieren. Außerdem wären zusätzliche Möglichkeiten des Seekommerziums durch neue Handelsplätze zu schaffen. Die Justiz solle in Pommern so eingerichtet werden, dass der Warenaustausch, der auf Rechtssicherheit angewiesen sei, auch durch sie befördert werde[622]. Bereits im November 1717 wies die Regierung auf deren immense Bedeutung für den Handel hin. Ausländische Kreditoren fänden sich ohnehin kaum noch. Die wenigen aber, die zum Geldverleih bereit wären, würden durch das umständliche Rechtssystem abgeschreckt. Sie hätten langwierige Prozesse durch viele Instanzen zu erwarten. Mit einem neuen Wechselrecht glaubten die königlichen Räte, das Kreditwesen wieder zu stärken. Ohne Wissen der königlichen Regierung dürften den Städten keinerlei zusätzliche finanzielle Belastungen auferlegt werden. Alle zwei bis drei Jahre sollten die Gemeinwesen ihre Steuerregister in Gegenwart eines von dem Regierungskollegium berufenen Kommissars offenlegen.

Der Maßnahmenkatalog der dänischen Beamten zeigt Weitblick und offenbart einmal mehr den Wunsch, die neu gewonnene Provinz dauerhaft zu halten. So erörterten Thienen, Hohenmühle und Kampferbeck in ihrem Schreiben an die Rentekammer, dass alle von ihnen geforderten Reformen sich erst nach einem Friedensschluss vollends verwirklichen lassen würden. Abschließend verliehen sie nochmals ihrer Hoffnung Ausdruck, man werde die neu gewonnene Provinz von all zu hoher Steuerlast verschonen[623]. Schon im Vorjahre, als die Regierung aufgefordert war[624], mögliche Maßnahmen zur Wiederinstandsetzung der wüsten Höfe und Häuser darzulegen, hob sie hervor, wie wichtig Geduld und eine Minderung der Abgabenlast seien[625]. Dort bekräftigten Oberlanddrost Kötzschau, die Räte und Kämmerer Horst, dass sie sämtliche Einwohner des Landes von höheren Steuern zu verschonen gedächten. Mit rhetorischem Geschick legten sie dar, weshalb auch solche Untertanen, deren Häuser unbeschädigt geblieben waren, Befreiung erfahren sollten[626].

---

[622] Regierung an Rentekammer vom 15. November 1717, RAK RKTA P-R-K C 273.
[623] Regierung an Rentekammer vom 24. Jan. 1718, RAK RKTA P-R-K C 269.
[624] Deputierte der Finanzen an Deputierte der Stadt Stralsund vom 7. April 1717, StadtA Stralsund Rep 13, Nr. 137.
[625] »Wann aber nach angestellter g[en]ungsahmen Erwegung wir befunden, daß alles auf die huldreiche generosité des Landesfürsten ankomme, welcher seinen Unterthanen Zeit gönne, daß Sie durch ihren Fleiß und Mühe unter den Seegen Gottes sich wieder erholen, und inzwischen von abtragung derer onerum, nach beschaffenheit derer Umbstände entweder gäntzlich oder zum theil befreyet seyn mögen«, Regierung an Rentekammer vom 15. November 1717, RAK RKTA P-R-K C 273.
[626] Regierung an Rentekammer vom 15. November 1717, RAK RKTA P-R-K C 273.

»Was aber die übrigen Einwohner des platten Landes betrifft [...] Wie viele haben in der Kriegszeit sich mit der größten beschwerde und incommodite auf deren Gütern aufgehalten, alle äußerste Sorgfalt für die Conservation derer gebäude und behaltung derer Unterthanen getragen [...] und sich mit der Zeit abgezehrt und entkräftet [...]? Wie viele haben das Korn so sie in diesem und vorigen Jahre in die Erde geworffen von andern geliehen und borgen müssen: Wie viele haben ihren acker verpfändet, und darbey die onera davon zu tragen über sich genommen, wie viele haben mit anderen zu helfte gesäet? Wie viele haben mit großer Mühe auf Credit vieles angeschaffet, jedoch noch nicht bezahlet, wie viele haben bei Ermanglung eigenen Viehes, frembde viehe mit der condition, daß sie nur die Milch davon erhalten [...] auf die Weyde und Futerung genommen. Ja es ist fast nicht zu beschreiben, wie groß die pauvreté derer meisten Einwohner sey«.

In gesonderten Beschreibungen der Städte unterbreiteten die Regierungsräte konkrete Vorschläge für jedes einzelne Gemeinwesen. Neben zahlreichen Anträgen ist allen Darstellungen eine Forderung gemein: Herabsetzung der Hufenzahl. Für Greifswald schlug die Regierung die größte Minderung vor. Von 150 reduzierten Hufen sollten nur 50 verbleiben[627]. Auf zwei Drittel der besitzabhängigen Abgaben wollte die Regierung also verzichten!

Tatsächlich nahm der König, wie gezeigt, zunächst Abstand von der Erhebung einiger Abgaben. Konsumtions-, Trank- und Scheffelsteuer sowie Stralsunder Wallgelder setzte er 1716 aus[628]. Von der Hinterlegung des Nebenmodus blieben alte, unvermögende Personen ebenso ausgenommen wie die Besitzer wüster Höfe, die sich 1716/17 zum Wiederaufbau entschlossen, sofern sie nicht weitere florierende Güter in Pacht hielten[629]. 1719 entrichteten wieder sämtliche Pensionäre den Nebenmodus, auch wenn sie in den Vorjahren mit dem Aufbau ihrer zerstörten Besitzungen begonnen hatten. Das neue Edikt verzichtete lediglich auf die Besteuerung derjenigen Güter, deren Instandsetzung erst im aktuellen Jahr anlief[630].

Auch der Sicherung einheimischer Handwerker und Manufakturen gegen ausländische Konkurrenz galt das Augenmerk der dänischen Regierung. Nach einem Erlass vom 27. November 1716 war es fremden Kupferschmieden, Zinnengießern und Beckenschlägern nicht mehr gestattet, ihre Waren in Dänisch-Pommern außerhalb der Jahrmärkte feilzubieten. Auf dem Hin- und Rückweg zu diesen Handelsplätzen wurde ihnen der Verkauf ebenfalls verboten. Den einheimischen Kaufleuten und Schiffern untersagte die Regierung, kupferne oder zinnerne Ware einzuführen. Generalgouverneur, Oberlanddrost und Räte verbanden mit diesen Maßnahmen jedoch die Forderung an die pommerschen Manufakturen, eigene Erzeugnisse von hoher Güte und annehmbarem Preis anzubieten[631].

---

[627] RAK RKTA P-R-K C 269, Lit. A-F.
[628] RAK RKTA P-R-K C 251, Nr. 4; Befehl Friedrichs IV. vom 13. Oktober 1716, RAK RKTA P-R-K C 251 I, Nr. 21.
[629] Edikt Friedrichs IV. zum Nebenmodus vom 27. April 1718 (gedruckt), RAK RKTA P-R-K C 251 IV, Nr. 9.
[630] Edikt Friedrichs IV. zum Nebenmodus vom 13. März 1719, RAK RKTA P-R-K C 251 IV, Nr. 11.
[631] Regierungspatent vom 27. November 1716, RAK RKTA P-R-K C 256, Nr. 11.

Hiermit ist ein weiterer wichtiger Punkt dänischer Politik berührt. Nicht allein die quantitative, sondern auch die qualitative Hebung der pommerschen Wirtschaftskraft lag der sundischen Regierung am Herzen. Die Stadt Bergen betreffend, beklagte sie im Dezember 1716 das Fehlen jeglicher Gütekontrollen für Brot und befahl deshalb, dass künftig ein Achtermann, der selbst kein Bäcker sei, und ein Camerarius Gewicht, Grad des Ausbackens und Weizen- und Roggenmehlgüte bewerten solle. Bei Verstößen gegen die Tax- und Victualordnung sei das minderwertige Backwerk einzuziehen, an die Armen zu verteilen und gegen den Bäcker zusätzlich eine Geldbuße zu verhängen. Auch für Bergener Brauereien wurden Qualitätskontrollen angeordnet[632]. Die Güte des vorpommerschen Bieres soll zur damaligen Zeit geradezu miserabel gewesen sein. Dies äußerten zumindest preußische Offiziere und deren König Friedrich Wilhelm. So nimmt es nicht wunder, dass auch der Soldatenkönig in dem ihm zugefallenen Landesteil Maßnahmen zur Qualitätssteigerung traf[633].

König Friedrich IV. erließ nur wenige Tage vor dem Kupferschmiede-, Zinnengießer- und Beckenschläger- Edikt einen Befehl zum Schutz der pommerschen Brauereien[634]. Hier galt es nicht, unerwünschtem Import vorzubeugen, sondern Missbrauch im Inland abzuwehren. Landbegüterte maßten sich zunehmend das Recht des Bierbrauens und Branntweinbrennens an. Nur den althergebrachten Brauereien war gemäß dem neuen Edikt weiterhin die Ausübung ihres Handwerkes gestattet[635]. Allen anderen in dem Gewerbe Tätigen sollten die »Brandweinkessel umbgeworfen werden« sowie sämtliche Gerätschaften verlustig gehen. Das Militär hatte sich bereitzuhalten, um mittels Exekution die Braugerechtigkeit durchzusetzen[636]. Ein königliches Dekret regelte also den Schutz bürgerlicher Privilegien. Dass Friedrich IV. selbst zur Feder griff, oder zumindest in seinem Namen schreiben ließ, deutet auf Konflikte mit der Ritterschaft hin. Der Landesherr trat wie in zahlreichen anderen Angelegenheiten auch in Persona dem Adels- und Grundbesitzendenstand entgegen. Die Drohung, bei Verstößen sofort mit Exekution, also mit Einquartierung von Soldaten auf den Gütern zu antworten, zeigt, dass die »Rechtsbrecher« fast ausschließlich Landvermögende gewesen sind[637].

Die sundische Regierung hatte nun festzustellen, wem denn seit alters her Braurecht zustand. Nach dem königlichen Dekret hofften die Räte auf rege Anzeigetätigkeit der Bewohner. Diese jedoch blieb aus. Enttäuscht wandte sich die Regierung im Juli 1717 an die Braukundigen mit der Aufforderung, binnen dreier Monate Urkunden vorzuweisen, die ihr althergebrachtes Recht belegten[638]. Da sie auch hierauf wenig Zuspruch erfuhr und es sich bei vielen Bierbrauenden und Branntwein-

---

632 Der Bergener Rezeß. In: Dähnert, Sammlung, Suppl. I, S. 1247–1253, hier: S. 1252.
633 Formazin, Das Brauwesen, S. 22.
634 Friedrich IV. vom 17. November 1716, RAK RKTA P-R-K C 256, Nr. 10.
635 Der Bergener Rezeß vom Dezember 1716 erlaubte auch anderen Bürgern das Bierbrauen, jedoch nur zum privaten Verzehr. Ein öffentlicher Verkauf war strikt untersagt. Der Bergener Rezeß, S. 1252.
636 Friedrich IV. vom 17. November 1716, RAK RKTA P-R-K C 256, Nr. 10.
637 Dewitz an Boye und Johnn vom 30. April 1716, RAK Reg 88 Regkanc i Stralsund Conv. XXVII; Friedrich IV. vom 17. November 1716, RAK RKTA P-R-K C 256, Nr. 10.
638 Regierungspatent vom 8. Juli 1717, RAK RKTA P-R-K C 256, Nr. 17.

brennenden um Adelige handelte, befahl die Regierung der Ritterschaft, zügigst ein eigenes Patent abzufassen und darin ihre Standesangehörigen zum Vorweisen der Urkunden anzuhalten, die eine entsprechende Gerechtigkeit belegten[639].

In ihrer das Braugewerbe betreffenden Politik unterschied sich die dänische Regierung von der vormals schwedischen. Letztere hatte 1681 den Bauern das Brauen zum eigenen Bedarf und privaten Ausschank gestattet, gegen die Bitte derjenigen, die auf ihre überlieferten Privilegien pochten. Der kommerzielle Verkauf wurde jedoch auch schon damals untersagt. Verglichen mit den dänischen Verhältnissen bedeutete der Schutz des Braugewerbes nichts als die konsequente Übertragung des eigenen Rechts auf das eroberte Gebiet. In Dänemark schränkte bereits im Juni 1689 ein Edikt den Wirtshausbetrieb und Ausschank auf dem Lande stark ein und verbot das Schwarzbrennen[640].

Als zweites Beispiel für das Regierungsengagement zur Wahrung inländischer Handelsinteressen darf hier auf eine Begebenheit aus dem Jahre 1718 hingewiesen werden. Zu diesem Zeitpunkt versuchten Bürgermeister und Rat Bergens, inselfremde Loß- und Kuchenbäcker (Loßbäcker – Bäcker, der nur lockere Teigwaren backen darf) vom städtischen Markt fernzuhalten, um die eigenen Konditoren vor unerwünschter Konkurrenz zu schützen. Gegen eine derartige Verordnung legten die betroffenen Greifswalder und Stralsunder Alterleute Protest bei der königlich-dänischen Regierung ein. Sie klagten: Während andere Händler ohne die geringste Erlaubnis ihre Waren wohlfeil bieten dürften, müssten sie, die sie die Waren unter großen Entbehrungen und Gefahren in die Stadt brächten, um ihre Rechte kämpfen. Generalgouverneur, Oberlanddrost und Räte gaben den Loß- und Kuchenbäckern Recht. Sie drohten Bergen mit 100 Reichstalern Strafe für den Fall, dass der freie Handel mit Backwaren weiterhin behindert werden würde. So wie alle anderen Kaufleute auch, sollten die Bäcker fortan an drei Wochentagen Brot und Kuchen auf dem Bergener Markt anbieten dürfen. Wenig später wurde dieser Erlass aus heute nicht mehr feststellbaren Gründen wieder aufgehoben[641].

Der Schutz des Binnenmarktes gegen ausländische Konkurrenz verdeutlicht die merkantilistische Prägung dänischer Wirtschaftspolitik, von der auch das neu gewonnene Territorium nicht ausgespart blieb. König Friedrich wandte sich am 18. Februar 1719 schriftlich unmittelbar an seine pommerschen Untertanen[642]. Eine Wollmanufaktur sei auf sein Geheiß in Kopenhagen entstanden[643]. Seit der zweiten Hälfte des Jahres richtete der dänische Staat besonderes Augenmerk auf den zügigen Ausbau des heimischen Textilgewerbes. Friedrich IV. befahl der Militärverwaltung 1705 den ausschließlichen Ankauf dänischer Textilen, auch wenn billigere Produkte im Ausland angeboten würden. Das Geld, das bislang im Aus-

---

639 Regierung an Ritterschaft vom 8. Juli 1717, StadtA Greifswald Rep. 5, Nr. 1339.
640 Formazin, Das Brauwesen, S. 13 f.; Munck, The Peasantry, S. 105.
641 Stralsunder Kuchen- und Loßbäckeramt an Regierung vom 11. August 1718, KA Bergen Rep. StadtA, Nr. 253; Regierung an Bürgermeister und Rat der Stadt Bergen vom 15. August 1718, KA Bergen Rep. StadtA, Nr. 253; Regierung an Bürgermeister und Rat der Stadt Bergen vom 15. September 1718, KA Bergen Rep. StadtA, Nr. 253.
642 Friedrich IV. vom 18. Februar 1719, RAK RKTA P-R-K C 256, Nr. 42.
643 Nielsen, Dänische Wirtschaftsgeschichte, S. 221.

land für den Kauf der Monturen ausgegeben werde, könne nun, so der König, im eigenen Herrschaftsbereich verbleiben. Deshalb verbiete er die Ausfuhr von Wolle[644] aus dem dänischen Teil des Herzogtums Pommern. Als Strafe für dennoch exportierte Ware wurde ein Reichstaler je Pfund festgeschrieben. Ein Drittel dieser Gelder sollte an die königliche Manufaktur abgeführt werden. Die Kopenhagener Fabrik hatte einen Händler zu entsenden, der einen fairen Preis mit dem Verkäufer vereinbarte. Schließlich sollten feste Plätze für die Abgabe der Wolle festgelegt werden[645]. Wenige Wochen später ergänzte die Regierung das königliche Edikt. Wollhändler opponierten zuvor, dass Teile ihrer Ware bereits bestellt seien und der Auslieferung harrten. Auch hierfür galt nun ein striktes Ausfuhrverbot[646]. Das königliche Konseil gestattete lediglich den privaten und befristeten Verkauf von Lammwolle, da diese in der Manufaktur keine Verwendung fand. Dem Kammerrat Hinrich Horst wurde die Leitung des Wollankaufes übertragen. Daniel Joachim Kühl, ein pommerscher Kaufmann, übernahm die Rolle des Zwischenhändlers in der Provinz. Bei ihm war die Wolle in Stralsund abzuliefern, hier empfing jeder Produzent seinen Lohn in barer Münze[647].

Da die Schafzucht in Pommern lange Tradition besaß, mochte Friedrich IV. auf ertragreiche Wollabgaben gehofft haben. Sowohl die Anzahl der Herden als auch der Tiere war jedoch im Vergleich zur Vorkriegszeit erheblich gesunken. Folgt man einem Regierungsbericht, so bestanden einst im nördlichen Vorpommern etwa 500 Schäfereien mit je 800 Tieren. 1717 seien hiervon noch 23 Herden mit mehr als 200 Schafen übrig gewesen. In einer von der Stadt Greifswald erstellten Tabelle wird der erforderliche Schafbestand der eigenen Ländereien auf 3400 Stück beziffert. Tatsächlich vorhanden waren gemäß dieser Aufstellung jedoch insgesamt nur 1280 Tiere. Erst Mitte 1720 hob Friedrich IV. das Verbot der Wollausfuhr auf und gestattete den freien Handel[648].

Vorpommern diente also dem dänischen textilverarbeitenden Gewerbe als Rohstofflieferant. Einen Ausbau im Land vorhandener Kapazitäten oder die Errichtung von Tuchmanufakturen scheinen die Dänen nie in Betracht gezogen zu haben. Bedürfnisse des Militärs standen im Vordergrund, sind eigentliche Ursache der königlichen Erlasse in Bezug auf die Wollausfuhr. Profitierte das örtliche Handwerk von den Entscheidungen des rührigen Monarchen? Nein, oder wenn überhaupt, dann nur in sehr geringem Maße. Im Land selbst standen zwar Truppen von beträchtlicher Stärke, doch ihre Ausstattung mit Bekleidung erfolgte nicht aus der Provinz, sondern aus anderen Teilen des dänischen Reiches und aus be-

---

644 Auch der preussische König Friedrich Wilhelm I. verbot 1718–1720 sowie 1722/23 bei schärfsten Strafen die Ausfuhr von Wolle. Stern, Der preussische Staat, II, 1. Abt, S. 64; Edikt vom 10. April 1717, APS Zbior Loepera, Nr. 174, 1717, Bl. 10 f.
645 Friedrich IV. vom 18. Februar 1719, RAK RKTA P-R-K C 256, Nr. 42.
646 Regierungspatent vom 19. Mai 1719, RAK RKTA P-R-K C 256, Nr. 44; Kgl. Konseil an Regierung vom 9. September 1719, RAK Reg 88 Regkanc i Stralsund Conv. XI.
647 Kgl. Konseil an Regierung vom 17. Januar 1719, RAK Reg 88 Regkanc i Stralsund Conv. XI; Regierungspatent vom 6. Juli 1719, RAK RKTA P-R-K C 256, Nr. 44.
648 Regierung an Rentekammer vom 15. November 1717, RAK RKTA P-R-K C 273; Greifswald an Regierung vom 11. Juli 1717, RAK Reg 88 Regkanc i Stralsund Conv. LXII b; Sehestedt an Regierung vom 16. Juli 1720, RAK Reg 88 Regkanc i Stralsund Conv. XII, Nr. 21.

setzten Gebieten. Im Mai 1717 erging eine Weisung Friedrichs, derzufolge mehrere Tausend im Ausland gekaufte Kleidungsstücke für das in Wismar stehende Regiment des Generalmajors Mogens Krag und die beiden in Stralsund stationierten Infanterieregimenter zollfrei an ihre Bestimmungsorte zu bringen seien[649]. Auch als im Sommer 1719 die Belieferung des Prehnschen Kavallerieregimentes und des Infanterieregimentes Friis mit 1600 Hemden, 1300 Halstüchern, 650 Handschuhen, 640 Kürassierkitteln und umfangreichen Mengen anderer Textilien erfolgte, kaufte das Kopenhagener Landetatkommissariat in Rostock, Altona sowie Flensburg und nicht in Wismar, Stralsund oder anderen pommerschen Städten[650].

Der vorpommersche Handel erfuhr ebenfalls nicht die von den Städten erhoffte Förderung. Während die Dänen zwar das Binnen»commercium« durch zahlreiche Maßnahmen schützten, gewährten sie nur geringe Vergünstigungen für den Export. Von besonderer Bedeutung für eine Stärkung des Handels wäre eine gänzliche Befreiung vom Sundzoll gewesen. Diese jedoch billigte Kopenhagen den vorpommerschen Kaufleuten nicht zu.

Da Schweden seit dem Friedensschluss zu Bromsebrö Sundzollfreiheit genoss, und diese, folgt man den Quellen[651], zu einem gewissen Grade auf Vorpommern übertrug[652], ersehnten die Städte eine Ausweitung der vorteilhaften Privilegien. Insgesamt ist die vorpommersche Wirtschaftsgeschichte der zweiten Hälfte des 17. Jahrhunderts relativ schlecht erforscht. Die Frage des Sundzolles in Bezug auf Pommern wird lediglich von Müller berücksichtigt. Vor 1715 war der Zoll an »dähnischen Örtern« für all die Waren, die aus Schweden kamen, nicht zu hinterlegen, sehr wohl aber für »Importe« aus anderen Staaten. Schon im Mai 1716 trug die Stralsunder Kaufmannschaft dem Etatsrat Andreas Weyse den Wunsch an, die Zollprivilegien aus schwedischer Zeit beibehalten zu dürfen[653]. Friedrich IV. befahl, zunächst zu prüfen, inwieweit die anderen deutschen Städte seines Reiches von dieser Taxe befreit seien. Da ihm die Rentekammer meldete, dass die Städte und Ämter Sonderburg, Hadersleben und Flensburg sowie Heiligenhafen, Glückstadt, Altona und Rendsburg keinen Zoll zu entrichten hätten, andere weniger bedeutsame Orte jedoch in vollem Umfange zahlten[654], entschied Friedrich wie folgt:

> »Wir bewilligen allergnädigst daß denen in Vorpommern und auf Rügen commercierende Unterthanen den privilegien Ämter undt Städten in denen Herzogthümern Schleswig Holstein ratione des Handels sowohl auf Norwegen, als dennemarck gleich tractiret werden möge[655].«

---

[649] Friedrich IV. an Rentekammer vom 22. Mai 1717, RAK RKTA P-R-K C 251 II, Nr. 23; Rentekammer an die gesamte Zollverwaltung vom 1. Juni 1717, RAK RKTA P-R-K C 251 II, Nr. 23, dort findet sich auch eine genaue Auflistung der zu liefernden Kleidung.

[650] Specification einiger Mundierungs Sorten, RAK RKTA P-R-K C 251 IV, Nr. 31.

[651] Müller, Die Entwicklung, S. 39.

[652] Kaufmannschaft an Andreas Weyse vom 19. Mai 1716, StadtA Stralsund Rep. 5, Nr. 11 (Anordnungen der Regierung über den Handel zur Zeit der dänischen Herrschaft), Bl. 1 f.; Müller, Die Entwicklung, S. 39.

[653] Kaufmannschaft an Andreas Weyse vom 19. Mai 1716, StadtA Stralsund Rep. 5, Nr. 11 (Anordnungen der Regierung über den Handel zur Zeit der dänischen Herrschaft), Bl. 1 f.

[654] Rentekammer an Friedrich IV. vom 6. Februar 1717, RAK RKTA C 251 II, Nr. 10.

[655] Kgl. Resolution vom 15. Februar 1717, RAK RKTA C 251 II, Nr. 10.

Damit gestattete Friedrich zwar die Abgabenfreiheit für den Handel mit seinem Reich, nicht jedoch für den, der über den Öresund in fremde Länder lief. Die Deputierten der Finanzen übermittelten dementsprechend an die Stadt Stralsund:

»5. Wegen moderation in denen Licenten auf gewiße Wahren, item, wegen confirmirung der vormahligen Contoirsfreyheit in Bergen, und der freyheit im Sunde.

moderation in denen Licenten auf die Helffte und zwar von Heringen und anderen Berger-Wahren, item Wolle, Rein- und Paßhanpf, Leder und Saltz, genißen mögen. Was aber die gesuchte Confirmation der vormahligen Contoirs freyheit in bergen für die Stadt Stralsund item der freyheit im Sunde anbelanget; *So sollte selbiges bis weiter außgesetzet werden* [Hervorhebung – M.M.], und es inzwischen bey der ratione des Handels auf Norwegen und Dännemarck, dero commercium den Pommerschen Unterthanen unterm 15. Februar jüngsthin allergnädigst ertheilten Resolution wonach Selbige denen *privilegirten* ämtern und Städten, in denen Hertzogthümern Schleßwig, Hollstein gleich tractiret werden mögen, verbleiben«[656].

Am 19. April setzten Hinrich Horst und Friedrich Emanuel von Kötzschau die Weisung in ein gedrucktes Patent um. Dort hieß es unter anderem:

»Fügen hiemit zu wissen/ was [...] Königl. Gnaden bewilliget haben/ daß dero in Vor-Pommern und auf Rügen commercirende Unterthanen denen privilegirten Ämtern und Städten in denen Hertzogthümern Schleßwig/ Holstein/ ratione des Handels/ so wohl auff dem Königreich Norwegen/ als dem Königreich Dänemarck gleich tractiret werden mögen. Wann nun/ nach Einhalt der zu Kopenhagen gedruckten Zoll-Rolle de Ao. 1691. §. 7 die privilegirten Ämbter und Städte in denen Hertzogthümern Schleß-wig/ Holstein/ von denen Waaren/ welche daselbst fallen oder wachsen/ oder von denen Königreichen Dännemarck und Norwegen wieder nach solchen Hertzogthümern durchgehends ausgeführt werden/ den Zoll/ gleich von denen Waaren/ so die Unterthanen innerhalb der Reiche verführen/ entrichten/ dahingegen aber von andern Waaren/ welche in bemelten Ämbtern und Städten nicht fallen oder wachsen/ sondern von frembden Öhrtern dort eingeführet und davon nach denen Königreichen wieder ausgeführet/ oder von denen Königreichen und Landen nach frembden Öhrtern abge-führet werden/ der ausländische Zoll/ gleich selbigen andere Unterthanen in denen Königreichen/ nach Zoll-Ordonance zu erlegen schuldig seyn/ bezahlet werden muß«[657].

Die genaue Wiedergabe des Wortlautes scheint dem Verfasser gerade aufgrund der sich in der Forschung verhärtenden Behauptung einer gänzlichen Sundzollbefreiung unter der dänischen Herrschaft sehr wichtig. Die fehlerhafte Annahme, Dä-nemark hätte Vorpommern eine gänzliche Befreiung vom Sundzoll gewährt, findet sich selbst in der neuesten Literatur[658]. Ein gewisses Privileg bestand lediglich dar-in, dass jene in der Provinz selbst hergestellten Waren zolltechnisch mit denen in den genannten privilegierten Städten und Ämtern in den Herzogtümern Schleswig und Holstein gleichgesetzt wurden.

Merkantile Beschränkungen des Handels behinderten mitunter den landwirt-schaftlichen Aufschwung. So erschwerte Bürokratisierung die zügige Aufstockung

---

656 Deputierte zu den Finanzen an Deputierte der Stadt Stralsund vom 7. April 1717, StadtA Stral-sund Rep. 13, Nr. 137.
657 Kammerpatent vom 19. April 1717, APS RSwS, Nr. 6176.
658 Pohlmann-Linke, Landesherrschaft und Verwaltung, S. 351.

des Viehbestandes. Die pommersche Gräfin Reinschild (vermutlich Christina) ließ beispielsweise über einen Bevollmächtigten bei der Rentekammer in Kopenhagen schriftlich anfragen, ob sie Rinder und Pferde einführen dürfe. Sie beabsichtigte, diese direkt aus Dänemark zu importieren. Da der Seeweg durch schwedische Kaperei zu unsicher war, sollte das Vieh über Land in die Provinz an der Peene getrieben werden. Hierbei waren mehrere deutsche Territorien zu durchqueren. Dies wiederum hieß zunächst Ausfuhr der Mähren, Kühe und Ochsen aus Dänemark und dann Einfuhr in die dänisch-verwaltete Provinz. Gräfin Reinschild benötigte hierfür eine schriftliche Erlaubnis, obwohl ihre Absicht sich mit den Intentionen ihres Landesherrn deckte. Das königliche Exportverbot erzwang einen langwierigen Briefverkehr. Gegen Erbringung des erforderlichen Zolls gestattete Friedrich schließlich die Ausfuhr von 60 Bauernpferden, 50 Kühen und 30 Ochsen[659].

Trotz der Beschränkungen des freien Warenaustausches hofften die Dänen, den Handel der Provinz zu heben. Allein, dieser war abhängig von einer am Boden liegenden Infrastruktur, von einem gänzlich desolaten Straßen- und Wegenetz[660]. Deshalb ordnete die Regierung an, die Heer- und Landstraßen, insbesondere die von Stralsund nach Damgarten, Greifswald, Demmin und Anklam sowie die von der Alten Fähr nach Bergen binnen weniger Wochen zu reparieren. Tiefe und morastige Löcher waren mit Buschwerk, Steinen und Erde aufzufüllen, das Wasser musste über Gräben abgeleitet werden. Auch sollten die Einwohner die Dämme erhöhen und die Brücken wieder instand setzen. Aus jedem Amt, jedem Distrikt und jeder Stadt befahl die Regierung, Personen zur Beaufsichtigung der Arbeiten zu entsenden. Gleichzeitig versprachen die höchsten Staatsbeamten umfassende Hilfe[661].

Abseits des Straßen- und Wegeausbaues war insbesondere bei der Beschaffung von Baumaterialien Unterstützung dringend nötig. Einige Häuser besaßen kein Dach, da die Besitzer das Stroh zum Unterhalt der Armee ablieferten. Das Holzwerk der Gebäude war alt, »verfault und bruchfällig«[662]. Deshalb gewährte die sundische Regierung Zoll- und Licentfreiheit auf die Einfuhr von Bauholz[663]. Ange-

---

[659]   RAK RKTA P-R-K C 251, Nr. 10.

[660]   Über das miserable Wegenetz beklagte sich die schwedische Regierung bereits seit den 1660er Jahren häufig. Buchholz, Öffentliche Finanzen, S. 355–358. Im preußisch verwalteten, südlich der Peene gelegenen Landesteil wurde das desolate Verkehrsnetz gleichfalls kritisiert und die Abstellung der Mängel durch die landesherrlichen Behörden in die Wege geleitet. Im Falle der Weigerung setzten die landesherrlichen Behörden ihre Forderungen mit Exekution durch. APS AKS I/5526; Dort finden sich unter anderem detaillierte Zustandsbeschreibungen wichtiger Wege und Straßen des südlichen Vorpommerns (S. 36, 66, 75).

[661]   Regierungspatent vom 30. September 1717, RAK RKTA P-R-K C 256, Nr. 19; LAG Rep. 40, Nr. 91, S. 155. Dass die eingeleiteten Maßnahmen tatsächlich erfolgreich verliefen, ist den Rentekammerakten entnehmbar. RAK RKTA P-R-K C 251 IV.

[662]   Regierung an Rentekammer vom 15. November 1717, RAK RKTA P-R-K C 273.

[663]   Regierungspatent vom 20. April 1718, RAK RKTA P-R-K C 256, Nr. 26. Bereits 1717 sicherte die Rentekammer einer Stralsunder Gesandtschaft Zollfreiheit für das aus Hinterpommern über Wolgast eingeführte Brennholz zu. Von der in Stralsund zu hinterlegenden Gebühr befreite der Erlass aber nicht. Deputierte der Finanzen an Deputierte der Stadt Stralsund vom 7. April 1717, StadtA Stralsund Rep. 13, Nr. 137; Beispiele für kostengünstige Holzausweisungen und Bereitstellung billigen Bauholzes: RAK RKTA P-R-K C 251 I-IV.

sichts deutlich gestiegener Preise für das aus dem preußischen Landesteil bezogene Material[664] handelte es sich um eine wichtige Weisung. Ausdrücklich versprachen sich Generalgouverneur, Oberlanddrost und Räte von dieser Maßnahme die rasche Wiedererrichtung wüster Güter, Höfe und Häuser. Allerdings zwang der Erlass interessierte Personen dazu, die Verwendung des Bauholzes nachzuweisen. Zweckentfremdung konnte so vorgebeugt werden[665]. Holz war eine knapp bemessene Ressource[666]; nicht nur in »Dänisch-Pommern«, sondern auch in anderen Territorien. Die Thesen Radkaus zum Holzmangel sind nach wie vor umstritten. Der Wirtschaftshistoriker bestreitet nicht nur die allgemeine »Holzkrise« des ausgehenden 18. Jahrhunderts, sondern auch den Wahrheitsgehalt obrigkeitlicher quellenüberlieferte Aussagen über »Holzmangel«. Seine sowohl zeitlich als auch räumlich sprunghafte Argumentation, die in der Forschung umstritten ist, vermag jedoch kaum zu überzeugen. Nur in einem Punkt kann Radkau zugestimmt werden: eine Betrachtung über Holzmangel muss qualitative Unterschiede des Holzes eingehend berücksichtigen. Es besteht ein Unterschied zwischen Bau- und Brennholz. Letzteres scheint tatsächlich auch in Vorpommern in größerem Maße vorhanden gewesen zu sein. Auf den Domänen war Bauholz kaum vorhanden, in den königlichen Ämtern nur in geringem Umfang bevorratet und in den Wäldern der ritterschaftlichen Güter nur von mittlerer Qualität. Die Regierung hob hervor, dass selbst in der Stubnitz »selten Bäume, so zum zimmern employret werden können«, wüchsen[667]. Die 1717 durchgeführte Lustration offenbarte bei nur 14 Prozent der rügischen Höfe »etwas«, »wenig« oder »ein geringes« an Wald. Die übrigen Güter verfügten über keinerlei Holzung[668]. So erklärt sich, warum die Amtmänner während ihrer Bestallung erfuhren, dass sie besonderes Augenmerk auf die königlichen Wälder legen sollten. In den entsprechende Urkunden wird diese Aufgabe herausgehoben dargestellt. Das heißt, sie fiel nicht unter die allgemeinen Pflichten des Amtmannes, die ihm in einem Satz aufgezählt worden waren. Vielmehr wurde dem Schutz der Holzungen ein separater, wenn auch kurzer Abschnitt zuteil. Ohne direkten Befehl des Königs oder der Rentekammer durfte kein Baum gefällt und abtransportiert werden[669]. Mitunter monierte die Rentekammer die Menge des von der Regierung ausgewiesenen Bauholzes. So im Falle eines Landreiterhauses, eines

---

[664] Regierung an Rentekammer vom 15. November 1717, RAK RKTA P-R-K C 273.

[665] Regierungspatent vom 20. April 1718, RAK RKTA P-R-K C 256, Nr. 26. In derselben Weise bei umfangreichen Bauholzschenkungen. Rentekammer an Dewitz vom 25. August 1716 (Kopie), RAK Reg 88 Regkanc i Stralsund XXIX.

[666] Etwa in Brandenburg: Engelen, Die Soldatenfrauen, S. 517; vgl. Radkau, Zur angeblichen Energiekrise, S. 9 f.; Radkau, Holzverknappung und Krisenbewußtsein, S. 513−543; Gericke, Von der Holzkohle zum Koks, S. 156−195.

[667] Regierung an Rentekammer vom 15. November 1717, RAK RKTA P-R-K C 273.

[668] Basis der hier präsentierten Berechnung bilden 93 besichtigte Höfe. RAK Reg 88 Regkanc i Stralsund Conv. LX b.

[669] Bestallung für Sigismund Dankwerth, RAK RKTA P-R-K C 252, S. 23−27; Bestallung für Michael Christian Schulmann, RAK RKTA P-R-K C 252, S. 27−31; Bestallung für Barthold Schacht, RAK RKTA P-R-K C 252, S. 32−36; Bestallung für Johann Janson von Silberstern, RAK RKTA P-R-K C 252, S. 39−43; Beispiele für Holzausweisungen: Kgl. Resolution vom 19. März 1719, RAK RKTA P-R-K C 251 IV, Nr. 13; Kgl. Resolution vom 3. April 1719, RAK RKTA P-R-K C 251 IV, Nr. 13.

Gefängnisses, der Neuendorfer und der Candeliner Kapelle und der Loitzer Schloss- und Wassermühle[670]. Veruntreuung von Holz, die Ausweisung desselben ohne Befehl oder gar ein unerlaubtes Fällen von Bäumen standen unter schwerer Strafe. Es nimmt also nicht wunder, dass der Oberförster Werffel in einem gegen ihn wegen seiner Grausamkeit geführten Prozess seinem Gegner Diebstahl von Holz anzulasten suchte[671]. Im Juni 1717 erließ Friedrich IV. eine umfangreiche »Verordnung zur Conservation der Hölzungen im Herzogthum VorPommern und dem Fürstenthum Rügen«[672], zu der er sich durch unerlaubten Holzeinschlag bemüßigt fühlte. An »die Conservation der noch übrigen wenigen Holtzungen« müsste gedacht werden, um den vollständigen »ruin derer Wälder« und »großen Mangel an Bau- und Brennholz« zu vermeiden. Kein Pächter eines verpfändeten Dominalgutes durfte fortan die dort vorhandenen Baumbestände ohne ausdrückliche Erlaubnis durch die landesherrliche Forstverwaltung nutzen. Selbst den Besitzern von Wäldern verbot Friedrich die Ausfuhr von Holz. Diese und zahlreiche andere Anweisungen[673] zeigen das hohe Interesse am Rohstoff und verdeutlichen zudem dessen Knappheit. Auch in diesem Punkt fügte sich das eroberte Vorpommern nahtlos in die allgemeine dänische Politik. Der Schutz der Wälder gehörte in Dänemark seit Errichtung des absolutistischen Regimentes zu den Grundanliegen der Monarchie. Obwohl beispielsweise Landbesitzende über das Recht verfügten, den eigenen Wäldern Holz zu entnehmen, waren die Amtleute ab 1680 angewiesen, dieses Privileg zu untersagen, wenn die Zerstörung eines Forstes drohte. Schon 1672 belegte die Krone die in den Wäldern durchgeführte Schweinemast mit Gebühren. Neben hohen Strafen für Wilddiebe förderte der Staat zudem das Bauen mit Steinen und begünstigte steuerlich die Anpflanzung von Bäumen[674]. An der Übertragung dieses umsichtigen Verhaltens auf Vorpommern und Rügen wird erneut das Bestreben ersichtlich, die neu gewonnene »Provinz« dauerhaft zu sichern. Aller Schutz und alle Umsicht beim Holzeinschlag schwanden jedoch schnell, nachdem eine Rückgabe des Landes an Schweden sich deutlich abzeichnete[675]. Im Gegenteil, dänische Dienststellen setzten nun alles daran, den wertvollen Baustoff für das eigene Land zu sichern. So befahl das See-Generaletatskommissariat nach vollzogenem Waffenstillstand 1719, so viel Holz auf dem Darß »oder andern belegenen Öhrtern« einzuschlagen, wie zur Erbauung

---

670 Rentekammer an Oberlanddrost von Kötzschau und Horst vom 24. April 1717, RAK RKTA P-R-K C 255.2, S. 304 f.

671 Werffel an Regierung vom 19. November 1720, RAK Reg 88 Regkanc i Stralsund Conv. CCXCI, Nr. 13.

672 Befehl Friedrichs IV. vom 21. Juni 1717, RAK RKTA C 251 II, Nr. 27; auch in: APS RSwS 6176.

673 Personen, denen von alters her das Recht zukam, Holz aus den königlichen Wäldern zu holen, durften dies fortan nur noch an bestimmten Tagen. Jeder, der außerhalb der festgesetzten Zeiten mit Pferd und Wagen im Wald ertappt wurde, galt als Holzdieb. Gutsbesitzer, Adlige und überhaupt jeder Eigentümer von Grund sollte »den jungen anwachs des Holtzes« fördern. Befehl Friedrichs IV. vom 21. Juni 1717, RAK RKTA C 251 II, Nr. 27.

674 Munck, The Peasantry, S. 102 f.

675 Hier ergibt sich eine interessante Parallele zur dänischen Besatzung und Verwaltung Rügens während des Schwedisch-Brandenburgischen Krieges. Die Insel wurde zunächst überaus schonend behandelt. Erst als feststand, dass sie dem schwedischen Feind wieder auszuliefern war, forderte Kopenhagen horrende Kontributionen. Hierzu: Steffen, Kulturgeschichte, S. 254.

dreier Orlogschiffe vonnöten sei. Ein Schiffszimmermann reiste eigens zu diesem Zwecke aus Kopenhagen nach Vorpommern. Die Stralsunder Regierung befahl 40 Zimmerleute zu den im Lande befindlichen Infanterieregimentern zum Fällen der Bäume und Zuschneiden der Stämme[676]. Nur einen Monat nach dieser Anweisung, im Dezember 1719, ordnete von Kötzschau einen weiteren Holzeinschlag immensen Ausmaßes an. Drei- bis vierhundert »Stück Fuhren« unterschiedlichen Holzes waren zu fällen und nach Kopenhagen zur Wiederherstellung zweier Provianthäuser abzuführen. In Kopenhagen liefen seit Übernahme der Regierung durch Friedrich IV. umfangreiche Baumaßnahmen, zu denen die Modernisierung der auf Slotsholmen bereits befindlichen Bauwerke ebenso gehörte wie die Errichtung neuer Verwaltungsgebäude. In den Jahren 1715 bis 1721, also genau während der dänischen Verwaltung Vorpommerns, entstanden ein neuer Kanzleibau (»den røde Bygning«, Fertigstellung 1718), in dem sämtliche Regierungskontore untergebracht wurden, sowie Verbindungsbauten[677]. Um die erforderlichen Arbeiten zügig voranzubringen, stellte Kötzschau zusätzliche Zimmerleute an und rief Arbeiter aus dem Mecklenburgischen. Der Bedarf an Bauholz blieb in der gesamten »Dänenzeit« immens. Allein zum Wiederaufbau der 1715 in Bergen abgebrannten fünf »Häuser« und 25 »Buden« waren 684 Eichen, 1350 andere Hölzer und 125 Balken nötig[678]. Dort, wo Holz in ausreichendem Maße zur Verfügung stand, behinderten technische Widrigkeiten die Arbeiten. So wurden bereits im März 1716 zwanzig Buchen, 856 Eichen und 4226 Fichten zur Verstärkung der Stralsunder Befestigungswerke geschlagen. Der Transport konnte bis Ende April nicht organisiert werden, da die pommerschen Pferde vor Erschöpfung unter der Last zusammenbrachen[679].

Nur mit Zoll und Licentfreiheit war Bausubstanz nicht zu retten. Vieler Orten mangelte es an Geld, die nötigen Maßnahmen durchzuführen. So half die Regierung dort mit pekuniären Mitteln, wo sie es für sinnvoll hielt. Umfassende finanzielle Hilfe erhielt beispielsweise das Bergener Kloster 1718 in Form von 500 Reichstalern[680]. Da die Schenkung selbst in den vorgenannten Publikationen Erwähnung findet, die Umstände hingegen gänzlich unbekannt sind, darf hier darauf hingewiesen werden, dass es sich um Geld aus den klickowströmischen Gütern handelte. Die Regierung bat den König, die 500 Reichstaler den 12 Klosterfrauen zu übergeben, die »in verächtlicher Armuth ja mit Hunger und Blöße Ihr leben hinzubringen genöthigt seynd«. Um dort zu helfen, verzichteten Kötzschau und dessen Räte auf einen von dem Geld zu erbauenden Regierungsstuhl in der Stral-

---

676 Friedrich IV. an Rentekammer vom 17. November 1719, RAK RKTA C 251 IV; Kötzschau an Stände vom 30. November 1719, StadtA Greifswald Rep. 5, Nr. 1341, Bl. 1 f.; Scholten an Regierung vom 21. November 1719, RAK Reg 88 Regkanc i Stralsund Conv. XXXVIII.
677 Weyse und Güldencrone an Friedrich IV. vom 22. Dezember 1719, RAK RKTA C 251 IV; Kötzschau an Stände vom 2. Dezember 1719, StadtA Greifswald Rep. 5, Nr. 1341, Bl. 1 f.; Gamrath, Residens- og hovedstad, II, S. 222–224.
678 Kötzschau an Rentekammer vom 30. Januar 1720, RAK RKTA P-R-K C 251 IV, Nr. 4; Specification des benötigten Bauholzes, RAK Reg 88 Regkanc i Stralsund Conv. LX b.
679 Jägermeister von Bestenbörstel vom 6. April 1716, RAK RKTA P-R-K C 251 I, Nr. 4.
680 Wiedemann, Kirchengeschichte, S. 96; Fabarius, Nöthige Erläuterung, S. 13; Regierung an Generalgouverneur vom 7. Dezember 1717, RAK TKIA B 209.

sunder Nikolaikirche. Insgesamt leisteten die Dänen viel für die Beseitigung der Kriegsschäden an Kirchengebäuden. So ordnete der dänische König Kollekten an, um das benötigte Geld bereitzustellen und ließ Bauholz zuweisen. Bereits 1718, nur fünf Jahre nach ihrer Zerstörung, stand die Wolgaster St. Petri Kirche wieder auf ihrem angestammten Platz[681]. Zur Reparierung des Lassahner Kirchturmes verfügte Friedrich die kostenlose Bereitstellung von Bauholz und die unentgeltliche Entnahme von Steinen aus der Ruine des Wolgaster Schlosses[682]. 800 Mauersteine aus dem alten Loitzer Schloss stellte der Monarch für das Trantower Pfarrhaus zur Verfügung und den Barther Kirchen gestattete er die Entnahme von 2000 Mauersteinen aus der dortigen Schlossruine[683].

Indirekte finanzielle Hilfe gewährten die Dänen durch Steuervergünstigung oder gänzliche Abgabenbefreiung. So wies die Regierung den Bergener Magistrat im Dezember 1716 an, Neubauten einheimischer Bürger mit fünf Jahren, fremder Zuzügler mit zehn Jahren und Instandsetzungen abgebrannter Häuser mit ein bis drei Jahren Steuerfreiheit zu fördern[684]. Der Erfolg stellte sich nur langsam ein. Bis zum November 1717 vermochten lediglich fünf Bürger der rügischen Kleinstadt, ihre Häuser wieder instand zu setzen. Den Übrigen fehlte es an den nötigen Mitteln. Die fünfjährige Abgabenbefreiung für Personen, die durch das Feuer ihre Wohnung verloren, wirkte sich negativ aus, da die Last nun auf die nicht »abgebrannten« Bergener umgelegt worden war[685]. Die Regierung bemühte sich deshalb beim König um eine fünfjährige Befreiung der Abgaben auf 2,25 Hufen (44,2 Hektar) städtischen Ackerbesitzes. Sieben weitere Morgen hofften die Regierungsräte für die anstehende Ernte, einen reduzierten Hufen auf drei Jahre befreien zu können[686]. Im Falle des abgebrannten Wolgast erbat die Regierung bei Hofe eine deutliche Reduzierung der Hufenzahl[687]. Wiederholt offenbart sich ihr Bemühen, steuerliche Lasten zu mindern.

Finanzielle Hilfen in Form von Abgabenerleichterungen blieben für die Landesherrschaft ein zweischneidiges Schwert. Einerseits boten sie die Möglichkeit, die ökonomischen Verhältnisse der Bevölkerung auf lange Sicht zu bessern, andererseits schwächten sie kurzfristig die königlichen Kassen. Den Spielraum, den die dänische Regierung den vorpommerschen Kommunen gab, nutzen diese zur Entlastung der eigenen Bürger. Die Städte bestimmten die Steuerklassenverteilung

---

681 Heller, Chronik, S. 13, 66. Weitere Beispiele für Kollekten und Wiederaufbaubemühungen: Schrammen, Etwanige Nachricht, Bl. 32; RAK Regkanc i Stralsund Conv. XXIX; RAK Reg 88 Regkanc i Stralsund Conv. XXXI.

682 Kgl. Resolution vom 27. Mai 1719, RAK RKTA P-R-K C 251 IV, Nr. 28. Zum Zustand des Schlosses in dieser Zeit: Wehrmann, Entschwundene Pracht, S. 2.

683 Rentekammer an Regierung vom 17. Mai 1718, RAK RKTA P-R-K C 255.3; Kgl. Resolution vom 8. April 1720, RAK RKTA P-R-K C 251 IV, Nr. 10.

684 Der Bergener Rezeß, S. 1252.

685 Derart verfuhr die Regierung auch bei der Abtragung der Anhalt-Dessauer Gelder. Von der Plünderung betroffene Güter wurden befreit, die Abgabenlast trugen die übrigen Landbesitzenden mit. Rentekammer an Regierung vom 3. November 1716, RAK RKTA P-R-K C 251 I, Nr. 31, Lit. A.

686 Extract derer unter dem Catastro der Ritterschaft Fürstenthum Rügens sortierte Städtchen, Flecken, Güther und dörfer, RAK RKTA P-R-K C 273, Lit. S. Der gesamte Hufenstand Bergens betrug 9 reduzierte Hufe und 19 Morgen.

687 Hohenmühle und Kampferbeck vom 15. Dezember 1716, RAK RKTA P-R-K C 251 II.

innerhalb des ihrer Jurisdiktion unterliegenden Personenkreises selbst. Und dennoch, trotz Herabsetzung der Abgaben vieler Haushalte wandten sich Bürger direkt an die Regierung mit der Bitte um Steuerbefreiung[688]; so die Witwe des Tanzmeisters Engelbrecht. Ihr Haus habe der Rat auf 1/16 Erbe gesetzt, schrieb sie im Juli 1717. Selbst zur Abtragung dieser Last sei sie jedoch nicht in der Lage und begehre nun eine lebenslange Abgabenbefreiung[689].

Neben der Unterstützung für private Wirtschaften galt es, die Gebäude auf den Domänen instand zu setzen. Hierfür waren erhebliche Holzmengen erforderlich. So berichtete der Amtmann Schacht, daß der Wiederaufbau des Ackerwerkes Grünehufen 301 Eichen, 66 »Feuern Sageblöcke«, 129 Balken, 1089 Fuhren Bauholz, 393 Fuder »Halten- und Klehmstacken« erfordere[690]. Zur Jahreswende 1717/18 meldeten Oberlanddrost Friedrich Emanuel von Kötzschau und der Kammerrat Hinrich Horst als unumgänglichen Sofortbedarf an Bauholz zur Instandsetzung von Ackerwerken, Höfen und Mühlen unter anderem 687 Eichen, 120 Eschen und 817 Fichten[691]. Königliche Beamte sollten die Nutzung des Holzes vor Ort genau überwachen, damit das Baumaterial ausschließlich für den verwendeten Zweck eingesetzt werde. Um die Wälder der königlichen Ämter in Pommern zu schonen, schlug die höchste Finanzinstanz im Reich vor, die Bäume auf eingezogenen Gütern fällen zu lassen[692]. Dem stimmte Friedrich IV. zu. Auch befahl er, den Holzbedarf für jedes Gebäude exakt im Voraus zu berechnen. Auch so ließen sich seine Wälder schonen, schrieb der Monarch[693].

Der infrastrukturelle Wiederaufbau erforderte Arbeitskräfte, die durch ihren Einsatz wiederum in der Landwirtschaft fehlten. So hatte zum Beispiel Stralsunds Belagerung in den Vorstädten ein von Laufgräben durchfurchtes Trümmerfeld hinterlassen[694]. Um die aufgewühlte Erde wieder zu glätten, befahl Generalgouverneur von Dewitz der Landschaft, ständig 300 Menschen abzustellen. Ebenso viele Milizionäre sollten die schwere Arbeit unterstützen. Wenig später jedoch teilte Kriegskommissar Wulff mit, die Stralsunder Garnison werde nur 250 Soldaten zur Arbeit aufbieten. Zudem eröffnete er, der den Generalgouverneur in den Verhandlungen mit der Ritterschaft und den Städten vertrat, dass die Landstände diesen Einsatz bezahlen müssten[695].

---

[688] Neben dem hier geschilderten Beispiel finden sich weitere Fälle in: RAK Reg 88 Regkanc i Str. Conv. L XII b.

[689] M. Engelbrecht an Lustrationskommission, RAK Reg 88 Regkanc i Str. Conv. L XII b.

[690] Rentekammer an Friedrich IV. vom 24. Januar 1718, RAK RKTA R-P-K C 251 III, Nr. 5, Lit. B.

[691] Errechnet aus: Rentekammer an Friedrich IV. vom 24. Januar 1718, RAK RKTA R-P-K C 251 III, Nr. 5, Lit. B–P.

[692] Rentekammer an Friedrich IV. vom 24. Januar 1718, RAK RKTA R-P-K C 251 III, Nr. 5; Preise für Baumaterialien zogen auf dem europäischen Markt nach 1711 stark an. Tabellarische Übersicht in: Jespersen, Tiden 1648–1730, S. 263.

[693] Kgl. Resolution vom 24. Januar 1718, RAK RKTA R-P-K C 251 III, Nr. 5.

[694] Das Lager der Alliierten vor Stralsund glich zum Zeitpunkt der Übergabe selbst einer kleinen Stadt, mit Vorratslagern etc. Unmittelbar nach der Kapitulation wurden diese Gebäude angezündet. Holzapfel, Unter nordischen Fahnen, S. 77 f.

[695] Protokoll Collegio Civitatum 9.–12. Januar 1716, StadtA Greifswald Rep. 5, Nr. 1338, Bd 1. Propositionspuncte welche der KriegsCommissarius Wulf denen anwesenden Ständen in seinem Quartier mündlich getan, 17. April 1716, StadtA Greifswald Rep. 5, Nr. 1338, Bd 1.

500 weitere Arbeitskräfte wurden zur Ausbesserung der Alten Fährschanze nach Rügen kommandiert[696]. Der Generalgouverneur forderte zunächst 500 bis 600 Arbeitskräfte. Tatsächlich nahmen an den Arbeiten auf dem Festland und der Insel täglich 600 teil. Die Landstände hielten durch derartige Forderungen Landwirtschaft und Ökonomie in ihrem Bestand gefährdet[697]. Die Beschwerden aber blieben ungehört. So sahen sich Städte und Ritterschaft gezwungen, die Last möglichst gleich zu verteilen[698].

Der Versuch, den Wiederaufbau Vorpommerns durch steuerliche und zollrechtliche Vergünstigungen zu fördern, kostete den dänischen Staat Geld. Zudem verschlang die kostspielige Kriegführung horrende Summen[699]. Die als Kontribution erhobenen Gelder wurden zur Finanzierung des Militärs verwandt. So schrieb die Regierung in einem gedruckten Patent, dass die Bewohner die Steuer zweifelsohne unverzüglich entrichten würden, da doch jeder Einzelne an der Landesdefension interessiert sein müsse. Dem Wunsch zu helfen, standen somit geringe finanzielle Mittel gegenüber. Dieser Mangel wiederum schädigte die pommersche Wirtschaft und den Handel zusätzlich. Nicht zuletzt zwang die fortdauernde militärische Auseinandersetzung mit Schweden die Dänen zu deutlich höheren Kontributionsforderungen[700]. Diesbezügliche Regierungsbefehle weisen explizit darauf hin, dass der König seinem Land die Erhöhung von extraordinären Beiträgen gerne erspart hätte. Der Krieg zwinge ihn zu dieser unbeliebten Maßnahme. Während der ersten, 1716 veranlassten Anhebung forderte König Friedrich bei gleichzeitiger Aussetzung anderer Steuern noch vier Reichstaler je Hufe, im darauf folgenden Jahre nur noch zwei Reichstaler und 24 Schillinge. Dann jedoch erzwang der Krieg die Kontributionshöhe von über fünf Reichstalern je Hufe[701].

Weitere Einnahmen versprach sich Kopenhagen durch eine Ausweitung der Un-, Mast-, Arm- und Lastgelder, also von einer stärkeren Besteuerung des Seehandels. Die Rentekammer gab diesbezüglich schriftlich Anweisung an die Stralsunder Regierung, die den Erlass der ihr vorgesetzten königlichen Behörde wortgetreu zu publizieren hatte. Fremde Schiffe, die ihre Ladung in Stralsund löschten, zahlten fortan Lastgeld, sofern sie ins Ausland weiterfuhren. Brachten sie jedoch Waren weiter in andere pommersche Häfen, so erhielten sie dort das in der Provinzhauptstadt geforderte Lizenzgeld zurück. Auch für erstmals in Stralsund verladene Produkte fremder Händler wurde jetzt die Abgabe erhoben. Obwohl der Binnenschiffahrt in schwedischer Zeit keine Lastgelder abgefordert wurden, bestand nun die Rentekammer auf dieser Steuer. Rügische Schiffe und Boote, die seit alters her Getreide nach Stralsund fuhren, blieben nach wie vor befreit. Sowie sie

---

[696] Propositionspuncte welche der KriegsCommissarius Wulf denen anwesenden Ständen in seinem Quartier mündlich getan, 17. April 1716, StadtA Greifswald Rep. 5, Nr. 1338, Bd 1; Designation über Verpflegung, StadtA Greifswald Rep. 5, Nr. 1339, Bd 1.

[697] Landstände an von Dewitz vom 21. April 1716, StadtA Greifswald Rep. 5, Nr. 1338, Bd 1.

[698] Reparation über 500 man zum Schantz nach Rügen, StadtA Greifswald Rep. 5, Nr. 1338, Bd 1.

[699] Regierungspatent vom 3. November 1719, RAK RKTA P-R-K C 256, Nr. 47.

[700] Regierungspatent vom 3. November 1719, RAK RKTA P-R-K C 256, Nr. 32 und 47.

[701] Zur Entwicklung der Kontributionen Vgl. Kap. IV.4.a.

jedoch andere pommersche Orte anfuhren, wurde auch ihre Last besteuert[702]. Blieb die bereits von den Schweden erhobene Höhe[703] der Un-[704], Mast-, Arm- und Lastgelder unverändert, so fanden sich nun auch vormals Befreite unter den Zahlenden.

Stärkung der ökonomischen Basis. Landwirtschaft und Forstwesen

Das traurige Bild, welches sich den Dänen in den Bereichen Handel, Handwerk und Infrastruktur der kleinen Ostseeprovinz bot, wurde bereits gezeichnet. Nicht anders verhielt es sich auf landwirtschaftlichem Gebiete.

Im Januar 1716 übermittelte das Amt Bergen den Stand der Aussaat auf den nichtverpachteten Rügener Höfen[705]. Von Schabe auf Wittow berichtet ein entsprechendes Schreiben des Notarius, dass der Hof die Wintersaat ausgebracht und auch Korn für den Sommer eingelagert habe. Ein Ausnahmefall! Schon die Bauern des Schaber Hofes verfügten über keinerlei Sommersaat und hatten die Felder zum Winter nur notdürftig bestellt. Von Mönchgut heißt es in demselben Brief, dass die Wintersaat auf dem Hofe bestellt sei, die Sommersaat sich finden werde, die Bauern aber selbst keinerlei Vorrat hätten. Kein Korn vermochten die Sagarder Amtsleute 1715/16 in die Erde zu bringen. Zudem verloren sie sämtliche Pferde durch Requirierung. Über Rücklagen verfügten sie nicht.

Den Sassnitzer Fischern standen für die Aussaat nur 11,5 Scheffel Roggen zur Verfügung. Zudem beklagten sie, dass sie ihr Handwerk während der Kampf- handlungen nicht ausführen konnten. Das Dorf Hagen besaß keinen einzigen Scheffel für die Sommersaat. Pferde waren auch dort nicht mehr vorhanden. Wäh- rend Crampas immerhin 17 Scheffel vorweisen konnte, fanden sich in Sassitz sechs, in Karow und Maschenholz[706] je drei, in Zirzevitz 1,5 Scheffel, in Kluptow nur einer. Hier sind nur wenige Beispiele aus dem Bericht genannt, der ein düste- res Bild vom Zustand der Rügener Domänen gibt. Er zeigt, dass die Wintersaat zwar notdürftig auf den meisten Höfen bestellt war, dass aber selten Vorräte für den Sommer bestanden. Denen aber, die die Domäne bearbeiteten, den Voll- und Halbbauern, den Kossäten blieb nichts für den eigenen Boden. Von den Kindern der Karower Bauern heißt es, dass sie bettelnd übers Land zogen[707].

Die Situation besserte sich auch 1717 nicht. In einem erneuten Zustandsbericht der Regierung tauchten dieselben Ortschaften wiederholt auf. Dort seien die Men- schen gänzlich entkräftet, hätten ihr Vieh verloren und die Saat nicht bestellt[708].

---

[702] Regierung vom 5. Juni 1719, RAK RKTA P-R-K C 250, Anhang 2.
[703] Kgl. pommersche Licenttaxa von 1681, Stralsund 1719.
[704] Ungeld – Aufwandsentschädigung. Aus dem Wort Ungeld entstand vermutlich die heutige Be- zeichnung Entgeld.
[705] Umbständliche Relation und Beschreibung derer, im königl. Amte Bergen belegenen annoch unvereußerten Ackerwercken, RAK RKTA P-R-K C 274.
[706] Nicht mehr existentes Dorf, das sich vermutlich nahe Boldevitz befand. Wiedemann: Kirchenge- schichte, S. 50 f., 57, 68 f.
[707] Umbständliche Relation und Beschreibung derer, im königl. Amte Bergen belegenen annoch unvereußerten Ackerwercken, Bergen 25. Januar 1716, RAK RKTA P-R-K C 274.
[708] Regierung an Rentekammer vom 15. November 1717, RAK RKTA P-R-K C 273.

Nicht allein an Getreide mangelte es den herrschaftlichen Gütern, sondern es fehlte am nötigsten Gerät, an Pflugeisen und Sielenzügen (Pferdegeschirr). Wenn Zugvieh überhaupt noch zur Verfügung stand, so befand sich auch dieses in miserablem Zustand.

> »In den gantzen Ambte Bergen ist das Feld nicht aufgestecket und bemistet worden [...] das baur- und Wagenzeug fehlt meistenteils, anerwogen denen Wirthe die besten Pferde in der Schwedischen Zeit weggenommen, wovon Sie biß dato wenig wieder bekommen und diese wenige wiedererhaltene Pferde sind also conditioniert, daß weiln sie gantz zu schunden geritten, die meisten von Tage zu Tage sterben und die noch übrige, wegen mangel des Futters, und derer vorjetzo damit zu verrichtenden schweren Fuhren, schwerlich durch den Winter gebracht werden können«[709].

Wenngleich das Amt Bergen keinen Sonderfall darstellte, so differierte doch der Grad der Kriegsschäden im Bereich der Landwirtschaft stark. Im November 1717 erstattete die Regierung Bericht an die Rentekammer über wüste Güter, Häuser und Höfe im nördlich der Peene gelegenen Pommern[710]. Allgemein könne der Zustand der königlichen Ämter als schlecht gelten, teilten der Oberlanddrost und die Räte mit. Die Untertanen in den unverpfändeten Dörfern hätten zu schwedischer Zeit keine Unterstützung durch die Beamtenschaft erhalten. Dem staatlichen »dem Bedruck und der violence« seien sie somit um so mehr unterworfen gewesen. Sie wären deshalb auch im Jahre 1717 nicht sonderlich motiviert, ihre Felder zu bestellen. Die verpfändeten Güter befänden sich hingegen oft in besserem Zustande. Hier würden mehr Sorgfalt und Kosten auf den wirtschaftlichen Erhalt angewandt.

Auf Rügen wurde die schwere Situation im landwirtschaftlichen Bereich noch dadurch verstärkt, dass Grundbesitzer, die über schlechtere Böden verfügten, von den Truppendurchzügen härter betroffen gewesen waren, als diejenigen die ein »fruchtbares Erdreich cultivieren«. Die geringe Größe der bewirtschafteten Flächen, Mangel an Dünger, schlechte Roggenernte und Hagel schädigten die Agrarproduktion zusätzlich. In den Ämtern Barth, Frantzburg, Tribsees und Grimmen empfanden die königlichen Beamten die Kriegsschäden besonders hart. 1712 hätten Russen und Sachsen hier eine Linie an den Rickgraben gezogen, die viele Dörfer verwüstete. Der größte Teil des Amtes Wolgast sei von derartigen Zerstörungen verschont geblieben. Lediglich die in Nähe der Festung oder beim Rickgraben gelegenen Orte wiesen schwerste Beschädigungen vor. Auch im Amt Loitz befänden sich ebenfalls zahlreiche wüste Höfe und Häuser[711].

Das zur Greifswalder Universität gehörende Amt Eldena[712] hingegen offenbarte sich den Beamten in deutlich besserem Zustand. Oberlanddrost von Kötzschau und die anderen Unterzeichner des umfangreichen Schreibens hoben den

---

[709] Umbständliche Relation und Beschreibung derer, im königl. Amte Bergen belegenen annoch unvereußerten Ackerwercken, Bergen 25. Januar 1716, RAK RKTA P-R-K C 274.

[710] Regierung an Rentekammer vom 15. November 1717, RAK RKTA P-R-K C 273.

[711] Ebd.

[712] Es bildete seit 1634 die Haupteinahmequelle der Alma mater. In diesem Jahre schenkte Bogislav XIV., der letzte pommersche Herzog, das Amt der Universität. Schmidt, Pommern und seine Universität, S. 16–35.

Rektor und das Concilium Academicum der Alma mater lobend hervor. Sie hätten sich mit Fleiß um den ökonomischen Aufschwung des Amtes verdient gemacht, ihre Bauern mit Saatgut und Brotkorn versorgt sowie für den Wiederaufbau der Höfe gesorgt. Hier zeigt sich, dass die Bewohner des Landes nicht nur die Hilfe der Regierung erhofften, sondern Eigeninitiative zu entwickeln vermochten. Doch selbst in diesem Fall waren Widerstände zu überwinden, mit denen auch die staatliche Seite im beständigen Kampf lag. Die Arbeit gegen die wirtschaftlichen Missstände brachte schmerzliche Einschnitte mit sich, die die unmittelbar Betroffenen zu harscher Kritik veranlassten. So klagten die Professoren der Universität Greifswald, dass die Maßnahmen des Rektors und des Conciliums ihnen teuer zu stehen kämen. Schließlich bliebe, da das Geld auf den Wiederaufbau verwandt würde, nichts für das Salarium des Lehrkörpers. Auch könnten die ärmeren Studenten nun nicht mehr unterstützt werden[713].

Die städtische Auffassung über den Zustand des Dorfes Eldenas wich im Übrigen deutlich von der Meinung der Regierung ab. Dort fehle es infolge des Krieges an mehr als 60 Zimmern, behaupteten Rat und Bürgermeister der Stadt Stralsund. Der Ort selbst sei »der Erden gleich«[714].

Angesichts des schlechten Zustandes, in dem sich die Landwirtschaft befand, wären von dem 1718 erarbeiteten Maßnahmenkatalog auch programmatische Punkte zum Agrarsektor zu erwarten gewesen. Stattdessen standen Fragen der Handelsbelebung sowie der Handwerks- und Gewerbeförderung im Zentrum des Berichtes. Diese Tatsache darf nicht über das hohe Interesse Kopenhagens und der Stralsunder Regierung am raschen Wiederaufbau der Landwirtschaft hinwegtäuschen. Abgesehen davon, dass auch in der programmatischen Schrift des Januars 1718 zahlreiche Anregungen eine Genesung der Güter voraussetzten oder mit einschlossen, galt den Dänen von Beginn der eigenen Herrschaft an die Erholung der vorpommerschen Landwirtschaft als wichtiges ökonomisches Ziel. Schon im März 1716, als die Regierungsräte noch gar nicht in Stralsund eingetroffen waren, verwies Generalgouverneur von Dewitz gegenüber den beiden Kanzleisekretären Johnn und Boye darauf, dass der Öffentlichkeit unbedingt »an der cultivirung des Ackers [...] gelegen« sei. Er bezog sich hierbei auf einen Rechtsstreit, in dem ein Pächter dem Inhaber einer ehemaligen Domäne (Velgast) den Pachtvertrag aufgekündigt hatte, ohne jedoch das Gut aufgeben zu wollen. Beide stritten sich um dessen Bebauung. Da die Regierung, der die Rechtsprechung oblag, noch nicht arbeitsfähig war, befahl Dewitz, je zwei Unparteiische durch den Besitzer und den Pächter wählen zu lassen, deren Urteilsspruch dann vorläufig gelten sollte. Der Fall zeigt das hohe Interesse des neuen Landesherrn am raschen landwirtschaftlichen Aufbau der eroberten »Provinz«[715]. Es wird auch aus einem der ersten Regierungspatente ersichtlich, mit dem die Pächter adeliger Güter, auch wenn ihr Vertrag abgelaufen war, zur weiteren Bestellung des Bodens angehalten werden sollten. Zahlreiche ehemalige Arrendatoren hatten sich geweigert, trotz abgelaufener Ver-

713 Regierung an Rentekammer vom 15. November 1717, RAK RKTA P-R-K C 273.
714 Greifswald an Regierung vom 11. Juli 1717, RAK Reg 88 Regkanc i Stralsund Conv. LXII b.
715 Dewitz an Boye und Johnn vom 28. März, RAK Reg 88 Regkanc i Stralsund Conv. XXVII.

träge Saatgut auszubringen. Die Grundeigentümer wurden im Gegenzug von der Regierung aufgefordert, für die Bezahlung der ehemaligen Pächter Sorge zu tragen[716].

Auch nach Herstellung der vollen Arbeitsfähigkeit im Regierungskollegium hielten die dänischen Bemühungen zur Belebung des Agrarsektors ungebrochen an. So unterbreiteten Oberlanddrost Kötzschau, seine Räte und der Kämmerer Hinrich Horst den Kopenhagener Zentralinstanzen konkrete Vorschläge zur Besserung der ländlichen Verhältnisse. Für wüste Ackerflächen schlugen sie eine Befreiung von der Abgabenlast auf ein bis drei Jahre[717] ab dem Herbst 1718 vor[718]. Das Projekt war bereits 1716 von Andreas Weyse vorgeschlagen und im königlichen Konseil gutgeheißen worden. Bis zu diesem Zeitpunkt zahlten die Besitzer und Pächter wüsten Bodens ein geringeres Kontributionsquantum[719]. Die Stralsunder Regierung legte für jedes Dorf in den Ämtern[720] exakte Zahlen dar, wie viel Acker wüst und wie viele Bauern oder Kossatenstellen unbesetzt waren und bestimmte, welche Hufen- und Morgenanzahl vorerst von jeder Abgabe befreit werden sollte. Derjenige Untertan, der diese sogenannten »Freiheitsjahre« ungenutzt verstreichen lasse, zahle nachträglich sämtliche ihm erlassenen Abgaben und werde hart bestraft. Zudem sollte eine ständige Beaufsichtigung erfolgen und alle ein bis zwei Jahre eine umfassende »Visitation« stattfinden[721].

Der Versuch, weitere Schäden von der Landwirtschaft abzuwenden und ihre Gesundung zu fördern, ging nicht selten zu Lasten der verarmten Bevölkerungsschichten. So zeugt der Erlass vom 1. Juli 1716, der Verstöße gegen das Jagdrecht unter schwere Strafe stellt, auch von der Not der Menschen. Dort heißt es, dass viele Personen, die keine Jagdgerechtigkeit besäßen, dem Wild nachstellten. Auch die Setzzeit werde missachtet. Holzdiebe schreckten selbst vor königlichen Forsten nicht zurück[722]. Hunger, und das Bedürfnis, das eigene Heim instand zu setzen, riefen diese Verstöße hervor. Andererseits war eine Bestätigung und Verschärfung der alten Gesetzgebung unerlässlich für den wirtschaftlichen Wiederaufbau des Landes.

---

[716] Regierungspatent vom 18. Juli 1716, RAK Reg 88 Regkanc i Stralsund Conv. CCLXXXIII-CCLXXXVIII.

[717] Einen Ausnahmefall bildete das Gut Varnkevitz (Quatzfischer Anteil) auf Rügen. Es sollte für fünf Jahre befreit werden, da der Acker bereits seit 20 Jahren wüst lag. Extract derer unter dem Catastro der Ritterschaft Fürstenthum Rügens sortierte Städtchen, Flecken, Güther und dörfer, RAK RKTA P-R-K C 273, Lit. S.

[718] Extract aus der kgl ConseilRelation ohne Datum, RAK RKTA P-R-K C 251 I, Nr. 24; Regierung an Rentekammer vom 15. November 1717, RAK RKTA P-R-K C 273.

[719] Rentekammer an Deputierte der Landstände vom 18. März 1717, RAK RKTA P-R-K C 255.2, S. 207–211.

[720] Von 38 Hufen und 50 Morgen der zum größten Teil verpachteten Dörfer im Amte Barth lagen zwölf Hufen und 102 Morgen wüst. Extract derer Güther und Dörffer des königl. Ambts Barth, Stralsund 15. November 1717, RAK RKTA P-R-K C 273, Lit. F.

[721] Etwa ein Drittel der Flächen lag wüst. 1717, RAK RKTA P-R-K C 273, Lit. F-S; Regierung an Rentekammer vom 15. November 1717, RAK RKTA P-R-K C 273.

[722] Regierungspatent vom 1. Juli 1716, RAK RKTA PRK C 256, Nr. 2; auch in: RAK Reg 88 Regkanc i Stralsund Conv. CCLXXXIII-CCLXXXVIII.

Schweren Schaden richteten jedoch auch gut situierte Personen in den Wäldern an. Hierzu gehörten neben Adligen, insbesondere im ersten Herrschaftsjahr, dänische Offiziere. Ihnen scheinen eine dauerhafte Inbesitznahme der neu gewonnenen Provinz und die hierfür erforderliche Nachhaltigkeit im Umgang mit einheimischen Ressourcen nicht gegenwärtig gewesen zu sein. Erbost über das Verhalten der Militärs verbot Dewitz im Juni derartige Exzesse[723].

Oft zeitigten die obrigkeitlichen Befehle jedoch wenig Erfolg. So auch im Fall der Jagdgesetzgebung. Am 11. März 1718 wies die Regierung darauf hin, dass dem ersten Erlass zum Trotz weiterhin in der Setzeit den Tieren nachgestellt werde. Selbst königliche Wildbahnen blieben nach wie vor nicht verschont. Nun erhob die Regierung empfindliche Geldbußen. Der widerrechtliche Abschuss eines Hirsches kostete den Übeltäter fortan 500 Reichstaler. Für ein Wildschwein mussten 400, für einen Frischling 100 Reichstaler gezahlt werden. Diese Summen dürften selbst Adelige empfindlich getroffen haben, von einem Handwerker oder Bauern waren sie nicht bezahlbar. Deshalb konnte der Verstoß auch mit Leibesstrafen geahndet werden, eine Verfahrensweise, die in der frühneuzeitlichen Policeygesetzgebung üblich war. Aus dem Regierungspatent spricht erneut die Not der einfachen Bevölkerung. Von Müllern, Schäfern, Einliegern ist dort die Rede, die in den königlichen Holzungen mit Schlingen und Schieß-Röhren dem Wild nachstellten. Bisweilen ließen die Einwohner ihre Hunde in den Wäldern frei laufen, in der Absicht, das Tier kehre mit essbarer Beute heim. So wies die Regierung die »Heyde-Reuter« an, streunende Hunde in den königlichen Forsten zu erschießen[724].

Zum Schutz der königlichen Holzungen verbot der rügische Amtmann von Silberstern die Ziegenhaltung. Offensichtlich waren die Tiere immer wieder zur Nahrungssuche in die Wälder getrieben worden. Die Stadt Bergen erhob gegen die drakonische Maßnahme sofort Protest in Stralsund. Ihm gab die Regierung statt und sprach sich gegen die völlige Abschaffung der Ziegenhaltung aus. Gleichwohl ordnete sie an, dass die Tiere nicht mehr durch gewöhnliche Hirten ausgetrieben werden durften. In den königlichen Holzungen angetroffene Geißen waren zu pfänden, bei wiederholtem Verstoß sollten sie geschossen werden. Abschließend betonte die Regierung, dass weder die Wälder, noch die Früchte auf dem Lande Schaden durch die Ziegen erleiden sollten[725]. Der aus heutiger Sicht absurd anmutende Kampf wider die frei laufenden Geißen setzte sich unter der schwedischen Herrschaft nach 1721 fort. Bereits ein Jahr nach Übergabe des Landes verfügte die neue Regierung, sämtliche Ziegen auf dem Lande sowie in den an Wälder angrenzenden Städten sofort »abzuschlachten«[726].

Für die dänische Zeit zeigt das vorstehende Beispiel, dass auch die Amtleute mitunter ein hohes Maß an Eigeninitiative beim wirtschaftlichen Wiederaufbau des

---

[723] Dewitz an Boye und Johnn vom 24. Juni 1716, RAK Reg 88 Regkanc i Stralsund Conv. XXVII.

[724] Frank, Exzeß oder Lustbarkeit?, S. 164–167; Regierungspatent vom 11. März 1718, RAK RKTA P-R-K C 256, Nr. 25.

[725] Regierung an Bürgermeister und Rat der Stadt Bergen vom 7. Juni 1717, KA Bergen Rep. StadtA, Nr. 431.

[726] Wiedemann, Spaßige Verfügungen, S. 117 f.

Landes entwickelten. Nicht nur in der geschilderten Situation fällt von Silbersterns Engagement auf[727]. So befasste sich der Bergener Amtmann 1716 mit dem Zustand der ihm anvertrauten Gewässer. In seinen Amtsrechnungen stellte er unter anderem dar, dass viele auf der Insel befindlichen Teiche früher einmal wirtschaftlich nutzbar gewesen wären, nun jedoch völlig mit Kraut überwuchert seien. Silberstern bat darum, seinen Beamten die Aufräumung und Wiederinstandsetzung der verkommenen Gewässer befehlen zu dürfen, um sie anschließend zu verpachten. Kopenhagen entschied schließlich in seinem Sinne[728].

Bei der Arrendierung von Krongütern wurden Einzelregelungen getroffen, die die vom Pächter zu entrichtende Pension stufenweise über mehrere Jahre anhob. In den ersten Jahren konnte und sollte der Pächter die niedrige Abgabehöhe nutzen, um eingesparte Mittel für den Wiederaufbau zu verwenden. So wurden mit der Verpachtung bauliche Auflagen verbunden. Als Beispiel mag hier das im Amt Wolgast gelegene eingezogene Dominalgut Mannhagen genügen. Es wurde an Jochim Valentin Drewenstedt ab Weihnachten 1717 auf sechs Jahre verpachtet. Drewenstedt hatte sich um Instandsetzung der beiden Scheunendächer zu bemühen und das Wohnhaus zu erhalten. Dafür wurden ihm im ersten Jahr nur 100 Reichstaler Pacht abverlangt, während er in den letzten drei Jahren über 468 Reichstaler zahlen musste. Oberlanddrost von Kötzschau und Kammerat Hinrich Horst berichteten an die Rentekammer, dass das Mannhagener Gut durch den Krieg stark in Mitleidenschaft gezogen worden sei. Drewenstedt, der das Gut bereits seit 1715 vom vorherigen Besitzer in Pacht hatte, habe bereits mehrmals Saatgut für bares Geld kaufen müssen, ohne in den Vorjahren irgendeinen Gewinn zu erzielen. Von Kötzschau und Horst bemühten sich vergeblich bei der Rentekammer in Kopenhagen um gänzliche Tilgung aller Schulden, die auf dem Gut bis Weihnachten 1717 lasteten[729].

Auch in einigen anderen Fällen vermittelte die Regierung. Als der Besitzer von Renz und Karnitz (Distrikt Rügen), ein Major Schriver, nicht in der Lage war, Schulden bei seinen Kreditoren zu bezahlen, verhandelten der Oberlanddrost und die Räte mit den Leihgebern. Gleichzeitig bemühten sie sich in Kopenhagen, eine Milderung der Abgabenlast für Schriver zu erwirken[730].

Im Gegensatz zu den Domänen ließen Pfandkontrakte den Pächtern privater Güter deutlich mehr Spielraum. So ist im Arrendevertrag für den Gutzkower Schultzenhof zu lesen, dass die Pacht bei gleichbleibender Kontribution in der gesamten Laufzeit unverändert bleiben sollte. Da der neue Pensionär den Hof ohne Saatgut und Vieh übernahm, war er bei Ablauf des Vertrages auch nicht verpflichtet, solches vorzuweisen. Gleichwohl musste auch er garantieren, den bau-

---

[727] Silbersterns Aktionismus führte zu beständigen Reibereien zwischen dem Amtmann, der Stadt Bergen und der Ritterschaft. Dewitz an Friedrich IV. vom 15. September 1716, RAK TKIA B 209.

[728] Extract aus der Bergener Amtsrechnung Johann Jansons von Silbersterns für 1716, RAK RKTA PRK C 255.3, S. 105–109.

[729] Rentekammer an Friedrich IV. vom 7. Januar 1718, RAK RKTA R-P-K C 251 III, Nr. 4.

[730] Extract derer unter dem Catastro der Ritterschaft Fürstenthum Rügens sortierte Städtchen, Flecken, Güther und dörfer, RAK RKTA P-R-K C 273, Lit. S.

lichen Zustand und die Bodenkultur zu verbessern. Hier unterschied sich der private Vertrag nur insofern vom domanialen, als dass er diese Forderungen nicht konkretisierte[731].

Neben dem Schutz der Wälder als Lieferanten des wichtigen Rohstoffes Holz und den Bemühungen um eine spürbare Erholung im Getreide- und Futteranbau widmeten Stralsunder Regierung, Kopenhagener Rentekammer und der dänische Monarch der Aufstockung der Viehbestände ein hohes Augenmerk. Als 1718 und 1719 der Nebenmodus durch königliche Patente eine Neuregelung erfuhr, besteuerte der Staat auch Vieh. Für Schäfereien galten Sonderkonditionen. Lämmer nahm Kopenhagen gänzlich von der Abgabe aus[732].

Das überwiegend negative Bild, das für den landwirtschaftlichen Bereich in den Jahren 1715 bis 1721 für das dänisch besetzte Vorpommern gezeichnet wurde, darf nicht über einzelne Erfolge hinwegtäuschen. Allem Anschein nach erholte sich auch die ländliche Bevölkerung langsam von den Unbilden des Krieges. 1717 fiel die Ernte der Sommersaat sehr gut aus. Ihr Verkauf gelang zu einem angemessenen Preis, sodass Gelder für neue Investitionen zur Verfügung standen[733]. Selbst die Ritterschaft vermochte eine spürbare Erholung des Landes nicht zu leugnen. Sie hob in einem an Generalgouverneur Scholten übersandten Schreiben hervor, wie glücklich sie sei, »hiesige Landesregierung mit einem so gnädigen und Gerechtigkeit liebenden Oberhaupt versehen zu wissen«. Man verspüre deutlich die Maßnahmen, die die Landesherrschaft zum raschen Wiederaufbau errichte und heiße selbige gut[734]. Auch die Ergebnisse der 1717 durchgeführten großen Lustration zeigen in einigen Bereichen erste Ansätze eines leichten Aufschwunges[735]. Und auch die Hufenstandsumschreibungen, insbesondere die umfassende des Jahres 1719, schufen steuerliche Vorteile und wirkten somit positiv auf die Wirtschaft[736].

Hemmende Faktoren. Einquartierung und Militärunterhalt

Zahlreiche, die wirtschaftliche Entwicklung negativ beeinflussende Faktoren sind vorstehend bereits erörtert. Als schwerwiegend erwies sich die Einquartierung, die insbesondere den Agrarsektor während der gesamten dänischen Herrschaft stark belastete. Deshalb soll ihr nachfolgend das Augenmerk gelten. Dabei werden lediglich ein Überblick über die dänischen Forderungen gegeben und deren Auswirkungen in wirtschaftlicher Hinsicht betrachtet. Den aus der Einquartierung folgenden Spannungen zwischen Ständen und Regierung ist im Zuge dieser Arbeit andernorts Platz gegeben. Darüber hinaus darf bei nachfolgender Schilderung nicht übersehen werden, dass nicht nur die im Land befindlichen dänischen Sol-

---

731 Arrhende und Pensions-Contract zwischen Arnoldt Müller und Jochim Hintz vom 15. Juli 1717, RAK RKTA P-R-K C 265.

732 Edikt Friedrichs IV. zum Nebenmodus vom 27. April 1718 (gedruckt), RAK RKTA P-R-K C 251 IV, Nr. 9; Edikt Friedrichs IV. zum Nebenmodus vom 13. März 1719, RAK RKTA P-R-K C 251 IV, Nr. 11.

733 Regierung an Rentekammer vom 15. November 1717, RAK RKTA P-R-K C 273.

734 Ritterschaft an von Scholten (undatiert), RAK Reg 88 Regkanc i Stralsund Conv. XXXVIII.

735 RAK Reg 88 Regkanc i Stralsund Conv. LVIII.

736 LAG Rep. 40 VI, Nr. 90, S. 112.

daten große Kosten verursachten, sondern auch die bis Mitte 1716 dort stationierten Preußen und Sachsen, ebenfalls die zahlreichen alliierten und schwedischen Verwundeten[737], die in örtlichen Lazaretten versorgt wurden[738]. Und auch die Beerdigung toter Soldaten brachte Kosten, die von den Ständen zu tragen waren[739].

Das Einquartierungswesen im dänisch besetzten Landesteil basierte auf königlichen Erlassen sowie auf Anordnungen des Kopenhagener Land-Generaletatskommissariats und des See-Generaletatskommissariats. Jene Weisungen wurden von der Stralsunder Regierung umgesetzt und überwacht. Sie erarbeitete sogenannte Repartitionen, in denen die Höhe der Verpflegungs- und Futterlieferungen festgelegt war, aufgeteilt nach den einzelnen Städten, Orten, Gütern und Ämtern[740]. Die Zuweisung der Quartiere, der Portionen für die Soldaten und der Rationen für die Pferde erfolgte dann in kommunaler Verantwortung.

Von Beginn der dänischen Herrschaft an wurde nach den Grundsätzen des am 27. August 1714 für die holsteinischen Quartiere erlassenen königlichen Reglements verfahren. Andreas Weyse erörterte dem Stralsunder Magistrat die uneingeschränkte Gültigkeit der Order, der »bey Vermeidung der in solcher ordonnance in fine angedrohten schweren Straffe stricte und allergehorsamst nachgelebet werden solle«. Ausdrücklich verwies der Etatsrat auf den Paragrafen 8 des königlichen Befehls »daß die Magistraten Ihres Ohrts hiebey allen möglichen Fleiß anzuwenden haben«. Von Dewitz teilte dem Stralsunder Magistrat den königlichen Befehl im Februar 1716 mit und übersandte mehre Exemplare zur Verteilung an die verantwortlichen Stellen[741].

Jedem potenziellen Wirt war ein bestimmtes Quantum zugewiesen, dementsprechend er zur Unterbringung und Versorgung der dänischen Soldaten herangezogen werden konnte. In den Städten fußte dieses System auf den Häuserklassen. Bis 1719 hatten die Bürger Stralsunds beispielsweise mit folgenden maximalen Einquartierungszahlen zu rechnen.

Häuserklasse	*Portionen = Soldatenanzahl*
Haus (volles Erbe)	7
Bude (1/2 Erbe)	4
Keller (1/4 Erbe)	2

Bis zu einem gewissen Maße, je nachdem wie stark das Kontingent der Einzuquartierenden war, oblag die Entscheidung, ob Soldaten Unterkunft geboten wurde, im Ermessen des Wirtes. Fand er sich nicht bereit, Militär »in natura« aufzunehmen, so zahlte er eine entsprechende Abgabe. In Stralsund betrug sie ein

---

[737] Die Behandlungs- und Medikationskosten für die verwundeten schwedischen Soldaten trug zum Teil der dänische Staat. Land-Generaletatskommissariat an Regierung vom 28. Mai 1720, Conv. XXIV.

[738] RAK Reg 88 Regkanc i Stralsund Conv. CCXXXVIII; siehe Kap. IV.3.a; Im Mai 1717 erging sogar Weisung des Land-Generaletatskommissariats, erkrankte englische Matrosen auf Rügen gegen Bezahlung zu verpflegen. Land-Generaletatskommissariat an Regierung vom 7. Mai 1717, RAK Reg 88 Regkanc i Stralsund Conv. XXIV.

[739] Rechnung wegen beerdigter Soldaten, RAK Reg 88 Regkanc i Stralsund Conv. CCXXXVIII.

[740] Beispiele: RAK Regkanc i Stralsund CCXL.

[741] Dewitz an Stralsund vom Februar 1716 (kein genaues Datum, Tag fehlt) StadtA Stralsund Rep. 33, Nr. 866; Weyse an Stralsund vom 29. Mai 1716, StadtA Stralsund Rep. 33, Nr. 866.

Gulden für die normale Portion, für eine »beweibte« Portion[742] sogar zwei Gulden
bis maximal sieben Mark sundisch. Kind und Frau begleiteten den verheirateten
Soldaten der Frühen Neuzeit. Seinem familiären Anhang stand Unterkunft und
Verpflegung ebenso zu wie ihm selbst. Für die beiden in Stralsund einquartierten
Regimenter ist die Anzahl der »Weibspersonen« den Akten zu entnehmen. Annä-
hernd 700 dänische Soldatenfrauen hielten sich ständig in der Sundmetropole auf.
Dem Bürger bedeutete ihre Anwesenheit eine zusätzliche Erschwernis. Deshalb
baten Rat und Bürgermeister um eine Begrenzung der Frauenzahl. Die Kommission zur Untersuchung des Stralsunder Einquartierungswesens kam 1719 zu dem
Schluss, dass eine Einschränkung zwar wünschenswert, doch vorerst nicht reali-
sierbar wäre. Ähnlich äußerte sich von Scholten auf ein entsprechendes Bittgesuch
Stralsunds. Die sich in den letzten Jahren entwickelnde facettenreiche Forschung
zum Geschlechterverhältnis in frühneuzeitlichen Militärgesellschaften arbeitet
letztlich auf ein Ziel hin: Sie wünscht zu verdeutlichen, dass eine Trennung der
männlichen Soldatenwelt von weiblicher Zivilität erst im 19. Jahrhundert einsetzte.
Die Autoren unterstreichen zunehmend die Bedeutung der Frau für das soldati-
sche Leben im 17. und 18. Jahrhundert. Jutta Nowosadtko verwies in ihrem 1998
erschienenen Aufsatz *Soldatenpartnerschaften* auf die rechtliche Situation der Soldatenfrauen im Rahmen der Einquartierung und verdeutlichte zudem die sich hieraus
für das Verhältnis zu den örtlichen Wirten ergebenden Probleme. In einem Sitzungsprotokoll der Kommission zur Untersuchung des stralsundischen Einquartierungswesens findet sich eine Beschreibung der Wirte des Nikolaiquartieres. Aus
ihr geht hervor, dass kaum jemand mit der maximalen Soldatenzahl belegt war.
Bisweilen, wie etwa im Falle des alten und scheinbar sehr gebrechlichen Bürgers
Michel Rathke, blieben Wirte gänzlich frei. Rathkes Aussage zufolge habe man
sieben Personen auf sein Haus »bilietiret«, für deren Abwesenheit er je 24 Schilling
monatlich entrichte. Selbstverständlich vermochten Begüterte sich eher um eine
»Bequartierung« zu drücken als die Besitzer der Buden und Keller[743]. Der Freikauf
von der Einquartierung war auch in anderen Territorien üblich, wurde jedoch in
der zeitgenössischen Literatur scharf kritisiert[744].

Zur Sicherstellung der Unterbringung existierten in den größten dänisch-
vorpommerschen Städten, also in Stralsund und in Greifswald, Quartierkammern.
In den kleineren Gemeinden hingegen legten Rat und Bürgermeister fest, welche
Belastungen der einzelne Einwohner zu tragen verpflichtet war. Im Zuge der Lust-
ration von 1717 schrieb der Greifswalder Bürgermeister und Burggraf Johann
Georg Cavan nieder, wie viele Erben den einzelnen Häusern und ihren Bewohnern

---

[742] Bericht Hohenmühles, Thienens und Johnns an Reg. vom 17. Juli 1719, RAK Reg 88 Regkanc i
Stralsund Conv. CCXLII; von Scholten an Stralsund vom 12. Dezember 1719, StadtA Stralsund,
Rep. 33, Nr. 869; Nowosadtko, Soldatenpartnerschaften, S. 305–309; vgl. auch Engelen, Die Soldatenfrauen.
[743] Bericht Hohenmühles, Thienens und Johnns an Reg. vom 17. Juli 1719, RAK Reg 88 Regkanc i
Stralsund Conv. CCXLII; Sitzungsprotokoll vom 17. Januar 1719, RAK Reg 88 Regkanc i Stralsund Conv. CCXLII; Michel Rathke an Regierung vom 4. Februar 1719, RAK Reg 88 Regkanc i
Stralsund Conv. CCXLII.
[744] Walther, Tractatus Juridico-Politico-Polemico-Historicus, S. 159.

zuzumuten seien[745]. Hierbei kam es ihm durchaus nicht darauf an, die Situation der Regierung gegenüber pauschal negativ darzustellen[746]. Mit nüchterner Klarheit weist Cavan auf Bürger hin, denen die abgabenfreien Jahre entzogen werden könnten, auch benennt er Häuser, deren Besitzer gekündigt werden sollten, sofern sie nicht die geforderten Summen erbrächten. Selbst bei Tagelöhnern meinte der Bürgermeister, diese könnten zumindest ein oder zwei Reichstaler jährlich abführen. In anderen Fällen, insbesondere bei Beamten, hoffte Cavan auf einen Wechsel der Gebäude vom städtischen in das landesherrliche Kataster[747]. Damit entfiel schließlich die jeweilige Kontributionsforderung. Mochte dies auch wenig oder gar keine Entlastung für die anderen Haushalte bedeuten, so verband sich doch mit dem Katasterwechsel eine Minderung des eigenen Arbeitsaufwandes. Gelang es zudem, eine möglichst hohe Erbenzahl für das umgeschriebene Gebäude zu veranschlagen, sanken damit die von der Stadt insgesamt zu erbringenden Leistungen.

Cavans Auftreten scheint zu zeigen, dass die städtische Führung militärische Notwendigkeiten nicht grundsätzlich in Frage stellte. Cavan ist jedoch in gewisser Hinsicht einen Sonderfall. Ihn wählte nicht der Greifswalder Rat. Vielmehr war er von Karl XII. 1707 zum königlichen Bürgermeister und Burggrafen ausersehen worden, um die angeblichen oder tatsächlichen Missstände in der kommunalen Verwaltung zu beseitigen. Insofern band ihn weniger an die Bürgerschaft als etwa seine Stralsunder Amtskollegen. Andererseits schwor Cavan einst dem Schwedenkönig die Treue und diente nun einer fremden Macht. Verbitterung über die ihm von Seiten des Magistrates entgegenschlagende Ablehnung führten ihn ins prodänische Lager[748].

Es lassen sich weitere Beispiele in den anderen vorpommerschen Gemeinden finden, die ein deutliches Bemühen um eine vernünftige Zusammenarbeit mit den dänischen Behörden zeigen. So berichtete die Stralsunder Quartierkammer über eine Vernehmung des Hausbesitzers Johann Albert Kantzow. Er hatte seinen Wohnraum an einen Mann namens Conradt Kasper Schurr verpachtet. Schnurr weigerte sich, für die Einquartierungskosten aufzukommen, da sie nach seinem Dafürhalten vom Eigentümer zu entrichten wären. Mehrfach zur Zahlung aufgefordert, stellte sich der Pächter stur, sagte, er werde nicht auf der Kammer erscheinen, nichts bezahlen und im Übrigen könne die Stadt »thun waß mann wolle«. Den Bericht legte der Quartiermeister den Regierungsräten vor[749]. Ein positives Verhältnis zu Militär und Regierung lag zweifelsohne im Interesse der dänischen Behörden. Das diplomatisch geschickte Verhalten der dänischen Regierung trug wohl mit zu diesen insgesamt unbeschwerten Beziehungen bei.

---

[745] Des Burggraffen und Bürgermeister Cavans [...] formierten InterimsLustrationsRegister vom 15. Juni 1717, RAK Reg 88 Regkanc i Stralsund Conv. L XII b.

[746] Kratz, Die Städte, S. 218.

[747] Des Burggraffen und Bürgermeister Cavans [...] formierten InterimsLustrationsRegister vom 15. Juni 1717, RAK Reg 88 Regkanc i Stralsund Conv. L XII b.

[748] StadtA Greifswald Rep 5, Nr. 2434.

[749] ExtractProtocoll des Stadtquartiermeisters vom 4. August 1718; RAK Reg 88 Regkanc i Stralsund Conv. CCXLII.; weitere Beispiele: RAK Reg 88 Regkanc i Stralsund Conv. XLIV.

Nachdem Friedrich IV. Ende 1718 erneut befahl, die Einquartierung auf alle Häuser Stralsunds gleichermaßen zu verteilen, bildete die dortige königliche Regierung eine Kommission zur Untersuchung des städtischen Einquartierungswesens. Sie bestand aus den Räten von Thienen, Hohenmühle und von Johnn. Gemeinsam mit den zur Quartierkammer beorderten Ratsverwandten und Bürgern prüfte sie den Zustand der militärischen Unterbringung, befahl Wirte zu sich[750], ließ sich von ihnen über ihre wirtschaftliche Situation vortragen, nahm die Klagen der Kommune entgegen und fertigte abschließend einen Bericht[751], der Grundlagen zur weiteren Regierungsarbeit in Bezug auf die Einquartierung enthielt. Sehr deutlich wird in dem Schreiben das Bemühen, den wirtschaftlichen Aufschwung Stralsunds nicht durch überzogene militärische Lasten zu bremsen. Thienen, Hohenmühle und Johnn präsentierten als wichtigstes Ergebnis ihrer Untersuchung die Erkenntnis, dass der königliche Wunsch, die Einquartierungslast auf alle Häuser gleichmäßig zu verteilen, nicht praktikabel erschien. Die Befreiung der sundischen Ratsverwandten beispielsweise musste ihrer Ansicht nach fortbestehen, da sie traditionell zur Entlohnung dieses Personenkreises gehöre. Von jeglicher Einquartierung waren in Stralsund zudem die Häuser des Ratssyndicus, des Ratssekretärs, des Bürgerworthalters, des Ratsapothekers, der Physici, der städtischen Kanzellisten, der Quartierbürger und des Quartiermeisters sowie die vier Fourierschützen befreit. Ratsdiener, die im Keller des Rathauses, in und auf den Stadttoren sowie jene, die in öffentlichen Buden lebten, brauchten gleichfalls keine Soldaten aufzunehmen[752]. Tatsächlich verdienten die Ratsverwandten derart wenig, dass eine Heranziehung ihres Vermögens zu den Einquartierungskosten einen Zuschlag zum Gehalt zwingend erforderlich machen würde. Die städtische Kasse wäre hierdurch jedoch über Gebühr belastet, urteilte die Kommission[753]. Noch weiter aber reichte das Verständnis der drei Regierungsräte. Von einer Belastung der neuen Bürger und jener Städter, denen man Freijahre auf ihre Häuser eingeräumt habe[754], sollte ihrer Auffassung nach ebenfalls abgesehen werden. Betroffen waren hiervon acht Häuser, 33 Buden und vier Keller. Ihren Besitzern gönnte die Regierung bis zu sieben Jahre Steuer- und Abgabenfreiheit. Diese und viele weitere Vorschläge zeigen deutlich, dass militärische Belange im Denken der Regierung hinter wirtschaft-

---

[750] Jeder einzelne Wirt aus allen vier Quartieren erschien persönlich vor den Regierungsräten. Verordnete zur Quartierkammer an Stralsund vom 10. Februar 1719, StadtA Stralsund Rep. 33, Nr. 866.

[751] Kampferbeck an Thienen, Hohenmühle und Johnn vom 2. Januar 1719, RAK Reg 88 Regkanc i Stralsund Conv. CCXLII; Bericht Hohenmühles, Thienens und Johnns an Reg. vom 17. Juli 1719, RAK Reg 88 Regkanc i Stralsund Conv. CCXLII.

[752] Specification derjenigen Personen so von der Einquartierung eximiret vom 16. Januar 1719, RAK Reg 88 Regkanc i Stralsund Conv. CCXLII.

[753] Bericht Hohenmühles, Thienens und Johnns an Reg. vom 17. Juli 1719, RAK Reg 88 Regkanc i Stralsund Conv. CCXLII.

[754] Designation der in Freyheit wegen Neuerbaute stehende Häußer, Buden und Keller, RAK Reg 88 Regkanc i Stralsund Conv. CCXLII.

lichen Erfordernissen zurücktraten. Letztlich schlug die Kommission sogar die Abziehung eines ganzen Bataillons vor[755].

Andererseits empfahlen die drei Räte eine Anhebung der Portionenzahl für ganze Erben (also Häuser) von sieben auf acht. Als Begründung für diesen Schritt führten Hohenmühle, Thienen und Johnn nicht etwa militärische Bedürfnisse ins Feld, sondern die Beseitigung einer Ungerechtigkeit. Nach ihrer Auffassung war das Missverhältnis in der »Bequartiertung« von Kellern und Buden gegenüber den Häusern nicht hinnehmbar. Während der Inhaber eines als Keller (1/4 Erbe) kategorisierten Wohnraumes mit zwei Portionen und der einer Bude (1/2 Erbe) mit vier belastet würde, brauchte der Besitzer eines ganzen Hauses (ein volles Erbe) nur sieben Portionen, statt der sich rechnerisch ergebenden acht zu tragen. Dabei sei es doch sehr einleuchtend, dass es sich gerade bei den Eigentümern der Häuser um reiche Personen handele, urteilten die Räte[756]. Den Einwohner der Buden und Keller falle es zudem schon deswegen schwerer, Soldaten aufzunehmen, da sie oft nur ein Zimmer hätten, in dem sie zu arbeiten vermochten. Nicht so sehr Mitleid für das menschliche Elend, sondern vielmehr die Sorge vor Abwanderung, Bevölkerungsverlust und damit Steuerausfall spricht aus ihren Worten:

> »Dann da die Einquartierung nicht in der bloßen Verschaffung des Obdachs und der Lagerstätte bestehet, sondern betten, Licht, Holtz, Haußgeräthe p. fournieret werden müßen, würde ein armer bürger so kaum selbst für sich und die seinigen nothdürftige meubles und betten hat, durch eine gar zu schwere Einquartierung zur desperation gebracht, und sein Hauß zu verlaßen genöthiget werde«[757].

Auch die dänische Krone selbst bemühte sich, die Belastungen durch Einquartierung in Grenzen zu halten. So befahl Friedrich IV., dass sich Generäle und Offiziere auch mit notdürftigen Unterkünften zufrieden geben sollten und keinen zwangsläufigen Anspruch auf Quartiergeld erheben dürften[758]. Ab Mai 1717 untersagte er die Auszahlung von Quartiergeldern an abwesende Offiziere und den tatsächlich vor Ort weilenden militärischen Führern gewährte er lediglich noch den Anspruch auf freies Obdach, ohne Feuer, Licht oder sonstige kostenlose Annehmlichkeiten. Hiervon waren auch sämtliche Stäbe in Pommern und Schleswig-Holstein betroffen. Ab November 1717 hatte jeder Offizier seinem Wirt monatlich eine Mark lübsch für Stallraum sowie eine weitere Mark lübsch für eine Bettstelle ohne Bettzeug zu zahlen[759]. Verärgert stellte der König zahlreiche Vergehen

---

[755] Bericht Hohenmühles, Thienens und Johnns an Reg. vom 17. Juli 1719, RAK Reg 88 Regkanc i Stralsund Conv. CCXLII.

[756] Um die Gleichbehandlung aller Quartierwirte sicherzustellen, kam es zur Auseinandersetzung mit der Stralsunder Quartierkammer. Diese teilte dem Stralsunder Magistrat mit, sie habe die Rechte der Stadt zwar so gut als möglich verteidigt, die Kommission beharre jedoch auf ihren Ansichten. Verordnete zur Quartierkammer an Stralsund vom 10. Februar 1719, StadtA Stralsund Rep. 33, Nr. 866.

[757] Bericht Hohenmühles, Thienens und Johnns an Reg. vom 17. Juli 1719, RAK Reg 88 Regkanc i Stralsund Conv. CCXLII.

[758] Verordnung wegen der Quartiere für die Cavallerie, Dragoner und Infanterie in denen Herzogtümern Schleswig, Holstein und Pommern vom 23. November 1716. In: Kong Frederich den Fjerdes allernaadigste Forordninger, S. 93 f.

[759] Land-Generaletatskommissariat an Horst vom 27. April 1717, RAK Reg 88 Regkanc i Stralsund Conv. CCXXXV; Land-Generaletatskommissariat vom 27. November 1717, Conv. XXIV.

seiner Soldaten gegen die Wirte fest[760]. Insbesondere Unteroffiziere und Mannschaften forderten freies Essen und Trinken, sie trieben die Hausherren dazu, Fleisch, Bier, Branntwein und Tabak aus Nachbarorten herbeizuschaffen. Viele Reibungspunkte zwischen dem Militär und den Wirten erfuhr der Monarch gar nicht. So rief beispielsweise auch die Tatsache Unmut hervor, dass Vorgesetzte von den Quartierwirten forderten, kranke Soldaten direkt in ihrer Bürgerstube aufzunehmen. Von dänischen Wachmannschaften wird berichtet, dass sie willkürlich Personen Alltagsgegenstände (Hut/Perücke) abnahmen, um dann von den Geschädigten Geld zu erpressen oder sie verkauften die gestohlenen Gegenstände. Vom Offizier bis zum einfachen Mannschaftsdienstgrad forderten viele von ihren Quartierwirten noch 1718 Leistungen, die ihnen nicht zustanden. Diese und weitere Beispiele zeigen, dass es auch nach dem königlichen Erlass zu viel Reiberei zwischen Soldaten und Zivilbevölkerung kam[761]. Der Monarch sah hierin einen Grund für den wirtschaftlichen Ruin vieler Untertanen. Künftig mussten die Einquartierten alles Verzehrte mit ihrem Sold bezahlen. Ebenso sollten die Pferde mit der angeordneten Fouragierung auskommen. Die Anforderung von Zugtieren und Wagen wurde untersagt. Zur Überwachung des soldatischen Verhaltens sollten fortan Atteste dienen. Monatlich hatte jeder Regimentskommandeur ein Schriftstück von den örtlichen Behörden zu fordern, aus dem hervorging, wie die lokalen Beamten das Auftreten der Militärs bewerteten[762]. Als Teile der auf Rügen stationierten dänischen Truppen Mitte 1716 die Insel räumten, wies die Regierung alle Einwohner an, die Beschwerden gegen das Militär vorzubringen hätten, diese möglichst rasch in Stralsund anzuzeigen. Die Regelung stieß auf freudiges Interesse und führte zu einigen Anzeigen. Gleichwohl gingen körperliche Repressionen nicht nur einseitig vom Militär aus. Es kam durchaus vor, dass Quartierwirte die einliegenden Soldaten malträtierten. Etwa im Falle des Stralsunders Paul Rabe, der nachts gemeinsam mit mehreren Hausbewohnern über den Musketier Johann Hahn herfiel und ihm schwere Verletzungen zufügte[763].

Im Oktober 1720 sah sich das Pommersche Kommissariat der Stadt Stralsund sogar veranlasst, durch einen gedruckten Befehl tätliche Übergriffe gegen Kavalleristen des Regiments Finecken zu untersagen[764]. Positive zeitgenössische Aussagen

---

[760] Befehle gleichen Inhalts verdeutlichen einmal mehr die geringe Wirksamkeit derartiger Erlasse. So: Marsch- und Einquartierungsreglement vom 11. März 1713. In: Lünig, Corpus Juris Militaris, II, S. 1326–1329.

[761] Stralsunder Quartierkammer (undatiert), StadtA Stralsund Rep. 33, Nr. 764; Evert Wulff an Quartierkammer (undatiert), StadtA Stralsund Rep. 33, Nr. 764. Stralsund an Stöcken vom 26. September 1720, StadtA Stralsund Rep. 33, Nr. 869; Gabriel Grahl an Stralsund vom 24. September 1720, StadtA Stralsund Rep. 33, Nr. 869. StadtA Stralsund Rep. 37, Nr. 55, StadtA Stralsund Rep. 33, Nr. 866. RAK Reg 88 Regkanc i Stralsund Conv. CCXLIV.

[762] Verordnung wegen der Quartiere für die Cavallerie, Dragoner und Infanterie in denen Herzogtümern Schleswig, Holstein und Pommern vom 23. November 1716. In: Kong Frederik den Fjerdes allernaadigste Forordninger, S. 95.

[763] RAK Reg 88 Regkanc i Stralsund Conv. CCXLVI; Schack an Stralsund vom 25. Dezember 1718, StadtA Stralsund Rep. 33, Nr. 866.

[764] Pommersches Kommissariat vom 30. Oktober 1720, RAK Reg 88 Regkanc i Stralsund Conv. CCXLIV. Pommersche Kommissariat – Städtische Institution, die sämtliche Fragen der Einquartierung in jenen Stadtgütern behandelte, die in Vorpommern lagen. Für die Insel Rügen existierte

über die »Garnisonsgesellschaft«, um einen Begriff jüngster Forschung zu gebrauchen, finden sich in den aus der Phase dänischer Besetzung überkommenen Quellen nicht. Wirtschaftliche Vorteile, etwa der Umsatz des Soldes in örtlichen Lokalen oder der Kauf von Bekleidung, hielten sich, wie gezeigt, in sehr engen Grenzen[765].

Auch die Ausführung handwerklicher Arbeiten für das dänische Militär brachte oft mehr Schererei, als tatsächlichen Gewinn. So ist der Kampf um die Entlohnung in mehreren Quellen überliefert. Die schweren Lasten, die aus der Anwesenheit des Militärs resultierten, wogen sie nicht auf. Ein Wirt, der selbst nur über eine Stube, also einen beheizbaren Raum verfügte, dort sein Handwerk ausübte, um Frau und Kinder zu versorgen, sah der »Einlegung« eines Infanteristen mit Sorge entgegen.

Begleiteten den Soldaten noch Weib und Nachwuchs, so hielt oft unerträgliche Not in dem kleinen Quartier Einzug[766]. Für die durch Einquartierung verursachte Not finden sich in den Akten zahlreiche Belege, oft in Form von Berichten. Die Bitte Stralsunds, den Wirten für einquartierte Soldatenfrauen Entschädigungsgelder zu zahlen, wies Friedrich IV. schon 1717 zurück. Die Stadt urteilte über »beweibte« Soldaten »welche der Stadt ruin insonderheit befordern« als äußerst wirtschaftsschädigend. Immer wieder wandten sich Bürger an die Quartierkammer und den Rat mit der Bitte, ihnen »beweibte« Einquartierung zu ersparen.

Zudem beeinträchtigten wirtschaftliche Tätigkeiten des Militärs das lokale ökonomische Geflecht spürbar negativ. Marketender, die ihre Waren auch an Zivilisten verkauften, stellten eine ernste, ja existenzbedrohende Konkurrenz für die örtlichen Händler dar. Das Militär produzierte an den Zunftschranken vorbei und konnte somit Erzeugnisse aller Art zu deutlich günstigeren Preisen anbieten. So berichtete die Stralsunder Quartierkammer beispielsweise[767] aus dem Jacobi Quartier:

> »Von des H. Capitain Schinckels Compagnie ist ein Maquetenter der bei Henning Marssen hinter Jacobi Kirchen in quartier lieget, dieser Kerl speiset Leute und schencket bier und braut Wein, weil nun der Bürger selbst ein Krüger ist und sein brod davon haben sol, wird er nunmehr außer alle nahrung gesetzet«[768].

In ähnlicher Weise beschwerten sich die Greifswalder Böttcher über einquartierte Matrosen, die vor ihrer Unterkunft Küfen und Tonnen verkauften und dadurch die einheimischen Handwerker ruinierten. Der Handel mit Butter, Käse, Speck,

---

ein gesondertes Kommissariat. Ewe, Vorwort zu Stadtarchiv Stralsund Rep. 37, S. 1–6 (ohne Seitenzahlen).

[765] Dinges, Militär, Krieg und Geschlechterordnung, S. 357 f.; Engelen, Die Soldatenfrauen, S. 207–210. RAK Reg 88 Regkanc i Stralsund Conv. XLIV.

[766] StadtA Stralsund Rep. 33, Nr. 764; StadtA Stralsund Rep. 33, Nr. 869; RAK Reg 88 Regkanc i Stralsund Conv. XLIV. Vgl. Relation vom 25. Januar 1717, RAK RKTA P-R-K C 251 II, Nr. 5; Stralsund an Regierung vom 13. Februar 1717, RAK Reg 88 Regkanc i Stralsund Conv. CCXLI; Quartierkammerprotokolle vom 11. und 12. Februar 1717 (Kopie), RAK Reg 88 Regkanc i Stralsund Conv. CCXLI; Auch für die »Schwedenzeit« deuten die Quellen eher auf ein negatives Verhältnis zwischen Stadtbewohnern und Soldaten hin. Hierzu: Buchholz, Neuvorpommersches Leben, II, S. 54 f., 72, 81–85.

[767] Zahlreiche weitere Fälle: RAK Reg 88 Regkanc i Stralsund Conv. CCXLVII.

[768] Stralsunder Quartierkammer (undatiert), StadtA Stralsund Rep. 33, Nr. 764.

Hering und zahlreichen anderen Nahrungsmitteln, die Betätigung im Fleischerhandwerk und in vielfältigen Dienstleistungen ließ die anwesenden Soldaten zu unerwünschten Konkurrenten der örtlichen Wirtschaften werden[769].

Unterschied sich die dänische Einquartierung 1715 bis 1721 in ihren Wirkungen also deutlich von der in anderen Territorien beobachteten[770], so ist hierbei in Betracht zu ziehen, dass Westvorpommern nur sehr kurze Zeit unter dänischer Herrschaft stand. Neuere Untersuchungen, etwa die Beate Engelens und Ralf Pröves, beziehen sich auf Gemeinwesen und Gebiete, die sich unter kontinuierlicher Herrschaft befanden. Die wirtschaftlichen Strukturen vermochte das Militär in diesen Territorien nachhaltiger zu beeinflussen. Die dänische Regierung bemühte sich, die negativen ökonomischen Auswirkungen der Garnisonen zu begrenzen. So untersagte sie den Marketendern jeglichen Verkauf von Waren an nicht dem Militär unterstehende Personen »bey schwerer Straffe«[771]. Die Umsetzung und Überwachung dieser Anordnung oblag dem Militär selbst, also Stöcken und seinen Regimentskommandeuren.

Jeder Militärangehörige bedurfte nicht nur einer ständigen Unterkunft, sondern auch unablässiger Verpflegung, die die Wirte zu stellen genötigt wurden. Ebenso hatten sich diese um die Fouragierung zu kümmern. Jedes Gut, ob in ritterschaftlichem, städtischem oder königlichem Besitz, trug einen Teil der umfangreichen Last.

Als beispielsweise Anfang 1716 eine große Haferlieferung für die Kavalleriepferde aus Rostock erwartet wurde, teilte Kriegskommissar Wulff mit, die Stände möchten sich vorab überlegen, wie zu bezahlen sei. Auch für die Abholung und den Weitertransport waren sie verantwortlich[772]. Während die Stände für die Bereitstellung der unmittelbaren Beköstigung von Soldat und Tier finanziell entschädigt wurden, erfolgte die Abgabe des Magazinkorns unentgeltlich[773].

---

[769] Böttcheramt an Greifswald vom 27. August 1718, RAK Reg 88 Regkanc i Stralsund Conv. XLIV; Greifswald an Regierung vom 3. September 1718, RAK Reg 88 Regkanc i Stralsund Conv. XLIV; RAK Reg 88 Regkanc i Stralsund Conv. CCXLVII. Eine Küfe ist ein zumeist rechteckiges Gefäß aus Holz, Kupfer oder Steingut, das dem Färben oder Bleichen dient.

[770] Beate Engelen hebt in ihrer 2003 eingereichten Dissertation die positiven Begleiterscheinungen der Einquartierung hervor. Allerdings bezieht sie sich auf die zweite Hälfte des 18. Jahrhunderts und widmet sich ausschließlich den brandenburgischen Verhältnissen. Nach ihrem Urteil setzten um 1721 intensive Bemühungen ein, das Militär in die städtische Gesellschaft stärker zu integrieren. Engelen, Die Soldatenfrauen, S. 224–228. Eine überaus differenzierte Sichtweise präsentiert Ralf Pröve in seiner Arbeit zur Göttinger Garnison. Auch er hebt die wirtschaftlichen Vorteile einquartierten Militärs hervor. So profitierte unter anderem die Göttinger Tuchindustrie besonders von der Nachfrage des Militärs nach Uniformen. Pröve, Stehendes Heer, S. 240–244. Das dänisch besetzte Vorpommern diente jedoch in erster Linie als Rohstofflieferant. Die Wollverarbeitung fand außerhalb des vom Kriege gezeichneten Gebietes statt. Die Soldatenbekleidung führten die Dänen, wie gezeigt, aus ihren Provinzen zu.

[771] Relatio ex Actis des Stralunder Magistrats contra Generalmajor von Stöcken, RAK Reg 88 Regkanc i Stralsund Conv. CCXLVII.

[772] Propositionspuncte welche der KriegsCommissarius Wulf denen anwesenden Ständen in seinem Quartier mündlich getan 17. April 1716, StadtA Greifswald Rep. 5, Nr. 1338, Bd 1.

[773] Kammerpatent vom 26. Oktober 1718, APS RSwS, Nr. 6176.

Nach Abzug der »Nordischen Alliierten« verblieben zunächst drei dänische Kavallerie-[774] und zwei Infanterieregimenter[775] im Lande. Im Laufe des Jahres 1716 verminderte sich die Zahl der einquartierten Truppen auf ein Kavallerie- und zwei Infanterieregimenter. So nimmt es nicht wunder, dass gerade das erste Jahr dänischer Besetzung das Land teuer zu stehen kam. Ritterschaftliches Kommissariat, Stralsunder Kommissariat und das königliche Amt Bergen waren mit der Gestellung von Nahrung für Mensch und Pferd betraut. Im Zeitraum vom 1. Dezember 1715 bis zum 17. Januar 1716 waren täglich 5005 Portionen für die Soldaten und 2924 Rationen für die Tiere bereitzustellen[776]. Im Verlaufe des Jahres 1716 brachten die Ritterschaft und die Stadt Stralsund nach eigenen Angaben 100 913 Reichstaler für Einquartierung und Verpflegung der im Lande befindlichen Truppen auf. Einquartierungskosten 1716 (aus ständischer Sicht)[777]. Gegenüber Landrat von Bohlen und Engelbrecht äußerte der königliche Konseil, Kopenhagen hätte im selben Zeitraum mehr als 300 000 Reichstaler für die in Pommern stehenden Truppen aufgewendet.

Einquartierungskosten 1716 (aus ständischer Sicht)

Träger	Aufwendungen in Reichstaler
Vorpommersche und Rügische Ritterschaft	61 000
Stralsund intra moenia (innerhalb der Ringmauern)	22 000
Stralsunds Rügener Ländereien	13 213
Stralsunds pommersche Ländereien	4 700

Quelle: Ohngefähre Liquidation vom 8. März 1718, StadtA Stralsund Rep. 33 Nr. 869. Gegenüber Landrat von Bohlen und Engelbrecht äußerte der königliche Konseil, Kopenhagen hätte im selben Zeitraum mehr als 300 000 Reichstaler für die in Pommern stehenden Truppen aufgewendet. Von Bohlen und Engelbrecht an Stände vom 20. April 1717, StadtA Greifswald Rep. 5 Nr. 1 339 Bd 2.

© MGFA
05427-04

Die tatsächliche Höhe der Stationierungskosten für das Land ist nicht ermittelbar. Jeder Historiker, der aus den Akten eine entsprechende Statistik erstellte und sich in dieser Hinsicht den Anschein von Vollständigkeit erwecken würde, unterläge fataler Selbsttäuschung. Weder die Stralsunder Regierung, noch der Kämmerer selbst, noch die Rentekammer vermochten dem König klare Zahlen zu liefern[778].

---

774 Luttickow, von Dewitz und Deden. RAK RKTA P-R-K C 274; RAK Reg 88 Regkanc i Stralsund Conv. CCXXXVIII.

775 Prinz Karl und Ingenhaven. RAK RKTA P-R-K C 274; RAK Reg 88 Regkanc i Stralsund Conv. CCXXXVIII.

776 Designationen für das Luttickowsche Regiment, das Dewitzsche Cavallerie Regiment, das Dedensche Regiment, das Printz Charles Infanterie und das Ingenhavensche Regiment Regiment vom 22. Januar 1716, RAK RKTA P-R-K C 274.

777 Ohngefähre Liquidation vom 8. März 1718, StadtA Stralsund Rep. 33, Nr. 869; von Bohlen und Engelbrecht an Stände vom 20. April 1717 StadtA Greifswald Rep. 5, Nr. 1339, Bd 2.

778 Selbst die Erstellung abschließender Repartitionen fiel der Regierung äußerst schwer. Viele Kollektoren in den Ämtern und Distrikten lieferten keine Zahlen oder warteten Jahre mit ihren Rechnungsabschlüssen. So fehlten noch im Juni 1718 bei der Stralsunder Regierung zur Berechnung der Einquartierungskosten für *1716* Unterlagen aus sämtlichen Ämtern und Distrikten. Bericht Kräpelins (Stralsunder Quartierkammer) vom 16. Juni 1718, RAK Reg 88 Regkanc i Stralsund Conv. CCXXXIX (Acta betreffend die an die Stadt Stralsund wegen der bey der

Vom 1. Januar 1716 bis Ende November wollten die Stände 118 922 Reichstaler und 32 lübsche Schilling ausgegeben haben, später nannten sie für das gesamte Jahr die oben erwähnte Summe. Als die Stände jedoch eindeutige Rechnungen in Stralsund vorlegen sollten, erbrachten sie solche nur für etwa 57 636 Reichstaler. Die Regierung selbst schätzte daraufhin, das zu dieser Summe cirka 8000 Reichstaler hinzuzurechnen wären. Sie bezifferte die Kosten des Landes für Einquartierung demzufolge auf 65 636 Reichstaler 16 lübsche Schilling[779]. So genau diese Zahlen also auch scheinen mögen, sie beruhen auf Überschlägen. Selbst die Zusammentragung aller greifbaren Fakten über die unterschiedlichen und vielfältigen Formen der Einquartierungskosten, eine angesichts der immensen Aktenbestände für den Einzelnen nicht leistbare Aufgabe, würde nicht zum erhofften Erfolg führen, denn eine Art der finanziellen Belastung durch die Anwesenheit von Soldaten wurde nirgendwo erfasst: die Exekutionsgebühren. Diese Strafgelder erhielten die mit der Zwangsvollstreckung beauftragen Soldaten täglich von ihrem Quartierwirt. Auch die tatsächliche Anzahl der Vollstreckungen ist nicht überliefert. Dennoch darf angesichts der zuvor genannten Summen die Höhe der Einquartierungskosten für das Jahr 1716 als erheblich angesehen werden. Sie lagen deutlich über 60 000 Reichstaler.

Eine Besserung kehrte zwar nach dem Abzug zweier Kavallerieregimenter ein, jedoch fiel die erwartete Erleichterung keineswegs so hoch wie erhofft aus. Ab 1717 erhielt jeder in Vorpommern stationierte Kavallerist täglich zwei Pfund, statt der bisher ausgegebenen 1,5 Pfund Brot[780]. Um so erfreulicher wirkte da der bereits zum Jahresende erteile königliche Befehl, das Brot für die berittenen Einheiten künftig nicht mehr aus den Quartieren stellen zu lassen. Dennoch verursachte die Kavallerie besondere Belastungen und Ausgaben[781]. Die Stände empfanden Kavallerieeinquartierung als besondere Belastung. Rationen (Futter) waren deutlich teurer als Portionen (Soldatenverpflegung) und die Rationen für Kavalleriepferde kosteten wiederum mehr als die für Infanteriepferde. (Auch die Infanterieregimenter führten eine erhebliche Anzahl an Pferden mit. Das 1716 wieder verlegte Regiment Ingenhoven verfügte beispielsweise über 135 Mähren). Da das Prehnsche Kavallerieregiment Grenzdienst an der mecklenburgischen und an der preußischen Grenze versah, verfügten seine Soldaten über keine festen Unterkünfte. Die Soldaten schliefen im Stroh oder auf der Erde. Hierfür musste Stralsund Entschädigung, sogenannte Schlafgelder, zahlen. Täglich standen jedem Unteroffizier und Reiter ein halber Schilling zu. Im Juli 1720 forderte die Regierung die Stadt auf, die gesamte Summe von 1080 Reichstalern binnen acht Tagen an den Regimentskommandeur Oberst Fineck zu übergeben[782].

Einquartierung in Anno 1716 erlittenen praegrvation abzuführende Satisfaktionsgelder 1716–20); Regierungsbefehl vom 29. Juni 1718 (Kopie), RAK Reg 88 Regkanc i Stralsund Conv. CCXXXIX.

[779] Rentekammer vom 2. März 1717, RAK RKTA P-R-K C 251 II, Nr. 14, Lit. A.

[780] Hohenmühle, Kampferbeck, von Johnn an Stralsund vom 1. März 1717, StadtA Stralsund Rep. 33, Nr. 869.

[781] Regierung an Stralsund vom 1. April 1718, StadtA Stralsund Rep. 33, Nr. 869. Stände an Friedrich IV. vom 14. September 1717, RAK RKTA C 251 II; RAK Regkanc i Stralsund CCXXXV; RAK Regkanc i Stralsund CCXL.

[782] Regierung an Landstände vom 29. Juli 1720, StadtA Stralsund Rep. 33, Nr. 869.

Da die Kavalleristen ohnehin oft ihre Unterkünfte wechselten, gestaltete sich deren Versorgung im Vergleich zur Infanterie und Artillerie deutlich schwieriger. Bei den auf »Postierung« stehenden oder für Botendienste in Quartier liegenden Reitern erfolgten regelmäßige Ablösungen. Sobald sich ein derartiger Wechsel anbahnte, gab die Regierung Befehl, die nötige Nahrung für einen längeren Zeitraum dem Soldaten aus seinem alten Stationierungsort zuzuführen. Als beispielsweise im Mai 1718 eine Ablösung der auf Rügen einquartierten Kavalleristen bevorstand, ordnete die Regierung an, dass den Reitern Rauh- und Hartfutter für 16 Tage »nachgefahren und an die Oehrter/ alwo die Postierung oder die Ordonnance halten/ geliefert werden müsse« Säumigen drohten die Räte mit sofortiger militärischer Exekution[783]. Erwies sich die nötige Fuhre als zu schwierig, so konnte der betreffende Quartierwirt in Absprache mit dem jeweiligen Kompaniechef statt der Fourage Geld zahlen. Das Stralsunder Kommissariat für Rügen legte 1718 je Reiter 4,5 Schilling als Entschädigungszahlung fest[784]. Immerhin gelang es einer ständischen Deputation, im März 1717 eine deutliche Reduzierung der Futtermittel für die Kavallerie zu erwirken[785]. Aufgrund des großen Hafermangels gestattete das Kopenhagener General-Kriegskommissariat vier Scheffel Hafer durch drei Scheffel Gerste und zwei Scheffel Hafer durch einen Scheffel Roggen zu ersetzen.

An Magazinkorn lieferten die Grundbesitzenden acht Scheffel Roggen, acht Scheffel Hafer und zwei Fuder Heu je reduzierter Hufe jährlich nach Stralsund[786]. Insgesamt sollten mehr als 21 857 Scheffel Roggen, dieselbe Menge Hafer sowie 5464 Fuder Heu von den Städten, Distrikten und Ämtern abgeliefert werden[787]. 1718 entrichtete das Land 7000 dänische Tonnen Roggen und im Jahr darauf 9000 Tonnen an das Stralsunder Magazin[788]. Da gegen Ende des Jahres 1719 noch weit über 11 700 Rendsburger Tonnen Hafer im Stralsunder Magazin lagerten, verzichtete Friedrich IV. auf die Ablieferung weiteren Hafers[789].

Die Belegung von Wohnungen mit Soldaten war eine dem Wirte bisweilen noch erträgliche Beschwernis, die Stellung von Futter für die dänische Kavallerie nicht[790]. Sie brachte eine Schwächung des eigenen Viehs mit sich. Im Jahre 1716 verhängte Kriegskommissar Wulff eine Exekution, da die Offizierpferde von den Ständen nicht mit ausreichender Fourage versehen wurden. Für jede fehlende Portion forderte er finanziellen Tribut[791]. Im gleichen Jahr hatte beispielsweise

---

783 Regierungsbefehl vom 18. Mai 1718 (gedruckt), StadtA Stralsund Rep. 37, Nr. 55.

784 Städtische Institution zur Regulierung der Einquartierung auf den insularen Gütern. Siehe auch Anm. 1461; Befehl des Stralsunder Kommissariats vom 21. Mai 1718, Rep. 37, Nr. 55.

785 Regierungsbefehl vom 31. März 1717, StadtA Greifswald Rep. 5, Nr. 1339, Bd 1.

786 Kgl. Befehl vom 13. Oktober 1716, RAK RKTA P-R-K C 251 I, Nr. 22, auch in: StadtA Stralsund Rep. 13, Nr. 966; Repartition über das ausgeschriebene Magazinkorn vom 31. Oktober 1716; RAK RKTA P-R-K C 251 I, Nr. 22.

787 Repartition über das ausgeschriebene Magazinkorn vom 31. Oktober 1716.

788 Befehl Friedrichs IV. vom 8. Januar 1718, APS RSwS, Nr. 6176.

789 Güldencrone und Weyse an Friedrich IV. vom 23. September 1719, RAK RKTA P-R-K C 251 IV, Nr. 35; Kgl. Resolution vom 30. September 1719, RAK RKTA P-R-K C 251 IV, Nr. 35.

790 Monatlich erhielt die Kavallerie für jedes Pferd außerhalb der Grasungsmonate (Ende Mai bis Oktober) eine Tonne Hafer nach dänischem Maße, neun Schalpfund Heu und 1/8 Tonne Häcksel zugewiesen. Regierung an Stralsund vom 1. April 1718, StadtA Stralsund Rep. 33, Nr. 869.

791 Protokoll des Kgl. Konseils vom 16. Oktober 1716, RAK RKTA P-R-K C 251 I, Nr. 26.

Greifswald für 207 Hufen Stadtboden, für die Ländereien nochmals für 89 Hufen Magazinkorn abzuführen, ohne Rücksicht auf wüste Höfe und geminderte Erträge. Als die Stadt sich im Hintertreffen befand, ordnete Kämmerer Horst die Exekution an[792]. Im September 1717 erhoben Greifswalder gegen die Futtermittelabgaben erneut Klage bei der Regierung[793].

Die Proviantierung der in Vorpommern stationierten dänischen Marinekräfte erfolgte teilweise aus Kopenhagen. So sandten die Dänen Speck, Fleisch, Butter, Grütze und Erbsen an ihre maritimen Verbände. Alle übrigen Versorgungsgüter wurden der Truppe aus pommerschen Magazinen zugeführt, die aus dem Land befüllt wurden[794]. In monatlichem Abstand lieferte die heimische Wirtschaft Fisch, Hartbrot, Salz, Licht, Bieressig, Branntwein, Schiffsbier und Brennholz[795]. Die Regimenter erhielten ebenfalls teilweise ihre Verpflegung aus den Magazinen. So wies Friedrich IV. im April 1717 an, künftig die Hälfte der Offizierknechte und -pferde aus den Beständen des Militärs zu versorgen[796].

Finanzielle militärische Belastungen ergaben sich jedoch nicht allein aus der Einquartierung, den Verpflegungs- und Futtermittelgestellungen, sondern auch durch Diskretionsgelder. Diese waren einzelnen Persönlichkeiten der Verbündeten teilweise spontan durch Friedrich IV. versprochen worden[797]. Etwa dem Fürsten Leopold von Anhalt-Dessau, dem der dänische König für die Eroberung Rügens 15 000 Reichstaler schenkte, oder dem Generaladjutanten Oberstleutnant Maximilian August Koeppen, der 1333 Reichstaler erhielt. Zur Zahlung der Gelder wurden die Stände herangezogen. Alleine 1716 hatte die Ritterschaft 23 366 Reichstaler für derartige Schenkungen aufzubringen[798]. Auch in den darauf folgenden Jahren kamen die vorpommerschen Untertanen für Schenkungen ihres Königs auf[799].

In ihrem umfangreichen Bericht über wüste Dörfer, Höfe und Häuser hob die Stralsunder Regierung die negative Wirkung derartiger Abgaben hervor. Die rügische Landwirtschaft liege gänzlich danieder, jedoch hätte Hoffnung auf Besserung bestanden, wären da nicht die Diskretionsgelder für den Fürsten von Anhalt-Dessau[800].

Neben diesen besonderen Zuwendungen kamen die Stände für die Finanzierung des dänischen Militärs durch Kontributionszahlungen auf. Für die Eintreibung der Gelder standen bei Veröffentlichung der entsprechenden Befehle däni-

---

[792] Greifswald an Regierung vom 16. Oktober 1717, Regkanc i Stralsund Conv. LXII b.

[793] StadtA Greifswald Rep. 5, Nr. 447, Bl. 93.

[794] Befehl Friedrichs IV. vom 14. August 1716, RAK RKTA P-R-K C 251 I, Nr. 26.

[795] See-Generaletatskommissariat vom 15. August 1716, RAK RKTA P-R-K C 251 I, Nr. 26; Gude an Regierung vom 15. September 1716, RAK Reg 88 Regkanc i Stralsund Conv. XLIV.

[796] Land-Generaletatskommissariat an Horst vom 27. April 1717, RAK Reg 88 Regkanc i Stralsund Conv. CCXXXV.

[797] Die Behauptung der Rentekammer, der König habe lediglich dem Anhalt-Dessauer Geld versprochen, erwies sich schnell als Unwahrheit. Rentekammer an Kötzschau und Horst vom 11. Januar 1718, RAK RKTA P-R-K C 255.3.

[798] Designation der Pöste zu deren bezahl auf dem May die löbliche Ritterschaft [...] anzuschaffen bemüht ist, RAK RKTA P-R-K C 251 I, Nr. 30.

[799] Scholten an Regierung vom 20. Januar 1720, RAK Regkanc i Stralsund Conv. XXXVIII.

[800] Regierung an Rentekammer vom 15. November 1717, RAK RKTA P-R-K C 273.

sche Truppen zur Exekution bereit. Noch bevor den Steuerpflichtigen jeweils die neue Abgabenhöhe mitgeteilt wurde, erteilte die Kopenhagener Rentekammer dem Kammerrat Hinrich Horst Vollmacht, jeglichem Widerstand sofort mit militärischer Gewalt zu begegnen. Diese Maßnahmen zeitigten für Kopenhagen großen Erfolg. Betrugen die Einnahmen aus der Kontribution 1717 noch 17 291 Reichstaler, so waren es 1718 bereits 82 863 und im darauf folgenden Jahr über 83 000 Reichstaler. Derart hohe Kontributionsforderungen sind nach 1721 zu keinem Zeitpunkt von den Schweden erhoben worden[801].

Die Anhebung der Kontribution ab 1718 ging einher mit der Aufstockung des Nebenmodus und der Ritterhufensteuer. Die deutliche Steigerung der Abgabenlast für alle Bevölkerungsschichten begründete Kopenhagen mit einem spürbaren wirtschaftlichen Aufschwung, den niemand in der Provinz leugnen könne[802].

Mit den eingetrieben Steuergeldern wurde nicht nur der Unterhalt des Heeres, sondern auch der der Marine beglichen. Bereits Mitte 1716 wies die Rentekammer auf Befehl Friedrichs IV. an, dass der gesamte finanzielle Bedarf für die Verpflegung der in Vorpommern stationierten Flotteneinheiten aus dem Haushalt der Provinz selbst bezahlt werden müsse[803]. Immerhin handelte es sich hierbei um 6829 Reichstaler. Generalgouverneur von Dewitz und die Stralsunder Regierung legten dar, dass diese Mittel, wenn überhaupt, dann erst nach dem Verkauf der Ernte zur Verfügung ständen[804]. Zum wiederholten Mal stellte sich die regionale Administration aufseiten der Provinz.

Die Nutzung ziviler Seefahrzeuge für die Überführung von Truppen, sei es nach Rügen oder von der Insel auf das Festland, wurde insbesondere von der rügischen Ritterschaft und der Stadt Stralsund als handelsschädigend erachtet[805]. Bootsinhaber, die bei derartigen Aktionen Schaden erlitten, erhielten keinerlei Wiedergutmachung[806].

Neben der Einquartierung dänischer Soldaten und den hieraus resultierenden mannigfaltigen Problemen belastete die hohe Zahl schwedischer Verwundeter die ökonomische Situation in Stralsund. Nicht allein deren Unterbringung und Pflege oblag der Stadt und ihren Bürgern, sondern auch die Versorgung mit Lebensnotwendigem. So befahl die dänische Regierung im Februar 1717 die Bereitstellung von vier Faden Brennholz von den städtischen Gütern[807].

---

[801] Regierungspatent vom 3. November 1719, RAK RKTA P-R-K C 256, Nr. 47; Boisen Schmidt, Studier over Statshusholdningen, I, S. 263. Kontributionszahlungen Neuvorpommerns an Schweden: Buchholz, Öffentliche Finanzen, S. 291.

[802] Rentekammer an Friedrich IV. vom 6. März 1719, RAK RKTA P-R-K C 251 IV, Nr. 9.

[803] Rentekammer an Dewitz vom 11. August 1716, RAK RKTA P-R-K C 251 I, Nr. 26.

[804] Dewitz an Friedrich IV. vom 15. September 1716, RAK TKIA B 209.

[805] Regierung an Dewitz (undatiert, weder Absender noch Adressat sind ersichtlich, befindet sich bei von Dewitz' Unterlagen, Schriftbild, Ort der Ablage und Stellungnahmen lassen darauf schließen, dass es sich um eine dem Generalgouverneur vorgelegte Regierungsschrift handelte), RAK TKIA B 209.

[805] Protokoll Collegio Civitatum 9.–12. Januar 1716, StadtA Greifswald Rep. 5, Nr. 1338, Bd 1.

[806] Michael Krull an Stralsunder Quartierkammer vom 25. Januar 1716, StadtA Stralsund Rep. 33, Nr. 764.

[807] Hohenmühle, Kampferbeck, von Johnn vom 25. Februar 1717, StadtA Stralsund Rep. 33, Nr. 1110.

Die Instandsetzung der Stralsunder Festungsanlagen schädigte ebenfalls die lokale Wirtschaft, insbesondere durch den hohen Arbeitskräftebedarf. 1716 arbeiteten täglich bis zu 600 Zivilisten an den Wällen. Im folgenden Jahr bestimmte das Land-Etatgeneralkommissariat, das Land so weit wie möglich von derartigen Belastungen zu verschonen[808]. Neben der Wiederherstellung der Stralsunder Anlagen verfügte Kopenhagen auch den Ausbau der Altenfähr-Schanze auf Rügen und der Fortifikationswerke auf dem Ruden. Für die notwendigen Arbeiten bediente man sich ebenfalls des heimischen Arbeitskräftepotenzials. Sämtliche Maßnahmen kosteten zudem den knapp bemessenen Rohstoff Holz. Allein der Rudenausbau verschlang 600 Faschinen und 2400 Faschinenpfähle[809]. Der hierfür erforderliche Einschlag erfolgte, wie bereits im Fall der für Stralsund und Altefähr benötigten Bäume, im Lande selbst.

Ein weiteres ökonomisch negativ wirkendes Hemmnis bildete die mangelnde Kooperation zwischen ziviler Verwaltung und militärischem Apparat. Die Einquartierung lief keineswegs so geordnet, wie die normativen Texte der entsprechenden Ordres und Repartitionen dies vermuten lassen. Noch im Oktober 1719 beklagte Oberstleutnant Brockelmann das Fehlen einer einheitlichen Vorgehensweise. Er empfahl eine Zusammenkunft aller Beamten mit den Regimentsquartiermeistern. Selbige sei zwar schon bei Beginn der dänischen Herrschaft angeboten worden, jedoch habe sich damals lediglich Amtmann Berthold Schacht zum Termin eingefunden[810]. Auch Rittmeister Braun, Kompaniechef im Prehnschen Regiment, äußerte seinen Unmut über die aus seiner Sicht schlechte Organisationsarbeit der Beamten. Diese wirke besonders negativ auf die Versorgung der Postierungen[811]. Weder Braun noch andere militärische Führer unterschieden in ihren Klagen zwischen landesherrlichen und ständischen Beamten.

Andererseits betrachteten sowohl die Stände als auch die Regierung die hohe Anzahl der im Land stationierten Soldaten als wirtschaftsschädigend. Die Regierung konnte nicht vollends auf das Militär verzichten, bildete es doch neben Kirche und Jurisdiktion das wichtigste Instrument der Herrschaftssicherung.

Landesherrliche Wirtschaftspolitik. Zusammenfassung

Ebenso wenig wie sich die jurisdiktionelle Funktion von den übrigen Aufgabenbereichen der Regierung klar abgrenzen lässt, kann auch die Wirtschaftspolitik unmöglich isoliert von dem gesamten Wirken der dänischen Administration betrachtet werden. Das Besondere gewinnt erst vor dem Hintergrund des Allgemeinen Kontur. Die Steuerung des Militärs, die Gesetzgebung, die Fähigkeit zu Verhandlungen mit den Ständen, die Beziehungen zur Kopenhagener Zentraladministration und der finanzielle Spielraum waren Faktoren, die unmittelbar auf die Ökonomie wirkten. Erst eine auf *Erschließung alter und neuer Einnahmequellen* zielende

---

[808] Memorial des Landestatgeneralkommisariates an die Deputierten der Stände vom 27. März 1717, StadtA Greifswald Rep. 5, Nr. 1339, Bd 2.
[809] Friedrich IV. an Rentekammer vom 31. Mai 1717, RAK RKTA P-R-K C 251 II.
[810] Brockelmann an Regierung vom 20. Oktober 1719, RAK Reg 88 Regkanc i Stralsund Con CCXLV.
[811] Braun an Prehn vom 15. Oktober 1719, RAK Reg 88 Regkanc i Stralsund Con CCXLV.

Finanzpolitik half, die Handlungsfähigkeit des Beamtenapparates zu erhöhen. Sie bildete somit die Grundlage der in Angriff genommenen ökonomischen Wiederbelebung. Einhergehend mit einer deutlichen *Verschärfung der Gesetzgebung* glaubten Zentraladministration und Regierung, durch *finanzielle Anreize* das Agrarwesen stärken zu können. Schutz der Wälder gegen Wilderei und unerlaubten Holzeinschlag und die Sorge um die Bestellung von verpachtetem Land dürfen hier nochmals als Beispiele genannt werden.

Auf die *Stärkung des einheimischen Handwerkes und Gewerbes* zielten hohe Zölle für eingeführte Waren und scharfe Beschränkungen des Handels mit importierten Gütern. Ein weiteres deutliches Anzeichen einer *merkantilistischen Wirtschaftspolitik* ist in dem Verbot der Wollausfuhr und den Plänen zur Peuplierung zu sehen.

Ansätze einer neuen, sich von der alten schwedischen teilweise abgrenzenden *Ökonomie sind also deutlich erkennbar.* Da der dänischen Herrschaft nur fünf Jahre beschieden waren, blieb vieles unvollendet. Nicht selten schürten wirtschaftspolitische Maßnahmen zusätzlich die oppositionelle Haltung der Bevölkerung. Gingen die auf die Landwirtschaft zielenden Gesetze häufig zu Lasten der unteren Bevölkerungsschichten, so rief die Besteuerung der Ritterhufen Widerstand im Adel hervor. Auch die Hoffnung der Städte auf gänzliche Befreiung vom Sundzoll blieb unerfüllt.

Zusätzlich hemmten die dem Krieg geschuldeten hohen finanziellen Belastungen die wirtschaftliche Erholung. Das im Land stehende Militär forderte ebenso seinen Tribut, sei es durch finanzielle und materielle Abgaben oder durch Einquartierung in natura.

Allen neuen Forschungsansätzen zum Trotze, die eine differenzierte Beurteilung der Auswirkungen militärischer Einquartierung anmahnen, ist nicht der mindeste Anhaltspunkt dafür zu finden, dass das dänische Militär in irgendeiner Weise positiv auf die vorpommersche Wirtschaft wirkte. Hierbei muss jedoch der kurze Zeitraum der dänische Herrschaft berücksichtigt werden, der eine mögliche vorteilbringende Verflechtung militärischer Bedürfnisse mit den Fähigkeiten der heimischen Wirtschaft nicht zuließ. Das Militär eröffnete keine Absatzmöglichkeiten.

In einer Gesellschaft, deren ökonomische Basis die Landwirtschaft bildete, musste beinahe jede wirtschaftspolitische Entscheidung unmittelbare Folgen für das Leben der produzierenden Schichten besitzen. Negative Auswirkungen einzelner Maßnahmen der Regierung sind vorstehend bereits erörtert. Wie aber gestaltete sich grundsätzlich das Verhältnis zwischen der dänischen Administration und den Teilen der Bevölkerung die wenig oder gar kein politisches Mitspracherecht besaßen?

V. Konfliktfelder

1. Regierung, Stände, nichtständische Bevölkerungsschichten

Im Folgenden gilt es, die wechselseitigen Beziehungen zwischen der Stralsunder Regierung und den Ständen auf der einen Seite und den nichtständischen Bevölkerungsschichten auf der anderen Seite darzulegen. Unter der letztgenannten Gruppe werden hier sämtliche Einwohner verstanden, denen keinerlei politische Rechte zustanden, die keine eigenen Vertreter in die ständischen Vertretungen entsenden konnten. Hierzu zählten unter anderen Tagelöhner, fahrendes Volk, lohn- und deputatabhängige Landarbeiter[1], das städtische und ländliche Gesinde und vor allem das pommersche leibeigene Bauerntum[2]. Der Begriff »Leibeigenschaft« entzieht sich klarer Definition, obwohl es zahlreiche Ansätze zur begrifflichen Bestimmung gab und gibt. Die Leibeigenschaft in Pommern ist seit Mitte des 19. Jahrhunderts immer wieder Gegenstand gelehrter Betrachtungen gewesen. Als klassisch darf Ernst Moritz Arndts *Versuch einer Geschichte der Leibeigenschaft* gesehen werden. Arndt widersprach hier bereits der Auffassung, die ostelbische Leibeigenschaft entspringe der Eigenart der slawischen Ureinwohner. Heute wird dieser Ansatz als neu und modern ausgegeben. Dirk Schleinerts Arbeit über die Gutswirtschaft in Pommern-Wolgast befasst sich beinahe ausschließlich mit der ökonomischen Dimension der Umwandlung von Grund- in Gutsherrschaft. Personenrechtliche Aspekte, das heißt den Prozess der Umwandlung von Hintersässigkeit in Leibeigenschaft berührt er nur am Rande[3]. Ein in der jüngeren Forschung gefordertes Offenlegen des Beziehungsgeflechtes von Landlosen und Landarmen[4] würde den Rahmen dieser Arbeit sprengen und soll nicht Gegenstand der Betrachtung sein.

Um 1600 bestanden im Herzogtum Pommern-Wolgast noch drei Formen bäuerlichen Eigentumsrechtes. Erbzins und Erbpacht erlaubten den Grundherren[5]

---

[1] Jan Peters präsentierte in seiner Dissertation eine umfassende Definition und Beschreibungen der einzelnen entrechteten Bevölkerungsgruppen für Schwedisch-Pommern. Peters, Die Landarmut, S. 22–26.

[2] Hierzu: Blickle, Leibeigenschaft, S. 56–62.

[3] Vgl.: Schleinert, Die Gutswirtschaft, S. 239; Arndt, Versuch einer Geschichte, S. 23–188; Arndt, Geschichte der Veränderung, S. 208 f.; Brünneck, Die Leibeigenschaft in Pommern, S. 104–152.

[4] Heide Wunder, die 1995 diese Perspektive forderte, um die starre Sicht auf den »agrarischen Dualismus« zwischen ostelbischer Guts- und altdeutscher Grundherrschaft zu durchbrechen, lässt in ihrem Beitrag das 17. Jahrhundert gänzlich außer Acht. Wunder, Das selbstverständliche Denken, S. 37 f., 42–44.

[5] Auf die Unterschiede von Grund- und Gutsherrschaft soll an dieser Stelle nicht näher eingegangen werden. Da es sich bei Gutsherrschaft um eine Sonderform der Grundherrschaft handelt,

nur geringe Veränderungen ihrer Abgabeforderungen. Die Bauern jedoch, die nichterbliche, sogenannte lassitische Nutzungsrechte besaßen, konnten schneller unter den grundherrlichen Willen gebeugt und zur Aufgabe ihres Bodens veranlasst werden. In der zweiten Hälfte des 16. Jahrhunderts war die Entrechtung des Bauerntums und die Herausbildung von Gutsherrschaften in Pommern in vollem Gange. Arndt sieht in den Wirren des Dreißigjährigen Krieges die Ursache zur endgültigen Beseitigung bäuerlicher Rechte[6]. Nach dem Dreißigjährigen Krieg wurden nur wenige Bauernstellen wieder eingerichtet, wo sie dennoch fortbestanden, zogen die adeligen Grundbesitzer sie im Laufe des 17. Jahrhunderts ein[7]. Der vorpommersche Landmann der »Dänenzeit« war Leibeigener[8] und somit beinahe gänzlich entrechtet[9]. Für die Zeit um 1700 errechnete Renate Schilling, dass von »3313 Kossaten, Halb-, Voll- und größeren Bauern« in Schwedisch-Pommern nur 252 frei waren. Im Unterschied zu anderen Territorien, in denen Leibeigenschaft herrschte, war es in Pommern rechtlich nicht möglich, den Bauern als Person an einen anderen Gutsherrn zu veräußern. Das heißt, er konnte nicht gezwungen werden, auf ein anderes Gut zu ziehen, sondern mit ihm hatte grundsätzlich auch der von ihm bebaute Boden den Besitzer zu wechseln. Im Zuge der Stärkung persönlicher Abhängigkeit des Bauern von seinem Grundherren wuchs auch die Zahl nicht selbstständiger Arbeitskräfte, der Lohn- und Deputatabhängigen[10]. Sie bildeten während des Großen Nordischen Krieges bereits die Masse der pommerschen Landbevölkerung. So stellt Peters für das beginnende 18. Jahrhundert bereits einen Anteil an Einliegern (Landarbeiter ohne eigenes Haus) unter der dörflichen Bevölkerung von 36 bis 40 % in den Ämtern Franzburg, Grimmen und Tribsees fest. Während des Großen Nordischen Krieges habe sich an diesen Verhältnissen nichts verändert, konstatiert er[11]. Der Autor Micraellii berichtet von unterschiedlichen Lebensqualitäten innerhalb der Leibeigenen bereits für das beginnende 17. Jahrhundert. Jenen, die einem adligen Gutsherren gehörten, ginge es schlechter als anderen, die städtische Güter bebauten[12]. Regional differenziert Micraellii zwischen den Bauern auf Rügen[13], Barth, an der Tollense, bei Pyritz (preußischer Landesteil) und Rügenwalde (Hinterpommern) einerseits und deren Standesgenossen im übrigen Land andererseits. Die erstgenannte Gruppe kennzeichnete der Verfasser der *Antiquitates Pomeranie* als bessergestellt. Von Brünneck hingegen

---

werden im weiteren Verlaufe adelige und bürgerliche Landbesitzende, zu denen Leibeigene in einem persönlichen Abhängigkeitsverhältnis standen, auch mit dem Begriff »Grundherr« beschrieben. Definition und weiterführende Literatur bei: Blickle, Leibeigenschaft, S. 54; Lütge, Grundherrschaft und Gutsherrschaft, S. 682–688.

6   Schleinert, Die Gutswirtschaft, S. 45; Rudert, Grenzüberschreitungen, S. 359–368, 377.

7   Arndt, Versuch einer Geschichte, S. 127; Wiedemann, Kirchengeschichte, S. 104.

8   Der erste Beleg für den Gebrauch des Wortes »leibeigen« im Herzogtum Pommern-Wolgast stammt aus dem Jahre 1589. Für das nördliche Vorpommern ist er erstmals 1612 verbürgt. Schleinert, Die Gutswirtschaft, S. 47.

9   Brünneck, Die Leibeigenschaft, S. 141 f.; Arndt, Versuch einer Geschichte, S. 128–131.

10   Schilling, Schwedisch-Pommern um 1700, S. 38; Schleinert, Die Gutswirtschaft, S. 36.

11   Peters, Die Landarmut, S. 45.

12   Micraellii, Antiquitates Pomeranie, S. 391; Arndt, Versuch einer Geschichte, S. 135 f.

13   Diese Differenzierung wird durch jüngere Forschungen gestützt. Schilling: Schwedisch-Pommern um 1700, S. 38–46.

berichtet, dass für das 17. Jahrhundert kein Unterschied in der Behandlung von gutsherrlichen Bauern und Domänenbauern festzustellen sei[14].

Nach Einrichtung der dänischen Verwaltung in Vorpommern nördlich der Peene änderte sich nichts an der rechtlichen Position noch an der ökonomischen Situation der Leibeigenen. Die dänische Regierung schützte diesbezüglich die Stellung der adeligen und städtischen Grundherren. Obschon die Beziehungen zwischen den Staatsbeamten einerseits und der pommerschen Nobilität sowie dem Bürgertum andererseits von ständigen Reibereien geprägt waren, gab es durchaus Berührungspunkte zwischen beiden Gruppen. So vertraten die dänischen Behörden immer dann ständische Interessen, wenn untere Volksschichten für ihre Rechte stritten. Im März 1717 führten die von den Ständen nach Kopenhagen gesandten von Bohlen und Engelbrecht Beschwerde gegen die dänischen Beamten. Sie würden den einheimischen Bauern den Rücken stärken, wenn diese den Pächtern von Domänen ihre Dienste versagten. Darauf erging Befehl der Rentekammer an sämtliche Amtmänner des Herzogtums und Fürstentums »sich künftighin in der Pfandträger der ihm allergnädig. Anvertrauten ämter oeconomie keines Weges melieren, viel weniger denen bauern, da Sie ihrer schuldigen diensten und praestationen halber Schwierigkeiten zu machen sich unterstehen wollten die geringste rückenstärkung thun«[15]. Als im September 1717 Ritterschaft und Städte forderten, das Deputat aufgrund der schlechten Ernte kürzen zu dürfen[16], entschied Stralsund in ihrem Sinne. Schäfer, Hirten und andere Bedienstete erhielten statt des ihnen zustehenden Roggens eine Hälfte ihres Naturallohnes in Gerste. Möglichem Protest begegnete die Regierung durch die Androhung körperlicher Strafen. Im darauf folgenden Jahr teilten Generalgouverneur, Oberlanddrost und Räte erneut mit, beim Ausdreschen des Roggens sei festgestellt worden, dass die Ernte noch schlechter als 1717 ausgefallen sei. Wiederum bäten die Stände deshalb um »Umwechslung des Deputat-Rockens mit Gerste«. Dem wurde in bewährter Weise stattgegeben[17].

1719 bestätigte die Regierung die alte schwedisch-pommersche Gesindeordnung und untersagte Knechten, Mägden und Tagelöhnern jede Lohnforderung, die über das dort vorgeschriebene Maß hinausführte. Ritterschaft und Städte hatten sich zuvor an die Landesherrschaft gewandt[18]. Sie klagten, dass sich im Gesinde

---

14   Vgl. Micraellii, Antiquitates Pomeranie, S. 391; Brünneck, Die Leibeigenschaft, S. 136; Fuchs, Der Untergang, S. 217.

15   Rentekammer an sämtliche Amtmänner vom 23. März 1717, StadtA Greifswald Rep. 5, Nr. 1339 Bd 2.

16   Landstände an Regierung vom 4. September 1717, StadtA Stralsund Rep. 13, Nr. 614; Die Roggenernte 1717 blieb deutlich unter dem erhofften Ertrag. An einigen Orten schlug der Sturm einen Teil der reifen Ähren aus, wie etwa in Parchow und Borchtitz. In Glowe trieb der Sturm häufig Sand von den Dünen auf die Felder, so dass eine gänzliche Verwaisung des Ortes zu befürchten stand. Regierung an Rentekammer vom 15. November 1717, RAK RKTA P-R-K C 273; Extract derer unter dem Catastro der Ritterschaft Fürstenthum Rügens sortierte Städtchen, Flecken, Güther und dörfer, RAK RKTA P-R-K C 273, Lit. S.

17   Regierungspatent vom 14. September 1717, RAK RKTA P-R-K C 256, Nr. 18; Regierungspatent vom 29. November 1718, RAK RKTA P-R-K C 256, Nr. 36.

18   Das ständische Bestreben, die Lohnkosten mit Hilfe einer Gesindeordnung einzudämmen, dauerte auch nach Ende der dänischen Herrschaft an. Bereits 1723 erließ die schwedische Regierung

Unzufriedenheit über die Bezahlung ausgebreitet habe. Verschiedene Personen beiderlei Geschlechtes verweigerten gänzlich die Arbeit. Generalgouverneur, Oberlanddrost und Räte bekräftigten deshalb den Artikel III der Gesindeordnung von 1669. Diese detaillierten Ausführungen schrieben die Obergrenzen der Löhne für Mägde, Knechte und Handwerker fest. Zahlte jemand seinem Gesinde mehr, musste er mit empfindlichen Geldbußen rechnen[19]. Mit der Bestätigung der Gesindeordnung beabsichtigte die Regierung also keineswegs den Schutz der Ansprüche von Knechten, Mägden und anderen Bediensteten, sondern sie diente vorrangig dem Interesse der Herrschaft. Sie beugte Konkurrenz zwischen den Grundherren vor, Konkurrenz, die vom Gesinde genutzt zu werden drohte, eigene Forderungen durchzusetzen.

Einklagbares Recht bildete die Ordnung nur für die adligen und bürgerlichen Arbeitgeber. So besagte § 12:

> »dafern aber an einigen Ohrten ein geringeres Lohn/ denn in dieser Ordnung specificieret/ den Dienst-Bothen gegeben/[...]/ist die Herrschaft demjenigen /was in der Ordnung gedisponieret/ nicht gehalten/ weniger zu einem mehrern/ als gebräuchlich verbunden: Wie denn auch das Gesinde an selbigen Orthen sich auff diese Ordnung nicht beziehen/ sondern es in diesem Fall bey der Observantz sein Verbleiben haben solle«.

Erdreisteten sich die Dienstboten trotz des Erlasses immer noch, höheren Lohn zu fordern oder ihre Arbeit zu verweigern, so konnten sie »mit der darinnen [in der Gesindeordnung – M.M.] angedroheten poen beleget/ja/befundenen Umbständen nach mit Halß-Eisen und Ganten bestraffet/ auch gar zur Karre condemnieret werden«[20].

Dass sich der Landesherr auf die Seite der Grundherren stellte, war im Vergleich zu anderen deutschen landständischen Territorien keineswegs üblich. Im Kampf um ein absolutistisches Regiment bot die Bauernschaft dem Fürsten mitunter einen gern gesehenen Verbündeten gegen den Landesadel. Die Einmischung der Landesherrschaft in das Verhältnis Grundbesitzer – dienstpflichtiger Untertan existierte bereits bei Aufkommen gutsherrschaftlicher Verhältnisse. Über ihre Möglichkeiten, Erfolge und Misserfolge wird in der neueren Forschung kontrovers diskutiert. So vollzog sich jenseits der Recknitz in der Zeit des Großen Nordischen Krieges ein in Deutschland beispielloser Machtkampf zwischen Landesherrschaft und Ständen[21]. Die Einmischung der Landesherrschaft in das Verhältnis Grundbesitzer – dienstpflichtiger Untertan existierte bereits bei Aufkommen gutsherrschaftlicher Verhältnisse. Über ihre Möglichkeiten, Erfolge und Misserfolge wird in der neueren Forschung kontrovers diskutiert[22].

---

eine Gesinde- und Schäferordnung, die von den Landständen zuvor gefordert wurde. Buchholz, Öffentliche Finanzen, S. 90−93.

[19] Gesindeordnung vom 30. Januar 1719, RAK RKTA P-R-K C 256, Nr. 38; auch in: RAK Reg 88 Regkanc i StralsundConv. CCLXXXIII-CCLXXXVIII, Nr. 37.

[20] Gesindeordnung vom 30. Januar 1719, RAK RKTA P-R-K C 256, Nr. 38.

[21] Zum mecklenburgischen Ständekampf ausführlicher: Ballschmieter, Andreas Gottlieb von Bernstorff; Eckermann, Über die Versuche zur Schaffung des territorialen Absolutismus, S. 181−187; Manzel, Beiträge zur Geschichte; Mediger, Mecklenburg, Rußland und England-Hannover; Schmiedt, Das Scheitern des Absolutismus; Wick, Versuche.

[22] Kaak, Diskussionsbericht, S. 527−529.

Die Ägide Karl Leopolds, des Herzogs von Mecklenburg-Schwerin, stellt ein herausragendes Beispiel für den Versuch eines Fürsten dar, die Gegensätze zwischen Ritterschaft und Bauerntum zum eigenen Vorteile zu nutzen. Die Bauernschaft bildete in diesem Territorium, ebenso wie in Pommern, keinen eigenen Stand. Vom öffentlichen und politischen Leben im Staat blieb sie gänzlich ausgenommen. Waren die deutschen Bauern, die sich auf ehemals slawischem Gebiet ansiedelten, bis ins 15. Jahrhundert hinein lediglich hintersässig (Hintersaß – zu Handdiensten verpflichteter Bauer) gewesen, so gelang es den ritterlichen Grundherrn im Laufe des 16. Jahrhunderts, das unbeschränkte Bauernlegungsrecht durchzusetzen[23]. Die Ritterschaft vermochte es binnen kurzer Zeit, die Hintersässigkeit ihrer Bauern vollends in eine Leibeigenschaft umzuwandeln. Der Gutsherr entschied fortan frei über Lebensweise, Besitz und Arbeitskraft der ihm hörigen Bauern[24]. Es nimmt nicht wunder, dass Karl Leopold insbesondere bei der leibeigenen Bauernschaft Sympathien für seinen Kampf gegen den Adel fand, erhoffte sie sich doch eine Befreiung von den drückenden Lasten. Diese Zuneigung machte sich der Schweriner Herzog zu Nutze. Entlaufende Leibeigene wurden nicht dem Adel ausgeliefert, sondern als Soldaten in Dienst genommen und häufig auf adligen Gütern mit der Eintreibung der Kontributionen betraut[25]. Schließlich verhängte Kaiser Karl VI. 1716 die Reichsexekution gegen Karl Leopold, und drei Jahre später vertrieben hannoversche und braunschweig-wolfenbüttelsche Truppen den Potentaten aus seinem Territorium.

Nach langjähriger erzwungener Emigration kehrte der Herzog 1730 ins Mecklenburgische zurück, um seinen Kampf mit Waffengewalt fortzusetzen. Große Hoffnungen setzte Karl Leopold hierbei in ein Landesaufgebot, das er mit Unterstützung der ihm gewogenen Personengruppen errichtete. Mit einem Manifest ordnete er am 7. September 1733[26] die Schaffung einer Miliz an, deren Umfang sich zeitweilig auf 10 000 Mann belief. Die Zahlenangaben schwanken in der Literatur zischen 8000 bis 12 000 Mann. Schnitters Aussage jedoch, die Miliz hätte keinen Zulauf erhalten, ist gänzlich verfehlt[27]. Insbesondere Bauern fanden sich angesichts fortdauernder Bedrückung durch ihre Gutsherrn unter den Fahnen des Schweriners zusammen. Der Kampfwert des Aufgebotes war aufgrund der unzulänglichen Bewaffnung eher gering. Militärische Unerfahrenheit des Fußvolks und niedrige Moral der Führung ließen den Aufstand schließlich scheitern[28].

---

23 Böhlau, Über Ursprung und Wesen, S. 414. Asche-Zeit, Sozialgeschichte, S. 90 f.
24 Brinker, Die Entstehung der ritterschaftlichen Bauernschaften, S. 3–5.
25 Wick, Versuche, S. 52 f.
26 Boll, Geschichte Mecklenburgs, S. 257.
27 Vgl. Buchholtz, Versuch in der Geschichte, S. 644 f.; Wick, Versuche, S. 216; Schnitter, Volk und Landesdefension, S. 165.
28 Neumann, Mecklenburgisches Soldatentum, S. 295; Keubke, Kleine Militärgeschichte Mecklenburgs, S. 21.

Ähnliche Tendenzen sind weder für die schwedische noch für die dänische Zeit in Vorpommern nachweisbar. Schon bei der Ausarbeitung der Bauernordnung im Jahre 1616, also noch zu herzoglicher Zeit, wurde deutlich, dass der Landesherr den grundbesitzenden Adel begünstigte und seinem Bestreben, die Bauern in die Leibeigenschaft zu zwingen, kaum Widerstände entgegensetzte. Von Brünneck hat dieses Vorgehen mit dem landesherrlichen Bedarf nach Arbeitskräften für die eigenen Domänen begründet[29]. Trotz der stärkeren Einbindung in den schwedischen Zentralstaat nach 1680 blieb die landständische Verfassung des Territoriums jedoch grundsätzlich unangetastet. Ein Versuch, den Bauerstand gegenüber dem Adel wieder erstarken zu lassen, wie es ihn in Schweden gab, ist für Vorpommern nicht nachweisbar. Daran ändert auch die Tatsache nichts, dass die 1616 erlassene repressive Bauernordnung in Schwedisch-Pommern keine Anwendung fand, eine offizielle Einführung der Leibeigenschaft durch Stockholm also nicht betrieben wurde[30]. Die schwedische Regierung in Vorpommern und der schwedische Staat befanden sich diesbezüglich in demselben Zwiespalt wie der spätere dänische Landesherr. Auch sie erkannten die Nachteile der Leibeigenschaft, hatten jedoch die Interessen des einheimischen Adels zu berücksichtigen.

Auch in Dänemark änderte der staatsrechtlich verankerte Absolutismus die bäuerlichen Lebensverhältnisse nicht zum Besseren. Thomas Munck zieht am Ende seiner wertvollen Arbeit über die dänische Bauernschaft resümierend Bilanz: Er bekennt, dass sich mit dem strukturellen Wandel und der Herausbildung einer neuen grundbesitzenden Schicht zwar Akzentuierungen und Einstellungen änderten, die grundsätzliche Ökonomie der Landbesitzenden aber dieselbe blieb. Gröber als in anderen Staaten hätte die dänische Monarchie 1660 mit der alten Ordnung gebrochen und dem Bürgertum Aufstiegsmöglichkeiten gegeben, allein die Bauernschaft blieb von jedem politischen Mitspracherecht ausgenommen[31]. Dass Kjægaard in seiner umfassenden Kritik der dänischen Agrargeschichtsschreibung Muncks Arbeit nicht erwähnt, spricht nicht gegen Munck, sondern gegen Kjægaard selbst. Kjægaard forderte 1985 einen radikalen Bruch mit der wissenschaftlichen Betrachtung aus dem Blickwinkel des Bauern. Er sprach von einer »farmer interpretation« in der dänischen Historiografie, die den Bauern grundsätzlich als Opfer des Grundbesitzers darstelle. Muncks Arbeit, die bis heute als Standardwerk gilt, erschien bereits sechs Jahre zuvor und entwickelte das Beziehungsgeflecht zwischen Bauern und Grundbesitzern, ohne dass dem Leser der Eindruck vermittelt würde, ihr Verfasser beziehe zugunsten einer sozialen Gruppe Partei. Unter Friedrich IV. ergingen einige Edikte zum Schutz der Bauernschaft. So wies der Monarch die Amtleute an, Bauern vor ungerechtem Verhalten niederer Beamter zu schützen. Andererseits kann von einem förmlichen »Bauernschutz« oder gar der Nutzung bäuerlichen Unmutes zum eigenen Machtausbau nicht im Entferntesten die Rede sein, abgesehen davon, dass sie in Dänemark selbst nicht nötig

---

29 Brünneck, Die Leibeigenschaft, S. 135 f.
30 Steffen, Kulturgeschichte, S. 279 f.; zur Nichteinführung: Buchholz, Landständische Verfassung, S. 89 f.
31 Kjægaard, The Farmer Interpretation, S. 97–118; Munck, The Peasantry, S. 239 f.

war[32]. Lediglich die Abschaffung der *Vornedskab* im Jahre 1702 brachte in Dänemark eine Besserung für einen Teil der Bauernschaft. Vornedskab bezeichnet eine Sonderform der Leibeigenschaft im östlichen Dänemark, die sich durch Bindung des Bauern an die Scholle kennzeichnete. Der *Vorned* war an den Willen seines Gutsherrn gebunden. Er konnte jedoch nicht als Person an einen anderen Landbesitzer übereignet werden, sondern nur dann in dessen Besitz wechseln, wenn der Boden, an den er gebunden war, verkauft wurde.

Ludvig Holberg, der Begründer des dänisch-norwegischen Nationaltheaters, ließ denn auch den Helden seines zeitkritischen Romans *Nicolai Klims unterirdische Reise* über das gesellschaftliche Ansehen des dänischen Bauern mit scharfen Worten urteilen:

> »Ich [...] gedachte zugleich an unsere Bauern, wie selbige so elend dran wären, da sie unter einer schändlichen Knechtschaft seufzen müssen, und deren Lebensart wir unter die allerverächtlichsten zählen, welche bloß zur Wollust dienen. Denn wir schätzen sie ja noch geringer als etwa einen Koch, einen Wurstmacher, Quacksalber, Seiltänzer und dergleichen[33].«

Holberg, der in den Jahren, da Vorpommern unter dänischer Verwaltung stand, Metaphysik an der Kopenhagener Universität lehrte (ab 1717), sah die bäuerlichen Lebensverhältnisse in seiner Heimat trotz einiger unter Friedrich IV. eingeführten Verbesserungen unverändert negativ[34]. Bis heute ist die Rolle Friedrichs IV. bei der Einführung einer neuen Form der Schollenbindung, der *stavnsbånd*, umstritten. Während der angesehene Historiker Eduard Holm nachzuweisen glaubte, dass erst mit dem Gesetz vom Februar 1733, also lange nach dem Tode des Monarchen, erneute Schollenbindung die dänischen Bauern traf, widersprach der Etatsrat Otto Frederik Christian Rasmussen, der einen unmittelbaren Zusammenhang mit der Aufstellung der Landmiliz sah, und die Schaffung der *stavnsbånd* dementsprechend auf das Jahr 1701 datierte. Jens Holmgaard griff 1999 die alte Diskussion erneut auf und vertrat die Auffassung, dass sich die *stavnsbånd* zwar während der Regierung Friedrichs IV. allmählich durchsetzte, die Einführung der Landmiliz jedoch nur einen sehr geringen Einfluss auf die Rechtssetzung ausübte, da von ihr nur ein relativ kleiner Teil der dänischen Bauernschaft überhaupt betroffen war.

Für das im Jahre 1715 eroberte Land sind ebenfalls keine Maßnahmen zum Schutz der »unteren« ländlichen Schichten zu beobachten. An eine Übertragung dieses Ediktes auf Vorpommern, das 1702 die *Vornedskab*[35] des ostdänischen Landmannes beseitigte, scheinen weder die Kopenhagener Zentralbehörden noch die Stralsunder Regierung je gedacht zu haben. Das dänische Bemühen, die landständische Verfassung in ihrem Teil Pommerns zu schwächen, ging nicht mit einer Besserung bäuerlicher Lebensverhältnisse zu Lasten der grundbesitzenden Schichten einher. Den bäuerlichen Unmut gegen die ständischen Grundherren zu kehren, lag Friedrich IV. und dessen Beamten gänzlich fern. Gesindeordnung und

---

32 Munck, The Peasantry, S. 61.
33 Holberg, Nicolai Klims unterirdische Reise, S. 33 f.
34 Vgl. Büsching, Neue Erdbeschreibung, I, S. 126; Rasmussen, Landmilitsen og Stavnbaandet, S. 159–179; Holmgaard, ... uden at landet besværes, S. 17–36, 392–421.
35 Munck, The Peasantry, S. 175–206.

Umwandlung des Deputats bilden in Vorpommern keine Einzelbeispiele. So erneuerte die dänische Regierung im Juli 1718 auch die Schäferordnung, wieder auf Antrag der Landstände und wieder mit der einseitigen Schuldzuweisung an die sozial schwächere Gruppe, sie erfülle die in der Ordnung festgelegten Normen nicht[36].

Mit der Leibeigenschaft verbanden sich durchaus negative Auswirkungen für die dänische Verwaltung. So sah sich Friedrich IV. gezwungen, den Amtsbediensteten die zur schwedischen Zeit üblichen Gehälter zu belassen, da die »meisten Unterthanen leibeigen« waren, rechtliche Angelegenheiten also ohne die üblichen, den Beamten zustehenden Gebühren verrichtet werden mussten[37]. Freie Bauern sind imstande, diese Gelder selbst aufzubringen. Sie hätten die Beamten löhnen können und so deren Einkommen deutlich erhöht. Die Tatsache, dass starke Stände dem absolutistischen Regiment des dänischen Landesherrn im Wege sein mussten, ließe zumindest eine Milderung der Leibeigenschaft vermuten. Diese trat in den Jahren 1715 bis 1721 nicht ein.

2. Minderheiten. Zigeuner, Juden und die königliche Regierung

Das Schicksal gleichbleibend schlechter Lebensbedingungen teilte die bäuerliche Bevölkerung mit ethnischen und religiösen Minderheiten, die sich in Vorpommern aufhielten. Wird die Politik der Regierung in Bezug auf nichtständische Bevölkerungsschichten untersucht, so zeigt sich schnell, dass wirtschaftliche und machtpolitische Motive überwogen. Auch die innenpolitischen Maßnahmen gegen Zigeuner und Juden offenbaren in erster Linie ökonomische Antriebe[38].

Der Streit, ob es sich in den Quellen bei der Bezeichnung Zigeuner um eine ethnisch geschlossene Gruppe handelte, soll hier nicht aufgegriffen werden[39]. Die für Vorpommern vorliegenden Quellen können zur Thematik keinen klärenden Aufschluss geben. Gleichwohl stützen sie die Ansicht Frickes, nach der dieser Begriff in erster Linie auf das aus dem indischen Raum eingewanderte Volk angewandt wurde. Andere nicht sesshafte Personen[40] werden in den dänischen und

---

[36] Schäferordnung, RAK RKTA P-R-K C 256, Nr. 16.

[37] Rentekammer an König vom 14. Dezember 1716, RAK RKTA P-R-K C 251 I, Nr. 35; Kgl. Resolution, RAK RKTA P-R-K C 251 I, Nr. 35.

[38] Neben den hier für die dänische Zeit dargelegten Beispielen finden sich ähnliche für die schwedische Zeit. Sowohl Juden als auch Zigeuner wurden als wirtschaftsschädigend angesehen. Aus einem »Mandat wider die Bettler, Juden, Zigeuner und loses Gesindel« geht diese beiden Bevölkerungsgruppen unterstellte »gemeinsame Eigenschaft« besonders eindrucksvoll hervor. Juden wird dort in einem Atemzuge mit Zigeunern und herrenlosem Gesindel befohlen, sich bis zum 12. März 1710 »aus hiesigem Lande und dessen Grenzen wegzumachen«. Geschärftes Mandat vom 10. Februar 1710. In: Dähnert, Sammlung, III, S. 427 f.

[39] Zur Kontroverse vgl. Lucassen, Zigeuner, S. 235–262; Kroll, Kursächsisches Militär, S. 275–278.

[40] Teile der verarmten und gänzlich ruinierten Kleinbauernschaft zogen bereits im 17. Jahrhundert durch Schwedisch-Pommern. Ihren Lebensunterhalt verdienten sie durch Gelegenheitsarbeiten oder Diebstähle. Peters sieht in diesen sogenannten »Vagabunden« die »unterste soziale Gruppe«. Peters, Die Landarmut, S. 22.

pommerschen Archivalien als »Bettler«, »Bettelvolk« und »Diebe« bezeichnet. Bisweilen findet sich der Terminus: »welsche Sclaven«[41]. Dass die Zigeuner sich zumeist selbst als eigenständige Ethnie empfanden, vermag selbst Lucassen nicht abzustreiten, ja, er stützt diese These durch fundierte Belege[42]. Keine Frage — jeder konnte sich einer Zigeunerbande anschließen, ob Mann oder Frau, ob Kind oder Greis. Lucassens Schluss jedoch, dass diese Volksgruppe deshalb ihren eigenständigen ethnischen Charakter nicht zu bewahren vermochte, ist verfehlt. Schließlich besteht seit jeher ein kultureller Austausch zwischen benachbarten Ethnien, ohne deren Dasein in Frage zu stellen. Um so erstaunlicher ist die Übernahme dieser These in viele jüngere Publikationen. Stefan Kroll behauptet sogar, in Anlehnung an Lucassen, bislang sei nicht zu beweisen, dass die heutigen Sinti Nachfahren des in den Quellen unter dem Terminus »Zigeuner« zusammengefassten Personenkreises seien. Die Frage, woher denn sonst wohl dieses Volk stamme, beschäftigt diese Forschung anscheinend nicht[43]. Fest steht: das soziale Disziplinierungstreben der Dänen richtete sich nicht gegen die Zigeuner als Ethnie, sondern gegen deren Nichtsesshaftigkeit. Es bleibt die Frage nach den Gründen der Verfolgung in Vorpommern.

Die Policeygesetzgebung der deutschen Territorien erachtete fahrendes Volk allgemein als wirtschaftsschädigend[44]. Deshalb entstanden Gesetze, die den Zuzug zu unterbinden trachteten. Juden und Zigeuner wurden oft als kriminell abgestempelt. Die repressive Politik verschärfte sich Anfang des 18. Jahrhunderts[45] und fand ihren Höhepunkt in einem 1721 erlassenen kaiserlichen Edikt, demgemäß sämtliche Zigeuner auf deutschem Boden festzunehmen und »auszurotten« waren. In Brandenburg und Mecklenburg bestand für alle Fremden eine Anzeigepflicht[46]. Wirte und Vögte hatten dort die Fahrenden zu identifizieren und der Obrigkeit anzuzeigen. Für Schleswig-Holstein verzeichnet Rheinheimer einen deutlichen Unterschied in den Zielen und der Umsetzung der auf Zigeuner bezogenen Verordnungen zwischen dem 17. und 18. Jahrhundert. Dienten sie in den Herzogtümern zunächst der Verhinderung des Zuzuges, so setzte die Landesherrschaft im beginnenden 18. Jahrhundert auf »brutale Abschreckung«. 1711 untersagte der Schweriner Herzog Friedrich Wilhelm die Einwanderung gänzlich, da er um die Einschleppung von Krankheiten fürchtete. In Dänemark finden sich erste Ansätze zur Verminderung der Bettler- und Vagantenanzahl bereits im 16. Jahrhundert. Diese früh aufkeimende Tendenz verstärkte sich unter dem Absolutismus deutlich. 1683 schränkte ein Gesetz die Bewegungsfreiheit von Almosenempfängern ein.

---

41 Regierungspatent vom 14. Oktober 1718, RAK RKTA P-R-K C 256, Nr. 33.
42 Lucassen, Zigeuner im frühneuzeitlichen Deutschland, S. 252–254.
43 Kroll, Kursächsisches Militär und ländliche Randgruppen, S. 277 f.; Roeck hingegen hält die indische Herkunft der Zigeuner für erwiesen. Roeck, Außenseiter, S. 85.
44 Roeck, Außenseiter, S. 66–80. In diesem Sinne liest sich auch Rheinheimers Begründung der Ursachen der Zigeunerverfolgung im Absolutismus. Rheinheimer, »In die Erde könnten sie nicht kriechen«, S. 341, 355.
45 Rheinheimer, Die Zigeunerfamilie Altenburg, S. 78 f.; Rheinheimer, »In die Erde könnten sie nicht kriechen«, S. 336–338, 343 f.; Rheinheimer, Das getötete Zigeunerkind, S. 287 f.
46 Opfermann, »Daß sie den Zigeuner-Habit ablegen«, S. 24–28, 31–34, 49–58; Weber, »Anzeige« und »Denunciation«, S. 602 f.

Friedrich IV. verschärfte 1708 die Gesetzgebung gegen fahrendes Volk und förderte gleichzeitig den Ausbau von Almosen- und Arbeitshäusern in Kopenhagen[47].

Am Beginn des 18. Jahrhunderts nahmen die Zigeunerverfolgungen in weiten
Teilen Europas zu. Staatliche Repressionen führten mitunter zu Ausschreitungen
mit mehreren Hundert Toten unter dem fahrenden Volk. 2000 Todesurteile wurden in Hessen, Schwaben und der Pfalz gegen Sinti und Roma vollstreckt. Begründung für das harte staatliche Vorgehen boten oftmals den Zigeunern angela-
stete Diebstähle. Dies geschah auch in Schwedisch-Pommern[48]. Insbesondere
unter Karl XII. intensivierte die lokale Regierung ihre Bemühungen zur Bekämp-
fung fahrenden Volkes. So erließ sie am 15. Dezember 1698 ein Patent gegen die
fremden und einheimischen Bettler[49]. Dort verlautbarte das schwedische Kollegium, dass sich neben zahlreichen Bettlern »auch öfters Zigeuner in grossen Hau-
fen« in Vorpommern fänden. Schon an den Grenzen sollten sie am Versuch ein-
zuwandern gehindert werden. Der Befehl fand ganz offensichtlich keine
befriedigende Umsetzung. Ihm folgten weitere, im Wortlaut ähnliche Edikte[50].
Wilhelm Bülow überliefert in seiner *Chronik der Stadt Barth* einen Vorfall aus dem
Jahre 1709. Im Mai habe »ein Trupp von 30 bis 40 Zigeunern« den Ort heimge-
sucht, der die Scheunen anzustecken drohte. Sie wurden verhaftet, in Fesseln gelegt und nach Stralsund zur Regierung verbracht[51].

Die zigeunerfeindliche Politik setzte sich im dänischen Landesteil fort. So erklärte die Stralsunder Regierung am 14. Oktober 1718, »auf dem platten Lande«
hätten Zigeuner und Bettler sich wiederholt am Eigentum der Bewohner vergrif-
fen sowie Gewalttaten begangen[52]. An die Grenzposten erging deshalb Befehl,
keine weiteren Zigeuner einreisen zu lassen. Gelänge es dennoch einigen, das Verbot zu umgehen, sollten die pommerschen Untertanen der Obrigkeit Meldung
erstatten. Auch empfahlen Generalgouverneur, Oberlanddrost und Räte den vorpommerschen Bewohnern, so sie auf Zigeuner träfen, diese festzunehmen. Als
Strafe drohte den Angehörigen der unliebsamen Minderheit Staupenschlag (öf-
fentliches Auspeitschen) und Ausweisung. »Starke Bettler und welsche Sclaven«
sollten inhaftiert »und zur Karre condemnieret werden«[53]. Hier wird also, was das
Strafmaß anbetrifft, zwischen letztgenannter Personengruppe und Zigeunern genau unterschieden. Leo Lucassen vertritt die Ansicht, dass die im Zuge moderner
Staatlichkeit um sich greifende Bürokratisierung der Armenfürsorge zunehmend
fremde Bettler ausschloß. Auch von diesem Faktum her seien die Repressionen
gegen Fahrende erklärbar. Von solchen Exzessen scheint das dänisch besetzte

---

47   Weber, »Anzeige« und »Denunciation«, S. 603 f.; Munck, The Peasantry, S. 171 f.
48   Lucassen, Zigeuner im frühneuzeitlichen Deutschland, S. 240 f., 245; Roeck, Außenseiter, S. 89 f.;
     Rheinheimer, »In die Erde könnten sie nicht kriechen«, S. 335. Beispiele in: Bülow, Chronik,
     S. 279.
49   Regierungspatent vom 15. Dezember 1698. In: Dähnert, Sammlung, III, S. 423 f.
50   Beispielsweise: Edikt vom 8. Juni 1703. In: Dähnert, Sammlung, III, S. 424 f.; Wiederholtes Edikt
     vom 8. September 1706. In: Dähnert, Sammlung, III, S. 425 f.
51   Bülow, Chronik der Stadt Barth, Barth 1922, S. 279.
52   Regierungspatent vom 14. Oktober 1718, RAK RKTA P-R-K C 256, Nr. 33; auch in: RAK Reg
     88 Regkanc i Stralsund Conv. CCLXXXIII-CCLXXXVIII, Nr. 33.
53   Regierungspatent vom 14. Oktober 1718, RAK RKTA P-R-K C 256, Nr. 33.

Pommern verschont geblieben zu sein. Zumindest finden sich keine Unterlagen über derart schwere Gewalttaten[54].

Während sich Zigeuner im ganzen Reich zunehmend schärferer Verfolgung ausgesetzt sahen, differierte das Verhalten deutscher Landesherren gegenüber Juden im 17. und 18. Jahrhundert zwischen den einzelnen Territorien deutlich. Kleinere Staaten, die über keinen modernen Finanzapparat verfügten, blieben häufig auf jüdische Hoffaktoren angewiesen[55]. Gesetzlich verankerte Repressalien waren dort eher selten. In den mittleren und großen Ländern der Reiches wies die Politik gegenüber der jüdischen Minderheit oft sprunghafte Entscheidungen auf. Ob in Gnade oder Ungnade, den staatlichen Entscheidungen lagen beinahe immer wirtschaftliche Überlegungen zu Grunde[56]. Jüdische Merkatoren waren den zunftgeprägten Städten ein Dorn im Auge, da sie die Konkurrenz der jüdischen Kaufleute fürchteten. Diese betrieben einen markt- und gewinnorientierten Handel und zielten nicht auf eine gleichmäßige Verteilung der Einnahmen auf alle Berufskollegen ab[57]. Beim Vertrieb einzelner Waren erlangten Juden im Zuge des 17. Jahrhunderts eine Monopolstellung. Im preußischen Hinterpommern und in der Mark Brandenburg kontrollierten sie beispielsweise den Wollhandel. Staatliche Repressionen gegenüber den Juden beruhten deshalb oft auf Wünschen des um seine materielle Existenz fürchtenden Bürgertums. Jedoch, auch die zentral gelenkte merkantilistische Politik betrachtete den jüdischen Geschäftssinn mitunter als störend[58]. Im Grunde eine widersinnige Situation, musste der von den Juden betriebene Freihandel doch eigentlich der auf Außenhandelsüberschuss abzielenden absolutistischen Wirtschaftspolitik entgegenkommen[59]. Andererseits handelten Juden entgegen Verboten der Landesherrschaft häufig mit Waren, auf denen Aus- oder Einfuhrverbote lagen. So erscheint staatliche Judenpolitik oft konfus und sich selbst widersprechend. Werden beispielsweise die entsprechenden Edikte des Großen Kurfürsten in Bezug auf Hinterpommern untersucht, so zeigt sich einerseits das Interesse Friedrich Wilhelms, tüchtige jüdische Händler ins Land zu ziehen, andererseits, insbesondere in den 1670er und 1680er Jahren, eine scharfe Ablehnung weiteren jüdischen Zuzugs[60]. Ein Beispiel für die widersprüchliche landesherrliche Politik gegenüber Juden bildet der dänische Anteil Vorpommerns 1715 bis 1721.

Auf dänischem Gebiet selbst ließen sich mit staatlicher Billigung Juden erstmals unter Christian IV. nieder. Er erhoffte sich von den Einwanderern eine Belebung des Handels und gestattete deren Ansiedlung in Glückstadt[61] und Altona[62]. Fried-

---

54 Lucassen, Zigeuner im frühneuzeitlichen Deutschland, S. 242 f.
55 Herzig, Jüdische Geschichte, S. 114 f.; Gidal, Die Juden in Deutschland, S. 106–109.
56 Stern, Der preussische Staat, I, 1; Stern, Der preussische Staat, II, 1, S. 92.
57 Herzig, Jüdische Geschichte, S. 115 f.
58 Stern, Der preussische Staat, I, 1, S. 127 f.; Stern, Der preussische Staat, II, 1, S. 61.
59 Ettinger, Geschichte des Jüdischen Volkes, III, S. 15 f.
60 Grotefend, Geschichte und rechtliche Stellung, S. 58–75.
61 Christian IV. an Deputierte der portugiesischen Nation vom 25. November 1622. In: Altschul, Jødernes Historie, S. 3 f.

rich III. betrieb im Gegensatz zu seinem Vorgänger eine unbeständige Politik gegenüber den Juden. Zunächst errichtete Restriktionen erfuhren im Jahre 1657, nicht zuletzt aufgrund des steigenden staatlichen Finanzbedarfes, ihre Aufhebung[63]. Hartwig schildert ausführlich und eindrucksvoll die engen finanziellen Beziehungen zwischen den in Hamburg oder in Dänemark wirkenden portugiesischen Juden und Friedrich III. Unter Christian V. setzte sich diese unbeständige und schwankende Politik gegenüber den Juden fort. In den ersten Jahren nach seinem Regierungsantritt gestattete der junge König den Zuzug nach Kopenhagen, Christianshavn und Fredericia, unter der Bedingung, dass ein potentieller Einwanderer mindestens 5000 Reichstaler in Industrie, Handel oder Schiffahrt investieren könne. In seinem 1683 geschaffenen »Danske Lov« hingegen verbot er Juden den Zuzug in das dänische Kernland[64]. Dennoch gewährte die Administration zahlreiche Ausnahmen. So erfolgte 1684 die Gründung einer ersten jüdischen Gemeinde in Kopenhagen, der unter anderem die Ausübung des Gottesdienstes gestattet wurde. In dem Wissen um die Geschäftstüchtigkeit jüdischer Händler gestattete der dänische Staat am Ende des 17. und am Anfang des 18. Jahrhunderts die Gründung eigener Manufakturen. Zugleich jedoch setzten sich unter Friedrich IV. die restriktiven Auflagen für jüdische Einwanderer aus Furcht vor einer möglichen Schädigung der einheimischen Wirtschaft fort[65]. Andererseits verbot der König Aktivitäten des 1706 nach Kopenhagen heimgekehrten religiösen Fanatikers Holger Pauli, der nach einer Bekehrung der Juden zum Christentum trachtete[66]. Die Politik des dänischen Staates gegenüber Juden war beinahe restlos von ökonomischen Belangen determiniert. Religiöse Vorbehalte existierten aus königlicher Perspektive kaum oder traten deutlich hinter das wirtschaftliche Interesse des Monarchen zurück. Die mehrfach von der Krone erstrebte Religionsfreiheit für Juden stieß auf scharfen Widerstand dänischer Bischöfe. Aus dieser toleranten staatlichen Politik resultierten also zwangsläufig Konflikte mit der Kirche und der evangelischen Orthodoxie, die Martin Schwarz Lausten einer intensiven Betrachtung unterzog. Leider beschränkt sich Schwarz Lausten auf das 17. Jahrhundert. Eine entsprechende Untersuchung für die Zeit Friedrichs IV. wäre nicht zuletzt vor dem Hintergrund des in Dänemark erstarkenden Pietismus von großem Wert.

Deutlich schärfer als im Königreich verfuhren die Dänen mit den Juden im seit 1715 verwalteten Vorpommern. Im Gegensatz zum preußischen Hinterpommern lebten im ehemals schwedischen Landesteil deutlich weniger Juden. Die Zuwanderung war durch Edikte in den 1690er Jahren stark eingeschränkt worden. Nur mit

62 Nielsen, Dänische Wirtschaftsgeschichte, S. 116 f.; Haxen, Skandinavien, S. 487; Bamberger, The Viking Jews, S. 12–14; Schjörning, Die Juden in Fredericia, S. 9–11; Hartvig, Jøderne i Danmark, S. 31–39; Kopitzsch, Minderheiten und Fremde, S. 41.
63 Indenfor murene, S. 20 f.; Hartvig, Jøderne, S. 39–56.
64 Hartvig, Jøderne, S. 64, 76; Linvald, Die dänische Regierung, S. 298 f.
65 Haxen, Skandinavien, S. 489; Bamberger schätzt die Zahl der 1711 in Kopenhagen lebenden Juden auf 350 und damit etwa 0,5 Prozent der gesamten Einwohnerschaft. Bamberger, The Viking Jews, S. 23.
66 Bamberger, The Viking Jews, S. 12; Wotschke, Der Pietismus, II, S. 29 f.; Schwarz Lausten, Kirke og synagoge, S. 376–481, insbesondere: S. 409–432; Zur Kritik der Geistlichkeit an der landesherrlichen Judentoleranz auch: Marzi, Judentoleranz im Territorialstaat, S. 431–437.

gesonderter Genehmigung durften Menschen dieser Minderheit in die Provinz einreisen und Handel treiben[67].

Zu den ersten Maßnahmen der dänischen Regierung nach Übernahme Vorpommerns gehörte die Ausweisung der jüdischen Bevölkerung[68]. Das von der jüngeren Forschung konstatierte Bestreben absolutistischer Monarchen, jüdische Wirtschaftsaktivitäten gegen gesellschaftlich-verwurzelte Vorbehalte zu verteidigen und zu unterstützen, kann für das dänisch besetzte Vorpommern nicht nachgewiesen werden. Am 15. März 1716 ordnete Generalgouverneur von Dewitz an, sämtliche jüdische Einwohner des Landes zu verweisen. Ausgenommen blieben Heereslieferanten, die über einen entsprechenden Pass des Generalkriegskommissariates verfügten[69]. Das Edikt wird von Grotefend aufgegriffen und bildet die einzige Quelle desselben in Bezug auf Judenpolitik im dänischen Vorpommern. Die Juden hätten überhand genommen und »den christlichen Einwohnern großen Schaden« zugefügt, schreibt derselbe Autor, der noch wenige Seiten zuvor die Zahl der in Schwedisch-Vorpommern lebenden Juden für deutlich geringer hält als die ihrer Glaubensgenossen im preußischen Landesteil. Da dem Befehl vom 15. März 1716 nicht alle Juden folgten, sah sich der dänische König im November veranlasst, persönlich durch neuerliche Order seiner Forderung Nachdruck zu verleihen. Als Grund für die Ausweisung nannte Friedrich die Ausfuhr von Wolle durch jüdische Händler, die keinerlei Abgaben entrichteten[70]. Acht Tage Zeit gewährte der Landesherr den Juden zur Ausreise. Nach Ablauf dieser Frist solle die Obrigkeit zu den erforderlichen Mitteln greifen, wies der König an[71]. Auch diesmal verließen keineswegs alle Juden das dänisch besetzte Vorpommern. Zwar ist die Anzahl der im Land verbliebenen nicht nachweisbar, jedoch tauchen Juden noch 1718/19 in Gerichtsprozessen auf[72]. So teilte Regierungssekretär von Johnn mit, er habe dem Kaufmann Beetzen Geld für einen Prozess wider einen Juden namens Salomon Abraham geliehen. Im Falle des Juden Hiertz verzögerte eine Klage dessen Abzug. Da Hiertz seinem Gläubiger nicht die Schuld zu begleichen vermochte, befahl die

---

[67] Stern, Der preussische Staat, II, 2, S. 720; Grotefend, Geschichte und rechtliche Stellung, (Diss.), S. 88.
[68] Vgl. Breuer, Frühe Neuzeit, S. 132 f.
[69] Bericht von Bürgermeister und Rat Greifswalds an die Regierung vom 7. November 1716 (Kopie), Rep 5, Nr. 2433 Bd 5, Bl. 397−400; Grotefend, Geschichte und rechtliche Stellung, S. 160−163; Grotefend, Geschichte und rechtliche Stellung, (Diss.), S. 90 f.
[70] Friedrich IV. vom 7. November 1716, RAK RKTA P-R-K C 256, Nr. 9; Auch in: APS RSwS, Nr. 6176. Hier werden Parallelen zur Situation in Hinterpommern sichtbar. Dort erließ die preußische Regierung bereits 1691 ein Dekret, das den Juden den Wollhandel gänzlich untersagte. Dekretum vom 12. September 1691. In: Stern, Der preussische Staat, I, S. 386 f.; Grotefend, Geschichte und rechtliche Stellung, S. 160−163. Auch in Brandenburg blieben Ausweisungsdekrete erfolglos. Breuer, Frühe Neuzeit, S. 134.
[71] Friedrich IV. vom 7. November 1716, RAK RKTA P-R-K C 256, Nr. 9.
[72] Von Johnn an Regierung vom 17. Januar 1719, RAK Reg 88 Regkanc i Stralsund Conv. CCXCI, Nr. 24; Andere Einwohner führten Prozesse unmittelbar gegen Juden. Acta in Sachen des Regierungspedellen Martin Petersen contra den Juden Judas Hertz (Hiertz), RAK Reg 88 Regkanc i Stralsund Conv. CCXCI.

Regierung dem Greifswalder Magistrat, ihn zu arretieren[73]. In der Universitätsstadt herrschte ohnehin eine judenfeindliche Atmosphäre. So richtete der Greifswalder Senat im Oktober 1716 an die Stralsunder Regierung die Bitte, sofort alle Juden aus der Stadt zu schaffen. Zudem gebot er den Juden, bei 50 Reichstalern Strafe das Branntweinbrennen einzustellen oder aber zu gewärtigen, »daß die Keßel eingeschlagen, und die Straffe sofort abgefordert werde«[74]. Sehr deutlich treten hier wirtschaftliche Motive zutage. Generalgouverneur von Dewitz verwandte sich im Februar 1717 persönlich beim König für die Ausweisung des Juden Simon Abraham aus Stralsund, da er das dortige »Commercio« schädige[75]. Im Januar 1719 beschwerten sich die vorpommerschen Gewandschneider und Kramer über den weiterhin stattfindenden Zuzug von Hausierern und Juden aus dem Mecklenburgischen. Sie forderten die Regierung auf, dieses gewerbeschädigende Treiben durch entsprechende Verordnungen zu unterbinden[76].

Als der Jude Marcus Salomon Ende 1716 um eine Aufenthaltsgenehmigung bat, da er noch einige geschäftliche Angelegenheiten in Vorpommern zu klären wünschte, gab die Regierung seiner Bitte nach, forderte ihn jedoch auf, nach 14 Tagen das Land wieder zu verlassen und dass er »sich des handels gäntzl. enthalte«[77]. Einen gleichlautenden Bescheid erhielt Salomons Glaubensgenosse Levin David, der sich infolge eines juristischen Streites in Stralsund zum weiteren Aufenthalt genötigt fühlte[78]. Marcus Salomons späteres Schicksal überliefert Karl Adam. Seinen Recherchen zufolge erhielt der jüdische Händler 1721 die Erlaubnis, sich ein halbes Jahr in Loitz aufzuhalten[79].

Dänische »Minderheitenpolitik« unterschied keineswegs in der Härte der Verfolgung zwischen Zigeunern und Juden, wie die vorstehenden Beispiele zeigen. Die Behauptung des israelischen Historikers Breuer, die Juden hätten stärker als jede andere Bevölkerungsgruppe unter der Obrigkeit gelitten, darf daher zumindest für »Dänisch-Pommern« zurückgewiesen werden. Der Emeritus behauptete jüngst, dass selbst der Status eines Leibeigenen erträglicher gewesen sei, als der eines Juden[80].

Im Falle der Greifswalder Juden berief sich die Stadt auf ihr hergebrachtes Privileg, keine Menschen dieser Herkunft gegen den kommunalen Willen aufnehmen zu müssen[81]. Während die Ausweisung der Juden ganz augenscheinlich rein öko-

---

[73] Regierungsverfügung (undatiert, ist auf dem Brief Petersen an Regierung vom 9. September 1718 vermerkt), RAK Reg 88 Regkanc i Stralsund Conv. CCXCI; Regierung an Bürgermeister und Rat Greifswalds vom 9. September 1718.

[74] Extrakt aus dem Senatsprotokoll vom 28. Oktober 1716, StadtA Greifswald Rep. 5, Nr. 2433 Bd 5, Bl. 396.

[75] Dewitz an Friedrich IV. vom 3. Februar 1717, RAK TKIA B 209.

[76] Stralsund an Regierung vom 18. Januar 1719, StadtA Stralsund Rep. 3, Nr. 4753.

[77] Hohenmühle, Kampferbeck, von John vom 18. Dezember 1716, StadtA Stralsund Rep. 3, Nr. 4765 (Senatus Sundensis. Juden 1721–1837).

[78] Hohenmühle, Kampferbeck, von John vom 17. Dezember 1716, StadtA Stralsund Rep. 3, Nr. 4765.

[79] Adam, Schicksale der Juden, S. 1.

[80] Breuer, Frühe Neuzeit, S. 140.

[81] Bericht von Bürgermeister und Rat Greifswalds an die Regierung vom 7. November 1716 (Kopie), Rep. 5, Nr. 2433 Bd 5, Bl. 397–400.

nomischen Ursachen geschuldet blieb[82], wies die Unterbindung des weiteren Zuzugs durchaus auch andere Motive auf. Als sich 1720 in einigen europäischen Staaten eine neue Pestepidemie auszubreiten drohte, bekräftigte die dänisch-vorpommersche Regierung, dass ihre Beamten, die städtischen Magistrate und alle übrigen Obrigkeiten »derer vorhin abgegebenen Verordnungen zur Folge/ dahin sehen/ daß keine frembde Bettler/ Pohlnische Juden und Vagabonds, ob sie gleich Pässe exhibiren können/ in das Land kommen«[83]. Furcht vor einer weiteren Verbreitung der tödlichen Seuche brachte fahrendes Volk unter Generalverdacht[84] und verwehrte besitzlosen Juden die Einwanderung. Auch hier liegt kein typisch dänisches Phänomen vor. Schon 1710 erging in Hinterpommern Weisung, »Bei Itzigen der Contagion halber gefährlichen Zeiten wird das Verbot des Hausierens und Herumlaufens der Juden auf dem Lande renoviert«[85].

Die eingangs erwähnte Widersprüchlichkeit dänischer Judenpolitik wird einerseits an der inkonsequenten Umsetzung der an sich judenfeindlichen Bestimmungen ersichtlich. Andererseits, und dies scheint wesentlich wichtiger, passt das Faktum einer auf Vertreibung sämtlicher einheimischer Juden und der Verhinderung ihres weiteren Zuzuges nach Vorpommern ausgerichteten Politik nicht in die tolerante Gesetzgebung Friedrichs IV. Derselbe Monarch, der im November 1716 alle Juden des Landes verwies, gestattete andererseits ihren weiteren Zuzug nach Kopenhagen. 1719 entstand in Fredericia die erste Synagoge[86]. Die scheinbare Widersprüchlichkeit zwischen zentraler und lokaler Judenpolitik bietet letztlich einen erneuten Hinweis auf das dänische Streben, die eroberte Provinz dauerhaft zu halten, orientierte sich doch die Abschiebung der Juden am regionalen wirtschaftlichen Interesse. Dem Betrachter eröffnen sich hier Einblicke in eine grundsätzliche Problematik frühneuzeitlicher Herrschaft. Die Zusammensetzung des Staates aus Territorien unterschiedlichster ökonomischer Prägung und rechtlicher Verfassung führte zu einer äußerst diffizilen »innenpolitischen« Interessenlage. Was aus gesamtstaatlicher Perspektive nützlich erschien, brauchte sich gleichwohl nicht mit regionalen Interessen decken, selbst dann nicht, wenn diese von landesherrlichen Beamten vertreten wurden. Das hieraus erwachsende Ringen zwischen zentralstaatlicher Administration und regionaler Verwaltung soll nun eine nähere Erörterung erfahren.

---

[82] Während Litt für das Thüringen des 16. Jahrhunderts auch staatlicherseits religiöse Motive der Judenverfolgung darbietet, zeigen Autoren, die sich mit dem 18. Jahrhundert befassen, die bestimmenden ökonomischen Antriebe. Vgl. Litt, Juden in Thüringen, S. 156–158; Franke, Geschichte und Schicksal der Juden, S. 40 f.; Marzi, Judentoleranz, S. 433–437; Ökonomische Ursachen der Ablehnung des »Fremden« konstatiert auch Roeck, Außenseiter, S. 81 f.

[83] Regierungsbefehl vom 29. November 1720, RAK Reg 88 Regkanc i Stralsund Conv. LII.

[84] Rheinheimer berichtet ähnliches für Schleswig-Holstein. Rheinheimer, »In die Erde könnten sie nicht kriechen«, S. 331.

[85] Zit. nach Grotefend, Geschichte und rechtliche Stellung, S. 168.

[86] Haxen, Skandinavien, S. 488; Kopitzsch, Minderheiten und Fremde, S. 41; Kopitzsch, Franklin, »Da schien zuerst der Aufklärung milder Strahl«, S. 33.

3. Zentralverwaltung versus Regionaladministration

Im Zuge der Errichtung eines lokalen Beamtenapparates übernahmen die Dänen, wie bereits gezeigt, teilweise vormalige schwedische Staatsdiener oder griffen auf gänzlich neues Personal zurück. Inwieweit sich dieses Verfahren als zuverlässig erweisen würde, blieb 1715/16 abzuwarten. Zentralisierung der Regierungsgewalt erlaubte eine straffere Führung, brachte dem einzelnen Amtsträger aber auch mehr Macht. Missbrauch war nicht auszuschließen. Die Hauptstadt des dänischen Ostseereiches lag schließlich weit entfernt. Generalgouverneur Dewitz bekleidete zwar die höchste Funktion in der neuen Provinz, blieb jedoch auch weiterhin General der Kavallerie. Als solcher übte er in Kriegszeiten sein Waffenhandwerk aus und folgte Friedrich IV. im Kampf gegen die Schweden[87]. Unter anderem war er führend an der Belagerung Wismars beteiligt. Die Kopenhagener Zentraladministration misstraute der pommerschen Regionalverwaltung. Nur so erklärt sich das permanente Übersteuern der pommerschen Amtsträgerschaft durch höchste Instanzen. Die Möglichkeit zur Kontrolle bot sich, indem untergeordnete Bereiche der Verwaltung zur direkten Berichterstattung nach Kopenhagen verpflichtet wurden. Bereits während der Bestallung erfuhren beispielsweise die Licentverwalter, dass sie ihre monatlichen Einnahmen schriftlich dem Kämmerer in Stralsund darzulegen und eine Kopie des Schreibens an die Kopenhagener Rentekammer zu übersenden hätten. Auch der jährliche Rechnungsabschluss war an die höchste Instanz für Finanzen im dänischen Reich einzuschicken. Zudem erhielten die Licentverwalter den Auftrag, Besonderheiten und Verfehlungen ohne Ansehen der Person an die Rentekammer zu melden[88]. Neben den so geschaffenen Kontrollmöglichkeiten sicherte sich Kopenhagen direkte Befehlsgewalt über niedere Chargen. Amtsnotare wurden schriftlich angewiesen, sowohl den Anweisungen ihres Amtmannes als auch des königlichen Tribunals, der Stralsunder Regierung, des Oberlanddrostes, des Kämmerers und der Rentekammer nachzukommen[89]. Die Rentekammer nutzte die ihr übertragene Macht. Sie prüfte sorgfältig die eingehenden Unterlagen, bat bei anderen hohen Kopenhagener Behörden um Zuarbeit in Form von Dokumenten, die Vergleichsmöglichkeiten boten[90] und rügte Verstöße regionaler Amtsträger. So bat die Rentekammer beispielsweise das Land-Generaletatskommissariat um Übersendung einer exakten Aufstellung aller nach dem Fall Stralsunds in der Festung verbliebenen Materialien, einschließlich der Nahrungsmittel und der Artillerie. Sie begründete ihre Forderung damit, dass sie die Richtigkeit der von Proviantkommissar Selmer und dem Fourageverwalter Weinmann eingesandten Rechnungen prüfen wolle. Die Übersteuerung durch die

---

87 Gantzer, Geschichte der Familie, S. 299 f.; Oettinger, Geschichte, S. 108.
88 Bestallungsprotokolle für Joachim Friedrich Witsche, Friedrich Christian Hannemann, Martin Braun, Andreas Schwarz. In: RAK RKTA P-R-K C 252.
89 Bestallungsprotokoll für Gottlob Friedrich Berger. In: RAK RKTA P-R-K C 252, S. 60 f.; Bestallungsprotokoll für Gottlob Andreas Koeser. In: RAK RKTA P-R-K C 252, S. 74 f.
90 Rentekammer an Land-Generaletatskommissariat vom 27. April 1717, RAK RKTA P-R-K C 255.2.

Kopenhagener Behörden diente der Kontrolle der regionalen Verwaltung. Überflüssig wurde die Arbeit der Stralsunder Regierung hiermit keineswegs; auch nicht durch das absolutistische Gebaren des Königs, der sich die geringsten Gegenstände vorlegen ließ. Mit außergewöhnlichem Fleiß arbeitete Friedrich unermüdlich am Ausbau des Staatsapparates und der Verwaltung[91]. Dieser, auch in der dänischen Literatur hervorgehobene Charakterzug Friedrichs, zeigt sich an vielen Vorgängen, die in Zusammenhang mit der neu gewonnen Provinz stehen. Friedrichs Arbeitsstil wird sowohl in der älteren als auch der neuen und jüngsten Literatur derart positiv gezeichnet. Jespersen vertritt sogar die Auffassung, Friedrich sei der arbeitsamste aller dänischen absolutistischen Könige gewesen. So wusste er auch detailliert um den Zustand seiner jungen pommerschen Provinz. Dennoch forderte er alle Ebenen auf, sich am Entscheidungsprozess zu beteiligen. Von der Rentekammer erarbeitete Memoriale, Befehle oder Anfragen versah er nicht selten mit der Aufforderung, dass zunächst Generalgouverneur von Dewitz, Oberlanddrost von Kötzschau, Andreas Weyse oder andere regionale Beamte zu befragen seien[92].

Im Falle der Instandsetzung der Elmenhorster Kirche versuchte die Rentekammer beispielsweise vom König Auskunft zu erlangen, ob hierfür 4000 Mauersteine zur Verfügung gestellt werden könnten. Franz Joachim von Dewitz wurde zunächst nicht beteiligt. Friedrich hingegen verfügte, den Generalgouverneur zuvor zu befragen. Zahlreiche ähnliche Beispiele sind den Rentekammerakten entnehmbar[93].

Rechtliche Verankerung einer Übersteuerbarkeit der mittleren Beamtenschaft gab der Rentekammer also keineswegs die Möglichkeit einer willkürlichen Kaltstellung regionaler Entscheidungsträger. Von einer Begünstigung der höchsten Finanzbehörde durch Friedrich IV. aufgrund der räumlichen Nähe kann die Rede nicht sein. Der Monarch interessierte sich sehr für die Finanzverwaltung. Mit scharfen Worten wies er in der am 20. Mai 1716 erlassenen neuen Rentekammerordnung auf schwere Mängel in den einzelnen Kontoren hin[94]. Auch der Zugang zum Monarchen wurde im Gegensatz zur Zeit Christians V. deutlich strenger gehandhabt. Im Bedarfsfalle und an regelmäßig festgesetzten Terminen zitierte der Monarch seine Rentekammerbeamten. Der König hingegen begab sich niemals zur Klärung wichtiger Angelegenheiten in die höchste Finanzbehörde[95]. Mitglieder des Kopenhagener Kommerzkollegiums genossen, mit Ausnahme ihres Präsidenten, noch nicht einmal Vortragsrecht beim König. Dort lief die Arbeit beinahe ausschließlich über schriftliche Anträge. Ab 1712 stellte Friedrich diese von ihm selbst

---

[91] Boisen Schmidt, Studier over Statshusholdningen, I, S. 24 f.; Høst, Frederik den Fjerdes, S. 212 f.; Jespersen, 1648–1720, S. 150; Jespersen, Tiden 1648–1730, S. 290 f.

[92] Beispiele in: Kgl. Resolution vom 10. August 1716, RAK RKTA P-R-K C 251 I, Nr. 16, Rentekammer an Friedrich IV. vom 3. Januar 1718, RAK RKTA P-R-K C 251 III, Nr. 4.

[93] Rentekammer an Friedrich IV. vom 19. Oktober 1716, RAK RKTA P-R-K C 251 I, Nr. 22; Kgl. Relation vom 27. Oktober 1716 RAK RKTA P-R-K C 251 I, Nr. 22; Rentekammer an Friedrich IV. vom 7. November 1716, RAK RKTA P-R-K C 251 I, Nr. 28; von Dewitz an Friedrich IV. vom 4. November 1716, RAK RKTA P-R-K C 251 I, Nr. 28; RAK RKTA P-R-K C 251, Nr. 19, 20.

[94] Holm, Danmark-Norges indre Historie, I, S. 53.

[95] Boisen Schmidt, Studier over Statshusholdningen, I, S. 78.

geschaffene Einrichtung sogar gänzlich kalt[96]. Der absolute, vom weltlichen Recht befreite Monarch blieb grundsätzlich in allen politischen, finanziellen, militärischen, wirtschaftlichen und sonstigen gesellschaftlichen Belangen tonangebend. Von dieser Tatsache bleibt die Debatte um den »Absolutismus« als Epochebegriff gänzlich unberührt. Verfechter einer neuen Bezeichnung lehnen die alte deshalb ab, weil Bodins »rex legibus absolvere est« eben kein gesamteuropäisches Phänomen war. Davon unbenommen, kann niemand das Streben nach einer absolutistischen Herrschaft in vielen Staaten, und eben auch in Dänemark, ernsthaft in Abrede stellen. Inwiefern der Absolutismus des einzelnen Monarchen tatsächlich absolut war, soll hier nicht aufgegriffen werden. Auch Friedrich IV. blieb durch göttliches und dynastisches Recht eingeschränkt. Im Gegensatz zu den Reichsfürsten jedoch gebot ihm kein Kaiser. In Dänemark war die vom Monarchen ausgehende Eingewalt seit 1665 gesetzlich verankert und es lag im Bestreben der Nachfolger Friedrichs III., diese Position dauerhaft zu sichern[97]. Kontrollmechanismen, wie das geschilderte Übersteuern von Amtsebenen, trugen zur Festigung der politischen Macht bei. Permanente Strafandrohung in der Befehlsgebung und bei Erlassen aller Art trat hinzu. Schwere Urteile erwarteten Beamte, die sich gegenüber ihrem Staat verschuldeten. Ein Beispiel, das auch in Pommern Aufmerksamkeit erregte, bietet dem Betrachter der Fall des Hans Casper von Platen. Dieser brandenburgische Adelige, der um 1690 als Page in dänische Dienste getreten war, diente kurzzeitig als Artillerieoffizier beim königlichen Heer. Nach seinem Abschied setzte von Platen die zivile Laufbahn fort, bis ihn schließlich Friedrich IV. 1711 mit der Bereitstellung von Fourage und Finanzen für die weitere Kriegführung nach Pommern beorderte. Unter anderem erhielt der frisch beförderte Generalkriegskommissarius[98] Befehl, den Transport von Artilleriepferden sowie Futter zu organisieren. Ende August 1713 ließ der König Hans Casper von Platen verhaften und bestimmte eine Kommission zur Untersuchung der Amtsführung. Die Anklage lautete auf Unterschlagung von Kontrakten mit Heu und Hafer[99]. Die Behauptung Karl Heinz Reuters, von Platen sei für die verlorene Schlacht bei Gadebusch verantwortlich gemacht worden, lässt sich aus den Quellen nicht bestätigen. Auch Reuters Behauptung, der märkische Adlige sei General gewesen, geht fehl. Wahrscheinlich greift der Zeitungsartikel eine Vermutung des Rosenhagener Pfarrers Groch auf, die dieser im Jahre 1924 publizierte. Kurze Zeit auf freien Fuß gesetzt, wurde Kriegskommissar von Platen im Sommer 1715 erneut inhaftiert. Fünf Jahre zog sich der Prozess hin. Fünf Jahre, die der Adelige im Kopenhagener Kastell eingekerkert saß, bis ihn das Gericht schließlich zu sechs weiteren Jahren

---

[96] Moeller, Frederik den Fjerdes Kommercekollegium, S. 11–68.
[97] Holm, Danmark-Norges indre Historie, I, S. 24.
[98] Der Generalkriegkommissar war hauptverantwortlich für die Verpflegung des dänischen Heeres. Er gehörte als »zweiter Mann« dem Land-Generaletatkommissariat an. Platen übernahm die verantwortungsvolle Position 1712. Bidrag, III, S. 385.
[99] Vgl. Reuter, Ein Prignitzer in dänischen Diensten, S. 20; Heuer, Aus der Geschichte der Prignitz, S. 166; Groch, Ein Prignitzer Edelmann; Bidrag, VI, S. 248; Placat umb des vorigen General-Kriegs-Commissaire von Platens Mitteln und Effecten behörig anzugeben vom 11. Januar 1717, RAK RKTA P-R-K C 256, Nr. 12.

Festungshaft verurteilte. Im dänisch besetzten Vorpommern erfuhren die Menschen jenes Urteil durch ein dort veröffentlichtes Plakat des Königs[100]. Sämtliche Renteschreiber, also die Vorgesetzten der einzelnen zur Rentekammer gehörigen Kontore, prüften die Fouragerechungen und legten Nachweise über Nahrungs- und Futtermittellieferungen vor, die aus von Platens Dienstzeit stammten[101]. Jedem Beamten im Herzogtum Vorpommern und im Fürstentum Rügen musste der Fall Hans Casper von Platen ein mahnendes Beispiel sein, in der eigenen Amtsführung den Befehlen seiner Vorgesetzten nachzukommen und auf das Wohl des Staates hinzuarbeiten. Inwiefern das »Arbeitsklima« zwischen den einzelnen Verwaltungsebenen durch die unablässige Kontrolle und durch Androhung von Strafen beeinträchtigt wurde, ist aus den Akten kaum mehr bestimmbar.

Wie die nachfolgend geschilderte Begebenheit zeigt, blieb Misstrauen auch aufseiten der Stralsunder Regierung gegenüber der Rentekammer nicht aus. Noch vor dem Einmarsch in Pommern versprach Friedrich IV. dem in preußischen Diensten stehenden Fürsten Leopold von Anhalt-Dessau die Summe von 20 000 Reichstalern als Präsent für die bevorstehende Eroberung Rügens, als Oberbefehlshaber der alliierten Truppen. Die Last sollten die Einwohner der Insel tragen. Da diese 1716 jedoch infolge des Krieges finanziell nicht in der Lage waren, die Schuld zu begleichen[102], schoss das dänische Generallandkommissariat den Betrag vor. Zudem gelang es Generalgouverneur von Dewitz, den Dessauer auf 15 000 Reichstaler herunterzuhandeln[103]. Die Ritterschaft Rügens trug dem dänischen Generalmajor aus Dankbarkeit die Summe von 10 000 Reichstalern an, die dieser, glaubt man seinem Bericht[104], zunächst ablehnte. Die Ritterschaft jedoch verdeutlichte, dass es Landessitte sei, dem neuen Generalgouverneur ein Geschenk zu übereignen. So nahm Dewitz schließlich jene 5000 Reichstaler an, die er dem Fürsten von Anhalt-Dessau abgetrotzt hatte. Zur Abtragung der 15 000 Reichstaler an das Generalkriegskommissariat beschloss die Ritterschaft, 25 Reichstaler und 29,75 Schilling je Hufe zu erheben[105]. Als das Geld in Kopenhagen eintraf, entschied die

---

[100] Platen-Hallermund, Auskünfte über Märker-Platen-Offiziere; Placat umb des vorigen General-Kriegs-Commissaire von Platens Mitteln und Effecten behörig anzugeben vom 11. Januar 1717, RAK RKTA P-R-K C 256, Nr. 12.

[101] Rentekammerbefehl an sämtliche Kontore vom 26. März 1718, RAK RKTA P-R-K C 255.2, S. 95; Michaelisen an Rentekammer vom 26. März 1718, RAK RKTA P-R-K C 255.2, S. 95; Unstimmigkeiten kamen auch bei der Versorgung der vorpommerschen Flottille vor und zogen ähnliche Untersuchungen wie im Falle Platens nach sich. See-Generaletatskommissariat an Regierung vom 5. September 1716, RAK Reg 88 Regkanc i Stralsund Con XXVIII.

[102] Schroeder, Aus Rügens Vergangenheit, S. 40. Selbst der Versuch, in Hamburg bei Juden das Geld zu leihen, schlug fehl. Lediglich 4000 Reichstaler konnten dort durch den ritterschaftlichen Gesandten von Normann aufgetrieben werden. Rügische Ritterschaft an von Dewitz vom 26. August 1716, RAK RKTA P-R-K C 251 I, Nr. 26; Horst an rügische Ritterschaft (undatiert 1716), RAK RKTA P-R-K C 251 I, Nr. 26; Dewitz an Friedrich IV. vom 15. September 1716, RAK TKIA B 209.

[103] Dewitz an Regierung vom 10. Oktober 1716, RAK Reg 88 Regkanc i Stralsund Conv. XXIX; Rentekammer an Friedrich IV., RAK RKTA P-R-K 251 I, Nr. 31; Rügische Ritterschaft an Regierung vom 30. Oktober 1717, RAK RKTA P-R-K C 251 III, Nr. 3.

[104] Generalgouverneur an Friedrich IV. vom 24. November 1717, RAK RKTA P-R-K C 251 III, Nr. 3.

[105] Ausschreibung der Ritterschaft, Bergen 29. Februar 1716, RAK RKTA P-R-K C 251 I, Nr. 30.

Rentekammer, den von der Ritterschaft festgesetzten Modus zu übernehmen und das Geld zur Begleichung anderer Posten zu verwenden[106].

Die Rentekammer scheint erst im Verlaufe des Jahres 1717 zu der Ansicht gelangt zu sein, sie könne die Gelder doppelt verlangen. Bereits im Februar 1716 wurden die geforderten Abgaben von der Ritterschaft erbracht. Damals bat die Rentekammer Friedrich IV. um Bewilligung der Approbation von noch fehlenden 5185 Reichstalern. Die rügische Ritterschaft habe 15 000 Reichstaler Discretionsgelder für den Anhalt-Dessauer abgeführt, berichteten die Beamten. Insofern handelte das Pommern-Rügens-Kontor in voller Absicht und Kenntnis der Situation. Im Oktober 1717 erfolgte eine militärische Exekution gegen die Rügener Gutsbesitzer, da die 15 000 Reichstaler aus Sicht der Rentekammer noch nicht zurückgezahlt worden waren. In einem Schreiben erhob die Rügener Ritterschaft daraufhin Klage bei der Stralsunder Regierung. Tiefe Dankbarkeit empfinde man gegen den Generalgouverneur, der durch seine Verhandlungen schweres Unheil vom Lande abgewandt hätte. Nun fühle sich die Ritterschaft jedoch durch das Verhalten der Rentekammer doppelt belastet, da jetzt sowohl die 25 Reichstaler und 29,75 Schilling je Hufe als auch die 15 000 Reichstaler zu zahlen seien. Zudem habe die Ritterschaft verschiedenen Militärs bei Besetzung der Insel Präsente darbieten müssen[107]. Generalgouverneur von Dewitz zeigte sich solidarisch mit der Ritterschaft[108]. Ohnehin bekannte er sich des Öfteren zu dem vom König proklamierten Grundsatz, die Landessitten und -gesetze zu achten; ganz im Gegensatz zu seinem Monarchen. Der General scheute sich nicht, Friedrich auf mögliche oder tatsächliche Verstöße gegen hergebrachtes Recht aufmerksam zu machen. Im November verfasste er ein Schreiben an den König. Der dänische Generalmajor legte unter anderem dar, dass er annehme, die Rentekammer bezwecke mit ihrem Verhalten, ihn bei Seiner Majestät »zu verunglimpfen«. Das Präsent der Ritterschaft an ihn könne zu der neuerlichen Abgabe geführt haben. Bei den Untertanen keime zumindest die Ansicht, der Generalgouverneur sei beim Landesvater in Ungnade gefallen. Ausführlich schilderte von Dewitz dem König die Gründe, warum er die 5000 Reichstaler angenommen habe. Er vergaß dabei nicht, darauf hinzuweisen, dass nach Besetzung des Stiftes Bremen der dort zum Generalgouverneur bestallte General Scholten ebenfalls ein Präsent erhielt. Seinen Brief beschließend, bat von Dewitz Friedrich IV., der Rentekammer zu befehlen, Rügen nicht doppelt zu belasten[109].

Der geschilderte Fall zeigt das tiefe Misstrauen der obersten lokalen Führung gegenüber der Rentekammer. Franz Joachim von Dewitz befand sich zum Zeit-

---

106 Rügener Ritterschaft an Regierung vom 30. Oktober 1717, RAK RKTA P-R-K C 251 III, Nr. 3; Generalgouverneur an Friedrich IV. vom 24. November 1717, RAK RKTA P-R-K C 251 III, Nr. 3; Rentekammer an Friedrich IV. vom 21. Dezember 1716. RAK RKTA P-R-K C 251 I, Nr. 30.
107 Rügener Ritterschaft an Regierung vom 30. Oktober 1717, RAK RKTA P-R-K C 251 III, Nr. 3.
108 Dewitz an Friedrich IV. vom 5. Juni 1716, RAK TKIA B 209; Dewitz an Friedrich IV. vom 10. Februar 1717, RAK TKIA B 209.
109 Generalgouverneur an Friedrich IV. vom 24. November 1717, RAK RKTA P-R-K C 251 III, Nr. 3.

punkt, da er seinen Brief an den König verfasste, in Kopenhagen. Es dürfte für
den Generalmajor ein Leichtes gewesen sein, direkt in der Rentekammer seine
Bedenken vorzubringen[110]. Er jedoch suchte eine Klärung unmittelbar beim König. Sein Verhalten zeigt das schlechte Verhältnis zur obersten Finanzinstanz des
Reiches. General von Dewitz war sich zudem der Tatsache bewusst, dass die
Rentekammer nur den königlichen Willen vollzog, sie also dem absoluten Monarchen und dessen Geheimkonseil ganz und gar untergeordnet war. Selbst kleinste
Entscheidungen traf die Rentekammer nicht selbständig, sondern arbeitete nur
dem König zu. Friedrich legte Wert auf gute Verwalter, die seine Befehle exakt
ausführten und keine selbständige Politik betrieben. An Staatsmännern vom Schla-
ge eines Christian Siegfried von Plessen war ihm nicht gelegen[111]. Die Verpachtung
einzelner Mühlen auf pommerschen Domänen[112] befahl Friedrich IV. ebenso persönlich, wie die genaue Pensionssumme für bestimmte Güter[113] in der neu gewonnenen Provinz. Den Bau zweier Zugbrücken für Loitz bestimmte der König, und
nur er legte fest, wie viel Bauholz für den Wiederaufbau einzelner Güter und Ge-
höfte verwandt wurde[114].

Dennoch besaß die Rentekammer Einfluss auf die Entscheidungen ihres Herr-
schers. Sie nutzte diese Macht nicht immer zum Vorteil der pommerschen Untertanen. Als das eingezogene Dominalgut Mannhagen verpachtet wurde, schlugen
Oberlanddrost von Kötzschau und Kammerrat Hinrich Horst vor, dem neuen
Pächter im ersten Jahr 100, im zweiten Jahr 150, im dritten Jahr 200 und in den
weiteren drei Jahren der Pachtzeit je 400 Reichstaler Pension abzuverlangen. Die
Rentekammer legte diesen Vorschlag Friedrich vor, vergaß aber nicht, zu erwähnen, dass sie es für richtiger halte, die Summe auf 468 Reichstaler und 10,5 Schilling anzuheben, da dies in guten Zeiten der übliche Satz sei. Der König ging hierauf ein. Er gestattete die Verpachtung nur unter der Auflage von 468 Reichstalern
und 10,5 Schilling als Pension für die letzten drei Jahre, obwohl von Kötzschau
und Horst vor Ort zu der Ansicht gelangt waren, dass das Gut gänzlich am Boden
lag, und dass der Pächter kaum in der Lage war, den neuen Vertrag zu erfüllen.

---

[110] Dass er zuvor ein Gespräch mit der Rentekammer gesucht hat, ist unwahrscheinlich, da er Derartiges nicht erwähnt. Wäre von Dewitz in der höchsten Finanzbehörde gewesen, so hätte er dies
zweifelsohne seinem König gegenüber verlautbart, da es für ihn von Vorteil gewesen wäre.

[111] »Administrationer, ikke statsmand var, hvad han havde brug for« urteilt Boisen Schmidt. Boisen
Schmidt, Studier over Statshusholdningen, I, S. 35.

[112] So im Falle der Wassermühle von Neumühlen. Der König erklärte sich mit der sechsjährigen
Verpachtung an die Witwe des Kapitän von Angern einverstanden, wenn sie 42 Reichstaler an die
königliche Kasse abführe. Bericht der Rentekammer an Friedrich IV. vom 7. Januar 1718, RAK
RKTA R-P-K C 251 III, Nr. 4.

[113] Friedrich IV. entschied beispielsweise bei der Verpachtung des Dominalgutes Mannhagen im
Amt Wolgast gegen den Rat der Stralsunder Regierung und den der Rentekammer, dem Pächter
245 Reichstaler und 36,5 Schilling alter Schulden abzuverlangen. Diese Summe taucht in dem entsprechenden Schreiben der Rentekammer nicht auf, sondern ist lediglich der königlichen Randnotiz zu entnehmen. Sie zeigt, wie detailliert sich Friedrich mit derartigen Fragen befasste. Bericht
der Rentekammer an Friedrich IV. vom 7. Januar 1718, RAK RKTA R-P-K C 251 III, Nr. 4.

[114] Rentekammer an Friedrich IV. vom 24. Januar 1718, RAK RKTA R-P-K C 251 III, Nr. 5; Über
Friedrichs Hang zum Detail wird in der Literatur berichtet. Holm, Danmark-Norges indre Historie, I, S. 54 f.

Grundsätzlich waren die Kopenhagener Rentekammer und die Stralsunder Regierung auf Zusammenarbeit angewiesen. Beiden Seiten musste an einer reibungslosen Kooperation gelegen sein. Persönliche Befindlichkeiten durften den Apparat nicht übermäßig belasten[115]. Zudem gab es Entscheidungen, die der König unmittelbar der Stralsunder Regierung überließ. Insbesondere im Bereich der Jurisdiktion scheint Friedrich so verfahren zu haben. Als beispielsweise im Oktober 1716 die Stadt Stralsund sich bei der Regierung über den Besitzer des Gutes Hiddensee beklagte, mochten die Räte den Streit zunächst nicht selbst entscheiden. Der städtischen Fischerei war vom Gutsherren die Nutzung der Gewässer um Hiddensee untersagt worden. Die Regierung wandte sich an den Kopenhagener Konseil mit der Bitte um eine königliche Relation (Entscheidung). Friedrich befahl der Regierung, selbst aufgrund der gültigen Rechtslage zu urteilen[116].

An dem oben dargelegten Fall der Dessau-Anhaltinischen Gelder lässt sich nicht nur das Verhältnis Rentekammer – Generalgouverneur – Regierung beispielhaft schildern. Vielmehr gewährt er auch Einblicke in die Arbeitsabläufe der höchsten dänisch-vorpommerschen Behörde. Generalgouverneur Dewitz stellte ein Bindeglied zwischen der regionalen Regierung und den zentralstaatlichen Einrichtungen dar. Die Regierungsarbeit in Stralsund steuerte der Oberlanddrost, da Dewitz sich nie in der Provinz aufhielt. Gleichwohl war die Regierung angewiesen, ihm wichtige Vorgänge brieflich mitzuteilen. Die Abführung der von der rügischen Ritterschaft aufgebrachten Gelder an die Rentekammer teilten von Kötzschau und dessen Räte ihrem Generalgouverneur zunächst nicht mit. Hierüber geriet von Dewitz derart in Unmut, dass er den Beamten vorwarf, pflichtwidrig gehandelt zu haben. Sich verteidigend erklärten die Räte, die regelmäßig an den Posttagen abgesandten Schreiben würden verdeutlichen, »wie sorgfältig wir Ew. Exellence hohe Gewogenheit zu menagieren bemüht gewesen, und daß wir in importanten angelegenheiten jeder Zeit dero Gutachten erboten« hätten. In diesem Falle sei es jedoch nicht möglich gewesen, da die Güter mit Exekution belegt worden waren[117]. Dass von Dewitz mit den Geldern zum raschen Abzug der im Land sich aufhaltenden preußischen Soldaten beitragen wollte, war den Regierungsbeamten offensichtlich nicht bewusst[118]. Entgegen aller Beteuerungen handelte es sich jedoch keineswegs um den ersten Fall, in dem der Generalgouverneur als letzter von wichtigen admi-

---

115 So bemühten sich beide »Parteien« um ein positives Verhältnis. Im Schriftverkehr finden sich Äußerungen wie »so erstatten wir gantz dienstlichen Dank für solche erteilte communication« Zudem beglückwünschten sich beide Seiten zu festlichen Anlässen, wie etwa zu Geburtstagen oder zum neuen Jahr. Rentekammer an Regierung vom 3. November 1716, RAK RKTA P-R-K C 251, Nr. 31; Lit. A; Rentekammer an Henrich Horst vom 4. Januar 1721, RAK RKTA P-R-K C 255.1, S. 2; Rentekammer an Selmer vom 7. Januar 1721, RAK RKTA P-R-K C 255.1, S. 2.

116 Protokoll des Kgl. Konseils vom 16. Oktober 1716, RAK RKTA P-R-K C 251 I, Nr. 26; Kgl. Relation vom 31. Oktober 1716, RAK RKTA P-R-K C 251 I, Nr. 26.

117 Dewitz an Regierung vom 10. Oktober 1716, RAK Reg 88 Regkanc i Stralsund Conv. XXIX; Hohenmühle und Kampferbeck an von Dewitz vom 16. November 1716, RAK RKTA P-R-K C 251 I, Nr. 31.

118 Rentekammer an Friedrich IV. vom 26. November 1716, RAK RKTA P-R-K C 251 I, Nr. 31; Im Jahre 1716 hielten sich 320 preußische Soldaten im dänischen Landesteil auf. Sie waren in kleineren Dörfern einquartiert. Extractus Protocolli in Collegio der löbl. Ritterschaft, StadtA Greifswald Rep. 5, Nr. 1338 Bd 1.

nistrativen Angelegenheiten erfuhr. Schon im Oktober, also einen Monat vor dem Eklat bezüglich der Anhalt-Dessauer Gelder, erhielt von Dewitz von der Rentekammer Nachricht, dass von Kötzschau und dessen Räte in Kopenhagen 4000 Mauersteine zur Instandsetzung der Elmenhorster Kirche beantragten, und dass der König diesem Wunsch entsprach. Generalgouverneur von Dewitz war am Entscheidungsprozess also nicht im Mindesten beteiligt[119].

Um ein letztes Beispiel der Zweitrangigkeit[120] des Generalgouverneurs zu geben, sei auf einen weiteren Vorfall hingewiesen. Als sich der preußische Monarch im Mai 1716 in Kopenhagen beklagte, dass von seinen Schiffen in Wolgast der Licent erhoben werde, obschon dies den im Vorjahr ausgehandelten Abkommen widerspreche, bat von Dewitz seinen König, Andreas Weyse mit einer entsprechenden Order zu versehen. Jenes Gesuch ist auf den 17. Mai datiert. Zu diesem Zeitpunkt aber hielt Weyse eine entsprechende Vollmacht schon drei Tage in der Hand[121].

Auch die Positionen der Stralsunder Regierung zu einzelnen Fragen ökonomischer und allgemein-politischer Natur deckten sich nicht immer mit denen des Generalgouverneurs. Letzterer verwandte sich häufig für das »platte Land«, während Kötzschau, Hohenmühle, Thienen, Kampferbeck und von Johnn, bei aller Ausgewogenheit ihrer wirtschaftsfördernden Konzepte, in der Tagespolitik die großen Städte, und hier insbesondere Stralsund, vorrangig förderten. So protestierte Dewitz Februar 1717 gegen die vom König auf Bitte Stralsunds[122] beschlossene Herabsetzung der steuerbaren Hufenzahl von 385 auf 300. Die vorpommersche Metropole habe weitaus weniger Leid im vergangenen Kriege ertragen müssen als bei der Belagerung durch den Großen Kurfürsten. Zudem werde durch eine Minderung der sundischen Abgaben das übrige Land schwer belastet[123]. Dewitz' Sympathien galten ganz offensichtlich der Ritterschaft. Er setzte sich im Februar 1719 sogar beim König für eine Abschaffung der Ritterhufensteuer ein. Hierbei glaubte der Generalgouverneur im Interesse seines Monarchen zu handeln, da so »dem sonst unaufhörlichen Querieliren und Lamentationen abgeholfen werde«[124]. Selbst die Wiederbelebung des ständischen Landkastens lag Dewitz am Herzen[125].

---

119 Rentekammer an von Dewitz vom 31. Oktober 1716, RAK RKTA P-R-K C 255.1, S. 494 f.
120 Als der Befehl zur Einrichtung der Verwaltung im April 1716 durch den dänischen König schriftlich erteilt wurde, erhielt von Dewitz anscheinend kein Exemplar. Noch im Juli bat er aufgrund der vielen Anfragen, ob man ihm nicht ein Exemplar zukommen lassen könne. Dewitz an Friedrich IV. vom 14. Juli 1716, RAK TKIA B 209; weitere Fälle: RAK Reg 88 Regkanc i Stralsund Conv. XXVII.
121 Friedrich IV. an Andreas Weyse 14. Mai 1716, RAK RKTA P-R-K C 251 I, Nr. 8, 9; Dewitz an Friedrich IV. vom 17. Mai 1716, RAK TKIA B 209; Zu den vertraglichen Vereinbarungen siehe Kap. IV.7.a.
122 Stralsund an Friedrich IV. vom 16. November 1716, RAK TKIA B 209; Stralsund an Friedrich IV. vom 20. Januar 1717, RAK TKIA B 209.
123 Dewitz an Friedrich IV. vom 10. Februar 1717, RAK TKIA B 209.
124 Dewitz an Friedrich IV. vom 8. Februar 1719, RAK TKIA B 209.
125 Rentekammer an Friedrich IV. vom 2. März 1717, RAK RKTA P-R-K C 251 II, Nr. 14.

Im Falle des latenten Streites zwischen dem Generalsuperintendenten Gebhardi und Professor Würffel kam es zum direkten Konflikt zwischen der vorpommerschen Regierung und dem Generalgouverneur. Oberlanddrost von Kötzschau und dessen Räte fühlten sich im November 1717 bemüßigt, für Würffel Stellung zu beziehen, da der Theologe sich bei seinem Kollegen zur Genüge entschuldigt habe. Werde Würffel weiterhin durch Gebhardi an seiner Promotion gehindert, so sehe sich die Regierung gezwungen, alle Promotionen aussetzen zu lassen. Das Schreiben begann mit dem üblichen Kopf »Ihro Königl. Maytt zu Dannemarck Norwegen p.p. zur Regierung verordnete General-Gouverneur, Ober-Land-Drost und Rähte«. Als von Dewitz jedoch durch Gebhardi von diesem Befehl erfuhr[126], wandte er sich äußerst erbost an seinen König. Der altgediente General verwies darauf, dass ihm allein alle die Universität betreffenden Entscheidungen zustünden, da ihn der Monarch zum Kanzler bestellt habe. Letztendlich bat von Dewitz, der König möge doch der Regierung befehlen, künftig keinerlei Anordnungen mit universitärem Bezug zu erteilen[127]. Ein bemerkenswerter Vorgang! Der Stellvertreter des Landesherrn bittet diesen, ihn gegen die eigene, ihm unterstellte Regierung zu unterstützen. Die Regierung selbst aber handelt im Namen des Generalgouverneurs, ohne dass dieser in Kenntnis gesetzt wird, ja, ohne dass dieser sich mächtig genug fühlt, ihm missfallendes Verhalten zu unterbinden.

Trotzdem verdient die Fähigkeit der Stralsunder Regierung zur Durchsetzung eigener Vorstellungen keine Überbewertung. Wird etwa nach ihrer Position im gesamten administrativen Machtgefüge des dänischen Staates gefragt, so bildete sie eine mittlere, den Kopenhagener Zentralbehörden nachgeordnete Institution, deren eigener Handlungsspielraum sehr eng bemessen war. Sie teilte ihr Schicksal mit den anderen Regionalverwaltungen der Monarchie. So konstatiert Schaer für die »Dänenzeit« in Oldenburg: »Der Kumulation vielfältiger Aufgaben im Amt der örtlichen Vögte entsprach eine ähnliche Bündelung von Kompetenzen in der nunmehr *zur Mittelinstanz herabgesunkenen* [Hervorhebung – M.M.] Oldenburger Zentralbehörde, der Regierung«[128].

Kötzschau und dessen Räte verfügten über ein hohes Maß an Verantwortung mit vielfältigen Aufgaben, die in den Händen Einzelner lagen, gleichzeitig aber besaßen sie nur einen geringen Einfluss auf die Entscheidungen der Zentraladministration.

---

[126] Regierung an Gebhardi vom 17. November 1717 (Kopie), RAK TKIA B 209; Gebhardi an Dewitz vom 20. November 1717 (Kopie), RAK TKIA B 209.
[127] Dewitz an Friedrich IV. vom 1. Dezember 1717, RAK TKIA B 209.
[128] Schaer, Die Grafschaften, S. 214; ähnlich: Krüger, Wandel des Stadtbildes, S. 48 f.

4. Zum Verhältnis von Landesherr und Landständen

a) Parteien und Spannungspotenziale

Eine vorpommersch-rügische Verwaltungsgeschichte ist ohne Berücksichtigung der landständischen Verfassung des Territoriums nicht möglich, weder für die schwedische noch für die dänische Zeit. Sie bildete den Hintergrund jeder administrativen Handlung. Die Vielzahl der nach Übernahme der Herrschaft zu regulierenden militärischen, wirtschaftlichen und ökonomischen Angelegenheiten erforderte kontinuierliche enge Kontakte zwischen der dänischen Regierung und den vorpommerschen Landständen. Das beiderseitige Verhältnis war hierbei von ständigen Konflikten gekennzeichnet, die insbesondere dem absolutistischen Herrschaftsanspruch auf königlicher und der Verteidigung angestammter Rechte auf ritterschaftlicher sowie städtischer Seite entsprangen; eine Tendenz, die schon am Beginn der »Dänenzeit« deutlich wurde. Zwei große Konfliktfelder füllen den Rahmen dieses allgemeinen innenpolitischen Machtkampfes: zum einen der ständige landesherrliche Angriff auf kommunale und ritterschaftliche Autonomien, zum anderen jedoch das unablässige Ringen um den Militärunterhalt.

Während sich Andreas Weyse in der ersten Jahreshälfte 1716 ausgiebig mit der Erfassung des Zustandes der neu gewonnenen Provinz befasste und alle erforderlichen Schritte zur Installierung einer funktionierenden Verwaltung unternahm, widmete sich Generalgouverneur von Dewitz den pommerschen Ständen. Mit ihnen galt es unter anderem, über die Finanzierung des künftigen Gouverneurssitzes zu verhandeln, die Modalitäten der Einquartierung zu regeln und über die Instandsetzung der stralsundischen Befestigungsanlagen zu beraten[129]. Franz Joachim von Dewitz befahl deshalb Deputierte der Ritterschaft und der Städte zu mehrtägigen Sitzungen nach Stralsund. Dort nahmen Deputierte der einzelnen Stände in unterschiedlicher Zahl teil. Es waren nicht grundsätzlich aus jedem Distrikt und aus jeder Stadt Personen vor Ort. Traten im Juni 1716 auf den Verhandlungen beispielsweise vier ritterschaftliche Vertreter auf, so waren es im Juli nur drei. In diesem Monat erhielt der Grimmener Bürgermeister Henning Friedrich Milow Vollmacht für Tribsees[130]. Bereits während der ersten Zusammenkünfte zeigten sich Konflikte innerhalb der Stände. Dem Wunsch des Gouverneurs, das Haus des Obristen Rotermund in Stralsund für sich anzumieten, entsprachen die ständischen Vertreter ohne größere Klagen[131]. Dass das rotermundische Haus von den Ständen anzumieten war, stellten diese zu keinem Zeitpunkt in Frage. Zum Kauf hingegen fanden sie sich nicht bereit, da die »verwittibte Obristin« 7000 Taler verlangte. Auch über die Geschwindigkeit der nötigen Reparaturen verhandelten

---

129 StadtA Greifswald Rep. 5, Nr. 1338 Bd 1.
130 Protocollum Civitatum Juni 1716, StadtA Greifswald Rep. 5, Nr. 1338 Bd 1; Protocollum Civitatum 1. Juli 1716, StadtA Greifswald Rep. 5, Nr. 1338 Bd 1.
131 Protokoll Collegio Civitatum 9.–12. Januar 1716, StadtA Greifswald Rep. 5, Nr. 1338 Bd 1; Extractus Protocolli in Collegio der löblichen Ritterschaft den 29. Januar 1716, StadtA Greifswald Rep. 5, Nr. 1338 Bd 1; Gregor Wulf an Stralsund vom 20. Januar 1716, StadtA Stralsund Rep. 33, Nr. 764.

Stände und Regierung. Die Kosten der Ausstattung des Hauses führten zu Querelen zwischen Stralsund und den übrigen Ständen. Als dann die Versorgung der im
Land stationierten dänischen Truppen zur Verhandlung stand, entspannen sich
heftige Streitigkeiten. So forderte Stralsund eine Besteuerung der Ritterschaft, um
die finanziellen Einquartierungslasten der Städte zu verringern[132]. Zwar wären die
Landbegüterten zu »ordinären Zeiten« von jeglicher Kontribution ausgenommen
gewesen, ließen Bürgermeister und Rat in einem entsprechenden Antrag verlautbaren, doch sei eben keine gewöhnliche Zeit. Die Stärke des im Land befindlichen
Militärs läge deutlich über der im Frieden. Schließlich hätten bereits die Schweden
1711 die Ritterhufen mit zur Abtragung der Einquartierungs- und Verpflegungslast
herangezogen. Damals habe die Ritterschaft lediglich gegen die Höhe der Besteuerung Einwände erhoben[133]. Der Adel fühlte sich durch derartige Anträge in seinen
angestammten Rechten bedroht und legte Widerspruch ein. Er führte das 1709
vom Wismarer Tribunal zur Einquartierung gefällte Urteil gegen die Städte ins
Feld[134]. Der damalige Richterspruch schloss einen langjährig geführten Prozess ab,
indem er festhielt, dass die Städte allein die Last des Obdachs und der Lagerstatt
für die Soldaten ohne Entschädigungszahlung trügen. 1710 und 1712 bekräftigte
das Tribunal zwar den gefassten Beschluss[135], allein, es gelang den Städten, am
17. Mai 1715 ein anderslautendes Urteil zu erwirken[136]. Nun bekräftigte das Tribunal, »daß zu dem Obdach und zur Lagerstatt« zwar die Betten mit gehörten, sich
jedoch das Urteil vom 8. Juli 1709 lediglich auf die ordinären Garnisonen beziehe.
Die vorübergehend bezogenen Quartiere waren nun also ausgeklammert. Diese
ohne Hinzuziehung der Ritterschaft gefällte Entscheidung ließ die Noblesse nun
nicht gelten und forderte, nach dem 1709 erlassenen Urteil zu verfahren.

Hierbei übersahen die Adligen großzügig die Vorgeschichte des Prozesses.
Schon 1649 und 1655 legten königlich schwedische Resolutionen fest, dass die
Einquartierungskosten der gesamten Landschaft aufzubürden wären; eine Bestimmung, die jedoch keine Umsetzung erfuhr. Nach dem Brandenburgisch-
Schwedischen Krieg bereiste 1680 eine Kommission Vorpommern, mit dem Auftrag, die Einquartierung zu regeln. Durch einen entsprechenden Hauptkommissionsrezess bestimmten die Schweden die Städte zum alleinigen Träger der Kosten
bis zum Jahre 1700. Nur ganze Erben/Häuser unterlagen der Steuerpflicht und
zwar in Höhe einer Landhufe[137]. Die Ritterschaft ließ sich in zähen Verhandlungen

---

[132] Schon in schwedischer Zeit schwelte dieser städtisch-ritterschaftliche Konflikt beständig. Im
Hauptkommissionsrezess vom 12. April 1681 wurde die Freiheit der Ritterhufen rechtlich fixiert.
Haupt-Commissions-Recess vom 12. April 1681 (Auszug). In: Hagemeister, Einleitung in die
Wissenschaft des Schwedisch-Pommerschen Lehnrechts, S. 174 f.

[133] Bürgermeister und Rat der Stadt Stralsund an Generalgouverneur vom 22. Januar 1716.

[134] Tribunalsurteil vom 8. Juli 1709. In: Dähnert, Sammlung, III, S. 1326; Ritterschaft an Friedrich I. vom
2. Oktober 1724, Lit. A: Kopie des Tribunalsurteils vom 8. Juli 1709, StadtA Stralsund Rep. 33, Nr. 1457.

[135] Tribunalsurteil vom 28. Februar 1710. In: Dähnert, Sammlung, III, S. 1326; Tribunalsurteil vom
31. Oktober 1712. In: Dähnert, Sammlung, III, S. 1326 f.

[136] Tribunalsurteil vom 8. Juli 1709. In: Dähnert, Sammlung, III, S. 1327.

[137] In den vorpommerschen Städten erfolgte die Besteuerung nach sogenannten Erben. Es handelt
sich hierbei um eine Haussteuerklasse. Die Zuordnung erfolgte nach Größe des Gebäudes und
Vermögen des Besitzers.

darauf ein, die Städte jährlich mit 4000 Reichstalern zu unterstützen. Nur wenige Jahre zahlte die Noblesse tatsächlich, sodass im königlichen Tribunal zu Wismar 1706 der erwähnte Prozess um die Verteilung der Einquartierungslast begann[138].

Die Ritterschaft blieb 1716 in dem Streit unterlegen. Stralsund entsandte eine Deputation nach Kopenhagen und erwirkte dort die Verteilung der Einquartierungslasten auf das ganze Land. Auch der Adelsstand zahlte nun für das Obdach der Soldaten. Wie tief verletzend und kränkend die Ritterschaft ihre Niederlage empfand, geht aus einem 1724 an Schwedenkönig Friedrich I. abgesandten Schreiben hervor: nicht alleine der Geldmangel sei damals unerträglich, »sondern auch sehr schimpff- und schmertzlich gewesen, dass Sie solcher gestalt vom Stralsundischen Magistrat geplaget und gleichsahm unter die füße getreten worden«. Von hierdurch erlittener Gewalttätigkeit ist im weiteren Text die Rede, die schließlich 1720 zur Gesandtschaft an den Stockholmer Hof geführt habe[139].

Auch innerhalb des städtischen Korpus stritten sich Deputierte bezüglich der Kontributionslastenverteilung. Drei Parteien sind in diesen Auseinandersetzungen erkennbar: Stralsund, Greifswald und die kleinen Landstädte. Die beiden mächtigsten pommerschen Gemeinwesen nördlich der Peene bemühten sich, die Kosten und Unterbringung der im Land befindlichen Truppen auf die kleineren Orte abzuwälzen, wogegen diese vehement opponierten. Dennoch ging Stralsund häufig aus derartigen Verhandlungen siegreich hervor. So zeigt sich, trotz mehrmaligen Befehls Friedrichs IV., die Einquartierungslast gleichmäßig zu verteilen[140], eine unterschiedliche Behandlung der einzelnen Städte. Als 1716 fünf Kompanien Kavallerie und ein Bataillon Infanterie von Rügen auf das Festland verlegt wurden, konnte die Regierungsstadt die Last der Einquartierung vollständig anderen pommerschen Gemeinwesen zuschieben. Die dänische Infanterie verteilte sich gegen Satisfaktion (Entschädigung) auf die Kleinstädte Wolgast, Lassahn, Loitz, Grimmen, Tribsees, Franzburg und Richtenberg. Auf dem Lande nahmen die Kavalleristen Quartier. Auch die Belegung mit 500 Seemilizionären vermochten Stralsunder Deputierte zu verhindern. Leidtragende waren in diesem Falle Dörfer des Eldenaischen- und Wolgastschen Distriktes[141]. Die zunächst der Stadt Stralsund aufgebürdeten Einquartierungsgelder wurden 1717 bis 1720 auf die übrigen Städte als Servitien umverteilt. Hiergegen erhoben die Städte direkt beim dänischen Hof Einspruch[142]. Als Stralsund aufgefordert wurde, die Versorgung von

---

138 Erläuterte Species facti mit einigen angesagten Fragen [...] der löblichen Pommerschen und Rugianischen Ritterschaft ertheilten Responso der hochlöblichen Juristen Facultät zu Halle entgegengesetzt, StadtA Stralsund Rep 33, Nr. 1457.

139 Ritterschaft an Friedrich I. vom 2. Oktober 1724, StadtA Stralsund Rep. 33, Nr. 1457.

140 Protokoll des Kgl. Konseils vom 16. Oktober 1716, RAK RKTA P-R-K C 251 I, Nr. 26; Kgl. Resolution vom 31. Oktober 1716, RAK RKTA P-R-K C 251 I, Nr. 26; Auch Joachim Friedrich von der Lühe, der Wismarer Oberlanddrost, erhielt von Friedrich IV. die Weisung, auf eine gleichmäßige Verteilung der Kontributionslasten zu achten. Instruktion für Joachim Friedrich von der Lühe vom 24. Dezember 1718, RAK TKIA Patenter 1718 et 1719, S. 305b–309. Neben den hier angeführten Beispielen finden sich weitere in: Stralsund an von Dewitz vom 9. September 1716, RAK RKTA P-R-K C 251 I, Nr. 26.

141 StadtA Greifswald Rep. 5, Nr. 1338 Bd 1.

142 LAG Rep. 40 VI, Nr. 89, S. 989.

436 Offizierspferden zu gewährleisten, bemühten sich deren Deputierte um gänzliche Befreiung. Erst als sowohl die Ritterschaft als auch sämtliche Landstädte Protest erhoben, wich die Seestadt von ihrer Forderung ab. Sie verknüpfte ihr Einlenken jedoch mit der Befreiung von den durch die Miliz entstehenden Lasten.[143] Greifswald konnte ähnliche Erfolge verbuchen. Die 1717 durchgeführte umfassende Lustration nutzten Bürgermeister und Rat, um eine Herabsetzung der Kontributionslasten durch Reduktion des Hufenstandes zu erbitten. Bei der Umschreibung von 10 000 auf 5000 Hufen für das schwedische Pommern hätten sich die Städte gemeinsam bereit erklärt, die Hälfte zu übernehmen, berichteten die Greifswalder der dänischen Regierung. Die Lastenverteilung innerhalb des städtischen Korpus sei jedoch sehr ungleich. Natürlich fühlte sich Greifswald gänzlich übervorteilt. 150 Erben würden dort besteuert. Um aber diese Zahl überhaupt zu erreichen, bedürfe es 1280 Wohnungen in der Stadt. Die werde jedoch schwerlich jemand dort zählen, meinten Rat und Bürgermeister. Achtzig Erben könnte die Stadt nach ihren eigenen Angaben maximal tragen[144]. Die Argumentation ist geschickt, aber völlig verfehlt. Rat und Bürgermeister errechneten diese hohe Summe an Wohnungen durch folgende Grundannahme. Sie verteilten die 150 angegebenen Erben willkürlich auf Häuserklassen. So behaupteten sie, von vollen Erben bräuchte man 20, um auf 20 Wohnungen zu kommen; von halben Erben, um insgesamt 30 Erben zu erreichen, 60 Wohnungen; von viertel Erben, um 50 zu erreichen, 400 und von achtel Erben seien 800 Wohnungen nötig, um auf 50 Erben zu kommen. In sich war diese Rechnung zwar schlüssig, jedoch ist nicht ersichtlich, warum nicht beispielsweise die Erbenzahl für Gebäude mit halben Erben auf 50 statt auf 30 angesetzt wurde. Die Zahlen des Rates waren aus der Luft gegriffen. Auch andere Orte klagten beständig, die ihnen aufgebürdete Erbenzahl entspräche nicht dem realen Zustand der Häuser. So nutzte Wolgast die umfangreiche Lustration des Jahres 1717 zur Klage über die Hausbesteuerung. Verglichen mit anderen Städten fühle man sich überfordert, teilten die Wolgaster mit[145].

Weitere Erfolge verzeichnete Greifswald in Bezug auf die unmittelbare militärische Belastung. Anfänglich blieb die Universitätsstadt, ebenso wie Barth, von jeglicher Einquartierung verschont[146]. Hier wird ein anderes Problem der Beziehungen innerhalb der Ständeschaft zur dänischen Zeit sichtbar. Wurde die Einquartierung zunächst einer größeren Stadt aufgebürdet, so konnte sie sich unter Verweis auf ihre hohe Belastung in einigen Fällen dieser Verpflichtung entledigen. Die Befreiung von der militärischen Quartiernahme war jedoch zumeist mit einer hohen Entschädigungszahlung an jene Orte verbunden, die die Soldaten nun aufnahmen. Weder Greifswald noch Stralsund verfügten über ausreichende finanzielle Mittel,

---

143 Protokoll der Ritterschaft vom 27. Januar 1716, StadtA Greifswald Rep. 5, Nr. 1338 Bd 1.
144 Greifswald an Lustrationskommission (undatiert) Juli 1717 RAK Reg 88 Regkanc i Stralsund Conv. L XII b; Greifswald an Lustrationskommission vom (undatiert) Juli 1717, RAK Reg 88 Regkanc i Stralsund Conv. L XII b.
145 Schreiben der Stadt Wolgast an Regierung (undatiert), RAK Reg 88 Regkanc i Stralsund Conv. LXII c.
146 Protokoll Convent Statu 24.–30. Januar 1716, StadtA Greifswald Rep. 5, Nr. 1338 Bd 1.

die Satisfaktionsforderungen der kleineren Landstädte zu erfüllen. Und auch die königlichen Ämter verlangten Tribut für außerplanmäßige Belastungen[147].

Die von den Gemeinden und Ämtern geforderte Begleichung der Schuld führte regelmäßig zu ausufernden Zwistigkeiten. Generalgouverneur, Oberlanddrost und Räte sahen sich gezwungen, derartige Konflikte mit militärischer Gewalt zu entscheiden. Als der Franzburger Amtmann Barthold Schacht Ende 1717 in Stralsund vorstellig wurde, um eine ausstehende Satisfaktionszahlung der Stadt Greifswald einzuklagen, reagierten die höchsten dänischen Provinzialbeamten schroff. Die Metropole solle »Nahmens Ihr: Königl: Maytt zu Dännemarck, Norwegen« binnen 14 Tagen zahlen, ansonsten werde die militärische Exekution verfügt[148]. Im Januar des folgenden Jahres forderte der Kollektor des Barthischen Distriktes, Andreas Schwartz, die sofortige Eintreibung von Entschädigungsgeldern der Universitätsstadt mittels militärischer Gewalt. Die Regierung befahl daraufhin dem Rat und dem Bürgermeister, die Schulden innerhalb von acht Tagen abzutragen. Eine militärische Exekution werde sonst nicht lange auf sich warten lassen. In beiden Fällen standen mit 85 Reichstalern und 40 Schillingen sowie mit 135 Reichstalern und 16 Schillingen recht unscheinbare Summen im Zentrum des Streites[149]. Ein Indiz für die prekäre finanzielle Situation Greifswalds.

Ebenso erhoben die großen Vorderstädte bei Einquartierung regelmäßig Anspruch auf Satisfaktion durch die übrigen Orte[150]. Die Fronten innerhalb des städtischen Korpus verhärteten sich zunehmend, da auch die Kleinstädte zahlungsunfähig waren. Teilweise trugen sie noch Schulden aus dem Schwedisch-Brandenburgischen Krieg. So im Falle Bergens, dass 1716 der Ritterschaft und Einzelpersonen 2000 Gulden aus dem Jahre 1679 zurückzuzahlen hatte[151]. Auch in der Wahl der Mittel unterschieden sich große und kleine Kommunen im Kampf um Satisfaktionsgelder nicht. Ende 1720 dankte Stralsund für die Exekutionen, die die Regierung zur »Beitreibung« der ausstehenden Entschädigung anwandte. Rat und Bürgermeister meinten jedoch, eine Verdopplung der Zwangsvollstreckungen könnte eher zum Ziel führen. Sie baten deshalb von Kötzschau und dessen Räte, ihre Maßnahmen entsprechend zu verschärfen[152].

Zunächst, unmittelbar nach Besetzung der Provinz, vertrat von Dewitz die Auffassung, die Städte sollten die Streitigkeiten unter sich ausmachen[153]. Später

---

[147] RAK Reg 88 Regkanc i Stralsund CCXLV.

[148] Regierung an Magistrat der Stadt Greifswald vom 17. Dezember 1717, StadtA Greifswald Rep. 5, Nr. 447, Bl. 121 f.

[149] Regierung an Magistrat der Stadt Greifswald vom 11. Januar 1717, StadtA Greifswald Rep. 5, Nr. 447, Bl. 129; Regierung an Magistrat der Stadt Greifswald vom 17. Dezember 1717, StadtA Greifswald Rep. 5, Nr. 447, Bl. 121 f.; Regierung an Magistrat der Stadt Greifswald vom 11. Januar 1717, StadtA Greifswald Rep. 5, Nr. 447, Bl. 129.

[150] StadtA Greifswald Rep. 5, Nr. 1338 Bd 1; Auch die Ämter waren hiervon nicht ausgenommen. RAK Reg 88 Regkanc i Stralsund Conv. CCXXXV.

[151] Der Bergener Rezeß, S. 1253.

[152] Stralsund an Regierung vom 6. November 1720, RAK Reg 88 Regkanc i Stralsund Conv. CCXXXIX.

[153] Protokoll Collegio Civitatum 9.–12. Januar 1716, StadtA Greifswald Rep. 5, Nr. 1338 Bd 1; Protokoll Convent Statu 24.–30. Januar 1716, StadtA Greifswald Rep. 5, Nr. 1338 Bd 1.

erst schritten die dänischen Behörden, wie schon aufgezeigt, energisch ein. Generalgouverneur und Regierung scheinen sich ohnehin recht geschickt im Umgang
mit den Ständen verhalten zu haben. Als den Städten und der Ritterschaft die
Verlegung von 1500 Matrosen nach Rügen eröffnet wurde, legten beide Corpora
sofort Protest ein. Das leidende Land könne eine derartige Belastung nicht tragen.
Verwundert berichteten die ständischen Deputierten nach ihrer Rückkehr, General
von Dewitz habe »mit vieler Civitet geantwortet«, dass sich die Einquartierung
nicht umgehen lasse[154]. Die Anzahl der tatsächlich verlegten Matrosen darf deutlich niedriger angesetzt werden. In den Akten finden sich Stärken zwischen 1500
und 300 Seemilizionären. Als die Stadt Greifswald im September 1717 mit dem
dänischen Rittmeister Braun bezüglich der Einquartierung in Streit geriet, teilte die
Regierung mit, sie werde sich nicht einmischen. Gleichzeitig mahnte sie ein besse-
res Verhältnis beider Seiten an[155]. Generalgouverneur, Oberlanddrost und Räte
ergriffen also nicht sofort Partei für das Militär, wie dies zu erwarten stand, sondern antworteten mit diplomatischem Geschick[156]. So auch im Februar 1717, als
Festungskommandant von Stöcken Klage gegen die Stadt Stralsund erhob[157], sie
würde ihm, dem Generalmajor, nicht ausreichend Respekt zollen. Dewitz erklärte
seinem Monarchen, dass für ihn ein Fehlverhalten oder eine Missachtung des
Festungskommandanten durch die Strelasundstadt nicht erkennbar sei.

> »Dass aber dieselbe [Stralsund – M.M.] die beantwortung der [von Stöcken – M.M.] an-
> gefragten puncten nicht unterschrieben, ist wohl nicht aus übeler absicht und zur ver-
> kleinerung des Hr. General-Majoren geschehen, sondern weil es insgemein der Ge-
> brauch, das Extractus-Protocolli nicht unterschrieben zu werden pflegen«.

Der Generalgouverneur zeigte sich erbost, dass trotz mehrfacher Anmahnung
eines guten Verhältnisses die Streitigkeiten zwischen Stadt und Kommandanten
fortdauerten[158]. Das ganze Ausmaß der Verstimmungen und das äußerst schlechte
Verhältnis wird besonders anhand einer von Kampferbeck ausgearbeiteten Zusammenfassung der Anfang 1717 ausgetragenen Konflikte deutlich. Auf 18 dicht
beschriebenen Seiten werden Beschwerdepunkte beider Parteien präsentiert. Jede

---

[154] StadtA Greifswald Rep. 5, Nr. 1338 Bd 1.

[155] Regierung an Bürgermeister und Rat der Stadt Greifswald vom 20. September 1717, StadtA
Greifswald Rep. 5, Nr. 447.

[156] Vielleicht liegt in diesem durchaus geschickten Verhalten der Regierung auch der Grund dafür,
dass die Stände schon 1716 baten, in Verhandlungen zur Einquartierung die Stralsunder Regierung als einzigen dänischen Verhandlungspartner zuzulassen. Am liebsten hätten sie das gesamte
Militärwesen im Bereich der Regierung gewusst. Ständische Anliegen (undatiert, weder Absender
noch Adressat sind ersichtlich, befindet sich bei von Dewitz' Unterlagen. Schriftbild, Ort der Ablage und Stellungnahmen lassen darauf schließen, dass es sich um eine dem Generalgouverneur
vorgelegte Regierungsschrift handelte), RAK TKIA B 209; Wulff an Dewitz vom 15. August
1716, RAK TKIA B 209.

[157] Stöckens Klage umfasste, neben den hier aufgeführten, zahlreiche weitere Punkte, die von Dewitz
sämtlich als Nichtigkeiten abtat. Stöcken an Friedrich IV. vom 16. Januar 1717, RAK TKIA
B 209; Stöcken an Regierung vom 25. Februar 1717, RAK Reg 88 Regkanc i Stralsund Conv.
CCXLVII.

[158] Relatio ex Actis des Stralunder Magistrats contra Generalmajor von Stöcken, RAK Reg 88 Regkanc i Stralsund Conv. CCXLVII; weitere Beispiele: RAK Reg 88 Regkanc i Stralsund Conv.
XLII.

Seite beinhaltet dabei mehrere Vorgänge. Immer wieder griff von Dewitz also schlichtend in das zivil-militärische Verhältnis ein. Wiederum fällt hierbei auf, dass der Generalgouverneur eher zur zivilen als zur militärischen Interessenvertretung tendierte. So bat er seinen König, Friedrich möge Stöcken nochmals alle »Weitläufigkeiten« untersagen und sein Verhalten bessern[159]. Im Januar 1716 erhielten dänische Soldaten vor ihrer Quartiernahme Befehl, sich ordentlich und diszipliniert zu verhalten. Dafür erwartete Generalgouverneur von Dewitz im Gegenzug von den Wirten die Gestellung von Feuer, Licht und Betten für seine Regimenter. Den Pferden ständen täglich ein Scheffel Häcksel und ein Bund Stroh als Futter zu, ordnete von Dewitz an. Um das Streustroh hatte sich die Armee selbst zu kümmern. Auch von der Haferabgabe blieben die Quartiere verschont. Dankbar nahmen die Stände diese Erleichterung zur Kenntnis. Mit der Vergütung für das gelieferte Brotkorn hingegen waren sie nicht einverstanden. Im Jahre 1716 erhielten die Kleinstädte 32 Schilling für jeden gelieferten Scheffel[160].

Als 1717 mehr als 400 Kavalleristen nach Greifswald verlegt wurden, mahnte die Regierung im Vorfeld ebenfalls ein gutes Verhältnis zwischen Bürgern und Militär an. Keine der beiden Seiten solle künftig Grund zur Klage haben[161].

Während das Verhältnis zwischen dem Stralsunder Rat und dem Festungskommandanten sich überaus schwierig gestaltete und von beständigem Streit geprägt blieb, pflegte der Senat gute Beziehungen zum Regiment »Prinz Karl«. Als dessen Kommandeur nach erfolgtem Friedenschluss 1720 von seinem Monarchen den Befehl zum Abmarsch nach Kopenhagen erhielt, wandte er sich ein letztes Mal an die Stadtführung:

> »So habe zuvörderst einem Wohlgebohrenen Rath dieser Stadt zusammt der gantzen Löblichen Bügerschaft dienstbereitwilligsten dank für alle mir und meinen Untergebenen erwiesenen Liebe und Güte hiemit abstatten, und zugleich aller ersinnliche prospecité anwunschen wollen, hoffende, daß Niemand über mir oder meiner mir allergnädigst anvertrauten und nach aller Müglichkeit im Regimente gehandhabte Justice zu klagen ursache haben wird, auch Dieselben im fall en particulier wieder mein Wißen und Willen etwas vorgegangen, mir solches nicht imutieren werden, allermaßen ich für meiner Person nichts mehr wünsche, als capable zu seyn, Ihnen in Copenhagen oder sonsten wo angenehme dienste zu leisten«[162].

Dass diese Worte keineswegs übertriebene Höflichkeit oder gar Heuchelei als Ursache haben, beweist die Stralsunder Erwiderung. Schacks Brief wurde unmittelbar nach Empfang öffentlich im Senat verlesen und sodann der Entschluss gefasst, dem Obristen schriftlich zu antworten[163]. Der Auszug des Regimentes schmerze die Stadt: »wir beklagen dabei gar sehr das dadurch uns das Vergnügen benommen wird, die ehre zu haben Ewr. Hochwohlgebohren fernerhin bey uns zu sehen«

---

159 Dewitz an Friedrich IV. vom 3. Februar 1717, RAK TKIA B 209.
160 Protokoll Collegio Civitatum 9.–12. Januar 1716, StadtA Greifswald Rep. 5, Nr. 1338 Bd 1; StadtA Greifswald Rep. 5, Nr. 1338 Bd 1.
161 Cavan an Regierung vom 28. Dezember 1717, StadtA Greifswald Rep. 5, Nr. 2434.
162 Schack an Stralsund vom 11. Juli 1720, StadtA Stralsund Rep. 33, Nr. 869.
163 Senatsprotokoll vom 12. Juli 1720, StadtA Stralsund Rep. 33, Nr. 869.

Umso mehr, als dass Schacks Jurisdiktion und Aufsicht über die ihm anvertrauten Truppen Stralsunds Bürgern immer zum Vorteil gereicht habe[164].

Gleichwohl soll nicht verschwiegen werden, dass insbesondere in den ersten beiden Jahren schwere Auseinandersetzungen mit den Regimentskommandeuren bestanden. Und auch 1718 bis 1721 blieben Spannungen nicht aus. Sie resultierten in erster Linie aus praktischen Einquartierungsfragen, fehlenden Entschädigungszahlungen und Gewalttätigkeiten der Truppe. Die resultierenden Konflikte trugen die Kommandeure jedoch zumeist unmittelbar mit der Quartierkammer aus[165].

Natürlich ergaben sich viel mehr Reibungspunkte zwischen der Stadt und dem Kommandanten als zwischen der Kommune und den Regimentskommandeuren. Sobald Bürger sich beim Magistrat über die anwesenden Soldaten und deren Ausschreitungen beklagten, wandte sich die Stadtführung nicht an die Obristen, sondern an Generalmajor von Stöcken[166]. Stöcken war für jede unangenehme militärische Maßnahme verantwortlich. Unverfängliche militäradministrative Vorgänge hingegen regelte die Stadt mit der Regierung. Und er, Stöcken allein, stand seinem König gegenüber in Verantwortung für die Festungswerke. Bisweilen befahl der Kommandant persönlich in Gegenwart von Bürgern den Abriss von privaten Hütten und Gärten, die dem Ausbau der Wehranlagen im Wege standen. Ebenso ordnete er Hausdurchsuchungen an, um Waffen zu beschlagnahmen, die er in den Händen feindlich gesinnter Stralsunder fürchtete. Wenngleich der Generalmajor in seinen Schreiben an die Regierung die Gefahr eines schwedischfreundlichen Aufstandes nicht wörtlich benennt, so ist Angst seinen Worten doch sehr deutlich entnehmbar[167]. Vor diesem Hintergrund wird das bessere Verhältnis der Stadt zu den Obristen verständlich. Die Regimentskommandeure waren auch dem einfachen Bürger und Quartierwirt kaum gegenwärtig. Er plagte sich bestenfalls mit den Kompaniechefs herum. Über die Schreibtische der beiden Obristen Ernst Henrik von Suhm und Hans Jürgen Schack liefen Anträge auf Vernehmungen und deren Ergebnisse[168]. Ihnen gegenüber war ohnehin nur von Stöcken befehlsbefugt, und der Stralsunder Magistrat akzeptierte selbst den Generalmajor lediglich in rein militärischen Fragen als Gesprächspartner. Das Einquartierungswesen, also die Gestellung der Quartiere, die geldlichen Abgaben, die Lebensmittellieferungen für die Soldaten etc. zählten nicht hierzu. Ohnehin scheint Stöcken nach mehrmaliger Rüge durch den Generalgouverneur sich vorsichtiger gegenüber dem Stralsunder Magistrat verhalten zu haben. Die Stralsunder deuteten seine Zurückhaltung als Schwäche. Als ein Leutnant des Oldenburgischen Regimentes schwerer Exesse schuldig wurde, wandte sich die Stadt an den Kommandanten, in der Hoffnung, das Fehlverhalten des jungen Offiziers würde bestraft werden. Stattdessen aber

---

[164] Stralsund an Schack vom 11. Juli 1720, StadtA Stralsund Rep. 33, Nr. 869.

[165] RAK Reg 88 Regkanc i Stralsund Conv. CCXLI; auch die dort eingelegte, unsignierte: Acta wegen derer für die Herren Officiers von der Infanterie für ein Hauergeld anzuweisende Quartiere 1719–20.

[166] StadtA Stralsund Rep. 33, Nr. 698.

[167] RAK Reg 88 Regkanc i Stralsund Conv. CCXLVII.

[168] Beispielsweise: Stralsund an Suhm vom 18. November 1720, StadtA Stralsund Rep. 33, Nr. 869; Stralsund an Schack vom 28. September 1720, StadtA Stralsund Rep. 33, Nr. 869.

erging sich Stöcken in Ausflüchten. Vor Ort sei kein Auditeur vorhanden, so könne ein Kriegsgericht nicht gebildet werden. Sofort begann die Stadt dem Generalmajor zu drohen. »Sollte darin [in der Vernehmung des Leutnants – M.M.] Verzögerung verspüret werden, so würde man von hierauß daß factum nach Copenhagen an Ihro Maytt selbst bey erster Post« übersenden[169].

Die Streitigkeiten zwischen Ritterschaft und Städten sind dargelegt, die Zerwürfnisse im kommunalen Korpus geschildert, die Reibungspunkte zwischen Militär und örtlicher Führung erläutert, und doch ist die Situation innerhalb der Stände in ihrer Filigranität nicht voll erfasst. Über die Einquartierung in den Orten entzweiten sich deren Bürger. In Bergen auf Rügen entbrannte zwischen Ackerbesitzenden und bloßen Hauseigentümern ein Streit. Erstere legten dar, sie hätten während der Kämpfe Kavallerie aufnehmen und unentgeltlich verpflegen müssen, letztere rechneten die einquartierten Infanteristen hiergegen auf. Beide Seiten fühlten sich übervorteilt. Die Dänen ordneten eine Aufhebung der unterschiedlichen Einstufung von Acker- und Hausbesitz an. Alle Bürger sollten sämtliche »onera« (Abgaben, Belastungen) fortan gemeinsam tragen. Da die Häuser mit 13 Hufen und 8,2 Morgen besteuert wurden, die Äcker aber nur mit 9 Hufen und 19 Morgen in der Pflicht standen, galt es, die Gebäudeeigentümer zu entlasten. Dies geschah mit der Begründung, Brände hätten den Hausbestand deutlich dezimiert[170]. Militärlasten führten auch in Loitz zum innerstädtischen Konflikt. Dort stritten sich die Bürger um die Erhebung der Gelder, die zur Instandsetzung und zum Ausbau der Altenfähr-Schanze auf Rügen benötigt wurden[171]. 1716 klagten die Loitzer Handwerker vor der Regierung, dass nur sie allein die Schanzgelder aufzubringen hätten, während die »Ackersleute« nichts beitrügen. Das entsprechende Schreiben ist emotional äußerst aufgeladen und zeugt spürbar von Neid und Hass der städtischen Handwerker auf die abgabenbefreiten kommunalen Landwirte. Was hätten die Gewerbetreibenden nicht alles für die Ackerleute beigesteuert. Während jene eine Steuer zahlten, führten die Klagenden drei Steuern ab. Sie sahen ihren »gäntzlichen Untergang schon für Augen«. Die Bauern seien ja nicht nur Bauern, sondern zugleich oft auch Herbergswirte und Branntweinbrenner und könnten deshalb über mangelnde Einkünfte nicht klagen. Ihnen, den Handwerkern, würde auch nichts geschenkt, kurzum, man forderte eine Besteuerung der Ackerbautreibenden mit dem Schanzgeld. Die Regierung entschied nach dem allgemeinen, während der gesamten dänischen Zeit angewandten Grundsatz einer möglichst gleichmäßigen Verteilung der Militärkosten. Loitzer Bürgermeister und Rat erhielten dementsprechend Befehl »denen Supplicanten die Schantzarbeit nicht allein auf[zu]bürden« und die Ackersleute mit zu besteuern[172]. Kaum jedoch war dieses Problem geklärt, kam erneut Streit zwischen Loitzer Handwerkern und Ackersleuten auf. Wiederum trieb die Schanzarbeit auf Rügen die Handwerker zur

---

169 Senatsprotokoll vom 26. Juli 1720, StadtA Stralsund Rep. 33, Nr. 869.
170 Der Bergener Rezeß, S. 1251.
171 APS RSwS, Nr. 2.
172 Loitzer Handwerker an Regierung (undatiert, eingegangen am 25. August 1716), APS RSwS, Nr. 2; Regierung an Loitzer Bürgermeister und Rat vom 25. August 1716 (Entwurf), APS RSwS, Nr. 2.

Beschwerde und wiederum forderten sie, die kommunalen Landwirte an den Kosten zu beteiligen, diesmal in Bezug auf die Bezahlung der Fuhren[173]. Nach eingehender Prüfung entschied die Regierung in diesem Falle zugunsten der ackerbautreibenden Bürger.

Nur zwei Konflikte innerhalb von Kommunen konnten an dieser Stelle eine ausführlichere Darstellung erfahren, und doch schwelten sie während der dänischen Zeit in jeder vorpommerschen Stadt. Die innerstädtischen Konflikte im Kleinen und die innerständischen Querelen im Großen offenbaren insgesamt einen gemeinsamen Hauptursachenkomplex: das Militär. Beinahe ausschließlich militärische Belange, Bedürfnisse und Forderungen boten Anlass zum Streit.

Alle Gegensätze innerhalb der vorpommerschen Landstände wichen jedoch schnell einer gemeinsamen Position, sobald die landesherrliche Politik ihren gemeinsamen Interessen zuwiderlief. So berichtete die Regierung im September 1716 über den wachsenden Unmut der Ritterschaft und Städte an die Rentekammer. Beide Corpora beklagten sich über die Befreiung der königlichen Ämter von der Kontribution. Die Kopenhagener Rentekammer ließ diesen Vorwurf nicht gelten, da, aus ihrer Sicht, die Stände ohnehin nur sehr gering besteuert würden[174].

Der Militärunterhalt belastete auch in den kommenden Jahren das landesherrlich-ständische Verhältnis. Um beispielsweise der anfänglich überzogenen Kontributionsforderung von vier Reichstalern je Hufe zu begegnen, sandten die Stände Anfang Dezember 1716 eine Abordnung nach Kopenhagen, um den König zur deutlichen Verminderung der Steuer zu veranlassen. Sie bestand aus dem Landrat Arnd Christoph von Bohlen und dem Syndikus Joachim Friedrich Engelbrecht, also je einem Vertreter der Ritterschaft und der Städte. Beide Deputierte hielten sich bis Ende März 1717 in Kopenhagen auf[175]. Bohlen und Engelbrecht führten während ihres Aufenthaltes in Kopenhagen sehr genaue Aufzeichnungen, in denen sie den täglichen Verlauf ihrer Bemühungen verzeichneten. Nach ihrer Rückkehr schilderten sie ihre Reise in einer umfangreichen Niederschrift[176]. Mit bescheidenem Ergebnis kehrten sie in diesem Monat in die pommersche Heimat zurück. Zum Monarchen selbst waren sie nur einmal, unmittelbar nach ihrer Ankunft vorgedrungen. Eine weitere persönliche Audienz gestattete Friedrich ihnen nicht. Ihre Forderungen reichten sie schriftlich in der Rentekammer, beim königlichen Konseil oder im Generalkriegskommissariat ein und durch diese Institutionen erfuhren sie den Willen Friedrichs IV. Immerhin gelang es von Bohlen und Engelbrecht am 15. und 18. März, königliche Bescheide zu erwirken, in denen Friedrich die Kontribution auf drei Reichstaler für 1716 und zwei Reichstaler 24 Schilling für 1717

---

[173] Loitzer Handwerker an Regierung (undatiert, eingegangen am 12. November 1716), APS RSwS, Nr. 2; Regierungsentscheidung vom 25. August 1716 (Notiz), APS RSwS, Nr. 2.

[174] Rentekammer an Regierung vom 19. September 1716, RAK RKTA P-R-K C 255.1, S. 372 f.

[175] Befehl Friedrichs IV. vom 13. Oktober 1716, StadtA Stralsund Rep. 13, Nr. 966; StadtA Stralsund Rep. 13, Nr. 966; Berichte Bohlens und Engelbrechts an die Stände, StadtA Greifswald Rep. 5, Nr. 1339 Bd 1; Einerseits nahm von Bohlen durch seine Position als Landrat eine Mittlerfunktion zwischen Landesherrschaft und Ständen wahr. Andererseits sind seine adelige Abkunft und seine proritterschaftliche Einstellung unverkennbar.

[176] StadtA Stralsund Rep. 13, Nr. 966.

herabsetzte[177]. Hiermit gaben sich der rügische Adelige und sein rechtsgelehrter Begleiter keineswegs zufrieden. Durch ein erneuertes Memorial hofften sie, dem König weitere Zugeständnisse abzutrotzen. Vergeblich! Im antwortenden Rentekammerschreiben ist ein Unterton der Verärgerung und des Missfallens über eine derartige Zähigkeit deutlich spürbar. Mehrfach sei die Höhe der Kontribution nun schon beschieden. Es bleibe bei der bislang getroffenen Verfügung. Aus welchem Grunde die vorpommerschen Stände die Hebung als Willkür empfänden, sei nicht nachvollziehbar, teilte die Rentekammer mit. Diese Position unterstreichend, äußerte sie zudem ihr Unverständnis darüber, dass die Stände zwar klagten, selbst aber keinen Vorschlag zum Kontributionsquantum unterbreiteten[178]. So wenig ertragreich von Bohlen und Engelbrecht auch in Bezug auf die Kontribution blieben, hier verzeichneten sie zumindest einen kleinen Erfolg. In allen anderen vorgetragenen Angelegenheiten blieb das Erreichte noch deutlicher hinter dem Geforderten zurück. So erfuhren die Deputierten vom vorläufigen Verbleib des Nebenmodus in landesherrlicher Hand, von der Beschneidung der Kompetenzen des Landkastens, von der Unabänderlichkeit der Einquartierungslasten und damit verbundenen Servicen, von der Rückführung ehemals verpfändeter Güter in die Amtskataster und von der Beibehaltung der festgesetzten Höhe des Magazinkorns[179]. Die Vielzahl der in Kopenhagen vorgetragenen Themen erforderte nach Rückkehr der Deputierten einen allgemeinen Landtag. Auf Anregung von Bohlens trafen sich im Juli 1717 die Stände zu gemeinsamen Beratungen in Greifswald[180].

Es lag im natürlichen Bestreben der Stände, durch fortwährende Beschwerde ihre eigene Abgabenlast zu drücken. So bemühte sich die Ritterschaft im Juli 1717 um eine allgemeine Hufenreduktion. Dass nach wie vor der Hufenstand von 1711 besteuert wurde, obschon doch viele Hufen wüst lagen, empfand sie als Ungerechtigkeit[181]. Ausführlich legten die Distriktsangehörigen ihre Situation dar, zeichneten sie in den düstersten Farben. Die steuerbaren Hufen hätten durch den Krieg einen beträchtlichen Abgang erfahren. Drei alliierte Heere wären in Vorpommern zu dieser Zeit zu versorgen gewesen. Karls XII. schwedische Armee habe zudem Rügen mit »vielen Dragounern und ReiterRegimentern [...] überschwemmet«. Die täglichen Fouragierungen, Korn-, Heu-, Stroh-, Viehlieferungen und die Portionsgelder seien so unbeschreiblich groß gewesen, »daß Scheunen und boden gäntzlich außgeleget« worden wären. Schließlich seien »militärische Visitierungen durchgeführt worden«, um das bis dahin noch Übriggebliebene wegzu-

177 Rentekammer an Deputierte der Landstände vom 18. März 1717, RAK RKTA P-R-K C 255.2, S. 207–211.

178 Aufzeichnungen von Bohlens und Engelbrechts vom 12.–31. März 1717, StadtA Stralsund Rep. 13, Nr. 966; Bescheid für die Hr. LandesDeputierten aus Pommern und Rügen auf das übergebene Memorial vom 19. März 1717, RAK RKTA P-R-K C 255.2, S. 211–213.

179 Rentekammer an Deutierte der Landstände vom 18. März 1717, RAK RKTA P-R-K C 255.2, S. 207–211; Bescheid für die Hr. LandesDeputierten aus Pommern und Rügen auf das übergebene Memorial vom 19. März 1717, RAK RKTA P-R-K C 255.2, S. 211–213.

180 Von Bohlen an Stralsund vom 18. Juni 1717, StadtA Stralsund Rep. 13, Nr. 614; StadtA Stralsund Rep. 13, Nr. 614.

181 Vorpommersche und Rügische Ritterschaft an Regierung vom 24. Juli 1717, RAK RKTA P-R-K C 273, Lit. W.

nehmen. Keinem Einzigen sei ausreichend Korn zur Aussaat belassen. Raub, Plünderungen und Viehsterben schränkten die Bemistungsmöglichkeiten ein. In den wenigsten Fällen fände sich auch nur eine Kuh im Stall. Auch als 1714 relative Ruhe eingekehrt sei, blieb keine Möglichkeit, die Felder zu kultivieren, klagte die Ritterschaft. Kreditoren hätten sich im Lande rar gemacht; die Einquartierung habe bis 1715 unvermindert fortgedauert. Kurzum, man hoffe auf eine Herabsetzung des besteuerten Hufenstandes auf ein Drittel[182]. Diese ausführlich anmutenden Schilderungen geben keineswegs alle Argumente der gutsbesitzenden Stände wieder. Immer aufs Neue betonten die Ritterschaft und die Städte, wie schlecht es ihnen ginge. Wortwahl und Forderungen mochten sich unterscheiden, allein, die Klagepunkte blieben beständig gleich. Mit ähnlichen Bitten wandten sich Greifswald und Stralsund an die dänische Regierung[183].

Die Frage drängt sich auf, inwieweit die ritterschaftliche Darstellung den tatsächlichen Gegebenheiten entsprach. In der jüngeren Literatur setzt sich zunehmend die Position durch, ständischen Argumenten könne keine Authentizität beigemessen werden. Allgemein zeichnet sich eine zunehmende Skepsis gegenüber den aus Quellen entnehmbaren militär- und kriegsbedingten Belastungen der Bevölkerung ab. Sehr differenziert beschreibt Haas die Auswirkung von Belagerungen. Auch er kommt nicht umhin, Bevölkerungsgruppen hervorzuheben, die von den Zerstörungen profitiert hätten[184].

Wird erneut das Beispiel der ritterschaftlichen Klageschrift vom Juli 1717 bemüht, so zeigt sich aufgrund einer detaillierten Untersuchung durch die Regierung, dass die düstere Schilderung sich tatsächlich als überzogen erweist. Nicht für die höchste Verwaltungsbehörde der Provinz, denn diese unterstützte das Bemühen der Kläger, sondern in den Augen des heutigen Lesers. Im Juli 1717 war die Saat sehr wohl auf den meisten Feldern ausgebracht[185]. Auch wenn deutliche lokale Unterschiede bestanden[186], lag insgesamt jedoch »nur« etwa ein Drittel der ritterschaftlichen Flächen wüst, auf Rügen sogar lediglich 11,3 Prozent[187]. Die königlichen Domänen waren oft schwerer getroffen als die ritterschaftlichen Güter. So

---

[182] Ursachen wodurch die vorpommersche und Rügianische Ritterschaft unumgänglich veranlaßt wird um eine allgemeine Hufenreduktion [...] zu bitten, RAK RKTA P-R-K C 273, Lit. W.

[183] StadtA Greifswald Rep. 5, Nr. 1340. Greifswald an Regierung vom 29. Juni 1717, RAK Reg 88 Regkanc i Stralsund Conv. LXII b; Greifswald an Regierung vom 11. Juli 1717, RAK Reg 88 Regkanc i Stralsund Conv. LXII b; Vorpommersche und Rügianische Stände an Regierung vom 1. Juli 1717, StadtA Stralsund Rep. 13, Nr. 614.

[184] Unter anderen: Pröve, Zum Verhältnis, S. 191–223; Engelen, Fremde in der Stadt, S. 113–126. Haas, »Denn die Bombe, wann sie fällt ...«, S. 58 f.

[185] Rentekammer vom 2. März 1717, RAK RKTA P-R-K C 251 II, Nr. 14, Lit. A; Regierung an Rentekammer vom 15. November 1717, RAK RKTA P-R-K C 273; Extract derer unter dem Catastro der Ritterschaft des Fürstenthums Rügen sortierten Städtchen, Flecken, Güter und dörfer, RAK RKTA P-R-K C 273, Lit. S.

[186] Speciale Designation über wüste Häuser und Höfe vom 8. Juni 1717, RAK Reg 88 Regkanc i Stralsund Conv. LIX Vol. 1.

[187] RAK RKTA P-R-K C 273, Lit. F–S.; Regierung an Rentekammer vom 21. Januar 1718 Appendix 1–4, RAK RKTA P-R-K C 273; Errechnet nach: Extract derer unter dem Catastro der Ritterschaft des Fürstenthums Rügen sortierten Städtchen, Flecken, Güter und dörfer, RAK RKTA P-R-K C 273, Lit. S.

befanden sich im Amt Barth 1717 gerade einmal 61 Prozent des Winterkornes und 56 Prozent des Sommerkornes auf den Feldern. Wenn die Regierung es für erwähnenswert hielt, dass auf dem Gut Tribbevitz nur eine Kuh und fünf Pferde vorhanden seien, so bedeutet dies zweifelsohne, dass anderen Grundherren mehr zur Verfügung stand. Bescheinigte die Regierung für den Ort Gustow, dass die Pferde von einer Seuche befallen sind, so zeigt sich auch hier, dass durchaus nicht alle Tiere von den durchmarschierenden Truppen entwendet wurden oder sie teilweise wieder zurückgegeben waren. Bereits im Oktober 1716 veranlasste Generalgouverneur von Dewitz die Rückgabe sämtlicher Pferde, die mit der schwedischen Kapitulation in dänische Hand fielen, sofern sie zuvor der rügischen Ritterschaft entwendet wurden. Silberstern meldete im Frühjahr 1717 für die Insel Rügen 34 zurückerstattete Mähren und fünf Kühe[188]. Und die Tatsache, dass für die überwiegende Zahl der Orte kein einziges zerstörtes Wohnhaus und kein einziger vernichteter Stall angegeben ist, deutet nicht unbedingt auf übermäßige Plünderungen und Brandschatzungen hin. Für die Orte, in denen das Militär tatsächlich Schaden angerichtet hatte, wurde dies genau vermerkt. Wie etwa im Falle der Ortschaft Budel (Rügen), wo 1711 ein aus zehn Gebäuden bestehender Viehstall abgerissen wurde. Von den 43 aufgezählten Gütern, Dörfern und Orten wird lediglich bei dreien und der gesamten Herrschaft Putbus von Plünderungen berichtet, die sich während der Jahre 1711 bis 1715 zutrugen[189].

Und dennoch dürfen die Quellen nicht derart interpretiert werden, dass Ritterschaft und Städte grundlos klagten, dass sie etwa logen, um sich um landesherrliche Abgaben zu drücken. Beispielsweise war auf Rügen 1717 beinahe jedes ritterschaftliche Gut verschuldet. Um ihre Abgaben überhaupt zahlen zu können, hatte sich die Mehrheit der Besitzer zur Verpfändung großer Flächen entschieden[190]. Zudem, ein Drittel weniger ausgebrachte Saat zog entsprechende Ernteausfälle nach sich. Von dem eingefahrenen Getreide jedoch waren Abgaben für einhundert Prozent der steuerbaren Fläche zu zahlen. Hinzu traten die Abtragung der Schulden und schließlich die Ernährung der Untertanen und der eigenen Familie. Hieraus musste sich zwangsläufig ein Kreislauf ergeben, der die von der Landwirtschaft Lebenden in den Ruin trieb. Mit jedem Jahr stand weniger Saatgut zur Verfügung. Zudem erfolgte der Getreideanbau 1717 größtenteils auf Basis geliehener Gelder[191].

Die Darstellung in den Klageschriften ist also zweifelsohne überzogen negativ, die Tendenz in ihnen entspricht jedoch häufig den tatsächlichen Gegebenheiten. Die Stralsunder Regierung traute den ständischen Aussagen nicht, sondern vergewisserte sich durch persönliche Inaugenscheinnahme. Sie stand den Argumenten der Städte und der Ritterschaft keineswegs grundsätzlich ablehnend gegenüber. Der Generalgouverneur, der Oberlanddrost und die Räte befanden sich in einem

---

[188] Protokoll des Kgl. Konseils vom 16. Oktober 1716, RAK RKTA P-R-K C 251 I, Nr. 26; Rentekammer an von Kötzschau und Horst vom 11. Mai 1717, RAK RKTA P-R-K C 255.2, S. 340.

[189] Extract derer unter dem Catastro der Ritterschaft des Fürstenthums Rügen sortierten Städtchen, Flecken, Güter und dörfer, RAK RKTA P-R-K C 273, Lit. S.

[190] Ebd.

[191] Vorpommersche und Rügische Stände an Regierung vom 1. Juli 1717, StadtA Stralsund Rep. 13, Nr. 614.

beständigen Vabanquespiel. Auf der einen Seite galt es, dem dänischen Staat die Ressourcen der Provinz zu erschließen, ihm die finanziellen und materiellen Mittel, die Vorpommern nördlich der Peene besaß, möglichst rasch zur Verfügung zu stellen; der Krieg forderte schließlich immer größere Summen. Auf der anderen Seite jedoch hatten von Dewitz und von Kötzschau den Forderungen der Stände bis zu einem gewissen Grade Rechnung zu tragen. Bis zu dem Punkt nämlich, wo sich die ständische Position mit dem landesherrlichen Interesse auf längere Sicht deckte. Dieses aber bestand in der Stärkung der ökonomischen, politischen und militärischen Ressourcen des neu gewonnenen Territoriums. Da der ökonomische Zustand die Grundlage allen Handelns bildet und letztlich auch die Möglichkeiten militärischen Agierens von ihm abhängt, darf es nicht verwundern, dass die Regierung den wirtschaftlichen Interessen oft den Vorrang vor denen des Heeres und der Flotte gab.

Unterstellte man der Regierung, dass sie die Situation der Region gegenüber Kopenhagen grundlos negativ zeichnete, so wären derartige Aussagen anhand des überlieferten Aktenmaterials widerlegbar. Das Urteil Andreas Weyses, der nicht in die regionale Verwaltung eingebunden war und der das Land im Auftrag seines Königs inspizierte, darf wohl als neutral beurteilt werden. Doch selbst der Etatsrat befand vor Ort »den Zustand des Landes concernierend; So habe selbigen durchgehents nur schlecht befunden, und ist die Saat bei einigen zur Hälfte, bey andern aber nur zum dritten theil bestellt gewesen«[192].

Innerhalb der Städte kämpfte die kommunale Führung mit demselben Problem. Zahlreiche Bürger beschwerten sich über die drückende Last der Einquartierung. Oft schilderten sie ihre Lage als gänzlich hoffnungslos, um so eine Befreiung zu erwirken[193]. Stralsunder Senat und Quartierkammer hatten sich zu überzeugen, inwiefern die Klagen berechtig vorgebracht waren. Sie stellten die erste Instanz für den durch dänisches Militär Geschädigten dar. Rat, Bürgermeister und Verordnete der Quartierkammer saßen somit auch zwischen den Stühlen, denn einerseits hatten sie den Forderungen der Regierung nachzukommen, andererseits die hieraus resultierenden Lasten auf die Bürger zu verteilen und vor ihnen zu vertreten. Wenn die Städte also ihre Situation gegenüber den landesherrlichen Behörden schilderten, befanden sie sich selbst in zwiespältiger Lage.

Diese Form des »Zwischen-den-Stühlen-Sitzens«, des Angewiesenseins auf Zusammenarbeit und des Wohlwollens zog sich durch alle Schichten ständischer und landesherrlicher Verwaltung. Das regionale Beamtentum unterlag sowohl zentralstaatlichen Interessen als auch lokalen Zwängen. Im dänischen Vorpommern waren also der »sozialen Disziplinierung«, wie in anderen europäischen Territorien, Grenzen gesetzt und auch hier zeigen sich Formen einer »ausgehandelten Herrschaft«, wie sie die jüngere Forschung selbst für den absolutistischen Musterstaat Preußen konstatiert[194]. Nachdem zum Beispiel das Amt Wolgast im Oktober und

---

192 Andreas Weyse an Friedrich IV. vom 10. September 1716, RAK RKTA P-R-K C 251 I, Nr. 19.
193 Zahlreiche Beispiele in: StadtA Stralsund Rep. 33, Nr. 764.
194 Baumgart, Absolutismus ein Mythos?, S. 581 f.; Neugebauer, Staatsverfassung und Heeresverfassung, S. 83–102.

November das übliche Brennholz an die Flottille liefern sollte, behauptete deren Kommandeur Michel Gude fast ein Jahr später, nichts empfangen zu haben. Die Bewohner beschwerten sich hierauf bei ihrem Amtmann, Sigismund Danckwerth. Sie hätten das Holz sehr wohl an die Marineoffiziere ausgeliefert, hierfür jedoch keine Quittung erhalten, da es sich statt des geforderten Hartholzes um Weichholz handelte. Danckwerth gab diese Klagen an die Regierung weiter und setzte sich für »seine« Untertanen ein. Er bat von einer weiteren Forderung abzusehen, da ganze Dörfer in seinem Amt durch Feuersbrünste vernichtet seien[195]. Auch in diesem Falle handelte also ein landesherrlicher Beamter nach wirtschaftlichen und regionalen Erfordernissen anstatt nach militärischen und zentralstaatlichen Forderungen.

Im Falle ausstehender Einquartierungsgelder unterschrieb unter anderen August Friedrich von Johnn Exekutionsbefehle für eine militärische Zwangsvollstreckung und erteilte »Abweichordern«. Derselbe hartnäckige, ja unerbittliche Kanzleirat trat jedoch bisweilen für derartige Schulden mit seinem eigenen Vermögen ein. Er verlieh Geld, mit dem dann beispielsweise Service bezahlt wurde[196].

Als 1717 die Ämter Barth und Franzburg der Stadt Stralsund Servicegelder schuldig blieben, bat Amtmann Schacht bei der Regierung von der drohenden militärischen Exekution Abstand zu nehmen. Auch er setzte also in diesem Falle das lokale Interesse wirtschaftlichen Wohlergehens seiner »Amtseingesessenen« über das zentralstaatliche des Militärunterhaltes[197]. Noch wichtiger an diesem Vorfall erscheint wohl die Tatsache, dass die Regierung, also eine landesherrliche Behörde, mit militärischen Mitteln die Interessen eines Standes, hier Stralsunds, gegen eine andere landesherrliche Institution, nämlich das Amt, vertreten konnte. Landesherrlichkeit war also genauso wenig wie die Ständeschaft eine geschlossen agierende Einheit.

Aus der hohen finanziellen Belastung des Landes ergab sich gerade ein immenses Konfliktpotenzial zwischen Krone und Ständen. Und dennoch gelang es erstaunlicherweise den dänischen Verwaltungsbehörden, die ihr vom Monarchen übertragene Aufgabe zu erfüllen und der Staatskasse im Zeitraum vom 1. September 1716 bis Ende 1720 insgesamt 260 008 Reichstaler an vorpommerschen Kontributionen zuzuführen[198].

Andererseits zeigte sich nach Wiederinbesitznahme des Landes durch die Schweden das erfolgreiche Bemühen der dänischen Regierung, einen Teil der Stände von der eigenen Politik zu überzeugen. Folgt man Werner Buchholz, so standen die Städte einer erneuten dänischen Herrschaft durchaus aufgeschlossen gegenüber[199]. Dabei war auch das Verhältnis Landesherrschaft – Stadt in der dänischen Zeit, wie bereits gezeigt, mitunter von starken Reibereien geprägt, schließlich belasteten im Zusammenhang mit den militärischen Anforderungen nicht nur

---

[195] Gude an Regierung vom 30. September 1717, RAK Reg 88 Regkanc i Stralsund Conv. XLIV; Danckwerth an Regierung vom 20. Oktober 1717, RAK Reg 88 Regkanc i Stralsund Conv. XLIV.
[196] RAK Reg 88 Regkanc i Stralsund Conv. CCXXXIX.
[197] Schacht an Regierung vom 18. August 1718, RAK Reg 88 Regkanc i Stralsund Conv. CCXXXV.
[198] Boisen Schmidt, Studier over Statshusholdningen, I, S. 263.
[199] Buchholz, Öffentliche Finanzen, S. 121 f.

finanzielle Abgaben das Verhältnis Staat – Stadt. So trug beispielsweise die hohe Anzahl der in den Garnisonen befindlichen Soldatenfrauen ebenfalls oft zu den ständigen Konflikten bei[200]. Die typischen Klagen der Städte, ihr Ruf nach Begrenzung der »Weibspersonen« fand bei der Stralsunder Regierung zwar Gehör und Verständnis, zog jedoch keinerlei erleichternde Konsequenzen nach sich[201]. Steuer- und Einquartierungslasten bildeten aber nur einen Grund für latente Auseinandersetzungen zwischen der Regierung und den Städten. Ein weiterer Streitpunkt ergab sich aus dem dänischen Bestreben, kommunale Selbstverwaltung einzuschränken und die städtischen Rechte zu beschneiden. So sahen sich beispielsweise Bürgermeister und Rat Wolgasts 1717 veranlasst, auf ihre althergebrachte Jurisdiktion über herzogliche Bediente und Offiziere hinzuweisen, die in der Stadt wohnten[202]. Auf überlieferte Privilegien konnte aber keine Gemeinde im dänisch besetzten Pommern 1715 bis 1721 pochen, verweigerte doch Kopenhagen ihre offizielle Anerkennung. Friedrich IV. verbürgte – im Gegensatz zu seinen schwedischen Vorgängern und Nachfolgern im Amte des Landesherrn – keiner Kommune schriftlich ihre Rechte[203]. Die örtlichen Bürgermeister und Räte konnten sich somit lediglich auf das mehrfach geleistete Versprechen des dänischen Monarchen berufen, er werde alle Privilegien unangetastet lassen. Dass dies ein bloßer Schachzug war, der einzig einer Beruhigung lokaler Funktionsträger diente, bedarf angesichts der vor- und nachstehenden Ausführungen hier keiner näheren Erörterung.

In Greifswald entlud sich aufgestauter Unmut während des Reformationsjubiläums 1717. Der städtische Rat verbot, während der Feierlichkeiten am 4. November die großen Kirchenglocken zu läuten und widersetzte sich somit den eindeutigen Befehlen der Regierung und des Konsistoriums. Vier Heidereiter mussten entsandt werden, die eigenhändig den landesherrlichen Willen in die Tat umsetzten. Zwei Tage später verschärfte sich der Konflikt, als der Rat aus den beiden großen Glocken die »Klepell« (Schlegel/Klöppel) entfernen und verstecken ließ. Die Riemen nahm Bürgermeister Martin Droysen persönlich in sein Haus, um sie vor dem Zugriff der wiederum eingesetzten vier Heidereiter zu bewahren. Die Forstbeamten fanden schließlich die Schlegel, nahmen Riemen aus anderen Glocken und läuteten um 9 Uhr die Glocken. Unterdess erging Befehl der Stralsunder Regierung an den Rat der Stadt unter Androhung von 200 Reichstalern Strafe, sofort die fehlenden Riemen herauszugeben[204].

Im Gegensatz zur Ritterschaft erblickten die Städte trotz alledem durchaus Vorteile in der dänischen Herrschaft, eine Tatsache, die der landesherrlichen Be-

---

[200] Vgl. Kap. IV.3.a und IV.4.2.c; Stralsund an von Scholten vom 28. November 1719, StadtA Stralsund, Rep. 33, Nr. 869; Stralsund an Regierung vom 3. Februar 1720, StadtA Stralsund, Rep. 33, Nr. 869.

[201] Stralsund an Regierung vom 13. Februar 1717, RAK Reg 88 Regkanc i Stralsund Conv. CCXLI. Bericht Hohenmühles, Thienens und Johnns an Reg. vom 17. Juli 1719, RAK Reg 88 Regkanc i Stralsund Conv. CCXLII. Für andere deutsche Territorien: Nowosadtko, Soldatenpartnerschaften, S. 306 f.; Fricke, Frauen in den Heeren, S. 163–226.

[202] Wolgast an Regierung (undatiert) 1717, RAK Reg. 88 Regkanc i Stralsund Conv. LXII c.

[203] Gadebusch erfasste für jede vorpommersche Stadt die Bestätigung der Privilegien, geordnet nach Jahr und Monarch. Gadebusch, Schwedischpommersche Staatskunde, I, S. 86 f.

[204] APS RiS, Nr. 10.

vorzugung der großen Kommunen und der schon erörterten Handelserleichterungen geschuldet war. Im Allgemeinen setzten die Stände Hoffnungen auf die Stralsunder Regierung, die diese zu erfüllen aber nicht in der Lage war, ja, aufgrund der immensen Abhängigkeit Kötzschaus und seiner Räte von den Kopenhagener Zentralinstanzen nicht in der Lage sein konnte. Dennoch bemühten sich Ritterschaft und Städte, die dänische Regierung für ihren Kampf um verbriefte eigene Privilegien zu nutzen. Als Friedrich IV., allen Relationen und Bittgesuchen zum Trotze, auf der für das Jahr 1717 ausgeschriebenen Hufensteuer in voller Höhe beharrte, wandten sich die Stände an die Provinzialführung und baten:

>»[Dass die Regierung – M.M.] uns in hohen gnaden erlauben wollte zu deroselben jederzeit bezeigten höchst venerablen composition fernerhin unsere unterthänige zuflucht zu nehmen und selbige umb gottes willen anzuflehen daß Ew.Ew.Exc:Exc: und die Königl. Hochpreißl. Reg: doch nicht ermüden mögen zu Hoffe hoch und vielgültigst zu intercediren daß doch die dorten etwa genommene absicht auff die dißjährige erndte von dem Zustande der hiesigen höchst deplorablen contribuenten keine wiedrige impression machen möge«[205].

Diese Worte, die die Stände nach bereits erteilter königlicher Order verfassten, zeigen eine gehörige Überschätzung des Einflusses von Kötzschaus bei Hofe. Sie demonstrieren jedoch zugleich auch Vertrauen in die dänischen Beamten. Die Regierung wiederum blieb, bei aller Rücksichtnahme auf regionale Gegebenheiten und tagespolitische Befindlichkeiten, bei allem »Zwischen-den-Stühlen-sitzen«, doch letztlich der verlängerte Arm der absoluten Monarchie und der Kopenhagener Zentralinstanzen. Als Vertreter einer Krone, die wie kaum eine andere in Europa gegen ihre Untertanen und Vasallen unumschränkte Machtausübung vertrat, standen Kötzschau und dessen Räte in der Pflicht, diesen Herrschaftsanspruch in einem landständisch geprägten Territorium durchzusetzen. Hierbei kamen ihnen die innerständischen Konflikte sehr zugute.

b) Nutzung der ständischen Zwistigkeiten

Dort, wo sich dem dänischen Zentralstaat Gelegenheit bot, nutzte er jede Möglichkeit, die Rechte der vorpommersche Stände zu beschneiden, um den königlich-absolutistischen Herrschaftsanspruch geltend zu machen. Obschon im Umfang und in der Durchführung außergewöhnlich und damit nicht repräsentativ, bietet die »größte« Rügener Stadt, auch wenn sie nicht zum städtischen Korpus innerhalb der Landstände zählte, doch ein nennenswertes Beispiel zur Verdeutlichung dieser Bemühungen. Das landesherrliche Bestreben, die Rechte der pommerschen Kommunen zu beschneiden, wies bereits eine lange, bis in die herzogliche Zeit zurückreichende Tradition auf. Insofern praktizierten die Dänen hier nur eine Fortsetzung der Politik ihrer Vorgänger[206].

In Bergen griffen die Dänen Ende 1716 unmittelbar in das Stadtregiment ein. Am 31. Dezember ließ die Regierung im sogenannten Bergener Rezess verlautba-

---

[205] Stände an Regierung vom 1. Juli 1717, StadtA Greifswald Rep. 5, Nr. 1339 Bd 2.
[206] Zum Kampf Landesherr – Stadt vertiefend: Schroeder, Zur Geschichte.

ren, dass die kommunale Verwaltung nicht ordentlich geführt werde. Steurich, der den Rezess ausgiebig beschreibt, erwähnt die dänische Herrschaft mit keinem Wort. Der Bergener Rezess ist bei Dähnert abgedruckt. Da dieser die Rechtschreibung und den Ausdruck des Dokumentes der damals gültigen Schreibweise anglich, lohnt sich ein Blick in das Original[207]. Örtliche Ein- und Ausgaben seien nicht nachgewiesen worden, behaupteten Generalgouverneur, Oberlanddrost und Räte. Auch werde »sonsten aller Handt zur unter drückung der Bürgerschaft und völligem ruin der Stadt gereichende Exessen verübet«[208]. Der zur Regierung gehörende Kammersekretär August Friedrich von Johnn hatte den Zustand Bergens persönlich in Augenschein genommen und alle eingegangenen Gravamina (Beschwerden) untersucht. Mit dem Bergener Rezess erhielt nun das durch Feuersbrünste, Kriegsfolgen, Pest und schlechte Verwaltung gänzlich am Boden liegende Gemeinwesen eine neue Stadtordnung. Diese wurde also direkt von der dänischen Regierung erarbeitet und dem Ort aufgezwungen. Ein deutliches Anzeichen absolutistischer Herrschaft. Es lohnt sich, den Erlass genauer Betrachtung zu unterziehen, zeigt er doch, wie detailliert die Dänen die örtlichen Verhältnisse erfassten und umzugestalten versuchten.

Von den bisherigen drei Bürgermeistern, zwei Kämmerern und sechs Ratsverwandten blieben gemäß dem Erlass nur noch zwei Bürgermeister und vier Ratsverwandte übrig, von denen zwei die Kämmerergeschäfte zu führen hatten. Die leitende Amtsträgerschaft wurde also deutlich verringert. Hier zeigt sich im Kleinen, was im Großen bereits in den ersten Monaten der dänischen Herrschaft zum Ausdruck kommt. Ähnlich wie in Regierung und Tribunal findet auch im Stadtregiment Bergens eine Bündelung der Kompetenzen statt. Effektivität und Kontrollierbarkeit der Bürokratie wurden somit erhöht. Auch die politischen Verhältnisse und amtlichen Prozesse Bergens erfuhren ab dem 31. Dezember 1716 eine Neuordnung. Regelmäßige Versammlungen des Rates der Stadt wurden nun ebenso festgelegt wie der Ablauf dieser Zusammenkünfte. Zudem gewährte die Regierung fortan nur noch den Bürgermeistern und den Camerarii (Kämmerern) Steuerfreiheit auf die von ihnen tatsächlich bewohnten Häuser. Bei schwerer Strafe verboten die Dänen dem Bürgermeister Johann Jacob Hartmann, amtliche Dokumente, wie Protokolle, Briefe und Akten zwischen verschiedenen Gebäuden hin- und herzutragen oder in seine private Unterkunft mitzuführen. In einem gesonderten Raum unmittelbar neben der Ratsstube sollten diese Schriftstücke künftig gelagert sein. Binnen zweier Monate sollte eine »vollständige Registratur« entstehen[209]. Die Kämmereiangelegenheiten wurden nach ihrer inhaltlichen Aufgabenverteilung detailliert geregelt; die hiermit verbundenen Ämter namentlich festgeschrieben. Das schlecht eingerichtete Justizwesen trachteten die Dänen durch die Einführung regelmäßiger Gerichtstage zu verbessern. Der Stadt auferlegte Lasten waren von

---

[207] Steurich, Geschichte der Stadt Bergen, S. 30 f. Vgl. Der Bergener Rezeß. In: Dähnert, Sammlung, Suppl. I, S. 1247–1253; Stadtordnung, Kreisarchiv Bergen Rep. StadtA, Nr. 10.
[208] Stadtordnung, Kreisarchiv Bergen Rep. StadtA, Nr. 10.
[209] Der Bergener Rezeß, S. 1248 f.; Stadtordnung, Kreisarchiv Bergen Rep. StadtA, Nr. 10.

der gesamten Gemeinde zu tragen und nicht mehr getrennt nach Acker- und Hausbesitzern[210].

Bäcker und Brauer sollten künftig durch unabhängige städtische Kontrolleure die Qualität ihrer Waren überwachen lassen. Einmal wöchentlich war fortan Vieh zu schlachten und das vorher begutachtete Fleisch zum Kauf anzubieten. Da die Stadt großen Schaden durch Brände genommen hatte, wurde dem Magistrat bei Strafe befohlen, schleunigst neue »Sprützen, lederne feuer Eymern, Hacken, Leitern und anderer Instrumenten« anzuschaffen. Neu gebaute Häuser durften nicht mehr mit Stroh, sondern mit Ziegeln gedeckt werden. Jeder Hauswirt musste künftig eine hölzerne Hand- und Feuerspritze und einen ledernen Feuereimer besitzen. Sämtlicher Verschwendung im Privaten sollten Bürgermeister und Räte entgegenwirken. Sie waren aufgefordert, mit gutem Beispiel voranzugehen. Insbesondere üppige Bekleidung und kostspielige Feste hatten zu unterbleiben. Dem Landvogt von Silberstern oblag die Überwachung des Rezesses. Bei Zuwiderhandlung wurde ihm die Aufgabe zuteil, den Verstoß der Regierung anzuzeigen[211].

Aus vielen Punkten spricht vor allem der dänische Wunsch, die Finanzkraft der Stadt schnellstmöglich wieder zu heben. Die Einschränkung des steuerbefreiten Beamtenkreises, die gänzliche Neuordnung der kommunalen Kammersachen[212], die schriftliche Erfassung der städtischen Abgaben und die Minderung des privaten Luxus geben hiervon deutlich Zeichen. Auf den Zusammenhang zwischen staatlich-einschränkender Regulierung von Festivitäten und der landesherrlichen Furcht vor steuerlichen Mindereinnahmen durch derartige Exzesse ist in der jüngeren Forschung hingewiesen worden[213]. Bei der Betrachtung des Bergener Rezesses darf nicht verschwiegen werden, dass es sich offensichtlich um einen Einzelfall handelt. Auch auf alle anderen Kommunen haben die Dänen verstärkt Einfluss auszuüben versucht. Dass einer weiteren pommerschen Stadt eine gänzlich neue »Verfassung« gegeben wurde, ist hingegen nicht überliefert. Dennoch zeigt der im Dezember erlassene Rezess die Fähigkeit der Dänen, die Notlage eines Ortes auszunutzen, um dessen Autonomie zu beseitigen und eigene Interessen durchzusetzen.

Bergen ist, wenn auch der konsequenteste, so doch nicht der einzige Fall, in dem die Dänen unmittelbar in kommunale Angelegenheiten eingriffen. Ein weiteres Beispiel stellen die Greifswalder Stadtschulen dar. Das Personal dieser Bildungseinrichtungen wandte sich mehrfach geschlossen mit Hilfsgesuchen an die Regierung, da ihm die Stadt seine Gehälter nicht auszahlte. Trotz zweimaliger Befehle aus Stralsund hätten Bürgermeister und Rat den Mangel nicht behoben, klagten die Stadtschulen. Erst bei der dritten Ermahnung habe man sich überhaupt von städtischer Seite zum Gespräch bemüht[214]. Hier soll nicht der Wahrheitsgehalt

---

[210] Der Bergener Rezeß, S. 1250 f.; Stadtordnung, Kreisarchiv Bergen Rep. StadtA, Nr. 10.
[211] Der Bergener Rezeß, S. 1253; Stadtordnung, Kreisarchiv Bergen Rep. StadtA, Nr. 10.
[212] So soll »der Anfang mit erhebung der Accis und schlachtgeldern so fort gemachet und fleiß angewendet werden, daß die Intraden vermehret werden mögen«. Stadtordnung, Kreisarchiv Bergen Rep. StadtA, Nr. 10.
[213] Frank, Exzeß oder Lustbarkeit, S. 158 f.
[214] Greifswalder Stadtschulen an Regierung vom 16. Juli 1717, RAK Reg 88 Regkanc i Stralsund Conv. LXII b.

solcher Beschwerde geprüft werden, auch ihr Ergebnis ist zweitrangig. Vielmehr zeigt der kommunale Konflikt, dass die Regierung ohne Rücksicht auf die rechtliche Situation in das städtische Gefüge eingriff. Sie vermochte, lokale Differenzen zu nutzen, um die eigene Position zu stärken.

In Greifswald berührte dies nicht allein das geschilderte Verhältnis zwischen Magistrat und Schule, sondern das von beständigen Streitigkeiten schwer belastete Verhältnis zwischen der Bürgerschaft und dem Magistrat einerseits und dem Bürgermeister und Burggrafen Johann Georg Cavan andererseits[215]. Die dänische Regierung unterstützte Cavan nach Kräften und gewann so in dem 1707 von Karl XII. Bestallten einen wichtigen und treuen Bundesgenossen innerhalb der kommunalen Führung. Der schon zu schwedischen Zeiten unbeliebte Burggraf diente der Regierung zur Aushebelung kommunaler Eigenständigkeit. Als der Magistrat beispielsweise im Oktober 1716 bei Kötzschau und dessen Räten um die Ausweisung sämtlicher städtischer Juden bat, vergaß er, die Meinung Cavans hierüber einzuholen. Schroff erwiderten deshalb Hohenmühle und Kampferbeck, dass ein derartiges Verhalten nicht länger geduldet werden könne. Sie befahlen, fortan hätten Bürgermeister und Rat in allen »Deliberationibus« das Votum des Burggrafen einzuholen[216]. Nach erfolgter Gegendarstellung vonseiten der Stadt bekräftigten die beiden Regierungsräte ihren Befehl und unterstrichen, dass der Magistrat sich künftig zum Wohle der Gemeinde um ein harmonisches Verhältnis zu Cavan bemühen müsse. Andererseits mahnte die Regierung auch Cavan, sich künftig gegenüber der Stadt kooperativer zu verhalten, da sonst »der weitere ruin der guten Stadt verursachet wird«.[217] Die Situation in der kommunalen Führung Greifswalds bot den Dänen nicht zuletzt auch eine Möglichkeit, als schlichtende Kraft aufzutreten und somit ihr Ansehen zu stärken. Der Streit zwischen Cavan und dem Magistrat führte schließlich so weit, dass Bürgermeister und Rat bei der Regierung mehrfach um Regulierung ihrer Salarien nachsuchten. Einen Eingriff in die kommunale Belange betrachtete die Stadt in diesem Falle nicht mit Argwohn, sondern förderte ihn sogar nach Kräften. So fiel es den dänischen Räten leicht, in das städtische Regiment hineinzubefehlen[218].

Noch deutlicher wird die Missachtung kommunaler Gegebenheiten im Falle Wismars. 1718 teilte Friedrich IV. dem dortigen Oberlanddrosten Johann Friedrich von der Lühe mit, er solle das Amt des Stadtsyndikus sofort mit einer tüchtigen Person besetzen. Diese Position bekleidete jedoch der Bürgermeister Christoph

---

215 StadtA Greifswald Rep. 5, Nr. 2434; StadtA Greifswald Rep. 5, Nr. 2433.
216 Bericht von Bürgermeister und Rat Greifswalds an die Regierung vom 7. November 1716 (Kopie), Rep. 5, Nr. 2433 Bd 5, Bl. 397–400; Hohenmühle und Kampferbeck an Magistrat Greifswalds vom 19. November 1716, StadtA Greifswald Rep. 5, Nr. 2433 Bd 5, Bl. 401.
217 Greifswald an Regierung vom 15. Dezember 1716, StadtA Greifswald Rep. 5, Nr. 2433 Bd 5, Bl. 408–415; Hohenmühle und Kampferbeck an Magistrat Greifswalds vom 18. Dezember 1716, StadtA Greifswald Rep. 5, Nr. 2433 Bd 5, Bl. 416 f.; Regierung an Cavan vom 18. Dezember 1716, StadtA Greifswald Rep. 5, Nr. 2433 Bd 5, Bl. 418 f.
218 Hohenmühle und Kampferbeck an Greifswald vom 1. Februar 1717, StadtA Greifswald Rep. 5, Nr. 2433 Bd 5, Bl. 446. Beispiele: Hohenmühle, Kampferbeck und Johnn an Greifswald vom 9. Mai 1718, StadtA Greifswald Rep. 5, Nr. 2434 Bd 2; Hohenmühle, Kampferbeck und Johnn an Greifswald vom 23. Juni 1718, StadtA Greifswald Rep. 5, Nr. 2434 Bd 2.

Grönig. Der dänische König, dem diese Situation sehr wohl bewusst war, hielt die Bündelung beider Ämter für zu viel Macht in den Händen eines Einzelnen. Er forderte von Grönig, auf seine Stellung als Stadtsyndikus zu verzichten[219]. Angesichts der geschilderten und zahlreicher anderer Fälle nimmt auch die Sorge Wolgasts nicht wunder, ebenfalls Opfer jurisdiktiver Eingriffe seitens des zuständigen Amtmannes zu werden[220].

Die Zwistigkeiten zwischen den einzelnen ständischen Parteien erschwerten eine gemeinsame Interessenvertretung gegenüber dem Landesherrn. Gleichwohl drängten Ritterschaft und Stände auf den Erhalt ihrer Rechte. Geschlossen wandten sie sich beispielsweise im September 1716 an den Generalgouverneur. Ein Schreiben des königlichen Kriegskommissariates veranlasste die Landschaft zum Protest. Die im Zusammenhang mit der im Land befindlichen Miliz erhobenen Forderungen widersprachen in der Art und Weise, wie sie dargeboten wurden, nach Auffassung der Ritterschaft und der Städte der althergebrachten Landesverfassung. In belehrendem Ton schilderten die Stände dem Generalgouverneur, dass zunächst eine Proposition zu erfolgen habe, dass sie demgemäß anzuhören seien und dass ihnen Gelegenheit zu geben sei, ihre Auffassungen darzulegen. Ohne vorherige Anhörung einfach einen Befehl in Bezug auf Einquartierungs- oder kamerale Angelegenheiten zu erteilen, erschien der Ritterschaft und den Städten gänzlich unrechtmäßig[221]. In demselben Ton pochten auch die Stände des preußischen Vorpommerns auf ihre Rechte. Als beispielsweise Friedrich Wilhelm I. unter Androhung von 400 Reichstalern Strafe befahl, die Wege und Straßen auf Usedom binnen vier Wochen zu reparieren, gab Landrat Casper Matthias von Lepell zur Antwort, Ihro Königliche Majestät möge sich an die landständische Verfassung halten. Um den Wegebau betreffende Veränderungen vorzunehmen, bedürfe es einer Einberufung der Stände, zumal ohnehin Erntezeit sei. Außerdem sei er als Landrat nicht befugt, den Amtleuten, die den größten Teil des Verkehrsnetzes zu verantworten hätten, irgendwelche Anordnungen zu erteilen. Zum Beweis fügte er eine Instruktion für die Landräte vom 10. April 1669 und ein Reglement der vormaligen schwedischen Regierung zur Wegeausbesserung bei. Der Protest der dänisch-vorpommerschen Ritterschaft wurde im königlichen Konseil verhandelt. Dort befanden die Ratgeber Friedrichs IV., man solle wie zu schwedischen Friedenszeiten, also gemäß Landessitte verfahren. Der Monarch selbst jedoch entschied, da man sich im Krieg befinde, könne nicht nach Friedensart gehandelt werden. Die Stralsunder Regierung solle so wie bisher entscheiden[222].

An den Verhandlungen zwischen dem Landesherrn und den Ständen nahmen nur Deputierte der Ritterschaft und Städte nördlich der Peene teil. Dass ein Be-

---

[219] Instruktion für Joachim Friedrich von der Lühe vom 24. Dezember 1718, RAK TKIA Patenter 1718 et 1719, S. 305b–309.

[220] Wolgast an Regierung (undatiert), RAK Reg 88 Regkanc i Stralsund Conv. LXII c; Regierung an Stralsund vom 30. Dezember 1718, StadtA Stralsund Rep. 3, Nr. 1502.

[221] Ritterschaft an von Dewitz vom 9. September 1716, RAK RKTA P-R-K C 251 I, Nr. 26; Lepell an Friedrich Wilhelm vom 13. August 1717 und Anlagen, APS AKS I/ 5526, S. 183–210.

[222] Protokoll des Kgl. Konseils vom 15. Oktober 1716, RAK RKTA P-R-K C 251 I, Nr. 26; Kgl. Resolution vom 31. Oktober 1716, RAK RKTA P-R-K C 251 I, Nr. 26.

dürfnis des Austausches mit den Standesgleichen im preußisch besetzten Teil vorhanden war, zeigt ein entsprechender Vorschlag des Landmarschalls Malzahn vom 11. Januar 1716, in Gutzkow oder Malchin solle das Verhalten der Stände unter den veränderten Bedingungen beraten werden[223]. Insgesamt scheint die Frage nach dem Empfinden der vorpommerschen Teilung sehr interessant, jedoch aus den diesbezüglich dürftigen Quellen kaum zu beantworten. Der Pastor und Präpositus des preußischen Ueckermünde zumindest wandte sich in einem anlässlich des Reformationsjubiläums verfassten Traktat an die Einwohner des »Hertzogthums Vor-Pommern dis- und jenseits der Peene« Er habe »auf jener Seite der Peene mein Vater-Land, auf dieser Seiten aber GOTT der Allmächtige mich zum Prediger gesetzet.« Er gedenke täglich in seinem Gebete der Menschen beiderseits der Peene.

Wird das landesherrlich-ständische Verhältnis im dänischen Vorpommern resümierend betrachtet, so zeigt sich eine vielschichtige Problematik, die sich eindimensionaler Werturteile entzieht. Sowohl die landesherrliche als auch die ständische Seite bildeten keine nach außen geschlossen auftretenden Institutionen, die sich grundsätzlich feindlich gegenüberstanden. Innerhalb der dänischen Administrationen sind zwei, mitunter auch drei Interessengruppen deutlich erkennbar: die dänische Zentraladministration, die Regierung und der Generalgouverneur.

Ziele und Handlungsweisen der Kopenhagener Behörden waren ausschließlich von den Erfordernissen des Staatsapparates, des Militärs und der Kriegsfinanzierung determiniert. Ständische Forderungen nach Privilegienerhalt und Minimierung der Abgabenlast mussten zwangsläufig störend wirken. Die Stralsunder Regierung hingegen setzte im Rahmen ihrer Möglichkeiten auf Erholung des Landes. Sie war hierbei nicht nur in hohem Maße von den Vorgaben der Zentralverwaltung abhängig, sondern auch auf die Mitarbeit der Stände vor Ort angewiesen. Dem Generalgouverneur, dessen natürliche Position die eines Vermittlers zwischen Zentral- und Regionalverwaltung gewesen wäre, kam eine relativ geringe Bedeutung im allgemeinen Machtgefüge zu. Während die Regierung eher die städtische Seite bevorzugt behandelte, tendierte er zur Ritterschaft.

Das ständische Lager zerfiel in weitaus mehr Interessengruppen als die landesherrliche Seite. Hier bietet sich eine dimensionale Betrachtung an. Drei Konfliktebenen treten dann hervor: zum einen der Gegensatz zwischen Ritterschaft und Städten, zum zweiten der Gegensatz zwischen großen und kleinen Städten und zum dritten der Gegensatz in den Städten. Besonders bemerkenswert erscheint, dass die Ritterschaft insgesamt deutlich geschlossener auftrat als die Kommunen. Konflikte zwischen einzelnen Distrikten sind bislang nicht nachweisbar.

Als wichtigster Katalysator sowohl bei innerständischen Auseinandersetzungen als auch bei Konflikten zwischen den Ständen und dem Landesherrn fungierte der Militärunterhalt. Hier belasteten sowohl die Einquartierungen in natura als auch sämtliche dinglichen und finanziellen Abgaben. Während der landesherrlichen Seite die Nutzung der innerständischen Konflikte gelang, sind gegenläufige Bemü-

---

[223] StadtA Greifswald Rep. 5, Nr. 1338 Bd 1; Make, Der Lutheraner Jubel-Jahr, Einleitung (S. 1−6, ohne Seitenzählung).

hungen der Stände, landesherrliche Institutionen gegeneinander auszuspielen, zwar erkennbar; jedoch fallen sie weder ins Gewicht, noch war ihnen Erfolg beschieden.

Im Gegensatz hierzu gelangen der dänischen Zentral-, Regional- und Lokalverwaltung erhebliche Erfolge im Bemühen um die Durchsetzung eines absolutistischen Regimentes. Die Kaltstellung des Landkastens, die Besteuerung der Ritterhufen, die Zerschlagung des ständischen Einflusses auf die Justiz und die harten Eingriffe in die städtische Administration dürfen als wichtigste Ergebnisse in diesem Zusammenhang erwähnt werden.

Dem in Vorpommern stationierten Militär kam nicht nur in indirekter Hinsicht höchste Bedeutung für das landesherrlich-ständische Verhältnis zu. Es blieb das wichtigste Instrument im Kampf gegen den ständischen Selbstbehauptungstrieb. Nicht nur durch die Androhung oder Anordnung militärischer Zwangsmaßnahmen, sondern auch durch jede Einquartierungsentscheidung, durch jede Truppenverlegung und schließlich durch jede Aufteilung der militärischen Abgabenlast vermochte der dänische Landesherr Politik gegenüber den Ständen zu betreiben.

5. Die Landesteilung als Konfliktfeld

a) Grundlagen preußisch-dänischer Beziehungen in Vorpommern

Dass im Zuge dieser Arbeit lediglich auf das preußisch-dänische Verhältnis eingegangen wird, andere außenpolitische Verbindungen dagegen gänzlich vernachlässigt werden, resultiert aus dem komplizierten, jedoch für das alltägliche Verwaltungsgeschäft im dänischen Gebiet überaus bedeutenden Beziehungsgeflecht zwischen beiden Mächten und den aus der Landesteilung erwachsenden zahlreichen Problemfeldern, bei denen sich die Interessen Dänemarks und Preußens *in* Vorpommern berührten. Eine erste umfangreiche Monografie zum dänischpreußischen Verhältnis im 17. und 18. Jahrhundert legte Stefan Hartmann 1983 vor. Hartmann nutzte jedoch nur die Überlieferung der außenpolitischen Abteilung der Deutschen Kanzlei (RAK TKUA). Die Beziehungen beider Staaten betrachtet er lediglich im großen diplomatischen Rahmen, während die sich aus der vorpommerschen Landesteilung ergebenden Probleme kaum Beachtung finden[224].

Die Peene markierte jetzt eine Grenze, die vorher so nie bestand. Verwaltung, Stände, Archivwesen, Jurisdiktion, Besitzverhältnisse bedurften jetzt einer Neuregulierung in beiden Landesteilen. Die nunmehrigen preußischen und dänischen Landesherren waren aufeinander angewiesen und blieben zugleich doch auch Konkurrenten. Die Verengung des Blickwinkels auf diese Problematik mag also kritisiert werden, jedoch erfordert die Thematik der Arbeit die Konzentration auf das preußisch-dänische Verhältnis, welches hier für wichtiger erachtet wird als etwa das mecklenburgisch-dänische[225]. Gleichwohl weisen die Akten auf ein über-

---

[224] Hartmann, Die Beziehungen Preußens zu Dänemark, S. 3–146.
[225] Rentekammer an Friedrich IV. vom 24. August 1717, RAK RKTA P-R-K C 251 II, Nr. 32; RAK Reg 88 Regkanc i Stralsund Conv. LIII (Correspondence mit dem fürstlich Mecklenb. Hof, auch

aus kompliziertes Verhältnis zu Mecklenburg-Schwerin hin. Zoll- und Grenzstreitigkeiten, der unerlaubte Zuzug von Juden und Zigeunern sowie die Flucht schwedischer Kriegsgefangener über Mecklenburg stellen nur einige der zahlreichen Konfliktfelder dar. Ihre Erforschung bleibt künftigen Studien vorbehalten.

Für den preußischen König rückte mit der Inbesitznahme des südlichen Vorpommerns ein langjähriges Ziel brandenburgischer Politik in greifbare Nähe. Zunächst jedoch sah sich Friedrich Wilhelm I. genötigt, die dänische Herrschaft über das übrige Land zu akzeptieren und damit die sich zwangsläufig aus der Zweiteilung des ehemaligen schwedischen Besitzes resultierenden Schwierigkeiten in Kauf zu nehmen[226]. Nicht die Grenzlinie an sich gab Anlass für Konflikte, sondern Nutzungs- und Eigentumsrechte. Sie bedurften einer klaren Regulierung durch beide Parteien und führten nicht selten zum Streit zwischen Stargard und Stralsund. Probleme waren vor allem auf verwaltungstechnischem Gebiet zu erwarten, insbesondere für die Dänen. Nach wie vor befanden sich viele Akten und Dokumente im nunmehr preußischen Stettin. Da sie für die Verwaltung des Landes unverzichtbar waren, sollten sie nach dem Willen des Dänenkönigs im Bedarfsfall von dort angefordert werden. Generalgouverneur von Dewitz erhielt den Auftrag, die Zusammenarbeit mit den Preußen genau zu beobachten und gegebenenfalls dem König Bericht zu erstatten[227].

Über das künftige preußisch-dänische Verhältnis in Bezug auf Vorpommern einigten sich beide Herrscher vertraglich bereits am 18. Dezember 1715[228]. Friedrich Wilhelm regte diese Übereinkunft an, da in dem geteilten Land »Differentien leicht entstehen könnten«[229]. Die neuen preußischen Untertanen waren fortan bezüglich der im Belt und im Öresund erhobenen Zölle den dänischen Untertanen gleichgestellt (Art. 2). Auch verpflichtete sich Friedrich IV., den Besitz des Rudens nicht zur Behinderung der Schiffahrt zu nutzen (Art. 3). Sämtliche bislang von den Schweden auf der Peene erhobenen Zölle entfielen künftig (Art. 1). Weder Dänen noch Preußen besaßen im jeweils anderen Landesteil fortan das Recht, Kontributionen, Pachten oder sonstige militärische wie zivile Forderungen zu erheben (Art. 5). Für die Finanzierung der bereits zu schwedischen Zeiten diesseits der Peene sitzenden Kollegien: Hofgericht, Konsistorium, Tribunal sowie der Universität zu Greifswald hatte ausschließlich die dänische Seite aufzukommen. Gleich-

---

außwärtigen Collegiis Reichs und anderen Städten); Kammerpatent vom 6. Dezember 1718, APS RSwS, Nr. 6176.

[226] Zur brandenburgischen Politik in Bezug auf Pommern: Rassow, Verhandlungen, S. 95–98; Bohlen, Die Erwerbung Pommerns. Diese Beobachtung deckt sich mit Ruderts Analyse für das mecklenburgisch-pommersche Grenzgebiet. Rudert, Grenzüberschreitungen, S. 353 f.

[227] Friedrich IV. an Regierung vom 14. April 1716, RAK Reg 88 Regkanc i Stralsund Conv. I, Pkt 33.

[228] Vertrag mit dem Könige Friedrich von Dänemark vom 18. Dezember 1715. In: Loewe, Preussens Staatsverträge, S. 133–140 (fortan: Teilungsvertrag). Nachricht über die zwischen Dänemark und Preußen am 18. Dezember 1715 geschlossene Convention (ohne Titel), RAK Reg 88 Regkanc i Stralsund Conv. I.

[229] Teilungsvertrag, S. 133. Das Verhältnis zwischen beiden Monarchen gestaltete sich während des Feldzuges des Jahres 1715 überaus positiv. Friedrich IV. erwarb das Vertrauen Friedrich Wilhelms nicht nur dadurch, dass er ihm einige »Lange Kerls« schenkte, sondern auch durch das militärische Können der dänischen Offiziere, das der Soldatenkönig schätzte. Ruge, Der Einfluß, S. 132 f.

wohl behielten sowohl die Universität als auch andere private Einrichtungen ihre Güter jenseits der Peene (Art. 8). Die Einrichtung des Postwesens sollte in beiden Landesteilen nach dem Willen des jeweils herrschenden Potentaten geschehen, jedoch hatten die Generalpostämter den Kontakt zu suchen, um den Fluss des brieflichen Verkehrs zu gewährleisten (Art. 10)[230].

Neben diesen die »Policey« des Landes betreffenden Punkten beinhaltete der Vertrag vom 18. Dezember 1715 auch Fragen, die die Stellung des Territoriums im Reich behandelten. Schließlich bedeutete der Besitz Vorpommerns für beide Seiten, neben der reinen Erweiterung des eigenen Machtbereiches, auch Prestigegewinn. Jedoch besaß Vorpommern nur eine Stimme auf Kreis- und Reichstagen. Für den Fall, dass dieser Zustand auch künftig anhalte, einigten sich Friedrich IV. und Friedrich Wilhelm auf jährlich abwechselnde Wahrnehmung dieses Rechtes. Gleichwohl erstrebte der dänische König ein eigenes, mit Rügen verknüpftes Votum in den reichsständischen Versammlungen und Institutionen (Art. 11)[231].

Die Verwaltung des preußischen Gebietes zwischen Oder und Peene übertrug Friedrich Wilhelm bereits im Mai 1715 an die hinterpommersche Regierung zu Stargard. In kameralen Angelegenheiten war das dortige Kommissariat verantwortlich[232]. Noch in demselben Jahr berief der preußische König eine Generalkommission, die die steuer- und verfassungsrechtlichen Verhältnisse im südlich der Peene gelegenen Vorpommern in Erfahrung brachte. Eine unter ihrer Aufsicht stehende Hufenkommission ermittelte ähnlich wie im dänischen Landesteil die Bodenbesitzverhältnisse und schuf durch deren Aufnahme und Klassifikation die Voraussetzung einer straffen Besteuerung unter die, wie bereits erwähnt, ab 1717 auch der Grundbesitz des Adels fiel. Am 25. Februar 1717 nahm der Preußenkönig den ständischen Handschlag entgegen und verdeutlichte somit seinen Willen, das gewonnene Territorium dauerhaft seinem Herrschaftsbereich einzugliedern, eine Geste, die in Wien heftigen Protest hervorrief[233]. Zudem hob der Monarch die Zuständigkeiten des Greifswalder Hofgerichtes und des Konsistoriums für seinen Anteil an Vorpommern auf. Weltliche Prozesse waren fortan in Stargard beziehungsweise in Köslin zu verhandeln, geistliche Appellationen beim Berliner Tribunal vorzutragen[234]. Ab dem 1. Januar 1722 fungierte es als oberste Instanz für alle weltlichen juristischen Prozesse. Im September des darauf folgenden Jahres erhielt Kasper Otto von Massow seine Bestallung zum Präsidenten sämtlicher in Hinter- und Vorpommern befindlicher Kollegien[235].

---

230 Teilungsvertrag, S. 134–136, 138 f.; auch: Nachricht über die zwischen Dänemark und Preußen am 18. Dezember 1715 geschlossene Convention (ohne Titel), RAK Reg 88 Regkanc i Stralsund Conv. I.
231 Nachricht über die zwischen Dänemark und Preußen am 18. Dezember 1715 geschlossene Convention (ohne Titel), RAK Reg 88 Regkanc i Stralsund Conv. I.
232 Acta Borussica. Behördenorganisation, II, Nr. 97, S. 243–245.
233 Wehrmann, Geschichte von Pommern, II, S. 198; Szultka, Das brandenburgisch-preußische Pommern, S. 212.
234 Acta Borussica. Behördenorganisation, II., Nr. 139, S. 296 f.; Kgl. Patent vom 2. Dezember 1721 (Originaldrucke u. handschriftliches Original), APS AKS I/ 3536, S. 21–28.
235 Acta Borussica, Behördenorganisation II., Nr. 211, S. 431; Wehrmann, Geschichte von Pommern, II, S. 200.

Ein wesentlicher Unterschied zwischen der preußischen Herrschaft über das Land südlich der Peene und der dänischen Herrschaft über den nördlichen Teil Vorpommerns bestand also in der administrativen Abwertung des preußischen Gebietes. Denn: während Berlin sein Territorium verwaltungstechnisch Hinterpommern zuwies, blieb dem nördlichen Vorpommern eine »eigene« Regierung. Gemeinsam war beiden Teilterritorien, dass sie (auch weiterhin) von Monarchen mit absolutistischem Herrschaftsanspruch regiert wurden. Beide Kronen traten nach 1715 als Konkurrenten im Kampf um das staatliche und rechtliche Erbe Schwedens in Vorpommern auf. Welche Konfliktfelder verdeutlichen diesen Gegensatz?

b) Streitpunkte, Konkurrenzdenken und Zusammenarbeit

Wird das Verhältnis beider Landesteile Vorpommerns und ihrer »Besatzungsmächte« zueinander betrachtet, so lassen sich vier verschiedene Konfliktfelder herausarbeiten. Sie erweisen sich als Probleme kommerzieller, administrativer, militärischer und rechtlicher Natur.

Die am 18. Dezember 1715 im Lager vor Stralsund geschlossene Konvention ist mehrfach zum Inhalt preußisch-dänischer Verstimmungen geworden.

Bereits im Mai 1716 beschwerten sich preußische Bedienstete über die Behandlung brandenburgischer Schiffe in vorpommerschen Häfen. Ihnen sei in Wolgast Zoll abverlangt worden. Auch habe man sie an der Weiterfahrt gehindert und ihre Fracht durchsucht. Friedrich IV. verdeutlichte Andreas Weyse daraufhin, dass das Verhalten der dänischen Beamten seinen Intentionen und den Verträgen mit Preußen zuwiderlaufe. Weyse untersuchte den Vorfall, erstattete Rapport und trug nach königlichem Willen Sorge für die reibungslose Abfertigung der preußischen Schiffe. Dennoch kam es außerhalb vorpommerscher Gewässer weiterhin zu Übergriffen auf preußische Handelschiffe[236].

Im November desselben Jahres ging der Stralsunder Regierung eine Beschwerde ihrer hinterpommerschen Kollegen zu. Von preußischen Holzlieferungen waren in Stralsund Licente erhoben worden, dies aber widerspreche, so Stargard, dem im Vorjahr geschlossenen Abkommen. Die Regierung wandte sich hierauf an Friedrich IV. und bat, dass sich dieser der Angelegenheit annehmen möge[237]. Die Rentekammer schilderte Friedrich IV., dass seine Untertanen im preußischen Landesteil sehr wohl Zoll und Licente zu bezahlen hätten und plädierte deshalb für eine Beibehaltung der bisherigen Regelung. Vermutlich bezogen sich die dänischen Beamten bei ihrem Vorschlag neben dem in Stettin erhobenen Zoll auch auf das Verhalten des preußischen Visitierers Sprenger, dem ab Oktober 1716 an der Peenemünder Schanze die Aufgabe zufiel, Schiffe anzuhalten und deren Pässe zu kontrollieren beziehungsweise gültige Frachtscheine auszustellen. Zur Entgegen-

---

[236] Friedrich IV. an Andreas Weyse 14. Mai 1716, RAK RKTA P-R-K C 251 I, Nr. 8, 9; Dewitz an Friedrich IV. vom 17. Mai 1716, RAK TKIA B 209; Hartmann, Die Beziehungen, S. 93.

[237] Hohenmühle und Kampferbeck an Friedrich IV. vom 18. November 1716, RAK RKTA P-R-K C 251 I, Nr. 33.

nahme von Zöllen einlaufender Schiffe aus dem dänischen Landesteil war er nicht befugt. Da er Ende 1716 einem Bornholmer Schiffer, der Vieh auf Usedom verkaufte, Licente abverlangte, erhob die dänische Seite Klage. Preußischerseits wies man solche Bedenken zurück, denn der Vertrag vom 18. Dezember 1715 bezog sich auf dänisch-vorpommersche Untertanen und nicht auf Personen aus dem Königreich Dänemark. Lediglich die Tatsache, dass Sprenger Trinkgeld entgegennahm, erachteten Johann Ernst von Lettow und Adrian Borcke als des Tadels würdig. Der preußische Monarch bekräftigte in einem persönlichen Schreiben an den Dänischen König, dass er auf einer Einhaltung der geschlossenen Traktate beharre. Er habe bislang auf die Erhebung der binnenländischen Stettiner Akzise gegenüber Personen aus dem dänischen Landesteil verzichtet[238]. Nun jedoch sei Anordnung ergangen, diese Steuer künftig abzuverlangen.

Friedrich IV., statt zu beschwichtigen und den Fehler seines Amtmannes Sigismund Dankwerth zu gestehen, verwies darauf, das angeblich jedes dänische Schiff in Stettin angehalten werde und dort Licent zu zahlen habe. Hiermit breche Friedrich Wilhelm seinerseits den unterzeichneten Vertrag, der von ihm, Friedrich IV., wortgetreu umgesetzt sei[239].

Der im offiziellen Schreiben nicht erwähnte Fehler des Wolgaster Amtmannes Danckwerth war von diesem ausführlich und schriftlich gegenüber seinem Monarchen eingestanden worden und schließlich in derselben Form auch dem preußischen Gouverneur von Stettin Generalmajor Adrian Bernhard von Borcke und dem Regierungsrat Lettow zugesandt worden. Danckwerth begründete sein den königlichen Befehlen zuwiderlaufendes Verhalten, indem er behauptete, die Schiffe hätten ihre Ladung in Wolgast gelöscht. Zudem bekannte er unumwunden, dass er sowohl der Licentkammer als auch der »armen« Stadt und der Kirche die aus den Handelsabgaben resultierenden Gelder weiterhin zufließen lassen wollte[240].

Der von den Preußen in Stettin erhobene und von dem Dänenkönig so scharf kritisierte Zoll wurde tatsächlich zu einem gewissen Teil unrechtmäßigerweise verlangt. Regierungspräsident Massow und Regierungsrat von Lettow waren nämlich der Ansicht, dass der seit Oktober 1715 nicht mehr geforderte Wolgaster Zoll nun in Stettin erhoben werden könnte. Ihrem König, der jedoch erst im Dezember 1719 sich bemüßigt fühlte, den Sachverhalt zu untersuchen[241], erklärten die beiden Staatsdiener, dass infolge schwedischer Kaperei der Wolgaster Zoll seit dem letzten Quartal des Jahres 1715 nicht mehr betrieben werde und, da er früher ohnehin in Stettin abgerechnet worden sei, er eben dort eingezogen würde[242]. Diese Argu-

---

238 Rentekammer an Friedrich IV. vom 14. Dezember 1716, RAK RKTA P-R-K C 251 I, Nr. 33. Lettow und Borcke an Friedrich Wilhelm I. vom 12. März 1717, APS AKS I/ 2108 (Acta des Königl. Staatsarchives zu Stettin betr. Die Wolgaster Zoll- und Licentsache), S. 3–16.
239 Friedrich IV. an Friedrich Wilhelm vom 9. Februar 1717, APS AKS I/ 2108, S. 21–26.
240 Danckwerth an Weyse vom 15. Januar 1717, APS AKS I/ 2108, S. 27–31.
241 Friedrich Wilhelm I. an Massow vom 26. Dezember 1719, APS AKS I/ 2108, S. 63.
242 Notizen Massows und von Lettows (undatiert), APS AKS I/ 2108, S. 65–67. Dementsprechend findet sich in den Stettiner Akten eine detaillierte Übersicht über die in Stettin erwirtschafteten Zolleinnahmen, säuberlich getrennt in »Stettinschen« und »Wollgastschen« Zoll. Sumarischer Extract vom 13. April 1717, APS AKS I/ 2108, S. 51; Extract waß der Wollgastsche Zoll von Dec: Ao: 1715 bis letzten Nov: 1719 eingetragen, APS AKS I/ 2108, S. 155 f.

mentation hielt der preußische König für stichhaltig genug, um das Verfahren vollends durch einen offiziellen Erlass zu legalisieren[243]. Die Fronten im Zollstreit waren derart verfahren, dass mit einer Lösung kaum noch zu rechnen war. Sie verhärteten sich bereits 1718, als die preußisch-hinterpommersche Regierung erklärte, angesichts der Nichterfüllung gemeinsamer Abkommen durch die dänische Seite finde man sich nicht bereit, das Stettiner Archiv aufzuteilen. Derartige Maßnahmen waren von zweischneidigem Charakter, denn schließlich benötigte die preußisch-hinterpommersche Jurisdiktion ihrerseits regelmäßig Akten des Greifswalder Hofgerichtes und des dortigen Konsistoriums[244].

Die Querelen um tatsächliche oder vermutete Zoll- und Licentfreiheiten dauerten die gesamte Phase dänischer Herrschaft über das nördlich der Peene gelegene Vorpommern an[245]. Ab 1717 erhob beispielsweise der Wolgaster Amtmann auf Geheiß Friedrichs IV. Licente von den aus dem preußischen Vorpommern über den Landweg einkommenden Waren. Damit umging Kopenhagen einen zwischen Preußen und Schweden im Jahre 1699 ausgehandelten Vertrag, der eine Anhebung des alten Fürstenzolles untersagte. Anfang 1719 kam es sogar zur tätlichen Auseinandersetzung zwischen dem an der Peene Dienst verrichtenden Visitierer und dem preußischen Kommandanten von Anklam, dem Obristen Johann Christoph Graf von Lottum. Der Visitierer bestand auf der Hinterlegung des Zolles, von dem sich der hohe Offizier, übrigens zu Recht, befreit glaubte. Der dänische Generalmajor und Envoyé-Extraordinaire (Gesandtenrang) Meyer trug das Geschehen am preußischen Hofe zu Berlin vor und bat den dort residierenden Friedrich Wilhelm um Satisfaktion[246]. Kurzzeitig wirkte nun im preußischen Landesteil ein Befehl, der die Kornausfuhr in den dänischen Landesteil gänzlich untersagte. Meyer zeigte sich hierüber derart ungehalten, dass er im November ein gleichgelagertes Exportverbot dem Berliner Hofe androhte. Preußen nahm daraufhin von seiner restriktiven Maßnahme Abstand[247]. Im dänisch verwalteten Vorpommern untersuchte nun eine Kommission die Zollstreitigkeiten, bei der der preußische Landrat Lepell die Interessen seines Monarchen vertrat[248].

Neben den in Vorpommern schwelenden Streitigkeiten um See- und Landzölle bestanden Unklarheiten in Bezug auf die Hinterlegung des Öresundzolls. Bereits 1714 bemühte sich Friedrich Wilhelm um vollständige Befreiung der Stettiner

---

[243] Angekündigt durch: Friedrich Wilhelm I. an Massow vom 31. Dezember 1719, APS AKS I/ 2108, S. 75 f.

[244] Hinterpommersche Regierung an Regierung vom 4. Februar 1718; RAK Reg 88 Regkanc i Stralsund Conv. XLIX. Hinterpommersche Regierung an Regierung (undatiert), RAK Reg 88 Regkanc i Stralsund Conv. XLIX; RAK Reg 88 Regkanc i Stralsund I.

[245] Kgl. Relation vom 13. Dezember 1717, RAK RKTA P-R-K C 251 II; RAK Regkanc i Stralsund Conv. XLIX; Borcke und Lettow plädierten daraufhin für die Erhebung von Landlicenten im preußischen Landesteil. Lettow und Brocke an Friedrich Wilhelm I. vom 12. März 1717, APS AKS I/ 2108, S. 3–16.

[246] Kopie des Kgl. Reskriptes an Meyer vom 25. Februar 1719, RAK RKTA P-R-K C 251 IV, Nr. 8.

[247] Meyer an Regierung vom 3. November 1719, RAK Reg 88 Regkanc i Stralsund Conv. XLI.

[248] Friedrich Wilhelm an Regierung vom 10. Juni 1719, RAK Reg 88 Regkanc i Stralsund Conv. XLVII.

Schiffer vom Sundzoll[249]. Der Artikel 2 des Vertrages vom 18. Dezember 1715 garantierte in dieser Hinsicht unmissverständlich eine *Gleichbehandlung* der preußisch-vorpommerschen Händler mit ihren dänischen Kollegen. Klagen der Stadt Stettin, 1716 mehrere tausend Reichstaler gezahlt zu haben, glaubte die preußische Seite im März beigelegt, indem sie vermutete, ihre vorpommerschen Händler würden nun Sundzollfreiheit genießen[250]. Tatsächlich jedoch gestand der Dänenkönig nur zu »Ew. Maytt: Vorpommersche Unterthanen, auf einen egalen, und den bereits etablierten Fuß, tractieren laßen« zu wollen. Dies aber hieß nichts anderes als eine eingeschränkte, nur auf den Handel mit dem dänisch-norwegischen Reich beschränkte Sundzollfreiheit. Zur Begründung ließ Friedrich verlautbaren, »den ein mehreres kann ich Ew: Maytt: wegen der Consequence ohnmöglich bewilligen, noch dehnen andern Puisancen, dadurch anlaß geben, ein gleiches zu praetendiren und ein Mir zugehöriges so uhraltes, und Mir allein von dehnen Schweden injura temporum, und sonsten ungerechter und ungegründeter Weise disputiertes Regale zu vermindern«[251]. Dieser Wortlaut unterstreicht nochmals, dass es sich bei der in der Literatur oft erwähnten angeblichen Sundzollfreiheit für das dänische Vorpommern um einen Irrtum handelt. Ihm saßen schließlich auch die Preußen auf, mussten jedoch bald erkennen, »daß der König von Dännemark alle seine Unterthanen in gedachtem Oresunde zollen laße, [so – M.M.] haben auch die Stettiner, den Zoll erlegen müßen«.

Solange handelspolitische Konflikte zwischen beiden Parteien Gegenstand offizieller politischer Noten und Verhandlungen blieben, bot sich jedem Gelegenheit, auf das Vorgehen des anderen diplomatisch zu reagieren. Das »Kommercium« erfuhr jedoch auch auf andere Weise Schaden. Mit Beunruhigung nahm Kopenhagen im Sommer 1717 einen Anstieg des illegalen Grenzhandels auf der Peene zur Kenntnis. Preußische Schiffe begannen, unverzollte und somit deutlich billigere Waren an Einwohner Dänisch-Pommerns zu verkaufen. Bei schwerer Strafe und Konfiskation verbot die Rentekammer den Ankauf derartiger Produkte. Ein auf der Peene liegendes Wachschiff beobachtete die Einhaltung des Gebotes[252]. Grenzsicherungsmaßnahmen jedoch riefen unweigerlich Widerstände der hinterpommerschen Regierung hervor[253], zudem blieb die Maßnahme relativ wirkungslos. Ein im darauf folgenden Jahre erschienenes Kammerpatent wies auf den nach wie vor bestehenden illegalen Grenzhandel hin[254].

---

[249] Protokoll des Stettiner Rates vom 2. Dezember 1713, KPS HS 274, Bl. 1–3.

[250] Lettow und Brocke an Friedrich Wilhelm I. vom 12. März 1717, APS AKS I/ 2108, S. 3–16.

[251] Friedrich IV. an Friedrich Wilhelm vom 9. Februar 1717, APS AKS I/ 2108, S. 21–26; Extract aus einem Bericht des Pommerschen Commissariats vom 22. Juni 1720, APS RiS, Nr. 412, S. 77. Aufschlussreich für den Öresundzoll in Bezug auf Hinterpommern: APS RiS, Nr. 412, S. 75 (Kopie eines Befehls Friedrich Wilhelms, Unregelmäßigkeiten bei der Hebung des Öresundzolles sofort anzuzeigen).

[252] Rentekammer an Kommandeur Gude vom 28. August 1717, RAK RKTA P-R-K C 255.2, S. 527 f.

[253] Etwa im Falle der Errichtung von Schlagbäumen. Hinterpommersche Regierung an Regierung vom 6. März 1720, RAK Regkanc i Stralsund Conv. XLIX; Hinterpommersche Regierung an Regierung (undatiert), RAK Regkanc i Stralsund Conv. XLIX.

[254] Kammerpatent vom 27. Juli 1718, APS RSwS, Nr. 6176.

Die Grenze bot darüber hinaus im Hinblick auf ihre genaue Lage Anlass zu außenpolitischen Irritationen. Im Grunde besagten die im Vorfeld der Stralsunder
Belagerung getroffenen Verträge eindeutig, dass die Peene den preußischen vom
dänischen Landesteil trenne. Die preußische Seite erhob dennoch Anspruch auf
einen auf dänischem Boden liegenden Landstrich zwischen Peene und Trebel, in
dem sich insbesondere Demminer, aber auch Anklamer Stadtgüter befanden.
Noch unmittelbar vor seinem Tode forderte Generalgouverneur Dewitz, diesen
Distrikt unter dänische Verwaltung zu nehmen[255]. Die Demminer Güter wurden
während der großen Lustration von 1717 durch die Regierung begutachtet, ohne
dass dies den Widerstand der Stadt hervorrief. Mittlerweile verzeichnete der Kalender den 2. August 1719. Die Friedensverhandlungen befanden sich schon im
Gange. Auch zu diesem Zeitpunkt glaubte der Generalgouverneur also noch an
ein dauerhaftes »Dänisch-Pommern«.

Der Konflikt um das kleine Gebiet zwischen Peene und Trebel hielt an. 1720
drohten die Dänen den Bewohnern der dortigen Demminer und Anklamer Ländereien mit der militärischen Exekution, sofern sie weiterhin die Kontributionszah-
lung verweigerten. In Stargard stieß dieses Vorgehen wiederum auf Ablehnung.
Die dortige Regierung setzte auf eine gemeinsame, künftig zu bildende preußisch-
dänische Grenzregulierungskommission[256].

Eine genaue Festlegung des Grenzverlaufes schien aber nicht möglich, denn
wem gehörte die Peene selbst? Diesbezüglich einigten sich beide Mächte auf eine
genaue Teilung in der Mitte des Stromes. Das Gebiet vom rechten Ufer zum
Flusszentrum fiel somit Preußen zu, der andere Teil hingegen gebührte Dänemark[257]. Aus dieser ohnehin realitätsfernen Übereinkunft ergaben sich Spannungen, die mitunter in das Reich des Kuriosen führten. So stritten sich Stralsunder
und Stargarder Regierung beispielsweise über die Frage, wem denn die Brückenen-
den im jeweils anderen Territorium gehörten. Da Flussübergänge zu bestimmten
Städten zählten, bestand aus preußischer Sicht kein Zweifel: der, dem die Kommune unterstehe, besäße auch die Brücken und zwar vollständig, da eine Brücke
nun einmal notwendigerweise an beiden Seiten des Flusses anliegen müsse, wie die
preußischen Räte in ihrer unvergleichlich brillanten Argumentation darzulegen
wussten. Weil nun aber das Ende einer Brücke unzweifelhaft zu dieser gehöre,
könne das kleine Ravelin (Vorwerk von Festungen), das sich an die Anklamer
Brücke auf dänischem Gebiete anschließe, nicht unter die Herrschaft Kopenhagens fallen. Tatsächlich unterhielten die Preußen dort zumindest bis 1719 ein kleines Wachkommando[258]. In diesem Jahr trafen sich der dänische Envoyé Meyer

---

[255] Dewitz an Friedrich IV. vom 2. August 1719, RAK TKIA B 209. RAK Reg 88 Regkanc i Stralsund Conv. LXVII.
[256] Hinterpommersches Kommissariat an Regierung vom 14. Februar 1720; RAK Regkanc i Stralsund Conv. XLIX; Hinterpommersches Kommissariat an Regierung vom 16. Juni 1720; RAK
Regkanc i Stralsund Conv. XLIX.
[257] Teilungsvertrag, Pkt. 4, S. 136 f.
[258] Hinterpommersche Regierung an Regierung vom 8. Oktober 1717, RAK Reg 88 Regkanc i Stralsund Conv. XLIX; Dewitz an Regierung vom 16. August 1719, RAK Reg 88 Regkanc i Stralsund
Conv. XXXII.

und der preußisch-hinterpommersche Regierungspräsident Massow in Vorpommern, um über eine mögliche Lösung des Konfliktes vor Ort zu verhandeln[259]. Da sich die Wiederinbesitznahme des nördlichen Vorpommerns durch Schweden zu diesem Zeitpunkt bereits deutlich abzuzeichnen begann, musste den Preußen die Kurzlebigkeit eines möglichen Interessenausgleiches deutlich vor Augen stehen. Bereits im Februar 1720 einigten sie sich mit den Schweden über das künftige Verfahren am Grenzstrom Peene. Doch auch diese vertraglichen Vereinbarungen verhinderten künftige Streitigkeiten nicht. Sie erbten sich aus der dänischen Zeit fort und dauerten nach 1721 unvermindert an[260].

Aus der Grenzziehung ergaben sich jedoch auch handfeste ökonomische Konflikte zwischen Dänen und Preußen. Wird nach jenen wirtschaftlichen Auswirkungen der Landesteilung gefragt, so erweist sich die Trennung zahlreicher Rechtsträger von ihren Gütern als bedeutendes Problem. Für Wolgast beispielsweise besaß die Insel Usedom, ähnlich wie im Fall Rügen für Stralsund, einen hohen wirtschaftlichen Wert. Die Versorgung der Kommune mit landwirtschaftlichen Gütern erfolgte zum Teil von der Insel aus. Durch die Sequestierung Usedoms verlor Wolgast also Teile seiner ökonomischen Basis. Das einzige Stadtgut, Peenemünde, lag nun in preußischer Hand. Jeden Scheffel Korn bezahlte die Stadt fortan mit einem Stettiner Schilling[261]. In der preußischen Ermittlung des steuerbaren Hufenstandes schlug Peenemünde 1716 immerhin mit 22 Hufen und 17,5 Morgen zu Buche.

Andererseits befanden sich Güter preußischer Untertanen, die östlich der Peene lebten, in dänischer Hand. Dies betraf beispielsweise die bereits erwähnten, zwischen der Trebel und dem Grenzstrom gelegenen Demminer und Anklamer Stadtfelder. Gemeint sind die Dörfer Dewen und Dronnevitz, das Gut Bestland sowie das Gebiet, auf dem sich die schon genannte Raveline befand. 1719 reiste der Landvermesser Samuel Griese aus Kopenhagen in das Herzogtum, um den abgabepflichtigen Hufenstand jenes kleinen Gebietes zu bestimmen, das er schließlich auf 18 steuerbare Hufen 23 4/15 Morgen und 9 Ritterhufen veranschlagte[262].

Einige Personen des nun preußischen Landesteiles erwarben vor 1715 Rechte im nördlich der Peene gelegenen Pommern. So hatte der Stettiner Postmeister Johann Balthasar Birnbaum den Schulzenhof bei Gutzkow, eine Domäne, 1711 in Pacht genommen. Im September 1716 wies ein Schreiben Andreas Weyses darauf hin, dass dieser Hof an einen Wolgaster Bürger verpachtet sei. Birnbaum selbst hatte seine Güter einem anderen überlassen. Nun jedoch bat er um Rückgabe[263].

Die Vermutung, Birnbaum habe seine Rechte verloren, da er nunmehr preußischer Untertan war, liegt nahe, geht aber fehl. So verblieben beispielsweise das

259 Meyer an Regierung vom 29. September 1719, RAK Reg 88 Regkanc i Stralsund Conv. XLI.
260 Exemplarisch: Krüger, Der Zoll-, Not- und Lotsenhafen Grünschwade, S. 311–316.
261 Wolgast an Regierung (undatiert), RAK Reg 88 Regkanc i Stralsund Conv. LXII c; Beschreibung des Kirchhofes in Wolgast, RAK Reg 88 Regkanc i Stralsund Conv. LXII c; APS AKS I/ 5144, S. 8.
262 Sehestedt an Regierung vom 19. Februar 1718, RAK Reg 88 Regkanc i Stralsund Conv. XII, Nr. 8; Rentekammer an Friedrich IV. vom 26. August, RAK RKTA P-R-K C 251 IV, Nr. 33.
263 Andreas Weyse an Friedrich IV. vom 10. September 1716 RAK RKTA P-R-K C 251 I, Nr. 18; Relation Andreas Weyses an Rentekammer vom 10. September 1716, Lit. B »Tabelle über die verpfändeten Domänen«. In: RAK RKTA P-R-K C 266.

Ackerwerk Steinfurth und zwei Lussower Höfe, die als Dominalgüter von Karl
XII. am 8. Juli 1715 verpachtet worden waren, im Besitz des Stettiner Apothekers
Abraham Weichmann. Auch behielt Postmeister Birnbaum alle Rechte an der von
ihm im Juli 1711 gepachteten Stolper Mühle[264].

Bisweilen traten preußische Untertanen als Gläubiger der »dänisch-pommer-
schen« Domänenbesitzer auf. So schuldete der Pächter des Ackerwerkes Schwarbe,
Berend Krohs, dem Stettiner Kriegsmannshaus im Jahre 1716 14 258 Reichstaler
und 23 Schilling[265]. Zu dieser immensen Summe war er, nach eigenen Angaben,
durch die Schweden genötigt worden. Vor einer Untersuchungskommission sagte
er aus, Lagerström habe einen derart hohen Vorschuss verlangt, mit dem Hinweis,
dass sich andere fänden, die bereit seien, die Summe zu zahlen. Da Krohes das
Ackerwerk schon seit zwölf Jahren inne habe und er sich nicht aus der Arrende
drängen lassen wollte, nahm er das Geld von den Stettinern. Die Pachtung der
Güter Spycker und Ralswieck auf Rügen blieb dem preußischen Hofrat Brand
verwehrt[266].

Im Dezember 1722, also nach Rückgabe des nördlichen Vorpommerns an
Schweden, ordnete Friedrich Wilhelm I. eine Untersuchung der Streitigkeiten um
Besitzverhältnisse an. Die königliche Regierung zu Stargard erhielt Order, jene
Untertanen aufzuspüren, »denen in jüngst verwichenen Schwedischen Kriege Ihre
Schiffe und Güther von den Dähnen zur Ungebühr weggenommen oder sonst in
ihrer Handlung Schaden geschehen«[267]. Dem Aufruf zur Anzeige leisteten zahlreiche Privatpersonen Folge. Die Stadt Cammin zeigte in übertrieben-klagendem
Tone an, dass wegen der starken Übergriffe auf Handelsschiffe durch die Dänen
und die bislang fehlende Entschädigung viele Bürger der Armut verfallen seien. In
der begründenden Spezifikation vermischten die Beschwerdeführer schwedische
und dänische Aktionen. Zudem bezogen sich die Vorfälle sämtlich auf das Jahr
1712[268]. Auch die Klagen aus Stettin berührten überwiegend die Zeit vor 1715.
Sechs Seefahrer und Kaufleute jedoch büßten 1718/19 ihre Schiffe oder deren
Ladung durch dänische Kaper vor der Bornholmer Küste ein. Über die Furcht der
Stettiner vor dänischer Kaperei geben die Akten des Stettiner Rates beredtes
Zeugnis[269]. Die Angst ging so weit, dass der preußische König auf Bitte der Kaufleute sich brieflich an Friedrich IV. wandte und ihn bat, die Stettiner Schiffe frei
verkehren zu lassen. Die Stadt Treptow berichtete über ein 1719 gekapertes preu-

---

[264] Relation Andreas Weyses an Rentekammer vom 10. September 1716, Lit. B »Tabelle über die
verpfändeten Domänen«. In: RAK RKTA P-R-K C 266.
[265] Protocollum so bey der [...] Untersuchung derer Domaines in Pommern und Rügen allergnädigst
anbefohlenen Commission gehalten worden A 1716, RAK RKTA P-R-K C 266, P 3–6.
[266] Adam Brand an Friedrich IV. vom 22. Februar 1717, RAK RKTA R-P-K C 251 II.
[267] Befehl Friedrich Wilhelms I. vom 22. Dezember 1722, APS AKS I/ 6527, S. 1 f.
[268] Gadebusch an Stargarder Regierung vom 24. Dezember 1722, APS AKS I/ 6527, S. 10–29.
[269] Freyberg an Friedrich Wilhelm I. vom 5. Januar 1723 (einschließlich Anl.), APS AKS I/ 6527,
S. 38–72. KPS Rkps 274 (insbesondere S. 6, Ratsnotiz vom 23. Januar 1714). Friedrich Wilhelm
an Borck vom 31. Oktober 1713, KPS Rkp 19/12.

ßisches Schiff. Zwar hätten die Dänen das Fahrzeug wieder freigegeben, jedoch
Barschaft und Kleidung konfisziert[270].

Die Abfahrt- oder Zielhäfen der aufgebrachten Fahrzeuge befanden sich zumeist in Schweden oder im ehemals schwedischen Baltikum; eine Tatsache, die
einen Erklärungsansatz für das dänische Verhalten bietet. Mit den gemeldeten
Vorfällen verbanden sich in den meisten Fällen hohe finanzielle Schäden. Der
Verlust eines Schiffes schlug grundsätzlich mit vier-, bis oft fünfstelligen Reichs-
talerbeträgen zu Buche. Selbst die kleine Stadt Anklam bezifferte ihre durch Dänen
an Schiffen und Waren verursachten Schäden auf 25 958 Reichstaler[271].

Neben Konflikten, die sich aus dem Besitz von Grundeigentum, gegenständli-
chen Werten, wie etwa Schiffe und Waren, sowie Vermögen im jeweils anderen
Landesteil ergaben, führten althergebrachte Rechte und Privilegien zu Reibereien.
Offen blieben beispielsweise lange Zeit die Fischereirechte in Peene und Achterwasser. Erst 1719 rang sich Friedrich IV. zu dem Entschluss durch, seinen Untertanen die Nutzung des preußischen Anteils an beiden Gewässern solange zu ges-
tatten, bis ein eindeutiges Verbot in Stargard oder Berlin ausgesprochen werde.
Die hinterpommersche Regierung befasste sich bereits im Vorjahr mit der gleichen
Frage. Massow äußerte die Ansicht, der dänische Gesandte am Berliner Hofe,
Bendix Meyer, bräuchte nur einmal auf die Landkarte zu sehen, um zu erkennen,
wem das Achterwasser eigentlich zustehe[272].

Ein weiteres Ärgernis stellten preußische Werber im dänischen Landesteil dar.
Friedrich Wilhelm stockte den Personalbestand seines Heeres binnen 27 Regie-
rungsjahren von 38 000 auf 80 000 auf. Werber durchzogen die deutschen Territorien und verschleppten oft mit brutaler Gewalt. In der jüngeren Forschung wird
darauf hingewiesen, dass Werbung nicht ausschließlich mit gewaltsamen Mitteln
erfolgte. Bernhard Kroener sieht somit »ein weites Feld unter anderem zur Erforschung der sozialen und ökonomischen Beweggründe, die der individuellen Entscheidung, sich als Soldat zu verpflichten zu Grunde gelegen haben«. Wo aber
wären Quellen, Motive militärischer Unterschichten aufzudecken? Vor allem aber:
Wo steht diese Überlieferung in einer Quantität zur Verfügung, die allgemeingülti-
ge Schlüsse zuließe? Biografische Zeugnisse ländlicher oder städtischer Unterschichten, die die Mannschaften frühneuzeitlicher Heere bildeten, halten sich in
Grenzen. Mitunter existieren Briefe von Offizieren. Können einzelne Tagebücher
dieses Manko beheben? Die von Kroener benannten Quellen zu einer »neuen
Militärgeschichte« (Kirchenbücher, Testamente, Gerichtsakten, Ratsprotokolle,
Bauakten etc.) eignen sich zwar hervorragend für die erstrebte sozialgeschichtliche
Perspektive, aber vermitteln sie auch Einblicke in die Gedankenwelt angehender
Rekruten? Ralf Pröve untersucht in einem 1995 erschienenen und in seiner Dar-
stellung sehr differenzierten Aufsatz Motive für den freiwilligen Eintritt ins Militär

---

[270] Treptow (ohne Verfasser) an Stargarder Regierung (undatiert, eingegangen am 11. Januar 1723),
APS AKS I/ 6527, S. 30–37.
[271] Wiegendorff an Friedrich Wilhelm vom 7. Januar 1723, APS AKS I/ 6527, S. 73–112.
[272] Kgl. Resolution vom 17. April 1719, RAK RKTA P-R-K, C 251 IV, Nr. 21; Meyer an Regierung
vom 26. Dezember 1718, RAK Reg 88 Regkanc i Stralsund Conv. XLI.

und bildet drei Gruppen, die er mit Einzelfällen zu belegen glaubt. (Auch 77 Schicksale sind gemessen am Umfange der kurhannoveranischen Armee empirisch nicht aussagekräftig.) Die Aushebungen in Hinterpommern wirkten negativ auf das Arbeitskräftepotenzial[273]. Auf dem vom 3. bis zum 8. Mai 1717 währenden Landtag der hinterpommerschen und preußisch-vorpommerschen Stände wurden die gewaltsamen Werbungen in der Provinz thematisiert[274]. Obwohl Pommern die geforderte Mannschaft stelle, nähmen die Exzesse und Pressungen zum Militärdienst zu, konstatierten Vertreter der Ritterschaft. »Schäfer Knechte, Verwalter Söhne, Knechte von den Pflügen« würden bei Tag und Nacht aus den Höfen weggenommen. »Detachement von 30. Biß 40. Mann« würden ausgesandt, geeignete Personen zu verschleppen. Diese illegalen[275] Werbungsmethoden ereigneten sich, dem Landtagsprotokoll zufolge, sowohl in Hinterpommern als auch im preußischen Vorpommern. Die Peene bot den preußischen Militärs ebenfalls keine Grenze, die ihren Gewalttaten Einhalt zu gebieten vermochte. Im dänischen Landesteil »warben«, entführten und schlugen sie potenzielle »Rekruten«. Gewaltsame Grenzübertritte erfolgten auch von dänischer Seite. So warf der preußische König Kopenhagen vor, es hätte einen tätlichen Übergriff des Wolgaster Amtmannes Dankwerth ungestraft hingenommen. Dankwerth soll mit mehreren Bewaffneten Fischraub im preußischen Landesteil begangen haben. Inwiefern es sich um einen Einzelfall handelt, ist den Akten nicht entnehmbar[276].

Stefan Hartmann spricht in seiner 1983 erschienenen Arbeit über die preußisch-dänischen Beziehungen die »Exzesse« preußischer Offiziere nur äußerst vage an. Es habe Mitte 1717 einen Protest des dänischen Königs an den preußischen Gesandten in Kopenhagen gegeben. Hartmann nennt weder Ort noch Hintergründe und zweifelt sogar an, dass die Dänen die preußischerseits geforderten Beweise erbringen konnten, »da in den Akten diese Angelegenheit nicht mehr erwähnt wird«[277]. Diese Fehleinschätzung beruht auf der alleinigen Auswertung von Unterlagen des Preußischen Staatsarchives und der Überlieferung der außenpolitischen Abteilung der Deutschen Kanzlei. Ausschreitungen preußischer Militärs gegenüber Bewohnern des dänischen Vorpommerns spielten sich einerseits bei Einquartierung und Marschbewegungen, andererseits während der gewaltsamen »Werbungen« ab. Solche »Werbungen« betrafen insbesondere den Wolgaster Distrikt und wurden von preußischen Soldaten der Demminer und der Anklamer

---

[273] Branig, Geschichte Pommerns, II, S. 68–71. Vgl. Kroener, Militär in der Gesellschaft, S. 288; Hansen, Zur Problematik, S. 427 f.; Pröve, Zum Verhältnis, S. 204 f.

[274] Landtagsprotokoll vom 3.–8. Mai 1717, APS Zbior Loepera, Nr. 84, S. 1414–1504, hier: S. 1477–1479.

[275] In sämtlichen Territorien galt das Prinzip der Freiwilligkeit bei Werbungen. Pröve, Zum Verhältnis, S. 208.

[276] Sehestedt an Regierung vom 20. April 1720, RAK Reg 88 Regkanc i Stralsund Conv. XII, Nr. 16.

[277] Hartmann, Die Beziehungen, S. 95 f.

Garnison vorgenommen[278]. Auch aus anderen Ämtern und Distrikten liegen ähnliche Fälle von gewaltsamer Werbung vor[279].

So berichteten die Stände beispielsweise von einem Vorfall, der sich im Oktober 1717 dort zutrug. Demzufolge überschritten eines Nachts acht preußische Soldaten die Grenze, um in die Schäferei Pritwitz einzudringen und den Knecht zu entführen. Da er jedoch nicht im Hause weilte, griffen sich die Eindringlinge einen »lahmen Kerl«, den sie vorfanden, und zwangen ihn, eine andere Schäferei zu zeigen. Dort aber fiel den »Werbern« nur ein Junge in die Hände, den sie wieder laufen ließen. Sodann begaben sich die Preußen auf einen anderen Hof und trachteten, den dortigen Verwalter zu verschleppen. Da sich ihr neues Opfer aber mit Händen und Füßen wehrte, schlugen die Soldaten ihn derart, dass er für den weiteren Hofdienst untauglich wurde. Endlich traten Leute hinzu und halfen. Schon über die darauf folgende Nacht findet sich der nächste Bericht. Zehn preußische Soldaten überfielen ein Haus in Reltzow und entführten einen Leineweber und dreifachen Familienvater nach Anklam[280]. So hinterließen die Verschleppungen nicht nur menschliches Elend bei den Angehörigen, sondern verursachten zudem wirtschaftliche Nöte. Dies zeigt auch der Fall eines Lübbower Bürgers, der 1716 um Erlassung der monatlichen Kontribution bat, da sein Haus verbrannt und er beim Einmarsch alliierter Truppen auf Rügen ausgeplündert worden sei. Sein ältester Sohn, der den Haushalt geführt habe, sei nach Preußen verschleppt[281].

Trotz diplomatischer Proteste und der Versicherung Friedrich Wilhelms, die Exesse seiner Soldaten zu unterbinden, riss die Kette gewaltsamer Übergriffe nicht ab. Im Dezember 1717 berichtete die Stralsunder Regierung an den Generalgouverneur über einen nächtlichen Grenzübertritt von 50 preußischen Soldaten aus der Demminer Garnison. Sie brachen in die Häuser schlafender Bauern ein, verprügelten die Bewohner und entführten einen Knecht. Trotz offizieller Beteuerungen aus Berlin, Stettin und Stargard, dass man das Verhalten der Werber missbillige, dauerten die Gewalttaten auch weiterhin an[282]. Verantwortliche Offiziere gingen ihres Dienstpostens verlustig. So teilte Generalleutnant Martin Adrian von Borcke der Stralsunder Regierung mit, dass speziell das unter dem Kommando Johann von Lottums stehende Schlabrendorffer Regiment den königlichen Befehl erhalten habe, die dänische Grenze künftig nicht mehr zu verletzen.

---

278 Landstände an Regierung vom 3. Oktober 1717 (Kopie), StadtA Stralsund Rep. 13, Nr. 614; Scholten an Regierung vom Dezember 1719 (kein genaues Datum), RAK Reg 88 Regkanc i Stralsund Conv. XXXVIII; RAK Reg 88 Regkanc i Stralsund Conv. XLI.

279 Registratur der Schriften aus dem Amt Loitz. RAK Reg 88 Regkanc i Stralsund Conv. CCXCVIII (Acta Traditionis des königl. Antheils des Herzogthumbß Vorpommern und des Fürstenthumbß Rügen an die Crohne Schweden).

280 Landstände an Regierung vom 3. Oktober 1717 (Kopie) Beilage, StadtA Stralsund Rep. 13, Nr. 614; dort ein weiterer Fall.

281 RAK RKTA P-R-K C 251, Nr. 3.

282 Regierung an Dewitz vom 21. Dezember 1717, RAK TKIA B 209; Pröve gibt Beispiele für derartige Massenwerbungen in Kurhannover. Pröve, Zum Verhältnis, S. 211−215; Brock an Regierung vom 27. Juli 1717, Dewitz an Friedrich IV. vom 7. März 1718, RAK TKIA B 209; RAK Reg 88 Regkanc i Stralsund Conv. XLI.

Generalgouverneur von Dewitz stellte bereits im November 1717 der Regierung frei, Militär aus der Stralsunder Garnison im Grenzdienst einzusetzen, um die gewaltsamen Werbungen zu unterbinden[283]. Im Mai 1718 folgte ein Regierungsedikt wider die sich weiterhin in das Land »schleichenden« Werber, die »die Einwohner derer Dörffer bey Nächtlicher Weile überfallen/ die Häuser erbrechen und sonsten allerhand Gewaltthätigkeiten und höchst strafbahre Excesse verüben.« Die Einwohner der betroffenen Orte sollten, sobald sich Werber zeigten, die Sturmglocke läuten. Hierauf hätten sämtliche Nachbarn der umliegenden Dörfer, bei Androhung schwerer Strafe, sofort zu Hilfe zu eilen und nach Möglichkeit die Eindringlinge überwältigen müssen, um sie sodann dem nächsten Offizier auszuliefern[284].

Die Landesteilung und die Nachbarschaft zu Preußen wirkte sich also auch auf das nördlich der Peene stehende dänische Militär aus. Die Truppenverlegung ist hierfür nur ein Beispiel. Ein anderes bestand in der Konkurrenz, in der Vergleichbarkeit der Dienstverhältnisse. Als Friedrich IV. im Januar 1718 anordnete, das Brot der in Pommern befindlichen dänischen Miliz qualitativ zu mindern, erhob sich Kritik aus der Kopenhagener Rentekammer. Der Vorschlag, ein Drittel der bislang verteilten Menge Roggenbrot durch Gerstenbrot zu ersetzen, erscheine nicht durchführbar, schließlich erhielten die benachbarten preußischen Truppen pures Roggenbrot. Gäbe man den eigenen Truppen schlechtere Verpflegung, so werde die Desertionsrate sehr rasch steigen[285].

Tatsächlich scheinen dem Dienst entlaufene Soldaten zahlreich gewesen zu sein. So berichtete Generalmajor von Ingenhoven dem Generalgouverneur klagend, dass beim Abmarsch aus Vorpommern viele seiner Soldaten in die umliegenden Dörfer geflohen seien[286]. Karl-Heinz Steinbruch berichtet, dass während der Belagerung Wismars etwa 1650 dänische Soldaten desertierten. Ludwig Holberg lässt in der Gestalt des Jacob Skoemager einen ehemaligen Deserteur, der sich vor Wismar aus dem Staube machte, in seiner berühmten Komödie »Jeppe vom Berge« auftreten. Bereits im Dezember 1717 gebot die Regierung, Fährleute dürften keine Militärs außer Landes bringen, die sich nicht auszuweisen vermochten[287]. Wenige Monate später sah sich die dänische regionale Führung gezwungen, diesen Befehl zu wiederholen. Diese neuerliche Ordre forderte zudem eine Meldung entsprechender Vorfälle beim Vorgesetzten des flüchtigen Soldaten. Im Falle des

---

[283] Da von Kötzschau keine Befehlsgewalt über die dortigen Einheiten verfügte, erteilte Dewitz dem Festungskommandanten Stöcken die Order, entsprechende Mannschaften auf Wunsch abzustellen. Dewitz an Friedrich IV. vom 7. März 1718, RAK TKIA B 209; Dewitz an Regierung vom 12. März 1718, RAK Reg 88 Regkanc i Stralsund Conv. XXXI.

[284] Regierungsedikt vom 13. Mai 1718, RAK Regkanc i Stralsund Con. CCLXXXIII-CCLXXXVIII, Nr. 28.

[285] Notiz der Rentekammer (ohne Datum), RAK RKTA P-R-K C 251 III, Nr. 1.

[286] Dewitz an Regierung vom 14. November 1716, RAK Reg 88 Regkanc i Stralsund Conv. XXIX. Steinbruch, Der Nordische Krieg, S. 42. Holberg: Jeppe, S. 78 f.

[287] Regierungspatent vom 29. Dezember 1717, RAK RKTA P-R-K C 256, Nr. 22. Fälle hierfür: Schacht an Regierung vom 19. Mai 1717, RAK Reg 88 Regkanc Stralsund Conv. XLIV.

Zuwiderhandelns drohte die Regierung mit Geld- und Leibesstrafen. Auch sollten unwillige Fährleute den durch Desertion entstanden Schaden erstatten[288].

Andererseits hielten sich im dänischen Landesteil flüchtige »Landeskinder« und Deserteure verschiedener Staaten[289] auf, neben preußischen auch russische und mecklenburgische. Diese Tatsache wirkte ebenfalls negativ auf das dänisch-preußische Verhältnis. So forderte Stargard vom Amtmann Danckwerth ausführliche Listen mit allen sich in seinem Bezirk aufhaltenden geflohenen Soldaten[290]. Bereits 1706 hatten Dänen und Preußen sich über die gegenseitige Auslieferung von Deserteuren verständigt[291] und jene Übereinkunft im Vorfeld des viel zitierten Vertragsschlusses vom 18. Dezember 1718 wiederholt bekräftigt. Die Stralsunder Regierung zeigte sich dementsprechend aufgeschlossen und war grundsätzlich bereit, Deserteure auszuliefern[292]. Die Festnahme und Übergabe erfolgte in Zuständigkeit der Ämter. Der Bitte preußischer Regimentskommandeure, ihnen Vollmacht zu erteilen, die flüchtigen Soldaten durch eigene Kommandos zu stellen, lehnte die dänische Regierung ab. In einem überlieferten Fall gestattete sie einem preußischen Unteroffizier, bei von dänischen Kavalleristen durchgeführter Verhaftung zugegen zu sein. Anders verhielt es sich mit zivilen Emigranten[293], denn selbst preußische Untertanen, die keinen Waffenrock trugen, zogen mitunter die dänische der preußischen Herrschaft vor. Auch in diesen Fällen bemühte sich die Stargarder Regierung in Stralsund um die Auslieferung der »geflüchteten« Landeskinder. Kötzschau und dessen Räte verweigerten jedoch die Erfüllung solcher Gesuche, da es sich aus ihrer Sicht bei den angezeigten Zivilisten weder um Deserteure noch um Leibeigene handelte[294].

Im Falle des aus Preußen geflohenen Ludwig Reimar verhandelten der dänische Generalmajor Paul Vendelbo Löwenör und Legationsekretär Christian Albrecht von Johnn, also der ehemalige rügische Amtmann und Bruder des Stralsunder »Regierungsrates«, noch im Jahre 1730/31 mit dem Berliner Hof[295]. Reimar war um 1715 aus Furcht vor Werbung nach Rostock geflohen, hatte dort das Bäckerhandwerk erlernt und sich 1719 ein Jahr in Stralsund niedergelassen. Von dort aus

---

288 Regierungspatent vom 25. Juli 1718, RAK RKTA P-R-K C 256, Nr. 30.
289 Neben preußischen auch russische und mecklenburgische. Dewitz an Regierung vom 22. August 1716, RAK Reg 88 Regkanc i Stralsund XXIX; Petkum an Regierung vom 4. August 1717, RAK Reg 88 Regkanc i Stralsund Conv. LIII.
290 Dewitz an Friedrich IV. vom 15. September 1716, RAK TKIA B 209.
291 Cartel mit der dänischen Generalität wegen derer Deserteurs vom 24. Oct 1706 sambt Ratification vom 29ten December 1706, APS RiS, Nr. 412, Bl. 3–10.
292 RAK Reg 88 Regkanc i Stralsund Conv. LI.
293 Friedrich Wilhelm I. untersagte 1713, 1714 und 1718 bei »Vestungs-Arbeit, und andern schweren Leibes-Straffen« die Auswanderung und gebot allen flüchtigen Landeskindern, binnen zwei Monaten zurückzukehren. Kgl. Edikt vom 19. Februar 1718 (gedruckt), APS Zbior Loepera, Nr. 174, 1718, Bl. 3 f. Declaration desselben Ediktes vom 23. April 1718 (gedruckt), APS Zbior Loepera, Nr. 174, 1718, Bl. 17 f.
294 Hinterpommersches Kommissariat an Regierung vom 8. April 1720, RAK Regkanc i Stralsund Conv. XLIX (mit beigefügter Liste geflohener Untertanen und deren Aufenthaltsort im Dänischen); Hinterpommersches Kommissariat an Regierung vom 22. Mai 1720, RAK Regkanc i Stralsund Conv. XLIX.
295 APS AKS I/ 770.

begab er sich nach Kopenhagen, um im Anschluss in Hamburg seinen Geschäften nachzugehen. Schließlich trat er der dänischen Garde zu Fuß bei und nahm nach sechs Jahren Dienst in der Kavallerie. Als Reimar nun Mitte 1730 sein Erbe aus Luckow bei Ueckermünde abzuholen gedachte, wurde er kurzerhand ins preußische Regiment Anhalt-Zerbst gepresst. Die preußisch-pommersche Regierung urteilte über Reimars Verhalten:

> »Dieses zeigt sattsahm an, daß Reimarius durch die Hebung noch vorhandenen Erbtheils so er heimlicher Weise hohlen wollen sich gäntzlich auß seinem Vaterlande entfernen sondern auch wieder das Recht [...] um so vielmehr straffbahr werden wollen, durch sein böses Vorhaben um so viel scheinbahrer an den Tag geleget worden«[296].

Die in der Notiz getätigten Jahresangaben decken sich nicht mit den Aussagen des zuständigen Amtmannes, der behauptet, Reimar sei etwa um 1718 nach Rostock gegangen.

Löwenör und von Johnn protestierten in Berlin gegen die Verschleppung des dänischen Soldaten[297]. Eine Episode, die anhand eines Einzelschicksals Fluchtmotive von Zivilisten offenbart, die den Kampf um Untertanen zeigt und zugleich einen interessanten Einblick in das preußisch-dänische Verhältnis in vorpommerschen Fragen bietet.

Neben den vielen hier geschilderten Problemen bestanden zahlreiche weitere. Etwa im religionspolitischen Bereich, in Erbschaftsfragen von Bewohnern beider Landesteile, in privaten und öffentlichen Finanzangelegenheiten und in unterschiedlichsten Rechtsbelangen. Stargard und Stralsund waren sich gleichermaßen dessen bewusst, dass sie der Unterstützung des jeweils anderen bedurften[298]. Angesichts dessen bleibt der unübersehbare Konfrontationskurs zwischen beiden Regierungen oft unverständlich[299].

Das preußisch-dänische Verhältnis im geteilten Vorpommern darf resümierend als überaus schlecht charakterisiert werden. Natürlich existierten Bereiche, in denen eine enge und für beide Seiten unerlässliche Zusammenarbeit notwendig blieb und auch gänzlich außer Frage stand, etwa die schon angesprochene Auslieferung von Deserteuren. Preußische Soldaten, die in Peenemünde ihren Dienst versahen, benötigten bei monatlicher Ablösung Durchmarschrechte, die ihnen die dänische Seite einräumte[300], obwohl die Dänen bisweilen Meldungen über »Excesse« der marschierenden Soldaten erhielten.

---

[296] Notiz Bredows vom 2. Januar 1731, APS AKS I/ 770, S. 3–5; Henrici an Friedrich Wilhelm I. vom 9. Februar 1731, APS AKS I/ 770, S. 25 f.

[297] Memorial von Johnns an Friedrich Wilhelm I. vom 7. Dezember 1730 (Kopie), APS AKS I/ 770, S. 7; Memorial von Löwenöres an Friedrich Wilhelm I. vom 21. Oktober 1730 (Kopie), APS AKS I/ 770, S. 9.

[298] So versagte das preußisch-hinterpommersche Konsistorium dem Wolgaster Prediger Flottmann, Geld für den Wiederaufbau seiner Kirche zu sammeln. Hinterpommersches Konsistorium an Regierung (undatiert), RAK Reg 88 Regkanc i Stralsund Conv. XLIX; RAK Reg 88 Regkanc i Stralsund Conv. XII; RAK Reg 88 Regkanc i Stralsund Conv. LIII; RAK Reg 88 Regkanc i Stralsund Conv. XLVIII.

[299] RAK Reg 88 Regkanc i Stralsund Conv. XLIX.

[300] Stellvertretend für zahlreiche Schreiben: Eimbeck an Regierung vom 25. Januar, 24. Februar, 24. März und 27. April 1720, RAK Reg 88 Regkanc i Stralsund Conv. LI.

Preußischerseits bemühte man sich, derartige Vorkommnisse herunterzuspielen, war aber zugleich an einer schnellen Aufklärung und Verhinderung derartiger Ausschreitungen sehr interessiert. Schließlich bedurften die Regimenter der dänischen Hilfe. Sie konnte nicht leichtfertig aufs Spiel gesetzt werden. So verbot Generalleutnant von Borcke seinen Soldaten, während der unumgänglichen Durchquerung dänischen Gebietes in Häuser einzukehren. Stattdessen hatten sich die entsprechenden Einheiten ohne Umwege nach Peenemünde zu begeben. Personen, die sich führend an Ausschreitungen beteiligten, erwarteten harte Strafen[301].

Auch und insbesondere in juristischen Belangen bestand ein beiderseitiges Abhängigkeitsverhältnis. Sowohl die hinterpommersche als auch die dänisch-vorpommersche Regierung waren sich hierüber im Klaren. Das Angewiesensein auf solche Aktenbestände, die sich in der jeweils anderen Hand befanden, ließen eine Nutzung eigener Archivbestände als Druckmittel nicht zu. »Wir werden in vorkommenden Fällen, nachbahrliche Freundtschafft und Willfährung zu bezeigen, Uns allemahl angelegen seyn laßen«[302]. Mit diesen Worten beendete die preußische Regierung ihre erste Aktenanforderung aus Stralsund. Sie verdeutlichen ein Bewusstsein gegenseitiger Dependenz, über das auch Kötzschau und dessen Räte verfügten. So kooperierte die dänische Regierung nicht allein in Fragen des Informationsaustausches mit ihren Stargarder Kollegen, sondern unterstützte mitunter Rechtsanliegen preußischer Untertanen[303]. Besonders erschwerte der schlechte Zustand des Stettiner Archives die Arbeit der hinterpommerschen Regierung. Nicht zuletzt aufgrund der Tatsache, dass sie Aktenbestände der Oderstadt in Stralsund vermutete, hoffte sie auf enge Kooperation mit den dänischen Kollegen[304].

1720 brach in Marseille die Pest aus. Ihre Übertragung in andere europäische Gebiete stand zu befürchten. Grund genug für Stargard, sich an die dänische Regierung zu wenden und um eine enge Zusammenarbeit bei der Seuchenverhinderung zu bitten[305]. Auch Kurhannover, Rostock und Danzig baten um Zusammenarbeit bei der Seuchenverhütung.

Da die Seuche sowohl über See als auch über Land schnell an Boden gewann, riet die hinterpommersche Regierung zur militärischen Überwachung aller Grenzen. An die Seelotsen zu Pillau erging Instruktion, sämtliche Schiffer abzuweisen,

---

[301] Lottum an Regierung vom 11. Dezember 1718, RAK Reg 88 Regkanc i Stralsund Conv. LI; Borcke an Regierung vom 27. August, vom 26. Juli und vom 17. September 1718, RAK Reg 88 Regkanc i Stralsund Conv. LI; Meyer an Regierung vom 26. Dezember 1718, Lit. B, RAK Reg 88 Regkanc i Stralsund Conv. XLI.
[302] Hinterpommersche Regierung an Regierung vom 17. August 1716, RAK Reg 88 Regkanc i Stralsund Conv. XLIX.
[303] RAK Reg 88 Regkanc i Stralsund Conv. XLVII; RAK Reg 88 Regkanc i Stralsund Conv. XLVIII; RAK Reg 88 Regkanc i Stralsund Conv. XXVII.
[304] Hinterpommersche Regierung an Regierung vom 2. Oktober und vom 22. Oktober 1716, RAK Reg 88 Regkanc i Stralsund Conv. XLIX.
[305] Hinterpommersche Regierung an Regierung vom 19. September und vom 11. Oktober 1720, RAK Reg 88 Regkanc i Stralsund Conv. LII; Friedrich Wilhelm an hinterpommersche Regierung vom 14. September 1720, RAK Reg 88 Regkanc i Stralsund Conv. LII; RAK Reg 88 Regkanc i Stralsund Conv. LII

die aus Marseille oder anderen »verdächtigen« Orten ankämen[306]. Kötzschau und dessen Räte maßen der Ansteckungsgefahr von Seeseite wenig Bedeutung zu, da sie den Handel mit Frankreich für sehr gering erachteten. Ihre ganze Sorge galt dem Schutz der Landgrenzen gegen die Einschleppung der Pest aus Polen. Gleichwohl verboten auch sie das Einlaufen jedweder Schiffe aus Frankreich. Derartige Versuche waren mit Gewalt abzuwehren. In dem entsprechenden Patent wies die Regierung ausdrücklich auf ihre Kooperation mit benachbarten Staaten hin[307].

Über die genannten Beispiele einer tätigen Zusammenarbeit hinaus bestand ein dauerhaftes und beiderseitiges Interesse am Informationsaustausch. So erfragte die dänische Regierung die preußische Verfahrensweise im Hinblick auf die dortigen kriegsgefangenen Schweden. Insbesondere lag ihr daran zu erfahren, wie es sich mit dem Lehnsrecht in Bezug auf diesen Personenkreis verhalte[308]. Die preußische Seite hingegen hoffte auf schwedische Matrikelakten und Vermessungskarten aus dem dänischen Landesteil[309].

Vor dem Hintergrund der gegenseitigen Abhängigkeit der beiden neuen Landesherrschaften in Vorpommern in vielen Belangen des täglichen Verwaltungsgeschäfts erscheinen die gleichzeitigen fortwährenden Konflikte als ein schwer erklärbarer Antagonismus. Und doch blieb das preußisch-dänische Verhältnis bis zum Ende der dänischen Herrschaft im Jahre 1721 spannungsreich. Im Gegensatz zu Friedrich IV. vermochte Friedrich Wilhelm seinen Anteil an Vorpommern dauerhaft dem eigenen Staat einzugliedern. Kopenhagen setzte ohnehin bei den Friedensverhandlungen andere Schwerpunkte. Der Erhalt des gewonnen Rechtsstatus in Schleswig und Holstein schien wichtiger als die dauerhafte Sicherung Vorpommerns und Rügens.

---

[306] Instruktion vor die Seelotsen vom 28. September 1720, RAK Reg 88 Regkanc i Stralsund Conv. LII.

[307] Alvensleben an Regierung vom 26. November 1720, RAK Reg 88 Regkanc i Stralsund Conv. LII; Regierungsbefehl vom 29. November 1720, RAK Reg 88 Regkanc i Stralsund Conv. LII.

[308] Friedrich Wilhelm an Regierung vom 8. Dezember 1716, RAK Reg 88 Regkanc i Stralsund Conv. XLVII.

[309] Ilgen an Regierung vom 17. August 1720, RAK Reg 88 Regkanc i Stralsund Conv. XLVIII.

VI. Das Ende der dänischen Herrschaft

Im Jahre 1719 bahnte sich nach dem gewaltsamen Tod Karls XII. (1718) auf den diplomatischen Parketten Europas das Ende des Großen Nordischen Krieges an. Dem hannoverschen Kurfürsten gelang als Erstem, einen für ihn überaus vorteilhaften Friedensschluss mit der jungen schwedischen Königin Ulrica Eleonora zu erzielen. Sie verzichtete im Stockholmer Frieden vom 20. November 1720 zu Gunsten Georgs auf Bremen und Verden.

Frankreich, das darauf bedacht war, seinem traditionellen Verbündeten Schweden einen Brückenkopf im Reich zu erhalten, verwandte einiges diplomatisches Geschick auf die Erreichung dieses Zieles. Paris kam somit den Vorstellungen des englischen Königs und hannoverschen Kurfürsten Georg I. entgegen, Schweden den dänisch besetzten Teil Pommerns zurückzugeben[1]. London fürchtete eine weitere Stärkung der russischen Position am baltischen Meer und lehnte aus diesem Grund eine allzu starke Schwächung Schwedens ab. Gerade die englische Diplomatie erwies sich bei den nun anlaufenden preußisch-schwedischen und dänisch-schwedischen Friedensverhandlungen als treibende Kraft[2]. Schwedischerseits willigte man in die britische Vermittlerrolle nur unter der Bedingung ein, dass der dänische Anteil Vorpommerns wieder zurückgegeben werde. Friedrich IV. hingegen erstrebte zunächst sowohl die endgültige Abschaffung der schwedischen Sundzollfreiheit, forderte den herzoglich-gottorfschen Anteil von Schleswig, Marstrand, das Bohuslän und die Festung Wismar als auch den Besitz des nördlich der Peene gelegenen Vorpommerns. Die Schärfe der Argumentation und das beiderseitige Beharren auf dem eigenen Standpunkt drohte im Sommer 1719, die Verhandlungen gänzlich zum Stillstand zu bringen. Erst als es den englischen Diplomaten gelang, die Position Friedrichs IV. aufzuweichen, traten die beiden nordischen Königreiche erneut in Waffenstillstandsverhandlungen. Kopenhagen hatte sich zuvor bereit erklärt, über alles, mit Ausnahme Schleswigs, Vorpommerns und Marstrand, verhandeln zu können[3]. Trotz der in Bezug auf Vorpommern nach wie vor starren Haltung unterzeichneten Dänen und Schweden bereits am 30. Oktober 1719 einen britisch vermittelten sechsmonatigen Waffenstillstand[4].

Erst wenige Tage vor der Vertragsratifizierung ließ Friedrich Verhandlungsbereitschaft über Vorpommern und Rügen erkennen. Unmittelbar nach dem Ver-

---

1 Kirby, Northern Europe, S. 312 f.
2 Jespersen, 1648–1720, S. 189 f.; Hartmann, Die Beziehungen, S. 106 f.
3 Bidrag, Bd X, S. 162 f.
4 Beseler, Die englisch-französische Garantie, S. 11.

tragsschluss offerierte er den Briten, Abstand von Vorpommern nehmen zu wollen, sofern ihm hierfür ein »Äquivalent« zuteil würde[5].

Die Stralsunder Regierung teilte Mitte November ihren vorpommerschen Untertanen den Waffenstillstand durch ein entsprechendes Patent mit und verwies darauf, dass beide Konfliktparteien sich auf einen freien und ungehinderten Seehandel geeinigt hätten. Kaperei hatte fortan zu unterbleiben. Auch durfte niemand von der Aufbringung schwedischer Schiffe profitieren. Dieses Gebot bestätigte Kopenhagen im Mai 1720, trotz Ablauf der Waffenruhe[6]. Zudem teilte Generalgouverneur Jobst von Scholten mit, dass der König eine Fortsetzung der Kampfhandlungen keineswegs wünsche. Die im Land befindlichen Einheiten waren schon vorher hiervon in Kenntnis gesetzt worden[7].

Ein baldiges Ende der »Dänenzeit« zeichnete sich nun deutlich ab. Glaubten die Stände überhaupt je an eine dauerhafte dänische Herrschaft, so änderten Ritterschaft und Städte ihre Haltung spätestens Anfang 1719. So begaben sich rügische und vorpommersche Deputierte bereits im März, also lange vor dem Waffenstillstand, in die schwedische Residenz und baten die Königin Ulrica Eleonora, in Anbetracht der neuen schwedischen Regimentsverfassung sämtliche Privilegien des norddeutschen Territoriums zu bestätigen[8]. In ihrer »General-Confirmation der Pommerschen Privilegien« vom 23. März 1719 hob die Herrscherin die ständische Treue zu Schweden, die trotz der dänischen Besetzung bestehe, hervor[9]. Ob diese Generalkonfirmation am 23. oder 28. März unterzeichnet wurde, bleibt offen. Der von Buchholz attestierte Druckfehler (28. März) findet sich lediglich in der von Johann Carl Dähnert gewählten Überschrift. Am Ende des Dokuments ist der 23. März angegeben. Einer ständischen Akte aus dem Jahre 1719 liegt eine Abschrift der Konfirmation bei, in der es wörtlich heißt: »Gegeben auff Unsern Schloß Carlberg, am achtundzwantzigsten tage, des monats marty, Im Jahr nach Christi geburth, EinTausendSiebenhundert und Neunzehn.« Die Königin versprach für sich und ihre Erben, die Freiheiten und angestammten Rechte der vorpommerschen Ritterschaft und Städte auf »ewige Zeiten« zu bewahren. Des Weiteren sicherte Ulrica Eleonora zu, »alle dem zuwider geschehene Neuerung, und

---

[5] Bidrag, X, S. 165.

[6] Regierungsbefehl vom 13. November 1719, RAK RKTA P-R-K C 256, Nr. 48; Regierungsbefehl vom 20. November 1719, RAK RKTA P-R-K C 256, Nr. 49; Land- und See-Generaletatskommissariat an Horst vom 18. Mai 1720 (Kopien), RAK Reg 88 Regkanc i Stralsund Conv. CCXCVII.

[7] Scholten an Regierung vom 20. Mai 1720, RAK Reg 88 Regkanc i Stralsund Conv. XXXVIII.

[8] Buchholz schildert, die schwedischen Stände hätten die Königin zur Übertragung der neuen Regimentsverfassung auf die deutschen Territorien genötigt. Die Königin habe nur deren Willen vollzogen. Die Ritterschaft hätte diesen Schritt sodann »geradezu enthusiastisch« begrüßt. Dieser Hergang bleibt hier unbezweifelt, jedoch muss deutlich hervorgehoben werden, dass vorpommersche und rügische Adelige anscheinend persönlich in Stockholm um Übertragung der Regimentsverfassung nachsuchten! Dies geht zumindest aus dem Text der »Confirmation« hervor. Vgl.: Der Königin Ulrica Eleonora General-Confirmation, S. 464 f.; Buchholz, Öffentliche Finanzen, S. 121.

[9] Vgl.: Der Königin Ulrica Eleonora General-Confirmation, S. 464 f.; Buchholz, Öffentliche Finanzen, S. 121; General-Confirmation der Pommerschen Privilegien vom 23. März 1719, StadtA Stralsund Rep. 13, Nr. 57.

insgemein alle Eingriffe hiemit für Uns und Unsere Successoren hiemit vollkommen und gänzlich [zu] annulieren«. Zu diesem Zeitpunkt konnte Stockholm unmöglich von einer Wiedereinrichtung der eigenen Herrschaft in Pommern überzeugt sein. Die nordischen Parteien befanden sich mitten im Krieg. Schwedens Situation war äußerst prekär. Die militärische Tatkraft Karls XII., die den drohenden Untergang des nordischen Reiches verzögerte, ging 1718 in einem Graben vor der norwegischen Feste Frederikshal dahin. Den 36-jährigen Kriegerkönig fand man des Nachts erschossen. Mit seinem Tod brach das absolutistische Regime in Schweden zusammen[10]. Die Stände setzten mit Erfolg eine neue, ihnen weitgehende Freiheiten einräumende Regimentsverfassung durch. Auch innenpolitisch blieb die Lage im Norden also angespannt.

Dass die vorpommerschen Stände in Schweden um Restauration ihrer Privilegien nachsuchten, zeigt zum einen die Verbundenheit mit der alten Landesherrschaft, zum anderen aber die Hoffnung, aus der neuen schwedischen Verfassung künftig Profit zu schlagen. Hierfür spricht insbesondere, dass ausschließlich Adelige bei der Königin vorsprachen. Sie »litten« schließlich am stärksten unter der dänischen Herrschaft, griff diese doch mit der Ritterhufensteuer ihre elementaren Privilegien an. Da aller Protest gegenüber der dänischen Regierung wirkungslos verhallte, bot eine schwedische Garantie einen Strohhalm, nachdem zu greifen sich lohnte.

Dem Betrachter stellt sich die Frage, wie überhaupt eine ständische Abordnung zu dieser Zeit nach Schweden gelangen konnte, da doch jeglicher Verkehr mit dem nordischen Reich streng verboten blieb. Erst im Dezember 1719 teilte die Deutsche Kanzlei der Stralsunder Regierung mit, dass nunmehr wieder allen vorpommerschen Untertanen das Reisen nach Schweden gestattet sei[11].

Nach erfolgtem Waffenstillstand ließen die Stände ihren Loyalitätsbekundungen gegenüber der schwedischen Krone ungehemmt freien Lauf, offensichtlich in Unkenntnis des tatsächlichen Verhandlungsverlaufes, denn die Gespräche über Vorpommern dauerten an. In einem im November an Ulrica Eleonora gesandten Schreiben brachten Städte und Ritterschaft ihre »munternde freude« zum Ausdruck, die umso größer sei, »als die alhiesige geg[en] der Crohn Schweden unterdrückt erhaltenen Pflichtschuldigte devotion nur in der Stille und im Hertzen geheget werden müßen [...] daß innere jauchtzen undt frohlocken öffentlich außbrechen zu laßen«. Neue »Freudenlieder« wolle man anstimmen, angesichts der Tatsache, dass das Land nun bald wieder unter dem »schwedischen Zepter« stehe[12]. In eimem im gleichen Kontext abgefassten Brief an den Erbprinzen Friedrich malten die Stände die dänische Herrschaft in den düstersten Farben und äußerten den Wunsch, »daß hieselbst die auff eine unbeschreibliche art, abgemattete, und biß aufs blut außgesogene Contribuenten, mit mehren Königl. Danischen Belästi-

10 Karls XII. Tod ist Gegenstand zahlreicher Abhandlungen. Bis in jüngste Veröffentlichungen dauert die Diskussion an, ob der König durch eine Person aus den eigenen Reihen gemeuchelt oder durch gegnerischen Beschuss fiel. Hårdstedt, Frederikshald 1718, S. 344–351.
11 Sehestedt an Regierung vom 5. Dezember 1719 (Kopie), RAK Reg 88 Regkanc i Stralsund Conv. XII, Nr. 14.
12 Landstände an Ulrica Eleonora vom 27. November 1719, StadtA Stralsund Rep. 13, Nr. 57.

gungen welche sonsten etwa vor der evacuirung zu befürchten seyn dürften verschonet bleiben« werde[13].

Hoffnung keimte unter den Städten und der Ritterschaft, bei den Verhandlungen zum endgültigen Friedensschluss anwesend zu sein. Vielleicht wäre es möglich, die Teilung Vorpommerns wieder aufzuheben oder deren negative Folgen zu vermindern, projektierten ihre Wortführer. Schließlich forderten sie die von Schweden ausdrücklich anerkannten Landesprivilegien, das Territorium nicht ohne Einwilligung der Stände teilen zu dürfen[14]. So finden sich in den Stralsunder Akten zwei undatierte anonym verfasste Denkschriften unter den Überschriften »beyfällige Observance ...« und »Etwanige beyfällige Gedancken«, die diese Vorstellungen zum Ausdruck bringen. Als Grenze bot sich auch weiterhin die Peene an, wobei das Lassanische Wasser beim Amt Wolgast verbleiben sollte. Auch auf eine gänzliche Freiheit des Handels zwischen beiden Landesteilen und die Einrichtung des Kommerziums auf Grundlage des Westfälischen Friedens hofften die Stände[15].

Während der Norden voller Vorfreude auf die kommende Wiederherstellung der schwedischen Herrschaft blickte, oder dies zumindest dem künftigen Landesherrn bezeugte, stimmten im südlichen Vorpommern die nunmehr preußischen Untertanen Lobeshymen auf Friedrich Wilhelm I. an und entschuldigten sich für Ihre Treue zu Schweden. Die schwedische Herrschaft schilderte man in anderem Licht, als dies nördlich der Peene geschah: »Der König zürne nicht ob der Beständigkeit/ Die wir der Schweden Cron so lang bezeugen müssen«, hieß es da in einem dem König von »sämtlichen Landes-Ständen« präsentierten Gedicht, das fortfährt:

»Des Adlers scharffes Aug (den wir mit Freuden grüssen,)
Trifft hier bewehrte Prob von Treu und Redlichkeit.
Nachdem der Fürsten-Stamm für vier und achtzig Jahr,
Mit Bogslao starb und Schweden uns regieret,
Viel Trübsal haben wir in solcher Zeit verspüret
Obgleich das Regiment uns sonst erträglich war
Denn hatte Schweden Krieg/ must Pommern mit daran;
Hilff Gott was Ungemach hat man nicht ausgestanden«[16].

Was blieb den vorpommerschen Ständen in beiden Landesteilen übrig, als sich in ihr Schicksal zu fügen. Beiderseits der Peene galt es, sich mit den auf diplomatischen Parketten ausgehandelten politischen Gegebenheiten zu arrangieren.

Im Juni 1720 schlossen sich die Aktendeckel der dänisch-schwedischen Verhandlungen. Am 3. Juli unterzeichneten zu Frederiksborg die nordischen Monar-

---

13   Landstände an Erbprinz Friedrich (undatiert Kopie), StadtA Stralsund Rep. 13, Nr. 57.
14   StadtA Stralsund Rep. 13, Nr. 57.
15   »Etwanige beyfällige Gedancken«, StadtA Stralsund Rep. 13, Nr. 57.
16   Pommersches Glück zu dem Könige in Preussen! Das ist Freudiger und glückwünschender Zuruff An den Allerdurchlauchtigsten/ Großmächtigsten Fürsten und Herrn, Herrn Friedrich Wilhelm, Glorwürdigsten König in Preussen, Marggrafen zu Brandenburg, des Heil. Röm. Reichs Ertz-Cämmerer und Churfürsten, a.a.a. Als die getreuen Pommerschen Stände, Vasallen und Unterthanen Nach geschehener gäntzlicher Cession der Stettinischen und Vor-Pommerschen Lande diesseits der Pehne, Höchstgedachter Sr. Königl. Majestät in Preussen, Als ihrem itzigen allergnädigsten Herrn und Landes-Vater, Zu unterschiedenen mahlen/ Absonderlich den 10. Augusti 1721 Bey Aufnehmung der allgemeinen Erb-Huldigung, In demüthigsten Gratulations-Carminibus, Alten Stettin o.J. [1721] (Ein Exemplar unter KPS 25 587. XVIII), BgnSign. B 2.

chen einen für beide Seiten schmerzlichen Friedensschluss. Friedrich IV. sah sich
nun durch britischen Druck gezwungen, seine vorpommerschen Besitzungen wieder abzutreten[17]. Schon während der 1719 geführten Verhandlungen zeichnete sich
die Rückgabe Vorpommerns und Rügens ab. Dewitz, der sich zunächst im Auftrag
Friedrichs IV. für den Erhalt des Landes einsetzte, erfuhr im Juli von Andreas
Gottlieb Bernstorff, dass Britannien allzu hohe Forderungen Dänemarks nicht
gutheißen könne, da dies die Verhandlungen erschweren und verlängern würde.
Schleswig und Vorpommern zu fordern, erschien der englischen Krone zu hoch
gegriffen. Karl Friedrich von Holstein-Gottorp hatte sich unter den Schutz Peter
des Großen nach St. Petersburg begeben. Damit drohten dessen Rechte an den
russischen Zaren zu fallen. Um die alliierte Garantie auf den herzoglichen Anteil
Schleswigs nicht zu verlieren, beugte sich der dänische König dem Willen der englischen Krone. Ihm lag insbesondere eine offizielle französische Bestätigung seiner
Rechte in den Herzogtümern am Herzen, da Frankreich ältere Verpflichtungen
gegenüber Gottorf banden. Die Londoner Diplomatie erwies sich hierbei als besonders wertvoll, gelang es ihr doch, dem eher unwilligen Paris die gewünschten
Unterschriften zu entlocken. Eine Ignorierung der englischen Forderungen hätte
somit für Friedrich noch stärkere territoriale Einbußen mit sich gebracht. Also
fügte sich der rührige »Enevoldkonger«[18].

Nachdem im dänisch besetzten Vorpommern bekannt wurde, dass eine Übergabe des Landes an Schweden bevorstand, bemühten sich die Stände in Stockholm
erneut um eine Bestätigung ihrer Privilegien[19]. In Stralsund trafen sich die ständischen Deputierten[20], um über ihr Vorgehen am schwedischen Hofe zu beraten.
Ritterschaft und Städte erarbeiteten wie üblich schriftliche Projekte[21], die den Gegenstand gemeinsamer Beratungen auf dem vom 27. Juni bis Ende Juli 1720 an-
dauernden Landtag bildeten. Die Vorstellungen beider Stände zielten auf eine
Wiederherstellung der alten landständischen Verfassung unter Beseitigung aller
von den Dänen getätigten Einschnitte[22]. Mit der überaus wichtigen Mission wurden erneut der rügische Landrat Arnd Christoph von Bohlen und der Stralsunder
Syndicus Joachim Friedrich von Engelbrecht betraut. Nach Eintreffen der Deputierten in Stockholm hielten diese ihre Standesgenossen ständig über die Entwick-

---

17 Friedensschluss zwischen den Kronen Schweden und Dännemark den 3. Juli 1720 zu Frederiks-
    borg vollendet, Dähnert, Sammlung, I, S. 228−236; Oakley, War and Peace, S. 125; Dewitz an
    Friedrich IV. vom 14. Juli 1719, TKIA B 209.
18 Kirby, Northern Europe, S. 313; Beseler, Die englisch-französische Garantie, S. 22−25.
19 Buchholz, Öffentliche Finanzen, S. 109; Buchholz, Landständische Verfassung, S. 93−95; Pohl-
    mann-Linke, Landesherrschaft und Verwaltung, S. 350−352.
20 Zu diesem wichtigen, für die kommenden Jahre richtungsweisenden Konvent fanden sich zahl-
    reiche Abgesandte ein. Für die Ritterschaft erschienen: Generalmajor Krassow, Landrat von
    Bohlen, Kommissar von Norman, Kapitän Owstin (Wolgaster Distrikt), Kommissar Mellentin
    (Barthischer Distrikt), Kommissar Bilow (Loitz-, Grimmen-, Tribseeser Distrikt). Die Städte ent-
    sandten: Syndicus Engelbrecht (Stralsund, hier auch für Greifswald), Bürgermeister Tiedeböl
    (Wolgast), Sekretär Müller (Barth), Bürgermeister Milow (Grimmen), Bürgermeister Spalding
    (Tribsees). Protokollum civitatum vom 27−29 Juni 1720, StadtA Greifswald Rep. 5, Nr. 1343
    Bd 1, Bl. 10−27.
21 Ritterschaftliches Project einer Instruction, StadtA Greifswald Rep. 5, Nr. 1343 Bd 1, Bl. 10−27.
22 StadtA Greifswald Rep. 5, Nr. 1343 Bd 1.

lungen der Verhandlungen auf dem Laufenden. Schnell entnahmen die Heimge-
bliebenen diesen Berichten freudige Nachricht. Am 7. September 1720 verlautbarten
die Stände in einem Brief an ihre Gesandten, selbige hätten »von Ihro Königl. Maytt.
solche huldreiche erklärung erhalten das man große uhrsache hat zu hoffen es
werde an dem würckl. Genuß solcher versicherten Königl. Clemence« kommen[23].

Im dänisch administrierten Vorpommern kam es nun sogar zu tätlichen Übergriffen ständischer Personen auf Verwaltungsbeamte. Im Loitzer Distrikt begaben
sich vier Adelige in die Kollektur und entnahmen der Kasse 666 Reichstaler Ritterhufensteuer, Kontributions- und Nebenmodusgelder. Im Barthischen Distrikt
erzwangen andere Edelleute die Herausgabe von 476 Reichstalern. Aus dem
Greifswaldischen Distrikt und von der Insel Rügen liefen ähnliche Meldungen der
dortigen Kollekturen in Stralsund ein[24].

Unmittelbar nach dem Friedensschluss erteilte Friedrich IV. dem Stralsunder
Festungskommandanten Gerhard Christian von Stöcken Order, das Infanterie-
regiment »Prinz Karl« für den Abmarsch vorzubereiten. Kommandeur Oberst Hans
Jürgen Schack erhielt schon fünf Tage darauf die Order zum Abzug aus Pommern.
Der Verband sollte sich unverzüglich über See nach Kopenhagen begeben[25].

F. [...] Knorr berichtet, Generalmajor von Stöcken hätte seinen Dienstposten
bereits am 3. Juli geräumt und am 12. Oktober 1720 sei ein schwedisches Infanterieregiment, bestehend aus zwei Bataillonen zu je sechs Kompanien, in Stralsund
eingerückt. Hierbei habe es sich um das aus Teilen des Uppländischen und des
Westgotischen Regimentes neu gebildete Leibregiment der Schwedischen Königin
gehandelt. Zum neuen Festungskommandanten sei der Generalmajor Johan Wilhelm von Becker ernannt worden[26]. Die Einsetzung schwedischerseits erfolgte zu
dem von Knorr erwähnten Zeitpunkt, jedoch nicht von Stöckens Verabschiedung.
Der dänische Generalmajor verblieb auch weiterhin bis zum 17. Januar 1721 auf
seinem Dienstposten und nahm an diesem Tage persönlich an der Übergabe des
Landes teil. Ihm unterstanden zudem auch weiterhin die sich in Stralsund aufhaltenden dänischen Einheiten[27]. Auch rückte am 12. Oktober 1720 kein einziger
schwedischer Soldat in Stralsund ein. Statt dessen meldete der Bergener Amtmann
Christian Albrecht von Johnn erst am 18. November 1720 das Eintreffen erster
schwedischer Einheiten auf Rügen. Zum gleichen Zeitpunkt befanden sich immer
noch die beiden dänischen Kavalleriekompanien auf der Insel, sammelten sich auf

---

23   Engelbrecht an Stände vom 10. August 1720 (Kopie), StadtA Greifswald Rep. 5, Nr. 1343 Bd 2,
      Bl. 133 f.; Stände an Deputierte vom 3. September 1720 (Kopie) StadtA Greifswald Rep. 5, Nr.
      1343 Bd 2, Bl. 135 f.; Einige interessante Fakten zum Aufenthalt der beiden Deputierten in
      Stockholm bietet: Steffen, Kulturgeschichte, S. 248 f.
24   Kötzschau und Horst an Weyse vom 19. August 1720, RAK Reg 88 Regkanc i Stralsund Conv. XLIII.
25   Schack an Stralsund vom 11. Juli 1720, StadtA Stralsund Rep. 33, Nr. 764; Friedrich IV. an Stö-
      cken vom 6. Juli 1720, RAK Reg 88 Regkanc i Stralsund Conv. CCXCVII.
26   Knorr, Verzeichnis der militärischen Behörden und Truppenstärke der Garnison Stralsund 1628
      bis 1815, StadtA Stralsund Hs 126, S. 132–134; ohne Quellenangabe findet sich diese Behaup-
      tung auch in: Kraehe, Das Füsilier-Regiment, S. 1, 479; Foth hingegen berichtet lediglich von der
      Kommandierung des Regimentes, die im Oktober 1720 erfolgt sein soll. Foth, Schwedisch-
      Deutsche Regimenter, S. 3.
27   Bericht von Johnns über die Tradition, RAK Reg 88 Regkanc i Stralsund Conv. CCXCVIII.

Befehl Stöckens im Raum Lancken und organisierten ihren Abmarsch[28]. Der Einzug schwedischer Truppen lief also parallel zu den Vorbereitungen des dänischen Militärs. Aus den Unterlagen ist ersichtlich, dass die auf Mönchgut angelandeten schwedischen Einheiten zunächst die einzigen in ganz Vorpommern blieben. Am 3. Dezember 1720 befahl Friedrich IV. dem Etatsrat Weyse, er solle darauf achten, dass diese Einheiten Rügen nicht verlassen und sich nur dort einquartieren dürften. Die Alte Fährschanze und deren Umgebung sollten die Schweden nicht berühren, ordnete der Monarch an[29]. Der schwedische Unterhändler in Stralsund forderte noch am 7. Januar 1721 den zügigen Abmarsch der dänischen Garnison »damit wegen des Einmarsches der Schwedischen Troupen behörige Anstalt verfügt werden könne«[30].

Acht Tage nach dem Abmarschbefehl des Infanterieregimentes »Prinz Karl«, also am 19. Juli 1720, erging an den Generalpostdirektor Andreas Weyse und an die Königliche Regierung in Stralsund durch Friedrich IV. die Ermächtigung, die »Tradition« und die »Retradierung« im Herzogtum vorzubereiten[31].

Bereits im Vorfeld dieser feierlichen Zeremonie bemühten sich beide Seiten um eine reibungslose Übergabe. So vereinbarten Friedrich IV. und der neue schwedische König Friedrich I., entgegen den im Friedensvertrag getroffenen Bestimmungen, die Übergabe der Artillerie und der Magazine in ihrem aktuellen Zustand[32]. Stöcken erhielt Weisung, die Festung so zu belassen, wie sie sich befinde. Zudem verbot der Monarch jeden weiteren Holzeinschlag[33].

Zur Klärung der Übergabemodalitäten reiste aus Stockholm der schwedische Generalmajor und Diplomat Baron Peter Adlerfeld in Begleitung der beiden Regierungsräte Joachim Greiffenheim und B. [...] Cochenhausen nach Stralsund. Dort verhandelte er mit der dänischen Regierung, die führend durch den Oberlanddrosten von Kötzschau vertreten wurde. Greiffenheim und Cochenhausen waren unter anderem für die Übernahme der Archivalien der Regierungskanzlei verantwortlich. Dänischerseits erhielt von Johnn den Auftrag, alle Dokumente auszuliefern, die aus schwedischer Zeit bis 1715 stammten, ebenfalls jene, die juristische, lehnsrechtliche und private Angelegenheiten aus den Jahren 1716 bis 1721 betrafen, auch die aus dem Hofgericht zu Greifswald entnommenen Akten sowie polnische Korrespondenzen. Die juristischen Akten wurden dem Archiv des Greifswalder Hofgerichtes einverleibt und offene Prozesse in den Unterlagen weiter abgehandelt[34]. Tribunalsakten, die nach Stralsund verbracht worden waren,

---

28 Johnn an Regierung vom 16., 18. und 20. November 1720, RAK Reg 88 Regkanc i Stralsund Conv. CCXCVIII.
29 Friedrich IV. an Weyse vom 3. Dezember 1720, RAK Reg 88 Regkanc i Stralsund Conv. CCXCVIII.
30 Protokoll Adlerfelds vom 7. Januar 1721, RAK Reg 88 Regkanc i Stralsund Conv. CCXCVIII.
31 Friedrich IV. an Weyse und Regierung vom 19. Juli 1720, RAK Reg 88 Regkanc i Stralsund Conv. CCXCVIII; Friedrich IV. an Regierung vom 22. Juli 1720, RAK Reg 88 Regkanc i Stralsund Conv. CCXCVIII.
32 Erklärungsacte über den Friedens-Tractat, 1721. (Ein Exemplar befindet sich in der Königlichen Bibliothek Kopenhagen unter 36−64−2984; fortan: Erklärungsacte).
33 Friedrich IV. an Stöcken vom 6. Juli 1720, RAK Reg 88 Regkanc i Stralsund Conv. CCXCVII.
34 APS SNwG Sggn Rep. 30 b Allerhand, Nr. 48/ 14, 16.

überführte von Johnn persönlich wieder nach Wismar[35]. Den überwiegenden Teil der in der Regierung angefertigten Dokumente aber verbrachten die Dänen nach Kopenhagen. Die in den Ämtern entstandenen schriftlichen Vorgänge verblieben dort[36]. Mit der Übergabe der Akten verbanden sich technische Probleme, da die schwedischen Tribunalsangehörigen zu Wismar nicht nachvollziehen konnten, welche Bestände 1716 in wessen Hände gelangt waren[37]. Allen Schwierigkeiten zum Trotze vollzog sich die Rückgabe der Dokumente insgesamt reibungslos.

Der Ausmarsch des dänischen Militärs sorgte zunächst für Verstimmungen. Die Dänen hofften auf einen langsamen Abzug ihrer Kontingente und baten angesichts des bevorstehenden Frostes um Aufschub. Adlerfeld zeigte sich hierüber pikiert und mahnte eine rasche Verlegung der Truppen an. Da der Friedensvertrag sowohl den See- als auch den Landweg ausdrücklich für den Abmarsch vorsah, könne das mögliche Zufrieren des Seeweges nicht Grund bieten, sich länger im Land aufzuhalten[38].

Aus Kopenhagen sandte Friedrich IV. den Etatsrat und Generalpostmeister Andreas Weyse[39]. Dieser begab sich zuvor nach Hamburg, um dort gemeinsam mit dem Stralsunder Kämmerer Hinrich Horst jene 600 000 Reichstaler abzuholen, die Dänemark von Schweden gemäß Friedensvertrag für die Rückgabe Vorpommerns erhielt. Die beiden Räte führten entsprechende Wechsel mit, die der schwedische Baron Peter Adlerfeld bei Übergabe des Landes am 17. Januar aushändigte. Weyse, der bereits die Verwaltung in Dänisch-Vorpommern 1715/16 etabliert hatte, sollte nun gemeinsam mit Friedrich Emmanuel von Kötzschau die pommerschen Untertanen von ihrem Eid entbinden[40]. Hierzu bedurfte es eines zeremoniellen Aktes, zu dem Vertreter aller Stände in die Hauptstadt des Herzogtums beordert wurden[41]. Am 16. Januar 1721 hatten sich aus jedem Distrikt mindestens zwei Deputierte in Stralsund zur sogenannten »Tradition« einzufinden[42]. Die Deputierten der Ritterschaft wurden auf eigens zu diesem Zwecke in den Distrikten einberufenen Konventen gewählt. Aus den Städten reisten jeweils ein Bürgermeister, ein Ratsverwandter und einige Bürger an. Die königlichen Ämter sandten Abgeordnete in unbestimmter Zahl, hingegen schickte die Universität Greifswald zwei Professoren, die Kirche aus jeder Synode den Präpositus und zwei Pastoren. Alle Abgeordneten erhielten von ihren daheimgebliebenen Standesge-

---

[35] Auslieferungsprotokoll vom 17. Januar 1721, RAK Reg 88 Regkanc i Stralsund Conv. CCXCVIII.

[36] RAK Reg 88 Regkanc i Stralsund Conv. CCXCVIII.

[37] Tribunal an Regierung vom 13. November 1720, RAK Reg 88 Regkanc i Stralsund Conv. CCXCVIII.

[38] Protokoll Adlerfelds vom 7. Januar 1721, RAK Reg 88 Regkanc i Stralsund Conv. CCXCVIII.

[39] Weyse an die Deputierten zu den Finanzen vom 31. März 1721, RAK RKTA P-R-K C 251 IV; Regierungsrelation vom 17. Januar 1721, RAK Reg 88 Regkanc i Stralsund Conv. CCXCVIII.

[40] Friedrich IV. benötigte Generalgouverneur von Scholten in Kopenhagen. Seine Abwesenheit ist wiederum bezeichnend für die untergeordnete Stellung des Gouverneursamtes innerhalb der provinzialen Administration. Friedrich IV. an Regierung vom 22. Juli 1720, RAK Reg 88 Regkanc i Stralsund Conv. CCXCVIII.

[41] Regierungsbefehl vom 8. Januar 1721, RAK Reg 88 Regkanc i Stralsund Conv. CCLXXXIII–CCLXXXVIII, Nr. 55; auch in: RAK Reg 88 Regkanc i Stralsund Conv. CCXCIX.

[42] Beispielsweise: Vollmacht der Rügischen Ritterschaft vom 14. Januar 1721, RAK Reg 88 Regkanc i Stralsund Conv. CCC.

nossen Vollmacht, die sie bei der Regierungskanzlei vorwiesen[43]. Bei der Regierung
meldeten sich zudem befehlsgemäß der Generalsuperintendent, der Direktor, die
Assessoren und die Sekretäre des Konsistoriums sowie sämtliche königliche Beamte, vom Jägermeister bis zum Heidereiter, vom Amtmann und Landvogt bis
zum einfachen Licentbediensteten[44]. Am darauf folgenden Tage, dem 17. Januar
1721, entbanden Oberlanddrost von Kötzschau und Andreas Weyse die vorpommerschen Stände und Untertanen von ihren eidlichen Pflichten gegen den
dänischen König und übergaben das Land an die schwedischen Unterhändler[45].

Der Ablauf des »Traditionsaktes« ist durch einen ausführlichen Bericht des
Kanzleirats von Johnn überliefert. Seiner Darstellung zu Folge fuhren gegen Mit-
tag, etwa um 11 Uhr, drei Kutschen vor das Stralsunder Rathaus. Ihnen entstiegen
die Mitglieder der dänischen Regierung, allen voran Andreas Weyse und Friedrich
Emanuel von Kötzschau. In dem altehrwürdigen Gebäude fanden sie die Deputierten beider Stände, des Klerus und die königlichen Beamten versammelt. Zur
Rechten saßen die Vertreter des einheimischen Adels, zur Linken die der Städte,
der Universität, der Geistlichkeit und der Ämter. In der Mitte aber nahmen die
königlichen Bediensteten Platz. Oberlanddrost von Kötzschau ergriff als Erster
das Wort und hielt eine eindringliche Rede, in der er die dänische Herrschaft resümierte. Er führte den guten Willen seiner Beamten vor Augen, räumte jedoch
ein, dass infolge des Krieges nicht alles gelungen sei, was man sich einst vorgenommen. Nach Abschluss seiner Ausführungen trat Kanzleirat von Johnn vor und
verlas die königliche Vollmacht vom 19. Juli 1720, die dem Etatsrat Weyse gestattete, sämtliche vorpommersche Untertanen von ihrem Eid und dem geleisteten
Handgelöbte zu entbinden. Der aus Kopenhagen angereiste Generalpostdirektor
nahm daraufhin die feierliche Zeremonie vor. Generalmajor und Envoyé extraor-
dinaire von Adlerfeld dankte abschließend Weyse und versicherte den anwesenden
Ständen der Gnade des schwedischen Königs.

Der dänische Kanzleisekretär Boyen eilte nun zu dem sich außerhalb des Rathauses aufhaltenden Generalmajor von Stöcken und teilte ihm mit, dass der »actus
Traditionis« verrichtet sei. Damit verband sich die Erlaubnis des Einmarsches der
schwedischen Truppen in die Stadt. Derweilen entband Weyse in Gegenwart der
Regierung auch sämtliche niederen Beamten, also Heidereiter, Zoll- und Licentbe-
diente, Kollektoren, von ihren Eidespflichten gegen die dänische Krone[46].

Mit dem 17. Januar 1721 endete also die dänische Hoheit über das nördlich der
Peene gelegene Vorpommern. Bis zum gänzlichen Abzug aller Behörden verstrichen
jedoch noch einige Tage. So lieferten die Amtleute ihre Unterlagen am 18. Januar
aus und die königliche Kammer wurde erst am 20. desselben Monats geräumt[47].

---

43   Vollmachten in: RAK Reg 88 Regkanc i Stralsund Conv. CCXCIX; RAK Reg 88 Regkanc i
    Stralsund Conv. CCC.
44   Regierungsbefehl vom 8. Januar 1721, RAK Reg 88 Regkanc i Stralsund Conv. CCLXXXIII–
    CCLXXXVIII, Nr. 55.
45   Pommerania, II, S. 180.
46   Bericht von Johnns (undatiert), RAK Reg 88 Regkanc i Stralsund Conv. CCXCVIII.
47   Weyse an die Deputierten zu den Finanzen vom 31. März 1721, RAK Reg 88 Regkanc Stralsund
    C 251 IV.

Die Gewalten aller hochrangigen dänischen Amtsträger fielen ab 1721 wieder an schwedische Staatsdiener. Auch Generalsuperintendent Gebhardi schied aus seiner bisherigen Position. Er trat freiwillig von seinem hohen Amte zurück, vermutlich um einem Streit mit seinem neuen Landesherren aus dem Wege zu gehen. Ein Beharren auf der Generalsuperintendentur hätte die Krone Schweden in eine missliche Lage gebracht. In einer ergänzenden Übereinkunft zum 1720 geschlossenen Friedensvertrag vereinbarten beide Kriegsparteien, dass sämtliche Beamte, die von Friedrich IV. anstelle verstorbener Vorgänger bestallt gewesen, und alle Geistlichen »ohne Unterschied und Ausnahme in ihren Posten verbleiben sollen«[48]. Für weltliche Regierungsbeamte, wie von Kötzschau, Thienen und Hohenmühle, traf diese Formulierung nicht zu, wohl aber auf Gebhardi. Sein Rücktritt ersparte dem neuen Landesherrn den möglichen Vorwurf eines Vertragsbruches. Ab 1721 wirkte er wieder als Professor der Philologie und Theologie an der Greifswalder Universität. Zudem behielt er seine Assessorenstelle am Konsistorium, dem er zuvor als Präsident vorstand. Die personelle Zusammensetzung des höchsten geistlichen Gerichtes blieb insgesamt unangetastet. Neben Gebhardi versahen Henning Christoph Gerdes, Jacob Heinrich Balthasar und Michael Rußmeyer weiterhin die Assessorenposten[49]. Albrecht Joachim von Krakevitz, bereits im Juni 1715 durch Karl XII. zum Generalsuperintendenten berufen, übernahm nun Gebhardis Positionen. Infolge der dänischen Besetzung konnte er das Amt bisher nicht ausüben[50]. Anfang 1721 ernannte die Krone Schweden Johann August von Meyerfeld zum neuen Generalgouverneur für das ihr verbliebene Vorpommern[51]. In der mittleren Beamtenebene übernahmen die Schweden Beamte, die in dänischer Zeit bestallt worden waren[52].

Die Wiederherstellung der schwedischen Verwaltung Vorpommerns bedarf hier keiner umfassenden Schilderung, da sie sich andernorts bereits findet[53]. Im Jahre 1722 huldigten die pommerschen Stände ihrem neuen Landesherrn[54]. Die von den Dänen eingeführten Abgaben, wie etwa die Ritterhufensteuer, wurden wieder abgeschafft. Im Gegenzug erhoben die Schweden die Konsumtionsakzise erneut. Neben der Neueinrichtung der schwedischen Administration erfolgte auch eine Restaurierung der schwedischen Patente, Gesetze und Erlasse, die vor der dänischen Besetzung des Landes in Kraft getreten waren[55].

Für Kopenhagen endete zwar mit dem 17. Januar 1721 die unmittelbare Herrschaft über das nördlich der Peene gelegene Vorpommern, doch noch jahrelang befassten sich die dänischen Behörden mit der vormaligen Administration des

---

[48] Erklärungsacte.
[49] Biederstedt, Nachrichten, S. 63; LAG Rep. 35, Nr. 75.
[50] Biederstedt, Nachrichten, I, S. 99 f.; zur Biografie: Lother, Pietistische Streitigkeiten, S. 95–100.
[51] Lother, Pietistische Streitigkeiten, S. 94.
[52] Biederstedt, Nachrichten, I, S. 17.
[53] Buchholz, Das schwedische Pommern, S. 286–288; Buchholz, Öffentliche Finanzen, S. 192–197; Biesner, Geschichte, S. 268; Pohlmann-Linke, Landesherrschaft und Verwaltung, S. 353–356.
[54] Gadebusch, Grundriß, S. 257; Beschreibung der Huldigungs-Solennität 1722.
[55] Biesner, Geschichte, S. 268; So die Erlasse für das Stempelpapier. LAG Rep. 40, Nr. 91, S. 486.

kleinen norddeutschen Gebietes[56]. So auch im Bereiche des Militärwesen. Klagen wegen durch dänische Soldaten begangene Straftaten liefen beispielsweise weiter. Auf preußischer Seite blieb die vormalige dänische Verwaltung des nördlichen Vorpommerns anscheinend gleichfalls Thema. Noch 1746 forderte die Stettiner Regierung eine Abschrift des preußisch-dänischen Vertrages vom 18. Dezember 1715 an. Die Rentekammer untersuchte detailliert abschließende Berichte und Rechnungen aus den Jahren der Herrschaft[57]. So meldeten sämtliche Kontore 1724/25, ob sich bei den offiziellen Schreiben des vormaligen stralsundischen Proviantkommissars Christian Selmer Vorgänge befanden, die dem König zu übermitteln wären[58]. Erst am 31. Januar attestierte die Rentekammer abschließend, dass »sich nichts annotiret befindet, Wofür derselbe wegen vorberegter Stralsundischen Festungs-Rechnungen zu reponiren angehalten werden könne«[59].

Die Überprüfung Selmers stellt keinen Einzelfall dar, sie war die Regel. Zumindest sind derartige Rechnungsprüfungen für zahlreiche Beamte nachweisbar. Sie dienten nicht der Aufdeckung vermuteter Pflichtverletzungen, sondern dem endgültigen Abschluss des jeweiligen Amtes. Stellte die Rentekammer eine ordnungsgemäße Buchführung fest, so wurde sie dem Beamten quittiert. Zudem erhielt er jene Kaution wieder ausgehändigt, die ihm bei seinem Dienstantritt abverlangt worden war. Auch entband ihn die Rentekammer von dem geleisteten Eid[60].

Nicht allein die zivile Verwaltung, sondern auch der militärische Apparat befasste sich nach 1721 mit der vormals dänischen Provinz. So bat Oberst Schack noch im Februar 1722 den Stralsunder Magistrat, dem zum Tode verurteilten desertierten Musketier Martin Thiele mitzuteilen, dass er begnadigt sei und ihm alle Ehre in seinem alten Regimente wieder zuteil werde[61]. Das Regiment Prinz Karl, das dem Kommando Schacks unterstand und das fast fünf Jahre in Stralsund stationiert war, überlebte die nach dem Krieg einsetzende Heeresreduktion. Im Gegensatz hierzu erfuhr das Kürassierregiment des Obersten Günther Didrich Fineck nach Rückverlegung schon im März 1721 seine Auflösung[62].

Wo aber verblieben die Angehörigen der vormaligen dänischen Regierung nach der Räumung des Landes? Friedrich Emanuel von Kötzschau zog sich gänzlich aus dem Staatsdienst zurück und verbrachte die Jahre bis zum Tode Friedrichs IV. in Bremen. Im November 1730 ernannte Christian VI. den nach wie vor in hohen

---

56 StadtA Stralsund Rep. 33, Nr. 869; APS AKS I/ 749 Wegen eines zwischen den Cronen Preussen und Dennemarck unterm 18. December 1715 getroffenen Vergleichs, S. 1.
57 RAK RKTA P-R-K C 251 IV; RAK RKTA P-R-K C 277.
58 Zirkularorder der Rentekammer an sämtliche Rentschreiber, Buchhalter und Kanzlisten vom 30. Dezember 1724, RAK RKTA P-R-K C 277; Antwortschreiben vom 3.–26. Januar 1725, RAK RKTA P-R-K C 277.
59 Schreiben Schmedes' vom 31. Januar 1725, RAK RKTA P-R-K C 277.
60 Witsche an Rentekammer vom 3. August 1724, RAK RKTA P-R-K C 277; Attest der Rentekammer für Sigismund Dankwerth vom 18. August 1724, RAK RKTA P-R-K C 277; von Johnn an Rentekammer vom 11. September 1723, RAK RKTA P-R-K C 277; Weitere Beispiele: RAK RKTA P-R-K C 277; Andreas Schwartz an Rentekammer vom 13. Juli 1723, RAK RKTA P-R-K C 277.
61 Schack an Stralsund vom 12. Dezember 1722, StadtA Stralsund Rep. 33, Nr. 869; dort auch weitere Beispiele.
62 Bidrag, X, S. 180; zur Reduktion auch: Rockstroh, Udviklingen, III, S. 70–74.

Gunsten stehenden Kötzschau zum Landdrost in Delmenhorst und ein Jahr darauf zum Geheimen Rat. Am 16. Oktober 1736 verstarb der gebürtige Anhaltiner[63]. Johann Christian Hohenmühle gehörte von 1721 bis 1722 der Deutschen Kanzlei als Sekretär an. Dann kehrte er in den diplomatischen Dienst zurück. August Friedrich von Johnn, der sich in den vergangenen Jahren umfangreiche Kenntnisse und Erfahrungen in der Jurisdiktion angeeignet hatte, wurde zum Justizrat befördert und 1726 mit der Überprüfung der Finanzverhältnisse in der dänischen Ostindischen Kompanie betraut. Bereits ein Jahr zuvor ernannte ihn Friedrich IV. zum Direktor des Kopenhagener Generalpostamtes, eine Funktion, die er bis zu seinem Tode 1733 innehielt. Zudem bestallte ihn der dänische Monarch am 30. Oktober 1730 als Kommittierten in der Rentekammer[64]. Sein jüngerer Bruder Christian Albrecht, der vormalige Bergener Amtmann, kehrte zunächst nach Glückstadt zurück und wurde dort Regierungsrat, bevor er 1730 zum Administrator der Grafschaft Rantzau aufstieg. Osterloh bezweifelt von Johnns spätere Ernennung zum Envoyé im Niedersächsischen Kreis. Fest steht jedoch, dass Christian Albrecht in diplomatischer Mission eingesetzt wurde[65].

Über den weiteren Werdegang Gotsche von Thienens ist leider bisher nichts in Erfahrung zu bringen.

Langjährige Nachwirkungen einer Besatzung sind in der Forschung bekannt und werden diskutiert. Stubbe-da Luz spricht bei der Erfassung dieses Phänomens von einer »postokkupationalen Phase«. Deren Dauer sei dort schwer feststellbar, wo keine besonderen Ereignisse das Ende bestimmten, schrieb der Hamburger Historiker. Seine Beobachtung ist nicht auf Vorpommern übertragbar, denn trotz des einschneidenden Ereignisses der feierlichen »Tradition«, Übergabe des Landes, bleibt die Dauer dieser »postokkupationalen Phase« ebenso schwammig wie der Begriff selbst. Wie wenig die 1715 bis 1721 während dänische Herrschaft im Gedächtnis der Nachwelt erhalten blieb, wurde einleitend dargelegt. Auffällig ist, dass selbst Personen, die die »Dänenzeit« miterlebten, in ihren späteren Schriften, Erinnerungen und Berichten selten auf die besagten fünf Jahre zu sprechen kamen. Besonderen Eindruck hinterließ offenbar das Reformationsjubiläum des Jahres 1717. So erwähnt Augustin von Balthasar in seinen Erinnerungen die dänische Herrschaft über Vorpommern nicht, berichtet jedoch von dem Jubelfest[66].

Andererseits schwand das Wissen um die dänische Ambitionen auf Rügen und Vorpommern nie ganz. Noch 1745, also 24 Jahre nach Räumung des Landes, erschien in Leipzig der *Historisch-politische Atlas der gantzen Welt*, welcher irrtümlicherweise sogar behauptete, ein Teil Schwedisch-Pommerns gehöre zu Dänemark[67].

---

63 Bobé, Køtschau, S. 644.
64 Kringelbach, Den Civile Centraladministrations Embedetat, S. 159, 259; Osterloh, Aus dem Leben, S. 20.
65 Vgl.: APS AKS I/ 770; Osterloh, Aus dem Leben, S. 22.
66 Alvermann, Im Hause des Herrn immerdar, S. 43–46; Stubbe-da Luz, Occupants-Occupés/ Hansestädte, S. 75.
67 Historisch-Politisch-Geographischer Atlas der gantzen Welt, S. 45.

VII. Rügen und Vorpommern unter dänischer Herrschaft.
Ein Resümee

Am 24. Dezember 1715 begann mit der Übergabe der Festung Stralsund ein neues Kapitel vorpommerscher Geschichte. Nicht allein, weil dieses Datum den Anfang wiederholter dänischer Herrschaft über einen Teil Vorpommerns und Rügens markiert, sondern weil an diesem Tage die geografische Geburtsstunde Neuvorpommerns schlug. Obschon diese Bezeichnung erst später auf das schwedische Vorpommern Anwendung fand, schufen dänisch-preußisch-sächsische Truppen an diesem Heiligen Abend dessen räumliche Voraussetzungen. Die Peene schied nun das Land und Stralsund wurde Regierungssitz.

Aus dänischer Sicht ging zum Weihnachtsfest 1715 ein lang gehegter außenpolitischer Traum in Erfüllung. Seit Beginn des 17. Jahrhunderts erstrebte Kopenhagen Gewalt über das kleine norddeutsche Territorium. So werden denn auch die fünf Jahre dänischer Herrschaft über das nördlich der Peene gelegene Vorpommern nur unter dem Blickwinkel eines *kontinuierlichen Strebens nach dessen dauerhaftem Besitz* erklärbar. An diese Erkenntnis knüpft sich zwangsläufig die Frage nach den Ursachen der dänischen Ambitionen. Sie sind von dreierlei Gestalt: von kurzfristig militärischer, von mittelfristig ökonomischer und von langfristig strategischer Natur.

Mit der Ablehnung einer Neutralisierung seiner deutschen Provinzen ließ Karl XII. ab 1711/12 Operationen in Vorpommern für die Nordischen Alliierten unumgänglich erscheinen. Hierin liegt die *militärische* Ursache der Besetzung des Herzogtums durch dänische Truppen. In geografischer Hinsicht zwang der Verteidiger also dem Angreifer seinen Willen auf. Mit der Kapitulation Wismars jedoch verlor Vorpommern für Dänemark an militärischem Wert, denn als Operationsbasis im Kampf gegen Schweden nutzte das gewonnene Land nur noch in maritimer Hinsicht. Im Gegenteil, an die Herrschaft über Vorpommern knüpfte sich die dauerhafte Bindung relativ starker Heereskräfte in Form von zwei Infanterieregimentern und einem Kavallerieregiment, Truppen, die zur weiteren Kriegführung nicht mehr zur Verfügung standen.

Ökonomisch galt Vorpommern als potenziell reiches Land. Mit seinen guten Böden stellte es ein landwirtschaftliches Überschussgebiet dar, das seinem Besitzer auf mittelfristige Sicht insbesondere Getreide und Wolle liefern konnte. Andererseits war das kleine Territorium von den Schäden des gerade abgeschlossenen Feldzuges und der Kriege des 17. Jahrhunderts schwer gezeichnet.

In *strategischer* Hinsicht bildete Vorpommern zusammen mit den anderen im Westfälischen Frieden gewonnenen deutschen Territorien einen politischen und militärischen Brückenkopf Schwedens in das Heilige Römische Reich. Zudem war es durch seine geografische Lage von entscheidender Bedeutung für den Kampf um ein Dominium maris Baltici als Gegenküste. Die Inbesitznahme Vorpommerns und Rügens durch Dänemark bedeutete somit eine erhebliche Schwächung Schwedens.

Neben den drei aufgezeigten Ursachenkomplexen dürfen die seit dem Mittelalter bestehenden engen Verbindungen zwischen dem norddeutschen Territorium und dem dänischen Reich bei dem Bemühen um Erklärung des dänischen Annexionswunsches nicht übersehen werden.

Mit der Übernahme Stralsunds Ende Dezember 1715 begann eine mehrmonatige Phase des Aufbaus dänischer Verwaltung in dem eroberten Gebiet. Zur Regierung bestellte Friedrich IV. erfahrene dänische Beamte, an deren Spitze der General der Kavallerie Franz Joachim von Dewitz als Generalgouverneur und der Oberlanddrost Friedrich Emanuel von Kötzschau als Regierungspräsident standen. Dewitz, der bis zu seinem Tode in genannter Funktion blieb, nahm relativ wenig Einfluss auf die politischen und verwaltungstechnischen Vorgänge vor Ort. Er und sein Nachfolger Jobst von Scholten dienten ihrem König in erster Linie als Militärs. Mit dem Amt des vorpommersch-rügischen Generalgouverneurs verbanden sich vornehmlich repräsentative Aufgaben. Daneben übte er insbesondere als Kanzler der Greifswalder Universität einen gewissen Einfluss auf die dortige Berufungspolitik aus. Die Leitung der regionalen Administration lag in den Händen des Oberlanddrostes und seiner drei beziehungsweise vier Räte, vorausgesetzt, man erkennt den Lehnsekretär Johnn als vollwertiges Mitglied der Regierung an. Diesen fünf Personen oblag gemeinsam mit dem Kämmerer Hinrich Horst die *Verantwortung* für eine funktionierende Regionalverwaltung. Andererseits besaßen sie nur *eine geringe Entscheidungsfreiheit*. Von einer Gestaltungsfreiheit innenpolitischer Belange durch die Regierung kann nicht im Mindesten die Rede sein. Ausschlaggebend blieben immer die Befehle des Monarchen und seiner Kopenhagener Zentralverwaltung. Ein System von Überwachungs- und Übersteuerungsfunktionen ermöglichte die beständige Kontrolle der regionalen Verantwortungsträger. Das Prinzip kollegialer Unterzeichnung von Erlassen und Schreiben jeder Art, die mehrfache Rechnungslegung, die gewollte und sogar schriftlich in den Bestallungen fixierte Übersteuerung von Führungsebenen sowie die Aufforderung und Verpflichtung jedes Staatsdieners und jedes Einwohners zur Anzeige von Verfehlungen sind hierfür eindeutige Beweise.

Das dänisch verwaltete Vorpommern bildet schon aus diesem Grunde ein interessantes und beispielgebendes Studienobjekt zur Erkenntnis frühneuzeitlicher Verwaltung unter den Bedingungen des Absolutismus. Angesichts der geradezu detailverliebten Durchdringung verwaltungstechnischer Fragen und der ungezügelten Regulierungswut der Kopenhagener Zentralverwaltung und ihres rührigen Monarchen erscheint der Begriff Absolutismus für Dänemark unanfechtbar. Für jene Forschung, die diesen Begriff gerne gänzlich aus der Literatur verbannen möchte, böte eine vertiefende Betrachtung dänischer Zentral- und Regionalverwaltung unter Friedrich IV., wie sie hier am Beispiel Vorpommerns dargelegt wurde, vielleicht Anlass zur Revision einiger Thesen.

Machtkämpfe spielen sich in jedem politischen System ab, selbst in autoritären. Von ihnen blieben denn auch die dänischen Verwaltungsorgane nicht verschont. So standen beide Generalgouverneure zwar formell der Regierung vor, vermochten jedoch nicht immer, ihre Vorstellungen gegen die des Oberlanddrostes und der Räte durchzusetzen. In einigen Angelegenheiten hielten es die Stralsunder Beamten nicht einmal für nötig, den Generalgouverneur zu informieren, sodass dieser sich beim König beschwerte. Ebenso problematisch gestaltete sich das Verhältnis zwischen der Stralsunder Regierung und der Kopenhagener Rentekammer.

Das bei allen Differenzen unverkennbare Primat der Zentral- über die Regionalverwaltung schmälerte in keiner Weise die Bedeutung der Stralsunder Regierung als Instrument des neuen absolutistischen Landesherrn im Kampf gegen die landständische Verfassung. Besonders deutlich wird dies in der personellen Verknüpfung von Administration und Jurisdiktion. Durch die Wahrnehmung der Funktion des ehemaligen Wismarer Tribunals, durch die misslungene Wiederherstellung des Greifswalder Hofgerichtes und nicht zuletzt durch die Aufrechterhaltung der personellen Verknüpfung der rügischen Landvogtei mit dem dortigen Amtmann lag jede höhere Rechtsprechung fest in den Händen des dänischen Landesherrn. Der in schwedischer Zeit ausgeprägte ständische Einfluss auf alle drei Behörden wurde in dänischer Zeit gänzlich gebrochen!

Zur Durchsetzung der neuen Landesherrschaft standen der Regierung drei Mittel zur Verfügung: die *Kirche* in erster Linie als legitimierendes, jedoch auch als verwaltungstechnisches und das *Militär* als repressives Instrument. Hinzu trat eine merkantilistische *Wirtschaftspolitik*, die den Wiederaufbau des zerstörten Landes mit zum Ziel hatte und somit auch als Instrument der Herrschaftssicherung begriffen werden darf.

Wird die Position des Militärs im regionalen Machtgefüge gesondert betrachtet, so ist ihr rein instrumenteller Charakter ausdrücklich hervorzuheben. Die im Land befindlichen Heereskräfte waren für die Durchsetzung des dänischen Herrschaftsanspruches unerlässlich und somit von immenser Bedeutung. Erinnert werden darf in diesem Zusammenhang an die häufig angewandte »militärische Exekution«. Jede Form des Verstoßes gegen obrigkeitliche, insbesondere landesherrliche Normen konnte mittels militärischer Zwangvollstreckung geahndet werden. Nicht physische Gewaltausübung, sondern die bloße Anwesenheit von Soldaten diente in diesem Falle als Druckmittel gegen oppositionelles Verhalten unterschiedlichster Ausprägung. Diese Tatsache sollte in der militärhistorischen Literatur künftig die ihr gebührende Beachtung erfahren, betonten die Autoren bislang doch zunehmend die »positiven« Aspekte der Einquartierung. Die militärische Exekution aber zeigt Einquartierung als Strafe.

Seiner großen Bedeutung als herrschaftssicherndes Instrument zum Trotze blieb das Militär grundsätzlich dem Primat der zivilen Verwaltung untergeordnet. Dies wird nicht zuletzt an dem angespannten zivil-militärischen Verhältnis in den Garnisonsstädten, insbesondere Stralsund und Greifswald, deutlich. Denn obwohl das Militär eine vom Staat unterhaltene Stütze der eigenen Politik darstellte, griffen Kopenhagener Zentralverwaltung, König und Generalgouverneur schlichtend und oft zu Gunsten der städtischen beziehungsweise ritterschaftlichen Seite in zivil-militärische Konflikte ein. Das Verhalten des häufig in seine Schranken verwiesenen, misstrauischen Stralsunder Kommandanten Generalmajor von Stöcken gibt hiervon ein beredtes Zeugnis.

So lassen sich denn auch Stände und Landesherrschaft keineswegs als grundsätzlich konträr wirkende Kräfte gegenüberstellen. Jede Seite verfocht ihre Interessen mit den ihr zu Gebote stehenden Mitteln. Natürlich beschnitten die Dänen die ständischen Rechte empfindlich. Demgegenüber darf jedoch auch gemeinsames Handeln nicht übersehen werden. Steuerliche Erleichterungen für die Städte, die Durchsetzung von Ansprüchen der Gutsbesitzer gegen ihre Untertanen und die Repressionen gegen die als wirtschaftsschädigend angesehenen Zigeuner und Juden sind nur einige derjenigen Themenfelder, in denen sich staatliches und ständisches Interesse deckte. Die Regierung handelte in diesen Fällen nicht selten auf Bitten der Ritterschaft und der Städte.

Die drängende Frage, wie die dänische Herrschaft von den Einwohnern empfunden wurde, ist den überlieferten Dokumenten nur schwer entnehmbar, denn auch die Suppliken und öffentliche Schriftstücke widerspiegeln zwar das Ringen zwischen Rechtsträgern, zwischen Einzelpersonen oder Personengruppen und dem Staat. Die Gedanken und Gefühle breitester Teile der Bevölkerung geben sie jedoch nicht wieder. Trotzdem ist wohl davon auszugehen, dass die »Dänenzeit« keineswegs als Fremdherrschaft im heutigen Sinne empfunden wurde, denn was ist das Fremde und was das Eigene in einer Gesellschaft, die keinen Nationalismus kennt? Die sich 1716/17 neu etablierende Verwaltung basierte auf den bekannten Strukturen. Eine detaillierte Übertragung der dänischen administrativen Verhältnisse fand nicht statt. In Vorpommern und auf Rügen wurde nicht zur Miliz gezogen, die entsprechenden lokalen Einrichtungen (lægd oder strolægd) nicht geschaffen, und auch die Leibeigenschaft bestand fort. Befand sich ein nichtadeliger Bewohner des platten Landes im Rechtstreit mit seinem Nachbarn, so wandte er sich auch weiterhin an den Amtmann, der am selben Ort saß, wo schon sein schwedischer Kollege wirkte. Der Beamte war deutscher Herkunft und sprach deutsch, ebenso wie die zur Regierung und zum »Tribunal« verordneten Räte in Stralsund. Sie waren, wie ihr König, lutherischen Bekenntnisses und unterschieden sich also auch in konfessioneller Hinsicht nicht von den Schweden. Wenn ein Bürger Stralsunds »dänische« Soldaten unter seinem Fenster marschieren sah, so vernahm er die Befehle der Unteroffiziere und Offiziere in deutscher Sprache, die als Kommandosprache im gesamten dänischen Heer galt.

Andererseits ist die starke Loyalität der Eliten, insbesondere des Adels, aber auch zahlreicher Bürger gegenüber den Schweden unverkennbar. Verbote des brieflichen und persönlichen Verkehrs mit Schweden, der Fluchthilfe für schwedische Soldaten, Hausdurchsuchungen in Stralsund und die Überwachung der Grenzen durch Marine und Heereseinheiten verdeutlichen die nach wie vor bestehenden Verbindungen zum und Bindungen an den alten schwedischen Landesherrn.

Die eingangs geäußerte Vermutung, es könnte Unterschiede zwischen dem Festlandsadel und der rügischen Ritterschaft in Bezug auf den Grad an Loyalität gegen den neuen Landesherrn gegeben haben, konnte nicht bestätigt werden.

Anlass zur Opposition gaben nicht vorrangig die von den Dänen geschaffenen Strukturen, die den schwedischen sehr ähnlich waren, sondern das reale Handeln des Staates und seiner Bürokratie. Nahm der pommersche »Etat« auch nicht die Formen der dänischen Regionalverwaltung an, so fügten sich doch die Verhältnisse in ihm nahtlos in die »gesamtdänische Innenpolitik«. Als besonders schmerzlich empfand der einheimische Adel diese Angleichung im Falle der Ritterhufenbesteuerung, die an die Wurzel des eigenen ständische Selbstverständnisses griff, definierte sich die Zugehörigkeit zur rügischen und vorpommerschen Ritterschaft doch über den Besitz steuerfreier Hufen.

Diese Erfahrung sammelten vorpommersche Edelleute beiderseits der Peene, denn auch im preußischen Landesteil verfügte der neue Landesherr die Beseitigung der althergebrachten Abgabenfreiheit.

Sosehr sich auch Übernahme der Herrschaft und Probleme beim Aufbau einer Verwaltung in beiden Landesteilen ähneln, es bestanden elementare Unterschiede zwischen dem dänischen und dem preußischen Vorpommern. Sie fanden ihren deutlichen Ausdruck in der *Beibehaltung einer eigenen Regionalverwaltung* im dänischen Vorpommern und in der *Ankopplung an bestehende Strukturen* im preußischen Vorpommern.

Das wechselseitige Verhältnis beider Landesherrschaften blieb bis 1721 von beständigen Reibereien geprägt, die sich auch nach Abzug der Dänen auf die nun im Norden wieder regierenden Schweden vererbten.

Drei Thesen sollen resümierend die dänische Herrschaft über Vorpommern nördlich der Peene 1715 bis 1721 charakterisieren:

1. Die dänische Hoheit über Vorpommern stellt keine Okkupation im eigentlichen Sinne dar, sondern die aus damaliger Sicht völkerrechtlich legitime Ausübung landesherrlicher Gewalt über ein im Krieg erobertes Territorium.

   Kopenhagen betrachtete das neu gewonnene Gebiet als dauerhaften Bestandteil des eigenen Herrschaftsbereiches, ohne dessen Zugehörigkeit zum Heiligen Römischen Reich infrage zu stellen. Anzeichen dieses Status sind die sofortige Einbindung in die Strukturen der dänischen Zentralverwaltung (Schaffung des Pommern-Rygens-Kontors), die Errichtung einer *zivilen* Lokalverwaltung und die Unterordnung militärischer Belange unter die zivilen Funktionsträger. Es existierte also keine Besatzung in Form militärischer Herrschaftsausübung.

2. Das Jahr 1719 bildet eine Zäsur in der dänisch-vorpommerschen Innenpolitik. Bis zu diesem Zeitpunkt zielte die dänische Verwaltung auf eine dauerhafte Sicherung des gewonnenen Territoriums. Danach ging es der Kopenhagener Führung und ihrer Stralsunder Regierung zunehmend um eine Abschöpfung des ökonomischen Potenzials. Die plötzliche Aufgabe des intensiven Waldschutzes sowie die deutliche Erhöhung sämtlicher Steuern dürfen an dieser Stelle zum Beweis in Erinnerung gerufen werden.

3. Die dänische Politik zielte auf Durchsetzung des absolutistischen Herrschaftsanspruches und Brechung der landständischen Verfassung.

Trotz ständiger Postulate, die althergebrachten Landesgesetze zu achten, sind
die fortwährenden Angriffe auf die landständische Verfassung unübersehbar.
Die Kaltstellung des Landkastens, die Besteuerung der Ritterhufen und die Beschneidung kommunaler Rechte geben von diesen Bestrebungen ein beredtes
Zeugnis.

War die Inbesitznahme Rügens und Vorpommerns bis zur Peene Synonym des
Jahrhunderte währenden Kampfes um ein Dominium maris Baltici, so darf die
kurze Herrschaftsausübung in dem norddeutschen Territorium selbst als ein Ausdruck dänischen Bestrebens gesehen werden, das Gewonnene dauerhaft zu sichern. Obwohl die außen- wie auch die innenpolitische Zielsetzung 1721 zum
wiederholten Mal scheiterte, begrub Kopenhagen seine Hoffungen keineswegs
endgültig.

Im Jahre 1814 ergriffen die Dänen auf dem diplomatischen Parkett letztmals
Besitz von Rügen und Neuvorpommern. Wieder wähnte man die künftige Herr-
schaft dauerhaft, wie auch ein kleines Büchlein beweist, das in eben jenem 1814ten
Jahre in Kopenhagen erschien. Es trug den bezeichnenden Titel: »Statistik, ge-
ographisk og historisk Beskrivelse over Hertugdommet Dansk Pommern og
Førstendommet Rügen«[1]. Es verwies den interessierten Zeitgenossen auf das öko-
nomische Potenzial des neu erworbenen Landes, das zunächst dem dänischen
Königreich als Trostpflaster für den Verlust Norwegens zuerkannt wurde.

Obschon das Projekt im Sande verlief, so zeigt es doch, gleich den Bemühungen Dänemarks um Vorpommern im 17. und 18. Jahrhundert, wie wichtig eine
Öffnung historischen Bewusstseins für die dänische Politik in Bezug auf den südlichen Ostseeraum und die schwedischen Provinzen im Reich ist. Neben Vorpommern und Rügen wären auch Wismar, Rostock und Bremen-Verden lohnens-
werte, bislang in dieser Frage vernachlässigte Studienobjekte.

Weitere Forschungsperspektiven eröffnet die Auseinandersetzung mit der dänischen Herrschaft über Vorpommern, indem sie die Möglichkeit zur Verfeinerung
erster theoretischer Ansätze einer vergleichenden Besatzungsforschung bietet. So
könnte Stubbe-da Luz' Okkupationsmodell Erweiterung und Vertiefung durch die
Berücksichtigung relativer Autonomie der Territorien des Alten Reiches erfahren,
die durch dynastische, militärische und/oder politische Ursachen den Besitzer
wechselten. Vorpommern und Rügen als Bestandteil Dänemarks *und* des Reiches
ist nur eines von vielen möglichen Beispielen. Auch die Motivationsanalyse der
Besatzungsmacht dürfte von dem hier präsentierten regionalhistorischen Ansatz
partizipieren.

Die Kooperation der Stände mit einer neuen absolutistisch geprägten Herrschaft, die »militärische Exekution«, das Lehnsrecht, die verwaltungstechnische
Funktion der Kirche im sich herausbildenden modernen Staat, Wirtschaftspolitik
als Mittel zur Sicherung eines neu gewonnen Gebietes, all dies sind lohnende

---

[1]   Werfel, Beskrivelse.

Themen intensiver Forschung, die in regionaler und überregional-vergleichender Perspektive vertiefend erörtert werden müssten.

Abschließend darf der Hoffnung Ausdruck verliehen werden, mit der vorliegenden Arbeit gezeigt zu haben, dass deutsch-dänische Geschichte weit über die schleswig-holsteinische Problematik hinausreicht und dass die frühneuzeitliche Historie Vorpommerns/Rügens nicht nur schwedische und preußische Herrschaftsphasen aufweist, sondern eben auch dänische!

Anhang:
Tabellen und Übersichten

Dänischer Staatsetat im Krieg:
Einnahmen und Ausgaben (Hauptposten) in Millionen Reichstalern

Jahr	Gesamte Einkünfte	Ausgaben Heer	Ausgaben Marine	Ausgaben Verwaltung	Gesamtausgaben
1710	5,3	2,7	0,9	0,9	4,5
1711	5,3	2,1	1,0	0,9	4,0
1712	5,1	2,5	1,1	0,8	4,4
1713	5,4	2,4	1,1	0,8	4,3
1714	5,6	2,3	1,1	1,3	4,7
1715	5,6	3,0	1,2	1,5	5,7
1716	5,8	2,9	1,8	1,1	5,8
1717	5,8	2,7	1,2	1,1	5,0
1718	6,0	2,2	1,6	1,9	5,7
1719	5,5	2,2	1,5	1,5	5,2
1720	6,9	2,4	1,3	2,1	5,8

Quelle: Jespersen, Tiden 1648–1730, S. 280.

© MGFA
05431-04

Dänische Einkünfte aus der in Vorpommern erhobenen Kontribution,
den Zöllen und außergewöhnlichen Steuern in Reichstalern

Jahr	Kontribution	Zölle	Außerordentliche Steuern
1716	32 869	5 889	32 347
1717	17 291	4 612	77 230
1718	82 863	7 932	32 781
1719	83 130	11 096	43 737
1720	43 855	14 754	17 069
1721	–	–	–
Gesamt	260 008	44 283	203 167

Anmerkung: Die Angaben zu den Kontributionen für das
Jahr 1716 beziehen sich auf den Zeitraum ab dem 1. September.

Quelle: Boisen Schmidt, Studier over Statshusholdningen, I, S. 263, 266, 340.

© MGFA
05432-05

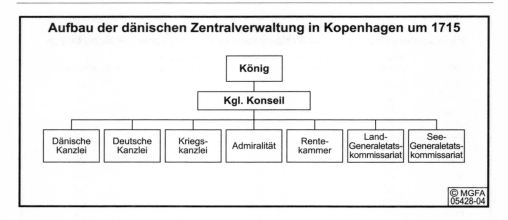

Aufbau der dänischen Zentralverwaltung in Kopenhagen um 1715

König

Kgl. Konseil

| Dänische Kanzlei | Deutsche Kanzlei | Kriegs-kanzlei | Admiralität | Rente-kammer | Land-Generaletats-kommissariat | See-Generaletats-kommissariat |

© MGFA
05428-04

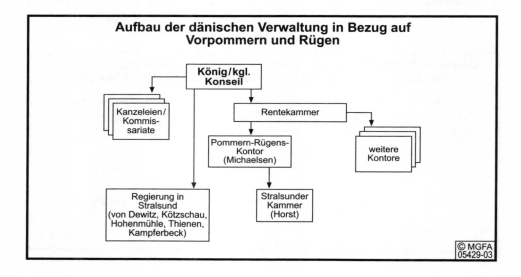

Aufbau der dänischen Verwaltung in Bezug auf Vorpommern und Rügen

König/kgl. Konseil

Kanzeleien/ Kommissariate

Rentekammer

Pommern-Rügens-Kontor (Michaelsen)

weitere Kontore

Regierung in Stralsund (von Dewitz, Kötzschau, Hohenmühle, Thienen, Kampferbeck)

Stralsunder Kammer (Horst)

© MGFA
05429-03

Besoldung der dänischen Beamten in Vorpommern und auf Rügen

1. Regierung/ Tribunal	Rthl
Generalgouverneur	4000
Oberlanddrost	2000
Regierungsräte	600
Regierungs- und Lehnssekretär A.F. von Johnn	300
Tribunals- und Regierungspedell	80

2. Kammer

Kämmerer	800

3. Hofgericht

Direktor	600
Assessor	400
Protonotar	200
Kanzellist	120
Hofgerichtspedell	40

4. Konsistorium

Vizegeneralsuperintendent	300
Director	100
Assessor	100
Sekretär	150
Pedell	40

5. Ämter
a. Barth, Frantzburg, Grimmen und Tribsees

Amtmann mit Reisegeld	300
Amtsnotarius	40
Landreuter	40

b. Amt Loitz wie a.
c. Amt Wolgast wie a. zzgl.:

Haff-Kieper zu Lassahn	60

d. Amt Bergen wie a. zzgl:

Landreuter auf Wittow	6 Scheffel Hafer

8. Forstverwaltung

Jägermeister D.v. Bestenbörstel	500
Oberförster	200
Landjäger	100
Heidereiter	35
Mit Ausnahme der Heidereiter auf Rügen (Bergen, Sargard)	25

Lizentbediente in Stralsund

Lizentverwalter (in Barth, Greifswald und Wolgast hiervon abweichend)	400 + 25 für Schreibzeug, Licht und Feuerung
Kontrolleur	200
Visitor	80

Zollbediente (Beispiel Damgarten)

Zolleinnehmer (in Tribsee 18, in Loitz 12)	12 + 3 für Schreibmaterial

Gesamtaufwendungen für zivile Besoldungen	**Jährlich / Rhtl**
1. Regierungskanzlei und Tribunal	8720
2. Kammer	800
3. Hofgericht	1760
4. Konsistorium	890
5. Ämter	1580
6. Forstwesen	1165
7. Lizentbediente	1320
8. Zollbediente	59
Gesamt	**35082**

Anmerkung: Die Anzahl der Bediensteten wurde nicht aufgenommen.
Hieraus ergeben sich die Abweichungen der Einzeletats zur Endsumme.

Quelle: Reglement wonach unser Civil Bedinte in dem Herzogtum VorPommern und
Fürstenthum Rügen jährlich salarieret vom 28. December Ao 1716, RAK Reg 88 RegKanc i Stralsund Conv. I.

© MGFA
05430-04

Dienstpostenverteilung im dänischen Vorpommern: Regierung/Königliche Kammer/Hofgericht Greifswald

Regierung	Franz Joachim von Dewitz (1715–1719)
Generalgouverneur	Jobst von Scholten (1719–1721)
Oberlanddrost	Friedrich Emanuel von Kötzschau (1716–21)
Regierungsräte	Gotsche von Thienen (1716–21); Johann Friedrich von Hohenmühle (1716–21); August Bernhard Kampferbeck (1716–20)
Kanzlei/ Lehn- und Regierungssekretär	August Friedrich Johnn (1716–1721)
Kanzlisten	Karstens; Gottfried Andreas Schuhmacher
Pedell	Marten Petersen
Königliche Kammer	
Kämmerer	Hinrich Horst
Schreiber	Peter Petersen
Hofgericht Greifswald (nicht arbeitsfähig)	
Assessor	Georg Christian Rost
Kanzlist	Johann August Schmidt (1716)

© MGFA
05433-04

Dienstpostenverteilung im dänischen Vorpommern: Lizent- und Zollverwaltung

Kontor	Licentverwalter	Beigeordnetes Personal
Stralsund	Martin Braun	*Visitierer:* Jacob Cornils Zusätzlich 1717: Johan Sevrin; Martin Nicolas Wagner; Henning Jürgens *Untervisitierer:* Johann Abraham Mette *Kontrolleur:* Friedrich Christian Hannemann
Greifswald	Jochim Friedrich Witsche	*Visitierer:* Otto Ebel (ab 1717) Matthias Schaben (ab 1717)
Barth	Andreas Schwatz	Visitierer: Conrad Warnecke (ab 1717)
Wolgast	(vom Amtmann mit erledigt)	*Visitierer:* Otto Düring Matthias Albers (zusätzlich ab 1717)
Landzollverwaltung		
Dammgarten	Bis 1717 Wilhelm Ludewig Spalding, dann Georg Christian Hermann	
Loitz, Tribsees	N.N.	

© MGFA
05436-05

Dienstpostenverteilung im dänischen Vorpommern: Ständische Funktionsträger

Distrikt	Distriktkollektor
Greifswalder	Friedrich Brach
Loitz	Paul Andreas Bertram
Übrige	N.N.

© MGFA
05438-04

Dienstpostenverteilung im dänischen Vorpommern: Ämter

Amt	Amtmann	Amtsnotare
Bergen	Johann Janson von Silberstern (1716–1719)	Nicht ermittelbar
	Christian Albrecht von Johann (1719–1721)	
Wolgast	Sigismund Dankwerth	Thomas Witton
Loitz	Michael Christian Schulmann (bestallt/ nicht eingeführt) Burchard Reinhold Hartmann	Amtnotar Gottlob Andreas Koeser
Barth, Frantzburg, Grimmen und Tribsees	Barthold Schacht	Amtnotar Gottlob Friedrich Berger

© MGFA
05434-03

Dienstpostenverteilung im dänischen Vorpommern: Kommunen

Stadt/Ort	Bürgermeister	Kämmerer
Franzburg	Christian Behringer	
Loitz	Bertram (gleichzeitig: Zollverwalter und Amtsnotar)	
Tribsees	Andreas Spalting (gleichzeitig: Zollverwalter)	
Damgarten	Wilhelm August Spalting (gleichzeitig: Zollverwalter)	
Garz	Mathias Wielandt	
Bergen	Johann Jendrich	Georg Günther
Greifswald	Burggraf und Bürgermeister Johann Georg Cavan	
Richtenberg	Gottlob Friedrich Berger	
Stralsund	Jacob Bullius	Christoph Westphal

Eldena

	Amtmann	
Amt Eldena	Cratzius	

© MGFA
05440-04

Dienstpostenverteilung im dänischen Vorpommern: Kirchenwesen

Amt	Inhaber
Vize-/ Generalsuperintendent	Heinrich Brandanus Gebhardi
Konsistorium	
Präsident	Heinrich Brandanus Gebhardi
Direktor	Petrus von Mascow (bis 1719) Henning Christoph Gerdes (ab 1720)
Assessor	Johann Ludwig Würffel (1716–1719) Michael Christian Rußmeyer (ab 1719)
Assessor	Henning Christoph Gerdes (bis 1720) Phillip Balthasar Gerdes (ab 1720)
Assessor	Bis 1719 unbesetzt, dann Jacob Heinrich Balthasar
Sekretär	Petrus Haselberg
Fiskal	Paul Weding

© MGFA
05439-05

Dienstpostenverteilung im dänischen Vorpommern: Forstwesen

Funktion	Funktionsträger
Jägermeister	Daniel von Bestenbörstel Royahn
Oberförster	Franz Joachim Werffel
Landjäger	Christoph Janke

Amt	Ort /Bezirk	Heidereiter
Wolgast	Gieskenhagen	Johann Nelson
Wolgast	Gladerow	Johann Hinrich Mück
Wolgast	Kühlenhagen	Hans Christoph Wahl
Loitz	Loitz	Jochim Ücker
Loitz	Poggendorf	Friedrich Hinrich von Engel
Franzburg	Ahrenshop	Claus Krull
Franzburg	Großen-Horst	August Borckwarth
Franzburg	Papenhagen	Paul Schichel
Franzburg	Abtshagen	Martin Bohn
Bergen	Bergen	Joachim Barner
Bergen	Sagard	David Bahde

© MGFA
05435-04

Dienstpostenverteilung im dänischen Vorpommern: Militär, Festung Stralsund

Kommandant	Generalmajor Christian Gerhard von Stöcken
Platzmajor	Oberstleutnant Jacob von Ophoven
Proviantkommissar	bis 1716 Weinmann, dann Christian Erasmus Selmer
Kriegskommissar	G. von Wulff
Wachtmeisterleutnant	Leutnant Johann Niese

© MGFA
05437-05

Gliederung des (oldenburgischen) Infanterieregimentes Prätorius/Wedel (Soll)

Stab

1 Brigadier als Obrist (4 Knechte, 8 Pferde)

1 Obrist als Oberstleutnant(2 Knechte, 4 Pferde)

1 Oberstleutnant als Major (1 Knecht, 3 Pferde)

1 Regimentsquartiermeister (2 Knechte, 4 Pferde)

1 Auditeur (1 Knecht, 2 Pferde)

1 Priester

1 Adjutant (1 Knecht, 2 Pferde)

1 Feldscher

1 Regimentstambour

1 Gewaltiger und Stückenknecht (1 Knecht, 2 Pferde)

2 Fähnriche (2 Knechte, 2 Pferde)

1 Knecht beim Stabswagen

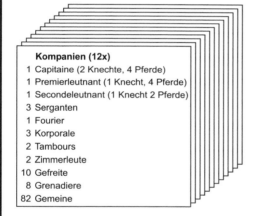

Kompanien (12x)

1 Capitaine (2 Knechte, 4 Pferde)

1 Premierleutnant (1 Knecht, 4 Pferde)

1 Secondeleutnant (1 Knecht 2 Pferde)

3 Serganten

1 Fourier

3 Korporale

2 Tambours

2 Zimmerleute

10 Gefreite

8 Grenadiere

82 Gemeine

Regimentsstärke

Personal

Stab: 10 Nichtkombattanten (Rgt-Fhrg), 3 Kombattanten, 17 Knechte

Kpn: 3 Nichtkomb. (Offz.), 111 Komb. (Uffz und Gemeine), 4 Knechte x 12 = 36 Offz, 1332 Uffz und Gemeine, 48 Knechte

Gesamt: 44 Offiziere, 2 Fähnriche, 1335 Uffz und Gemeine

Pferde

Stab: 33
Kpn: 120

Gesamt: 153

Quelle: Liste wie starck das Oldenburgische geworbene Regiment nach dem completten Fuß seyn soll vom 5. Februar 1717, RAK Reg 88 Regkanc i Stralsund CCXLI.

© MGFA
05446-03

Stadtbrände 1701–1715

Stadt	Letzter Stadtbrand vor 1715	Umfang der Zerstörungen
Loitz	1701	Reste des alten Schlosses sowie große Teile der Stadt
Tribsees	1702	Vollständig abgebrannt gem. Reg. Marienkirche wird danach umgebaut
Greifswald	1713	Rathaus und 36 Gebäude
Wolgast	1713	Als Vergeltung für die Zerstörung Altonas von den russischen Truppen beinahe gänzlich niedergebrannt
Bergen	1715	5 Häuser, 25 Buden

Quellen: HdB HistStätten, S. 233; RAK RKTA P-R-K C 269; Adler, Westpommern, S.25; Ziegler, Geschichte S. 58; Architektur und Bildende Kunst, S. 55.

© MGFA
05445-05

Ergebnis der ersten Hufenumschreibung vom 23. November 1716

	red. Hufen	Morgen	
Königl. Ämter			
Barth	104	16	7/12
Frantzburg, Grimmen, Tribsees	108	24	7/12
Stolpe diesseits der Peene	2	14	
Loitz	143	29	5/8
Bergen	140	22	14/15
Ritterschaftl. Distrikte			
Rügen	331	28	73/120
Wolgaster	174	14	1/2
Greiswalder	22		1/3
Loitz, Grimmen, Tribsees	169	14	1/2
Barthischer	152	12	1/2
Amt Eldena	74	18	
Städt. Ländereien			
Stralsund auf Rügen	130	18	
Stralsund in Pommern	161	15	1/3
Greifswald	89	4	
Barth	3	1	
Demmin diesseits der Peene	36	–	
Loitz	3	1	
Tribsees	1	–	
Städte intra moenia			
Stralsund	385	13	3/10
Greifswald	207	3	4/5
Wolgast	71	15	7/10
Barth	71	17	
Loitz	18	21	1/2
Dammgarten	3	16	9/10
Tribsees	34	4	9/10
Grimmen	34	8	3/5
Summe	**2739**	**4**	**1/5**

Quelle: RAK RKTA P-R-K C 272.

© MGFA
05444-03

Eingezogene Güter bis September 1716

Amt	Eingezogene Güter
Barth	die Dörfer Born und Wieck, der Hof Born mit Arenshoop und zwei Mühlen vor Bergen
Bergen	das Ackerwerk Mönchgut und zwei Hufen Land bei Dubnitz
Frantzburg	das Ackerwerk Elmenhorst
Grimmen	das Ackerwerk Splitsdorf
Loitz	die Ackerwerke Bauhoff, Bretewisch, Poggendorf, die Dörfer Benikenhagen, Candelin, Zettelwitz
Wolgast	Nonnendorf und die Ackerwerke Schmittkau und Großen Ernsthoff
Tribsees	Komplett

Quelle: Collectio Summarum der vorgeschoßenen Capitalien, RAK RK P-R-K C 266.

© MGFA
05443-05

Ergebnis der 1716 vorgenommenen Ermittlung von Vergleichszahlen zu den dänischen Maßen

1. Roggen

1 gebrannte dänische Tonne (1684)	=	3 Scheffel und 3 Metzen
1 Scheffel	=	12 Metzen und 1 Pfund und 5 Lot
1 Metze	=	4 Pfund und 20 Lot

2. Hafer

1 gebrannte dänische Tonne (1684)	=	2 (Hafer)scheffel und 12 Metzen und 124 Lot
1 Haferscheffel	=	13 Metzen

Quelle: Protokoll der Ermittlung vom 16. November 1716, RAK Reg 88 Regkanc i Stralsund Conv. CCXXXV.

© MGFA
05442-04

Maße, Münzen und Gewichte

Mark sundisch (Währung)	=	0,5 Mark lübsch
Faden (Raummaß f. Holz)	=	3,997 Kubikmeter
Fuder (Getreidemaß)	=	8,966 Hektoliter
Fuß (Längenmaß)	=	12 Zoll = 0,292 Meter
Hakenhufe (Flächenmaß)	=	15 Morgen
Drömt (Getreidemaß)	=	12 Scheffel
Landhufe (Flächemaß)	=	30 Morgen
Last (Raum- Getreidemaß)	=	8 Drömt = 96 Scheffel
Morgen (Flächemaß)	=	300 Quadratruten
Quadratrute (Flächemaß)	=	21,8363 Quadratmeter
Reichstaler = 48 Schilling	=	3 Mark lübsch = 6 Mark sundisch
Rute	=	16 pommersche Fuß = 4,673 Meter
Scheffel Hafer	=	54,961 Liter
Scheffel Roggen	=	44,798 Liter

Anmerkung: Die Übersicht bietet lediglich einen Überblick über die in der Arbeit erwähnten vorpommerschen/pommerschen Maß- und Gewichtseinheiten.

Quelle: Biederstedt, Münzen, Gewichte und Maße in Vorpommern; Verdenhalven, Alte Meß- und Währungssysteme.

© MGFA
05441-04

Zeittafel zur Geschichte des dänischen Vorpommerns und Rügens 1715–1721

Datum	Ereignis
1714	
10. November	Karl XII. trifft in Stralsund ein und übernimmt persönlich die Verteidigung der Festung
1715	
4. Dezember	Andreas Weyse wird mit der Regulierung der Kammersachen in Vorpommern betraut
18. Dezember	Friedrich IV. König von Dänemark und Friedrich Wilhelm I. König in Preußen einigen sich vertraglich über die Teilungsmodalitäten in Bezug auf Vorpommern
22. Dezember	Karl XII. verlässt die Festung Stralsund
23. Dezember	Kapitulation der Festung Stralsund
24. Dezember	Übergabe der Festung Stralsund
25. Dezember	Friedrich IV. ernennt Franz Joachim von Dewitz zum Generalgouverneur
1716	
14. April	Befehl über den Aufbau der Verwaltung in Vorpommern
19. April	Wismar kapituliert vor Dewitz
24. September	Handschlag
12. Oktober	Tag der Belehnung
Herbst	Einführung der Ritterhufensteuer
1717	
7. April	Anordnung der Rentekammer für die Lustration der wüsten Orte
8. Mai	Beginn der Verbringung von Tribunalsakten aus Wismar nach Stralsund
Mai bis November	Lustration
September/Oktober	Feierlichkeiten zum Reformationsjubiläum
1718	
Januar	Vorschläge der Regierung zur Hebung der Wirtschaftskraft
21. Oktober	Patent wegen der Kirchengelder - der kirchliche Geldverleih wird der Aufsicht durch Amtleute unterstellt
1719	
6. Februar	Konservierung der Pfarrwitwen wird aufgehoben
1. Oktober	Hufenreduktion auf landesweit 2762 Hufen
30. Oktober	Schweden und Dänemark einigen sich auf einen sechsmonatigen Waffenstillstand
1720	
3. Juli	Friedensschluss zwischen Dänemark und Schweden zu Frederiksborg
1721	
17. Januar	Feierliche Übergabe Vorpommerns an Schweden (Tradition)

Anmerkung: Da die vorliegende Arbeit thematisch aufgebaut ist, bietet diese chronologische Darstellung einen Überblick über die wichtigsten Vorgänge der Jahre 1715–1721 in Bezug auf Vorpommern.

© MGFA
05447-03

Abkürzungen

Anh.	Anhang
Anl.	Anlage
AKS	Archiwum Książąt Szczecińskich (Herzogliches Archiv Stettin)
APS	Archiwum Państwowe w Szczecinie (Staatsarchiv Stettin)
BgnSign	Bogensignatur
Conv.	Convolut
HS	Handschriften
KA	Kreisarchiv
KBK	Königliche Bibliothek Kopenhagen
Kpn	Kompanien
KPS	Książnica Pomorska (Pommersche Bibliothek Stettin)
LAG	Vorpommersches Landesarchiv Greifswald
Lß	Lübschilling
M.M.	Verfasser
o.J.	ohne Jahr
o.O.	ohne Ort
P-R-K	Pommern-Rygens-Kontor
RAK	Reichsarchiv Kopenhagen
rd	rigsdaler
Rthl.	Reichstaler
rk.	række (Reihe)
RegKanc	Regeringskancelliet
RiS	Rękopisy i Spuścizny (Handschriften und Nachlässe)
RK	Rentekammer
RKps	Handschriften in der Pommerschen Bibliothek Stettin
RSwS	Rejencja Szwedzka w Stralsundzie (Schwedische Regierung Stralsund)
SNwG	Sąd Nadworny w Greifswaldie (Hofgericht Greifswald)
StadtA	Stadtarchiv
UAG	Universitätsarchiv Greifswald
Uffz	Unteroffizier
TA	Tyske Afdeling (Deutsche Abteilung)
TKIA	Tyske Kancelli Indlanske Afdeling (Deutsche Kanzlei Innenpolitische/Inländische Abteilung)
ß	Schilling

Quellen und Literatur

Ungedruckte Quellen[1]

Kreisarchiv Bergen/Rügen (KA Bergen)

Rep. StadtA

Nr. 253 Acta betreffend fremde Bäcker
Nr. 431 Acta betreffend die Behütung der königlichen Holzung bey Bergen

Staatsarchiv Stettin (APS)

Archiwum Książąt Szczecińskich (AKS) I (Herzogliches Archiv)

235	Sn. Königl Maytt Verlangen zu wißen was es mit dem Reichsjägermeister-Ambt vor Bewandnüß habe
749	Wegen eines zwischen den Cronen Preussen und Dennemarck unterm 18. December 1715 getroffenen Vergleichs
770	Der dähnische GeneralMajor von Löwenöhre und LegationsSecret: v. John reclamiren den dähnischen Guarde du Corps Nahmens Reimarius, so unter des Fürsten von Anhalt Zerbst Durchl Regimt par force soll enrolliret worden seyn, 1730
2108	Acta des Königl. Staatsarchives zu Stettin betr. Die Wolgaster Zoll- und Licentsache
3255	Königl. Rescript wie es mit den Vorpommerschen Advocaten zu halten 1717
3532	Königl. Rescript darin nachricht verlanget was vor kayserl. Privilegia denen Vormahligen Landesherren in Pommern hiebevor ertheilet worden, 1718
3536	Acta wegen des Privilegii de non appellando in Vorpommern
5144	Acta des Königl. Staatsarchives zu Stettin betr. Die Repartition der Hufensteuer in dem sequestrierten Lande bis zur Peene 1714–1718
5526	Wegen der Reparirung der Brücken und Wege in Vorpomern dißseits der Peene, 1716

---

[1] Die Bezeichnungen der Akten wurden nicht der modernen Rechtschreibung angepasst, sondern so übernommen, wie sie der Verfasser im Archiv vorfand. Dies erscheint insbesondere deshalb angebracht und hilfreich, weil zahlreiche Akten bislang unverzeichnet sind oder sich in der Verzeichnung (Teile der Stettiner Bestände) beziehungsweise Neuordnung (Reichsarchiv Kopenhagen) befinden.

6527   Rescript daß die jenigen Unterthanen, so im vorigen Schwedischen Kriege durch die Dähnen, Schiffe u. Güter verlohren und keine Satisfaction dafür bekommen haben sich melden sollen

Rejencja Szwedzka w Stralsundzie (RSwS, Rep. 10 Schwedische Regierung)

Nr. 2   Gesamte Handwerker zu Loitz beschweren sich über dortigen Magistrat betreffend die praegravation wegen der Schantzarbeit und Bezahlung der Fuhren, 1716–17

Nr. 6176 Patente von 1716, 1717 und 1718

Rękopisy i Spuścizny (RiS) (Handschriften)

Nr. 10   Kurze Beschreibung wie in Anno 1717 zu Greifswald bey der königl. Dänischen Regierungs-Zeit das Jubell-Fest wegen der Reformation des Lutheri celebriret worden

Nr. 412   Betreffend die staatlichen Beziehungen zwischen Preußen und Dänemark und Schweden 1706–1764, 18. Jahrhundert

Nr. 965   unbetitelt, enthält nur einen Brief des Wolgaster Bürgermeisters Winnemer

Nr. 1087 Repertoriumauszug der Akten des Wismarer Tribunals die auf das eh. Dähnische Vorpommern u. Rügen Bezug haben, 1717

Sąd Nadworny w Greifswaldie (SNwG; Hofgericht Greifswald) Sggn Rep 30 b Allerhand

Nr. 48   Hofgerichtsakten aus Dänischer Zeit Littra L

1   Acta in Sachen Anton von Langen contra Seel. Inspectoris Peter Lappen Kinder Vormünder in pto liqvidationis

3   Acta in Sachen Sämtlicher Pfandträger des Ackerwerckes Gerdsin contra den Major von Lontzowen ... in pto Turbationis

6   Acta in Sachen Alexander Moritz von der Osten contra Christoph Lorentz in pto immissiones inde usurarum

7   Acta in Sachen seel. Christoph Ruchels nachgelaßenen rechtmäßige Erben Imploranten contra den Lieutnant von der Lancken zu Borchtitz Imploranten i pto unrechtmäßig durch zugelegte Execution vorenthaltene Erbschafftsgelder)

9   Acta in Sachen Nicolas Maassen querulanten contra Christinam Sophiam Langen querulantin in pto Stupri et praetensi matrimonii

10   Acta in Sachen des Rahtsverwandten aus Loitz Hinrich Hagen contra Senatum Loitz in pto Liquidationis

13   Acta in Sachen Jürgen Helmers, beklagten, modo Imploranten, contra den Kauffmann Christian Lühning, Kgl: modo Imploraten, in pto restirender Terminen von Haußkauffsschilling inde Ejectiionis modo Dilationis

14   Acta in Sachen Frantz Schönrocken Kl. Contraden Magistrat zu Loitz, Bkl. in pto Debiti

15   Acta in Sachen Seel. Michael Grischowen Wittwe zu Anclam contra die Wittwe von Lepeln zu Bauer in pto Liquidissimi Debiti

16   Acta in Sachen Verordneter Provisorum und Administratoris zu St. An-
        nen und Brigitten in Stralsund, Kl contra Die Bauerschafft im Dorffe
        Lübnitz in Rügen, Beklg in pto Streitig gewesene Weide zu Jabelitz
21   Acta in Sachen Hinrich Christoph Hagen contra Bürgermeister und Rat
        der Stadt Loitz in pto der Brauer-Gerechtigkeit
23   Acta in Sachen Bürgermeister Johann Kühlmanns Kl contra Christoph
        Lorentz Bekl. in pto debiti principilaris
25   Acta in Sachen Johann Kreyen Diaconi zu Loitz Appellanten contra
        Paepositum und Provisores der Kirchen zu Loitz Appellanten in pto ta-
        xationis
26   Acta in Sachen des constituirten Advocati Fisci Anklägern contra Carl
        Albrecht von Lepel zum Bauer und Zemitz geseßen in pto Homicidii
27   Acta in Sachen Johan Wratzen contra David Lemcken in pto Überfalls

Zbior Loepera (Nachlass Loeper)

Nr. 84   Landtagsabschiede von 1539–1717 in chronol. Folge
Nr. 174 Edicte 1713–1718

Archiwum Państwowe w Szczecinie Nr. 78

158   Alphabetisches Verzeichnis der pommerschen Gerichtlichen Akten des
        K.H. Tribunals von 1653 bis 1800

Stadtarchiv Stralsund (StadtA Stralsund)

Rep. 3 Gerichtswesen

Nr. 1502 Vorladungen an Bürger vor das Kgl. Holzgericht wegen Verstoßes gegen
         die Holzordnung
Nr. 4753 Beschwerde der Gewandschneider und Kramer in den vorpommerschen
         Städten diesseits der Peene über Hausierer und Juden wegen Eindrangs
Nr. 4765 Senatus Sundensis. Juden 1721–1837
Nr. 6630 Öffentlicher Ankläger gegen den Bürger Andr. Friedr. Stettin wegen
         verbotener Korrespondenz nach Schweden

Rep. 5 Kaufmannsdeputation

Nr. 11   Anordnungen der Regierung über den Handel zur Zeit der dänischen
         Herrschaft

Rep. 13 Stralsund in den Landständen

Nr. 57   Probleme der Landesverfassung. Vorberatungen vor dem Friedens-
         schluß bei Beendigung des Nordischen Krieges 1719

Nr. 137 Erlaß der dänischen Finanzdeputation und des Kammerkollegiums für die Stadt Stralsund 1717

Nr. 271 Veränderungen in der Besetzung des Amtes des dänischen General-Gouverneurs für Vorpommern und Rügen

Nr. 614 Landtag zu Greifswald im Juli 1717

Nr. 966 Die allgemeine Landesdeputation ach Kopenhagen vom 3.12.1716 bis März 1717

Nr. 1377 Aufbringung von Magazinkorn für die dänischen Truppen in Vorpommern und Einziehung eines Nebenmodus 1718

Rep. 28   Stralsunder Kirchen

Nr. 25 Sammlung kirchlicher Vorschriften und Protokolle, 17. und 18. Jhd

Rep. 33   Quartierkammer und Steuerverwaltung der Stadt Stralsund

Nr. 365 Servicen der Stadt Stralsund zur Unterhaltung der Miliz

Nr. 366 Aufstellung einer Landmiliz

Nr. 764 Einquartierung der dänischen Besatzung 1715–1716

Nr. 866 Einquartierung während der dänischen Besatzung 1716–1720

Nr. 869 Einquartierung während der dänischen Besatzung

Nr. 1110 Lieferung von Holz für die kranken und verwundeten schwedischen Gefangenen

Nr. 1111a Nachforschung der dänischen Regierung nach dem Verbleib von gefangenen schwedischen Offizieren

Nr. 1457 Berichte des Tribunals zu Schwerin und Stellungnahmen zu dem gefällten Bescheid über den Servicenstreit zwischen Ritterschaft und der Stadt Stralsund

Nr. 2441 Orginal Resolutionen und Reskripte des Kurfürsten Friedrich Wilhelm von Brandenburg im Zusammenhang mit der Belagerung Stralsunds im Jahre 1678

Rep. 37   Die Stralsunder Kommissariate für Pommern und Rügen

Nr. 55 Das Einquartierungswesen im Pommerschen Kommissariat 1716/1718

Senatus II Außenpolitik

M 12 474 Belobigungsschreiben Karl XII. aus Bender an Bürgermeister und Rat von Stralsund, 7. März 1712 (neu: S 1530)

Handschriften

HS 63 ad Pogge Methodischer und Umständlicher bericht von dem jetzigen Staat Des Schwedischen Pommer-Landes und des Fürstenthums Rügen von den Herrn Licentiat Carock in die Feder dictiret 1718, 1725

Hs 288	Umständlicher Bericht was seit dem 19. December bis den 24. ejusdem im Lager vor Stralsund vorgefallen/ und wie selbige Vestung sich an die hohe Nordische Alliierte übergeben. Benebst einem Extract der Accords Puncten. Gedruckt im Jahr 1715, abgeschrieben (masch.) von Fritz Adler
Hs 126	Knorr, F.: Verzeichnis der militärischen Behörden und Truppenstärke der Garnison Stralsund 1628 bis 1815
HS II 388	Stralsundische Verordnungen 1593–1741
HS I 110	Verschiedene Nachrichten betreffend Stralsund unter dänischer Herrschaft 1716–21

Kirchenarchiv St. Nikolai Stralsund

Unverzeichneter Bestand zum Reformationsjubiläum

Stadtarchiv Greifswald (StadtA Greifswald)

Rep. 5   Städtische Akten

Nr. 447	Acta betreffend die von der Stadt und ihren Ländereien prästierte Dragounerverpflegung und Fouragelieferung 1709–1720
Nr. 1338 Bd 1–3	Landtagsakten 1716
Nr. 1339 Bd 1–2	Landtagsakten 1717
Nr. 1340	Landtagsakten 1718
Nr. 1341	Landtagsakten 1719
Nr. 1343	Landtagsakten 1720
Nr. 2433	Acta wegen des Königl. Burggrafen Johann Georg Cavan (5 Bde)
Nr. 2434	Acta wegen des könglichen Burggrafen Johann Georg Cavan in specie zwischen demselben und dem Magistrat vorgefallenen Streitigkeiten (4 Bde)

Vorpommersches Landesarchiv Greifswald (LAG)

Rep. VI Nr. 30 (Oeconomica Politica Pomeran. Vol. VIII)

Rep. 40   Pomeranica Handschriften

VI Nr. 89	Annalistische Aufzeichnungen zur pommerschen Verwaltungsgeschichte Bd I
VI Nr. 90	Annalistische Aufzeichnungen zur pommerschen Verwaltungsgeschichte Bd II

Rep. 41   *Herrschaftsarchiv Plathe*

v.d. Plathe   Beschreibung des schwedischen Pommerlandes und deren jetzige
I A 1:21   Beschaffenheit samt denen Statu Publico gehörigen Nachrichten.
                  Entworfen von M. Gerdes Ao 1719

Rep. 35   *Konsistorium Greifswald*

Nr. 75   Ersuchen der Königl. Regierung betreffend die Verabfolgung gewisser
                  Akten aus dem Königl. Preußischen Konsistorium 1721–1754
Nr. 545   Pastor Frid. Corsvant gegen Jürgen Richter zu Weitenhagen we-
                  gen Pfarr- und Küsterhebung 1719
Nr. 748   Propositus und Provisores der Wolgaster St. Petri-Kirche wegen
                  der Kirchenstühle

Rep. 38b   *Franzburg*

Nr. 225   Beschreibung der Stadt Franzburg und ihrer Einwohner 1717

Rep. 73   *Hofgericht*

Nr. 896   Auseinandersetzung mit der Stadt Greifswald wegen der Befrei-
                  ung der Hofgerichtsbedienten von der Steuer für ihre Häuser
                  während der Kriegszeit 1717–1720

Universitätsarchiv Greifswald (UAG)

Stettin Nr. 21   Acta Academica unter der königl. dänischen Regierung den Zu-
                  stand und die Gerechtsame der Universität betreffend
R 1405   Acta wegen der dem Prof. Würfel von dem Vice-General-
                  Superintendenten versagten Promotion in Doctorem Theologia
R 1406   Acta die Ungnade des Königs Carl XII gegen den Prof. Würfel,
                  desselben remotion und reflexion durch den König von Dänne-
                  marck betreffend

Rigsarkivet Kopenhagen (RAK)

Reg 8 Midlertidigt Besatte Lande Fremmed Proveniens Norske Sager –
Regeringskancelliet (RegKanc) i Stralsund (Vorübergehend besetzte Länder, fremde
Gebiete, norwegische Angelegenheiten – Regierung in Stralsund)

Convolut (Conv.):
I   Rescripta, so ihre Königl. Maytt an dero vorpommersche Regie-
                  rung abgelassen 1716–20
XI   Correspondence mit dem hohen Königl Konseil

XII	Schreiben Sr. Exell der H. Geheime Rath von Sehestedt und die Königl. Teutsche Cantzeley an die Regierung 1716–1721 abgelassen
XIII	Concepten derer an Sr. Ecell. Den Hr. Geheimen Rath von Sehestedt von der Kgl. Regierung in An. 1716, 1717, 1718 et 1720 abgelassenen Schreiben
XXIV	Correspondence mit dem Königl. Generalcommissariat des Land Etats 1716–20
XXVI	Correspondence mit dem Königl. GeneralPostAmbt 1716–1720
XXVII	Schreiben so von Sr. Excell dem Hrn Generalgouverneur von Dewitz an die Kanzleisekretäres von John und Boye in An. 1716 abgelassen
XXVIII	Schreiben so Sr. Excellenz der H. Generalgouverneur von Dewitz die kgl. Regierung in An. 1716 abgelassen
XXIX	Schreiben so Sr. Excellenz der H. Generalgouverneur von Dewitz die kgl. Regierung in An. 1716 abgelassen
XXXI	Schreiben so Sr, Exell. Der Hr Generalgouverneur von Dewitz an die Königl. Vorpommersche Regierung in Anno 1718 abgelaßen
XXXII	Schreiben so Sr, Exell. Der Hr Generalgouverneur von Dewitz an die Königl. Vorpommersche Regierung in Anno 1719 abgelaßen
XXXVII	Schreiben so Sr. Exell. Der Herr GeneralGouverneur Scholten an die Königl. Vorpommersche Regierung in An. 1719 abgelassen
XLI	Correspondence mit dem Königl. GeneralMajor und Envoye an dem Königl. Preuss. Hofe Hrn Meyer
XLII	Correspondence mit dem Königl. Generalmajor und Kommandanten der Vestung Strahlsund Hr. v. Stöcken
XLIII	Correspondence mit dem Hrn EtatsRaht und General PostDirectore Weyse
XLIV	Correspondence mit Commandeur Gude
XLVI	Correspondence mit verschiedenen königl. Hr. Ministris und Räthen auch kgl. Hr. Officiers
XLVII	Corresspondence mit Ihr. Ihr. Königl Königl. Maytt. Maytt. in Pohlen und Preussen
XLVIII	Coresspondence mit denen königl. Preuß. Geheimen Räten
XLIX	Corresspondence mit der königl. Preussisch Hinterpommerschen Regierung und Consistorio ingleich mit dem Königl. Preussisch Pommerschen Kommissariat
LI	Correspondence mit dem Königlich Preußischen Generalleutnant Borck und anderen kgl. Offiziers
LIII	Correspondence mit dem fürstlich Mecklenb. Hof, auch außwärtigen Collegiis Reichs und anderen Städten
LV	Acta betreffend die Acten des statt der Huldigung den 24. Sept 1716 geleisteten Handschlages 1716
LVIII	Generalia 1717
LXII a-c	Die Lustration der Städte und dazugehörigen Ländereien

LIX	Lustration der kgl. Ämter
LX a, b	Lustration der adelichen Distrikte
CXXXIX	Acta betreffend die an die Stadt Stralsund wegen der bey der Einquartierung in Anno 1716 erlittenen praegrvation abzuführende Satisfaktionsgelder 1716–20
CCXXXIX	Acta betreffend die an die Stadt Stralsund wegen der bey der Einquartierung in Anno 1716 erlittenen praegravation abzuführende Satisfaktion Gelder 1716–20
CCXXXV	Acta so das Einquartierungswesen concernieren
CCXXXVII	Allerhand Schreiben Designationes Extracten und andere Documenten welche die Eintreibung derer an die Stadt Stralsund zum behuf der guarnison abzutragenden Servicen betreffen
CCXXXVIII	Acta betreffend die Liqidation wegen der in Anno 1716 von denen Ämtern, Districten und Städten getragenen Einquartierung 1716–18
CCXL	Acta betreffend die von dem jütischen Infanterieregiment geforderte Service und Fouragegelder
CCXLI	Acta betreffend die Einquartierung der Infanterie item denen Officiers von der Infanterie competirende Service Geldes dort auch: Acta wegen derer für die Herren Officiers von der Infanterie für ein Hauergeld anzuweisende Quartiere 1719–20
CCXLII	Acta betreffend die Anno 1719 von dem Landrat von Thienen, dem Justizrat Hohenmühle und dem Cantzeleyrat von Johnn für genommene speciale Untersuchung der Einquartierung in Stralsund 1719
CCXLIII	Acta betreffend die Anweisung derer Quartiere für die Cavallerie und derselben verpflegung item die Postirung de Annis 1717 et 1718
CCXLIV	Acta betreffend die Anweisung der Fourage und Quartiere für die Cavallerie 1719–20
CCXLV	Acta betreffend die an das Ambt Wolgast wegen der Anno 1717 bey der Verpflegung der Cavallerie zugefügten praegravation zu entrichtenden Gelder
CCXLVI	Acta in Sachen Catharina Margaretha Paxin wieder den Hr. Generalmajor von Ingenhoven wegen der zu dem Gut Neselbantz gehörigen weggenommenen Unterthanen und abgestattete 100 Reichstahler
CCXLVII	Acta betreffend die zwischen dem Herrn Generalmajor und Commandanten von Stöcken und dem Magistrat der Stadt Stralsund entstandenen Differentien
CCXCI	Verschiedene Acta betreff dergleichen processe-Sachen worinnen die Königl. Bediente Kläger oder Beklagte gewesen
CCXCVII	Acta so den mit der Crohne Schweden getroffenen Stillstand Betreffend

CCXCVIII   Acta Traditionis des königl. Antheils des Herzogthumbß Vorpommern und des Fürstenthumbß Rügen an die Crohne Schweden

CCXCIX   Attestata facte publicationis, der wegen der Tradition des Anthelß des Herzogthumbß vorPomern und Fürstenthumß Rügen an die Crone Schweden am 8. Januar 1721 ergangenen Patents

CCXCII   Acta so die zwischen einigen Eingessessenen und anderen personen geführte Proccessus concernieren nebst einer beygelegten Designation

CCC   Tradition Vorpommerns

Rentekammer Tyske Afdeling (RKTA) Pommern-Rygens-Kontor (P-R-K) 1716–20

C 251 I-III   Königliche Ordres, Rescripten und Resolutionen

C 252   Bestallungsprotokol for Pommern og Rygen

C 255.1–4   Pommersches Korrespondence Protokoll

C 256   Patenten für Pommern und Rügen

C 265   Documente betr. die Untersuchung wegen DominalGüthern 1713–1718

C 266   Protocoll von den verpfändeten pommerschen Domänen

C 269   Bericht von der Beschaffenheit der vorpommerschen Städte

C 272   Hufen-Umschreibung im Hertzogtum Vorpommern und Fürstenthum Rügen 1716–1719

C 273   Relation von der Königlichen Regierung zu Stralsund nebst Beilagen betr. Die Untersuchung der wüsten Güter, höffen und häuser

C 274   Documente wegen dem Zustand der Insel Rügen

C 277   Registratur over Regnskabsrevisionen 1716–28

Tyske Kancelli Indlanske Afdeling (TKIA)

B 209   Relationer fra Generalgouvernören i Forpommern og Rügen 1715–20

Dort auch Nr. 359b Indstillinger fra General v. Scholten om geistlige og academiske Embeders Besattelse i Pommern og Rügen 1719–20

B 211   Relationer fra J. Fr. v.d. Lühe som Overlanddrost i Wismar

Patenter 1714 et 1715

Patenter 1716 et 1717

Patenter 1718 et 1719

Königliche Bibliothek Kopenhagen Handschriftenabteilung (KBK HS)

Handschriften – Ny Kgl.S.

Fol. 685 d   Fortegnelse over Embedsmaend

Fol. 1590   Grandjean, Poul Bred, Kgl. Dansk Forstembedsmaend 1660–1790, samlede og grupperede efter Embeder, 1908

Worm, Casten Matthiesen, Den stoormaegtigste Nordens Monarchs Kong Frederich dend Fjerdes Berömmelige Bedrifter udi det attende seculi og Hans Kongel Majestets allernaadigste Regierings förste fyve Aar, o.O. 1721

Pommersche Bibliothek Stettin (Ksiąznica Pomorska, KPS)

Handschriften (RKps)

19/12 Acta wegen der Seefahrt in und außerhalb Sundes, 1713
99   Handbüchlein von Hofbriefen und Eyden, o.J.
274   Protokol(w)y rady miasta Szczecina dotyczaca roznych spraw miejskich oraz Koresponcencya z wl(w)adcami Szweddzkimi gl(w)ownie na temat zeglugi).

Gedruckte Quellen und Literatur des 18. Jahrhunderts

Achelis, Thomas Otto, Matrikel der schleswigschen Studenten 1517–1864. Nachträge und Berichtigungen von Vello Helk, Kiel 1991

Acta Borussica. Denkmäler der Preußischen Staatsverwaltung im 18. Jahrhundert. Hrsg. von der königlichen Akademie der Wissenschaften: Die Behördenorganisation und die allgemeine Staatsverwaltung Preußens im 18. Jahrhundert, Bde 1–15, Berlin 1894–1936

Ausführliche Reise-Beschreibung Sr. Königl. Majestät zu Schweden Karl XII. was sich nach der Pultavischen Action auf Dero gefährlichen Reise nach Bender vor seltsame Zufälle ereignet zu welcher Zeit Dieselbe bey Bender angekommen/ von dem Groß-Sultan höchstfreundlich aufgenommen/ und als ein grosser Monarch in allen tractiret worden. Wie lange Sr. Königl. Majestät allda residiret/auch was merckwürdiges Zeit Ihres allda seyn passiret/ und wann sie wieder aus selbigen Landen gegangen und in Teutschland glücklich angekommen. Aufrichtig beschrieben von einem schwedischen Officier/ der meist überall mit zugegen gewesen, Stralsund 1716

Anonym [Defoe, Daniel], The History of the wars of his late Majesty Charles XII. King of Sweden from his first Landing in Denmark to his return from Turkey to Pomerania, London 1720

Apotheker Claus Seidelins optegnelser om sit levned, 1702–1782, København 1915 (Memoirer og Breve hrsg. von Julius Clausen und P.Fr. Rist)

Auf königl. Majest. von Schweden Allergnädigste Verordnung im Pommerschen Estat wegen der Pietisterey publiciertes Edict, o.O. 1707

Balthasar, Augustin von, Abhandlung vom Ursprung, Amt und Recht, besonders der Wahl der Land-Räthe im Herzogthum Pommern und Fürstenhum Rügen. Nebst angehängtem Gutachten von der löbl. Ritterschaft bey Benennung der Land-Räth ihres Ordens, Greifswald 1752

Balthasar, Jacob Heinrich, Andere Sammlung einiger zur pommerschen Kirchenhistorie gehörigen Schriften, Greifswald 1725

Balthasar, Jacob Heinrich von, Erste Sammlung einiger zur pommerschen Kirchenhistorie gehörigen Schriften, Greifswald 1723

Balthasar, Jacob Heinrich von, Historischer und Theologischer Discours von dem Eyfer der Pomern gegen die Reformierten, in welchem die Statuten und Schlüsse der Fürsten, und die Verrichtungen der Theologen in Pommern gegen die Reformierten aus historischen Nachrichten erzehlet werden, Leipzig 1722

Bemerkungen über das stehende Heer in Dännemark veranlaßt durch die patriotischen Gedanken eines Dänen über stehende Heere, politisches Gleichgewicht und Staatsrevolutionen, o.O. 1793

Beschreibung der Huldigungs-Solennitæt, Wie Ihr. Königl. Maytt. zu Schweden/der Allerdurchlauchtigste/Großmächtige König Friedrich der Iste von deroselben allerunterthänigsten und Treu-gehorsamsten Vasallen und Unterthanen des Hertzogthumbs Vor-Pommern und Fürstenthumbs Rügen, in der Stadt Stralsund Den allgemeinen Lehn- und Huldigungseid Durch ... Den Herrn Graffen und Reichs-Raht Herrn Johann August von Meyerfeldt ... aufnehmen lassen, den 21/10 Octobr. 1722, Stralsund 1722

Die Briefe König Friedrich Wilhelms I. an den Fürsten zu Anhalt-Dessau 1704–1740, Frankfurt a.M. 1986–1987 (= Acta Borussica. Behördenorganisation, Ergänzungsband)

Broth, Jacob Friedrich, Das Grosse was der Herr an uns gethan/ wird Morgen welches der jährliche Gedächtnistag ist, da wir uns dankbar erinnern sollen Der Grossen Wolthat/ die Gott den Einwohnern der Stadt Anklam am 3ten April im Jahre 1713 durch die mächtige Befreyung von der gäntzlichen Verwüstung gnädig erwiesen hat, in einer Deutschen Rede, Greifswald 1742

Buchholtzen, Samuel, Versuch in der Geschichte des Herzogthums Meklenburg, Rostock 1753

Büsching, Anton Friedrich, Neue Erdbeschreibung, 1. Tl, Hamburg 1764

Bussaeus, Andreas, Historisk Dag Register over den Stormaegtigste Monarks Kong Friderich den Fjerdes, Kjobenhavn 1770

Caroc, Georg Adolf, Raisons warum die Pommersche und Rugianische Ritterschaft diesseits der Peen, sich höchstbetrübt befindet, durch die, von I.K.M. zu Dänemark von neuen anno 1720 angeordnete Ritterhufensteuer. In: Schwartz, Albert Georg, Versuch einer pommersch-ruegianischen Lehn-Historie. Enthaltend die zum Lehnwesen dieser Lande gehörige Geschichte und Merckwürdigkeiten, von den ältesten bis auf die heutigen Zeiten, mehrenteils aus urkundlichen Nachrichten verfasset, Greyffswald 1749

Capitulation von Stralsund. De Anno 1715, o.O. o.J.

Capitulationspuncte wegen Uebergebung der Vestung und Stadt Wismar Anno 1716

Dähnert, Johann Carl, L. Georgii Adolphi Caroc de Suecorum in Pomeraniam cum primis Citeriorem Meritis Commentatio academica Gryphisw. 1710. In: Dähnert, Johann Carl, Pommersche Bibliothek, Bd 1, Greifswald 1752, S. 81–85

Dähnert, Johann Carl, Sammlung gemeiner und besonderer Pommerscher und Rügischer Landes-Urkunden, Gesetze, Privilegien, Verträge, Constitutionen und Ordnungen, 3 Bde, Stralsund 1765–1769, 4 Bde Supplementen, fortgesetzt Gustav von Klickowström, Stralsund 1786–1802

Eggers, Jacob von, Neues Kriegs-Ingeniör-Artillerie-See- und Ritterlexicon, worinnen Alles was einen Officier, Ingenieur, Artilleristen und Seefahrenden aus der Tactique, der Civil-Militair und Schiffbaukunst, der Artillerie, der Mechanic, dem Seewesen [...] zu wissen nöthig, Bd 1, Dresden, Leipzig 1757

Engelbrecht, Johann Brandanus, Introductio in notitiam Juris Feudorum Pomeraniae Suecicae. Adjecta Mantissa Monumentorum feudalium in usum auditorii edita, Greifswald 1744

Ewert, Klaus, Vorpommern, Bd 1: Trauregister aus den ältesten deutschen Kirchenbüchern

Fabarius, Johann David, Nöthige Erläuterung des Alten und Neuen Rügens betreffend die Präpositur Bergen und die daruner gehörigen Parochien, Greiffswald und Stralsund 1738

Flemming, Hans Friedrich von, Der vollkommene Teutsche Soldat, Leipzig 1726 (Nachdr. Osnabrück 1967)

Frost, Robert, The Northern Wars. War, State and Society in Northeastern Europe, 1558–1721, Harlow 2000

Gadebusch, Thomas Heinrich, Grundriß der Pommerschen Geschichte, Stralsund 1778

Gadebusch, Thomas Heinrich, Schwedischpommersche Staatskunde, I. Tl., Greifswald 1786

Gerhardt, Paul, Geistliche Lieder. Hrsg. von Gerhard Rödding, Stuttgart 1992

Göbel, M.J.A., Lutherischer Abtrag von dem päpstischen Beytrag für das zweyte Lutherische Jubel-Jahr welchen ein Jesuit, Pater Joh. Krause in Prag/ zur offenbahren Anzeige/ wie gelehrt und wes geistes Kind er sey/ cum licentia Superiorum ausfliegen lassen; Nebst einem Bericht/ wie das andere Evangelische Jubel-Fest überall in denen Fürstenthümern Schleswig/ Holstein/ auch im königl. Antheil des Herzogthums Vorpommern/ im Fürstenthum Rügen in der Graffschaft Oldenburg usw. auf hohe königl. Anordnung gefeyert werden müssen, Franckfurth, Leipzig 1720

Grosses vollständiges Universal Lexicon Aller Wissenschaften und Künste, Welche bißhero durch menschlichen Verstand und Witz verbessert worden [...], verlegt von Johann Heinrich Zedler, 64 Bde, 4 Supplementbde, Halle, Leipzig 1732–1754

Herrn J.F. Sprengels Bericht von dem letzten Pommerschen Kriege und dem der Stadt Anklam angedrohten Unglück. In: Dähnert, Johann Carl, Pommersche Bibliothek, Bd 3, Greifswald 1754, S. 185–193

Historisch-Politisch-Geographischer Atlas der gantzen Welt: Oder grosses und vollständiges Geographisch- und Kritisches Lexikon Darinnen die Beschreibung des Erd-Kreises [...] enthalten, IV. Teil: D,E,F, Leipzig 1745

Hojer, Andreas, König Friederich des Vierten glorwürdigstes Leben, Tondern 1829

Holberg, Ludvig, Jeppe paa Bierget eller Den fovandlede Bonde. Hrsg. von Peter Cordes, København 1979

Holberg, Ludvig, Jeppe vom Berge oder der verwandelte Bauer. In: Holberg, Ausgewählte Komödien. Hrsg. von Hans Jürgen Hube, Rostock 1986, S. 69–116

Holberg, Ludvig, Nicolai Klims unterirdische Reise, worinnen eine ganz neue Erdbeschreibung wie auch eine umständliche Nachricht von der fünften Monarchie, die uns bishero ganz und gar unbekannt gewesen ist, Leipzig 1971

Ihrer Kön. May.May. in Schweden derer Großmächtigste/ Glorwürdigsten Könige Caroli des XI. höchst-seeliges Gedächtniß und Caroli XII. Den Gott segne Der Schweden /Gothen und Wenden Könige [...] Edicta wegen der in Teutschland einschleichenden Schwermereyen, o.O. 1708

Im Hause des Herrn immerdar. Die Lebensgeschichte des Augustin von Balthasar (1701–1786) von ihm selbst erzählt. Hrsg. von Dirk Alvermann, Greifswald 2003

Instruktion König Friedrich Wilhelms I. für seinen Nachfolger. In: Dietrich, Richard, Die politischen Testamente der Hohenzollern, Köln, Wien 1986. (= Veröffentlichungen aus den Archiven Preussischer Kulturbesitz, Bd 20), S. 221–243

Jöcher, Christian Gottlieb, Würffel (Joh. Ludwig). In: Jöcher, Christian Gottlieb, Allgemeines Gelehrten Lexikon, Leipzig 1725, Sp. 1578 f.

Justi, Johann Heinrich Gottlob von, Ausführliche Abhandlung von denen Steuern und Abgaben nach ächten, aus dem Endzweck der bürgerlichen Gesellschaften abfließenden Grundsätzen und zur Wohlfahrt der Völker dienlichen Maßregeln, Königsberg und Leipzig 1762

Klinckowström, Gustaf von, Abhandlung von Kirchenmatriculn wie solche nach denen erganger Vorschriften im Herzogthum Pommern und Fürstenthum Rügen abzufassen sind, Stralsund 1792

Kötzschau. In: Grosses vollständiges Universal Lexicon Aller Wissenschaften und Künste, Welche bißhero durch menschlichen Verstand und Witz verbessert worden [...], verlegt von Johann Heinrich Zedler, 15. Bd, 4 Supplementbde, Halle, Leipzig 1737, Sp. 1391–1396

Krakevitz, Albrecht Joachim von, Wie Obrigkeit und Unterthanen eins seyn müßen Ihr gemeinschaftliches Wohl zu befordern/ Bey der Huldigung des Allerdurchlauchtigsten/ Großmächtigsten Fürsten und Herrn Hrn Friedrich des Ersten/ der Schweden/ Gothen und Wenden Königes/ Alß dieselbe Den 21. Octobr Anno 1722 Von denen sämptlichen Einwohnern Des Hertzogthums Pommern und Fürstenthums Rügen in Stralsund geleistet worden Nach Anleitung der Worte des Heiligen Geistes aus der 1. Tim. II, 1,2 In einer solennen daselbst in Nicolai Kirchen gehaltenen Huldigungs-Predigt, Stralsund o.J. (1722)

Kurtze Relation von der erbärmlichen Einäscherung der Pommerschen Städte Gartz und Wolgast/ Als dieselbe respective am 16. und 27. Martii Anno 1713. von den Barbarischen Moscowitern kläglich in Asche geleget worden. Nebst einer Merckwürdigen Prophezeyung Simonis Pauli. SS. Theologiae, und Professoris zu Rostock/ und desselbigen Districts Hochverdienten Superintendentis, Vom Verlauff des gegenwärtigen Moscowitischen Krieges, o.O. 1713

Kurtze und Gründliche Relation von der Insul und Fürstentum Rügen/ Wie dieselbe Anno 1677 durch den Königl. Dänischen Einfall verunruhiget/ und Anno 1678 im angehenden Jenner von Sr. Hoch Gräfl. Excell. dem Herrn Feld-Marschall Königsmarck/ wiederum befreyet worden/ samt einer ausführlichen Lista aller gefangenen Officirer, Stralsund 1678

Das Leben des Weyland Magnifici, Wohlgebohrnen und Hochbenahmten Herrn/ Hn. Franz Michael von Boltenstern, Erbherrn auff Altenhagen/... Seiner Königlichen Mayestät zu Schweden/ a.a. bey dero Hoffgerichte im Hertzogthum Vor-Pommern und Fürstenthum Rügen verordneten Directoris. Aus authentischen Nachrichten zusammen getragen, Greifswald 1730

Lexicon Juridicum Romano-Teutonicum. Hrsg. von Samuel Oberländer, Nürnberg 1753 (Nachdr. Köln, Weimar, Wien 2000, hrsg. von Rainer Polley)

Lünig, Johann Christian, Corpus Iuris Militaris des Heil. Röm.Reichs, II. Tl: Vom Reichs-Kriegs-Rechte, 1723 (Nachdr. Osnabrück 1968)

Lünig, Johann Christian, Theatrum Ceremoniale Historico-Politicum. Historisch- und Politischer Schau-Platz des Europäischen Cantzley-Ceremoniels, 3 Bde, Leipzig 1720

Make, Daniel, Der Lutheraner Jubel-Jahr/ oder was das sey: Den 31. Octobr. Dieses lauffenden 1717. Jahrs ein Jubel-Fest halten, wegen der Reformation Lutheri, wollte, In fünff unterschiedlich-einfältigen Fragen und Antwort gegen dem Tage des Jubilæi eröffnet darstellen, Alten-Stettin o.J. (1717)

Manifest oder Eine summarische Declaration über Die rechtmäßige/ und Hochwichtige Uhrsachen/ welche bewogen/ und gleichsam gezwungen haben Seine Königl. Majestät zu Dännemarck/ und Norwegen ... dessen Reiche/ und Länder gegen des Königs von Schweden ... Gewaltthätigkeiten zu beschirmen/ und mit dem Recht der Völker zugelassenen Mitteln/ mit Höchstem Beystand in zulängliche Sicherheit zu setzen, Copenhagen 1709

Manifest seiner Königl. Majestät zu Dennemark/ Norwegen bey dero angetretenen Marsch in das schwedische Pommern im Monat Augusti 1711

Micraelii, Johannis, Antiquitates Pomeranie oder sechs Bücher vom Alten Pommernlande, Stettin, Leipzig 1723

Militär-juridist Repertorium indeholdende de for den danske Landmilitäretat emanerede Forordninger, Parolkebefalinger, Instruxer, Rerscripter, Resolutioner og Collegialbreve fra 1671 til 1824. Hrsg. von C.P.N. Petersen, Kiøbenhaven 1827

Molesworth, Robert, An Account of Denmark as it was in the Year 1692, London 1694 (Nachdr. Copenhagen 1976)

Moser, Johann Jacob, Beyträge zu dem neuesten Europäischen Völkerrecht in Kriegszeiten, 3. Bd, Tübingen 1781

Nachricht wie es in Pommern zur Zeit der Reformation mit der allgemeinen und publiquen Abschaffung des Päpstlichen Kirchenwesens eigentlich bewandt gewesen bey convenabler Gelegenheit des in Pommern wegen der heylsamen Reformation angeordneten Zweyten Jubel-Festes, Greiffswald 1717

Nerreter, David, Huldigungs-Predigt/ Sr. Königl. Majest. in Preussen/ Anno 1717. Den 25. Febr. am Tag Victorini in alten Stettin, Stargardt 1717

Neubuhr, Georg Philipp, Geschichte der unter des Herzogs von Friedland Oberbefehl von der kayserlichen Armee unternommenen Belagerung der Stadt Stralsund, Stralsund 1772

O[...] V[...], Kong Frederich den Fjerdes allernaadigste Forordninger og Kabne Breve fra Aar 1716 til 1717, Kjobenhavn o.J.

Pommerscher Kriegs-Postillion/ oder Kurze Beschreibung So wol der Pommerschen jüngsten Unruhe als auch desselben Landes und darinnen belegenen vornehmsten Städte/ Festung und Plätze/ Voraus Der Namhafften Beläğerung der Haupt-Festung Stetin/ Auch Der Insul Rügen und drauff durch den König zu Dennemarck-Norwegen gefaßten Fuß/ und erfolgten Actionen/ sammt darzu benötigten Abrissen und Kupferstücken, Leipzig 1677

Pommersches Glück zu dem Könige in Preussen! Das ist Freudiger und glückwünschender Zuruff An den Allerdurchlauchtigsten/ Großmächtigsten Fürsten und Herrn, Herrn Friedrich Wilhelm, Glorwürdigsten König in Preussen, Marggrafen zu Brandenburg, des Heil. Röm. Reichs Ertz-Cämmerer und Churfürsten, p.p.p. Als die getreuen Pommerschen Stände, Vasallen und Unterthanen Nach geschehener gäntzlicher Cession der Stettinischen und Vor-Pommerschen Lande diesseits der Pehne, Höchstgedachter Sr. Königl. Majestät in Preussen, Als ihrem itzigen allergnädigsten Herrn und Landes-Vater, Zu unterschiedenen mahlen/ Absonderlich den 10. Augusti 1721 Bey Aufnehmmung der allgemeinen Erb-Huldigung, In demüthigsten Gratulations-Carminibus, Alten Stettin o.J. (1721)

Pommersches Kriegs-Theatrum, oder Geographische und historische Beschreibung des Herzogthums Pommern, und Fürstethums Rügen, wie auch der Vestung und Herrschaft Wißmar, die vornehmsten Revolutiones besagter Länder in sich fassend, Nebst des Nun schon in das Sechzehende Jahr währenden Nordischen Krieges Anfang, Fortgang und Gott gebe! Bald zu erwartendem Ausgang, und folglich biß zur Ubergabe der durch Accord eroberten Stadt und Festung Wißmar, Darinnen alle dessen Merkwürdigkeiten summarisch und unpartheyisch angezeiget werden, Leipzig 1716

Preussens Staatsverträge aus der Regierungszeit Friedrich Wilhelms I. Hrsg. von Victor Loewe, Leipzig 1913

Programma Quo Rector Academiæ Gryphiswaldensis Joachimus Andreas Helvigius [...] Ad Exeqvias 2 Viro Magnifico, Summe Reverendo, Excellentissimo [...] Domino Brandano Henrico Gebhardi [...], Greifswald 1729

Pufendorf, Samuel Freiherr von, Acht Bücher vom Natur-und Völkerrecht/ mit des weitberühmten Jcti. Johann Nicolai Hertii, Johann Barbeyrac und anderer hochgelehrter Männer außerlesenen Anmerckungen erläutert, Anderer Theil, Frankfurt a.M. 1711 (Nachdr. Hildesheim, Zürich, New York 1998)

Schöttgen, Christian, Altes und Neues Pommernland oder gesammelte Nachrichten von verschiedenen zur pommerschen Historie gehörigen Stücken, Stargard 1721

Schwartz, Albert Georg, Versuch einer pommersch-ruegianischen Lehn-Historie. Enthaltend die zum Lehnwesen dieser Lande gehörige Geschichte und Merckwürdigkeiten, von den ältesten bis auf die heutigen Zeiten, mehrenteils aus urkundlichen Nachrichten verfasset, Greyffswald 1749

Seitz, Johann Christian, Geographisch- und historische Beschreibung des Herzogthums Pomern und Fürstenthums Rügen/ Die vornehmste Revolutiones besagter Länder in sich fassend. Nebst dem Nordischen Kriegsdiario von Anno 1700. Biß zu Ende 1715, Frankfurt und Leipzig 1716

Stern, Selma, Der preussische Staat und die Juden, I. Teil: Die Zeit des Großen Kurfürsten und Friedrich I., 2. Abt: Akten, Tübingen 1962

Stern, Selma: Der preussische Staat und die Juden, II. Teil: Die Zeit Friedrich Wilhelms I., 1. Abt.: Darstellung, Tübingen 1962

Tetzloff, Christoph, Die stetige Zuflucht Eines Gottes-Menschen zum Herrn, Auch mitten indem die gantze Stadt in Bestürtzung setzenden unverhofften Tode, Des Weiland Hoch-Ehrwürdigen, Groß-Achtbahren, und Hochgelahrten Herrn, Hn. Johann Ludwig Würffeln, [...], Als Derselbe am 29. Januarii, an einem Schlag-Fluß auf dem Wagen in den Todes-Schlaff sanck, und am 16. Folgenden Monaths Februarii, rühmlich in St. Marien Kirche zu Erden bestattet wurde, Alten-Stettin 1719

Tozen, M[...] E[...], Der gegenwärtige Zustand von Europa worin die natürliche und politische Beschaffenheit der Europäischen Reiche und Staaten aus bewährten Nachrichten beschrieben wird, 2. Tl., Bützow, Wismar 1767

Unvorgreiffliche Gedancken eines Schwedischen Unterthanen/ über Das jüngst herausgegebene Dänische Manifest, o.O. 1709

Vanselow, Amando Carolo, Gelehrtes Pommern/ oder Alphabetisches Verzeichniß Einiger in Pommern gebohrenen Gelehrten männlichen und weiblich Geschlechts nach ihren Merkwürdigen Umständen und verfertigten Schriften, Stargard 1728

Verzeichniß derer Beym Pomerschen Hoffgerichte/ Wolgastischen Orths/ von Anno MDCXXXII. bestellt gewesener/ und zum Theil noch lebender Directorum, Adsessorum, Referendariorum, Protonotariorum und Fiscäle. So viel sich davon ex Archivo Regii Dicasterii, und sonst nach geschehener Erkundigung/ Nachricht gefunden/ [...], Greifswald 1732

Walther, Johann Christoph, Tractatus Juridico-Politico-Polemico-Historicus de Jure Metatorum Hospitationibus Militum vom Einquartierungsrecht welcher sowol aus alten Reichsgesetzen als neuen Reichs-Constitution und Verpflegungsordonannzen zusammengetragen, Nürnberg 1735

Würffel, Johann Ludwig, Ein gedoppeltes Lehn/ I. Welches der König als Lehn-Mann von Gott empfangen: II. Welches Er als Lehn-Herr seinen Vasallen verleihet, Greifswald 1716

Wutstrack, Christian Friedrich, Kurze historisch-geographisch-statistische Beschreibung von dem königlich-preussischen Herzogthume Vor- und Hinter-Pommern, Stettin 1793

Literatur

Adam, Karl, Schicksale der Juden diesseits der Peene von 1720 bis zum Gesetz vom 23. Juli 1847. In: Stralsunder Zeitung Nr. 161 vom 13. Juli 1890, I. Beilage, S. 1 f.

Adam, Karl, Von einer Pastoren-Hochzeit in Schwedisch-Pommern. In: Unser Pommerland. Monatsschrift für das Kulturleben der Heimat (1913), 2, S. 25–27

Adler, Fritz, Die Belagerung Stralsunds 1628, Stralsund 1928

Adler, Fritz, Lambert Steinwich. Bürgermeister von Stralsund (1571–1629). In: Baltische Studien, NF 38 (1936), S. 228–264

Adler, Fritz, Westpommern. Neuvorpommern und Rügen, Berlin 1927

Agena, Carl-August, Der Amtmann im 17. und 18. Jahrhundert. Ein Beitrag zur Geschichte des Richter- und Beamtentums, Göttingen 1972

Alten, Jürgen von, Weltgeschichte der Ostsee, Berlin 1996

Altschul, Simon, Jødernes Historie i Danmark, H 1: Jøderne i Danmark i det 17-de Aarhundrede, København 1921

Angrick, Andrej, Besatzungspolitik und Massenmord. Die Einsatzgruppe D in der südlichen Sowjetunion 1941–43, Hamburg 2003

Anonym, von Thienen. In: Danmarks Adels Aarbog. Hrsg. von J[...] V[...] Teisen und Louis Bobe, 52. Bd, Kobenhavn 1935, S. 87–108

Architektur und Bildende Kunst in Greifswald. In: Die neue Sundine, 2 (1862), S. 54–56

Arndt, Ernst Moritz, Geschichte der Veränderung der bäuerlichen und herrschaftlichen Verhältnisse in dem vormaligen Pommern und Rügen vom Jahre 1806 bis zum Jahre 1816. In: Ernst Moritz Arndt, Agrarpolitische Schriften. Hrsg. von W[...] O[...] W[...] Terstegen, Goslar 1942, S. 199–274

Arndt, Ernst Moritz, Versuch einer Geschichte der Leibeigenschaft in Pommern und Rügen. In: Arndt, Ernst Moritz, Agrarpolitische Schriften. Hrsg. von W[...] O[...] W[...] Terstegen, Goslar 1942, S. 23–188

Asche-Zeit, Ulrike, Sozialgeschichte. In: Historische Landeskunde Mitteldeutschlands. Mecklenburg-Vorpommern. Hrsg. von Hermann Heckmann, Augsburg 1991, S. 85–93

Asmus, Ivo, Carl Gustav Wrangel und Wismar. In: Schwedenzeit. Hrsg. vom Stadtgeschichtlichen Museum Wismar, Wismar 1998, S. 77–86

Asmus, Ivo, Die geometrische Landesvermessung von Schwedisch-Pommern 1692–1709. In: Baltische Studien, NF. 82 (1996), S. 79–98

Back, Pär-Erik, Radsadel och domängods. De pommerska taffelgodens besittningsförhallanden i Christina Alexandras tid. In: Vetenskaps-societetens i Lund arsbok 1964

Back, Pär-Erik, Die Stände in Schwedisch-Pommern im späten 17. und im 18. Jahrhundert. In: Ständische Vertretungen in Europa im 17. und 18. Jahrhundert. Hrsg. von Dietrich Gerhard, Göttingen 1969, S. 120–130

Backhaus, Helmut, Aspekte schwedischer Herrschaft in Pommern. In: Tausend Jahre Pommersche Geschichte, Köln. Hrsg. von Roderich Schmidt, Weimar, Wien 1999, S. 195–214

Backhaus, Helmut, Reichsterritorium und schwedische Provinz. Vorpommern unter Karl XI. Vormünder (1660–1672), Göttingen 1969

Backhaus, Helmut, Das Schloß zu Wolgast als Schwedisch-Pommersche Residenz. In: Land am Meer. Pommern im Spiegel seiner Geschichte. Roderich Schmidt zum 70. Geburtstag. Hrsg. von Werner Buchholz und Günter Mangelsdorf, Köln, Weimar, Wien 1995, S. 493–506

Backhaus, Helmut, Verfassung und Verwaltung Schwedisch-Pommerns. In: Unter der schwedischen Krone. Pommern nach dem Westfälischen Frieden. Hrsg. von der Stiftung Pommersches Landesmuseum, Greifswald 1998, S. 29–40

Bagge, Sverre, Nordic Students at Foreign Universities until 1660. In: Scandinavien Journal of History, 9 (1984), S. 1–29

Bahr, Ernst, und Klaus Conrad, Wolgast. In: Mecklenburg Pommern. Hrsg. von Helge bei der Wieden und Roderich Schmidt, Stuttgart 1996 (= Handbuch der Historischen Stätten Deutschlands, 12. Bd), S. 317–319

Bahr, Ernst, und Roderich Schmidt, Anklam. In: Mecklenburg Pommern. Hrsg. von Helge bei der Wieden und Roderich Schmidt, Stuttgart 1996 (= Handbuch der Historischen Stätten Deutschlands, 12. Bd), S. 152–156

Baier, Rudolf, Geschichte der Communalstände von Neuvorpommern und Rügen. Mit einem Rückblicke auf die ständische Verfassung und Verwaltung der früheren Jahrhunderte, Stralsund 1881

Bain, Robert Nisbet, Charles XII. and the collapse of the Swedish Empire, New York 1895 (Nachdr. 1969)

Ballschmieter, Hans-Joachim, Andreas Gottlieb von Bernstorffs und der Mecklenburgische Ständekampf (1680–1720), Köln, Graz 1962 (= Mitteldeutsche Forschungen, Bd 26)

Bamberger, Ib Nathan, The Viking Jews. A History of the Jews in Denmark, New York 1983

Bandoli, Gerhard, Der Ursprung der Bewohner Rügens, Diss. phil. Würzburg, Langensalza 1917

Bartholdy, Niels G., Adelsbegrebet under den aeldere enevaelde sammenhaegen med pivilegier og rang i tiden til 1660–1730. In: Historisk Tidskrift, 12. rk., 5 (1971), S. 577–650

Baumgart, Peter, Absolutismus ein Mythos? Aufgeklärter Absolutismus ein Widerspruch? Reflexionen zu einem kontroversen Thema gegenwärtiger Frühneuzeitforschung. In: Zeitschrift für Historische Forschung, 27 (2000), S. 573–589

Becker-Christensen, Henrik, Dansk Toldhistorie II: Protektionisme og reformer 1660–1814, København 1988

Beitrag zur Geschichte des Steuerbewiligungrechtes der Landesvertretung in Pommern. In: Die Neue Sundine, 2 (1862), S. 155, 170, 173 f., 177 f.

Berg, Carol, Die Familie Berg aus dem Pfarrhaus zu Putzig, Gauting 1966

Berger, Reinhart, Rechtsgeschichte der schwedischen Herrschaft in Vorpommern, Würzburg 1936

Beseler, Georg, Die englisch-französische Garantie vom Jahre 1720, Berlin o.J.

Beyer, Ludwig, Der Nordische Krieg in den deutschen Ostseegebieten (1711–1720) in Quellen dargestellt. In: Unser Pommerland, 3 (1915/16), S. 10–17

Bidrag til den Store Nordiske Krigs Historie udgivne af Generalstaben, København Kristiana, 10 Bde, København, Kristiana 1899–1934

Bidrag til den Store Nordiske Krigs Historie udgivne af Generalstaben, Bd 1: Kong Frederik IV's første kamp om Sønderjylland. Krigen 1700, København, Kristiana 1899

Bidrag til den Store Nordiske Krigs Historie udgivne af Generalstaben, Bd 3: Felttogene i Nordtyskland og Baahuslen i Østersøen og Kattegat 1710–1712, København, Kristiana 1906

Bidrag til den Store Nordiske Krigs Historie udgivne af Generalstaben, Bd 4: Den Store Koalition mod Sverig af 1715, København, Kristiana 1920

Bidrag til den Store Nordiske Krigs Historie udgivne af Generalstaben, Bd 10: Krigens Afslutning 1719–1720, København, Kristiana 1934

Biederstedt, Diedrich Hermann, Beyträge zur Geschichte der Kirchen und Prediger in Neuvorpommern vom Anfange der Kirchenverbesserung des Herzogthumes bis Ende des Jahres eintausendachthundertundsiebenzehn, I–IV. Teil, Greifswald 1817–1819

Biederstedt, Diedrich Hermann, Nachlese zu den Beyträgen zu einer Geschichte der Kirchen und Prediger in Neuvorpommern, Erste Sammlung, Greifswald 1818

Biederstedt, Diedrich Hermann, Nachrichten von dem Leben und den Schriften neuvorpommersch-rügenscher Gelehrten seit dem Anfange des achtzehnten Jahrhunderts bis zum Jahre 1822, I. Abt., Greifswald 1824

Biederstedt, Rudolf, Konrad Fritze, Joachim Mai und Wolfgang Wilhelmhaus, Greifswald, Rostock 1973

Biederstedt, Rudolf, Münzen, Gewichte und Maße in Vorpommern im 16. und frühen 17. Jahrhundert. Ein Beitrag zur historischen Metrologie der südlichen Ostseeküste, Baltische Studien, NF 80 (1994), S. 42–51

Biereye, Wilhelm, Die Akten des Rügischen Landvogteigerichts als familiengeschichtliche Quelle. In: Monatsblätter der Gesellschaft für pommersche Geschichte und Altertumskunde, 52 (1938), S. 177–180

Biesner, Julius Heinrich, Geschichte von Pommern und Rügen nebst angehängter Specialgeschichte des Klosters Eldena, Greifswald 1839

Bjerg, Hans Christian, Danmarks stilling i Østersøen 1700–1900. In: Militaerhistorisk Konference 1977 en Rapport, København 1977, S. 33–43

Bjørn, Claus, 1814–1864. In: Dansk Udenrigspolitiks Historie 3: Frau Helstat til Nationalstat 1814–1914. Hrsg. von Carsten Due – Nielsen, Ole Feldbaek und Nikolaj Petersen, Kobenhaven 2003, S. 13–259

Blickle, Peter, Landschaften im Alten Reich. Die staatliche Funktion des gemeinen Mannes in Oberdeutschland, München 1973

Blickle, Renate, Leibeigenschaft. Versuch über Zeitgenossenschaft in Wissenschaft und Wirklichkeit, durchgeführt am Beispiel Altbayern. In: Gutsherrschaft als soziales Modell. Vergleichende Betrachtungen zur Funktionsweise frühneuzeitlicher Agrargesellschaften. Hrsg. von Jan Peters, München 1995, S. 54–79

Bloch, J[...], Stiftamtmænd og Amtmænd i Kongeriget Danmark og Island 1660–1848, Kjøbenhavn 1895

Blumenthal, W[...], Die Stände Vorpommerns von 1648 bis 1720, Lüneburg 1903

Bobé, Louis, Køtschau. In: Dansk Biografisk Lexikon, Bd 9: Jyde-Køtschau: Hrsg. von C.F. Bricka, Kobenhavn 1895, S. 644; Fortegnelse over Embedsmaend, S. 57

Bobé, Louis, Weyse, Andreas. In: Dansk Biografisk Lexikon. Hrsg. von C.F. Bricka, Bd 18: Ulbe-Wimpffen, Kobenhavn 1904, S. 477 f.

Böhlau, Hugo, Über Ursprung und Wesen der Leibeigenschaft in Mecklenburg. In: Zeitschrift für Rechtsgeschichte Bd 10 (1872), S. 357–426

Böhme, Klaus-Richard, Die Krone Schweden als Reichsstand 1648 bis 1720. In: In Europas Mitte. Deutschland und seine Nachbarn. Hrsg. von Heinz Duchardt, Bonn 1988, S. 33–39

Böhme, Klaus-Richard, Seemacht in der Ostsee im 17. und 18. Jahrhundert. In: Seemacht und Seestrategie im 19. und 20. Jahrhundert. Im Auftr. des Militärgeschichtlichen Forschungsamtes hrsg. von Jörg Duppler, Hamburg, Berlin, Bonn 1999, S. 33–52

Böhme, Klaus-Richard, Vorpommern und die Herzogtümer Bremen-Verden in der schwedischen Seepolitik 1648–1721. In: Blätter für deutsche Landesgeschichte, 126 (1990), S. 67–81

Bohlen-Bohlendorf, Julius von, Der Bischofs-Roggen und die Güter des Bistums Roeskild auf Rügen in erblichem Besitz der Barnekow, Stralsund 1850

Bohlen, Julius Freiherr von, Die Erwerbung Pommerns durch die Hohenzollern, Berlin o.J.

Boisen Schmidt, J[...], Studier over Statshusholdningen, I. Bd: Kong Frederiks Regeringstid 1699–1730, Aarhus 1967

Boll, Ernst, Geschichte Meklenburgs mit besonderer Berücksichtigung der Culturgeschichte, Bd 2, Neubrandenburg 1856 (Nachdr. Neubrandenburg 1995)

Boll, Franz, Chronik der Vorderstadt Neubrandenburg, Neubrandenburg 1875

Brandt, Karl, Geschichte der deutschen Volkswirtschaftslehre, Bd 1: Von der Scholastik bis zur klassischen Nationalökonomie, Freiburg im Breisgau 1992

Branig, Hans, Geschichte Pommerns, Teil II: Von 1648 bis zum Ende des 18. Jahrhunderts, Köln Weimar Wien 2000

Braun, Th[...], Städtisches Kirchenregiment in Stralsund. In: Deutsche Zeitschrift für Kirchenrecht, 10 (1900), S. 61–88

Breuer, Mordechai, Frühe Neuzeit und Beginn der Moderne. In: Deutsch-jüdische Geschichte in der Neuzeit, Bd 1 1600–1780. Hrsg. von A. Michael Meyer, München 1996, S. 83–247

Brinker, Fritz, Die Entstehung der ritterschaftlichen Bauernschaften in Mecklenburg (Steder-Niendorf, Wendisch-Priborn, heute Freienhagen, Buchholz, Grabow, Zielow und Rossow), Rostock 1940

Brückner, Jutta, Staatswissenschaften, Kameralismus und Naturrecht. Ein Beitrag zur Geschichte der Politischen Wissenschaft im Deutschland des späten 17. und frühen 18. Jahrhunderts, München 1977

Brünneck, Wilhelm von, Leibeigenschaft in Pommern. In: Zeitschrift der Savigny-Stiftung für Rechtsgeschichte, Germ. Abt., 9 (1888), S. 104–152

Buchholz, Gustav, Neuvorpommersches Leben im 18. Jahrhundert nach dem Tagebuche des Stralsunder Predigers Joh. Chr. Müller (1720–72), I–II. Tl. In: Pommersche Jahrbücher, 11 (1910), S. 1–108, 12 (1911), S. 1–107

Buchholz, Werner, Die Bedeutung der Kataster für die Durchsetzung der staatlichen Finanzhoheit in der Frühen Neuzeit am Beispiel des Herzogtums Pommern königlich schwedischen Anteils. In: Tausend Jahre Pommersche Geschichte. Hrsg. von Roderich Schmidt, Köln, Weimar, Wien 1999, S. 235–260

Buchholz, Werner, Geschichte der öffentlichen Finanzen in Europa in Spätmittelalter und Neuzeit. Darstellung – Analyse – Bibliographie, Berlin 1996

Buchholz, Werner, Landständische Verfassung und bäuerliches Eigentumsrecht in Schwedisch-Pommern und Schweden 1720–1815. In: Zeitschrift für Ostforschung, 37 (1988), S. 78–111

Buchholz, Werner, Öffentliche Finanzen und Finanzverwaltung im entwickelten Frühmodernen Staat. Landesherr und Landstände in Schwedisch-Pommern 1720–1806, Köln, Weimar, Wien 1992

Buchholz, Werner, Das schwedische Pommern vom Westfälischen Frieden bis zum Wiener Kongreß. In: Deutsche Geschichte im Osten Europas: Pommern, S. 237–304

Buchholz, Werner, und Kersten Krüger, Der Kampf um die Ostseeherrschaft in der frühen Neuzeit. In: 1000 Jahre Mecklenburg. Geschichte und Kunst einer europäischen Region, Ausstellungskatalog. Hrsg. von Johannes Erichsen, Rostock 1995, S. 62–71

Bülow, Wilhelm, Chronik der Stadt Barth, Barth 1922

Büsch, Otto, Militärsystem und Sozialleben im alten Preussen 1713–1807. Die Anfänge der sozialen Militarisierung, Berlin 1962

Buske, Norbert, Das alte Greifswalder Konsistorium. 300 Jahre kirchliche Rechtsprechung. In: Baltische Studien, NF, 76 (1990), S. 48–80

Buske, Norbert, Kirchen in Wolgast. Ein Führer durch die Bau- und Kirchengeschichte der Gotteshäuser, Berlin o.J.

C[...] D[...], Stralsund und die Dänen. In: Sundine, 4 (1830) Nr. 19, S. 150 f.

Carlsson, Sten, Schweden und Pommern in der neueren Geschichte. In: Zeitschrift für Ostforschung, 15 (1966), S. 262–278

Chance, J[...] F[...], The Baltic Expedition and Northern Treaties of 1715, English Historical Review, 17 (1902), S. 443–465

Christiansen, Carl, Bidrag til Dansk Statshusholdnings Historie under de to foerste Enevoldskonger, I. Del: Fra Enevaeldens indfoerelse til den Skaanske Krig (1661–1675), København 1908, S. 283–289

Claëson, Sten, Svenska Pommern 1720–1815. In: Kungl. Artilleriet. Svenska Artilleriet i Pommern 1720–1815. Hrsg. von Sten Claëson, Kristianstad 1997, S. 12–16

Damkowski, Wulf, Die Entstehung des Verwaltungsbegriffes. Eine Wortstudie, Köln, Berlin, Bonn, München 1969

Dansk Forvaltningshistorie, Bd 1: Stat, Forvaltning og Samfund fra Middelalderen til 1901. Hrsg. von Leon Jespersen und Ladwig Petersen, København 2000

Deutsche Geschichte im Osten Europas: Pommern. Hrsg. von Werner Buchholz, Berlin 1999

Dieckmann, Christoph, Babette Quinkert und Tatjana Tönsmeyer, Editorial. In: Europa unterm Hakenkreuz. Analysen, Quellen, Register. Hrsg. von Chrisoph Dieckmann, Babette Quinkert und Tajana Tönsmeyer, Heidelberg 2003, S. 9–21

Dinges, Martin, Militär, Krieg und Geschlechterordnung. Bilanz und Perspektiven. In: Landsknechte, Soldatenfrauen und Nationalkrieger. Militär und Geschlechterordnung im historischen Wandel. Hrsg. von Karen Hagemannund Ralf Pröve, Frankfurt a.M. 1998, S. 345–364

Drolshagen, Carl, Die schwedische Landesaufnahme und Hufenmatrikel von Vorpommern als ältestes deutsches Kataster, 2 Bde, Greifswald 1920–23

Dufner, Wolfram, Geschichte Schwedens, Neumünster 1967

Duppler, Jörg, Seemacht, Seestrategie, Seeherrschaft. In: Seemacht und Seestrategie im 19. und 20. Jahrhundert. Im Auftr. des Militärgeschichtlichen Forschungsamtes hrsg. von Jörg Duppler, Hamburg, Berlin, Bonn 1999, S. 13–20

Dwars, Friedrich W., und Uwe Nickelsen, Die Eroberung der Insel Rügen im November 1715. Erschließung und Wiedergabe einer zeitgenössischen Quelle. In: Baltische Studien, NF 63 (1977), S. 10–17

Dyrvik, Ståle, Truede tvillingriker 1648–1720, Oslo 1998

Eckermann, W[...], Über die Versuche zur Schaffung des territorialen Absolutismus in Mecklenburg und den politischen Sieg des Junkertums. In: Wissenschaftliche Zeitschrift der Universität Greifswald 1953/54, Gesellschafts- und sprachwissenschaftliche Reihe, Nr. 3/4, S. 181–187

Engelen, Beate, Fremde in der Stadt. Die Garnisonsgesellschaft Prenzlaus im 18. Jahrhundert. In: Die Herkunft der Brandenburger. Sozial- und mentalitätsgeschichtliche Beiträge zur Bevölkerung Brandenburgs vom hohen Mittelalter bis zum 20. Jahrhundert. Hrsg. von Klaus Neitmannund Jürgen Theil, Potsdam 2003, S. 113–126

Engelen, Beate, Die Soldatenfrauen der preußischen Armee im späten 17. und im 18. Jahrhundert. Eine Strukturanalyse der preußischen Garnisonsgesellschaft, Diss. phil. (ungedruckt), Potsdam 2003

Engelhardt, Karl, Die Durchführung des landesherrlichen Postregals in Schwedisch Pommern. 1653–1709, Diss. phil., Greifswald 1926

Essen, Gustav Hansson von, Alienationer och Reduktioner i F.D. Svenska Pommern, Stockholm 1900, S. 21–57

Ettinger, Shmuel, Geschichte des Jüdischen Volkes, Bd 3: Vom 17. Jahrhundert bis zur Gegenwart. Die Neuzeit, München 1980

Ewe, Anni, Vorwort zu Stadtarchiv Stralsund Rep. 37: Die Stralsunder Kommissariate für Pommern und Rügen, S. 1–6 (ohne Seitenzählung)

Feldbaek, Ole, Danmarks Oekonomske Historie 1500–1840, Herning 1993

Findeisen, Jörg-Peter, Dänemark. Von den Anfängen bis zur Gegenwart, Regensburg 1999

Findeisen, Jörg-Peter, Karl XII. von Schweden. Ein König, der zum Mythos wurde, Berlin 1992

Fock, Otto, Rügensch-Pommersche Geschichten aus sieben Jahrhunderten, Bd 6: Aus den Zeiten pommerscher Selbständigkeit. Wallenstein und der große Kurfürst vor Stralsund, Leipzig 1872

Formazin, Walter, Das Brauwesen in Pommern bis zum Beginn des 19. Jahrhunderts, Diss. phil. Greifswald, Dresden 1937

Forsthoff, Ernst, Deutsche Verfassungsgeschichte der Neuzeit. Ein Abriß, Stuttgart 1961

Foth, Rudolf, Schwedisch-Deutsche Regimenter der Garnisonstadt Stralsund ab der 2. Hälfte des 18. bis zum Anfang des 19. Jahrhunderts. Hrsg. vom Senat der Hansestadt Stralsund Amt für Kultur, Stralsund o.J.

Frank, Michael, Exzeß oder Lustbarkeit? Die policeyliche Reglementierung und Kontrolle von Festen in norddeutschen Territorien. In: Policey und frühneuzeitliche Gesellschaft. Hrsg. von Karl Härter, Frankfurt a.M. 2000, S. 149–178

Franke, Hans, Geschichte und Schicksal der Juden in Heilbronn. Vom Mittelalter bis zur Zeit der nationalsozialistischen Verfolgungen (1050–1945), Heilbronn 1963

Fricke, Hans Dierk, Frauen in den Heeren im Zeitalter des Absolutismus und ihre Bedeutung für den Merkantilismus in Preussen. In: Forschungen zur brandenburgischen und preussischen Geschichte, NF 13 (2003), S. 163–226

Fuchs, Carl Johannes, Der Untergang des Bauernstandes in Schwedisch-Pommern. In: Baltische Studien 41 (1891), S. 204–222

Gamrath, Helge, Residens- og hovedstad. Københavns Historie, Bd 2: 1600–1728, København 1980

Gantzer, Paul, Geschichte der Familie von Dewitz, Bd 2–3, Halle an der Saale 1913–1918

Gericke, Hans Otto, Von der Holzkohle zum Koks. Die Auswirkungen der »Holzkrise« auf die Mansfelder Kupferhütten. In: Vierteljahrsschrift für Sozial- und Wirtschaftsgeschichte, 85 (1998), S. 156–195

Gidal, Nachum T., Die Juden in Deutschland von der Römerzeit bis zur Weimarer Republik, Gütersloh 1988

Gierl, Martin, Pietismus und Aufklärung. Theologische Polemik und die Kommunikationsform der Wissenschaft am Ende des 17. Jahrhunderts, Göttingen 1997

Gindely, Anton, Die maritimen Pläne der Habsburger und die Antheilnahme Kaisers Ferdinand II. am Polnisch-Schwedischen Kriege während der Jahre 1627–1629. Ein Beitrag zur Geschichte des Dreißigjährigen Krieges. In: Abhandlungen der kaiserlichen Akademie der Wissenschaften, Abhandlung IV, Wien 1891

Glaser, Fritz, Die Stände Neuvorpommerns 1806–1826. In: Pommersche Jahrbücher, 25 (1929), S. 33–154

Glete, Jan, War and State in Early Modern Europe. Spain, the Dutch Republic and Sweden as fiscal-militay states, 1500–1660, London, New York 2002

Grewe, Wilhelm G., Epochen der Völkerrechtsgeschichte, Baden-Baden 1984

Griebenow, Willi, Tertialrecht und Tertialgüter im ehemaligen Neuvorpommern und Rügen. Geschichtliche Skizze eines schwedischen Rechtsintituts, Bonn 1989

Grimm, Jacob und Wilhelm Grimm, Deutsches Wörterbuch, Bd 13: N-Quurren, Leipzig 1889 (Nachdr. München 1999), Sp. 1981–1985

Groch, [...], Ein Prignitzer Edelmann in dänischen Diensten. In: Mein Prignitz- und Heimatland, Nr. 19 vom 16. November 1924

Grotefend, Ulrich, Geschichte und rechtliche Stellung der Juden in Pommern von den Anfängen bis zum Tode Friedrich des Großen, Diss. phil., Marburg 1931

Grotefend, Ulrich, Geschichte und rechtliche Stellung der Juden in Pommern. Von den Anfängen bis zum Tode Friedrich des Großen. In: Balitische Studien, NF 32 (1931), S. 88–198

Gut, Pawel, Das Hofgericht in Greifswald in schwedischer und preußischer Zeit 1642–1849. In: Integration durch Recht. Das Wismarer Tribunal 1653–1806. Hrsg. von Nils Jörn, Bernhard Diestelkamp und Kjell Åke Modéer, Köln, Weimar, Wien 2003

Gutsherrschaft als soziales Modell. Vergleichende Betrachtungen zur Funktionsweise frühneuzeitlicher Agrargesellschaften. Hrsg. Jan Petersen, München 1995

Haas, Hagen, »Denn die Bombe, wann sie fällt ...« Zum Schicksal von Einwohnern belagerter Städte im absolutistischen Zeitalter. In: Militär und Gesellschaft in der Frühen Neuzeit, 7 (2003), S. 41–59

Hacker, Hans-Joachim, Die Schwedenstraße, Rostock 2003

Häckermann, Gebhardi, Heinrich Brandanus. In: Allgemeine Deutsche Biographie, Bd 8, Leipzig 1879, S. 480 f.

Hagemeister, Emanuel Friedrich, Einleitung in die Wissenschaft des Schwedisch-Pommerschen Lehnrechtes nebst einer vollständigen Darstellung derselben, Berlin, Greifswald 1800

Haintz, Otto, König Karl XII. von Schweden, 3 Bde, Berlin 1951–1958

Hamann, Carl, Die Beziehungen Rügens zu Dänemark von 1168 bis zum Aussterben der einheimischen rügischen Dynastie 1325, Greifswald 1933

Hansen, Ernst W., Zur Problematik einer Sozialgeschichte des deutschen Militärs im 17. und 18. Jahrhundert. In: Zeitschrift für Historische Forschung, 6 (1979), S. 425–460

Harbou, H[...] W[...], Dewitz, Franz Joachim von. In: Dansk Biografisk Lexikon, Bd 4. Hrsg. von C.F. Bricka, Clemens-Eynden, Kobenhavn 1890, S. 254–258

Harbou, H.W., Scholten, Jobst von. In: Dansk Biografisk Lexikon, Bd 15: Scalabrini- Skanke. Hrsg. von C[...] F[...] Bricka, Kobenhavn 1901, S. 250–254

Harbou, H.W., Stöcken, Gerhard Christian von. In: Dansk Biografisk Lexikon, Bd 16: Skarpenberg-Sveistrup. Hrsg. von C.F. Bricka, Kobenhavn 1902, S. 545

Hårdstedt, Martin, Frederikshald 1718. »Kungen är skjuten«. In: Svenska slagfält. Hrsg. von Martin Hårdstedt, Lars Ericson, Per Iko, Ingvar Sjöblom, Gunnar Åselius, Värnamo 2003, S. 344–351

Hartmann, Stefan, Die Beziehungen Preußens zu Dänemark von 1688 bis 1789, Köln, Wien 1983

Hartung, Fritz, Deutsche Verfassungsgeschichte. Vom 15. Jahrhundert bis zur Gegenwart, Stuttgart 1950

Hartung, Fritz, Herrschaftsverträge und ständischer Dualismus in deutschen Territorien. In: Staatsbildende Kräfte der Neuzeit. Hrsg. von Fritz Hartung, Berlin 1961, S. 62–77

Hartvig, Michael, Jøderne i Danmark i tiden 1600–1800, København 1951

Hasseln, Wiegand von, Die Politik der Reichsstadt Bremen während des Spanischen Erbfolgekrieges und des Nordischen Krieges (1700–1720), Diss. phil., Würzburg 1933

Hassinger, Erich, Brandenburg-Preußen, Rußland und Schweden 1700–1713, München 1953 (= Veröffentlichungen des Osteuropa-Institutes München, Bd 2)

Hatton, R[...] M[...], Charles XII of Sweden, London 1968

Haxen, Ulf, Skandinavien. In: Handbuch zur Geschichte der Juden in Europa, Bd 1: Länder und Regionen. Hrsg. von Elke-Vera Kotowski, Julius H. Schoeps und Hiltrud Wallenborn, Darmstadt 2001, S. 487–500

Hedegard, Johan Christian, Samling af de trykte Forordninger Placater og Patenter u. Landmilitairwesenet betraeffende somere udkomme i det Tidsrum fra 1670 intil 1805 inclusive, III. Bd, Kiøbenhavn 1807

Das Heerwesen der kriegführenden Mächte des Nordischen Krieges. In: Zeitschrift für Heereskunde, 6 (1934), S. 23–28, 54–58

Heinrich, Gerd, Staatsdienst und Rittergut. Die Geschichte der Familie von Dewitz in Brandenburg, Mecklenburg und Pommern, Bonn 1990

Held, Wieland, Der Adel und August der Starke. Konflikt und Konfliktaustrag zwischen 1694 und 1707 in Kursachsen, Weimar, Wien 1999

Heller, Carl, Chronik der Stadt Wolgast, Wolgast 1937 (Nachdruck Hörnum 1994)

Herde, Werner, Der Grundbesitz der Stadt Greifswald. Eine Untersuchung über die volkswirtschaftliche Bedeutung städtischen Grundbesitzes, Diss. jur., Greifswald 1921

Herzig, Arno, Jüdische Geschichte in Deutschland. Von den Anfängen bis zur Gegenwart, München 1997

Heuer, Reinhard, Aus der Geschichte der Prignitz, Pritzwalk 1927

Heyden, Hellmuth, Kirchengeschichte von Pommern, Bd 1, Köln 1957

Heyden, Hellmuth, Nachrichten aus dem »Großen Petrinischen Kirchenbuch« zu Stettin von 1652–1773. In: Neue Aufsätze zur Kirchengeschichte Pommerns. Hrsg. von Hellmuth Heyden, Köln, Graz 1965, S. 87–112

Heyden, Hellmuth, Neue Aufsätze zur Kirchengeschichte Pommerns, Köln, Graz 1965

Heyden, Hellmuth, Untersuchungen und Anmerkungen zur Kirchengeschichte der Insel Rügen. In: Neue Aufsätze zur Kirchengeschichte Pommerns. Hrsg. von Hellmuth Heyden, Köln, Graz 1965, S. 205–239

Heyden, Hellmuth, Zur Geschichte der Reformation in Pommern, insonderheit politischer Motive bei ihrer Einführung in den Jahren 1534/35. In: Neue Aufsätze zur Kirchengeschichte Pommerns. Hrsg. von Hellmuth Heyden, Köln, Graz 1965, S. 1–34

Hintze, Otto, Der Commissarius und seine Bedeutung in der allgemeinen Verwaltungsgeschichte. Eine vergleichende Studie. In: Beamtentum und Bürokratie. Hrsg. von Kersten Krüger, Göttingen 1981, S. 78–112

Holenstein, André, Die Huldigung der Untertanen. Rechtskultur und Herrschaftsordnung (800–1800), Stuttgart, New York 1991

Holenstein, André, Seelenheil und Untertanenpflicht. Zur gesellschaftlichen Funktion und theoretischen Begründung des Eides in der ständischen Gesellschaft. In: Der Fluch und der Eid. Metaphysische Begründung gesellschaftlichen Zusammenlebens und politischer Ordnung in der ständischen Gesellschaft. Hrsg. von Peter Blickle, Berlin 1993, S. 11–64

Holm, Edvard, Danmark-Norges indre Historie under Enevaelden fra 1660 til 1720, 2 Bde, Kjoebenhavn 1885

Holm, Edvard, Studier til den store nordiske Krigs Historie, I: Frederik IV og Czar Peter 1716. In: Historisk Tidskrift, 5. Rk 3 (1881), S. 1–160

Holmgaard, Jens, ... uden at landet besværes. Studier over Frederik 4.s landmilits med særligt henblik på sprøgsmålet om stavnbånd og bønderkarlenes vilkår i øvrigt, København 1999

Holzapfel, Helmut, Unter nordischen Fahnen. Die Militärseelsorge der Jesuiten in den nordischen Ländern im XVII. und XVIII. Jahrhundert, Paderborn 1954

Horoszko, Stanislaw, Die militärische Bedeutung der Provinz Pommern für Schweden im 17. Jahrhundert. In: Unter der schwedischen Krone. Pommern nach dem Westfälischen Frieden. Hrsg. von der Stiftung Pommersches Landesmuseum, Greifswald 1998, S. 41–51

Høst, Johann Nikolaus, Frederik den Fjerdes, Danmarks og Norges store Konges Privatlevnet, Kjøbenhavn 1855

Indenfor murene. Jødisk liv i Danmark 1684–1984. Hrsg. von Selskabet for dansk jodisk historie, København 1984

Integration durch Recht. Das Wismarer Tribunal 1653–1806. Hrsg. von Nils Jörn, Bernhard Diestelkamp und Kjell Åke Modéer, Köln, Weimar, Wien 2003

Isaacsohn, Siegfried, Geschichte des preußischen Beamtentums, 3 Bde, Berlin 1874–1884

Jakubowski-Tiessen, Manfred, Der Pietismus in Dänemark und Schleswig Holstein. In: Der Pietismus im achtzehnten Jahrhundert. Hrsg. von Martin Brecht und Klaus Deppermann, Göttingen 1995 (= Geschichte des Pietismus, Bd 2), S. 446–471

Jespersen, Knud J.V., Office and Offence. Crisis and Structural Transformation in the 17th-century Scandinavia. I. Scandinavia and the Crisis of the 17th Century. In: Scandinavian Journal of History, 18 (1993), S. 97–120

Jespersen, Knud J.V., Rivalry without Victory. Denmark, Sweden and the Struggle for the Baltic, 1500–1720. In: In Quest of Trade and Security. The Baltic in Power Politics 1500–1990, Bd 1. Hrsg. Göran Rystad, Klaus Böhme und Wilhelm Carlgren, Stockholm 1994, S. 177–276

Jespersen, Knud J.V., 1648–1720. In: Dansk Udenrigspolitiks Historie 2: Revanche og Neutralilet 1648–1814. Hrsg. von Carsten Due-Nielsen, Ole Feldback und Nikolaj Petersen, Kobenhaven 2002, S. 13–199

Jespersen, Knud J.V., Tiden 1648–1730, Copenhagen 1989 (= Danmarks Historie, Bd 3, hrsg. von Søren Mørch)

Jörn, Niels, Das Archiv des Wismarer Tribunals. In: Das Wismarer Tribunal im Spannungsfeld zwischen Altem Reich, schwedischer Krone und landständischer Autonomie. Hrsg. von Niels Jörn, Bernhard Diestelkamp, Kjell Ake Modeer, Köln, Weimar, Wien 2003, S. 359–402

Jørgensen, Frank, Den sømilitære centraladministration. In: Dansk centraladministration i tiden indtil 1848, Frank Jørgensen und Westrup, Morten, o.O., S. 184–190

Jørgensen, Frank, Kancelliforvaltningen og udenrigsstyrelsen. In: Dansk centraladministration i tiden indtil 1848. Hrsg. von Frank Jørgensen und Westrup, Morten, o.O. 1982

Kaak, Heinrich, Diskussionsbericht. In: Gutsherrschaftgesellschaften im europäischen Vergleich. Hrsg. von Jan Peters, Berlin 1997, S. 485–541

Kaak, Heinrich, Soldaten aus dem Dorf, Soldaten im Dorf, Soldaten gegen das Dorf – Militär in den Augen der Brandenburgischen Landbevölkerung 1725–1780. In: Militär und ländliche Gesellschaft in der frühen Neuzeit. Hrsg. von Stefan Kroll und Kersten Krüger, Hamburg 2000, S. 298–326

Kähler, Ernst, Gebhardi, Heinrich Brandanus. In: Neue Deutsche Biographie, Bd 6: Gaa-Grasmann, Berlin 1964, S. 118 f.

Kalisch, Johannes, Sächsisch-Polnische Pläne zur Gründung einer See- und Handelskompanie am Ausgang des 17. Jh. In: Um die Polnische Krone. Sachsen und Polen während des Nordischen Krieges 1700–1721. Hrsg. von Jozef Gierowskie und Johannes Kalisch, Berlin 1962, S. 45–69

Keubke, Klaus-Ulrich, Kleine Militärgeschichte Mecklenburgs, Schwerin 1995

Kiehm, Peter, »... Und sich Krieg und Pestilenz uns nähern ...« Pommern im Nordischen Krieg. In: Stier und Greif. Blätter zur Kultur- und Landesgeschichte, 1 (1991), S. 28–31

Kirby, David, Northern Europe in the Early Modern Period. The Baltic World 1492–1772, London, New York 1990

Kirchhoff, Seemacht in der Ostsee. Ihre Einwirkung auf die Geschichte der Ostseeländer im 17. und 18. Jahrhundert, Kiel 1907

Kjægaard, Thorkild, The Farmer Interpretation of Danish History. In: Scandinavian Journal of History, 10 (1985), S. 97–118

Klein, Ernst, Geschichte der öffentlichen Finanzen in Deutschland (1500–1870), Wiesbaden 1974

Kneschke, Ernst Heinrich, Heinrich Bernhard von Kampferbeck. In: Neues allgemeines deutsches Adelslexikon, V. Bd. Hrsg. von Ernst Heinrich Kneschke, Leipzig 1844

Köble, Fritz, Richter und Landesherr im absoluten Staat, Diss. phil., Tübingen 1950

Kong Christian den Fjerdes egenhaendige Breve, 1. Bind 1589–1625. Hrsg. von C[...] F[...] Bricka, und J[...] A[...] Friderica, Kobenhavn 1969

Kopitzsch, Franklin, »Da schien zuerst der Aufklärung milder Strahl«. Juden in Schleswig-Holstein im späten 18. und 19. Jahrhundert. In: Ausgegrenzt – Verachtet – Vernichtet. Zur Geschichte der Juden in Schleswig-Holstein. Hrsg. von der Landeszentrale für Politische Bildung Schleswig-Holstein, Kiel 1994, S. 27–42

Kopitzsch, Franklin, Minderheiten und Fremde in Nordwestdeutschland in der Frühen Neuzeit. In: Fremde in Deutschland – Deutsche in der Fremde. Schlaglichter von der Frühen Neuzeit bis in die Gegenwart. Hrsg. von Uwe Meiners und Christoph Reinders-Düselder, Cloppenburg 1999, S. 39–48

Kosegarten, Johann Gottfried Ludwig, Die Geschichte der Universität Greifswald, Greifswald 1856/57, (Nachdr. Aalen 1986)

Koselleck, Reinhart, Einleitung: Verwaltung, Amt, Beamter. In: Geschichtliche Grundbegriffe. Historisches Lexikon zur politisch-sozialen Sprache in Deutschland. Hrsg. von Otto Brunner, Werner Conze und Reinhart Koselleck, Stuttgart 1992, S. 1–7

Kraehe, Das Füsilier-Regiment Königin Victoria von Schweden (Pommersches) Nr. 34 im Weltkriege mit Überblick über die Zeit 1720–1914, Stettin 1931

Kratz, Gustav, Die Städte der Provinz Pommern. Abriß ihrer Geschichte, zumeist nach Urkunden, Berlin 1865

Kringelbach, G[...] N[...], Den Civile Centraladministrations Embedetat 1660–1848, København 1889 (Nachdr. 1977)

Kroener, Bernhard, Militär in der Gesellschaft. Aspekte einer neuen Militärgeschichte der Frühen Neuzeit. In: Was ist Militärgeschichte? Hrsg. von Thomas Kühne und Benjamin Ziemann, Paderborn, München, Wien, Zürich 2000, S. 283–299

Kroener, Bernhard, Vom »extraordinari Kriegsvolck« zum »miles perpetuus«. Zur Rolle der bewaffneten Macht in der europäischen Geschichte der Frühen Neuzeit. Ein Forschungs- und Literaturbericht. In: Militärgeschichtliche Mitteilungen, 43 (1988), S. 141–188

Kroll, Stefan, Kursächsisches Militär und ländliche Randgruppen im 18. Jahrhundert. In: Militär und ländliche Gesellschaft in der frühen Neuzeit. Hrsg. von Stefan Kroll und Kersten Krüger, Münster, Hamburg, London 2000, S. 275–295

Kroll, Stefan, Stadtgesellschaft und Krieg. Sozialstruktur, Bevölkerung und Wirtschaft in Stralsund und Stade 1700 bis 1715, Göttingen 1997

Kroll, Stefan, Wohnen und Arbeiten in vorpommerschen Städten zu Beginn des 18. Jahrhunderts. Quellenkritische Anmerkungen zur schwedischen Stadtaufnahme. In: Land am Meer. Pommern im Spiegel seiner Geschichte. Roderich Schmidt zum 70. Geburtstag. Hrsg. von Werner Buchholz und Günter Mangelsdorf, Köln, Weimar, Wien 1995, S. 507–527

Krüger, Joachim, Der Zoll-, Not- und Lotsenhafen Grünschwade – eine schwedisch-preußische Problemzone am Peenestrom. In: Gemeinsame Bekannte. Schweden und Deutschland in der Frühen Neuzeit. Hrsg. von Ivo Asmus, Heiko Droste und Jens Olesen, Münster 2003, S. 306–316

Krüger, Kersten, Die Landständische Verfassung, München 2003

Krüger, Kersten, Policey zwischen Sozialregulierung und Sozialdisziplinierung, Reaktion und Aktion – Begriffsbildung durch Gerhard Oestreich 1972–1974. In: Policey und frühneuzeitliche Gesellschaft. Hrsg. von Karl Härter. Frankfurt a.M. 2000, S. 107–119

Krüger, Kersten, Wandel des Stadtbildes durch Festungsbau – Oldenburg in dänischer Zeit. In: Oldenburger Jahrbuch, 87 (1987), S. 47–108

Kusch, Reinhard, Die schwedische Stadtaufnahme von Stralsund 1706/07. Ein soziotopograhischer und sozialökonomischer Querschnitt. In: Greifswald-Stralsunder Jahrbuch, 11 (1977), S. 103–124

Kyhl, O[...], Den Landmilitære Centraladministration 1660–1763, 2 Bde, København 1975

Lang, Karl Heinrich von, Historische Entwicklung der deutschen Steuerverfassungen. Seit den Karolingern bis auf unsere Zeiten, Berlin und Stettin 1793 (Nachdr. Berlin 1966)

Lange, Dieter, Postgeschichte der Stadt Stralsund bis 1945, Stralsund 1987

Langer, Herbert, Stralsund 1600–1630. Eine Hansestadt in der Krise und im europäischen Konflikt, Weimar 1970

Lehmann, H[...], Geschichte des Gymnasiums zu Greifswald, Greifswald 1861

Lengeler, Jörg Philipp, Das Ringen um die Ruhe des Nordens. Großbritanniens Nordeuropa-Politik und Dänemark zu Beginn des 18. Jahrhunderts, Frankfurt a.M. 1998 (= Kieler Werkstücke, A, Bd 18)

Lind, Gunner, Den heroisk tid? Administrationen under den tidlige Enevaelde 1660–1720. In: Dansk Forvaltningshistorie, Bd 1: Stat, Forvaltning og Samfund fra Middelalderen til 1901. Hrsg. von Leon Jespersen und Ladwig Petersen, København 2000, S. 159–221

Lind, Gunner, Military and Absolutism: The Army Officers of Denmark-Norway as a Social Group and Political Factor, 1660–1848. In: Scandinavian Journal of History, 12 (1987), S. 221–316

Linvald, Axel, Die dänische Regierung und die Juden in Dänemark und den Herzogtümern um den Anfang des 19. Jahrhunderts. Beiträge zur Emanzipationsgeschichte der Juden. In: Zeitschrift der Gesellschaft für Schleswig-Holsteinische Geschichte, 25 (1928), S. 292–364

Lisk, Jill, The Struggle for Supremacy in the Baltic 1600–1725, London 1967

Litt, Stefan, Juden in Thüringen in der Frühen Neuzeit (1520–1650), Köln, Weimar, Wien 2003

Lockhart, Paul Douglas, Sweden in the Seventeenth Century, New York 2004

Lönnroth, Erik, Schwedisch-Pommern und das Königtum Schwedens im 18. Jahrhundert. In: Greifswalder Universitätsreden, NF, Nr. 89. Hrsg. von Jürgen Kohler, Greifswald 1999, S. 23–30

Løgstrup, Birgit, Jorddrot og offentlig administrator. Godsejerstyret inden for skatte- og udskrivningsvæsenet i det 18. Århundrede, København 1983

Løgstrup, Birgit, The Landowner as Puplic Administrator: the Danish Model. In: Scandinavian Journal of History, 9 (1984), S. 283–312

Lohmeier, Dieter, Reventlow, Christian Detlev Graf zu. In: Biographisches Lexikon für Schleswig-Holstein und Lübeck. Hrsg. im Auftrag der Gesellschaft für Schleswig-Holsteinische Geschichte und des Vereins für Lübeckische Geschichte und Altertumskunde, Bd 7, Neumünster 1985, S. 212 f.

Lother, Helmut, Pietistische Streitigkeiten in Greifswald. Ein Beitrag zur Geschichte des Pietismus in der Provinz Pommern, Gütersloh 1925

Lotze, Pommersche Bienenzucht in früherer Zeit. In: Festschrift zur 5. Ausstellung des Pommerschen Imkerverbandes vom 24.–26. Juli 1925 in Stettin, Stettin 1925, S. 224–237

Lucassen, Leo, Zigeuner. Die Geschichte eines polizeilichen Ordnungsbegriffes in Deutschland 1700–1945, Köln, Weimar, Wien 1996

Lucassen, Leo, Zigeuner im frühneuzeitlichen Deutschland neue Forschungsergebnisse, -probleme und Vorschläge. In: Polizey und frühneuzeitliche Gesellschaft. Hrsg. von Karl Härter, Frankfurt a.M. 2000, S. 235–262

Lütge, Friedrich, Grundherrschaft und Gutsherrschaft. In: Handwörterbuch der Sozialwissenschaften, Bd 4: Forschung und Lehre-Handelspolitik. Hrsg. von Erwin von Beckerath, Hermann Bente u.a., Göttingen 1965, S. 682–688

Maier, Hans, Die ältere deutsche Staats- und Verwaltungslehre, München 1986

Manzel, Friedrich, Beiträge zur Geschichte Mecklenburg-Schwerins während des nordischen Krieges 1713/19, (Diss.) Rostock 1931

Mares, Fr[...], Die maritime Politik der Habsburger in den Jahren 1625–1628, 2 Tle: In: Mitteilungen des Institutes für österreichische Geschichtsforschung, 1 (1880), S. 541–578, 2 (1881), S. 49–82

Marzi, Werner, Judentoleranz im Territorialstaat der Frühen Neuzeit. Judenschutz und Judenordnung in der Grafschaft Nassau-Wiesbaden-Idstein und im Fürstentum Nassau-Usingen, Wiesbaden 1999

Mediger, Walter, Mecklenburg, Rußland und England-Hannover 1706–1721. Ein Beitrag zur Geschichte des Nordischen Krieges, 2 Bde, Hildesheim 1967

Mediger, Walter, Moskaus Weg. Der Aufstieg Russlands zum europäischen Machtstaat im Zeitalter Friedrichs des Grossen, Braunschweig 1952

Mehrkens, Heidi, »Besatzung. Funktion und Gestalt militärischer Fremdherrschaft« Jahrestagung des Arbeitskreises Militärgeschichte e.V. in Augsburg (1.–3. November 2002). In: Militär und Geschichte in der Frühen Neuzeit, 7 (2003), S. 88–90

Meier, Martin, Die Belagerung Stralsunds 1715. In: Militärgeschichte. Zeitschrift für historische Bildung (2006), 1, S. 10–13

Meier, Martin, Dänemarks Ringen um Rügen und Stralsund im 17. Jahrhundert. In: Terra et Mars. Aspekte der Landes- und Militärgeschichte. Festschrift für Eckardt Opitz zum 65. Geburtstag. Hrsg. von Michael Busch, Neumünster 2003, S. 63−81

Meier, Martin, Landesherrliche Einquartierungspolitik in »Dänisch-Vorpommern« 1715−1721 dargestellt am Beispiel der »militärischen Exekution«. In: Militärgeschichtliche Zeitschrift, 63 (2004), S. 63−81

Meier, Martin, Zur Bedeutung Stralsunds für den Kampf um das Dominium maris Baltici vom Beginn des Dreißigjährigen Krieges bis zum Ende des Großen Nordischen Krieges, Magisterarbeit (unveröffentlicht), Hamburg 1999

Meier, Robert, Am unteren Ende der Herrschaft. Das Militär der Grafschaft Wertheim und seine Polizeiaufgaben, 2003 (PoliceyWorkingPapers.Working Papers des Arbeitskreises Policey/Polizei in der Vormoderne 7) (http://www.univie.ac.at/policey-ak/pwp/pwp_07.pdf)

Menke, Klemens, Das Amt Wolgast. Historisch-topographische Untersuchungen zur Entwicklung eines vorpommerschen Verwaltungskörpers. In: Pommersche Jahrbücher, 26 (1931), S. 49−168

Meyer, L[...], Grundzüge der deutschen Militärverwaltung, Berlin 1901

Modéer, Kjel Å., Gerichtsbarkeiten der schwedischen Krone im deutschen Reichsterritorium, I. Voraussetzungen und Aufbau 1630−1657, Lund 1975

Modéer, Kjel Å., Der schwedische König als Richter im Ostseeraum. Das königliche Hofgericht und das königliche Tribunal in Wismar. In: Frieden und Recht. Das Reichskammergericht von 1495 bis 1806. Hrsg. von Ingrid Scheurmann, Mainz 1994, S. 435−444

Møller, Anders Monrad, Frederik den Fjerdes Kommercekollegium og Kongelige Danske Rigers inderlig Stryrke og Magt, København 1983

Møller, Anders Monrad, Postrytter, dagvogn og fodpost, København 1992

Mohnike, [...], Die Feier des ersten und zweiten Secularfestes der Uebergabe der Augsburgischen Confession in den Jahren 1630 und 1730 bei uns in Pommern. In Sundine, 4 (1930), S. 196 f., 204−206, 212−214, 219 f., 235−237, 244 f.

Montgomery, Ingun, Der Pietismus in Schweden im 18. Jahrhundert. In: Der Pietismus im achtzehnten Jahrhundert. Hrsg. von Martin Brecht und Klaus Deppermann, Göttingen 1995 (= Geschichte des Pietismus, Bd 2), S. 490−522

Müller, Lotte, Die Entwicklung des Stralsunder Seehandels in der Zeit der schwedischen Herrschaft (1648−1814), Königsberg 1925

Munck, Thomas, The Peasantry and the early absolute monarchy in Denmark 1660−1708, København 1979

Neugebauer, Wolfgang, Staatsverfassung und Heeresverfassung in Preussen während des 18. Jahrhunderts. In: Forschungen zur brandenburgischen und preussischen Geschichte, NF 13 (2003), S. 83−102

Neumerkel, Andreas, »Landständehaus« von streitsüchtiger Adelsfamilie erbaut. In: Die Pommersche Zeitung Nr. 13 2002 vom 30. März, S. 2

Neumerkel, Andreas, Unglücksjahre für Stralsund. In: Die Pommersche Zeitung Nr. 4 2003 vom 25. Januar, S. 2

Nielsen, Axel, Dänische Wirtschaftsgeschichte, Jena 1933 (= Handbuch der Wirtschaftsgeschichte hrsg. von Georg Brodnitz)

Nielsen, Axel, Die Entstehung der deutschen Kameralwissenschaft im 17. Jahrhundert, Frankfurt a.M. 1966

Nowosadtko, Jutta, Krieg, Gewalt und Ordnung. Eine Einführung in die Militärgeschichte, Tübingen 2002

Nowosadtko, Jutta, Soldatenpartnerschaften. Stehendes Heer und weibliche Bevölkerung im 18. Jahrhundert. In: Landsknechte, Soldatenfrauen und Nationalkrieger. Militär, Krieg und Geschlechterordnung im historischen Wandel. Hrsg. von Karen Hagemann und Ralf Pröve, S. 297–321

Oakley, Stewart P., War and Peace in the Baltic 1560–1790, London, New York 1992

Önnerfors, Andreas, Svenska Pommern. Kulturmöten och identifikation 1720–1815, Lund 2003

Oetting, Dirk, Motivation und Gefechtswert. Vom Verhalten des Soldaten im Kriege, Frankfurt a.M., Bonn 1988

Oettinger, Eduard Maria, Geschichte des dänischen Hofes von Christian II. bis Friedrich VII., Hamburg 1857

Opfermann, Ulrich Friedrich, »Daß sie den Zigeuner-Habit ablegen«. Die Geschichte der Zigeuner-Kolonien zwischen Wittgenstein und Westerwald, Frankfurt a.M. 1997

Opitz, Eckardt, Vielerlei Ursachen, eindeutige Ergebnisse. Das Ringen um die Vormacht im Ostseeraum im Großen Nordischen Krieg 1700 bis 1721. In: Wie Kriege entstehen. Zum historischen Hintergrund von Staatenkonflikten. Hrsg. von Bernd Wegner, Paderborn, München, Wien, Zürich 2000, S. 89–107

Osterloh, Erik, Aus dem Leben der Brüder August Friedrich (1684–1735) und Christian Albrecht (1687–1765) v. Johnn. In: Familienkundliches Jahrbuch Schleswig-Holstein, 25 (1986), S. 18–26

Osterloh, Erik: Die Ursprünge des Geschlechts v. Johnn. In: Familienkundliches Jahrbuch Schleswig-Holstein, 23 (1984), S. 18–26

Pedersen, Karl Peder, Danmarks amtmænd 1660–1842, Diss. phil., Kopenhagen 1996

Peters, Jan, Die Landarmut in Schwedisch-Pommern. Zur sozialen Entwicklung der landarmen und landlosen ländlichen Produzenten in Vorpommern und Rügen 1630–1815, Diss. phil., Greifswald 1961

Peters, Jan, Schwedische Ostseeherrschaft und Grundbesitzveränderungen in Vorpommern. In: Zeitschrift für Geschichtswissenschaft, 14 (1966), S. 75–110

Peters, Jan, Unter der schwedischen Krone. Zum 150. Jahrestag der Beendigung der Schwedenherrschaft in Pommern. In: Zeitschrift für Geschichtswissenschaft, 14 (1966), S. 33–51

Petersdorf, Herman von, Der Große Kurfürst, Leipzig 1939

Petersen, E. Ladewig, Adel, Bürgertum und Gutsbesitz in Dänemark im 17. Jahrhundert. In: Wirtschaftskräfte und Wirtschaftswege. Bd 2: Wirtschaftskräfte in der Expansion. Hrsg. von Jürgen Schneider, Bamberg 1978, S. 473–492

Petersen, Karsten Skjold, Gevorbne Krigskarle. Hvervde soldater i Danmark 1774–1803, København 2002

Petrick, Fritz, Rügens Landräte. In: Rugia. Rügen Jahrbuch 2004, S. 20–27

Platen, Carl Gustav von, Aus der Geschichte des Geschlechtes von Putbus. In: Rügenscher Heimat – Kalender, Putbus 1937, S. 84–96

Platen-Hallermund, Bent von, Auskünfte über Märker-Platen-Offiziere in dänischem Dienst von ca. 1665 bis ca. 1765, ms.

Pleijel, Hilding, Der schwedische Pietismus in seinen Beziehungen zu Deutschland. Eine Kirchengeschichtliche Untersuchung, Lund 1935

Pohlmann-Linke, Marco, Landesherrschaft und Verwaltung in Vor- und Hinterpommern nach dem Stockholmer Friedensvertrag von 1720. In: Gemeinsame Bekannte. Schweden und Deutschland in der Frühen Neuzeit. Hrsg. von Ivo Asmus, Heiko Droste und Jens Olesen, Münster 2003, S. 347–362

Policey im Europa der Frühen Neuzeit. Hrsg. von Michael Stolleis, Frankfurt a.M. 1996

Pomerania. Geschichte und Beschreibung des Pommernlandes zur Förderung der pommerschen Vaterlandskunde, 2 Bde, Stettin 1844–1846

Pommern im Wandel der Zeiten. Hrsg. von Jan Piskorski, Stettin 1999

Porada, Thomas Haik, Pommersche Karten aus der Schwedischen Landesvermessung in der Königlichen Bibliothek in Kopenhagen. In: Pommern. Zeitschrift für Kultur und Geschichte, 42 (2004), 2, S. 18–22

Prange, Wolfgang, Geschäftsgang und Registratur der Rentekammer zu Kopenhagen 1720–1799. In: Zeitschrift der Gesellschaft für Schleswig-Holsteinische Geschichte, 93 (1968), S. 181–203

Prass, Rainer, Tagungsbericht »Gewalt in der Frühen Neuzeit. 5. Tagung der Arbeitsgemeinschaft Frühe Neuzeit« vom 18. bis 20. September 2003 an der Freien Universität Berlin. In: Militär und Gesellschaft in der Frühen Neuzeit, 8 (2004), S. 60–63

Prochnow, Georg, Aus der Zeit des Moskowiterkrieges. Vor 200 Jahren. Zur Erinnerung an die Schicksale Vorpommerns im nordischen Kriege, Greifswald 1913

Pröve, Ralf, Klio in Uniform? Probleme und Perspektiven einer modernen Militärgeschichte der frühen Neuzeit, Köln, Weimar, Wien 1997

Pröve, Ralf, Stehendes Heer und städtische Gesellschaft im 18. Jahrhundert. Göttingen und seine Militärbevölkerung 1713–1756, München 1995

Pröve, Ralf, Zum Verhältnis von Militär und Gesellschaft im Spiegel gewaltsamer Rekrutierungen (1648–1789). In: Zeitschrift für Historische Forschung, 22 (1995), S. 191–223

Prinz, Michael, Sozialdisziplinierung und Konfessionalisierung. Neuere Fragestellungen in der Sozialgeschichte der frühen Neuzeit. In: Westfälische Forschungen, 42 (1992), S. 1–25

Pyl, Theodor, Beiträge zur Geschichte der Stadt Greifswald, 3. Fortsetzung: Die Niederrheinische und Westphälische Einwanderung in Rügisch-Pommern, sowie die Anlage und Benennung der Stadt Greifswald und seiner ältesten Straße, des Roremundshagen (Schuhhagen), von dem Niederrheinischen Orte Grypswald, und von Ansiedlern aus Roermonde, Greifswald 1892

Pyl, Theodor, Die Greifswalder Sammlungen. Vaterländische Alterthümer und die Kunstwerke des Mittelalters und der Renaissance, Greifswald 1869

Pyl, [Theodor] Mayer, Johann Friedrich. In: Allgemeine Deutsche Biographie, Bd 21: Kurfürst Maximilian I-Mirus. Hrsg. von Historische Commission der Kgl. Akademie der Wissenschaften, Berlin 1970 (Nachdr. 1885), S. 99–108

Radkau, Joachim, Holzverknappung und Krisenbewußtsein im 18. Jahrhundert. In: Geschichte und Gesellschaft. Zeitschrift für Historische Sozialwissenschaft, 9 (1983), S. 513–543

Radkau, Joachim, Zur angeblichen Energiekrise des 18. Jahrhunderts: Revisionistische Betrachtungen über die »Holznot«. In: Vierteljahrsschrift für Sozial- und Wirtschaftsgeschichte, 73 (1986), S. 1–37

Rahn, Johannes, Pommersches Missionsleben in zwei Jahrhunderten 1715–1914, H. 1: Die Anfänge 1715–1834, Greifswald 1924

Rasmussen, O[tto] F[rederik] C[hristian], Landmilitsen og Stavnbaandet. In: Historisk Tidskrift, V. rk, 7(1886/87), S. 159–179

Rassow, Johannes, Greifswald unter schwedischer Herrschaft. In: Unser Pommernland. Monatsschrift für das Kulturleben der Heimat 1921, S. 341–350

Rassow, Johannes, Verhandlungen über die Vereinigung des ehemaligen schwedischen Vorpommerns und Rügens mit Preußen. In: Pommersche Jahrbücher, 15 (1914), S. 95–209

Rentsch, Thomas, Pietismus. In: Enzyklopädie Philosophie und Wissenschaftstheorie, 3. Bd. Hrsg. von Jürgen Mittelstraß, Stuttgart, Weimar 1995, S. 249–251

Repgen, Konrad, Die Westfälischen Friedensverhandlungen. Überblick und Hauptprobleme. In: 1648. Krieg und Frieden in Europa, Textband I: Politik, Religion, Recht und Gesellschaft. Hrsg. von Klaus Bußmann und Heinz Schilling, Münster, Osnabrück 1998, S. 355–372

Reuter, Karl Heinz, Ein Prignitzer in dänischen Diensten. In: Der Prignitzer vom 4. Juli 1998, S. 20

Rheinheimer, Martin, Das getötete Zigeunerkind. Zigeuner, Einheimische und Obrigkeit um 1700. In: Neue Blicke. Historische Anthropologie in der Praxis. Hrsg. Richard von Dülmen, Erhard Chvojka, und Vera Jung, Wien, Köln, Weimar 1997, S. 275–290

Rheinheimer, Martin, »In die Erde könnten sie nicht kriechen«. Zigeunerverfolgung im frühneuzeitlichen Schleswig-Holstein. In: Historische Anthropologie, 4 (1996), S. 330–358

Rheinheimer, Martin, Die Zigeunerfamilie Altenburg (1866). In: Demokratische Geschichte, 10 (1996), S. 77–89

Rockstroh, K[...] C[...], Franz Joachim von Dewitz. In: Dansk Biografisk Leksikon, Bd 3: Brüggeman – Dolmer. Hrsg. von Sv. Cedergreen Bech, Kopenhagen 1979

Rockstroh, K[...] C[...], Udviklingen af den Nationale Hær i Danmark i det 17. og 18. Aarhundrede, Bd 3: Tiden 1709–1808, Kjøbenhavn 1926

Roeck, Bernd, Außenseiter, Randgruppen, Minderheiten. Fremde im Deutschland der frühen Neuzeit, Göttingen 1993

Rössig, Karl Gottlieb, Versuch einer pragmatischen Oekonomie-, Polizey- und Cameralwissenschaft, Teil 1, Leipzig 1781 (Nachdr. Vaduz 1979)

Rosenkrantz, Woldemar Freiherr Weber von, Beiträge zur Adelsgeschichte. II. Die Familie von Thienen. In: Zeitschrift der Gesellschaft für Schleswig-Holsteinische Geschichte, 37 (1907), S. 221−374

Rudert, Thomas, Grenzüberschreitungen. Frühformen der Gutsherrschaft im mecklenburgisch-pommerschen Grenzgebiet im 16. Jahrhundert. In: Gutsherrschaftgesellschaften im europäischen Vergleich. Hrsg. von Jan Peters, Berlin 1997, S. 351−383

Ruge, Friedrich, Der Einfluß der Seemacht auf den Kampf um Vorpommern 1715. In: Marine Rundschau, 44 (1939), S. 52−63, 124−134, 235−248

Ruge, Friedrich, Die Landung auf Rügen 1715. In: Marine Rundschau, 64 (1967), S. 10−15. In Quest of Trade and Security. The Baltic in Power Politics 1500−1990. Hrsg. Göran Rystad, Klaus-R Böhme und Wilhelm M. Carlgren, 2 Bde, Stockholm 1994/5

Schäfer, Dietrich, Der Kampf um die Ostsee im 16. und 17. Jahrhundert. In: Historische Zeitschrift, NF 47 (1899), S. 423−446

Schaer, Friedrich-Wilhelm, Die Grafschaften Oldenburg und Delmenhorst vom späten 16. Jahrhundert bis zum Ende der Dänenzeit. In: Geschichte des Landes Oldenburg. Ein Handbuch. Hrsg. von Albrecht Eckhardt und Heinrich Schmidt, Oldenburg 1987, S. 173−228

Schilling, Renate, Schwedisch-Pommern um 1700. Studien zur Agrarstruktur eines Territoriums extremer Gutsherrschaft. Untersucht auf Grundlage des schwedischen Matrikelwerkes 1692−1698, Weimar 1989

Schindling, Anton, »Verwaltung«, »Amt« und »Beamter« in der Frühen Neuzeit. In: Geschichtliche Grundbegriffe. Historisches Lexikon zur politisch-sozialen Sprache in Deutschland, Bd 7: Verw-Z. Hrsg. von Otto Brunner, Werner Conze und Reinhart Kosselleck, Stuttgart 1992, S. 47−69

Schjörning, Christian Broder, Die Juden in Fredericia. Beiträge zu der Geschichte des Judentums in Dänemark, Diss. phil., Kiel 1941

Schleinert, Dirk, Die Gutswirtschaft im Herzogtum Pommern-Wolgast im 16. und frühen 17. Jahrhundert, Köln, Weimar, Wien 2001

Schlemmer, C[...], Historische Erinnerungen an Rügen. In: Königliches Domgymnasium und Realgymnasium zu Colberg 1891, Colberg 1891, S. 1−18

Schmidt, Axel, Dominium maris baltici, Berlin 1936

Schmidt, Heinrich, Die Ächtung des Fluchens durch reformierte Sittengerichte. In: Der Fluch und der Eid. Die metaphysische Begründung gesellschaftlichen Zusammenlebens und politischer Ordnung in der ständischen Gesellschaft. Hrsg. von Peter Blickle, Berlin 1993, S. 65−120

Schmidt, Roderich, Geschichtliche Einführung Pommern. In: Mecklenburg Pommern. Hrsg. von Helge bei der Wieden und Roderich Schmidt, Stuttgart 1996 (= Handbuch der Historischen Stätten Deutschlands, 12. Bd), S. XXIII−LII

Schmidt, Roderich, Pommern und seine Universität. In: Greifswalder Universitätsreden, NF Nr. 60. Hrsg. von Hans-Jürgen Zobel, Greifswald 1991, S. 16−35

Schmiedt, Hartmudt, Das Scheitern des Absolutismus 1648–1755. In: Die Geschichte Mecklenburgs. Hrsg. von Wolf Karge Ernst Münch und Hartmudt Schmiedt, Rostock 1993

Schnitter, Helmut, Volk und Landesdefension. Volksaufgebote, Defensionswerke, Landmilizen in den deutschen Territorien vom 15. bis zum 18. Jahrhundert, Berlin (Ost) 1977

Schroeder, Horst-Dieter, Aus Rügens Vergangenheit, Bergen 1965

Schroeder, Horst-Dieter, Zur Geschichte des Greifswalder Stadtparlamentes, 1. Tl. In: Greifswald-Stralsunder Jahrbuch (1961), S. 102–121

Schulze, Winfried, Gerhard Oestreichs Begriff »Sozialdisziplinierung in der Frühen Neuzeit«. In: Zeitschrift für Historische Forschung, 14 (1987), S. 265–302

Schwarz Lausten, Martin, Kirke og synagoge. Holdninger i de danske kirke til jødedom og jøder i middelalderen, reformationstiden og den lutherske ortodoksi, København 1992

Schwedenzeit. Hrsg. vom Stadtgeschichtlichen Museum Wismar, Wismar 1998

Sederholm, Claës, Ledning av de svenska stridskrafterna i Pommern. In: Kungl. Artilleriet. Svenska Artilleriet i Pommern 1720–1815. Hrsg. von Sten Claëson, Kristianstad 1997, S. 17–28

Servorum Die Gaudium. Das ist Treuer Knechte Freuden-Lohn. Lebensbeschreibungen aus dem Umfeld des Wismarer Tribunals. Hrsg. von Nils Jörn, Greifswald 2003

Seth, Ivar, Universitetet i Greifswald och dess Ställning i Svensk Kulturpolitik 1637–1815, Diss. phil. Stockholm, Uppsala 1952

Sørensen, S[...] A[...], Gude, Claus Frederik. In: Dansk Biografisk Lexikon, Bd VI: Gerson-H. Hansen. Hrsg. von C[...] F[...] Bricka, Kobenhavn 1892, S. 272

Steffen, Wilhelm, Kulturgeschichte von Rügen bis 1815, Köln, Graz 1963

Steiger, Heinhard, Ius bändigt Mars. Das klassische Völkerrecht und seine Wissenschaft als frühneuzeitliche Kulturerscheinung. In: Frieden und Krieg in der Frühen Neuzeit. Die europäische Staatenordnung und die außereuropäische Welt. Hrsg. von Ronald Asch, Wulf Eckardt Voß und Martin Wrede, München 2001, S. 59–85

Steinbruch, Karl-Heinz, Der Nordische Krieg in Mecklenburg. In: Schwedenzeit. Hrsg. vom Stadtgeschichtlichen Museum Wismar, Wismar 1998, S. 38–54

Steurich, E[...], Geschichte der Stadt Bergen auf Rügen. Ein Rückblick auf 300 Jahre städtischen Gemeinwesens 1613–1913, Bergen 1913

Stiles, Andrina, Sweden and the Baltic 1523–1721, London 1992

Stubbe-da Luz, Helmut, »Franzosenzeit« in Norddeutschland (1803–1814) Napoleons Hanseatische Departements, Bremen 2003

Stubbe-da Luz, Helmut, Occupants-Occupés. Französische Statthalterregimes in Lauenburg (1803–1814) vor dem Hintergrund eines Okkupations-Modells. In: Krieg und Frieden im Herzogtum Lauenburg und in seinen Nachbarterritorien vom Mittelalter bis zum Ende des Kalten Krieges. Hrsg. von Eckardt Opitz, Bochum 2000, S. 207–234

Stubbe-da Luz, Helmut, Occupants-Occupés: Die napoleonische Besatzungsherrschaft in den Hansestädten (1806–1814) im Lichte eines sozialhistorischen Okkupations-Modells. In: Zeitschrift des Vereins für Hamburgische Geschichte, 84 (1998), S. 51–88

Stürzbecher, Manfred, Über die Stellung und Bedeutung der Wundärzte in Greifswald im 17. und 18. Jahrhundert. Ein geschichtlicher Beitrag zur medizinischen Versorgung der Bevölkerung und der Medizinalordnungen im wendischen Quartier, Köln, Wien 1969

Szultka, Zygmunt, Das brandenburgisch-preußische Pommern. In: Pommern im Wandel der Zeiten. Hrsg. von Jan M. Piskorski, Stettin 1999, S. 197–224

Tamm, Ditlev, Gute Sitte und Ordnung: Zur Entwicklung und Funktion der Polizeigesetzgebung in Dänemark. In: Policey im Europa der Frühen Neuzeit. Hrsg. von Michael Stolleis, Frankfurt a.M. 1996, S. 509–530

Tausend Jahre Pommersche Geschichte. Hrsg. von Roderich Schmidt, Köln, Weimar, Wien 1999

Tessin, Georg, Die deutschen Regimenter der Krone Schweden, Teil II: Unter Karl XI. und Karl XII (1660–1718), Köln, Graz 1967

Tessin, Georg, Dänemarks Deutsche Regimenter (masch.), o.O. o.J.

Tjaden, Anja, The Dutch in the Baltic, 1544–1721. In: In Quest of Trade and Security. The Baltic in Power Politics 1500–1990, Bd 1. Hrsg. von Göran Rystad, Klaus-R. Böhme und Wilhelm M. Carlgren, Stockholm 1994, S. 61–136

Treue, Wilhelm, Wirtschaft, Gesellschaft und Technik vom 16. bis zum 18. Jahrhundert, München 1999 (= Handbuch der deutschen Geschichte, Bd 12). Hrsg. von Herbert Grundmann

Uhsemann, Ernst, Erinnerungen an Stralsunds Dänenzeit. In: Stralsunder Tageblatt Nr. 201 vom 28. August 1936, S. 1

Uhsemann, Ernst, Stralsunds Sieg über Wallenstein, Stralsund 1928

Urban, Wolfgang, Wandel der politisch-territorialen Zugehörigkeit bis 1918. In: Der Rüganer vom 22. Januar 20003, S. 8

Vaupell, Otto, Den Dansk-Norske-Haers Historie til Nutiden og den Norske Haers Historie indtil 1814, 2 Bde, Kjøbenhavn 1872–1876

Vedel, P[...], Johann, Christian Albrecht von. In: Dansk Biografisk Lexikon, Bd VIII. Holst–Juul. Hrsg. von C[...] F[...] Bricka, Kobenhavn 1894, S. 519 f.

Verdenhalven, Fritz, Alte Meß- und Währungssysteme aus dem deutschen Sprachgebiet, Neustadt a.d. Aisch 1998

Vogel, Walter, Die Ostseekämpfe 1561–1721 im Rahmen der europäischen Politik. In: Conventus primus historicum Balticorum, Rigae 16.–20. VIII 1937, Riga 1938, S. 331–340

Voges, Hermann, Beiträge zur Geschichte des Feldzuges von 1715, Teil I. In: Baltische Studien, 7 (1903), S. 1–73. Teil II. In: Baltische Studien, 8 (1904), S. 47–95. Teil III. In Baltische Studien, 9 (1905), S. 161–209

Voges, Hermann, Die Belagerung von Stralsund im Jahre 1715, Stettin 1922

Voges, Ursula, Der Kampf um das Dominium Maris Baltici 1629 bis 1645. Schweden und Dänemark vom Frieden zu Lübeck bis zum Frieden von Brömsebro, Zeulenroda 1938

Vogler, Günter, Absolutistische Herrschaft und ständische Gesellschaft. Reich und Territorien von 1648 bis 1790, Stuttgart 1996

Von den Anfängen bis zum Jahre 1704, Bd 1: Die Insel Rügen, Göttingen 2000 (= Quellen und Schriften zur Bevölkerungsgeschichte Norddeutschlands)

Vor 200 Jahren auf der Alten Fähr (1713). Aus dem alten Kirchenbuch von dem damaligen Pastor Krüger. In: Stralsundische Zeitung 1913, Sonntagsbeilage Nr. 29

Wad, Gustav Ludvig, Det Kongelige Ridderlige Academis Matrikel. In: Personalhistorisk Tidskrift, II. rk. 1 (1886), S. 53−67

Wächter, Joachim, Greifswald in der Schwedenzeit. In: Greifswald. Geschichte der Stadt. Hrsg. von Horst Wernicke, Schwerin 2000, S. 85−101

Wartenberg, Heiko, 300 Jahre Schwedische Landesmatrikel von Rügen, Putbus 1996 (= Garzer Museumsreden Nr. 5)

Wartenberg, Heiko, und Haik Thomas Porada, Schwedische Vermessungen in Pommern und Mecklenburg. In: Schwedenzeit. Hrsg. vom Stadtgeschichtlichen Museum Wismar, Wismar 1998, S. 55−76

Weber, Matthias, »Anzeige« und »Denunciation« in der frühneuzeitlichen Policeygesetzgebung. In: Policey und frühneuzeitliche Gesellschaft. Hrsg. von Karl Härter, Frankfurt a.M. 2000, S. 583−609

Wegener, Eginhard, Die schwedische Landesaufnahme von Vorpommern 1692−1709 und ihre wissenschaftliche Auswertung. In: Tausend Jahre Pommersche Geschichte. Hrsg. von Roderich Schmidt, Köln, Weimar, Wien 1999, S. 215−234

Wehrmann, Martin, Entschwundene Pracht. Das Herzogschloß zu Wolgast. In: Heimat-Klänge. Zeitschrift für heimatliche Geschichte und Kultur, Nr. 129 vom 27. Juni 1928, S. 1 f.

Wehrmann, Martin, Geschichte von Pommern, Bd 2: Bis zur Gegenwart, Gotha 1906

Wehrmann, Martin, Pommern vor zweihundert Jahren. In: Pommerscher Heimatkalender 1920, S. 36−40

Weise, Johann Friedrich, Zwischen Strandleben und Ackerbau. Die Herrschaft Putbus im 19. Jahrhundert, Rostock 2003

Westrup, Morten, Centraladministration og statsstyre under enevælden 1660−1848. In: Dansk centraladministration i tiden indtil 1848. Hrsg. von Morten Westrup und Frank Jørgensen, o.O. 1982, S. 25−38

Westrup, Morten, Den landmilitære centraladministration. In: Dansk centraladministration i tiden indtil 1848. Hrsg. von Morten Westrup und Frank Jørgensen, o.O, S. 179−183

Westrup, Morten, Kammer- og finansforvaltningen. In: Dansk centraladministration i tiden indtil 1848. Hrsg. von Morten Westrup und Frank Jørgensen, o.O. 1982, S. 95−178

Wick, Peter, Versuche zur Errichtung des Absolutismus in Mecklenburg in der ersten Hälfte des 18. Jahrhunderts. Ein Beitrag zur Geschichte des deutschen Territorialabsolutismus, Berlin 1964

Wiedemann, Ernst, Kirchengeschichte der Insel Rügen, o.O. o.J.

Wiedemann, Ernst, Spaßige Verfügungen der Schwedenzeit. In: Rugia Journal 2002, S. 117–119

Willoweit, Dietmar, Entwicklung des öffentlichen Dienstes, Deutsche Verwaltungsgeschichte, Bd 1: Vom Spätmittelalter bis zum Ende des Reiches. Hrsg. von Kurt Jeserich, Hans Pohl und Christoph von Unruh, Stuttgart 1983, S. 346–360

Winge, Vibeke, Dänische Deutsche – deutsche Dänen. Geschichte der deutschen Sprache in Dänemark 1300–1800 mit einem Ausblick auf das 19. Jahrhundert, Heidelberg 1992

With, C[...], Rosenpalm, Andreas. In: Dansk Biografisk Lexikon, Bd 14, Resen-Saxstrup. Hrsg. von C.F. Bricka, Kobenhavn 1901, S. 295–297

Wittram, Reinhard, Peter I. Czar und Kaiser. Zur Geschichte Peters des Großen in seiner Zeit, Göttingen 1964

Wolter, Udo, Verwaltung / Mittelalter. In: Geschichtliche Grundbegriffe. Historisches Lexikon zur politisch-sozialen Sprache in Deutschland, Bd 7: Verw-Z. Hrsg. von Otto Brunner, Werner Conze und Reinhart Koselleck, Stuttgart 1992, S. 26–47

Woltersdorf, Theodor, Die Konservierung der Pfarr-Wittwen und –Töchter bei den Pfarren und die durch Heirat bedingte Berufung zum Predigtamte in Neuvorpommern und Rügen. In: Deutsche Zeitschrift für Kirchenrecht, 11 (1902), S. 177–246, 12 (1902), S. 182–209, 13 (1903), S. 1–54

Wotschke, Theodor, Der Pietismus in Pommern. In: Blätter für Kirchengeschichte Pommerns, 1 (1928), S. 12–58; 2 (1929), S. 24–75

Wunder, Heide: Das selbstverständliche Denken. Ein Vorschlag zur vergleichenden Analyse ländlicher Gesellschaften in der frühen Neuzeit, ausgehend vom »Modell ostelbischer Gutsherrschaft«. In: Gutsherrschaft als soziales Modell. Vergleichende Betrachtungen zur Funktionsweise frühneuzeitlicher Agrargesellschaften. Hrsg. von Jan Peters, München 1995, S. 23–49

Wyluda, Erich, Lehnrecht und Beamtentum. Studien zur Entstehung des preußischen Beamtentums, Berlin 1969

Zernack, Klaus, Schweden als europäische Grossmacht in der Frühen Neuzeit. In: Historische Zeitschrift, 232 (1981), S. 327–357

Zernack, Klaus, Die skandinavischen Reiche von 1654–1772. In: Handbuch der Europäischen Geschichte. Hrsg. von Theodor Schieder, Bd 4, Stuttgart 1968, S. 511–548

Ziegler, J[...], Geschichte der Stadt Greifswald, Greifswald 1897

Zober, Ernst Heinrich, Geschichte der Belagerung Stralsunds durch Wallenstein im Jahre 1628, Stralsund 1828

Personenregister